Tobias Rolfes, Stefanie Rach,
Stefan Ufer, Aiso Heinze (Hrsg.)

Das Fach Mathematik in der gymnasialen Oberstufe

Waxmann 2022
Münster · New York

Die Open-Access-Publikation des Buches wurde gefördert durch den Publikationsfonds für Monografien der Leibniz-Gemeinschaft, die Ludwig-Maximilians-Universität München und die Otto-von-Guericke-Universität Magdeburg.

Bibliografische Informationen der Deutschen Nationalbibliothek
Die Deutsche Nationalbibliothek verzeichnet diese Publikation in der Deutschen Nationalbibliografie; detaillierte bibliografische Daten sind im Internet über http://dnb.dnb.de abrufbar.

Print-ISBN   978-3-8309-4601-4
E-Book-ISBN   978-3-8309-9601-9
https://doi.org/10.31244/9783830996019

Das E-Book ist unter der Lizenz
CC BY-NC-SA 4.0 open access verfügbar.

© Waxmann Verlag GmbH, 2022
Steinfurter Straße 555, 48159 Münster

www.waxmann.com
info@waxmann.com

Umschlaggestaltung: Anne Breitenbach, Münster
Satz: Roger Stoddart, Münster
Druck: CPI Books GmbH, Leck

Gedruckt auf alterungsbeständigem Papier, säurefrei gemäß ISO 9706

Dieses Buch wurde klimaneutral produziert.

Printed in Germany
Alle Rechte vorbehalten. Nachdruck, auch auszugsweise, verboten. Kein Teil dieses Werkes darf ohne schriftliche Genehmigung des Verlages in irgendeiner Form reproduziert oder unter Verwendung elektronischer Systeme verarbeitet, vervielfältigt oder verbreitet werden.

Inhalt

Tobias Rolfes, Stefanie Rach, Stefan Ufer & Aiso Heinze
Das Fach Mathematik in der gymnasialen Oberstufe 9

Teil 1: Zieldimensionen des Mathematikunterrichts in der gymnasialen Oberstufe aus fachlicher Perspektive

Tobias Rolfes & Aiso Heinze
1.1 Vertiefte Allgemeinbildung als eine Zieldimension von
Mathematikunterricht in der gymnasialen Oberstufe 19

Patrick Fesser & Stefanie Rach
1.2 Wissenschaftspropädeutik als eine Zieldimension von
Mathematikunterricht in der gymnasialen Oberstufe
Normative und analytische Perspektiven 47

Stefan Ufer
1.3 Studierfähigkeit als eine Zieldimension von Mathematikunterricht
in der gymnasialen Oberstufe
Konzepte, Modelle und Beitrag des Mathematikunterrichts 75

Anke Lindmeier
1.4 Mathematische Bildung in der digitalen Welt
Ist die traditionelle Trias der Bildungsziele für die
gymnasiale Oberstufe noch zeitgemäß? 103

Teil 2: Ein Blick über den Zaun – Das Fach Mathematik in der Sekundarstufe II in den Niederlanden, in Norwegen und in Ungarn

Peter Kop
2.1 Trends in Mathematical Education in the Upper-Academic
Track in the Netherlands 137

Inger Christin Borge, Arne Hole & Liv Sissel Grønmo
2.2 Mathematics education in Norwegian
academic-track upper secondary school 157

Gabriella Ambrus, Csaba Csapodi, Ödön Vancsó & Eszter Varga
2.3 Mathematikunterricht in Ungarn – Traditionen und Erneuerungen
Stellung, Ziele, Inhalt und Ergebnisse des Mathematikunterrichts
der oberen Klassen der ungarischen Schulen 177

Teil 3: Empirische Forschung zu den Bildungszielen der gymnasialen Oberstufe

Irene Neumann, Christoph Deeken, Dunja Rohenroth, Birke-Johanna Weber & Aiso Heinze

3.1 Mathematische Lernvoraussetzungen für ein Studium – was erwarten Hochschullehrende?..199

Andreas Borowski, Elke Sumfleth & Stefan Ufer

3.2 Mathematik als Voraussetzung für das Fachstudium Beispiele aus der Mathematik, Chemie und Physik..221

Tobias Rolfes & Aiso Heinze

3.3 Nur 30 Prozent der Abiturientinnen und Abiturienten erreichen Mindeststandards in voruniversitärer Mathematik!? Eine Replikationsanalyse zum Schüleranteil oberhalb der Mindeststandards bei TIMSS..237

Patrick Fesser & Stefanie Rach

3.4 Wissenschaftspropädeutik in der gymnasialen Oberstufe Theoretische und empirische Zugänge sowie erste Befunde zu meta-wissenschaftlichem Wissen über Mathematik..261

Teil 4: Mathematikunterricht in der gymnasialen Oberstufe

Stefan Ufer & Anna-Katharina Praetorius

4.1 Unterrichtsqualität im Mathematikunterricht der gymnasialen Oberstufe..287

Gabriel Nagy, Tobias Rolfes & Aiso Heinze

4.2 Messung und Modellierung der Leistungsentwicklung im Fach Mathematik in der gymnasialen Oberstufe Eine Analyse zur Kumulativität des Mathematiklernens von der Jahrgangsstufe 11 zur Jahrgangsstufe 13 anhand von Daten der längsschnittlichen Hamburger LAU-Studie..317

Ulrike Towara & Nora Feldt-Caesar

4.3 Mathematisches Grundwissen und Grundkönnen in der gymnasialen Oberstufe diagnostizieren und fördern..349

Teil 5: Diskussionsbeiträge

Lisa Hefendehl-Hebeker
5.1 Mathematikunterricht in der gymnasialen Oberstufe –
Fundament und Aufbau
Ein Diskussionsbeitrag 377

Heinz-Elmar Tenorth
5.2 Triadische Ordnung, bildungssystemische Sequenzierung,
bildungstheoretische Bedeutung
Ein Kommentar zu Reflexionen über Mathematik
in der gymnasialen Oberstufe 389

Daniel Pittich & Kristina Reiss
5.3 Mathematik im Beruflichen Gymnasium –
Status Quo, Potentiale und Perspektiven 403

Tobias Rolfes, Stefanie Rach, Stefan Ufer & Aiso Heinze

Das Fach Mathematik in der gymnasialen Oberstufe

Die gymnasiale Oberstufe (GO) verzeichnet seit Gründung der Bundesrepublik Deutschland einen stetigen Zulauf. Die Abiturientenquote stieg von 4 Prozent im Jahre 1952 auf heutzutage etwa 40 Prozent eines Altersjahrgangs (Sekretariat der Ständigen Konferenz der Kultusminister der Länder in der Bundesrepublik Deutschland [KMK], 2019). Damit nimmt die GO einen immer bedeutenderen Platz im institutionalisierten schulischen Bildungsangebot ein. Die Zunahme des Anteils von Schülerinnen und Schülern in der GO ging einher mit der Ausweitung der GO als Bildungsangebot über das allgemeinbildende Gymnasium hinaus. Entsprechend wird die GO in diesem Sammelband als Gesamtbezeichnung für alle Schularten und Jahrgangsstufen der Sekundarstufe II des allgemeinbildenden und des beruflichen Schulsystems verwendet, die zur Allgemeinen Hochschulreife führen. Das heißt, es umfasst vor allem die Oberstufe der allgemeinbildenden Gymnasien, der Gesamtschulen und der beruflichen Gymnasien.

Ausgangspunkt und Ziele des Sammelbands

Angesichts der (im quantitativen Sinne) wachsenden Bedeutung der GO und der beständigen öffentlichen Diskussion über Ausgestaltungsfragen der GO (z. B. zentrale vs. dezentrale Abiturprüfungen, Kurssystem vs. Profiloberstufe, Anzahl der Pflichtfächer bzw. Abiturprüfungsfächer) überrascht die aus wissenschaftlicher Sicht defizitäre Forschungslage. So besteht ein einhellig konstatierter Mangel an empirischen Daten (Kampa et al., 2018; Neumann & Trautwein, 2019), die Auskunft über die Bildungsrealität in der GO und hier insbesondere im Fachunterricht (z. B. Mathematik) geben könnten. Aber auch die theoretische Auseinandersetzung mit den übergeordneten Bildungszielen und den Zielen bzw. Inhalten des daraus abgeleiteten fachspezifischen Unterrichts kann als unzureichend angesehen werden (Rolfes et al., 2021). Nicht nur vor dem Hintergrund der Kritik von Hochschulseite an den mathematischen Kompetenzen von Studienanfängerinnen und Studienanfängern und der damit verbundenen Spekulationen über mögliche Ursachen ist diese unzureichende Forschungslage problematisch. Eine Konsequenz der Forschungsdefizite ist, dass bildungspolitische Entscheidungen (curriculare und organisatorische Ausgestaltungsfragen) für die GO bisher nur eingeschränkt wissenschaftsbasiert erfolgten bzw. erfolgen konnten. Dieser Sammelband zum Fach Mathematik in der GO soll daher einen ersten Beitrag zur systematischen Forschung zum Mathematikunterricht in

Rolfes, T., Rach, S., Ufer, S. & Heinze, A. (2022). Das Fach Mathematik in der gymnasialen Oberstufe. In T. Rolfes, S. Rach, S. Ufer & A. Heinze (Hrsg.), *Das Fach Mathematik in der gymnasialen Oberstufe* (S. 9–14). Waxmann. CC BY-NC-SA 4.0

der GO leisten. Insbesondere soll er dazu dienen, einen konstruktiven wissenschaftlichen Diskurs über die grundlegenden Fragen zum Mathematiklernen in der GO, z. B. zu den Zielen, zu fördern. Der im Diskussionsbeitrag von Hefendehl-Hebecker angemerkte „Mut zur Vorläufigkeit" ist in diesem Sinne eine zentrale Voraussetzung für einen ersten Schritt hin zu einer systematischen Diskussion der Trias der Bildungsziele im Kontext des Mathematikunterrichts. Vor diesem Hintergrund sind die Aussagen und Ideen in den Beiträgen nicht als Gewissheiten, sondern als Diskursanregungen zu verstehen.

In seiner inhaltlichen Ausrichtung grenzt sich der Sammelband von anderen Veröffentlichungen zur GO ab. So soll es hier explizit nicht um Fragen der bildungspraktischen Ausgestaltung der GO gehen (z. B. Formate von Abiturprüfungsaufgaben, Einsatz von konkreten technologischen Hilfsmitteln, Oberstufenstruktur) und auch nicht um mathematikdidaktische Ansätze zu konkreten Themenbereichen (z. B. Grundvorstellungen zum Ableitungsbegriff in der Didaktik der Analysis). Stattdessen setzen die Beiträge auf einer übergeordneten Ebene an. So werden im ersten Teil des Sammelbands Vorschläge dargestellt, wie die von der KMK (1995, 2021) bildungstheoretischen und eher abstrakt formulierten allgemeinen Zieldimensionen der GO mit der fachspezifischen Perspektive der Mathematik verknüpft werden könnten. Diese Sichtweisen werden im zweiten Teil mit den Konzeptionen der Oberstufen in anderen europäischen Ländern kontrastiert. In den Beiträgen der Teile 3 und 4 werden exemplarische Fragestellungen thematisiert, die sich mit empirischen Studien zu mathematikspezifischen Bildungszielen der GO (Teil 3) oder mit dem konkreten Mathematikunterricht im Verlauf der GO (Teil 4) beschäftigen. In den Beiträgen im Teil 5 werden schließlich einzelne Aspekte der Teile 1 bis 4 aus verschiedenen Perspektiven diskutiert.

Teil 1: Zieldimensionen des Mathematikunterrichts in der gymnasialen Oberstufe aus fachlicher Perspektive

In Teil 1 werden Vorschläge herausgearbeitet, wie die Trias der Bildungsziele für das Fach Mathematik konkretisiert werden können bzw. wie die Mathematik als Bildungsgegenstand in der GO zu den übergeordneten Zielen beitragen kann. Dabei werden die aktuell geltenden Vorgaben (z. B. Bildungsstandards, Lehrpläne) nicht als unveränderlicher Ausgangspunkt genommen, sondern die Herausarbeitung und die Diskussion erfolgen entlang der Trias der Bildungsziele.

Die tradierten übergeordneten Bildungsziele der GO sind in Deutschland durch eine Trias an Zielen geprägt: Vertiefte Allgemeinbildung, Wissenschaftspropädeutik und (allgemeine) Studierfähigkeit (KMK, 1995, 2021). Die gleichzeitige Berücksichtigung der drei Zieldimensionen der Trias ist ein schwieriger Balanceakt (KMK, 1995), der bisher nur eingeschränkt wissenschaftsbasiert erfolgte und vorrangig durch bildungspolitische Diskussionen und pragmatische Entscheidungen vor dem Hintergrund gesellschaftlicher Trends bestimmt wurde. Dieses ist auch darin begründet, dass die übergeordneten Zieldimensionen der Trias bisher vornehmlich einen Präambelcharakter einnehmen und allenfalls ansatzweise fachspezifisch ausgearbeitet wurden. So ist beispielsweise weiterhin offen, was unter einer „Vertiefung" der Allgemeinbildung für die GO zu verstehen ist (Huber, 2009). Zur Zieldimension der Wissenschaftspropädeutik gibt es für den Mathematikunterricht bisher kaum Arbeiten und beim Begriff der allgemeinen Studierfähigkeit gibt es bisher keinen Konsens und folglich auch wenig Hinweise, was der Mathematikunterricht zu dieser Zieldimension beitragen kann. Zusätzlich wurde in den letzten Jahren zunehmend die Frage nach einer „Bildung in der digitalen Welt" diskutiert. Für die GO stellt sich zugespitzt die Frage, ob die Trias der Bildungsziele um eine „digitale Zieldimension" erweitert werden sollte oder ob mathematikspezifische Aspekte der „Bildung in der digitalen Welt" von der Trias abgedeckt werden. Aus diesen grundlegenden Fragen zum Beitrag des Mathematikunterrichts zu den Bildungszielen der GO ergeben sich weitere Fragestellungen: Wie kann aus wissenschaftlicher Perspektive eine Operationalisierung der Zieldimensionen der Trias für das Fach Mathematik aussehen, welche Lerninhalte lassen sich für den Mathematikunterricht aus der Trias ableiten, und welche Kriterien können identifiziert werden, um Teilgebiete der Mathematik als Bildungsgegenstand der GO auszuwählen?

In Teil 1 des Sammelbands wird versucht, erste Vorschläge zu diesen Fragen auszuarbeiten, um so einen wissenschaftlichen Diskurs anzustoßen. Dazu wird für das Fach Mathematik untersucht, wie die Zieldimensionen der vertieften Allgemeinbildung (Kap. 1.1), der Wissenschaftspropädeutik (Kap. 1.2) und der Studierfähigkeit (Kap. 1.3) verstanden werden können, und exemplarisch aufgezeigt, welche Konsequenzen sich jeweils für den Mathematikunterricht ableiten ließen. In Kapitel 1.4 wird anschließend erörtert, in welcher Weise die zunehmende Digitalisierung des Arbeitslebens und der Gesellschaft Niederschlag im Mathematikunterricht der GO findet und ob möglicherweise eine eigene Zieldimension mit Bezug zur Digitalisierung neben der Trias etabliert werden sollte.

Teil 2: Ein Blick über den Zaun

In Teil 2 wird ein Blick über die Grenzen Deutschlands vorgenommen und die Situation in drei ausgewählten europäischen Ländern betrachtet. Hier wird dargestellt, wie der Mathematikunterricht der Sekundarstufe II in den Niederlanden (Kap. 2.1), Norwegen (Kap. 2.2) und Ungarn (Kap. 2.3) konzeptuell und curricular gestaltet wird. Außerdem wird analysiert, welche Problemlagen sich in diesen Ländern aus der länderspezifischen Ausgestaltung des Mathematikunterrichts ergeben. Dabei liegt der Fokus nicht auf den institutionellen Strukturen der Sekundarstufe II. Stattdessen wird im Sinne einer kurzen wissenschaftlichen Expertise der Mathematikunterricht in diesen Ländern aus inhaltlicher und unterrichtsmethodischer Sicht analysiert. Eine Beschreibung der Schulstruktur der Sekundarstufe II in diesen Ländern erfolgt nur in Grundzügen und so weit, wie es zum Verständnis notwendig ist. Der internationale Vergleich bietet durch eine Außenperspektive einen Reflexionsanlass für die Situation in Deutschland.

Teil 3: Empirische Forschung zu den Bildungszielen der gymnasialen Oberstufe

Die Beiträge in Teil 3 dieses Sammelbands beinhalten empirische Studien zu den Bildungszielen der GO bezogen auf das Fach Mathematik. Sie sollen als Anknüpfungspunkt für weitere empirische Arbeiten zur Mathematik in der GO dienen. Aus den wenigen vorhandenen Arbeiten werden exemplarisch solche vorgestellt, in denen es um die Erreichung der Bildungsziele geht, oder um die Frage, welche mathematikbezogenen Lernergebnisse von der GO erwartet werden. So wird berichtet, welche mathematischen Kompetenzen Hochschullehrende unterschiedlicher Studienfächer von Studienanfängerinnen und Studienanfängern mindestens erwarten (Kap. 3.1) und es werden empirische Ergebnisse präsentiert, die den Studienerfolg in MINT-Fächern unter Berücksichtigung der geforderten und benötigten mathematischen Kompetenz evaluieren (Kap. 3.2). In Kapitel 3.3 werden auf Basis der Daten aus der letzten repräsentativen bundesweiten Studie zu Mathematikleistungen von Schülerinnen und Schülern der GO die Fragen thematisiert, wie ein kognitives Mindestniveau der GO methodisch greifbar gemacht werden kann und wie zuverlässig Aussagen für Deutschland über den Anteil an Schülerinnen und Schülern oberhalb dieses Mindestniveaus sind. In Kapitel 3.4 wird schließlich eine empirische Studie zum Erwerb von wissenschaftspropädeutischem Wissen bezogen auf das Fach Mathematik vorgestellt.

Teil 4: Mathematikunterricht in der gymnasialen Oberstufe

In Teil 4 des Sammelbands wird in drei Beiträgen der Mathematikunterricht der GO und seine Wirkungen in den Blick genommen. Dazu wird zunächst fokussiert, inwiefern Unterrichtsqualität spezifisch für die GO betrachtet werden kann bzw. sollte und welche Herausforderungen, Desiderata und Handlungsoptionen sich für die Weiterentwicklung des Mathematikunterrichts in der GO ergeben (Kap. 4.1). Das Kapitel 4.2 widmet sich anhand einer Sekundäranalyse der Frage, inwiefern in Daten der Längsschnittstudie LAU ein kumulativer Kompetenzerwerb im Verlauf der GO identifiziert werden kann. Im dritten Beitrag wird die Frage thematisiert, in welcher Weise Basiswissen und Basiskönnen im Mathematikunterricht der GO vermittelt werden können bzw. sollten (Kap. 4.3).

Teil 5: Diskussionsbeiträge

In den abschließenden Diskussionsbeiträgen werden die Beiträge des Sammelbands im Überblick diskutiert und weitere Perspektiven für die Forschung zur Weiterentwicklung des Mathematikunterrichts in der GO aufgezeigt. Dazu werden Perspektiven aus der Didaktik der Mathematik (Kap. 5.1), der erziehungswissenschaftlichen Bildungstheorie (Kap. 5.2) und der Beruflichen Bildung (Kap. 5.3) eingenommen. Im Sinne des Ziels des Sammelbands – die Initiierung eines wissenschaftlichen Diskurses über den wenig erforschten Mathematikunterricht in der GO – markieren die kritisch-konstruktiven Beiträge in Teil 5 des Sammelbands den Beginn dieses Diskurses.

Danksagung

Das vorliegende Buch hätte ohne die Unterstützung vieler Beteiligter nicht in dieser Form entstehen können. Wir danken vor allem den Autorinnen und Autoren, den externen Gutachterinnen und Gutachtern sowie den erfahrenen Diskutantinnen und Diskutanten für ihre wertvollen Beiträge. Ebenfalls zu Dank verpflichtet sind wir Dr. Birte Niebuhr vom IPN Kiel für das Korrekturlesen sowie Julia Schulz vom Waxmann Verlag für die Unterstützung bei der Herstellung des Buches. Damit das Buch für alle Interessierten auch kostenlos als Open-Access-Version zur Verfügung stehen kann, wurden finanzielle Mittel vom Open-Access-Monografien-Fonds der Leibniz-Gemeinschaft, von der Ludwig-Maximilians-Universität München sowie von der Otto-von-Guericke-Universität Magdeburg bereitgestellt. Auch dafür herzlichen Dank.

Literatur

Huber, L. (2009). Von „basalen Fähigkeiten" bis „vertiefte Allgemeinbildung": Was sollen Abiturientinnen und Abiturienten für das Studium mitbringen? In D. Bosse (Hrsg.), *Gymnasiale Bildung zwischen Kompetenzorientierung und Kulturarbeit* (S. 107–124). VS Verlag für Sozialwissenschaften. https://doi.org/10.1007/978-3-531-91485-5

Kampa, N., Hinz, H., Haag, N. & Köller, O. (2018). Standardbezogene Kompetenzen im Fach Mathematik am Ende der gymnasialen Oberstufe: Ein Vergleich über eine Linking-Studie. *Zeitschrift für Erziehungswissenschaft, 21*, 121–141. https://doi.org/10.1007/s11618-017-0777-8

KMK (Sekretariat der Ständigen Konferenz der Kultusminister der Länder in der Bundesrepublik Deutschland) (1995). *Weiterentwicklung der Prinzipien der gymnasialen Oberstufe und des Abiturs. Abschlussbericht der von der Kultusministerkonferenz eingesetzten Expertenkommission.* Schmidt & Klaunig.

KMK (2019). *Schüler, Klassen, Lehrer und Absolventen der Schulen 2008 bis 2017.*

KMK (2021). *Vereinbarung zur Gestaltung der gymnasialen Oberstufe und der Abiturprüfung. (Beschluss der Kultusministerkonferenz vom 07.07.1972 i.d.F. vom 18.02.2021).* https://www.kmk.org/fileadmin/Dateien/veroeffentlichungen_beschluesse/1972/1972_07_07-VB-gymnasiale-Oberstufe-Abiturpruefung.pdf

Neumann, M. & Trautwein, U. (2019). Sekundarbereich II und der Erwerb der Hochschulzugangsberechtigung. In O. Köller, M. Hasselhorn, F. W. Hesse, K. Maaz, J. Schrader, H. Solga, K. Spieß & K. Zimmer (Hrsg.), *Das Bildungswesen in Deutschland. Bestand und Potenziale* (S. 533–564). Klinkhardt.

Rolfes, T., Lindmeier, A. & Heinze, A. (2021). Mathematikleistungen von Schülerinnen und Schülern der gymnasialen Oberstufe in Deutschland. Ein Review und eine Sekundäranalyse der Schulleistungsstudien seit 1995. *Journal für Mathematik-Didaktik, 42*(2), 395–429. https://doi.org/10.1007/s13138-020-00180-1

Teil 1:
Zieldimensionen des Mathematikunterrichts in der gymnasialen Oberstufe aus fachlicher Perspektive

Eine wesentliche Rechtfertigung für einen verpflichtenden Schulbesuch ist die Funktion von Schule als Bildungsinstitution. Die Frage nach den Bildungszielen von Schule und der dahinterliegenden Frage, was mit dem Begriff „Bildung" eigentlich gemeint ist, wird bereits seit Jahrhunderten diskutiert. Heinz-Elmar Tenorth (2020) hat diese Diskussion in seinem knapp 700-seitigen Werk „Die Rede von Bildung" aus bildungshistorischer und bildungstheoretischer Perspektive ausführlich thematisiert. An dem umfangreichen Literaturverzeichnis wird deutlich, wie viele Autorinnen und Autoren sich bereits mit diesem Thema befasst haben. Bei der Beschäftigung mit Bildungszielen von Schule stellt sich unmittelbar auch immer die Frage nach Inhalten, bezüglich derer sich Schülerinnen und Schüler bilden können oder sollen. Dies umfasst die Frage, was ein gebildeter Mensch zu einem fachlichen Bereich wissen oder können sollte. Bildung im Allgemeinen wie auch im speziell Fachlichen ist dabei kein Selbstzweck. Entsprechend steht neben der Frage nach dem „was" auch die Frage, wozu sich der Mensch in Bildungsinstitutionen bilden sollte.

Wilhelm von Humboldt thematisierte 1809 in seinen Ausführungen zum Königsberger und Litauischen Schulplan die Ziele verschiedener (schulischer) Bildungsphasen. Er unterschied dabei den Elementarunterricht (= Primarstufe), den Schulunterricht (Sekundarstufen I und II) und den Universitätsunterricht als „natürliche Stadien" (von Humboldt, 1809/1920, S. 279). Während der Elementarunterricht „es erst möglich [macht], eigentlich Dinge zu lernen, und einem Lehrer zu folgen" (S. 279), führt der Schulunterricht

> den Schüler nun in die Mathematik, Sprach- und Geschichtskenntniss bis zu dem Punkte wo es unnütz seyn würde, ihn noch ferner an einen Lehrer und eigentlichen Unterricht zu binden, er macht ihn nach und nach vom Lehrer frei, bringt ihm aber alles bei, was ein Lehrer beibringen kann. Der Universität ist vorbehalten, was nur der Mensch durch und in sich selbst finden kann, die Einsicht in die reine Wissenschaft." (S. 279).

An anderer Stelle in dem Text schreibt Humboldt zum Schulunterricht:

> Der Schüler ist reif, wenn er so viel bei andern gelernt hat, dass er nun für sich selbst zu lernen im Stande ist. Sein Sprachunterricht z.B. ist auf der Schule geschlossen, wenn er dahin gekommen ist, nun mit eigner Anstrengung und mit dem Gebrauche der vorhandenen Hülfsmittel jeden Schriftsteller, insoweit er

wirklich verständlich ist, mit Sicherheit zu verstehen, und sich in jede gegebene Sprache, nach seiner allgemeinen Kenntniss vom Sprachbau überhaupt, leicht und schnell hinein zu studiren. (S. 261).

Eine Schulbildung bis zum Ende der gymnasialen Oberstufe (GO) sollte nach Humboldt demnach die Vorbereitung zum eigenständigen akademischen Lernen anstreben. Dies umfasst, wie oben am Beispiel des Sprachunterrichts exemplarisch benannt, dass man zu einem fachlichen Inhaltsbereich ausreichende Kompetenzen erwirbt, um sich in neue, unbekannte und auch andersartige Themen dieses Inhaltsbereichs „leicht und schnell hinein zu studiren."

Wie Tenorth (2020) beschreibt, bestimmt der Humboldt'sche Ansatz die (allgemeine) Bildung nicht nur aus der Perspektive von formalen Bildungsphasen, sondern legt explizit auch fachliche Dimensionen fest. So ist

das Curriculum einerseits formal [bestimmt], denn „das Lernen des Lernens", wie er explizit sagt, müsse gelernt werden, andererseits material, in vier Dimensionen, die das Wissen und die im Umgang mit Wissen erwerbbaren Kompetenzen „philosophisch" definieren: die linguistische, historische, mathematische und ästhetisch-expressive Dimension. Die Welt wird damit in ihrer sprachlichen und zeitlich-sozial-normativen Dimension und Codierung, in mathematischer Symbolisierung der Analyse und in der individuellen Gestaltung der natürlichen und der je subjektiv-leiblichen Verfasstheit zum Thema, je einzeln und nicht substituierbar in ihrem Modus, relationiert im schulischen Lernprozess. (S. 85)

Demnach weist Humboldt dem Fach Mathematik eine zentrale, „nicht substituierbare" Bedeutung beim Zugang zur Welt und damit als Bestandteil von Bildung zu. Entsprechend besteht damit die Aufgabe, die mathematische Bildung mit den oben genannten Ansprüchen – nicht nur, aber auch – für die GO zu beschreiben.

Wie eingangs angedeutet, gibt es viele weitere Autorinnen und Autoren, die sich aus bildungstheoretischer Perspektive mit dem Thema Bildung und Zielen von Bildung beschäftigt haben. Für einen Band zum Mathematikunterricht in der GO ist Humboldts Bildungsbegriff, und besonders die damit verbundenen Zielsetzungen von Bedeutung, weil sie einen ersten Zugang zu diesbezüglichen Spezifika der Schulstufen bieten. Selbstverständlich darf dabei nicht vergessen werden, dass sich das Gymnasium und die Universität seit Humboldts Zeiten verändert haben. Dies betrifft sowohl Aspekte der pädagogisch-didaktischen Organisation als auch die deutliche Erweiterung der schulischen bzw. wissenschaftlichen Lehrinhalte. Daran anschließend stellt sich insbesondere die Frage, welche – aktualisierten – Ziele der GO zugeschrieben werden und welchen Beitrag der heutige Mathematikunterricht zu diesen Zielen leisten kann oder soll.

In der GO sind die übergeordneten Bildungsziele heute durch eine Trias an Zieldimensionen geprägt: Vertiefte Allgemeinbildung, Wissenschaftspropädeutik und (allgemeine) Studierfähigkeit (KMK, 1995, 2021). Als erstes fällt dabei auf, dass aus dem einen Ziel der „allgemeinen Grundbildung" (KMK, 2020, S. 5) des Sekundarbereichs I drei Zieldimensionen geworden sind, die aus verschiedenen Perspektiven betrachtet Überschneidungen aufweisen. So umfasst die für die Schule vorgesehene Allgemeinbildung aus einer formalen Sicht im Sinne Humboldts u. a. das „Lernen des Lernens" als Vorbereitung auf das akademische Lernen an der Universität. Gleichzeitig beinhaltet die Zieldimension Wissenschaftspropädeutik den Aufbau eines grundlegenden Wissenschaftsverständnisses sowie eine Vorbereitung auf das wissenschaftliche Arbeiten, und die Zieldimension allgemeine Studierfähigkeit ist gänzlich auf die Vorbereitung auf das akademische Lernen an der Hochschule bezogen. Eine getrennte Beschreibung der drei Zieldimensionen ist demnach herausfordernd und bedarf Abgrenzungen. Wir adressieren die drei Zieldimensionen der Trias getrennt, versuchen dabei zu große Überschneidungen zu vermeiden und wenn sie auftreten, die Begründungslinien aus der jeweilig spezifischen Perspektive aufzuzeigen.

Selbstverständlich könnten paarweise Schnittmengen der drei Zieldimensionen aus der jeweiligen Perspektive der Zieldimensionen beschrieben werden. Dies würde aber eine sehr viel umfassendere Darstellung erfordern, die dieser Überblicksband nicht anstrebt.

In diesem Teil 1 des Bands zum Mathematikunterricht der GO versuchen wir, uns den Zielen der GO aus einer mathematikdidaktischen Perspektive zu nähern. Wie erwähnt folgen wir der Strukturierung im Sinne der Trias der Ziele, ergänzen diese aber um ein viertes Kapitel zur „digitalen Bildung" im Mathematikunterricht der GO.

In **Kapitel 1.1** werden verschiedene mathematikdidaktische Konzeptionen zur Beschreibung allgemeinbildender Ziele des Mathematikunterrichts adressiert. Auf dieser Basis wird dann eine Beschreibung versucht, was aus fachlicher Sicht eine Vertiefung der „allgemeinen Grundbildung" des Sekundarbereichs I sein kann.

In **Kapitel 1.2** werden Ansätze vorgestellt, die Zieldimension Wissenschaftspropädeutik für den Mathematikunterricht der GO zu charakterisieren. Diese Ansätze sind vor allem dem bildungswissenschaftlichen Diskurs entnommen und werden unter Berücksichtigung der Spezifika der Mathematik adaptiert und ausgearbeitet.

Kapitel 1.3 nähert sich dem Begriff der Studierfähigkeit, um den Beitrag des Fachs Mathematik zu einer – mehr oder weniger allgemeinen – Studierfähigkeit zu fassen. Das Kapitel zeigt, dass es zwar durchaus Arbeiten zur Rolle mathematikbezogener Merkmale für den Studienerfolg in einzelnen Studienfächern gibt, die als Kriterien für ein Konstrukt „Studierfähigkeit" herangezogen werden können. Jedoch liegen zur Frage nach dem Beitrag des Fachs Mathematik zu einer „allgemeinen Studierfähigkeit" bisher nur sehr allgemeine Erkenntnisse und insbesondere kaum tragfähige theoretische Konzeptionen vor.

Das **Kapitel 1.4** wendet sich schließlich der Frage zu, was das Ziel einer mathematikspezifischen „digitalen Bildung" der GO umfassen könnte. Die Rolle und das Potenzial der sogenannten digitalen Revolution für die Gesellschaft und die damit verbundenen Bildungsanforderungen waren nicht nur zu Humboldts Zeiten außerhalb der Vorstellungskraft. Insbesondere wird in diesem Kapitel diskutiert, ob die Trias der Bildungsziele um eine vierte Zieldimension erweitert werden sollte oder ob die „digitale Bildung" eher querliegend in die drei anderen Zieldimensionen integriert werden kann.

Literatur

KMK (Sekretariat der Ständigen Konferenz der Kultusminister der Länder in der Bundesrepublik Deutschland) (1995). *Weiterentwicklung der Prinzipien der gymnasialen Oberstufe und des Abiturs. Abschlussbericht der von der Kultusministerkonferenz eingesetzten Expertenkommission.* Schmidt & Klaunig.

KMK (2020). *Vereinbarung über die Schularten und Bildungsgänge im Sekundarbereich I. (Beschluss der Kultusministerkonferenz vom 03.12.1993 i. d. F. vom 26.03.2020).* https://www.kmk.org/fileadmin/Dateien/veroeffentlichungen_beschluesse/1993/1993-12-03-VB-Sek-1.pdf

KMK (2021). *Vereinbarung zur Gestaltung der gymnasialen Oberstufe und der Abiturprüfung. (Beschluss der Kultusministerkonferenz vom 07.07.1972 i. d. F. vom 18.02.2021).* https://www.kmk.org/fileadmin/Dateien/veroeffentlichungen_beschluesse/1972/1972_07_07-VB-gymnasiale-Oberstufe-Abiturpruefung.pdf

Tenorth, H.-E. (2020). *Die Rede von Bildung. Tradition, Praxis, Geltung – Beobachtungen aus der Distanz.* Springer.

von Humboldt, W. (1809/1920). Der königsberger und der litauische Schulplan. In A. Leitzmann (Hrsg.), *Wilhem von Humboldts Gesammelte Schriften* (Bd. 13, S. 259–283). B. Behr's Verlag. https://archive.org/details/gesammelteschrif13humbuoft

1.1

Tobias Rolfes & Aiso Heinze

Vertiefte Allgemeinbildung als eine Zieldimension von Mathematikunterricht in der gymnasialen Oberstufe

1 Einleitung und Problemaufriss

„Bildung: Alles was man wissen muss." war der Titel eines Sachbuchs von Dietrich Schwanitz (1999), das es im Jahre 2000 in Deutschland an die Spitze der Bestseller-Liste brachte. Hierin fasste Schwanitz zusammen, was seiner Meinung nach jede Bürgerin und jeder Bürger über die Geschichte Europas, die europäische Literatur, die Geschichte der Kunst und Musik oder über die Philosophie wissen sollte. Wissen oder Fähigkeiten im mathematisch-naturwissenschaftlichen Bereich, so meinte er, „müssen zwar nicht versteckt werden, aber zur Bildung gehören sie nicht" (Schwanitz, 1999, S. 482). Auch wenn diese Engführung des Bildungsbegriffs Kritik hervorrief und sogar zu einem Buch über „Die andere Bildung. Was man von den Naturwissenschaften wissen sollte" (E. P. Fischer, 2001) führte, verdeutlichen Schwanitz' Buch und dessen Popularität die Schwierigkeit, mit der sich die Naturwissenschaften und die Mathematik konfrontiert sehen: Was ist an den Naturwissenschaften und der Mathematik bildend bzw. allgemeinbildend? Für die Mathematik ist diese Frage bereits nicht für alle Unterrichtsinhalte in der Sekundarstufe I leicht zu beantworten. Nicht einfacher gestaltet sich die Beantwortung der Frage für die gymnasiale Oberstufe: Welchen Beitrag kann der Mathematikunterricht in der gymnasialen Oberstufe zu einer *vertieften Allgemeinbildung* – neben der *Studierfähigkeit* und der *Wissenschaftspropädeutik* eines der drei Elemente der Trias der Bildungsziele der gymnasialen Oberstufe (KMK, 2021) – leisten?

Der Begriff „vertiefte Allgemeinbildung" setzt sich aus den drei Elementen „Bildung", „allgemein" und „vertieft" zusammen. Eine Begriffsdefinition stellt bereits für alle drei Bestandteile eine Herausforderung dar, sodass eine Ableitung des Begriffs „vertiefte Allgemeinbildung" aus den Begriffsbestimmungen seiner drei Einzelbestandteile wenig erfolgversprechend ist. Auch der Begriff Bildung ist schwer zu fassen und wurde unter unterschiedlichen Perspektiven in den letzten Jahrhunderten betrachtet (vgl. Tenorth, 2020). Schon die Beantwortung der Frage, welcher Unterschied eigentlich zwischen den Begriffen „Bildung" und „Allgemeinbildung" besteht, erscheint bei genauer Betrachtung nicht trivial (vgl. z. B. Heymann, 1996a). Auch Huber (2009) stellte fest, dass er „von keiner autoritativen Stelle [wisse], wo ‚vertiefte Allgemeinbildung' erklärt würde" (S. 121).

Wird (vertiefte) Allgemeinbildung nicht ausschließlich funktional und utilitaristisch verstanden, hat dieser Begriff auch einen normativen Anteil. Hierin unterscheidet sich das Bildungsziel der vertieften Allgemeinbildung nicht unerheblich vom Bildungsziel der Studierfähigkeit, das nahezu ausschließlich funktional betrachtet wird und daher möglicherweise leichter für empirische Untersuchungen zugänglich ist. Es stellt aber keine empirische, sondern eine normative Frage dar, ob es zur vertieften Allgemeinbildung in der gymnasialen Oberstufe gehört, nicht nur mit Werken von z. B. Beethoven, Goethe oder Picasso, sondern auch mit Erkenntnissen von Descartes, Laplace oder Leibniz vertraut zu sein und so sein Potenzial der Modi des Weltzugangs im Sinne Humboldts (linguistische, historische, mathematische und ästhetisch-expressive Dimension) zu erweitern. Im Gegensatz zu einem rein funktionalen Verständnis von Bildungszielen, bei dem sich aus der zugeschriebenen Funktion Prüfkriterien ableiten lassen, was zur (vertieften) Allgemeinbildung dazugehört und was nicht, basieren derartige normative Setzungen in der Regel auf gesellschaftlichen Aushandlungsprozessen und hängen von den Werten und Normen des jeweiligen historisch-gesellschaftlichen Kontextes ab. So resümiert auch Tenorth (1994): „Mit den Begriffen ‚Allgemeinbildung' und ‚allgemeine Bildung' […] werden […] alle Anstrengungen einer Gesellschaft, Kultur oder Nation zusammenfassend bezeichnet, die sich darauf richten, durch gesellschaftliche Institutionen in der heranwachsenden Generation diejenigen Kenntnisse und Fähigkeiten, Einstellungen und Haltungen zu verbreiten, deren Beherrschung historisch jeweils als notwendig und unentbehrlich gilt." (S. 7).

Bei einer oberflächlichen Betrachtung könnte zunächst die Position vertreten werden, dass die allgemeinbildende Funktion des Mathematikunterrichts mit dem Ende der Sekundarstufe I abgeschlossen ist. Solch einer Position könnte beispielsweise die Annahme zugrunde liegen, dass nur diejenigen Schülerinnen und Schüler in die gymnasiale Oberstufe übertreten, die sich auf ein Hochschulstudium vorbereiten möchten. Allerdings erscheint diese Perspektive auf die Aufgabe der gymnasialen Oberstufe zu limitiert, da nicht nur an den Hochschulen Bedarf an Menschen mit einer Allgemeinbildung besteht, die über das Allgemeinbildungsziel der Sekundarstufe I hinausgeht. So nehmen beispielsweise nicht alle Abiturientinnen und Abiturienten ein Studium auf und es gibt inzwischen viele Ausbildungsberufe, die das Abitur oder Fachabitur voraussetzen. Befragungen in den Jahren 2002 bis 2015 von Studienberechtigten ein halbes Jahr nach Schulabschluss zeigten, dass jeweils 26%-32% der Befragten angaben, noch kein Studium aufgenommen zu haben und dieses auch nicht zu planen (Schneider et al., 2017). Im Jahr 2019 verließen 419.000 Personen die Schule mit einer Hochschul- oder Fachhochschulreife (Bundesministerium für Bildung und Forschung, 2021), während gleichzeitig 151.000 Personen mit Hochschul- oder Fachhochschulreife eine Ausbildung begonnen haben (29% der Ausbildungsverträge, Statistisches Bundesamt, 2021), darunter auch solche, die das Abitur voraussetzen. Somit verdeutlichen diese absoluten Zahlen, dass die Vorbereitung auf ein Studium als alleiniges Ziel der gymnasialen Oberstufe wenig sinnvoll ist, wenn die gymnasiale Oberstufe auch für den substanziellen Teil der Personen, die kein Hochschulstudium aufnehmen, Bildungsangebote für eine anschließende anspruchsvolle berufliche Teilhabe bieten soll.

Weiter könnte auch in Frage gestellt werden, ob die in der Sekundarstufe I erworbene Allgemeinbildung ausreichend ist, um eine Entscheidung hinsichtlich eines Studien- oder Ausbildungsbereiches zu treffen. Entsprechend kann die gymnasiale Oberstufe Zeit und Fachinhalte für eine derartige Studien- und Berufsorientierung anbieten. Dies kann damit einhergehen, dass Jugendlichen das Angebot einer umfassenderen Allgemeinbildung gemacht wird, um erweiterte Möglichkeiten bezüglich der Modi des Weltzugangs im Sinne Humboldts zu erhalten. Für diese Perspektive zeigt sich der Begriff der (vertieften) Allgemeinbildung als hilfreich, um auch über den Bildungsgehalt des Mathematikunterrichts in der gymnasialen Oberstufe zu reflektieren.

Auch wenn nach Tenorth (1994) die Inhalte der Allgemeinbildung, der sogenannte Kanon, „ein Produkt des Kampfes ‚gesellschaftlicher Mächte' um die Schule und daher eher als ein Politikum denn als Ergebnis wissenschaftlicher Arbeit" (S. 22) sind, so sollen im vorliegenden Kapitel 1.1 die bisherigen wissenschaftlich orientierten Ansätze für eine (vertiefte) Allgemeinbildung im Fach Mathematik analysiert werden. Darauf aufbauend sollen exemplarisch Inhalte für den Mathematikunterricht in der gymnasialen Oberstufe aus der Perspektive der (vertieften) Allgemeinbildung abgeleitet werden. Dieses wird im Bewusstsein getan, dass die Überlegungen nur eingeschränkt objektiv-empirisch legitimiert werden können und immer einen subjektiv-normativen Aspekt beinhalten. Das Ziel ist dabei, die Prämissen und die Argumentation möglichst transparent zu machen, um konstruktive und pragmatische Perspektiven für eine Entwicklung des Mathematikunterrichts in der gymnasialen Oberstufe zu entwerfen.

2 Allgemeinbildungskonzepte für das Fach Mathematik

Zur allgemeinbildenden Funktion des Mathematikunterrichts wurden in den vergangenen Jahrzehnten unterschiedliche konzeptuelle Überlegungen angestellt. Ein zentraler Referenzpunkt ist dafür die Habilitationsschrift „Allgemeinbildung und Mathematik" von Heymann (1996a), die bereits vor ihrer Verlagsveröffentlichung im Jahre 1996 zu Diskussionen in der Öffentlichkeit und an den Hochschulen geführt hatte (Neubrand, 1995). Seinem Allgemeinbildungskonzept billigt Heymann schulstufenübergreifende Gültigkeit zu, da er für seine Überlegungen zur gymnasialen Oberstufe (Heymann, 1996b) keine eigene Konzeptualisierung entwickelt.

Als Reaktion auf die Diskussionen um Heymanns Überlegungen legte Winter einen Essay zu den drei sogenannten Winter'schen Grunderfahrungen (Winter, 1995, 2003) vor, in dem er seine früheren Ideen zu allgemeinen Lernzielen für den Mathematikunterricht (Winter, 1975) aufgegriffen und angepasst hat. Winters Gedanken sind in der Mathematikdidaktik auf große Zustimmung gestoßen und werden breit rezipiert. Winter sieht die drei Grunderfahrungen auch als Grundlage des Mathematikunterrichts in der gymnasialen Oberstufe an (Baptist & Winter, 2001). Sein Konzept der Grunderfahrungen erlangte u. a. Gravitas, indem sie explizit in den Bildungsstandards sowohl für den Mittleren Schulabschluss (KMK, 2004) als auch für die Allgemeine Hochschulreife (KMK, 2015) als bildungstheoretische Grundlage für die Bildungsziele des Mathematikunterrichts genannt werden (vgl. auch Blum, 2015).

Um die Jahrtausendwende wurde von Mathematikdidaktikerinnen und Mathematikdidaktikern im Auftrag der *Organisation for Economic Co-operation and Development* (OECD) für das *Programme for International Student Assessment* (PISA) mit der *Mathematical Literacy* eine Konzeptualisierung entwickelt (vgl. Stacey & Turner, 2015), die entgegen der Intention der Autorinnen und Autoren vielfach als ein Allgemeinbildungskonzept angesehen wird (Messner, 2003). In der Öffentlichkeit erregten die PISA-Untersuchungen und damit auch das Konzept der Mathematical Literacy wegen des unterdurchschnittlichen Abschneidens Deutschlands Aufmerksamkeit (Stichwort „PISA-Schock"). Wenngleich das Literacy-Konzept durch die PISA-Erhebungen vornehmlich mit der Sekundarstufe I in Verbindung gebracht wird, wurde und wird der Ansatz der Mathematical Literacy auch in Studien zur Sekundarstufe II (u. a. TIMSS, NEPS) eingesetzt.

Eine weitere Konzeptualisierung von Allgemeinbildung entwickelte der Klagenfurter Mathematikdidaktiker Roland Fischer und bezeichnete sie zunächst als *höhere Allgemeinbildung* (R. Fischer, 2001) und später in einer Weiterentwicklung als *fächerorientierte Allgemeinbildung* (R. Fischer, 2012). Hierbei fokussiert Fischer explizit die allgemeinbildende Facette des Mathematikunterrichts in der Sekundarstufe II. Fischer war Mitglied jener Projektgruppe, die die Grundlagen für das Konzept der zentralen schriftlichen Reifeprüfung (sog. Zentralmatura) in Mathematik für die allgemeinbildende höhere Schule (AHS) ausgearbeitet hat, sodass seine bildungstheoretischen Überlegungen in Österreich auch praktischen Niederschlag gefunden haben (Siller et al., 2016).

Im Folgenden werden diese vier zentralen Perspektiven auf Allgemeinbildung dargestellt und reflektiert, um auf dieser Basis dann in Abschnitt 3 Aspekte einer vertieften Allgemeinbildung als Ziel des Mathematikunterrichts der gymnasialen Oberstufe zu diskutieren.

2.1 Heymanns Allgemeinbildungskonzept

Das Allgemeinbildungskonzept, welches Heymann bereits 1989 in seinen Grundzügen veröffentlichte (Heymann, 1989), wurde ausführlich in der Habilitationsschrift „Allgemeinbildung und Mathematik" (Heymann, 1996a) dargelegt. Aufbauend auf der Habilitationsschrift erstellte Heymann eine komprimierte Zusammenfassung seiner Überlegungen (Heymann, 1995) und spezifizierte seine Ausführungen zur gymnasialen Oberstufe noch einmal in einem Zeitschriftenartikel „Mathematikunterricht in der Gymnasialen Oberstufe" (Heymann, 1996b), welcher aber bisher kaum rezipiert wurde[1].

---

1 Bei Google Scholar werden für diesen Zeitschriftenartikel nur 13 Zitationen aufgeführt (Stand 04.07.2022).

Ausgangspunkt von Heymanns Überlegungen war eine Defizitanalyse, nach der der Mathematikunterricht seine postulierte Bildungswirkung anscheinend nicht erreicht und daher eine erhebliche Diskrepanz zwischen dem Anspruch und der Wirklichkeit des realen Mathematikunterrichts besteht (Heymann, 1996a). Dabei sieht Heymann es als erforderlich an, dass eine bildungstheoretische Legitimation für den allgemeinbildenden Bildungswert der Mathematik erfolgt. Er betrachtet sein Allgemeinbildungskonzept als einen bildungstheoretischen Orientierungsrahmen (Heymann, 1996b), in dem er sieben zentrale Aufgaben für die allgemeinbildende Schule formulierte (Heymann, 1996a): 1. *Lebensvorbereitung*, 2. *Stiftung kultureller Kohärenz*, 3. *Weltorientierung*, 4. *Anleitung zum kritischen Vernunftgebrauch*, 5. *Entfaltung von Verantwortungsbereitschaft*, 6. *Einübung in Verständigung und Kooperation* und 7. *Stärkung des Schüler-Ichs*. Im Folgenden werden die sieben Aufgaben detaillierter betrachtet.

Laut Heymann dürfte es unumstritten sein, dass „die allgemeinbildende Schule die Heranwachsenden auf ihr Leben als Erwachsene vorbereiten müsse" (Heymann, 1996a, S. 51). Er unterscheidet dabei zwischen einer *Lebensvorbereitung im engeren Sinne* und einer *Lebensvorbereitung im weiteren Sinne*. Im engeren Sinne bedeute Lebensvorbereitung, dass die allgemeinbildende Schule Kenntnisse, Fertigkeiten und Fähigkeiten für das Handeln in konkret benennbaren und eingrenzbaren Situationen vermittle. Im weiteren Sinne könne die Lebensvorbereitung der Schule darin gesehen werden, dass die Schülerinnen und Schüler „in der Auseinandersetzung mit geistig herausfordernden Stoffen und Themen ihre individuellen Fähigkeiten und Kräfte soweit wie möglich […] entfalten" (Heymann, 1996a, S. 60), um „auch auf die praktischen Anforderungen des privaten und beruflichen Lebensalltags hinreichend vorbereitet [zu] sein" (S. 60).

Eine Lebensvorbereitung in engerem Sinne zielt auf die konkrete Nützlichkeit der Bildungsinhalte; eine Lebensvorbereitung im weiteren Sinne ist im Sinne einer formalbildenden Wirkung der Schule zunächst „zweckfreie Bildung". Beschränkt sich die Schule auf eine dieser beiden Interpretationen von Lebensvorbereitung, so setzt sie sich nach Heymann (1996a) bei einer alleinigen Fokussierung auf die Nützlichkeit „zu Recht dem Vorwurf einer utilitaristischen Verkürzung" (S. 60) oder bei einer übermäßigen Betonung der Zweckfreiheit „zu Recht dem Vorwurf der Weltfremdheit" (S. 60) aus.

Aufbauend auf dieser bildungstheoretischen Ausarbeitung der Lebensvorbereitung im engeren Sinne analysierte Heymann die Inhalte des Mathematikunterrichts. Laut Heymann ergibt sich – zu seiner Zeit – das folgende empirische Resultat: „Erwachsene, die nicht in mathematikintensiven Berufen tätig sind, verwenden in ihrem privaten und beruflichen Alltag nur relativ wenig Mathematik – was über den Stoff hinausgeht, der üblicherweise bis Klasse 7 unterrichtet wird (Prozentrechnung, Zinsrechnung, Schlußrechnung), spielt später kaum noch eine Rolle." (Heymann, 1996a, S. 153). Diese Feststellung erregte damals große Aufmerksamkeit unter den Mathematikerinnen und Mathematikern an Hochschulen und auch in der Öffentlichkeit. In Schlagzeilen von Zeitungen wurden Heymanns Überlegungen simplifizierend zu „Sieben Jahre Mathematik sind genug" (Ruhr-Nachrichten) oder sogar zu „Zuviel Mathe ist Quatsch" (Bild-Zeitung) verzerrt (vgl. Vollrath, 1996).

Wie die bisherige Darstellung deutlich macht, wird Heymanns Allgemeinbildungskonzept durch eine ausschließliche Fokussierung auf seine Überlegungen zur Lebensvorbereitung im engeren Sinne in unzulässiger Weise verkürzt, da er noch sechs weitere Aufgaben eines allgemeinbildenden Mathematikunterrichts identifiziert hatte, die insbesondere der Lebensvorbereitung im weiteren Sinne dienen.

Den entscheidenden Beitrag des Mathematikunterrichts zur *Stiftung kultureller Kohärenz* (zweite Aufgabe) sieht Heymann darin, „die besondere Universalität der Mathematik und ihre Bedeutung für die Gesamtkultur anhand zentraler Ideen exemplarisch erfahrbar zu machen" (Heymann, 1996a, S. 158). Zentrale Ideen könnten nach Heymann sein: Zahl, Messen, räumliches Strukturieren, funktionaler Zusammenhang, Algorithmus und mathematisches Modellieren (Heymann, 1996b). Die zentralen Ideen sollten als „rote Fäden" dienen und die Verbindung von Mathematik und außermathematischer Kultur exemplarisch deutlich machen (Heymann, 1996b). Der Ansatz der zentralen Ideen, bereits von Bruner (1960/1977) unter der Bezeichnung *fundamentale Ideen* formuliert, hat in die Bildungsstandards für den Mittleren Schulabschlusses (KMK, 2004) und für die Allgemeine Hochschulreife (KMK, 2015) in Form von fünf *Leitideen* Eingang gefunden: (L1) (Algorithmus und) Zahl, (L2) Messen, (L3) Raum und Form, (L4) Funktionaler Zusammenhang und (L5) Daten und Zufall.

Im Rahmen der *Weltorientierung* (dritte Aufgabe) solle der Mathematikunterricht Erfahrungen ermöglichen, „wie Mathematik zur Deutung und Modellierung, zum besseren Verständnis und zur Beherrschung primär nichtmathematischer Phänomene herangezogen werden kann." (Heymann, 1996b, S. 549). Als vierte Aufgabe eines allgemeinbildenden Mathematikunterrichts sieht Heymann die *Anleitung zum kritischen Vernunftgebrauch*. In der komprimierten Zusammenfassung seiner Habilitation verwendet Heymann die Bezeichnung *Denkenlernen und kritischer Vernunftgebrauch* (Heymann, 1995), womit deutlicher die in dieser Aufgabe enthaltene formalbildende Idee der Mathematik als „Schule des Denkens" zu Tage tritt. Allerdings steht Heymann der These über die angenommene Transferfähigkeit des im Mathematikunterricht Gelernten skeptisch gegenüber. So führe die Beschäftigung mit Mathematik nicht per se zur Erhöhung der Denkfähigkeit, wie empirische Befunde zeigten, sondern nur wenn der Mathematikunterricht verstehensorientiert sei, könnten Schülerinnen und Schüler Mathematik als „Verstärker" ihres Alltagsdenkens erfahren (Heymann, 1996b).

Die letzten drei Aufgaben (Entfaltung von Verantwortungsbereitschaft, Einübung von Verständigung und Kooperation, Stärkung des Schüler-Ichs) subsumiert Heymann (1995) unter *sozialen und subjektiven Momenten des Mathematiklernens*. So sei es bedenklich, wenn die fachliche von der sozialen Dimension des Lernens abgespalten werde. „Schlüsselqualifikationen" wie „Kooperationsbereitschaft", „Verantwortlichkeit", „Kreativität" und „Leistungsbereitschaft" könnten im Fachunterricht nur auf der Ebene der Unterrichtskultur vermittelt werden (Heymann, 1996b).

Die sieben Aufgaben einer allgemeinbildenden Schule sieht Heymann auch als zentral für die gymnasiale Oberstufe an, sodass sein Allgemeinbildungskonzept auch für die gymnasiale Oberstufe Gültigkeit hat (Heymann, 1996b). Auffällig bei seinen Analysen zum Mathematikunterricht in der gymnasialen Oberstufe ist allerdings, dass Heymann Studierfähigkeit nicht als eigene Zieldimension neben der vertieften Allgemeinbildung auffasst, sondern als eine Anforderung, die ein allgemeinbildender Mathematikunterricht berücksichtigen müsse. So seien elementare mathematische Kenntnisse unverzichtbare Studienvoraussetzungen unterschiedlicher Hochschulfächer. Darüber hinaus aber unterscheidet sich nach Heymann die Art und der Umfang der Beschäftigung mit Mathematik in Abhängigkeit davon, ob mathematikintensive oder nicht mathematikintensive Berufe angestrebt werden. Daher befürwortet er einen kursdifferenzierten Mathematikunterricht, der sich an den angestrebten Studienfächern der Oberstufenschülerinnen und -schüler ausrichtet (vgl. auch Kap. 1.3 in diesem Band).

2.2 Winters Allgemeinbildungskonzept der mathematischen Grunderfahrungen

Wie bereits einleitend erwähnt, wird in der mathematikdidaktischen Literatur häufig auf die drei Grunderfahrungen nach Winter (1995, 2003) Bezug genommen, wenn es um den allgemeinbildenden Charakter der Mathematik geht. Außerdem werden die drei Grunderfahrungen explizit in den Bildungsstandards als bildungstheoretische Grundlage für die Bildungsziele des Mathematikunterrichts genannt (vgl. auch Blum, 2015).

Bezüglich seiner Vorstellung zur Allgemeinbildung stellt Winter fest: „Zur Allgemeinbildung soll hier das an Wissen, Fertigkeiten, Fähigkeiten und Einstellungen gezählt werden, was jeden Menschen als Individuum und Mitglied von Gesellschaften in einer wesentlichen Weise betrifft, was für jeden Menschen unabhängig von Beruf, Geschlecht, Religion u. a. von Bedeutung ist." (Winter, 2003, S. 6). Dabei betrachtet Winter Allgemeinbildung explizit unter einer staatsbürgerlichen Perspektive, denn „eine funktionierende Demokratie ist ohne aufgeklärte, also selbstständig denkende Bürger nicht vorstellbar" (Winter, 2003, S. 6). Daher sollte nach Winter (2003) ein allgemeinbildender Mathematikunterricht drei Grunderfahrungen ermöglichen. Er verwendet intentional das Wort „Erfahrung" für sein Konzept, da es aus seiner Sicht beim Mathematiklernen nicht um bloße Informationsverarbeitung geht, sondern dass „Mathematik erlebt (möglicherweise auch erlitten) werden muss" (Winter, 2003, S. 7).

Im Folgenden werden die drei Grunderfahrungen nach Winter dargestellt und diskutiert. Dabei werden sie jeweils in ihrem originalen Wortlaut aus Winter (1995) wiedergegeben, aber auch nach dem modifizierten Wortlaut eines Buchbeitrags von Baptist und Winter (2001), der sich speziell mit den Bildungszielen des Mathematikunterrichts in der gymnasialen Oberstufe beschäftigt.

Erste Grunderfahrung

> Erscheinungen der Welt um uns, die uns alle angehen oder angehen sollten, aus Natur, Gesellschaft und Kultur, in einer spezifischen Art wahrzunehmen und zu verstehen. (Winter, 1995, S. 37)

> Mathematik als ein Reservoir an Modellen, d. h. an begrifflichen Konstruktionen, die geeignet sind, Erscheinungen der Welt auf rationale Art zu interpretieren (deskriptive Modelle) oder das Verfolgen von Zwecken systematisch zu organisieren (normative Modelle). (Baptist & Winter, 2001, S. 61)[2]

Die erste Grunderfahrung bezieht sich auf die Nützlichkeit von Mathematik für die Modellierung von lebensweltlichen Phänomenen. Winter (2003) betont allerdings, dass es nicht nur um die Anwendung und Ausführung von alltagsrelevanten mathematischen Verfahren geht, sondern dass den Schülerinnen und Schülern der Modellcharakter und der Lebenszusammenhang offenbar gemacht werden soll. So sei beispielsweise im Rahmen der Zinsrechnung kritisch zu reflektieren, dass das Zinssystem nicht „logisch zwingend oder naturgegeben" (S. 7) sei, sondern ein präskriptives Modell für den Umgang mit geliehenem Geld darstelle. Daher sollten auch alternative Modelle diskutiert werden, ebenso wie „das folgenreiche Widerspiel zwischen Soll- und Habenzinsen" (S. 7). Auch solle die Beschäftigung mit Grundfragen der Bevölkerungskunde, der Altersvorsorge und des Versicherungs- und Steuerwesens nicht zu einem „Fachrechnen für Versicherungskaufleute und Finanzbeamte" (S. 7) werden, sondern im Sinne einer „politisch-aufklärerischen Arithmetik" (S. 7) betrieben werden. Neben der Beschäftigung mit präskriptiven Modellen betrachtet Winter (2003) „deskriptive Modelle zu Phänomenen der physischen Welt" (S. 7), wie beispielsweise das Fallgesetz und die Bewegungslehre, als wichtige Elemente der ersten Grunderfahrung. Hierdurch würden wesentlich die Alltagserfahrungen erweitert und zu vertieften Einsichten führen, die auch Relevanz für das Verhalten im Straßenverkehr hätten.

Insgesamt geht es somit Winter bei der ersten Grunderfahrung nicht zuvorderst um eine utilitaristische Sicht auf die Mathematik, sondern er sieht fast schon im Sinne einer kritischen mathematischen Pädagogik (Skovsmose, 1994) die Nützlichkeit der Mathematik darin, in einer aufklärerischen Weise lebensweltliche Phänomene zu durchdringen und damit das Weltverstehen in einer reflektierenden Weise zu vergrößern. Dazu gehört das kritische Reflektieren des mathematischen Modellierens. Diese Auffassung geht einher mit der Forderung von Fischer und Malle (1985), dass der Mensch sich dieser Wechselwirkung zwischen mathematischem Modell und der repräsentierten Situation bewusst sein sollte, um nicht die mathematischen Modelle „für das ‚eigentlich Reale' an der Natur" (S. 103) zu halten.

---

2   Bei Baptist und Winter (2001) wird die Reihenfolge der ersten beiden Grunderfahrungen im Vergleich zu Winter (1995) vertauscht. Im Folgenden wird die Reihenfolge aus Winter (1995) verwendet.

Zweite Grunderfahrung

> Mathematische Gegenstände und Sachverhalte, repräsentiert in Sprache, Symbolen, Bildern und Formeln, als geistige Schöpfungen, als eine deduktiv geordnete Welt eigener Art kennen zu lernen und zu begreifen. (Winter, 1995, S. 37)

> Mathematik als ein von Menschen gemachtes Universum abstrakter (und deshalb auch ‚ewiger') Objekte mit einem Höchstmaß an innerer (deduktiver) Vernetzung und Offenheit gegenüber Neuschöpfungen und neuen Ordnungen und Beziehungen. (Baptist & Winter, 2001, S. 61)

Die zweite Grunderfahrung bezieht sich auf den struktur- und geisteswissenschaftlichen Aspekt der Mathematik. So solle jede Schülerin und jeder Schüler erfahren, „dass Menschen imstande sind, Begriffe zu bilden und daraus ganze Architekturen zu schaffen" (Winter, 2003, S. 8). Somit wird in der zweiten Grunderfahrung eine besondere Facette des Modus des Weltzugangs in der Mathematik hervorgehoben. Anders als etwa beim naturwissenschaftlichen Weltzugang versucht die Mathematik nicht notwendigerweise realweltliche Phänomene zu beschreiben und zu erklären. Stattdessen fokussiert die Mathematik auf die Gestaltung eines formalen Systems mit deduktivem Aufbau, in dem aus bestehenden Begriffen neue Begriffe abgeleitet werden und deren Eigenschaften sowie Zusammenhänge zwischen Begriffen durch eine strenge logische Konsistenz beschrieben werden. Jedoch stellen Baptist und Winter (2001) auch fest, dass die ersten beiden Grunderfahrungen eng miteinander verknüpft seien, da „eine formale Struktur, zu der man kein Modell finden kann, das die Struktur interpretiert, […] sogar in der formalen Mathematik als uninteressant [gilt]" (S. 61).

Nach Winter könne sich mathematische Allgemeinbildung nicht auf formelfreie Problemstellungen reduzieren, sondern „ist nur etwas wert, wenn sie den verständigen Gebrauch von Formeln nachdrücklich anstrebt" (Winter, 2003, S. 9), denn „den Segen von Formeln kann man […] nur erfahren, wenn man *kreativ* mit ihnen umgehen kann" (Winter, 2003, S. 9). Algorithmen stellten dabei eine „besonders dichte Form mathematischer Symbolverarbeitung" (Baptist & Winter, 2001, S. 63) dar. Mit ihnen könnten „(anspruchsvolle) Problemstellungen über eine Kette sich wiederholender Elementarhandlungen ohne weiteren geistigen Aufwand und ein für alle Mal erledigt […] werden" (Baptist & Winter, 2001, S. 63). Daher seien „Formeln, algorithmusartige Regelsysteme und Algorithmen ein wesentlicher und nicht abwählbarer Bestandteil grundlegender und vertiefter Allgemeinbildung. Wer für ‚Mathematik ohne Formeln' wirbt, kann unmöglich Allgemeinbildung im Auge haben, vertiefte Allgemeinbildung schon gar nicht" (Baptist & Winter, 2001, S. 63).

Allerdings heben Baptist und Winter (2001) auch hervor, dass eine Fokussierung auf die syntaktische Ebene, ohne die angewendeten Algorithmen und Kalküle inhaltlich zu verstehen, nur von geringem Bildungswert sei: „Jedoch – und das ist eben die Kehrseite – Symbolverarbeitung in der syntaktischen Dimension ist praktisch wertlos, wenn sie nur nach den syntaktischen Regeln abgehandelt und nicht verstanden und ihre Bedeutung nicht durchschaut wird. (In der Kulturtechnik Lesen ist ja auch nicht das Lautieren wesentlich, sondern die Sinnentnahme.)" (Baptist & Winter, 2001, S. 63). Einschränkend gelte dabei allerdings zu beachten, dass „die Intention, Algorithmisches in Sinnzusammenhängen zu entwickeln und sinnvoll handhaben und bewerten zu lernen, anspruchsvoll für Schüler und Lehrer ist." (Baptist & Winter, 2001, S. 64). Auch wenn es angesichts der Herausforderung durchaus verständlich sei, dass häufig im Mathematikunterricht statt auf dieses ambitionierte Ziel eher auf die Beherrschung von Kalkülen abgezielt werde, gäbe es jedoch keine Alternative zu einem verständnisorientierten Unterricht, wenn Allgemeinbildung angestrebt werde (Baptist & Winter, 2001).

Dritte Grunderfahrung

> In der Auseinandersetzung mit Aufgaben Problemlösefähigkeiten, die über die Mathematik hinaus gehen, (heuristische Fähigkeiten) zu erwerben. (Winter, 1995, S. 37)

> Mathematik als ideales Übungsfeld für heuristisches und analytisches Denken, das die alltägliche Denkpraxis aufgreift und in spezifischer Weise hochstilisiert. (Baptist & Winter, 2001, S. 61)

Winters dritte Grunderfahrung ist in der Tradition der formalen Bildung verankert und nimmt damit eine traditionelle Sichtweise auf Mathematikunterricht ein, wie sie auch in der vierten Aufgabe (*Denkenlernen und kritischer Vernunftgebrauch*) von Heymanns Allgemeinbildungskonzept Ausdruck findet. Das formale Bildungsverständnis fokussiert auf den Transfer des Gelernten, d. h. es stehen nicht wie beim materialen Bildungsverständnis die gelernten Inhalte (z. B. Hauptsatz der Integral- und Differentialrechnung) im Zentrum, sondern das Lernen dient dazu, Muster des Denkens auszuprägen (vgl. auch Tenorth, 1994). Sichtbar wird diese formalbildende Perspektive auf die Mathematik beispielsweise in der häufig anzutreffenden Charakterisierung der Mathematik als „Schule des Denkens", die bereits in der Antike anzutreffen war (Lenné, 1969). Ab dem 17./18. Jahrhundert wurde sich verstärkt auf den formalen Zweck von Mathematik kapriziert und dieser wurde in den darauffolgenden Jahrhunderten zur zentralen Legitimationsgrundlage für den Mathematikunterricht an den Gymnasien. So heißt es beispielsweise 1958 in der Schrift „Bildungsauftrag und Bildungspläne der Gymnasien" der *Arbeitsgemeinschaft Deutsche Höhere Schule*: „Die Rolle der Mathematik bei der Verwirklichung des Bildungsauftrages der höheren Schule erstreckt sich *in erster Linie* [Hervorh. d. Verf.] auf die Kraft des Verstandes als Mittel der Erkenntnis" (Arbeitsgemeinschaft Deutsche Höhere Schule, 1958, S. 44). Somit wurde gerade im formalen Zweck der Mathematik ihr allgemeinbildender Charakter gesehen. Lenné (1969) stellt fest, dass in fast allen Lehrplänen behauptet werde, dass gerade die Mathematik das logische Denken und die Abstraktionsfähigkeiten auch über den Bereich der Mathematik hinaus üben könne.

Gerade mit dieser Transferannahme fügte sich das Fach Mathematik in besonderer Weise in die formalen Bildungsziele der humanistischen Gymnasien ein. Bis heute wird dieser formale Bildungsaspekt der Mathematik hervorgehoben. Wie bereits in den Ausführungen zu Heymanns Allgemeinbildungskonzept (Abschnitt 2.1) dargestellt, ist die Transferhypothese der dritten Winter'schen Grunderfahrung, dass durch das Lernen von Mathematik die Fähigkeiten zum analytischen und heuristischen Denken auch in anderen Kontexten gefördert wird, allerdings empirisch kaum belegt. Bereits Arbeiten von Broyler et al. (1927) und Wesman (1945) beschäftigten sich mit der Frage des Transfers von im Mathematikunterricht erworbene Fähigkeiten und Fertigkeiten auf andere Bereiche und konnten keinen Wirkungszusammenhang nachweisen. Zwar gibt es immer wieder Studien (z. B. Cresswell & Speelman, 2020), die einen Zusammenhang zwischen mathematischen Fähigkeiten und kognitiven Funktionen höherer Ordnung (logisches Denken, Problemlösefähigkeit) feststellen, allerdings sind diese Studien insoweit methodisch limitiert, als dass korrelative Analysen keine Wirkungsrichtung identifizieren können. Bialik und Kabbach (2014) schließen aus den Ergebnissen ihres Reviews über diesen Zusammenhang sogar, dass sehr wahrscheinlich der Wirkungszusammenhang in der Weise verläuft, dass kognitive Funktionen höherer Ordnung wie logisches Denken und Problemlösefähigkeit den Aufbau mathematischer Fähigkeiten unterstützen und nicht umgekehrt. Generell ist die empirische Evidenz für die Transferannahme bisher wenig überzeugend und steht im deutlichen Kontrast zu den theoretischen Annahmen (s. a. Abschnitt 3.1 in Kap. 1.3 in diesem Band).

Zusammenfassend kann festgestellt werden, dass die Rollen, welche die Mathematik in den drei Winter'schen Grunderfahren einnimmt, als „Mathematik als Werkzeug" (Erste Grunderfahrung), „Mathematik als Strukturwissenschaft" (Zweite Grunderfahrung) und „Mathematik als Schule des Denkens" (Dritte Grunderfahrung) charakterisiert werden können (Hessisches Kultusministerium, 2016). Damit schließt Winter an zentrale Überlegungen an, mit denen traditionell – allerdings in unterschiedlichen Akzentsetzungen – der Bildungswert der Mathematik und ihres Unterrichts begründet wurde und wird. Kritisch ist anzumerken, dass der dritten Grunderfahrung eine seit langem geäußerte Transferannahme zugrunde liegt, für die allerdings bisher keine überzeugende empirische Evidenz vorliegt.

2.3 *Mathematical Literacy*

Das Konzept der *Mathematical Literacy*[3] ist heutzutage vor allem mit den PISA-Studien verbunden und wird entsprechend eher auf die Sekundarstufe I bezogen. Al-

---

3 Der englische Terminus *Literacy* wird im Deutschen häufig mit dem Wort *Grundbildung* übersetzt, welches aber eine nicht vollständig treffende Übersetzung des Literacy-Begriffs darstellt (Baumert et al., 2001). Um außerdem keine Verwechslungen mit anderen Begriffen wie dem *mathematischen Grundwissen und -können* (vgl. Kap. 4.3 in diesem Band) oder den *mathematischen Grundkompetenzen* (Peschek, 2011) zu erzeugen, wird im Folgenden die englische Bezeichnung verwendet. Außerdem wurde in der nationale Ergänzungsstudie in PISA 2000 vom Forschungskomitee in Deutschland in einem „nationalen Framework' […] der Begriff der mathematischen Grundbildung gegenüber dem internationalen Konzept ausdifferenziert" (Neubrand, 2004, S. 15).

lerdings wurde das Konzept der Mathematical Literacy bereits vor PISA im angelsächsischen Raum diskutiert und bildete auch eine konzeptuelle Grundlage für die TIMSS-Untersuchungen 1995/96 in der Sekundarstufe II. Dort wurde neben dem curricular orientierten Test zur voruniversitären Mathematik ein Test zur *Mathematical and Science Literacy* verwendet. Dieser wurde entwickelt, um das allgemeine Verständnis von mathematisch-naturwissenschaftlichen Prinzipien zu untersuchen (IEA, 1997). Ein zentrales Kriterium für die Anforderungen im Test war, dass die Fragestellungen reale Situationen umfassen und lebensweltlich kontextualisiert sind (IEA, 1997). Bemerkenswerterweise beinhaltete der TIMSS-Test zur *Mathematical and Science Literacy* für die Sekundarstufe II keine mathematischen Begriffe und Verfahren, die über die curricularen Inhalte der Sekundarstufe I hinausgingen (vgl. Baumert et al., 1999). Somit stellten die Mathematical Literacy-Items von TIMSS lediglich Anforderungen, die prinzipiell auch von Schülerinnen und Schülern am Ende der Sekundarstufe I lösbar waren.

Große Aufmerksamkeit in Wissenschaft und Öffentlichkeit – und damit einhergehend auch das Konzept der Mathematical Literacy – erhalten seit der Jahrtausendwende die PISA-Studien der OECD, die Jugendliche (Fünfzehnjährige) am Ende der Pflichtschulzeit betrachten. Ziel der PISA-Untersuchungen ist die Evaluierung, „how well are young adults prepared to meet the challenges of the future" (OECD, 1999, S. 7). Somit fokussiert PISA nicht primär auf das Leben *in* der Schule, sondern vielmehr auf das Leben *nach* der Schule (Stacey & Turner, 2015). Dementsprechend wird das im Rahmen der PISA-Untersuchungen entwickelte Literacy-Konzept häufig als ein neuer Ansatz für ein Allgemeinbildungskonzept angesehen, obgleich dieser Anspruch von den PISA-Beteiligten relativiert wird (Messner, 2003). So soll PISA keine Studie sein, die „generelle Aussagen über das erreichte Allgemeinbildungsniveau von Schülerinnen und Schülern erlaubt" (Baumert, 2001, S. 25). Dieses ist insoweit selbstredend, da in PISA nur wenige Domänen evaluiert werden und die in Bezug auf die Allgemeinbildung mangelnde Universalität im Fächerspektrum offensichtlich ist. Tiefergehender ist aber die Frage, inwieweit das Konzept der Mathematical Literacy Universalität bezüglich der allgemeinbildenden Facetten des Mathematikunterrichts beanspruchen kann und ob es auch Folgerungen für den Mathematikunterricht in der gymnasialen Oberstufe zulässt.

Mathematical Literacy wurde in der Rahmenkonzeption für die PISA-Untersuchungen 2000 definiert als „an individual's capacity to identify and understand the role that mathematics plays in the world, to make well-founded mathematical judgments and to engage in mathematics, in ways that meet the needs of that individual's current and future life as a constructive, concerned and reflective citizen" (OECD, 1999, S. 41). Wie aus der Definition unmittelbar ersichtlich wird, betrachtet der Literacy-Ansatz Mathematik funktional im lebensweltlichen Kontext. Der Kerngedanke der Mathematical Literacy ist es, so direkt wie möglich die Fähigkeit zu evaluieren, Mathematik bei der Lösung von Problemen aus der realen Welt anzuwenden, anstatt unbestätigte Schlussfolgerungen auf diese Fähigkeit zu ziehen, indem nur sogenannte abstrahierte mathematische Kenntnisse und Fähigkeiten erfasst werden (Stacey & Turner, 2015). Entsprechend umfasst die Mathematical Literacy nach Stacey und Turner (2015) die Fähigkeiten der Erstellung, Verwendung oder Interpretation eines mathematischen Modells für ein reales Problem sowie das damit verbundene innermathematische Denken. Innermathematische Aufgaben, wie beispielsweise das Beweisen eines mathematischen Satzes oder technisch-prozedurale Fertigkeiten wie Umformungen mit Hilfe der Binomischen Formeln gelten in isolierter Form nicht als Fähigkeiten im Sinne der Mathematical Literacy. Unter der Perspektive der Mathematical Literacy darf sich der Mathematikunterricht somit nicht nur auf die Bereitstellung von mathematischen Verfahren beschränken, sondern muss auch gleich deren Diskussion in realen Problemkontexten einschließen (Neubrand, 2004).

Die Mathematik-Frameworks wurden für die PISA-Untersuchung mit Mathematik als Hauptdomäne (2003, 2012, 2022) jeweils überarbeitet und neu publiziert (OECD, 2003, 2013, 2018). Die bisherigen Überarbeitungen[4] intendierten aber nicht die Änderung des Konzepts der Mathematical Literacy, sondern die Revisionen hatten das Ziel, das Konzept zu schärfen und transparenter zu machen (Stacey & Turner, 2015). So wurde Mathematical Literacy im Rahmenkonzept der Erhebung in PISA 2012 definiert als: „Mathematical literacy is an individual's capacity to formulate, employ, and interpret mathematics in a variety of contexts. It includes reasoning mathematically and using mathematical concepts, procedures, facts and tools to describe, explain and predict phenomena. It assists individuals to recognise the role that mathematics plays in the world and to make the well-founded judgments and decisions needed by constructive, engaged and reflective citizens" (OECD 2013, S. 25).

Die PISA-Mathematik-Frameworks von 2000 bis 2009 wurden unter der Leitung von Jan de Lange vom niederländischen Freudenthal-Institut entwickelt (Stacey & Turner, 2015), weshalb der Begriff der Mathematical Literacy stark auf das niederländische Konzept der *Realistic Mathematics Education* (de Lange, 1987) aufbaut, welches wiederum auf Freudenthals mathematikdidaktischen Ansätzen basierte: „Our mathematical concepts, structures, ideas have been invented as tools to organise the phenomena of the physical, social and mental world" (Freudenthal, 1983, S. IX). Das Unterrichtskonzept der Realistic Mathematics Education ist bis heute stilgebend für den Mathematikunterricht in den Niederlanden bis in die Sekundarstufe II (vgl. Kap. 2.1 in diesem Band).

2.4 Fischers Allgemeinbildungskonzept

Seine Überlegungen über den allgemeinbildenden Wert des Mathematikunterrichts bezeichnete Roland Fischer zunächst als „Höhere Allgemeinbildung" (R. Fischer, 2001) und erweiterte sie später zu einem Bildungskonzept der „Fächerorientierten Allgemeinbildung" (R. Fischer, 2012).

---

4   Diese Aussage bezieht sich auf die Mathematik-Frameworks bis zu PISA 2018.

In seinem Allgemeinbildungsverständnis bezieht sich Fischer explizit auf Heymanns Ansatz (Heymann, 1996a). Als Ausgangspunkt für sein Konzept analysiert Fischer, welchen Anforderungen Menschen im Leben ausgesetzt sind, und fokussiert dabei das Laienproblem, welches auch Tenorth (1994) in Zusammenhang mit Allgemeinbildung bringt: „Allgemeine Bildung, das ist insofern Sensibilisierung für die Differenz von Laien und Experten und Befähigung zur kompetenten Wahrnehmung der Laien-‚rolle', Expertise gegen die Experten (Schütz 1946), wenn man so paradox sprechen will." (S. 81).

So analysiert Fischer, dass das Lernen des Lösens lebensweltlicher Anwendungsprobleme als Ziel von Mathematikunterricht nur beschränkt mittels einfach strukturierter Probleme angestrebt werden könne (auch in der Sekundarstufe II), da viele lebensweltliche Problemsituationen zu komplex seien. In der Realität würden Lösungsvorschläge zu komplexen Problemsituationen von Expertinnen und Experten ausgearbeitet und allgemeingebildete Laiinnen und Laien müssten die Problemlöseangebote von eventuell unterschiedlichen Expertinnen und Experten bewerten und Entscheidungen treffen (R. Fischer, 2013). Diese Art von „Entscheidungen über Angelegenheiten, bei denen dem Entscheidungssubjekt das für die Entscheidungen relevante Wissen nicht oder nur oberflächlich zur Verfügung steht" (R. Fischer, 2012, S. 9), kämen in der Lebenswelt am häufigsten vor.

Somit besteht in Fischers Bildungskonzept Kompetenz aus Handeln *und* Entscheiden. Zunächst unklar sei dabei, was man lernen müsse, um gut delegieren und bewerten zu können (R. Fischer, 2012). Dabei stelle sich die Frage, ob „Lernbereiche, die über unmittelbare Anwendbarkeit im Alltag hinausgehen – wie algebraisches Rechnen, physikalische Grundkenntnisse, Wissen über den Körperaufbau von Insekten oder über die französische Revolution" (R. Fischer, 2012, S. 11), zu dieser Fähigkeit, Entscheidungen treffen zu können, beitrügen.

Nach Fischer gibt es drei unterschiedliche Lernbereiche, deren Grenzen unscharf seien (R. Fischer, 2013): Zu den *Grundkenntnissen und -fertigkeiten* gehörten elementare Konzepte, Begriffe (z. B. mathematischer Funktionsbegriff) und Darstellungsformen und das Beherrschen einfacher Techniken. Zum *Operieren* gehört der Einsatz der Grundkenntnisse/-fertigkeiten zur Lösung von mehr oder weniger komplexen Aufgaben (von einfachen Rechenaufgaben bis zu komplexeren Modellierungsaufgaben, Beweisen). Das *Reflektieren* gehe schließlich über das Fachliche hinaus: „Hier geht es um das Interpretieren von Wissen und von Operationen im Hinblick auf die Anforderungen in einer konkreten Situation, um das Einordnen in größere Zusammenhänge und schließlich um das Bewerten" (R. Fischer, 2012, S. 13).

Welche Lernbereiche beherrscht werden müssten, unterscheide sich zwischen allgemeingebildeten Laiinnen bzw. Laien und Expertinnen bzw. Experten (R. Fischer, 2013). Beide sollten über einen ausreichenden Überschnitt an Grundkenntnissen und -fertigkeiten verfügen, um kommunizieren zu können. Allerdings müssten Expertinnen und Experten zusätzlich operieren können, um Probleme zu lösen. Für Laiinnen und Laien sei dagegen das Operieren nicht das primäre Tätigkeitsfeld. Sie müssten vor allem reflektieren können, d.h., die Problemlöseangebote der Expertinnen und Experten bewerten können (R. Fischer, 2012).

Roland Fischer (2001) geht für den allgemeinbildenden Mathematikunterricht davon aus, dass die Fähigkeit zum Reflektieren nicht automatisch durch das Operieren erworben wird. Stattdessen müssten sich Lernende das Reflexionswissen explizit aneignen. Daher solle der Mathematikunterricht verstärkt einen Fokus auf das Reflektieren anstelle des Operierens legen (R. Fischer, 2001). Schülerinnen und Schüler sollten mehr *über* Mathematik lernen als Mathematik selbst, auch wenn ein gewisses Maß an Mathematik gelernt werden müsse, um über sie zu reflektieren (R. Fischer, 2013). Zum Beispiel seien Potenziale und Gefahren von Mathematik (vor allem der Modellierungsfunktion) im Hinblick auf Entscheidungen wichtige Inhalte von reflexionsorientiertem Mathematikunterricht (R. Fischer, 2013).

Generell stellt sich nach Fischer (2013) die Frage, ob Menschen reflektieren können, ohne die Fähigkeit des Operierens zu haben. In einer arbeitsteiligen Gesellschaft werde aber davon ausgegangen, dass das zumindest teilweise möglich sei und in der Lebenspraxis geschehe dieser Vorgang regelmäßig. Menschen reflektierten und entschieden über Sachverhalte, in denen sie nicht Expertin oder Experte seien (R. Fischer, 2013).

Gemäß der Konzeption nach Fischer soll ein allgemeinbildender Mathematikunterricht als ein wichtiges Bildungsziel Entscheidungsfähigkeit und Kommunikationsfähigkeit mit Expertinnen und Experten aber auch der Allgemeinheit herausbilden (R. Fischer, 2001, 2012). Hierbei sei zu berücksichtigen, dass sich die Ausbildungsziele unterschieden: „Entscheidungskompetenter Laie zu werden ist ein anderes Ziel als zum Experten/zur Expertin ausgebildet zu werden" (R. Fischer, 2012, S. 14). Somit könne „Entscheidungsfähigkeit […] nicht als eine Summe von Mini-ExpertInnenkompetenzen dargestellt werden" (R. Fischer, 2012, S. 15) und die Entscheidungsfähigkeit müsse „als eigener und zwar zentraler Kompetenzbereich im Bildungsprozess entwickelt werden" (R. Fischer, 2012, S. 15). Eine solche Bildung könne aber nicht auf Fächer verzichten, da Problemlösevorschläge aus Fachdisziplinen entsprängen. Allerdings müssten sich Bildungsfächer auch am Allgemeinen von Bildung orientieren (R. Fischer, 2012). Die Orientierung des Mathematikunterrichts an der Entscheidungs- und Kommunikationsfähigkeit stelle nach Fischer (2012) „in gewisser Weise eine Kombination der Orientierung an ‚fundamentalen Ideen' der Disziplinen und an ‚Lebenssituationen' dar" (R. Fischer, 2012, S. 16).

In einer Ausarbeitung und Erprobung von Fischers Ansatz der „höheren Allgemeinbildung" zeigte sich bei Kröpfl (2007), dass sich eine klare Trennung des Grundwissens und des Reflexionswissens für den Inhaltsbereich Funktionen als schwierig herausstellte und der Übergang zwischen diesen beiden Wissensarten fließend war. Kritisch sieht Heugl (2017) in Fischers Ansatz, dass das Operieren an Expertinnen und Experten ausgelagert werden kann und sich der Mathematikunterricht daher auf die Grundkenntnisse und -fertigkeiten und auf das Reflektieren fokussieren solle: „Wir müssen in der Schule junge Menschen auch auf ihre Tätigkeit als Experten vorbereiten, das ist mehr als nur kommunizieren zu können. […] Wegen der Vorbereitung auf die Expertentätigkeit gehören grundlegende operative Fertigkeiten zu den notwendigen Grundkompetenzen, komplexe Operationen können aber auf technologische Werkzeuge ausgelagert werden" (S. 33). So seien die Elemente aus dem Bereich des Operierens wie Anwendungen, kreative Problemlösungen, Modellierungs- und Problemlöseaufgaben nach Heugl der zentrale Bildungsauftrag des Faches.

3 Synthese und Fazit

Die vier dargestellten Ansätze zur allgemeinbildenden Funktion des Mathematikunterrichts zeigen viele Überschneidungen, die auch im Einklang mit den Ideen Humboldts zur Mathematik als Modus des Weltzugangs stehen (vgl. Einleitung zum Teil 1 des Bandes). Gleichwohl werden in den vier Konzeptionen aber auch zum Teil deutlich unterschiedliche Akzentsetzungen sichtbar. Daher stellt sich im Folgenden die Frage, in welcher Weise eine Synthese aus diesen vier Ansätzen für das Bildungsziel der vertieften Allgemeinbildung in der gymnasialen Oberstufe möglich ist.

Der mathematische Modus des Weltzugangs zeigt sich in den dargestellten Ansätzen schwerpunktmäßig in zwei Facetten. Auf der einen Seite ist der mathematische Modus des Weltzugangs dadurch charakterisiert, dass er funktional auf Lebenssituationen ausgerichtet ist. Schon bei Humboldt war der modellierende Charakter der Mathematik zur Welterfassung ein allgemeinbildendes Element der Mathematik (vgl. Tenorth, 2003). So kann für bestimmte lebensweltliche Problemstellungen mit Hilfe mathematischer Begriffe und Verfahren der Problemraum strukturiert werden und gegebenenfalls Problemlösungsansätze ermittelt werden. Diese Funktion der Mathematik wird vom Konzept der Mathematical Literacy sehr stark in den Vordergrund gerückt. Auch Heymanns Aspekt der Lebensvorbereitung und die erste Winter'sche Grunderfahrung kann dieser Perspektive zugeordnet werden. Ebenso fokussiert Fischers Ansatz auf die Orientierung an Lebenssituationen, wobei hierbei besonders betont wird, dass in authentischen lebensweltlichen Problemstellungen das Operieren eine untergeordnete Bedeutung zum Reflektieren und Entscheiden hat. Somit kann eine Orientierung an Lebenssituationen – eventuell mit unterschiedlichen Akzentsetzungen – als ein Kernelement der vier Allgemeinbildungskonzepte und damit als konsensual bezeichnet werden. Daher wird in Abschnitt 3.1 weiter ausgearbeitet, welche Konsequenzen für den Mathematikunterricht in der gymnasialen Oberstufe aus einer Orientierung an Lebenssituationen erwachsen. Die Orientierung an Lebenssituationen soll hierbei im weiten Sinne verstanden werden, welche von der Bewältigung von elementaren und alltäglichen Problemstellungen (z. B. Prozentrechnung im Einzelhandel) bis zu der verständigen Beteiligung als mündige Bürgerin oder mündiger Bürger in Politik, Gesellschaft und Kultur reicht. Dabei wird auch deutlich werden, dass in der gymnasialen Oberstufe fortgeschrittene mathematische Begrifflichkeiten thematisiert werden können (z. B. Infinitesimalrechnung, Wahrscheinlichkeitsverteilungen), die auf mathematischen Inhalten der Sekundarstufe I aufbauen und den Schülerinnen und Schülern aufgrund ihrer kognitiven Entwicklung zugänglich sind. Diese ermöglichen auch den Einsatz komplexerer mathematischer Modelle im Sinne der Mathematik als ein Modus des Weltzugangs, sodass der Allgemeinbildungsanspruch der Sekundarstufe I erweitert wird.

Auf der anderen Seite scheint eine alleinige Fokussierung auf die Orientierung an Lebenssituationen insbesondere für den Mathematikunterricht in der gymnasialen Oberstufe zu limitiert, da der mathematische Modus des Weltzugangs eine weitere wichtige Facette aufweist. Diese ist gerade dadurch gekennzeichnet, dass mit der Mathematik eine Welt eigener Art geschaffen wird. Bereits Wittenberg (1963/1990) hob diesen Aspekt der Mathematik hervor und sprach von einer „Welt sui generis" (S. 46) bzw. von einer „Wirklichkeit sui generis" (S. 47). Winter (1995) übernimmt diesen Aspekt in der zweiten Grunderfahrung („deduktiv geordnete Welt eigener Art", S. 37). Während die Mathematik als deduktiv geordnete Welt eigener Art in der Sekundarstufe I nur anhand einzelner konkreter Merkmale aufgezeigt werden kann (z.B. im Rahmen spezifischer mathematischer Beweise), böte die gymnasiale Oberstufe auf Grund der größeren intellektuellen Reife der Schülerinnen und Schüler eher die Möglichkeit, diesen Aspekt verständnisorientiert zu thematisieren. Deshalb arbeiten wir in Abschnitt 3.2 weiter aus, in welcher Weise die Mathematik als Welt eigener Art Inhalt des Mathematikunterrichts in der gymnasialen Oberstufe sein kann. Auf Ebene der konkreten zu behandelnden mathematischen Themen wird erkennbar werden, dass diese teilweise auch durch die Zieldimensionen Wissenschaftspropädeutik (vgl. Kap. 1.2 in diesem Band) und Studierfähigkeit (vgl. Kap. 1.3 in diesem Band) begründet werden können, auch wenn sich die Begründungslinien ggf. unterscheiden. Die unterschiedlichen Begründungen für die jeweiligen Themen des Mathematikunterrichts sind dabei nicht irrelevant, denn sie werden Konsequenzen dafür haben, mit welcher Intention diese Themen im Unterricht behandelt und in welchen Kontexten sie implementiert werden sollen.

Die Aspekte „Orientierung an Lebenssituationen" und „Mathematik als Welt eigener Art" sind Perspektiven, die mit den ersten beiden Grunderfahrungen von Winter (1995) korrespondieren. Bezüglich des Anspruchs der dritten Winter'schen Grunderfahrung ist allerdings Skepsis angebracht, wie in Abschnitt 2.2 bereits ausgeführt wurde. Auch wenn die Behauptung, dass die Mathematik eine „Schule des Denkens" sei, bereits seit Jahrhunderten aufgestellt wird und als Legitimation für schulischen Mathematikunterricht dient, ist diese empirisch nicht klar belegbare – und bei genauerer Betrachtung auch theoretisch schwierig begründbare – These, dass die Beschäftigung mit der Mathematik das „Denken" in einem *höheren* Maße schult als andere Fächer, in Frage zu stellen. Daher sollte überdacht werden, ob der seit langer Zeit und in der dritten Winter'schen Grunderfahrung formulierte Anspruch an den Mathematikunterricht weiter als *Legitimationsgrundlage* für den allgemeinbildenden Charakter des Mathematikunterrichts herangezogen wird. Positiv gesehen kann die Aufgabe dieses Anspruchs an die weitreichenden Transferfähigkeiten von mathematischen Fähigkeiten und Fertigkeiten über den fachlichen Kontext hinaus dazu führen, die Bildungsziele des Mathematikunterrichts klarer, realitätsnäher und fokussierter zu diskutieren. Um Missverständnissen an dieser Stelle vorzubeugen, sei explizit erwähnt, dass damit nicht das Ziel des Erwerbs der zugehörigen *mathematikbezogenen* Fähigkeiten in Frage gestellt wird. Die Entwicklung von heuristischem und analytischem Denken und eine damit verbundene Problemlösekompetenz im innermathematischen Kontext ist ein wichtiges Ziel des Mathematikunterrichts, das eine wichtige Grundlage für die Nutzung von Mathematik in anderen Kontexten bzw. Fächern sowie in der gymnasialen Oberstufe auch für die Studienvorbereitung ist. Dieses Ziel kann aber auch über die ersten beiden Aspekte „Orientierung an Lebenssituationen" und „Mathematik als Welt eigener Art" adressiert werden.

3.1 Orientierung an Lebenssituationen

Allen vier Ansätzen ist gemein, dass sich ein Mathematikunterricht an Lebenssituationen orientieren müsse, wenn er allgemeinbildend sein soll. Somit kann dieser Aspekt als eine zentrale Kategorie für allgemeinbildenden Mathematikunterricht angesehen werden. Als wesentliche mathematische Tätigkeit steht hier das mathematische Modellieren im Vordergrund, das sich nach Winter (2003) nicht nur auf die einfache Anwendung von Modellen beschränken sollte. Krüger (2018) schließt sich dieser Forderung an und fordert, dass Schülerinnen und Schüler lernen müssten, dass „ein Modell von der repräsentierten Situation verschieden ist und diese im Allgemeinen nur ausschnittsweise und ungenau beschreibt" (S. 28). Ihrer Auffassung nach nehmen auch die Bildungsstandards für die Allgemeine Hochschulreife (KMK, 2015) diese kritische Reflektion des mathematischen Modellierens unzureichend auf und „die Kompetenzbeschreibung [geht] kaum über Modellierungsaktivitäten beim Konstruieren passender und Verstehen gegebener mathematischer Modelle hinaus" (Krüger, 2018, S. 29).

Mathematische Tätigkeiten in Lebenssituationen zeichnen sich dadurch aus, dass sie den Umgang mit relevanten mathematischen Begriffen, Aussagen und Prozeduren erfordern. Dabei erscheint allerdings die Schlussfolgerung von Heymann (1996a), dass Inhalte des Mathematikunterrichts nach der Klassenstufe 7 im späteren Leben kaum noch eine Rolle spielen (sofern man nicht mathematikintensive Berufe ergreift), in dieser Zuspitzung durchaus diskussionswürdig. Als eines von mehreren Beispielen sei die Exponentialfunktion erwähnt, die in den Klassenstufen 9 und 10 behandelt wird. Der verständige Umgang mit dieser Funktionenklasse hilft den Lernenden im späteren Leben, um etwa Sparvorgänge oder die Verbreitung von Virusinfektionen einschätzen und beurteilen zu können, was ihnen bei privaten und gesellschaftspolitischen Anforderungen bzw. Entscheidungen eine größere Autonomie ermöglicht.

Schulleistungsstudien in der gymnasialen Oberstufe, in denen mathematische Kompetenzen im Sinne der Mathematical Literacy (d.h. Beherrschung von lebensweltlich eingebundenen Problemstellungen auf der Grundlage der Unterrichtsinhalte der Sekundarstufe I) erhoben wurden, zeigen, dass die Kompetenzen der Schülerinnen und Schüler insbesondere im unteren Leistungsbereich als problematisch bezeichnet werden können, da sie kriteriale Mindeststandards nicht erreichen (vgl. Review in Rolfes et al., 2021). Daher erscheint es gerade für Schülerinnen und Schüler in diesem Leistungsbereich auch in der Oberstufe sinnvoll, unterrichtliche Angebote zu gestalten, mit denen sie ihre Kompetenzen bezogen auf *elementare* lebensweltliche Problemstellungen (z. B. Abschätzungen, Prozent- und Zinsrechnung, Umgang mit exponentiellem Wachstum) ausbauen können. Der Mathematikunterricht in der gymnasialen Oberstufe sollte deshalb nicht nur neue mathematische Begriffe und Verfahren einführen. Stattdessen sollte der kumulative Kompetenzaufbau im Fach Mathematik auch so verstanden werden, dass ein vertieftes Wissen von bereits in der Sekundarstufe I eingeführten mathematischen Begriffen und Verfahren entwickelt und die Kompetenzen für ihre Anwendung in lebensweltlichen Situationen gesichert werden (vgl. auch Kap. 4.2 und 4.3 in diesem Band).

Aber auch originäre Unterrichtsinhalte der Oberstufenmathematik können eine lebensweltliche Orientierung aufweisen. Für die Beurteilung, welche fortgeschrittenen mathematischen Inhalte unter einer Orientierung an Lebenssituationen als relevant betrachtet werden können, kann dabei die folgende Leitfrage herangezogen werden, die mathematische Tätigkeiten als eine Fortsetzung von Alltagstätigkeiten ansieht: „Welches sind die mathematischen Grundtätigkeiten, die sich aus der ‚normalen', alltäglichen allgemeinen Denkpraxis heraus fortstilisiert haben […]?" (Winter, 1975, S. 107).

So resultierte bereits im 17. Jahrhundert die Beschäftigung mit dem Tangentenproblem (Leibniz) und dem Momentangeschwindigkeitsproblem (Newton) in der Entwicklung des Ableitungsbegriffs und der Analysis (Sonar, 2016). Dem Ableitungsbegriff kann damit eine wichtige lebensweltliche Bedeutung für die präzise mathematische Beschreibung von realen Veränderungsprozessen zugeschrieben werden, die die Idee der Modellierung als durchschnittliche Veränderung erweitert. Wie bereits bei Newton stellt der Geschwindigkeitsbegriff auch im heutigen Mathematikunterricht eine verbreitete physikalische Anwendungssituation des Ableitungsbegriffs dar (Durchschnittsgeschwindigkeit versus Momentangeschwindigkeit). Aber neben diesen naturwissenschaftlichen Bezügen sollten auch gesellschaftliche Phänomene mit Bezug zum Ableitungsbegriff im Mathematikunterricht der gymnasialen Oberstufe berücksichtigt werden. Nahezu jede Abiturientin und jeder Abiturient wird im Verlauf des Lebens Einkommensteuer zahlen und im aktuellen deutschen, progressiven Steuersystem ist beispielsweise ein Verständnis des Unterschieds zwischen Durchschnittssteuersatz und Grenzsteuersatz wichtig für das Verständnis des Einkommensteuersystems und zur angemessenen politischen Teilhabe an Diskussionen über das Einkommensteuersystem. Beispielsweise entwickelte Vohns (2017) einen unterrichtspraktischen Vorschlag zum Einkommenssteuertarif, der auch Winters Anforderungen an die erste Grunderfahrung gerecht wird, da nicht nur innerhalb des Modells der Einkommenssteuer gearbeitet wird, sondern auch die Modellierung an sich zum Thema gemacht wird. Daher kann in der gymnasialen Oberstufe eine Beschäftigung mit dem Einkommenssteuertarif (oder vergleichbarer Situationen) auch einen guten Anlass bieten, neben naturwissenschaftlich-deskriptiven Modellierungen auch gesellschaftlich-präskriptive Modellierungen in den Mathematikunterricht einzubeziehen, wie es auch Baptist und Winter (2001) anregen.

Aus allgemeinbildender Perspektive schwieriger zu legitimieren ist die Beschäftigung mit dem Integralbegriff im Sinne einer Orientierung an Lebenssituationen. Zwar erweitert das Riemann-Integral zweifellos den mathematischen Zugang zu der Berechenbarkeit von Flächeninhalten und kumulativen Prozessen, allerdings ist der Bezug zu Lebenssituationen verborgener als beim Ableitungsbegriff. Zudem werden grundlegende Aspekte zu Flächeninhaltsberechnungen bereits in der Sekundarstufe I thematisiert. Daher könnte aus einer rein allgemeinbildenden Perspektive (ohne Beachtung der Studierfähigkeit) durchaus diskutiert werden, ob für den Mathematikunterricht der gymnasialen Oberstufe nicht andere Inhalte besser legitimiert werden können als der Integralbegriff. Dass das Riemann-Integral für die Vorbereitung auf ein Studium im mathematisch-naturwissenschaftlichen Bereich relevant ist, steht dabei außer Frage. Wird es aber wesentlich darüber legitimiert, so hätte diese Zielsetzung auch Konsequenzen dahingehend, in welchen Kontexten und für welche Zielgruppe die Integralrechnung im Unterricht schwerpunktmäßig behandelt wird.

Als Inhaltsbereich mit einer hohen lebenspraktischen Relevanz – und damit von hohem allgemeinbildenden Wert – erscheint die Stochastik und hierbei insbesondere auch die derzeitigen curricularen Inhalte der Sekundarstufe II. Nicht zuletzt die Covid-19-Pandemie hat vor Augen geführt, welche wichtige Rolle der verständnisvolle Umgang mit Daten und Unsicherheit im Leben von Menschen spielen kann (für viele andere Infektionskrankheiten gelten natürlich ähnliche Fragen): Wie kann überhaupt festgestellt werden, ob ein entwickelter Impfstoff die gewünschte Wirkung hat? Was bedeutet es, dass sich durch eine Impfung das Ansteckungsrisiko um 70 % reduziert? Warum ist es nicht sicher, dass man an Covid-19 erkrankt ist, wenn ein Schnelltest positiv ist? Die Beantwortungen dieser Alltagsfragen, die im privaten Kontext wie im Rahmen der politischen Teilhabe eine hohe Relevanz haben, setzt ein profundes Verständnis des experimentalstatistischen Vorgehens und der damit verbundenen Inferenzstatistik, von bedingten Wahrscheinlichkeiten und dem Satz von Bayes voraus. Ein Blick in einige Schulbücher hinterlässt allerdings den Eindruck, dass diese Themengebiete in der unterrichtlichen Umsetzung in der gymnasialen Oberstufe, trotz aller Bestrebungen um kompetenzorientierten Unterricht, noch immer sehr kalkülorientiert und an einer fachmathematischen Systematik und weniger an lebensweltlichen Problemsituationen ausgerichtet sind.

Während sich für die gymnasiale Oberstufe durchaus begründen lässt, dass sich ein Mathematikunterricht im Sinne eines lebensvorbereitenden Unterrichts mit Grundinhalten der Analysis und der Stochastik, eventuell in anderer Akzentsetzung als bisher, beschäftigen kann, gestaltet sich diese lebensvorbereitende Legitimation des aktuellen Geometrie-Curriculums der gymnasialen Oberstufe schwieriger. So bemängelten bereits Borneleit et al. (2001), dass der geometrische Aspekt im Unterricht der Analytischen Geometrie und Linearen Algebra zu dürftig erscheint, „wenn dort die geometrischen Objekte weitgehend auf lineare Gebilde in der analytischen Geometrie und Funktionsgraphen in der Analysis beschränkt bleiben" (S. 35). Darüber hinaus sei die Tendenz zur Kalkülorientierung auch für den Unterricht in Analytischer Geometrie erkennbar, „wo sich ein Kanon von Standardaufgaben aus dem Bereich der Schnitt- und Abstandsbeziehungen herausgebildet hat." (S. 38). Auch wenn diese Analyse mittlerweile zwei Jahrzehnte zurückliegen, erscheint diese Kritik trotz der Einführung der Bildungsstandards immer noch ein zentrales Problem des Geometrieunterrichts der gymnasialen Oberstufe zu beschreiben. Dabei stellt die Möglichkeit der „Berechenbarkeit des dreidimensionalen Raumes" plausiblerweise eine wichtige allgemeinbildende Idee mit Lebensweltbezug dar, die die Berechenbarkeit von zwei- und dreidimensionalen Figuren aus der Sekundarstufe I mithilfe des Vektorbegriffs fortsetzt. Allerdings ist in der Tat fraglich, ob eine Beschränkung auf lineare geometrische Gebilde und eine Einkleidung von Abstands- und Schnittaufgaben in zum Teil artifiziellen Kontexten einem allgemeinbildenden Anspruch des Geometrieunterrichts in der gymnasialen Oberstufe genügt.

Abschließend stellt sich bei der curricularen Analyse der Unterrichtsinhalte die Frage, welche Unterrichtsinhalte bisher im Mathematikunterricht der gymnasialen Oberstufe nicht berücksichtigt sind, obwohl sie ggf. einen großen Bildungswert aus allgemeinbildender Perspektive aufweisen. Mit der Analysis, Geometrie/Linearen Algebra und Stochastik/Statistik sowie der Zahlentheorie und elementaren Algebra aus der Sekundarstufe I sind grundlegende Ideen der Mathematik, die Bezug zum lebensweltlichen Kontext haben, abgedeckt. Aktuelle Diskussionen im Zuge der sog. Digitalisierung werfen die Frage auf, ob auch eine elementare Kryptographie oder Codierungstheorie als Inhaltsbereiche legitimiert wären. Aus einer lebensweltlichen Perspektive wäre eine Legitimation sicherlich gegeben. Aus einer mathematischen Perspektive bleibt die Frage, welche neuen genuinen mathematischen Ideen für Zugänge zur Lebenswelt diese Inhaltsgebiete in der gymnasialen Oberstufe liefern. Hier ist zu bedenken, dass in der Schule allenfalls eine elementarisierte Form der Kryptographie oder Codierungstheorie implementiert werden könnte, da viele mathematische Grundlagen (z. B. endliche Körper für die Codierungstheorie) nicht als Lernvoraussetzungen verfügbar sind. Entsprechend dürften viele Aspekte einer elementarisierten Form der Kryptographie oder Codierungstheorie nur wenig über einfache zahlentheoretische oder algebraische Ideen hinausgehen. Eine stoffdidaktische Ausarbeitung eines Kryptographie- oder Codierungstheorie-Curriculums, das die mathematischen Kernideen dieser beiden Gebiete adressiert, eine lebensweltliche Orientierung aufzeigt und geeignet ist, andere curriculare Inhalte und damit verbundene mathematische Ideen zu ersetzen, dürfte aktuell eine Herausforderung sein.

Anders sieht es dagegen bei der Thematisierung relationaler algebraischer Strukturen aus, wie sie beispielsweise in der Graphentheorie bearbeitet werden. Diese Thematik kann nicht nur aus einer lebensweltlichen Perspektive über einen mathematischen Zugang zur Modellierung realer Situationen legitimiert werden, sondern würde auch noch den Mehrwert einer neuen mathematischen Idee bringen, die in den traditionellen Inhaltsgebieten der Oberstufe nicht im Vordergrund steht. Vor einigen Jahren ist ein Aspekt dieser Thematik punktuell und sehr speziell mit der Behandlung der Übergangsgraphen und -matrizen zur Beschreibung mathematischer Prozesse in die Bildungsstandards für die Allgemeine Hochschulreife aufgenommen worden (KMK, 2015), kommt in dieser Form aber nur sehr eingeschränkt zur Geltung.

Schließlich wird seit Jahrzehnten immer wieder der Status der Numerischen Mathematik/Optimierung und in diesem Zusammenhang auch der Komplexitätstheorie als Unterrichtsinhalt diskutiert. Auch diese Bereiche ließen sich sowohl aus einer lebensweltlichen Perspektive als auch über eine eigenständige mathematische Idee legitimieren. Bisher werden numerische Verfahren bzw. Optimierungsverfahren allenfalls punktuell thematisiert, diese aber eher im Sinne einer Anwendung der Algebra oder Analysis, sodass die grundlegende Idee dieser Bereiche als besonderer mathematischer Zugang kaum thematisiert wird. Ähnlich wie bei der Kryptographie und Codierungstheorie gibt es bei diesen Gebieten starke Bezüge zum Fach Informatik und es kann die Frage aufgeworfen werden, ob hier jeweils eine spezifische Betrachtung von Aspekten dieser Gebiete im Sinne einer Teilung auf die beiden Unterrichtsfächer vorgenommen wird.

Zentral für einen allgemeinbildenden Mathematikunterricht ist, dass bei allen Unterrichtsinhalten eine Verständnis- vor einer Kalkülorientierung stehen sollte, damit die Schülerinnen und Schüler in der Lage sind, die mathematischen Begriffe mit der alltägliche Lebenswelt in Beziehung zu setzen (vgl. Abschnitt 3). Denn wenn beim Unterricht des Ableitungsbegriff vor allem das Ableitungskalkül im Mittelpunkt steht, werden viele Schülerinnen und Schüler auch nach einem Schuljahr Analysisunterricht keinen Bezug zwischen dem Ableitungsbegriff und lebensweltlichen Phänomenen herstellen können (z.B. Ableitungsbegriff und Momentangeschwindigkeit). Ähnlich wird es im Stochastikunterricht sein, wenn das konkrete Ausrechnen einer statischen Prüfgröße für einen Hypothesentest das vordringlichste Unterrichtsziel darstellt. Entsprechend werden Abiturientinnen und Abiturienten dann trotz Stochastikunterrichts in der Oberstufe kein Verständnis von Wirksamkeitsstudien bei medizinischen Experimenten aufweisen oder den Satz von Bayes nicht auf alltägliche Problemsituationen (z.B. medizinische Schnelltestergebnisse) beziehen können. Daher erfordert ein lebensvorbereitender Unterricht über den Ableitungsbegriff, über inferenzstatistische Methoden oder bedingte Wahrscheinlichkeiten – im Sinne Roland Fischers (vgl. Abschnitt 3.4) – ein Mehr an verständnisorientierten Reflexionen und ein Weniger an kalkülorientierten Operationen.

3.2 Mathematik als Welt eigener Art

Wenngleich die Orientierung an Lebenssituationen eine zentrale Aufgabe von allgemeinbildendem Mathematikunterricht darstellen sollte, würde der besondere Modus des Weltzugangs der Mathematik verkürzt, wenn sich der Mathematikunterricht ausschließlich auf die Lebensweltorientierung konzentrieren würde. Daher sind die Ansätze der Mathematical Literacy und auch Fischers Allgemeinbildungskonzept unserer Ansicht nach als Grundlage für einen allgemeinbildenden Mathematikunterricht der gymnasialen Oberstufe nicht ausreichend[5].

Der zweite allgemeinbildende Aspekt des Mathematikunterrichts in der gymnasialen Oberstufe – die Mathematik als Welt eigener Art zu erfahren – steht in einer dialektischen Spannung zu der Orientierung an Lebenssituationen. Dass die Mathematik eine Welt eigener Art ist, welche durch ein deduktives System erzeugt wird, unterscheidet die mathematische Arbeitsweise wesentlich vom naturwissenschaftlichen Zugang, der auf einem experimentellen Zugang zur Beschreibung der Welt basiert und hierbei die Mathematik als modellierendes Hilfsmittel einsetzt. Dagegen ist das Primat der (Reinen) Mathematik die interne logische Konsistenz der konstruierten Begriffe und Sätze. Diese müssen nicht notwendigerweise – im Gegensatz zu den Naturwissenschaften – mit Phänomenen in der „realen" Welt korrespondieren. Im Gegenteil, wird doch durch die Setzung eines Axiomensystems eine formale Basis unabhängig von der Realität gesetzt und daraus die mathematische Theorie deduktiv abgeleitet. Dieser zweite allgemeinbildende Aspekt des Mathematikunterrichts weist starke Bezüge zu Aspekten der Wissenschaftspropädeutik auf (vgl. Kap. 1.2 in diesem Band). Die Begründungslinien der beiden Zieldimensionen sind aber unterschiedlich, da es hier nicht um die Vorbereitung auf den Zugang zur wissenschaftlichen Mathematik geht, sondern um die Vermittlung kulturellen Wissens über die Besonderheit der Mathematik als menschliche Errungenschaft.

Wie zuvor erwähnt, lernen die Schülerinnen und Schüler bereits in der Sekundarstufe I Aspekte kennen, welche die Mathematik als Welt eigener Art erfahrbar machen. Dazu gehören beispielsweise die Besonderheit geometrischer Objekte als idealisierte Objekte (z. B. Punkte als Objekte ohne Ausdehnung), die Spezifität des mathematischen Beweisens, die irrationalen Zahlen als nicht abbrechende, nicht periodische Dezimalbrüche und damit verbunden Phänomene im Zusammenhang mit unendlichen Mengen ($\mathbb{Q}$, $\mathbb{R}$), die kontraintuitiv erscheinen. Diese Aspekte sind in der gymnasialen Oberstufe zu vertiefen und zu ergänzen. So sollten die Schülerinnen und Schüler in der gymnasialen Oberstufe idealerweise auch das Definieren und die Axiomatik als innermathematische Aspekte kennenlernen. Beide Aspekte zeigen auf ihre Weise die Relativität des mathematischen Wissenskörpers (Axiomatik) bzw. seiner Darstellung (Definitionen). Insbesondere machen sie deutlich, dass die Mathematik kein festgefügtes, alternativloses System ist, sondern eines, das wie andere Disziplinen auf Konsensbildung einer mathematischen Community basiert.

Wie in Abschnitt 2.2 erwähnt, soll nach Winter (2003) jede Schülerin und jeder Schüler erfahren, „dass Menschen imstande sind, Begriffe zu bilden und daraus ganze Architekturen zu schaffen" (S. 8). In der Sekundarstufe I ist dieses Bildungsziel nur eingeschränkt sinnvoll zu erreichen, weswegen gerade die gymnasiale Oberstufe

---

[5] Interessanterweise wurde inzwischen auch das Mathematical-Literacy-Konzept für die PISA-Studie 2022 in der Form erweitert, dass die Items nicht mehr ausschließlich eine Orientierung an Problemstellungen aus der Lebenswelt aufweisen, sondern auch das mathematische Argumentieren (nicht notwendigerweise in Lebenssituationen eingebunden) adressieren sollen (OECD, 2018).

eine Möglichkeit böte, diesen allgemeinbildenden Aspekt zu vertiefen. Im Gegensatz zu der aktuellen Praxis in der Oberstufe, bei der formales Beweisen und abstraktes Argumentieren im Rahmen von gerade neu eingeführten Begriffen (z. B. Differenzialquotient, Integral) erfolgt, erscheint es zielführender, die mathematischen Arbeitsweisen an sich in den Vordergrund zu stellen. Hierfür könnte auf bereits aus der Sekundarstufe I bekannte Unterrichtsinhalte zurückgegriffen werden. So sieht Winter (2003) das Gebiet der Geometrie als besonders geeignet, um eine deduktive Ordnung zwischen Aussagen zu entdecken und auszudrücken. Als besonders fruchtbares Beispiel hierfür verweist er auf den Satz des Pythagoras (Winter, 2003).

Daher könnte das Inhaltsgebiet der Geometrie, dessen bisherigen curricularen Inhalte in der gymnasialen Oberstufe aus der Perspektive der Orientierung an Lebenssituationen durchaus kritisch beurteilt werden können (vgl. Abschnitt 3.1), möglicherweise verstärkt genutzt werden, die Mathematik als eine Welt eigener Art zu erfahren. Dafür bieten die Unterrichtsinhalte der Sekundarstufe I bereits viele Anknüpfungspunkte. Zum Beispiel könnte in der gymnasialen Oberstufe thematisiert werden, in welcher Weise geometrische Figuren (z. B. Quadrat, Rechteck, Parallelogramm) formal exakt definiert werden können und in welcher Weise Definitionen äquivalent sind (z. B. „Ein Viereck mit vier rechten Winkeln heißt Rechteck" im Gegensatz zu „Ein Viereck mit drei rechten Winkeln heißt Rechteck"). Auch kann die Frage aufgeworfen werden, wie Rechtecke definiert werden müssten, um Inklusionsbeziehungen bei der Vierecksklassifikation zu vermeiden (damit z. B. ein Quadrat kein Rechteck ist). Gerade die ebenen Vierecksformen bieten reichhaltige Lerngelegenheiten zur Herausbildung des Verständnisses von mathematischen Definitionen und äquivalenten Charakterisierungen. Auch bietet die Elementargeometrie eine Fülle an Sätzen, deren mathematische Struktur vertieft untersucht werden können (z. B. Wie heißt der Satz des Pythagoras? Was ist die Umkehrung des Satzes des Pythagoras und gilt sie? Gibt es mathematische Sätze, bei denen die Umkehrung nicht gilt?). Außerdem können mithilfe der zugehörigen Beweise die besonderen Merkmale des mathematischen Beweisens reflektiert werden (vgl. Ufer et al., 2009). Schließlich kann die axiomatische Grundlegung der Geometrie noch einmal angesprochen werden, indem die elementaren Begriffe (Punkt, Gerade, Halbgerade, Strecke usw.) der Klassenstufe 5 aufgegriffen werden und versucht wird einen „Anfang der Geometrie" zu finden. Daher wäre es aus der Perspektive der Allgemeinbildung angezeigt, sich im Geometrieunterricht in der gymnasialen Oberstufe auf die zentralen Grundideen der analytischen Geometrie zu fokussieren. Ergänzend hierzu würde ein eher klassischer Ansatz im Sinne der synthetischen Geometrie den Schülerinnen und Schülern die Mathematik als eine Welt eigener Art erfahrbar machen.

3.3 „Vertiefung" der Allgemeinbildung

In der Trias der Bildungsziele bildet die *vertiefte* Allgemeinbildung eine Zieldimension, ohne dass bisher definiert wurde, welche Bedeutung das Adjektiv *vertieft* aufweisen soll. Aus unserer Sicht ist eine Vertiefung nicht als eine fachspezifische Spezialisierung zu verstehen, sondern als eine *qualitative und quantitative Vertiefung* der allgemeinen mathematischen Fähigkeiten und Fertigkeiten. Zum einen sollten die allgemeinbildenden Lerninhalte der Sekundarstufe I qualitativ vertieft werden, indem sie in einer höheren Komplexität, von einem höheren Standpunkt und stärker reflexionsorientiert betrachtet werden. Damit können einerseits die in der Sekundarstufe I erworbenen Kompetenzen über den Verlauf der Oberstufe gesichert werden und in breiteren Zusammenhängen zur Anwendung kommen und andererseits ein Wissen über die Mathematik als Disziplin aufgebaut werden (Definieren, Beweisen, Einblick in die Axiomatik). Zum zweiten ist in der gymnasialen Oberstufe eine quantitative Vertiefung der Lerninhalte der Sekundarstufe I anzustreben, indem weitere Begriffe und Verfahren eingeführt werden, die einen allgemeinbildenden Wert haben und die Begriffe der Sekundarstufe I erweitern (z. B. die Ableitung als momentane Veränderung/Tangentensteigung, die mittels der neuen mathematischen Idee des Grenzwertprozesses die zuvor bekannte durchschnittliche Veränderung/Sekantensteigung erweitert). Während aktuell im Mathematikunterricht der gymnasialen Oberstufe vor allem eine Vertiefung im letzteren Sinne im Vordergrund steht, sollte unsere Ansicht nach auch die erstere Perspektive (Vertiefung auf der Grundlage der Begriffe der Sekundarstufe I) verstärkt adressiert werden. Diesbezüglich ist das Spiralprinzip (Bruner, 1960/1977) in den curricularen Vorgaben der gymnasialen Oberstufe noch nicht ausreichend berücksichtigt.

Literatur

Arbeitsgemeinschaft Deutsche Höhere Schule. (1958). *Bildungsauftrag und Bildungspläne der Gymnasien*. Springer. https://doi.org/10.1007/978-3-642-92722-5

Baptist, P. & Winter, H. (2001). Überlegungen zur Weiterentwicklung des Mathematikunterrichts in der Oberstufe des Gymnasiums. In H.-E. Tenorth (Hrsg.), *Kerncurriculum Oberstufe: Mathematik, Deutsch, Englisch; Expertisen* (S. 54–76). Beltz.

Baumert, J. (2001). Vergleichende Leistungsmessung im Bildungsbereich. In J. Oelkers (Hrsg.), *Zukunftsfragen der Bildung* (S. 13–36). Beltz. https://doi.org/10.25656/01:7912

Baumert, J., Bos, W., Klieme, E., Lehmann, R., Lehrke, M., Hosenfeld, I., Neubrand, J. & Watermann, R. (1999). *Testaufgaben zu TIMSS/III: Mathematisch-naturwissenschaftliche Grundbildung und voruniversitäre Mathematik und Physik der Abschlußklassen der Sekundarstufe II (Population 3)*. Max-Planck-Institut für Bildungsforschung.

Baumert, J., Stanat, P. & Demmrich, A. (2001). PISA 2000: Untersuchungsgegenstand, theoretische Grundlagen und Durchführung der Studie. In Deutsches PISA-Konsortium (Hrsg.), *PISA 2000: Basiskompetenzen von Schülerinnen und Schülern im internationalen Vergleich*. Leske & Budrich.

Bialik, M. & Kabbach, A. (2014). *Mathematics for the 21st century: What should students learn? Paper 4: Does mathematics education enhance higher-order thinking skills?* Center for Curriculum Redesign. https://curriculumredesign.org/wp-content/uploads/Maths-Higher-order-Thinking-Skills-CCR.pdf

Blum, W. (2015). Zur Konzeption der Bildungsstandards Mathematik für die Allgemeine Hochschulreife. In W. Blum, S. Vogel, C. Drüke-Noe & A. Roppelt (Hrsg.), *Bildungsstan-*

dards aktuell: Mathematik in der Sekundarstufe II (S. 16–30). Bildungshaus Schulbuchverlage.

Borneleit, P., Danckwerts, R., Henn, H.-W. & Weigand, H.-G. (2001). Mathematikunterricht in der gymnasialen Oberstufe. In H.-E. Tenorth (Hrsg.), *Kerncurriculum Oberstufe: Mathematik, Deutsch, Englisch; Expertisen* (S. 26–53). Beltz.

Broyler, C. R., Thorndike, E. L. & Woodyard, E. (1927). A second study of mental discipline in high school studies. *Journal of Educational Psychology, 18*(6), 377–404. https://doi.org/10.1037/h0073902

Bruner, J. S. (1977). *The Process of Education* (2. Aufl.). Harvard University Press. (Erste Auflage im Jahr 1960 veröffentlicht).

Bundesministerium für Bildung und Forschung. (2021). *Schulabsolventinnen/-absolventen und Schulabgänger/-innen nach Art des Abschlusses: Tabelle 2.3.14.* https://www.datenportal.bmbf.de/portal/de/K233.html

Cresswell, C. & Speelman, C. P. (2020). Does mathematics training lead to better logical thinking and reasoning? A cross-sectional assessment from students to professors. *PLoS ONE, 15*(7), e0236153. https://doi.org/10.1371/journal.pone.0236153

de Lange, J. (1987). *Mathematics insight and meaning.* Rijksuniversiteit Utrecht.

Fischer, E. P. (2001). *Die andere Bildung. Was man von den Naturwissenschaften wissen sollte.* Ullstein.

Fischer, R. (2001). Höhere Allgemeinbildung. In A. Fischer, A. Fischer-Buck, K.-H. Schäfer & D. Zöllner (Hrsg.), *Situation – Ursprung der Bildung* (S. 151–161). Universitätsverlag.

Fischer, R. (2012). Fächerorientierte Allgemeinbildung: Entscheidungskompetenz und Kommunikationsfähigkeit mit ExpertInnen. In R. Fischer, U. Greiner & H. Bastel (Hrsg.), *Domänen fächerorientierter Allgemeinbildung* (S. 9–17). Trauner.

Fischer, R. (2013). Entscheidungs-Bildung und Mathematik. In M. Rathgeb, M. A. Helmerich, R. Krömer, K. Lengnink & G. Nickel (Hrsg.), *Mathematik im Prozess: Philosophische, Historische und Didaktische Perspektiven* (S. 335–345). Springer.

Fischer, R. & Malle, G. (1985). *Mensch und Mathematik: Eine Einführung in didaktisches Denken und Handeln.* Bibliographisches Institut.

Freudenthal, H. (1983). *Didactical phenomenology of mathematical structures.* Kluwer Academic.

Hessisches Kultusministerium (2016). *Kerncurriculum gymnasiale Oberstufe: Mathematik.*

Heugl, H. (2017). Ein Blick nach Österreich – die standardisierte kompetenzorientierte Reifeprüfung. In Sächsisches Staatsministerium für Kultus (Hrsg.), *Bericht zur Fachtagung „Mathematikabitur – Vergleichbar – Unvergleichbar"* (S. 30–52).

Heymann, H. W. (1989). Allgemeinbildender Mathematikunterricht – was könnte das sein? *Mathematik lehren,* (33), 4–9.

Heymann, H. W. (1995). Acht Thesen zum allgemeinbildenden Mathematikunterricht: Eine komprimierte Zusammenfassung der Habilitationsschrift „Allgemeinbildung und Mathematik". *Mitteilungen der Gesellschaft für Didaktik der Mathematik,* (61), 24–25.

Heymann, H. W. (1996a). *Allgemeinbildung und Mathematik.* Beltz.

Heymann, H. W. (1996b). Mathematikunterricht in der Gymnasialen Oberstufe. *Zeitschrift für Pädagogik, 42*(4), 541–556. https://doi.org/10.25656/01:10758

Huber, L. (2009). Von „basalen Fähigkeiten" bis „vertiefte Allgemeinbildung": Was sollen Abiturientinnen und Abiturienten für das Studium mitbringen? In D. Bosse (Hrsg.), *Gymnasiale Bildung zwischen Kompetenzorientierung und Kulturarbeit* (S. 107–124). VS Verlag für Sozialwissenschaften.

IEA (= International Association for the Evaluation of Educational Achievement) (1997). *TIMSS – IEA's Third International Mathematics and Science Study: Released item set for the final year of secondary school mathematics and science literacy, advanced mathematics, and physics.* TIMSS & PIRLS International Study Center, Lynch School of Education, Boston College.

KMK (= Sekretariat der Ständigen Konferenz der Kultusminister der Länder in der Bundesrepublik Deutschland) (2004). *Beschlüsse der Kultusministerkonferenz. Bildungsstandards im Fach Mathematik für den Mittleren Schulabschluss. Beschluss vom 4.12.2003.* Wolters Kluwer. http://www.kmk.org/fileadmin/veroeffentlichungen_beschluesse/2003/2003_12_04-Bildungsstandards-Mathe-Mittleren-SA.pdf

KMK (2015). *Bildungsstandards im Fach Mathematik für die Allgemeine Hochschulreife (Beschluss der Kultusministerkonferenz vom 18.10.2012)*. Wolters Kluwer.

KMK (2021). *Vereinbarung zur Gestaltung der gymnasialen Oberstufe und der Abiturprüfung. (Beschluss der Kultusministerkonferenz vom 07.07.1972 i. d. F. vom 18.02.2021)*. https://www.kmk.org/fileadmin/Dateien/veroeffentlichungen_beschluesse/1972/1972_07_07-VB-gymnasiale-Oberstufe-Abiturpruefung.pdf

Kröpfl, B. (2007). *Höhere mathematische Allgemeinbildung am Beispiel von Funktionen*. Profil.

Krüger, K. (2018). Reaktion auf Claus Peter Ortlieb – Eine mathematikdidaktische Sicht. In G. Nickel, M. Helmerich, R. Krömer, K. Lengnink & M. Rathgeb (Hrsg.), *Mathematik und Gesellschaft* (S. 25–29). Springer Fachmedien.

Lenné, H. (1969). *Analyse der Mathematikdidaktik in Deutschland*. Klett.

Messner, R. (2003). PISA und Allgemeinbildung. *Zeitschrift für Pädagogik*, *48*(3), 400–412. https://doi.org/10.25656/01:3885

Neubrand, M. (1995). Zur Diskussion um Allgemeinbildung und Mathematik: Vorwort. *Mitteilungen der Gesellschaft für Didaktik der Mathematik*, (61), 23–24.

Neubrand, M. (2004). „Mathematical Literacy" und „mathematische Grundbildung": Der mathematikdidaktische Diskurs und die Strukturierung des PISA-Tests. In M. Neubrand (Hrsg.), *Mathematische Kompetenzen von Schülerinnen und Schülern in Deutschland: Vertiefende Analysen im Rahmen von PISA 2000* (S. 15–29). VS Verlag für Sozialwissenschaften.

OECD (= Organisation for Economic Co-operation and Development) (Hrsg.). (1999). *Measuring student knowledge and skills: A new framework for assessment*. OECD.

OECD (2003). *The PISA 2003 assessment framework: Mathematics, reading, science and problem solving knowledge and skills*. OECD Publishing. https://www.oecd.org/education/school/programmeforinternationalstudentassessmentpisa/33694881.pdf

OECD (2013). *PISA 2012 assessment and analytical framework: Mathematics, reading, science, problem solving and financial literacy*. Autor. https://doi.org/10.1787/9789264190511-en

OECD (2018). *PISA 2022 mathematics framework (Draft)*. https://pisa2022-maths.oecd.org/files/PISA%202022%20Mathematics%20Framework%20Draft.pdf

Peschek, W. (2011). Sicherung mathematischer Grundkompetenzen am Beispiel des österreichischen Zentralabiturs. In M. A. Helmerich, K. Lengnink, G. Nickel & M. Rathgeb (Hrsg.), *Mathematik verstehen: Philosophische und didaktische Perspektiven* (S. 211–220). Vieweg + Teubner. https://doi.org/10.1007/978-3-8348-9836-4

Rolfes, T., Lindmeier, A. & Heinze, A. (2021). Mathematikleistungen von Schülerinnen und Schülern der gymnasialen Oberstufe in Deutschland: Ein Review und eine Sekundäranalyse der Schulleistungsstudien seit 1995. *Journal für Mathematik-Didaktik*, *42*(2), 395–429. https://doi.org/10.1007/s13138-020-00180-1

Schneider, H., Franke, B., Woisch, A. & Spangenberg, H. (2017). *Erwerb der Hochschulreife und nachschulische Übergänge von Studienberechtigten: Studienberechtigte 2015 ein halbes Jahr vor und ein halbes Jahr nach Schulabschluss*. Deutsches Zentrum für Hochschul- und Wissenschaftsforschung. https://d-nb.info/1143737733/34

Schwanitz, D. (1999). *Bildung. Alles, was man wissen muß*. Eichborn.

Siller, H.-S., Bruder, R., Hascher, T., Linnemann, T., Steinfeld, l. & Sattlberger, E. (2016). Kompetenzstufenmodell zu Reifeprüfungsaufgaben und deren Eignung für einen kompetenzorientierten Mathematikunterricht. In S. Keller & C. Reintjes (Hrsg.), *Aufgaben als Schlüssel zur Kompetenz. Didaktische Herausforderungen, wissenschaftliche Zugänge und empirische Befunde* (S. 371–387). Waxmann.

Skovsmose, O. (1994). Towards a critical mathematics education. *Educational Studies in Mathematics*, *27*(1), 35–57. https://doi.org/10.1007/BF01284527

Sonar, T. (2016). *3000 Jahre Analysis: Geschichte – Kulturen – Menschen* (2. Aufl.). Springer Spektrum. https://doi.org/10.1007/978-3-662-48918-5

Stacey, K. & Turner, R. (2015). The evolution and key concepts of the PISA mathematics framework. In K. Stacey & R. Turner (Hrsg.), *Assessing Mathematical Literacy* (S. 5–54). Springer International Publishing.

Statistisches Bundesamt (2021). *Ausbildungsverträge: Deutschland, Jahre, Geschlecht, Schulabschluss* (Genesis-online Tabelle 21211-0006).

Tenorth, H.-E. (1994). *Alle alles zu lehren: Möglichkeiten und Perspektiven allgemeiner Bildung*. Wissenschaftliche Buchgesellschaft.

Tenorth, H.-E. (2003). Bildungsziele, Bildungsstandards und Kompetenzmodelle – Kritik und Begründungsversuche. *Recht der Jugend und des Bildungswesens*, *51*(2), 156–164.

Tenorth, H.-E. (2020). *Die Rede von Bildung: Tradition, Praxis, Geltung – Beobachtungen aus der Distanz*. Metzler. https://doi.org/10.1007/978-3-476-05669-6

Ufer, S., Heinze, A., Kuntze, S. & Rudolph-Albert, F. (2009). Beweisen und Begründen im Mathematikunterricht. Die Rolle von Methodenwissen für das Beweisen in der Geometrie. *Journal für Mathematik-Didaktik*, *30*(1), 30-54. https://doi.org/10.1007/BF03339072

Vohns, A. (2017). Einkommensteuertarife mit Schulmathematik erkunden – ein Zugang aus bildungstheoretischer Perspektive. *Der Mathematikunterricht*, *63*(3), 3–13.

Vollrath, H.-J. (1996). Die ärgerlichen sieben Jahre. *Mitteilungen der Deutschen Mathematiker-Vereinigung*, *3*(1), 14–19.

Wesman, A. G. (1945). A study of transfer of training from high-school subjects to intelligence. *The Journal of Educational Research*, *39*(4), 254–264. https://doi.org/10.1080/00220671.1945.10881426

Winter, H. (1975). Allgemeine Lernziele für den Mathematikunterricht? *Zentralblatt für Didaktik der Mathematik*, *7*(3), 106–116.

Winter, H. (1995). Mathematikunterricht und Allgemeinbildung. *Mitteilungen der Gesellschaft für Didaktik der Mathematik*, *61*, 37–46.

Winter, H. (2003). Mathematikunterricht und Allgemeinbildung. In H.-W. Henn & K. Maaß (Hrsg.), *Materialien für einen realitätsbezogenen Mathematikunterricht* (ISTRON, Band 8) (S. 6–15). Franzbecker.

Wittenberg, A. I. (1990). *Bildung und Mathematik* (2. Aufl.). Klett. (Erstveröffentlichung 1963)

Tobias Rolfes, Goethe-Universität Frankfurt am Main, Institut für Didaktik der Mathematik und der Informatik, Robert-Mayer-Str. 6-8, 60325 Frankfurt,
IPN – Leibniz-Institut für die Pädagogik der Naturwissenschaften und Mathematik, Olshausenstraße 62, 24118 Kiel
https://orcid.org/0000-0002-9780-8828
rolfes@math.uni-frankfurt.de

Aiso Heinze, IPN – Leibniz-Institut für die Pädagogik der Naturwissenschaften und Mathematik, Olshausenstraße 62, 24118 Kiel
https://orcid.org/0000-0002-7408-0395

1.2

Patrick Fesser & Stefanie Rach

Wissenschaftspropädeutik als eine Zieldimension von Mathematikunterricht in der gymnasialen Oberstufe
Normative und analytische Perspektiven

1 Einleitung

Eine der curricular verankerten Zieldimensionen der gymnasialen Oberstufe in Deutschland ist Wissenschaftspropädeutik (KMK, 2021). Im Zuge der Reform der gymnasialen Oberstufe 1972 wurde die Bezeichnung Wissenschaftspropädeutik erstmals in einem amtlich-curricularen Dokument verwendet (Huber, 2009a). Die KMK (2021) spricht dabei den Fächern Deutsch, (erste) Fremdsprache und Mathematik eine besondere Rolle für die Zielerreichung von Wissenschaftspropädeutik zu. Grob wird mit Wissenschaftspropädeutik ein auf wissenschaftliches Arbeiten vorbereitendes Lernangebot verbunden. Ziel dieses wissenschaftspropädeutischen Unterrichts ist der Erwerb sogenannter wissenschaftspropädeutischer Kompetenzen. Nach Huber (1997) bedeutet dies, dass Schülerinnen und Schüler der gymnasialen Oberstufe grundlegende Begriffe und Methoden der wissenschaftlichen Disziplinen kennen, eine Kultur des Immer-weiter-fragens entwickelt haben und dazu befähigt sind, über Wissenschaft(en) in größeren Sachzusammenhängen zu reflektieren. Damit zielt Wissenschaftspropädeutik u. a. auf die Vorbereitung auf die wissenschaftlich-methodischen Anforderungen eines universitären Studiums, aber nicht auf die Vorwegnahme von universitären Inhalten ab (vgl. die Einleitung zu Teil 1 des Bandes). Dettmers et al. (2010) messen der Wissenschaftspropädeutik eine zentrale Rolle bei der Gestaltung der gymnasialen Oberstufe und ihrer studienvorbereitenden Anteile bei.

Da die Rolle für die Bearbeitung der Zieldimension Wissenschaftspropädeutik primär bei den Fächern liegt und damit die Schaffung von Lernangeboten für diese Zieldimension fachspezifisch geprägt ist, ist es notwendig zu prüfen, wie gerade die in der KMK-Vereinbarung genannten Fächer (hier konkret Mathematik) zur Erreichung der Zieldimension beitragen können. Die Fragen, was unter Wissenschaftspropädeutik im Kontext von Mathematikunterricht konkret zu verstehen ist, welche konkreten Ziele unter dieser Zieldimension im Mathematikunterricht verfolgt werden sollen und wie ein solcher Mathematikunterricht gestaltet werden kann, werden in der mathematikdidaktischen Forschung aus einer übergeordneten Perspektive jedoch kaum behandelt. Zwar finden sich viele Beiträge, die etwa Themen wie mathematische Beweiskompetenzen von Schülerinnen und Schülern adressieren (Ufer et al., 2009), aber Bezüge zur Wissenschaftspropädeutik als Zieldimension mathema-

Fesser, P. & Rach, S. (2022). Wissenschaftspropädeutik als eine Zieldimension von Mathematikunterricht in der gymnasialen Oberstufe. In T. Rolfes, S. Rach, S. Ufer & A. Heinze (Hrsg.), *Das Fach Mathematik in der gymnasialen Oberstufe* (S. 47–73). Waxmann. CC BY-NC-SA 4.0

tischer Bildung der gymnasialen Oberstufe bleiben bei diesen Arbeiten, wenn überhaupt, implizit. Dies ist wenig verwunderlich, da die meisten mathematikdidaktischen Arbeiten Beweiskompetenzen eher im Bereich der Sekundarstufe I (im Gebiet Elementargeometrie, z.B. Ufer et al., 2009) oder in der Studieneingangsphase (im Gebiet Zahlentheorie, z.B. Kempen, 2019) untersuchen. Eine weitere Begründung könnte darin liegen, dass das Konzept der Wissenschaftspropädeutik noch nicht prominent im fachdidaktischen Diskurs vertreten ist, was möglicherweise auf die mangelnde Ausdifferenzierung des Begriffs zurückzuführen ist.

An dieser Stelle setzt der vorliegende Beitrag an: Es soll ein möglicher Weg aufgezeigt werden, wie eine Konkretisierung von Wissenschaftspropädeutik für das Fach Mathematik aussehen kann. Ausgehend von einer überfachlichen Auseinandersetzung mit dem Begriff der Wissenschaftspropädeutik werden mögliche Ziele eines wissenschaftspropädeutischen Mathematikunterrichts beschrieben und Folgerungen für den Unterricht abgeleitet. Diese Ausführungen sind zunächst als theoretische Überlegungen zu verstehen. Wie im Ausblick dieses Beitrages angedeutet wird, können diese Überlegungen beispielsweise als Grundlage dienen, um die Umsetzung (d.h. das Lernangebot) und die Erreichung (d.h. die Lernergebnisse) der Zieldimension Wissenschaftspropädeutik im Mathematikunterricht der gymnasialen Oberstufe zu überprüfen (vgl. Kap. 3.4 in diesem Band).

2 Wissenschaftspropädeutik aus normativer Perspektive

Obwohl die Zieldimension Wissenschaftspropädeutik keine neue Forderung an das schulische Lernen in der gymnasialen Oberstufe darstellt, gibt es in der Literatur weder Klarheit noch Einigkeit darüber, was erstens unter dem Begriff zu verstehen ist, was zweitens ein auf Wissenschaftspropädeutik ausgerichteter Unterricht leisten soll und wie drittens ein solcher Unterricht gestaltet sein kann. Im Folgenden wird die erste Fragestellung fokussiert. Nachdem im dritten Abschnitt die Besonderheiten der Wissenschaft Mathematik beschrieben werden, wird im vierten Abschnitt der zweiten und dritten Fragestellung nachgegangen.

2.1 Begriffsbestimmung: Ursprünge und Bedeutung

Im diesem Unterabschnitt soll anhand einer knappen Nachzeichnung der bildungshistorischen Entwicklung des Begriffs Wissenschaftspropädeutik eine erste Annäherung an diesen Begriff ermöglicht werden. Diese Nachzeichnung scheint deshalb besonders relevant zu sein, weil *Propädeutik* von der griechischen Wortbedeutung (d.h. „Vor-Unterricht") zunächst ein Bildungsangebot und nicht primär erwünschte Ergebnisse eines solchen Bildungsangebots beschreibt. Wissenschaftspropädeutik kann damit als ein Lernangebot zur Vorbereitung auf Wissenschaft verstanden werden. Dementsprechend soll in diesem Unterabschnitt geklärt werden, welche Ergebnisse mit diesem Lernangebot erreicht werden sollen.

2.1.1 Wissenschaftspropädeutik und ihre Ursprünge

Wird Wissenschaftspropädeutik als ein auf Wissenschaft vorbereitender Unterricht verstanden, so ist das Bestreben nicht neu, sondern lässt sich schon auf die Zeit vor 400 v. Chr. zurückführen (Griese, 1983). Später, im 19. Jahrhundert wurde Wissenschaftspropädeutik genauer konzeptualisiert, indem die am Bildungsideal des Neuhumanismus orientierte Oberstufe in ihrer Gänze als „propädeutisch" bezeichnet wurde (Hahn, 2009). Der Unterricht selbst stellt demnach noch keine Wissenschaft dar, sondern wird als eine Vorbereitung auf das wissenschaftliche Arbeiten angesehen.

Die Reform der gymnasialen Oberstufe 1972 in Deutschland hatte zur Folge, dass Wissenschaftspropädeutik bzw. „wissenschaftspropädeutisch" erstmals in einem amtlichen Dokument erschien (Huber, 2009a) und später auch Einzug in die Bildungsstandards im Fach Mathematik für die Allgemeine Hochschulreife (KMK, 2012/2015) hielt. Wissenschaftspropädeutik in einem amtlichen Dokument mit aufzunehmen, ist auf die in den 1960/70er-Jahren aufkommende Forderung nach Wissenschaftlichkeit als zentrales Prinzip an Gymnasien zurückzuführen. Mit dieser Forderung wurde implizit das Ziel verfolgt, Schülerinnen und Schüler im rationalen Denken und Arbeiten in Wissenschaft – nämlich in ihrer Gesamtheit als Geistes-, Gesellschafts- und Naturwissenschaften – zu schulen (Beilecke et al., 2014), um die Absolventinnen und Absolventen allgemein auf die spezifischen Anforderungen eines wissenschaftlichen Hochschulstudiums vorzubereiten. In der Vereinbarung zur Gestaltung der gymnasialen Oberstufe und der Abiturprüfung (KMK, 2021, S. 5), worauf sich in den Bildungsstandards für Mathematik bezogen wird (KMK, 2012/2015, S. 5), heißt es:

> Der Unterricht in der gymnasialen Oberstufe vermittelt eine vertiefte Allgemeinbildung, allgemeine Studierfähigkeit sowie wissenschaftspropädeutische Grundbildung. Von besonderer Bedeutung sind dabei vertiefte Kenntnisse, Fähigkeiten und Fertigkeiten in den basalen Fächern Deutsch, Fremdsprache und Mathematik. [...] Der Unterricht in der gymnasialen Oberstufe [...] führt exemplarisch in wissenschaftliche Fragestellungen, Kategorien und Methoden ein [...].

Allerdings bleibt im Rahmen dieses Dokuments offen, was die KMK (2012/2015) unter einer „wissenschaftspropädeutischen Grundbildung" versteht, da der Begriff weder charakterisiert noch konkretisiert wird. Gerade vor dem Hintergrund der bildungstheoretischen Diskussionen und Entwicklungen des Begriffs Wissenschaftspropädeutik (Hahn, 2009) verwundert es, wie unbestimmt der Begriff bisher geblieben ist. Fraglich ist auch, inwieweit sich der hier verwendete Begriff der wissenschaftspropädeutischen Grundbildung von der in der Zieltrias genannten wissenschaftspropädeutischen Bildung (KMK, 2021) unterscheidet. Auf derartige Begriffskonfusionen verweist schon Huber (1994), der Wissenschaftspropädeutik als „unerledigte Hausaufgabe der Allgemeinen Didaktik" (S. 246) bezeichnet. Auch für Weskamp (2014) ist Wissenschaftspropädeutik nicht ausreichend geklärt, sodass es schwierig sei, diese Zieldimension in der unterrichtlichen Praxis umzusetzen: Einerseits bleibt offen, auf welche *Wissenschaft* Wissenschaftspropädeutik zielt (Huber, 2009a), und andererseits muss geklärt werden, in welchen Unterrichtsmodi Wissenschaftspropädeutik (gut) umsetzbar ist. Es bleibt unklar, ob mit Wissenschaft die jeweiligen wissenschaftlichen Disziplinen oder das Allgemeine am wissenschaftlichen Denken und Arbeiten gemeint ist. Zwar wird von der KMK (2021) die besondere Rolle des Faches Mathematik hervorgehoben, allerdings stellen Betz et al. (2019, S. 2) fest, dass in den Bildungsstandards offenbleibe,

> welche fachbezogenen exemplarischen wissenschaftlichen Fragestellungen, Kategorien und Methoden einerseits für die schulische Vermittlung, andererseits für ein angemessenes Bild der Wissensvermittlung geeignet sind.

Daneben besteht in der wissenschaftlichen Diskussion ein Dissens darüber, ob Wissenschaftspropädeutik in überfachlichen Organisationsformen (z. B. in wissenschaftspropädeutischen Seminaren) vermittelt wird (Huber, 2001) oder es der Fachlichkeit des Fachunterrichts bedarf (Pohl, 2019). Diese Unbestimmtheit ist möglicherweise auch ein Grund für die unbefriedigende Literaturlage zur Wissenschaftspropädeutik. Bei den wenigen vorhandenen mathematikdidaktischen Arbeiten zur Wissenschaftspropädeutik handelt es sich vorrangig um Beiträge zu besonderen Organisationsformen in der gymnasialen Oberstufe (Facharbeiten oder W-Seminare[1]) und ihrem Beitrag zu einer wissenschaftspropädeutischen (Grund-)Bildung bzgl. Mathematik (z. B. Frank, 2020; Krause, 2014). Zu Lernangeboten, die über den 3- bis 5-stündigen Mathematikunterricht in der gymnasialen Oberstufe (regulärer Mathematikunterricht) hinausgehen, liegen demnach schon erste Vorschläge – insbesondere zu allgemeinen Zielen des wissenschaftlichen Denkens und Arbeitens – vor. Jedoch sind unserer Ansicht nach kaum Arbeiten vorhanden, die mathematikspezifische Ziele konkretisieren und die die Aufgaben des regulären Mathematikunterrichts in der gymnasialen Oberstufe bezogen auf die Zieldimension Wissenschaftspropädeutik in den Blick nehmen. Daher ist zu klären, welche Ziele Wissenschaftspropädeutik in Bezug auf die wissenschaftliche Disziplin Mathematik beinhalten kann und wie diese Ziele im regulären Mathematikunterricht umsetzbar sind. Im Folgenden wird zunächst geklärt, was unter dem Begriff Wissenschaftspropädeutik verstanden werden kann, um aufbauend darauf ableiten zu können, wie der Begriff für den Mathematikunterricht aufgefasst werden kann.

---

1 Dabei handelt es sich je nach Bundesland um ein Unterrichtsfach in der gymnasialen Oberstufe, das in den Schuljahrgängen 11/12 oder 12/13 obligatorisch belegt werden muss. Die Schülerinnen und Schüler können je nach Angebot der Schule ein Bezugsfach (z. B. Deutsch, Geschichte, Physik etc.) wählen, in welchem sie dann exemplarisch das wissenschaftliche Arbeiten themenspezifisch kennenlernen.

2.1.2 Begriffsbestimmung aus bildungswissenschaftlicher Perspektive

Nähern wir uns dem Begriff Wissenschaftspropädeutik in seiner Wortbedeutung zunächst analytisch, dann besteht Wissenschaftspropädeutik aus den Begriffen Wissenschaft und Propädeutik. Wir fassen unter Wissenschaft die Gesamtheit des menschlich erworbenen, systematisch gesammelten und nachprüfbaren Wissens. Dabei zielt Wissenschaft auf die Kommunikation bestehenden Wissens und die Genese neuer Erkenntnisse in einem bestimmten Gegenstandsbereich. Durch die Unterteilung in das Untersuchen von verschiedenen Forschungsgegenständen wird im Sprachgebrauch selten von der „einen" Wissenschaft gesprochen, sondern eher von Disziplinen (Balzer, 2009). Diese Disziplinen sind Subsysteme, die gemein haben, dass sie denselben oder zumindest einen ähnlichen Gegenstand untersuchen und mit ähnlichen Methoden arbeiten, z. B. Naturwissenschaften.

Aus der Etymologie des Wortes kann Wissenschaftspropädeutik als eine Vorbildung oder eine „Vor-Bildung" oder ein „Vor-Unterricht" zum wissenschaftlichen Denken und Arbeiten aufgefasst werden. Diese Beschreibung von Wissenschaftspropädeutik ist noch sehr breit angelegt und kann auf zwei verschiedene Weisen aufgefasst werden: (1) als ein exemplarischer Einblick in das wissenschaftliche Arbeiten einer wissenschaftlichen Disziplin zur Ermöglichung eines höheren Verstehens der (Um-)Welt, die stark durch wissenschaftliche Erkenntnisse geprägt ist, und (2) als Vorbereitung auf die fachlichen Anforderungen eines wissenschaftlichen Studiums. Als systematische Lernangebote würden insbesondere zu Aspekt (2) beispielsweise die Studienvorbereitung in der gymnasialen Oberstufe (Fachunterricht und W-Seminare), studienvorbereitende „Einführungsbücher" oder „Einführungskurse" an Hochschulen gehören. Darunter fallen bei solch einem (aus unserer Sicht eingeschränkten) Verständnis von Wissenschaftspropädeutik eine Reihe von wissenschaftlichen Arbeitsweisen, wie z. B. das Erstellen von Präsentationen oder das Anfertigen von Facharbeiten. Dies würde wiederum das sichere Beherrschen wissenschaftlicher Techniken, wie z. B. Literaturrecherche, Exzerpieren, Zitieren etc., implizieren. Wenn allerdings Wissenschaftspropädeutik konkret die wissenschaftlichen Arbeitsweisen der Disziplin Mathematik anbahnen soll, dann würden auch das exemplarische Kennenlernen des axiomatischen Aufbaus der Mathematik gemäß der Definition-Satz-Beweis-Systematik, fachspezifische Methoden der Erkenntnisgewinnung in der Disziplin Mathematik (z. B. Logik und elementare Beweismethoden) und ihre Grenzen (z. B. Akzeptanz generischer Beweise) sowie die Nutzung mathematischer Methoden für andere Disziplinen (z. B. Aussagekraft statistischer Methoden) dazu gehören.

Zur Konkretisierung des Begriffs Wissenschaftspropädeutik wird das Ebenen-Modell von Huber (2009a) herangezogen, weil es in der Literatur zu Wissenschaftspropädeutik vergleichsweise bekannt ist (z. B. Dettmers et al., 2010). Allerdings verzichtet dieser Beitrag bewusst auf eine umfassende bildungshistorische Darstellung der Entwicklung des Begriffs, da dies schon an anderer Stelle zu finden ist (vgl. z. B. Hahn, 2009; Huber, 1997). Huber (1997) konnte aus einer bildungshistorisch vergleichenden Synthese drei Ebenen von Wissenschaftspropädeutik herausarbeiten (Abbildung 1, vgl. Huber, 2009a). Das Ebenen-Modell präzisiert Wissenschaftspropädeutik dahingehend, dass versucht wurde, weniger auf die Charakterisierung als vielmehr auf erwartbare bzw. erwünschte Lernergebnisse eines solchen Angebots zu fokussieren.

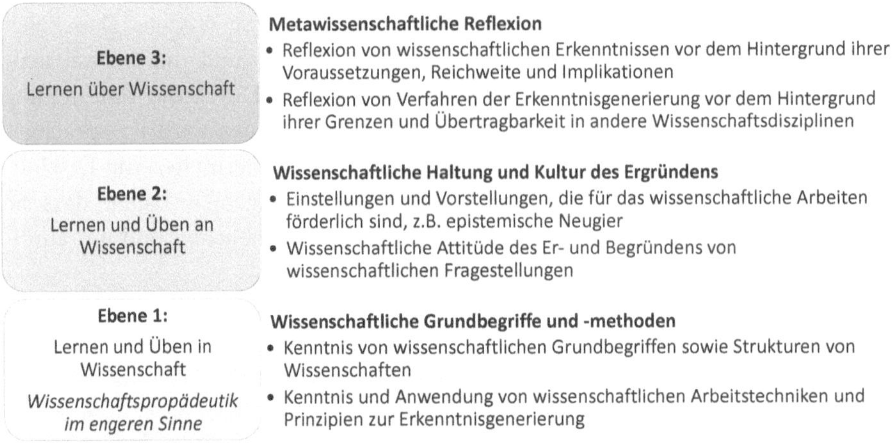

Ebene 3:
Lernen über Wissenschaft

Metawissenschaftliche Reflexion
- Reflexion von wissenschaftlichen Erkenntnissen vor dem Hintergrund ihrer Voraussetzungen, Reichweite und Implikationen
- Reflexion von Verfahren der Erkenntnisgenerierung vor dem Hintergrund ihrer Grenzen und Übertragbarkeit in andere Wissenschaftsdisziplinen

Ebene 2:
Lernen und Üben an Wissenschaft

Wissenschaftliche Haltung und Kultur des Ergründens
- Einstellungen und Vorstellungen, die für das wissenschaftliche Arbeiten förderlich sind, z.B. epistemische Neugier
- Wissenschaftliche Attitüde des Er- und Begründens von wissenschaftlichen Fragestellungen

Ebene 1:
Lernen und Üben in Wissenschaft
Wissenschaftspropädeutik im engeren Sinne

Wissenschaftliche Grundbegriffe und -methoden
- Kenntnis von wissenschaftlichen Grundbegriffen sowie Strukturen von Wissenschaften
- Kenntnis und Anwendung von wissenschaftlichen Arbeitstechniken und Prinzipien zur Erkenntnisgenerierung

Abbildung 1: Drei-Ebenen-Modell nach Huber (1997) modifiziert von Müsche (2009).

Die erste Ebene, die nach Huber (1998) als *Wissenschaftspropädeutik im engeren Sinne* bezeichnet wird, umfasst das Erlernen und die exemplarische Anwendung von domänenspezifischen Grundbegriffen und Methoden (Wissen und Können). Auf der zweiten Ebene verortet Huber (1997) die Entwicklung einer wissenschaftlichen Attitüde des Er- und Begründens (Einstellungen), was die Funktion der *Enkulturation* umfasst, also die Lernenden in die wissenschaftliche Welt hineinwachsen lässt. Enkulturation kann hier als ein situierter Lernprozess in einem sozialen und wissenschaftlichen Kontext verstanden werden (Langemeyer, 2019), der voraussetzt, dass mindestens ein Experte oder eine Expertin der jeweiligen Community vertreten ist. Bei diesem Prozess des Hineinwachsens sind neben dem fachlichen Wissen personale und motivationale Merkmale entscheidend derart, dass „Rollen und Werte beim Lernen mit übernommen und gemeinsam gestaltet und erprobt werden" (Langemeyer, 2019, S. 65). Darüber hinaus werden durch den Enkulturationsprozess auch Regeln und Ziele von Wissenschaft expliziert, wodurch Lernende Kenntnisse über Grundbegriffe und -methoden erwerben, die sie dann auch wiedergeben können. Damit weist der Enkulturationsprozess wiederum Analogien zur ersten Ebene auf. Die herausragende Rolle der Enkulturation für Wissenschaftspropädeutik wird in der folgenden Beschreibung von Schmidt (1991, S. 200) besonders deutlich:

> Die Wissenschaftspropädeutik hat die Funktion der Enkulturation: Die Gymnasiastinnen und Gymnasiasten wachsen hierdurch in die Kultur der Wissenschaft hinein. Wissenschaftspropädeutik meint Bildung zur Wissenschaft und zielt auf eine Haltung, die dem Einzelnen Wissenschaft öffnet und erschließt und den Blick dafür schärft.

Auf der dritten Ebene soll der Unterricht Reflexionsanlässe bieten und die Schülerinnen und Schüler dazu befähigen, *metareflexiv* über die Eigenarten und die Diskrepanzen von Wissenschaftsdisziplinen zu diskutieren. Damit die intendierte, redliche Reflexion über Mathematik nicht zu einer „fraglose[n] Rezeption oder kenntnislose[n] Reflexion" (Huber, 2009b, S. 50) wird, muss die Reflexion durch geeignete (Forschungs-)Prozesse zu möglichst selbst gefundenen Fragestellungen im Unterricht angebahnt werden. Diese Annahme ist nach Huber (2009b) ein Grund für die Möglichkeit der exemplarischen Schwerpunktsetzung in der gymnasialen Oberstufe durch die Leistungskurse, in denen das wissenschaftspropädeutische Arbeiten vertieft werden kann.

2.2 Inhaltliche Abgrenzung zu verwandten Begriffen

Nach aktuellen Konzeptionen von Wissenschaftspropädeutik ist dieser Begriff nicht mit der 1970 aufkommenden Forderung nach einer rigorosen *Wissenschaftsorientierung* in allen Schulfächern gleichzusetzen (Deutscher Bildungsrat, 1970). Wissenschaftsorientierung meint, dass die Auswahl der Inhalte sich an den Erkenntnissen, Methoden und Verfahren moderner Wissenschaften orientieren sollte und keine Inhalte vermittelt werden sollten, die aus Sicht der Bezugsdisziplinen als nicht gültig oder unnötig bezeichnet werden (Huber, 2009a). Die 1972 angestoßene Reform der gymnasialen Oberstufe sollte von einer Didaktik der Wissenschaftsorientierung und -propädeutik gekennzeichnet sein, was sich in Teilen auch auf die Primarstufe und Sekundarstufe I bezog. Das Reformvorhaben führte zu einer starken Orientierung an den universitären Lehr- und Lerninhalten, die in elementarisierter Form in die Lehrpläne übernommen wurden (z. B. die Mengenlehre als verpflichtender Bestandteil für Klasse 1 und 2) (Hamann, 2018). Zudem beobachtet Sill (2019), dass der gymnasiale Mathematikunterricht durch eine stärkere Akzentuierung mengen- und strukturtheoretischer Aspekte (z. B. Gruppen- und Körperaxiome) zu Ungunsten der Anwendungsorientierung formalisiert wurde. Diese curricularen Veränderungen wurden aufgrund von massiven Beschwerden vergleichsweise schnell wieder verworfen (Tietze, 2000). Zusammenfassend lässt sich festhalten, dass Wissenschaftspropädeutik die Zieldimension wissenschaftsorientierten Unterrichts bezogen auf die wissenschaftlichen Grundbegriffe, Methoden und die diesbezügliche Enkulturation und Metareflexion ist, während Wissenschaftsorientierung ein didaktisches Unterrichtsprinzip zur Planung, Durchführung und Reflexion von Unterricht darstellt (Kirchner, 2020).

Wissenschaftspropädeutik wird mit zwei weiteren Zieldimensionen zur Zieltrias der gymnasialen Oberstufe verbunden (KMK, 1995). Gemein haben alle drei Zieldimensionen, dass sie Bildung ermöglichen sollen (KMK, 1995). Bildung wird in diesem Kontext als ein Mündigwerden von jungen Erwachsenen derart verstanden, dass sie verantwortungsbewusst als Individuen in einer Gesellschaft leben und an ihr mitbestimmen teilhaben können. Wie in der Einleitung zu diesem Teil 1 des Bandes erwähnt, stellt sich die Frage, worin sich die Zieldimensionen inhaltlich unterscheiden (s. a. Kap. 1.1 zur „Allgemeinbildung" und Kap. 1.3 zur „Studierfähigkeit" in diesem Band). Ebenso wie das Konzept der Wissenschaftspropädeutik scheint auch die *vertiefte Allgemeinbildung* in der Literatur als Zieldimension der gymnasialen Oberstufe wenig behandelt worden zu sein (siehe Huber, 2009b). Die (grundlegende) Allgemeinbildung, die nach Abschluss der Sekundarstufe I erreicht werden soll, soll in der Sekundarstufe II vertieft werden. Henkel (2013) schreibt dabei dem exemplarischen Lernen in Leistungskursen eine große Rolle zu, denn in der spezialisierten, vertieften Auseinandersetzung mit einer Wissenschaft in einem Leistungskurs soll anhand des Speziellen das Allgemeine des wissenschaftlichen Arbeitens expliziert werden. Dadurch sollen Schülerinnen und Schüler in die Lage versetzt werden, eigenständig und kritisch-reflektiert am gesellschaftlich-öffentlichen Leben teilzunehmen (KMK, 1995). Da Wissenschaft einen verstärkten Einzug in das öffentliche Leben von Bürgerinnen und Bürgern erhalten hat, sollen durch diese Spezialisierung in der gymnasialen Oberstufe anhand von fachlichen Inhalten allgemeine Fähigkeiten auf- und ausgebaut werden, z. B. allgemeine und fachbezogene Arbeitsmethoden, um die Teilnahme am öffentlichen Leben zu ermöglichen. Die Zieldimension vertiefte Allgemeinbildung weist demnach Schnittstellen zur Wissenschaftspropädeutik auf, indem auch hier auf Wissen über wissenschaftliche Arbeitsmethoden und den Aufbau einer wissenschaftsorientierten Haltung rekurriert wird. Allerdings unterscheidet sich Wissenschaftspropädeutik von vertiefter Allgemeinbildung u. a. dadurch, dass Wissenschaftspropädeutik darauf abzielt, den Schülerinnen und Schülern stärker die aktive Auseinandersetzung mit dem Prozess der mathematischen Erkenntnisgewinnung zu ermöglichen.

Der Begriff der *(allgemeinen) Studierfähigkeit* ist dagegen in der Literatur umfassender vertreten und breiter diskutiert. Grundlegend werden zwei Grundpositionen zum Begriff der Studierfähigkeit unterschieden: ein formal-qualifikatorisches und ein eher normatives Begriffsverständnis. Basierend auf dem formal-qualifikatorischen Verständnis beschreibt das Konstrukt der Studierfähigkeit ein Kompetenzprofil, welches in der gymnasialen Oberstufe aufgebaut wird und mit der Hochschulreife, dem Abiturzeugnis, attestiert wird (Ebner, 2009). Damit hat Studierfähigkeit einen amtlichen Charakter, der dazu dient, Absolventinnen und Absolventen einen Zugang zur hochschulischen Bildung zu gewähren. Basierend auf dem normativen Verständnis kann Studierfähigkeit als „Ensemble von Fähigkeiten […] verstanden [werden], ein Studium erfolgreich zu beginnen, durchzuführen und abzuschließen" (Huber, 2009b, S. 108). Hier wird das zu erwerbende Kompetenzprofil, das Absolventen und Absolventinnen dazu befähigt, zumindest ein Studium erfolgreich aufnehmen zu können, betont und dieses Profil bezieht sich damit konkret auf die Bewältigung von Anforderungen im Studium (Bescherer, 2003). Bezogen auf ein Studium, in dem wissenschaftliche Denk- und Arbeitsweisen der Disziplin Mathematik fokussiert werden, ergibt sich eine Schnittstelle zwischen Studierfähigkeit und Wissenschaftspropädeutik, da das Erlernen dieser Denk- und Arbeitsweisen unter beide Zieldimensionen zu fassen ist.

Insgesamt hält die KMK fest, dass die Trias der Zieldimensionen aus vertiefter Allgemeinbildung, Wissenschaftspropädeutik und allgemeiner Studierfähigkeit „unterscheidbare, […] auch je für sich begründbare Ziele" (KMK, 1995, S. 74) darstellen, die eng miteinander in Verbindung stehen und als Einheit betrachtet werden können.

2.3 Kritische Sichtweise auf den Begriff Wissenschaftspropädeutik

Die Diskussionen und die Kritik am Begriff der Wissenschaftspropädeutik sind vor allem bildungswissenschaftlich geprägt. Die kritischen Äußerungen bilden eine große Spannweite von einer mangelnden Schärfe des Begriffs bis hin zur Überforderung von Abiturientinnen und Abiturienten durch die Zieldimension Wissenschaftspropädeutik (Huber, 2009a).

Vorschläge zur Systematisierung (z. B. Huber, 1997; 1998) und Operationalisierung von Wissenschaftspropädeutik (Dettmers et al., 2010) klammern zunächst die fachspezifische Seite von Wissenschaftspropädeutik aus und fokussieren dabei allgemein wissenschaftliche Grundbegriffe und -methoden. Darunter fallen Begriffe wie z. B. „Theorie" und grundlegende Arbeitsweisen wie die Recherche von Informationen, die Analyse von Texten oder die wissenschaftliche Bearbeitung einer Fragestellung. Für ein derartiges Verständnis von Wissenschaftspropädeutik brauche es allerdings nicht zwingenderweise die Fachspezifität aller Unterrichtsfächer, denn die darin enthaltenen Ziele könnten beispielsweise in überfachlich angelegten W-Seminare ausgelagert werden. In diesem Zusammenhang betont Huber (2005) die Bedeutung des Allgemeinen, das exemplarisch an spezifischen Wissenschaften erlernt werden kann und auf andere Wissenschaften übertragbar ist, z. B. die Entwicklung eines wissenschaftlichen Habitus oder das Herangehen an problemhaltige Situationen, indem Heuristiken ausgewählt und angewendet werden. Daneben betont Hahn (2013) die Bedeutung des fachlichen Lernens für Wissenschaftspropädeutik, denn die Welt wird „auf diese Art und Weise als je fachspezifische Konstruktion von Welt erfahren und soll zu der Einsicht führen, dass es sich bei den Vorgängen des Wahrnehmens und Erkennens um kulturell überformte Prozesse handelt" (S. 166). Denn nur der Fachunterricht hat die Möglichkeit, gezielt Inhalte, (offene) Probleme bzw. Fragestellungen und Methoden auszuwählen, um einerseits Schülerinnen und Schülern einen Einblick in die Genese von fachlichem Wissen zu geben und andererseits so auszuwählen, dass sie exemplarisch für möglichst viele Inhalte der jeweiligen Fachkultur stehen (Klafki, 2007). Wenn die fachspezifische Perspektive auf Wissenschaftspropädeutik jedoch vernachlässigt wird, dann besteht die Gefahr, dass das Konstrukt unverhältnismäßig verkürzt wird: In diesem Zuge ist es vorstellbar, dass dem Allgemeinen am formal-wissenschaftlichen Arbeiten (z. B. korrektes Zitieren, Vorträge halten) zu viel Raum eingeräumt wird. Hier ist eben fraglich, ob und welche Erkenntnisprinzipien und -methoden am Allgemeinen gelernt und reflektiert werden können.

Problematisch ist neben einer Fokussierung von Wissenschaftspropädeutik auf den Erwerb überfachlicher, wissenschaftlicher Kompetenzen (z. B. zur Informationsrecherche), dass Wissenschaftspropädeutik häufig von naturwissenschaftsdidaktischen Konzepten wie *Scientific Literacy* oder *Nature of Science* geprägt ist (Weskamp, 2014). In diesem Zusammenhang findet eine Einengung von Wissenschaftspropädeutik auf den Einsatz naturwissenschaftlicher Methoden statt, während die verwendeten Methoden anderer Wissenschaften eine untergeordnete Rolle einnehmen. Dadurch besteht die Gefahr, dass Wissenschaftspropädeutik seine Bedeutung als eine übergeordnete Zieldimension der gymnasialen Oberstufe verliert und höchstens als eine spezielle Zieldimension des naturwissenschaftlichen Unterrichts wahrgenommen wird. Ein Verständnis von Wissenschaftspropädeutik als übergeordnete Zieldimension setzt aber voraus, dass nicht nur der hauptsächlich empirische Erkenntnisweg der Naturwissenschaften mit seinen Grundbegriffen und Methoden thematisiert wird. Es müssen auch ausgewählte Spezifika der wissenschaftlichen Disziplinen im Rahmen aller Unterrichtsfächer aufgezeigt werden. Dies kann beispielsweise im Unterricht anhand einer Gegenüberstellung des mathematischen und naturwissenschaftlichen Erkenntnisprozesses illustriert und diskutiert werden (Ebene 3). Gerade letzteres wäre wichtig, da Mathematik als Unterrichtsfach der gymnasialen Oberstufe im Rahmen von Belegverpflichtungen in das mathematisch-naturwissenschaftlich-technische Aufgabenfeld fällt, wodurch die Gefahr bestehen könnte, dass nur ausgewählte Bestandteile der Disziplin Mathematik als relevant für den Unterricht angesehen werden; d. h. nur mathematische Methoden, die im naturwissenschaftlichen Erkenntnisprozess nützlich sind. Allerdings unterscheiden sich die Erkenntnisweisen von Mathematik und den Naturwissenschaften grundsätzlich voneinander, weshalb die wissenschaftspropädeutischen Ziele bezogen auf die Disziplin Mathematik am besten im Fachunterricht erreicht werden können. Dafür gilt es zu überprüfen, welchen wissenschaftspropädeutischen Beitrag das Unterrichtsfach Mathematik leisten sollte und kann.

3   Charakteristika der Wissenschaft Mathematik

In Bezug auf die gymnasiale Oberstufe wird die besondere Rolle der grundlegenden Fächer, darunter Mathematik, für alle Schülerinnen und Schüler betont (KMK, 2021). Damit wird auch dem Fach Mathematik für die Trias der Zieldimensionen eine besondere Bedeutung beigemessen. Die Zieldimension Wissenschaftspropädeutik ist also für das Fach Mathematik zu konkretisieren.

Im Grunde genommen kann Wissenschaftspropädeutik im Fach Mathematik analog zum allgemeinen Verständnis von Wissenschaftspropädeutik (vgl. Unterabschnitt 2.1.2) aufgefasst werden. Demzufolge soll auch im Fach Mathematik exemplarisch in die Wissenschaft (hier Mathematik) eingeführt werden, d. h. es sollen wesentliche wissenschaftliche Grundbegriffe zur Beschreibung mathematischer Erkenntnisse und deren Genese gelernt, ausgewählte wissenschaftliche Erkenntnismethoden angewendet und über die Stellung der Mathematik im System wissenschaftlicher Disziplinen reflektiert werden. Diese noch allgemeinen Facetten von Wissenschaftspropädeutik werden im Folgenden durch Aspekte, die das Besondere der Wissenschaft Mathematik ausmachen, weiter ausdifferenziert und konkretisiert.

Dabei stellt sich zunächst die Frage, was das Besondere der Wissenschaft Mathematik ausmacht. Hier ergibt sich die Schwierigkeit, dass nicht klar ist, „welche" Mathematik der Mathematikunterricht anbahnen soll. Dem wissenschaftspropädeutischen Mathematikunterricht schreibt Hentig (1980, S. 282) nämlich zwei Funktionen zu:

> Es geht [...] darum, das der Mathematik innewohnende Prinzip der durchgängigen Rationalität zu erkennen [...] Hiermit wird die Mathematik als eine ‚Geisteswissenschaft' etabliert, ja, als die strengste aller Geisteswissenschaften.

Der Mathematikunterricht soll demnach den Schülerinnen und Schülern die Möglichkeit geben, den logisch-deduktiven Aufbau von Mathematik, also die rationale Struktur, erlebbar zu machen. Neben der Vorbereitung der Schülerinnen und Schüler auf die formal-deduktive Seite der Mathematik ist es nach Hentig (1980, S. 282) ebenso wichtig,

> [...] die mathematischen Prozeduren [zu] beherrschen, die man auf den verschiedensten Gebieten in verschiedenen Formen entwickelt hat, kurz: die Anwendung jenes Prinzips der durchgängigen Rationalität.

Im Unterricht wird Mathematik eben nicht ausschließlich im Sinne einer formalen Erkenntniswissenschaft kennengelernt, sondern es wird gleichzeitig auf ihren Anwendungscharakter hingewiesen. In dieser Form der Mathematik als Anwendungsdisziplin werden mathematische Methoden und Verfahren verwendet, um Probleme aus verschiedenen wissenschaftlichen Disziplinen (z. B. Natur-, Sozial- und Wirtschaftswissenschaften) zu modellieren und zu lösen. Auf diese Dualität macht bereits Winter (1975) aufmerksam, indem er Mathematik einerseits als beweisend-deduzierende und andererseits als anwendbare Disziplin betitelt. Im Folgenden werden wir uns nacheinander beiden Seiten der Mathematik widmen und herausstellen, durch welche spezifischen Grundbegriffe und Methoden sich die jeweilige Seite der Mathematik auszeichnen.

3.1 Mathematik als wissenschaftliche Disziplin

Die Besonderheiten der Mathematik, die für die folgenden Überlegungen wichtig sind, stellen wir kurz überblickweise dar: Jede wissenschaftliche Disziplin und damit auch Mathematik zeichnet sich durch Grundbegriffe und Strukturen aus (Ebene 1, siehe Abb. 1), mit denen sie ihre Theorien darstellt. Evidenzkriterien sind zudem bei jeder Wissenschaft notwendig, die zur Überprüfung der aufgestellten Theorien dienen. Die Wissenschaft Mathematik[2] verwendet Axiome, definierte Begriffe und Aussagen (Fleischhack, 2010). *Axiome* sind Grundannahmen in Form von Aussagen, die nicht bewiesen werden. Axiome werden dabei so ausgewählt, dass das Axiomensystem vollständig ist, keine Widersprüche entstehen und die Axiome unabhängig voneinander sind (Jahnke & Ufer, 2015). Diese Auswahl von Axiomen ist als langer, historischer Erkenntnisweg zu sehen (Fleischhack, 2010). Mathematische Begriffe werden definiert, um eine Klasse von Objekten mit gleichen Eigenschaften festzulegen. Zu einem Begriff gehören eine Bezeichnung und eine Definition, durch die entschieden werden kann, ob Objekte zu diesem Begriff gehören oder nicht. (Mathematische) Aussagen sind entweder beweisbar, wiederlegbar oder unentscheidbar und verwenden nur Begriffe, die vorher definiert worden sind. Eine Vermutung ist eine Aussage, deren Wahrheitsgehalt noch nicht klar ist, deren Beweisbarkeit prinzipiell angenommen wird, worauf z. T. schon neue Theorien aufgebaut werden (Fleischhack, 2010). Es gibt Vermutungen, die bis heute unbewiesen sind, z. B. die Riemannsche Vermutung, was zeigt, dass die Mathematik keine fertige Theorie ist.

Neben den Grundbegriffen, die eine Wissenschaft auszeichnen, werden Wissenschaften ebenfalls durch ihre verwendeten Evidenzkriterien (Ebene 1, siehe Abb. 1) charakterisiert. Die folgenden Ausführungen basieren auf Fleischhack (2010), Heintz (2000) sowie Jahnke und Ufer (2015): Die Wissenschaft Mathematik wird als beweisende Disziplin bezeichnet, da *Beweise* als Evidenzinstrument der Mathematik gelten. Eine formale, lückenlose deduktive Begründung würde bei fast allen mathematischen Aussagen jedoch sehr lang sein, so dass publizierte Beweise überzeugend darlegen können, dass ein vollständiger Beweis konstruiert werden könnte, aber publizierte Beweise stellen nicht zwingend einen vollständig ausformulierten Beweis dar. Somit ist die Akzeptanz eines publizierten Beweises nicht per se gegeben, sondern wird vor allem anhand von fachkulturellen Normen einer mathematischen Community festgelegt. Die Publikation eines Beweises als Produkt dient dabei nicht nur der Validierung der Aussage, sondern auch der Kommunikation von Methoden oder der Systematisierung von Wissen. Mathematische Arbeitsprozesse verlaufen aber nicht so linear und formal, wie die Produkte der Mathematik (z. B. Beweise) es annehmen lassen könnten. Beispielsweise verläuft der Prozess des Beweisens nicht immer geradlinig, sondern beginnt meistens mit einer Phase der Exploration, d. h. dem Formulieren von ersten Ideen und Vermutungen oder dem Durchlaufen von ersten Beweisversuchen, die dann ggf. wieder verworfen werden. Insgesamt beinhaltet mathematisches Denken und Arbeiten sowohl den Prozess des mathematischen Arbeitens als auch den Umgang mit den Produkten dieses Prozesses. Die Reflexion über den Prozess der Erkenntnisgenerierung (Ebene 3, siehe Abbildung 1) kann hilf-

---

2   Im Rahmen dieses Artikels fokussieren wir ein idealisiertes Vorgehen der mathematischen Erkenntnisgenerierung und -validierung, das z. B. formale Begriffsdefinitionen und deduktive Beweise verwendet. Dieses Vorgehen beschreiben wir im dritten Abschnitt des Beitrags und an dieses Vorgehen lehnt sich unsere Konzeption von Wissenschaftspropädeutik an. Andere Methoden der Erkenntnisstützung, wie z. B. Computerbeweise, fokussieren wir nicht explizit in diesem Beitrag.

reich sein, um die erzielten Ergebnisse von dieser Warte aus zu beurteilen oder um neue Ideen oder Fragestellungen zu entwickeln.

3.2 Mathematik als anwendbare Disziplin

Neben dieser Auffassung von Mathematik als wissenschaftliche Disziplin, in der mathematische Vermutungen aufgestellt und ihre Gültigkeit anhand von Beweisen gestützt werden, hat Mathematik auch einen starken Anwendungscharakter. Demnach ist es unerlässlich, auch diese Perspektive auf Mathematik in der Schule einzunehmen. Diese Perspektive ist auch vor dem Hintergrund von Debatten zur Bedeutung von authentischen Lernumgebungen (Wespi & Senn Keller, 2014) sowie von Realitätsbezügen im Mathematikunterricht (Blum et al., 2007) zu beachten. Mathematische Begriffe und Inhalte lassen sich nutzen, um Phänomene aus naturwissenschaftlichen, ökonomischen, sozialwissenschaftlichen, technischen etc. Kontexten zu beschreiben oder zu prognostizieren. Dadurch, dass die Anwendungskontexte von Mathematik so vielfältig sind, kann in diesem Abschnitt nur anhand ausgewählter Beispiele auf Mathematik als anwendbare Disziplin eingegangen werden, wobei wir uns auf die Ökonomie und die Naturwissenschaften beschränken.

Mathematik anwenden bezeichnet hier eine Tätigkeit, die darauf abzielt, mithilfe von mathematischen Begriffen und Methoden außermathematische Probleme oder Fragestellungen zu lösen. Dieser Prozess des Überführens von Problemen aus anderen Wissenschaftsbereichen in die Mathematik und die Herbeiführung einer Lösung dieser Probleme mithilfe mathematischen Arbeitens wird als mathematische Modellbildung oder mathematisches Modellieren bezeichnet (Eck et al., 2011; Engel, 2010). Der Begriff Modell kann hier als Grundbegriff aufgefasst werden. Da es sich in den meisten Fällen um Phänomene der Realität handelt, müssen beim Modellierungsprozess bestimmte Modellannahmen getroffen werden, um das Aufstellen des Modells und das mathematische Arbeiten im Modell zu vereinfachen. In diesem Zusammenhang können fehlende Informationen geschätzt und antizipierte Einflüsse mit geringem Effekt stark trivialisiert oder komplett weggelassen werden (Eck et al., 2011). Zum Beispiel werden im Rahmen von Preisbildungsprozessen die Angebots- und Nachfragefunktion mithilfe stetiger Funktionen modelliert. Dabei wird nicht berücksichtigt, dass sich die Nachfrage nach einem Gut aufgrund einer Preisänderung sprunghaft ändern kann. Ebenso wird angenommen, dass die Nachfragefunktion streng monoton fallend ist. Dies ist zwar vor dem Hintergrund des Gesetzes der Nachfrage (Drewello, 2018) – *Je höher der Preis, desto niedriger die Nachfrage* – nachvollziehbar, aber auch hier ist es möglich, dass eine minimale Preissteigerung keinen Einfluss auf die Nachfrage in der Realität hat. Beide geforderten Eigenschaften ermöglichen aber ein vereinfachtes mathematisches Arbeiten. Die zweite Eigenschaft ist zudem wichtig, um das Inverse der Nachfragefunktion bestimmen zu können. Das Inverse der Nachfragefunktion bestimmt die Preis-Absatz-Funktion, die angibt, welchen Preis Unternehmen für ein angebotenes Gut erzielen können.

Das in diesem mathematischen Modell enthaltene Problem, das der realen Fragestellung entspricht, wird i.d.R. mit mathematischen Methoden gelöst. In diesem Rahmen kann es je nach Anwendungsdisziplin zu akzeptierten Arbeitsweisen kommen, die aber im mathematischen Sinne strenggenommen ungenau oder inkorrekt sind. Um die Komplexität des Modells zu reduzieren, ist es möglich, bestimmte mathematische Objekte (lokal) zu approximieren. Ein Beispiel für eine solche Approximation ist bei der Verwendung trigonometrischer Funktionen zu finden. In der Physik wird beispielsweise bei der Modellierung des Doppelspalt-Versuchs die Sinusfunktion mithilfe des Taylorpolynoms 1. Grades linear approximiert. Diese Approximation ist deshalb möglich, weil das Taylorpolynom um $x_0 = 0$ wie folgt startet: $\sin(x) = x - \frac{x^3}{3!} + \frac{x^5}{5!} \pm \ldots$ und das Argument x als Winkel nur kleine Werte im Versuch annimmt. Neben solchen Approximationen können auch das Operieren mit gerundeten Werten zu numerischen Abweichungen der Modelllösung von der Realität führen. Wissenschaften, die mit statistischen Methoden arbeiten und so Erkenntnisse generieren, verwenden z.T. mehr oder weniger gerechtfertigte Evidenzkriterien, die in der jeweiligen Community anerkannt sind, aber mathematisch als unsauber eingeschätzt werden. Typischerweise ist dies der Fall, wenn parametrische Verfahren eingesetzt werden, ohne die jeweiligen Voraussetzungen der Verteilungen zu überprüfen bzw. Abweichungen von den Voraussetzungen akzeptiert werden (z.B. bei Anwendung des t-Tests mit der Voraussetzung von normalverteilten Zufallsgrößen).

Neben der Beschreibung der außermathematischen Problemstellung mithilfe eines mathematischen Modells und dem mathematischen Arbeiten innerhalb dieses Modells muss das Modell validiert werden, um die Größe der Fehler einzuschätzen, die durch die Vereinfachungen im Modell entstanden sind (Greefrath et al., 2013). Genauso wie bei den anderen Phasen des Modellierens spielen auch bei der Modellvalidierung sowohl Argumente aus den Anwendungsdisziplinen als auch aus der Mathematik eine wichtige Rolle. Das Besondere, Mathematik als anwendbare Disziplin aufzufassen, ist demnach, dass die Entscheidungen im Arbeitsprozess anhand von Annahmen oder Erkenntnissen aus zwei verschiedenen Disziplinen getroffen werden – aus der Anwendungsdisziplin, in dem das Problem verortet ist, und aus der Mathematik.

Anhand dieser Beispiele sollte kurz illustriert werden, wie Mathematik beim Prozess der Erkenntnisgewinnung anderer Wissenschaften angewendet wird und dass die Methode der Modellierung wesentlich ist. An der Darstellung wird deutlich, dass sich die Grundbegriffe und -methoden sowie z.T. Normen von Mathematik als anwendbare Disziplin stark von dem Erkenntnisprozess von Mathematik als wissenschaftliche Disziplin unterscheiden.

4 Wissenschaftspropädeutischer Mathematikunterricht

Aufbauend auf den vorherigen Abschnitten ist nun zentral, welche Ziele ein wissenschaftspropädeutischer Mathematikunterricht verfolgen und wie ein auf Wissenschaftspropädeutik ausgerichteter Unterricht gestaltet werden kann. Dabei wurde in Anlehnung an Hentig (1980) Mathematik als beweisende und als anwendbare Disziplin unterschieden (siehe Abschnitt 3), wobei beide Perspektiven auf Mathematik im Unterricht eingenommen und die jeweils charakteristischen Grundbegriffe und -methoden vermittelt werden sollen. Offen geblieben ist die Frage, wodurch und an welchen Inhalten diese Grundbegriffe und -methoden kennengelernt und angewendet werden sollen bzw. ob diese beiden Perspektiven bereits curricular verankert sind. Demzufolge wird im Folgenden eine analytische Perspektive auf die Bildungsstandards Mathematik für die allgemeine Hochschulreife (KMK, 2012/2015) eingenommen, um zu prüfen, inwieweit Schnittstellen zur Wissenschaftspropädeutik identifiziert werden können. Konkret wird überprüft, welchen strukturellen Rahmen die Bildungsstandards für den Mathematikunterricht möglich machen bzw. offenhalten, um den Mathematikunterricht wissenschaftspropädeutisch zu gestalten und die damit verbundenen Zielstellungen zu erreichen.

4.1 Abbildung von Wissenschaftspropädeutik in den Bildungsstandards

4.1.1 Mathematik als wissenschaftliche Disziplin in den Bildungsstandards

Eine wissenschaftspropädeutische Funktion des Mathematikunterrichts ist nach Hentig (1980) die strukturorientierte Seite von Mathematik mit ihren Merkmalen und spezifischen Arbeitsweisen kennenzulernen. Dabei lassen sich vor allem Parallelen zu den prozessbezogenen Kompetenzen „Mathematisch argumentieren", „Probleme mathematisch lösen" sowie „Mathematisch kommunizieren" (KMK, 2012/2015) feststellen.

Argumentieren im Bereich von Axiomen und Definitionen unterscheidet sich substanziell vom Argumentieren zu mathematischen Aussagen, denn Axiome und Definitionen werden nicht bewiesen, sondern gerechtfertigt. Jahnke und Krömer (2020) haben erläutert, inwiefern das Rechtfertigen von Axiomen und Definition, d.h. die Entwicklung und Bewertung von Gründen zur Annahme oder Ablehnung dieser, sinnvoll im Mathematikunterricht bearbeitet werden kann.

Im Folgenden werden wir uns nun tiefergehend mit dem Argumentieren im Bereich von Aussagen, z.B. mit dem Beweisen, beschäftigen. Dabei sollte den Schülerinnen und Schülern verdeutlicht werden, dass Beweise von einer gewissen Theorie (vor dem Hintergrund der verwendeten Axiome und definierten Begriffe) abhängig sind (Jahnke & Krömer, 2020). Die fachspezifischen Bildungsstandards bieten den Rahmen dafür, dass Lernende im Zuge von Argumentations- und Beweisprozessen charakteristische Merkmale von Mathematik kennenlernen. Dies kann dadurch erfolgen, dass Lernende selbst Beweise konstruieren, im Sinne eines Nachvollziehens vorgegebene Beweise verstehen oder vorgegebene Beweise evaluieren. Darüber hinaus lernen die Schülerinnen und Schüler in Auseinandersetzung mit mathematischen Argumentationen grundlegende meta-wissenschaftliche Grundbegriffe (Definition, Satz, Vermutung etc.) kennen und können nachvollziehen, wie logisch-argumentative Schlussfolgerungen abgeleitet werden. In diesem Prozess des Hineinwachsens in die Mathematik als beweisende Disziplin (*Enkulturation*) erhalten die Lernenden einen Einblick in das Beweisen und damit verbundene Arbeitsweisen (z. B. Vermuten, lokales Ordnen), was als ein Alleinstellungsmerkmal von Mathematik im gesamten System der Wissenschaften aufgefasst werden kann (Reiss & Ufer, 2009). Neben den oben genannten prozessbezogenen Kompetenzen lassen sich beim Definieren und Beweisen auch Anknüpfungspunkte zum Umgang mit symbolischen, formalen und technischen Elementen der Mathematik identifizieren (KMK, 2012/2015), die ein zielgerichtetes und effizientes Arbeiten ermöglichen.

Die Bedeutsamkeit von Wissenschaftspropädeutik kann auf der einen Seite dadurch begründet werden, dass sie eine Orientierungsfunktion im System von wissenschaftlichen Disziplinen erfüllt und dadurch dem Mündigwerden junger Erwachsener zuträglich ist; auf der anderen Seite ist es möglich, Wissenschaftspropädeutik durch die Perspektive auf die Hochschule zu legitimieren: Mit dem Blick auf ein anschließendes Fachstudium ist es sinnvoll, wenn die Lernenden bereits ein meta-wissenschaftliches Wissen über Mathematik (und damit über Definitionen und Beweise) aufgebaut haben, weil beispielsweise das Beweisen eine zentrale Tätigkeit im Mathematikstudium darstellt und diese von Studierenden als große Herausforderung wahrgenommen wird (Selden & Selden, 2008). Auch aus Sicht von Hochschullehrenden, die in mathematiknahen Studiengängen lehren, sollen Studienanfängerinnen und -anfänger in der Lage sein, mathematische Beweise verstehen und prüfen sowie selbstständig mathematische Vermutungen aufstellen zu können (Neumann et al., 2017). Allerdings zeigen die Ergebnisse der MaLeMINT-Studie (vgl. Kap. 3.1 in diesem Band), dass es seitens der Hochschullehrenden Uneinigkeit darüber gibt, inwieweit Studienanfängerinnen und -anfänger bereits selbstständig mathematische Beweise konstruieren sollen. Somit ist zu bedenken, inwiefern Wissenschaftspropädeutik durch die Perspektive auf die Hochschule für alle Schülerinnen und Schüler legitimierbar ist, da nur eine kleine Gruppe von Abiturientinnen und Abiturienten ein Mathematikstudium aufnimmt. Eng verknüpft mit dem Argumentieren ist das Kommunizieren, denn ein Beweis wird erst durch die Validierung der Community zu einem Beweis. Die Kompetenz des mathematischen Kommunizierens umfasst einerseits die Erfassung fachsprachlicher Texte und andererseits die schriftliche oder mündliche Darbietung von eigenen Überlegungen unter Verwendung von korrekter Fachsprache. Das Erfassen von mathematischen Fachtexten beim mathematischen Arbeiten ist besonders dann relevant, wenn neue Publikationen gelesen und verstanden oder Vorträge (oder auch Vorlesungen) gehört werden. Analog dazu ist es notwendig, fachsprachliche Texte kohärent und vollständig darlegen zu können, wenn beispielsweise selbst Publikationen mitverfasst oder Übungsaufgaben gelöst und verschriftlicht werden sollen. Die Suche nach möglichen Beweisideen bzw. -ansätzen kann dabei als eine Problemlösesituation aufgefasst werden (Reiss & Ufer, 2009), die sich dadurch auszeichnet, dass die Lösungsschritte nicht schematisch vorstrukturiert sind und die einzelnen Lösungsschritte selbst nicht unbedingt von Anfang an offen liegen. Insgesamt ist das Hineinwachsen in die Normen des Beweisens für Schülerinnen und Schüler wichtig, um Prozesse der meta-wissenschaftlichen Reflexion (Ebene 3, Abb. 1) über beispielsweise die Beweisstruktur, Funktionen und die Entstehung von Beweisen zu initiieren (Kuntze, 2009).

Die Umsetzung von Wissenschaftspropädeutik bezogen auf Mathematik als beweisende Wissenschaft respektive als wissenschaftliche Disziplin erfolgt somit anhand des Erwerbs der prozessbezogenen Kompetenzen zu verschiedenen Inhalten. Manche Inhaltsbereiche sind eher dafür geeignet, das hinter der Mathematik liegende deduktive System für Schülerinnen und Schüler aufzudecken. Für die gymnasiale Oberstufe zählen aus unserer Sicht insbesondere dazu die Lineare Algebra/Analytische Geometrie, was auch in vielen Lehrplänen als verpflichtender Inhaltsbereich zu finden ist. Die Analytische Geometrie bietet vor dem Hintergrund mathematisch-historischer Betrachtungen die Möglichkeit, die Entwicklung der axiomatischen Mathematik darzustellen und elementargeometrische Sätze aus der Sekundarstufe I mithilfe von Methoden der Analytischen Geometrie zu beweisen (z. B. *Die Mittelsenkrechten der drei Seiten in einem Dreieck schneiden sich in einem Punkt.*). Dadurch dass die Lernenden die mathematischen Aussagen aus der Sekundarstufe I schon kennen, besteht die Herausforderung unter anderem darin, die Beweisbedürftigkeit in der Sekundarstufe II herauszustellen. Dieser Herausforderung kann dadurch begegnet werden, dass verschiedene Erklärungen für ein Phänomen die Einsicht bzw. das Verständnis der Schülerinnen und Schüler dafür stärken, warum jene Aussagen wahr sind. Daneben kann durch verschiedene Beweise verdeutlicht werden, dass es in der Mathematik häufig mehrere Methoden in verschiedenen, mathematischen Teildisziplinen gibt, um ein Problem zu lösen, d.h. die Mathematik besteht nicht aus isolierten Teildisziplinen, sondern ist eine zusammenhängende Disziplin. In anschließenden Diskussionen kann im Unterricht beispielsweise darüber reflektiert werden, dass es mehrere Möglichkeiten gibt, Sätze zu beweisen, oder darüber, dass sich Beweise (z. B. in Hinblick auf den Grad der formalen Exaktheit) voneinander unterscheiden können. Neben elementargeometrischen Sätzen eignen sich in der gymnasialen Oberstufe auch Inhalte aus der Analysis, um das Beweisen oder zumindest das Nachvollziehen von Beweisprozessen zu thematisieren. Hierfür eignet sich u. a. das Finden und Beweisen von Ableitungsregeln (vgl. Rach, 2015). Als eine weitere mathematische Arbeitsweise kann das Explorieren von Vermutungen aufgefasst werden, das beispielsweise im Rahmen des Stochastikunterrichts fokussiert werden kann. Im Rahmen des Unterrichts könnten Vermutungen darüber entwickelt werden, welchen Einfluss die Parameter n und p auf die Binomialverteilung haben. Diese Vermutungen können dann in einem nächsten Unterrichtsschritt durch Simulationen computergestützt bekräftigt bzw. widerlegt werden.

4.1.2 Mathematik als anwendbare Disziplin in den Bildungsstandards

Neben dem Kennenlernen der Grundbegriffe und -methoden von Mathematik als wissenschaftliche Disziplin ist für den Mathematikunterricht der gymnasialen Oberstufe ebenso Mathematik als anwendbare Disziplin relevant. Als zentrale Methode wird hier das mathematische Modellieren angesehen, das auch als prozessbezogene Kompetenz in den Bildungsstandards zu finden ist. Zum mathematischen Modellieren gehören sowohl mathematische Modelle zu einer Realsituation zu entwickeln als auch die Ergebnisse einer Modellierung zu interpretieren und zu validieren. Diese Aktivitäten bilden große Teile des Prozesses des mathematischen Modellierens ab, während aus einer wissenschaftspropädeutischen Perspektive auch das meta-wissenschaftliche Wissen zum Modellieren eine bedeutende Rolle spielt: Was ist beispielsweise ein Modell und wie genau muss oder kann ein Modell auf eine Situation passen?

Der Anwendungscharakter von Mathematik in Form von Modellierungsprozessen kann in vielen Inhaltsbereichen erfahrbar gemacht werden. Anhand von ausgewählten Beispielen soll im Folgenden illustriert werden, wie der Modellierungsaspekt in den Inhaltsbereichen des Mathematikunterrichts der gymnasialen Oberstufe umgesetzt werden kann: Im Bereich der Analysis können Wachstumsprozesse mithilfe von Exponentialfunktionen beschrieben werden (z. B. die Entwicklung von Fallzahlen zu Virusinfektionen, die Halbwertszeit von radioaktiven Substanzen oder die Verbreitung eines Gerüchts an einer Schule), im Bereich der Matrizenrechnung können Zustandsänderungen mithilfe von Übergangsmatrizen beschrieben werden (z. B. Konsumentinnen- und Konsumentenverhalten oder Populationsentwicklungen) und im Bereich der Analytischen Geometrie können Lagebeziehungen von Geraden und Ebenen im Raum mit Hilfe von Vektoren untersucht werden (z. B. Flugbahnen von Flugzeugen, Lichteinfall und Entstehung von Schatten). Während die Analysis und die Lineare Algebra/Analytische Geometrie häufig Phänomene aus den Natur-, Ingenieur- und Wirtschaftswissenschaften beschreiben, liefert die Stochastik darüber hinaus die Möglichkeit, Phänomene aus weiteren empirisch-orientierten Wissenschaften (z. B. Psychologie, Sportwissenschaften oder Sozialwissenschaften) zu beschreiben und mithilfe von Methoden der beurteilenden Statistik Schlüsse von einer Stichprobe auf eine Grundgesamtheit zu überprüfen. Dass verschiedene mathematische Inhaltsgebiete unterschiedlich bedeutsam für die weiteren Wissenschaften sind, wird auch beim Vergleich der Studien MaLeMINT und MaLeMINT-E deutlich: Inhalte der Stochastik spielen aus Dozierendensicht vor allem in sozial-orientierten Wissenschaften eine wichtige Rolle (Neumann et al., 2021). Eine vergleichende Übersicht der Kompetenzbereiche und der verschiedenen Seiten von Mathematik (wie wir es im Text zuvor vereinfacht dargestellt haben) ist in Abbildung 2 abgedruckt.

Kompetenz-bereiche	Mathematik als ...	
	... wissenschaftliche Disziplin	... anwendbare Disziplin
Prozessbezogen	• Mathematisch argumentieren • Mathematisch kommunizieren • Probleme mathematisch lösen	• Mathematisch modellieren
Inhaltsbezogen (*Beispiele im Text*)	• Ableitungsregeln (Analysis) • Elementargeometrische Sätze (Analytische Geometrie) • Einfluss der Parameter n und p bei der Binomialverteilung (Stochastik)	• Exponentielles Wachstum (Analysis) • Lagebeziehungen (Analytische Geometrie) • Beurteilende Statistik (Stochastik)

Abbildung 2: Exemplarische mathematische Kompetenzbereiche in Hinblick auf Wissenschaftspropädeutik.

Die Abbildung 2 illustriert exemplarisch, welche Themen geeignet sind, um wissenschaftspropädeutische Kompetenzen bzgl. einer Seite von Mathematik bei Schülerinnen und Schülern zu entwickeln. Um wissenschaftspropädeutische Kompetenzen zu erwerben, haben wir spezielle Inhalte vorgeschlagen, die allerdings prinzipiell auch gegen andere Inhalte ausgetauscht werden können. Dies wird daran deutlich, dass in jedem der drei Teilgebiete der Mathematik, die in der gymnasialen Oberstufe eine besondere Rolle einnehmen, Themen identifiziert werden konnten, anhand derer Aspekte der wissenschaftlichen oder der anwendbaren Disziplin Mathematik expliziert werden können.

Neben der Implementierung des Modellbildungsaspekts von Mathematik als anwendbare Disziplin bleibt noch offen, wie die Aspekte des spezifischen Arbeitens in mathematischen Modellen thematisiert werden können. Wie oben beschrieben ist ein wichtiger Teil des Anwendens von Mathematik der Umgang mit numerischen Verfahren. Die Bildungsstandards formulieren unter der Leitidee Messen, dass die Schülerinnen und Schüler ihr Repertoire an numerischen Verfahren zur Bestimmung und zum Deuten von Größen aus der Sekundarstufe I erweitern (KMK, 2012/2015). Hier ist es möglich, im Unterricht die Relevanz von Genauigkeit (vor dem Hintergrund ausgewählter Anwendungsdisziplinen) oder die Problematik des Rundens (und damit einhergehend das weitere Operieren mit gerundeten Werten und Fehlerfortpflanzung) zu diskutieren. Geeignete Inhalte können in diesem Zusammenhang beispielsweise das Newton-Verfahren zur Lösung des Nullstellenproblems, die numerische Integration (z. B. mittels Ober- und Untersummen) oder die Approximation komplexer Funktionen durch Polynome (mittels Taylorentwicklung) sein.

Es ist auch möglich, dass nach dem selbstständigen, mathematischen Lösen von Problemen aus anderen Disziplinen sich von der eigenen Lösung distanziert und über das Anwenden von mathematischen Begriffen und Verfahren in diesem Beispiel reflektiert wird. Mögliche Fragen könnten in diesem Kontext lauten: Wie ist man zu diesem Ergebnis gekommen? Welche mathematischen Begriffe und Methoden wurden verwendet und warum gerade diese? Wäre es möglich gewesen, andere mathematische Begriffe und Methoden zu verwenden? Diese Reflexionsanlässe bieten dann die Möglichkeit, die Anwendung der Mathematik von einer meta-wissenschaftlichen Perspektive zu analysieren. In diesem Kontext ist es möglich, die Rolle von Mathematik innerhalb dieser Disziplinen zu eruieren und zu reflektieren, insbesondere inwieweit sich Mathematik von anderen Wissenschaften in Hinblick auf die fachspezifischen Grundbegriffe und angewendeten Methoden unterscheidet. Solch ein analysierender Blick auf die Anwendung von Mathematik kann beispielsweise beim Thema Hypothesentests in der gymnasialen Oberstufe erfolgen. Anhand von ausgewählten Beispielen aus der sozialwissenschaftlichen Praxis kann nachvollzogen werden, dass bestimmte Voraussetzungen bei parametrischen Testverfahren (z. B. die Voraussetzung von normalverteilten Zufallsgrößen bei der Anwendung von t-Tests) nicht zwingend immer vorab überprüft werden. In den Sozialwissenschaften wird dieses Vorgehen dadurch legitimiert, weil sich der t-Test unter bestimmten Bedingungen in Simulationen als robust gegenüber der Verletzung dieser Voraussetzung erweist. Wesentlich problematischer bei der Interpretation von Testergebnissen ist die „Annahme" der Nullhypothese H_0, falls diese nicht verworfen werden kann ($p > 0{,}05$). Dies ist deshalb problematisch, weil die Wahrscheinlichkeit für einen Fehler 2. Art (H_0 wird nicht verworfen, aber H_1 ist in Wirklichkeit wahr) üblicherweise nicht minimiert wird. Demnach kann anhand von einfachen Beispielen kritisch reflektiert werden, wie mathematische Begriffe und Verfahren in anderen wissenschaftlichen Disziplinen zur Erkenntnisgewinnung eingesetzt werden.

4.2 Gestaltung eines wissenschaftspropädeutischen Mathematikunterrichts

Ziele eines wissenschaftspropädeutischen Mathematikunterrichts sind das Kennenlernen und die Reflexion des dualen Charakters der Mathematik sowie das Erlernen der spezifischen Grundbegriffe und -methoden (Abb. 1), die die jeweiligen Seiten von Mathematik kennzeichnen. Das Kennenlernen und Anwenden der fachspezifischen Erkenntnismethoden, z. B. mathematisches Argumentieren, Modellieren etc., ist ein über die gesamte Schulzeit sich erstreckender Prozess und sollte in der Sekundarstufe II systematisiert und vertieft werden. An die Methodenkenntnisse aus der Sekundarstufe I sollte angeknüpft und explizit gemacht werden, welche Grundbegriffe und -methoden charakteristisch für Mathematik als wissenschaftliche Disziplin und für Mathematik als anwendbare Disziplin sind. In diesem Zusammenhang ist es beispielsweise empfehlenswert, beim Aufzeigen des Anwendungscharakters von Mathematik im Rahmen von Modellierungsprozessen konkret fächerübergreifende Aspekte einzubeziehen, z. B. können *Experimente* (im naturwissenschaftlichen Sinn) durchgeführt, Daten gemessen und mithilfe geeigneter Funktionen modelliert werden (Beumann, 2016). Dadurch kann den Lernenden verdeutlicht werden, dass im Rahmen von Experimenten die meta-wissenschaftlichen Grundbegriffe der Mathematik (z. B. Definition, Aussage etc.) eine untergeordnete Rolle spielen, während meta-wissenschaftliches Wissen des naturwissenschaftlichen Erkenntnisprozesses (Experimente, Beobachtung, Modell etc.) in den Vordergrund rückt. Dabei werden mathematische Begriffe genutzt, um Phänomene zu beschreiben und damit einhergehend bestimmte Fragestellungen zu beantworten (z. B. Prognose von Prozessen).

Der Fachunterricht kann durch weitere extracurriculare Organisationsformen ergänzt werden, in denen das wissenschaftspropädeutische Arbeiten in Mathematik gefördert werden kann. Dazu gehört z. B. das Verfassen einer Facharbeit, das Lernen in W-Seminaren oder das Lernen an außerschulischen Lernorten wie in Lehr-Lern-Laboren, z. B. Mathematics Laboratory (Roth, 2020). Allerdings können diese Organisationsformen nur als Ergänzung angesehen werden, da Wissenschaftspropädeutik eine Hauptaufgabe des Fachunterrichts ist.

5 Folgerungen für die Lehrkräfteausbildung

Wissenschaftspropädeutik als eine Zieldimension des gymnasialen Oberstufenunterrichts soll sich – wie eben beschrieben – in der Ausgestaltung des Mathematikunterrichts zeigen. Da das Entscheidungsfeld der konkreten Ausgestaltung des gymnasialen Mathematikunterrichts bei den Lehrkräften liegt, spielen Lehrkräfte eine entscheidende Rolle für einen guten Unterricht. An dieses Postulat schließt sich die folgende Frage an: Welche Folgerungen ergeben sich aus der Zieldimension Wissenschaftspropädeutik für die Ausbildung von zukünftigen gymnasialen Lehrkräften?

Da Lehrkräfte die Verantwortung haben, den Unterricht und die damit verbundene Enkulturation zu gestalten, benötigen sie bestimmte Kompetenzen für die Planung und Durchführung eines wissenschaftspropädeutischen Mathematikunterrichts. Im Mathematikunterricht wird den Schülerinnen und Schülern ermöglicht, einen exemplarischen Einblick in den mathematischen Erkenntnisprozess zu erhalten und damit die Normen und Regeln der jeweiligen Wissenschaft (hier: Mathematik) kennenzulernen. Jedoch müssen sich dafür die Lehrkräfte selbst als Expertinnen und Experten für das Fach Mathematik begreifen und dementsprechend fachmathematisch gut ausgebildet sein. Da Studiengänge für das Lehramt an Gymnasien einen hohen fachwissenschaftlichen Anteil haben, sind die Voraussetzungen für die angehenden Mathematiklehrkräfte prinzipiell gut, Mathematik als Wissenschaft kennenzulernen. Hier zeigt sich allerdings, dass die Mehrheit der Lehramtsstudierenden den fachwissenschaftlichen Anteil ihres Studiums als wenig relevant für ihr späteres Berufsfeld empfindet (Hefendehl-Hebeker, 2013) und diesen retrospektiv als zu umfangreich einschätzen (Speck et al., 2007). Trotz dieser kritischen Einschätzung bleibt die fachwissenschaftliche Ausbildung von Gymnasiallehrkräften – gerade in Hinblick auf Wissenschaftspropädeutik – unstritig, da Gymnasiallehrkräfte ein fachliches Fundament und vertiefte Kenntnisse über die fachspezifischen Denk- und Arbeitsweisen benötigen. Nur so können sie Lerngelegenheiten schaffen, in denen Schülerinnen und Schüler diese fachlichen Methoden erlernen und darüber mit Begleitung durch die Lehrkraft diskutieren können. In den fachwissenschaftlichen Veranstaltungen treffen die Lehramtsstudierenden auf Experten und Expertinnen der Fachwissenschaft Mathematik. In authentischen Lernsituationen können die Lehramtsstudierenden fachspezifisch wissenschaftliche Methoden nachvollziehen (z. B. in Vorlesungen) oder mithilfe der Unterstützung von Expertinnen und Experten selbst verwenden (z. B. Proseminare), wodurch die Lehramtsstudierenden einen Einblick in die wissenschaftlichen Standards der mathematischen Community bekommen. Nur in diesem Rahmen erhalten die Lehramtsstudierenden die Möglichkeit, in die wissenschaftliche Community einzutauchen und die Normen beim Erkenntnisprozess der Mathematik zu verstehen. Deshalb ist es aus unserer Sicht sehr wichtig, dass die entsprechenden Grundbegriffe und die Erkenntnismethoden explizit in den Fachveranstaltungen behandelt werden. In der Fachliteratur wird bereits diskutiert, wie die fachwissenschaftlichen Lernangebote gestaltet werden müssen, damit die Studierenden entsprechendes Metawissen und Reflexionskompetenzen zur Wissenschaft Mathematik erwerben können (Bauer & Hefendehl-Hebeker, 2019).

Die Fachveranstaltungen im gymnasialen Lehramtsstudium müssten demnach der Ort sein, um Mathematik als wissenschaftliche Disziplin kennenzulernen und Kompetenzen zu erwerben. Aus unserer Sicht reicht aber der Erwerb von wissenschaftlichen Denk- und Arbeitsweisen und Reflexionskompetenzen nicht vollständig aus, um später als Lehrkraft effektive Lerngelegenheiten zu dieser Zieldimension anzubieten. Anzustreben wäre die Realisierung von zusätzlichen Lernangeboten, z. B. die Implementierung des Themas Wissenschaftspropädeutik in die fachdidaktischen Module, die das fachspezifische Lernen in der gymnasialen Oberstufe fokussieren. Da (wie in diesem Beitrag) Wissenschaftspropädeutik als Aufgabe der einzelnen Fächer aufgefasst werden kann und dementsprechend Wissenschaftspropädeutik für jedes Unterrichtsfach fachspezifisch charakterisiert werden muss, wären die fachdidaktischen Module geeigneter als fachübergreifende Module im bildungswissenschaftlichen Bereich. Allerdings können auch letztere die Wissenschaftspropädeutik thematisieren – ggf. auch in Hinblick auf seine bildungshistorische Genese und starke Einbindung in bildungstheoretische Diskurse. Daneben liegt die Stärke der Ansiedlung von Wissenschaftspropädeutik im bildungswissenschaftlichen Bereich darin, fachtranszendierende Reflexionen anzuregen, um die Spezifika der jeweiligen wissenschaftlichen Disziplinen in Relation zu anderen Disziplinen zu kontrastieren.

Zu der inhaltlichen Ausbildung von Lehrkräften gehören nach den KMK-Standards (2019) Wissensbestände zur (empirischen) Bildungsforschung und ihrer Methoden. Stelter und Miethe (2019) haben allerdings festgestellt, dass nur in etwa der Hälfte der von ihnen untersuchten Lehramtsstudiengänge forschungsmethodische Inhalte in erziehungswissenschaftlichen Modulen integriert sind. Zwar ist die Frage, ob die Lehramtsausbildung Forschungsmethoden braucht, nicht unumstritten (Hummrich, 2019), aber gerade vor dem Hintergrund der Wissenschaftspropädeutik als Zieldimension von gymnasialer Bildung kann die Diskussion des (Un-)Sinns von Forschungsmethoden in der Lehramtsausbildung neu gedacht werden – zumindest für die Ausbildung von Gymnasiallehrkräften. Neben Argumentationslinien, die die Relevanz der Implementierung einer forschungsmethodologischen Ausbildung im Lehramtsstudium allgemein unterstützen (z. B. Fichten, 2010), ist es gerade für die zukünftigen Gymnasiallehrkräfte notwendig, über allgemeine forschungsmethodische Kompetenzen aus den (empirischen) Bildungswissenschaften zu verfügen. In Hinblick auf die Planung und Gestaltung von wissenschaftspropädeutischen Lerngelegenheiten im Fachunterricht ist es gerade in Leistungskursen nicht ausreichend, Mathematik isoliert im System der Wissenschaften zu betrachten, sondern es sollen Möglichkeiten eröffnet werden, kritisch-reflektierend Mathematik als Wissenschaft in dieses System einzuordnen. Dafür benötigen Lehrkräfte zumindest ein grundlegendes Verständnis über *verschiedene* Erkenntniswege sowie ein Überblickswissen darüber, wie andere Disziplinen zu ihren Erkenntnissen kommen. In diesem Kontext sollte im Rahmen der Bildungswissenschaften eine Art allgemeines Wissenschaftsverständnis aufgebaut werden, so dass die Studierenden – basierend auf dem Fachstudium ihrer Unterrichtsfächer – die wissenschaftlichen Disziplinen ihrer Unterrichtsfächer in diesen Rahmen einordnen und bestenfalls auch einen Überblick über die verschiedenen wissenschaftlichen Disziplinen anderer Unterrichtsfächer erhalten können. Bei einer forschungsmethodischen Ausbildung von Lehrkräften könnten diese zumindest meta-wissenschaftliche Grundbegriffe (z. B. Theorie, Beobachtung etc.) und Erkenntnismethoden (z. B. Experiment) der empirischen Wissenschaften kennenlernen. Wenn Mathematik als anwendbare Disziplin nicht in einem Zweitfach im Rahmen eines Lehramtsstudiums (z. B. im Fach Physik) erfahrbar gemacht wird, dann ist es beispielsweise durch das Lernen und Anwenden von quantitativen Forschungsmethoden im Rahmen einer forschungsmethodischen Ausbildung durch die Bildungswissenschaften möglich. Diese Überlegungen zum Lehramtsstudium könnten geschärft werden, wenn klar ist, wie viel „allgemeine wissenschaftspropädeutische Bildung" (über die spezifische Perspektive der eigenen Unterrichtsfächer hinaus) eine Lehrkraft im Schulunterricht gestalten muss und wie viel dementsprechend sie über fachspezifische Anteile hinaus im Studium lernen muss.

6 Zusammenfassung und Ausblick

Der vorliegende Beitrag widmet sich der Frage, was Wissenschaftspropädeutik umfasst und wie diese Zieldimension spezifisch für den Mathematikunterricht konkretisiert werden kann. Aufbauend darauf wurde analysiert, was der Mathematikunterricht unter den aktuellen Rahmenbedingungen in Hinblick auf die Bearbeitung von Wissenschaftspropädeutik beitragen kann und soll. Hierzu wurde auf Basis der Überlegungen von Hentig (1980) analysiert, welche wissenschaftspropädeutischen Funktionen der Mathematikunterricht der gymnasialen Oberstufe hat und wie diese inhaltlich ausdifferenziert werden können: Heranführen an die wissenschaftlichen Denk- und Arbeitsweisen von Mathematik als beweisende Disziplin und gleichzeitig dazu das Kennenlernen von Mathematik als anwendbare Disziplin.

In diesem Rahmen hat der Beitrag gezeigt, welche Ziele ein wissenschaftspropädeutischer Mathematikunterricht fokussiert und wie diese Ziele erreicht werden können. Dabei wurde sich allerdings auf kognitive Lernziele (inhalts- und prozessbezogene Kompetenzen) konzentriert und aus Platzgründen weniger die motivationale Perspektive der Zieldimension Wissenschaftspropädeutik beleuchtet. Dementsprechend sind der Aufbau einer wissenschaftsorientierten Grundhaltung des Er- und Begründens sowie das Herausbilden eines wissenschaftlichen Habitus nicht explizit diskutiert (Ebene 2, siehe Abb. 1). Jedoch sind diese motivationalen Ziele in der Enkulturationsfunktion von Wissenschaftspropädeutik zumindest impliziert. Offen bleibt allerdings, wie konkret diese stärker motivational geprägten Ziele in einem wissenschaftspropädeutischen Mathematikunterricht erreicht werden können und wie ein solcher Mathematikunterricht gestaltet sein muss.

Diese Überlegungen zum Auftrag des Mathematikunterrichts der gymnasialen Oberstufe gilt es weiter zu systematisieren und Kompetenzbeschreibungen zu formulieren, um die Erwartungen an die Lernenden zu konkretisieren. Mit Hilfe konkreter Kompetenzerwartungen könnte dann geprüft werden, ob insbesondere in Leistungskursen die Zieldimension Wissenschaftspropädeutik erreicht wird.

Literatur

Balzer, W. (2009). *Die Wissenschaft und ihre Methoden: Grundsätze der Wissenschaftstheorie. Ein Lehrbuch* (2. Aufl.). Alber.

Bauer, T. & Hefendehl-Hebeker, L. (2019). *Mathematikstudium für das Lehramt an Gymnasien*. Springer Fachmedien.

Beilecke, F., Messner, R. & Weskamp, R. (2014). Einführung: Das Wesen wissenschaftlichen Denkens und Lernens als Thema der gymnasialen Oberstufe. In F. Beilecke, R. Messner & R. Weskamp (Hrsg.), *Wissenschaft inszenieren. Perspektiven des wissenschaftlichen Lernens für die gymnasiale Oberstufe* (S. 9–13). Klinkhardt.

Bescherer, C. (2003). *Selbsteinschätzung der mathematischen Studierfähigkeit von Studienanfängerinnen und -anfängern*, Dissertation, Pädagogische Hochschule Ludwigsburg. http://nbn-resolving.de/urn:nbn:de:bsz:93-opus-16269.

Betz, A., Firstein, A. & Schmidt, K. (2019). Wissenschaftspropädeutik im (Deutsch)Unterricht – eine theoretische Einführung. In A. Betz & A. Firstein (Hrsg.), *Schülerinnen und Schülern Linguistik näher bringen. Perspektiven einer linguistischen Wissenschaftspropädeutik* (S. 1–13). Schneider Verlag Hohengehren.

Beumann, S. (2016). *Versuch's doch mal: Eine empirische Untersuchung zur Förderung von Motivation und Interesse durch mathematische Schülerexperimente*. Dissertation, Ruhr-Universität Bochum. https://hss-opus.ub.ruhr-uni-bochum.de/opus4/frontdoor/deliver/index/docId/5122/file/diss.pdf

Blum, W., Galbraith, P. L. Henn, H.-W. & Niss, M. (Hrsg.) (2007). *Modelling and applications in mathematics education: The 14th ICMI study*. Springer Science+Business Media.

Dettmers, S., Trautwein, U., Neumann, M. & Lüdtke, O. (2010). Aspekte von Wissenschaftspropädeutik. In U. Trautwein, M. Neumann, G. Nagy, O. Lüdtke & K. Maaz (Hrsg.), *Schulleistungen von Abiturienten. Die neu geordnete gymnasiale Oberstufe auf dem Prüfstand* (S. 243–265). VS Verlag für Sozialwissenschaften.

Deutscher Bildungsrat (1970). *Empfehlungen der Bildungskommission. Strukturplan für das Bildungswesen*. Dt. Bildungsrat.

Drewello, H. (2018). Nachfrage, Angebot und Marktgleichgewicht. In H. Drewello, F. Kupferschmidt & O. Sievering (Hrsg.), *Markt und Staat. Eine anwendungsorientierte Einführung in die allgemeine Volkswirtschaftslehre* (S. 49–84). Springer.

Ebner, K. (2009). Entwicklung der Studierfähigkeit als Aufgabe der Universität: Coaching studentischer Selbstmanagementkompetenzen. *ZFHE, 4*(3), 37–52.

Eck, C., Garcke, H. & Knabner, P. (2011). *Mathematische Modellierung* (2. Aufl.). Springer.

Engel, J. (2010). *Anwendungsorientiere Mathematik: Von Daten zur Funktion. Eine Einführung in mathematische Modellbildung für Lehramtsstudierende*. Springer.

Frank, A. (2020). Wissenschaftspropädeutisch Lernen in Mathematik. Wie überzeugend ist das W-Seminar? *Hochschulschriften zur Mathematik – Didaktik, 10*. WTM.

Fichten, W. (2010). Forschendes Lernen in der Lehrerbildung. In U. Eberhardt (Hrsg.), *Neue Impulse in der Hochschuldidaktik* (S. 127–182). VS Verlag für Sozialwissenschaften.

Fleischhack, C. (2010). Mathematik. In E.-M. Engelen, C. Fleischhack, C. G. Galizia & K. Landfester (Hrsg.), *Heureka. Evidenzkriterien in der Wissenschaft* (S. 149–168). Spektrum Akademischer Verlag.

Greefrath, G., Kaiser, G. Blum, W. & Borromeo Ferri, R. (2013). Mathematisches Modellieren – Eine Einführung in theoretische und didaktische Hintergründe. In R. Borromeo Ferri, G. Greefrath & G. Kaiser (Hrsg.), *Mathematisches Modellieren für Schule und Hochschule: theoretische und didaktische Hintergründe* (S. 11–37). Springer Fachmedien.

Griese, W. (1983). *Wissenschaftspropädeutik in der gymnasialen Oberstufe*. M-1-Verlag (Oldb.).

Hahn, S. (2009). Wissenschaftspropädeutik in der Sekundarstufe II: Bildungsgeschichtlicher Rückblick und aktuelle Entwicklungen. *TriOS, 4*(2), 5–37.

Hahn, S. (2013). Wissenschaftspropädeutik in der gymnasialen Oberstufe. In D. Bosse, F. Eberle & S. Schneider-Taylor (Hrsg.), *Standardisierung in der gymnasialen Oberstufe* (S. 161–174). Springer.

Hamann, T. (2018). Die „Mengenlehre" im Anfangsunterricht. Historische Darstellung einer gescheiterten Unterrichtsreform in der Bundesrepublik Deutschland. In R. Krömer & G. Nickel (Hrsg.), *Siegener Beiträge zur Geschichte und Philosophie von Mathematik Bd. 9*. Universi.

Hefendehl-Hebeker, L. (2013). Doppelte Diskontinuität oder die Chance der Brückenschläge. In C. Ableitinger, J. Kramer & S. Prediger (Hrsg.), *Zur doppelten Diskontinuität in der Gymnasiallehrerbildung: Ansätze zu Verknüpfungen der fachinhaltlichen Ausbildung mit schulischen Vorerfahrungen und Erfordernissen* (S. 1–15). Springer Fachmedien.

Heintz, B. (2000). „In der Mathematik ist ein Streit mit Sicherheit zu entscheiden" Perspektiven einer Soziologie der Mathematik. *Zeitschrift für Soziologie, 29*(5), 339–360.

Henkel, C. (2013). *Fächerübergreifenden Unterricht in der Oberstufe entwickeln und erproben. Ein theoretischer und empirischer Beitrag zu einer fächerübergreifenden Didaktik*. Universität Bielefeld.

Hentig, H. v. (1980). *Die Krise des Abiturs und eine Alternative*. Klett-Cotta.

Huber, L. (1994). Wissenschaftspropädeutik: eine unerledigte Hausaufgabe der allgemeinen Didaktik. In M. A. Meyer (Hrsg.), *Allgemeine Didaktik, Fachdidaktik und Fachunterricht. Studien zur Schulpädagogik und Didaktik 10* (S. 243–253). Beltz.

Huber, L. (1997). Fähigkeit zum Studieren – Bildung durch Wissenschaft. Zum Problem der Passung zwischen Gymnasialer Oberstufe und Hochschule. In E. Liebau, W. Mack & C. T. Scheilke (Hrsg.), *Das Gymnasium. Alltag, Reform, Geschichte, Theorie* (S. 333–351). Juventa.

Huber, L. (1998). Allgemeine Studierfähigkeit, basale Fähigkeiten, Grundbildung. Zur aktuellen Diskussion um die gymnasiale Oberstufe. In R. Messner, E. Wicke & D. Bosse (Hrsg.), *Die Zukunft der gymnasialen Oberstufe* (S. 150–181). Beltz.

Huber, L. (2001). Stichwort: Fachliches Lernen: Das Fachprinzip in der Kritik. *Zeitschrift für Erziehungswissenschaft, 3*(4), 307–331.

Huber, L. (2005). Warum fächerübergreifender Unterricht in der Sekundarstufe II? In L. Huber & K.-J. Tillmann (Hrsg.), *Versuchsschulen und das Regelschulsystem – Bielefelder Erfahrungen* (S. 37–47). Impuls/Ambos.

Huber, L. (2009a). Wissenschaftspropädeutik ist mehr! *TriOS, 4*(2), 39–60.

Huber, L. (2009b). Von „basalen Fähigkeiten" bis „vertiefte Allgemeinbildung": Was sollen Abiturientinnen und Abiturienten für das Studium mitbringen? In D. Bosse (Hrsg.), *Gymnasiale Bildung zwischen Kompetenzorientierung und Kulturarbeit* (S. 107–124). VS.

Hummrich, M. (2019). Zur Frage: (Wozu) braucht die Lehramtsausbildung Forschungsmethoden? Kritische Perspektiven einer erziehungswissenschaftlichen Schulpädagogik. *Erziehungswissenschaft, 30*(58), 65–71.

Jahnke, H. N. & Krömer, R. (2020). Rechtfertigen in der Mathematik und im Mathematikunterricht. *Journal für Mathematikdidaktik, 41*(2), 459–484.

Jahnke, H. N. & Ufer, S. (2015). Argumentieren und Beweisen. In R. Bruder, L. Hefendehl-Hebeker, B. Schmidt-Thieme & H.-G. Weigand (Hrsg.), *Handbuch der Mathematikdidaktik* (S. 331–335). Springer Spektrum.

Kempen, L. (2019). *Begründen und Beweisen im Übergang von der Schule zur Hochschule*. Springer Fachmedien.

Kirchner, V. (2020). Grundlegende Überlegungen zum fachspezifischen Beitrag der ökonomischen Bildung zur Wissenschaftspropädeutik. *Zeitschrift für ökonomische Bildung, Sondernummer, Jahresband DeGÖB 2018*, 1–16.

Klafki, W. (2007). *Neue Studien zur Bildungstheorie und Didaktik. Zeitgemäße Allgemeinbildung und kritisch-konstruktive Didaktik* (6. Aufl.). Beltz.

KMK [Sekretariat der Ständigen Konferenz der Kultusminister der Länder in der Bundesrepublik Deutschland] (1995). *Weiterentwicklung der Prinzipien der gymnasialen Oberstufe und des Abiturs. Abschlußbericht der von der Kultusministerkonferenz eingesetzten Expertenkommission*. Schmidt & Klaunig.

KMK [Sekretariat der Ständigen Konferenz der Kultusminister der Länder in der Bundesrepublik Deutschland] (2012/2015). *Bildungsstandards im Fach Mathematik für die Allgemeine Hochschulreife (Beschluss der Kultusministerkonferenz vom 18.10.2012)*. Wolters Kluwer.

KMK [Sekretariat der Ständigen Konferenz der Kultusminister der Länder in der Bundesrepublik Deutschland] (2019). *Standards für die Lehrerbildung: Bildungswissenschaften (Beschluss der Kultusministerkonferenz vom 16.12.2004 i. d. F. vom 16.05.2019)*. https://www.kmk.org/fileadmin/veroeffentlichungen_beschluesse/2004/2004_12_16-Standards-Lehrerbildung-Bildungswissenschaften.pdf

KMK [Sekretariat der Ständigen Konferenz der Kultusminister der Länder in der Bundesrepublik Deutschland] (2021). *Vereinbarung zur Gestaltung der gymnasialen Oberstufe und der Abiturprüfung*. Sekretariat der Ständigen Konferenz der Kultusminister der Länder in der Bundesrepublik Deutschland.

Krause, N. M. (2014). *Wissenschaftspropädeutik im Kontext vom Mathematikunterricht in der gymnasialen Oberstufe. Facharbeiten als mathematikdidaktischer Ansatz für eine Öffnung des Mathematikunterrichts zur Verbesserung der Studierfähigkeit und zur Veränderung des Mathematikbilds*. Dissertation, Martin-Luther-Universität Halle-Wittenberg. https://opendata.uni-halle.de/bitstream/1981185920/81 52/1/Dokorarbeit%20NEU.pdf

Kuntze, S. (2009). Geometrische Beweiskompetenz fördern durch Reflexions- und Schreibanlässe zu beweisbezogenem Metawissen. In M. Ludwig, R. Oldenburg & J. Roth (Hrsg.) *Argumentieren, Beweisen und Standards im Geometrieunterricht – AK Geometrie 2007/08* (S. 219–237). Franzbecker.

Langemeyer, I. (2019). Enkulturation in die Wissenschaft durch forschungsorientiertes Lehren und Lernen. M. E. Kaufmann, A. Satilmis & H. A. Mieg (Hrsg.), *Forschendes Lernen in den Geisteswissenschaften. Konzepte, Praktiken und Perspektiven hermeneutischer Fächer* (S. 59–77). Springer VS.

Müsche, H. (2009). Wissenschaftspropädeutik aus psychologischer Perspektive. Zur Dimensionierung und Konkretisierung eines bildungstheoretischen Konzepts. *TriOS, 4*(2), 61–110.

Neumann, I., Pigge, C. & Heinze, A. (2017). *Welche mathematischen Lernvoraussetzungen erwarten Hochschullehrende für ein MINT-Studium?* Leibniz-Institut für die Pädagogik der Naturwissenschaften und Mathematik (IPN).

Neumann, I., Rohenroth, D. & Heinze, A. (2021). *Studieren ohne Mathe? Welche mathematischen Lernvoraussetzungen erwarten Hochschullehrende für Studienfächer außerhalb des MINT-Bereichs?* Leibniz-Institut für die Pädagogik der Naturwissenschaften und Mathematik (IPN).

Pohl, T. (2019). Propädeutischer Grammatikunterricht. Eine sprachdidaktische Utopie. In A. Betz & A. Firstein (Hrsg.), *Schülerinnen und Schülern Linguistik näher bringen. Perspektiven einer linguistischen Wissenschaftspropädeutik* (S. 15–41). Schneider Verlag Hohengehren.

Rach, S. (2015). Fit fürs Studium? Selbsterklärungen als Elaborationsstrategien in der Sekundarstufe II. *mathematik lehren, 192*, 42–45.

Reiss, K. & Ufer, S. (2009). Was macht mathematisches Arbeiten aus? Empirische Ergebnisse zum Argumentieren, Begründen und Beweisen. *Jahresbericht der Deutschen Mathematiker-Vereinigung, 111*(4), 155–177.

Roth, J. (2020). Inspiring learning and teaching of functional thinking by experiments with real and digital materials. In B. Barzel, R. Bebernik, L. Göbel, M. Pohl, H. Ruchniewicz, F. Schacht & D. Thurm (Hrsg.), *Proceedings of the 14th International Conference on Technology in Mathematics Teaching* (S. 46–58). University of Duisburg-Essen.

Schmidt, A. (1991). *Das Gymnasium im Aufwind. Entwicklung, Struktur, Probleme seiner Oberstufe*. Hahner Verlagsgesellschaft.

Selden, A. & Selden, J. (2008). Overcoming Students' Difficulties in Learning to Understand and Construct Proofs. In M. P. Carlson & C. Rasmussen (Hrsg.), *Making the connection: Research and teaching in undergraduate mathematics education* (S. 95–110). Mathematical Association of America.

Sill, H.-D. (2019). *Grundkurs Mathematikdidaktik*. Schöningh.

Speck, K., Schubarth, W. & Seidel, A. (2007). Theorie-Praxis-Verhältnis in der zweiten Phase der Lehrerbildung: Empirische Befunde und theoretische Implikationen. In Zentrum für Lehrerbildung (Hrsg.), *LLF-Berichte, 22* (S. 5–26). Universitätsverlag.

Stelter, A. & Miethe, I. (2019). Forschungsmethoden im Lehramtsstudium – aktueller Stand und Konsequenzen. *Erziehungswissenschaft, 30*(58), 25–33.

Tietze, U.-P. (2000). Auswahl und Begründung von Zielen, Inhalten und Methoden. In U.-P. Tietze, M. Klika & H. Wolpers (Hrsg.), *Mathematikunterricht in der Sekundarstufe II. Band 1: Fachdidaktische Grundfragen – Didaktik der Analysis* (2. Aufl., S. 1–49). Springer.

Ufer, S., Heinze, A., Kuntze, S. & Rudolph-Albert, F. (2009). Beweisen und Begründen im Mathematikunterricht: Die Rolle von Methodenwissen für das Beweisen in der Geometrie. *Journal für Mathematikdidaktik, 30*(1), 30–54.

Weskamp, R. (2014). Wissenschaftliches Lernen als Ziel und Aufgabe der Schulentwicklung in der gymnasialen Oberstufe. In F. Beilecke, R. Messner & R. Weskamp (Hrsg.), *Wissenschaft inszenieren. Perspektiven des wissenschaftlichen Lernens für die gymnasiale Oberstufe* (S. 17–30). Klinkhardt.

Wespi, C. & Senn Keller, C. (2014). Subjektorientiertes Lernen und Lehren in einer kompetenzorientieren Unterrichtskonzeption. *HiBiFo, 3*(3), 54–74.

Winter, H. (1975). Allgemeine Lernziele für den Mathematikunterricht. *ZDM – Mathematics Education, 75*(3), 106–116.

Patrick Fesser, Otto-von-Guericke-Universität Magdeburg, Universitätsplatz 2, 39106 Magdeburg
patrick.fesser@ovgu.de

Stefanie Rach, Otto-von-Guericke-Universität Magdeburg, Universitätsplatz 2, 39106 Magdeburg
stefanie.rach@ovgu.de

1.3
Stefan Ufer

Studierfähigkeit als eine Zieldimension von Mathematikunterricht in der gymnasialen Oberstufe
Konzepte, Modelle und Beitrag des Mathematikunterrichts

Einleitung

Seit der ersten Fassung der Vereinbarung zur (Neu-)Gestaltung der gymnasialen Oberstufe (KMK, 1972, 2021) wird allgemeine Studierfähigkeit als eine von drei Zieldimensionen genannt. Die Entscheidung, *allgemeine* Studierfähigkeit zu fordern, geht mit der expliziten Entscheidung einher, weiterhin eine allgemeine Hochschulreife zu vergeben, die zur Aufnahme eines beliebigen Studiums berechtigt (KMK, 1972). Dies spiegelt die Idee wider, dass „die im Gymnasium erworbenen Kompetenzen die Bewährung in beliebigen akademischen Lernmilieus der Universität" sichern (Köller & Baumert, 2002, Abschnitt I, Abs. 2).

Im Unterschied zu den anderen beiden Zieldimensionen bezieht sich allgemeine Studierfähigkeit auf ein prinzipiell objektivierbares Kriterium. Studierfähigkeit soll „Studienerfolg ermöglichen und diesen erwartbar werden lassen" (Konegen-Grenier, 2002, S. 29). Es geht also um Personeneigenschaften von Absolvent:innen der gymnasialen Oberstufe, die in einem theoretisch plausiblen und empirisch nachweisbaren Zusammenhang zu einem erfolgreichen Abschluss eines Studiums an einer Hochschule stehen. Insbesondere geht mit einem solchen Verständnis von Studierfähigkeit die Herausforderung einher, die für ein erfolgreiches Studium notwendigen Personeneigenschaften genauer zu beschreiben. Der Begriff „allgemeine Studierfähigkeit" bezieht sich dabei auf Studierfähigkeit ohne Bezug zu einem bestimmten Studienfach. Dass dies keinesfalls unproblematisch ist, wird bereits im einführenden Bericht zur Vereinbarung der KMK (1972) explizit benannt.

Bisherige Versuche, den Begriff „allgemeine Studierfähigkeit" aus bildungstheoretischer Perspektive inhaltlich zu füllen, haben zu Beschreibungen geführt, die nur schwer von den anderen beiden Zieldimensionen der gymnasialen Oberstufe – vertiefte Allgemeinbildung und Wissenschaftspropädeutik – abzugrenzen sind. Einige Allgemeinbildungsansätze subsummieren Studierfähigkeit sogar unter vertiefter Allgemeinbildung (Heymann, 1996). So benennen Köller und Baumert (2002) mit Bezug auf die Expertenkommission zur Weiterentwicklung der gymnasialen Oberstufe (Baumert, 1995) die Bedeutung wissenschaftspropädeutischer Arbeit für die Studierfähigkeit sowie mit Bezug auf die Arbeiten von Kazemzadeh et al. (1987) die Bedeutung vertiefter Allgemeinbildung. Auch wenn neben dem Fach Deutsch und einer Fremdsprache vertiefte Kenntnisse im Fach Mathematik als wesentlich genannt werden (KMK, 2021), bleibt dabei meist offen, welchen konkreten Beitrag das Fach Mathematik in der Oberstufe zu einer allgemeinen Studierfähigkeit leisten kann und anhand welcher Modelle dieser Beitrag systematisch beschrieben werden kann.

Gerade in der Diskussion zum Übergang Schule-Hochschule, wie auch teilweise in der Mathematikdidaktik wird der Begriff „Studierfähigkeit" häufig ohne näherer Klärung verwendet (z. B. Cramer & Walcher, 2010) und allgemeine Studierfähigkeit mit dem Erfolg von Studierenden in einzelnen Studiengängen (insbesondere im Fach Mathematik) verknüpft. Aus diesem Grund strebt der vorliegende Beitrag eine Konkretisierung des in der Vereinbarung der Kultusministerkonferenz (KMK, 1972, 2021) niedergelegten Ziels der „allgemeinen Studierfähigkeit" an und versucht sich dem mathematischen Beitrag zur „Studierfähigkeit" auf unterschiedlichen Ebenen zu nähern. Ziel des Beitrags ist es, auf Basis bestehender Modelle und Ergebnisse einen Rahmen anzubieten, der zur Strukturierung der teilweise erbittert geführten Diskussion beitragen kann. Dazu gehe ich zuerst auf Studierfähigkeit als Konstrukt ein, um den Begriff für die folgende Arbeit zu konkretisieren. Darauf aufbauend werden bestehende Modelle der Studierfähigkeit in einem Rahmenmodell systematisiert und darauf bezogen exemplarische Erkenntnisse zu verschiedenen Komponenten von Studierfähigkeit berichtet. Ein weiterer Abschnitt leitet erste Folgerungen für den Mathematikunterricht in der gymnasialen Oberstufe ab.

1 Studierfähigkeit als Konstrukt

1.1 Konkretisierung des Phänomens

In der Diskussion um Studierfähigkeit treten – neben der Frage nach allgemeiner oder fachspezifischer Studierfähigkeit – einige grundlegende Fragen auf, die den Kern des betrachteten Phänomens betreffen. Diese sollen im Folgenden kurz dargestellt und die spezifische Position des Beitrags herausgearbeitet werden.

Hinreichend vs. notwendig: Gerade in der Diskussion zum Übergang Schule-Hochschule bezogen auf das Studienfach Mathematik (z. B. Cramer & Walcher, 2010) wird die in der gymnasialen Oberstufe angestrebte Studierfähigkeit häufig als etwas interpretiert, was grundsätzlich hinreichend für das erfolgreiche Absolvieren eines bestimmten Studiengangs ist. Ein Zitat von Huber (1986) illustriert diese Interpretation: „Ein jeder konstatiert aus der partikularen Perspektive eines spezifischen Faches Defizite, die er als solche der allgemeinen Studierfähigkeit definiert" (S. 243). Es ist offensichtlich, dass eine solche Interpretation den Anspruch an „allgemeine Studierfähigkeit" (über eine Bandbreite von Studienfächern hinweg) überladen und die gymnasiale Oberstufe überfordern würde. Heymann (1996) schreibt dazu beispielsweise: „Versteht man beispielsweise unter vertiefender Allgemeinbildung nur diejenigen schulischen Angebote, die für alle Schülerinnen und Schüler der gymnasialen Oberstufe gleichermaßen verpflichtend sein sollen, handelt man sich große praktische Probleme ein" (S. 541f.). Die beispielsweise in den Dokumenten der KMK (1972, 2021) immer wieder herausgestellte Rolle von vertieften Kenntnissen in Deutsch, Mathematik und der ersten Fremdsprache weist eher auf ein Verständnis allgemeiner Studierfähigkeit als ein Bündel von Fähigkeiten hin, ohne welches ein erfolgreiches Studium (über eine Bandbreite von Fächern hinweg) als sehr unwahrscheinlich erscheint. Diese Perspektive der Studierfähigkeit als *notwendige* Voraussetzung für Studienerfolg nimmt auch das Projekt EVAMAR II (Eberle et al., 2008) ein. Darüber hinaus nehmen jedoch nur wenige Arbeiten explizit Stellung, ob allgemeine Studierfähigkeit nun ein solches *notwendiges* oder ein *hinreichendes Kriterium* darstellt. Plausibler erscheint, dass Studierfähigkeit als hierarchisches Konstrukt gesehen werden muss, das sich von überfachlichen Kriterien, die als notwendig für allgemeine Studierfähigkeit erachtet werden, hin zu zunehmend studienfachspezifischen Kriterien ausdifferenziert, die sich dann im Zusammenspiel mit überfachlichen Kriterien als hinreichend erweisen können. In dem in Abschnitt 2.3 in diesem Beitrag vorgeschlagenen Modell ist dieses Verständnis mit angelegt.

Studierfähigkeit, allgemeine Hochschulreife und Abitur: Häufig wird Studierfähigkeit implizit gleichgesetzt mit einem erfolgreich abgelegten Abitur. Dieses Verständnis ist schon deshalb problematisch, weil das Abitur dann auf nur eine der drei Zieldimensionen der gymnasialen Oberstufe reduziert würde. Köller und Baumert (2002) weisen weiter darauf hin, dass sich für einen Teil der Abiturient:innen die Frage nach der Studierfähigkeit gar nicht stelle, weil sie ohnehin nicht planen ein Studium aufzunehmen. Darüber hinaus beinhalten auch andere Bildungsabschlüsse rein formal eine Hochschulzugangsberechtigung. Abgesehen davon ist die, unter anderem durch das Abitur erreichbare, (rechtliche) Hochschulzugangsberechtigung von der allgemeinen Studierfähigkeit im hier vorgeschlagenen Verständnis insofern zu differenzieren, dass letztere auch unter den formal zum Hochschulzugang Berechtigten deutlich unterschiedlich ausgeprägt sein kann.

Studierfähigkeit als Produkt von schulischem Unterricht vs. als Prozess: Neuere Arbeiten sehen Studierfähigkeit nicht allein als etwas, was in fertiger Form am Ende der gymnasialen Oberstufe vorliegen kann. Huber (2009) kritisiert beispielsweise diese Überzeugung „als erschöpfe sie sich in der Fähigkeit, den Anforderungen, vor allem den fachlichen, zu Studienbeginn zu genügen, die man folglich am Anfang messen oder feststellen können sollte" (S. 108). Entsprechend konzeptualisieren neuere Modelle Studierfähigkeit als etwas, das sich im Verlauf mindestens der Studieneingangsphase in Interaktion der individuellen Voraussetzungen und des universitären Kontexts entwickelt (Bosse et al., 2016). Auch aus dieser Perspektive muss Studierfähigkeit als Zieldimension der gymnasialen Oberstufe aber zunächst verstanden werden als diejenigen in der Schule vermittelten und erworbenen Eigenschaften, die es individuellen Studierenden ermöglichen, diesen Prozess erfolgreich zu bewältigen. Dazu gehört insbesondere auch, ein Studienfach zu wählen, das zum eigenen Interessens- und Leistungsprofil passt, und ein solches Studium aufzunehmen (Oepke & Eberle, 2016).

1.2 Perspektiven auf Studierfähigkeit

Jede inhaltliche Beschreibung von Studierfähigkeit, die mittel- oder langfristig normative Entscheidungen zur Ausrichtung des Bildungssystems informieren möchte, muss die verschiedenen Perspektiven der zentralen Akteure auf das Themenfeld im Blick haben.

Aus der Perspektive der Hochschulen stehen die explizit formulierten und implizit in Studiencurricula enthaltenen Anforderungen im Fokus. Die Balance zwischen der Konzeption fachlich anspruchsvoller Curricula, die aber dennoch in der Breite für eine naturgemäß durchaus heterogene Population Studierender studierbar sein sollen, stellt diese vor Herausforderungen. Dies gilt insbesondere, weil Maßnahmen, um diese Heterogenität anzugehen, mit anderen Zielen der Universität um begrenzte zeitliche, personelle und sachliche Ressourcen konkurrieren. Dies kann – das oben erwähnte Zitat von Huber (1986) fasst es prägnant zusammen – zu sehr spezifischen Forderungen an eine von Seiten des voruniversitären Bildungssystems sicherzustellende Studierfähigkeit der Studienanfänger:innen führen. Dem gegenüber steht die Perspektive des voruniversitären Bildungssystems, beispielsweise der gymnasialen Oberstufe (es gibt auch andere Wege zur Hochschulzugangsberechtigung). Auch hier steht die Zieldimension Studierfähigkeit neben anderen, konkurrierenden fachlichen und fachübergreifenden Bildungszielen, auch hier stellt die natürliche Heterogenität der Schülerschaft eine Herausforderung in Bezug auf deren Erreichung dar, und auch hier konkurrieren verschiedene Ziele um begrenzte Ressourcen.

Eine inhaltliche Füllung dessen, was „Studierfähigkeit" konkret beinhalten soll, muss also im Spannungsfeld dessen geschehen, was unter den jeweils gegebenen Bedingungen in beiden Institutionen realistisch umsetzbar ist. Es liegt in der Natur der Sache, dass die Perspektive lediglich einer Seite das Themenfeld für eine konstruktive Lösung nur unzureichend erschließt. Entsprechend versuchen aktuelle Projekte auch, dieses Themenfeld in Kooperation zwischen Schule und Hochschule zu bearbeiten (cosh, 2021; Eberle et al., 2008; Neumann et al., 2017 s. a. Kap. 3.1 in diesem Band). Eine wesentliche Aufgabe fachdidaktischer bzw. erziehungswissenschaftlicher Forschung ist es, in diesem Kontext erstens Beschreibungswissen zu beiden Perspektiven zu liefern – sei es zu den in der Schule erreichbaren (mathematischen) Lernergebnissen oder zu den in verschiedenen Studiengängen zu findenden (mathematischen) Anforderungen – sowie zweitens empirisches Erklärungswissen zu den Faktoren zu generieren, die für Studienerfolg theoretisch von Relevanz sein könnten. Ermutigend ist dabei, dass die personalen Faktoren, die Aspekte der Studierfähigkeit betreffen, in der Vergangenheit ebenso beforscht wurden wie institutionelle Faktoren, die Aspekte der Studierbarkeit bzw. der Ausrichtung des universitären Lernangebots auf die Bedürfnisse der Studierendengruppe betreffen (Studierbarkeit; Burck & Grendel, 2011). Voraussetzung für systematische Forschung dazu sind jedoch Modelle, anhand derer diese Erkenntnisse gemeinsam systematisiert werden können.

1.3 Modellierung von Studierfähigkeit

Da eine klare bildungstheoretische Charakterisierung des Beitrags des Mathematikunterrichts zur Studierfähigkeit ebenso fehlt wie eine „allgemein gültige Definition des hochkomplexen Konstruktes ‚Studierfähigkeit'" (Konegen-Grenier, 2002, zit. n. Oepke & Eberle, 2016, S. 218), erscheint eine Definition als ein zunächst unbekanntes Bündel an Personeneigenschaften, die „Studienerfolg ermöglichen und diesen erwartbar werden lassen" (Konegen-Grenier, 2002, S. 29), im ersten Schritt pragmatisch sinnvoll. Notwendig werden damit jedoch Rahmenmodelle, anhand derer potenziell relevante Personenmerkmale identifiziert, systematisiert und empirisch untersucht werden können.

Zunächst hängt eine solche Definition jedoch davon ab, was konkret unter „Studienerfolg" verstanden wird. Sorge et al. (2016) differenzieren zwischen subjektiven, objektiven und zertifizierten Kriterien des Studienerfolgs. Subjektive Kriterien zielen auf das Studienerleben der Studierenden ab, beispielsweise Studienzufriedenheit, Studienmotivation, Wert- und Erwartungsüberzeugungen zum Studieninhalt, selbsteingeschätzten Lernerfolg oder Studienabbruchsneigung. Objektive Kriterien betreffen erworbene fachliche und überfachliche Kompetenzen und erworbenes Wissen, aber langfristig auch den beruflichen Erfolg. Zertifiziert wird Studienerfolg durch Noten während des Studiums, den eigentlichen Studienabschluss (oder – negativ – einen Studienabbruch) und die Studienabschlussnote. Dass Studienerfolg nicht auf zertifizierte Kriterien reduziert werden sollte, benennt auch Huber (2009), wenn er auf den Wert beispielsweise der Persönlichkeitsentwicklung während eines (nicht notwendigerweise abgeschlossenen) Studiums hinweist.

Je nachdem welche Kriterien angelegt werden, können unterschiedliche Personeneigenschaften relevant sein, um die Wahrscheinlichkeit eines Studienerfolges einzuschätzen. So zeigt sich einerseits konsistent, dass fachspezifisches Vorwissen und insbesondere die Abiturnote einer der besten Einzelprädiktoren für Leistungen in Universitätsprüfungen ist (Schneider & Preckel, 2017; Trapmann et al., 2007b). In diesem Kontext merken einige Autor:innen an, dass sowohl fachbezogene Schulnoten als auch die Abiturnote nicht nur rein kognitive Personenmerkmale widerspiegeln, sondern beispielsweise auch Merkmale der Lern- und Leistungsmotivation (Sorge et al., 2016). Demgegenüber legen Ergebnisse der Hochschulforschung nahe, dass beispielsweise studienfachkonforme Interessen der Lernenden stärker mit subjektiven Kriterien des Studienerfolgs zusammenhängen als mit objektiven und zertifizierten Kriterien (Kosiol et al., 2019; Nagy, 2007). Entsprechend decken Modelle der Studierfähigkeit sowohl kognitive als auch motivationale und personale Charakteristika der Studienanfänger:innen ab (z. B. Konegen-Grenier, 2002). Zu letzteren wäre beispielsweise auch ein gewisses Maß an Resilienz gegenüber auftretenden Problemen im Studium zu zählen (Neumann et al., 2021a).

In ihrem Modell der allgemeinen Studierfähigkeit differenziert Konegen-Grenier (2002) zwischen einer „kognitiven" und einer „fachlichen" Dimension. Unter ersterer werden breite und vage beschriebene Fähigkeitsbereiche wie „analytische Fähigkeiten" und „Abstraktions- und Differenzierungsvermögen" gefasst, während letztere fachliche Kompetenzen – gemessen durch fachbezogene Schulnoten oder Leistungstests – zu bestimmten Fächern enthält. In einer Zusammenstellung verschiedener Modelle unterscheiden Braun et al. (2021) neben allgemeinen und fachspezifischen kognitiven Merkmalen noch personale, soziale und methodische Merkmale. Es erscheint plausibel, dass überfachliche Merkmale wie sie Konegen-Grenier (2002) unter der „kognitiven Dimension" fasst, für den Studienerfolg in einer Bandbreite von Studienfächern mehr oder weniger relevant sind, während beispielsweise mathematische Kompetenzen primär in solchen Studienfächern prädiktiv für den Studienerfolg sein dürften, die substanzielle mathematische Anforderungen enthalten. Auf Basis einer umfassenden Recherche differenzieren auch Oepke und Eberle (2016, s.a. Heymann, 1996 für eine analoge Unterscheidung bzgl. des Studienfachs Mathematik) Komponenten nach der Bandbreite an Studienfächern, für die sie relevant erscheinen (s.a. Abb. 1):

1. Als *überfachlich* benennen sie übergreifende kognitive, motivationale oder personale Personenmerkmale ohne erkennbaren Fachbezug, wie z.B. allgemeine kognitive Leistungsfähigkeit (Intelligenz, Arbeitsgedächtnisfunktionen), Lesekompetenzen, Selbstregulationsfähigkeit, Persönlichkeitsmerkmale (Big Five), oder die im Modell von Konegen-Grenier (2002) als eigener Bereich genannten sozialen Kompetenzen. Laut Oepke und Eberle (2016) wird in einigen Arbeiten „allgemeine Studierfähigkeit" primär mit diesem Bereich identifiziert.

2. Als *mathematisch-studienfachübergreifend* führen sie fachliche Kompetenzen und fachbezogene Einstellungen an, die nicht nur in bestimmten Studienfachgruppen von Bedeutung sind, sondern über eine große Bandbreite von Studienfächern hinweg. Im Sinne der KMK (1972, 2021) wären hier auch vertiefte Kenntnisse im Fach Mathematik zu verorten, beispielsweise tragfähige Vorstellungen zur stochastischen Unabhängigkeit und zu bedingten Wahrscheinlichkeiten oder tragfähige Vorstellungen zu Bestands- und Änderungsfunktionen im Kontext funktionaler Zusammenhänge. So berichten Neumann et al. (2021b), dass 80% der Studierenden in Deutschland mathematische Kenntnisse für ihr Studium benötigen.

3. Als *mathematisch-studienfachspezifisch* gehen sie auf fachliche Kompetenzen und fachbezogene Einstellungen ein, die nur für bestimmte Studienfachgruppen als relevant angesehen werden. Unter dieser Perspektive ist davon auszugehen, dass sich die Relevanz von Interesse am Beweisen, die Kosiol et al. (2019) für die Zufriedenheit mit einem Mathematikstudium berichten, nur auf solche Studiengänge erstreckt, in denen Beweise als Methode mathematischer Wissenssicherung und Wissenskommunikation eine wesentliche Rolle spielen. Analog könnten mathematische Kompetenzen für mathematisch-naturwissenschaftliche Studiengänge als relevanter angesehen werden als für geisteswissenschaftliche Studiengänge (s.a. Nagy, 2007). Dabei ist weiter zu beachten, dass je nach Studiengang unterschiedliches spezifisches fachliches Wissen relevant sein kann (Neumann et al., 2021b bzw. Kap. 3.1 in diesem Band; Rüede et al., 2019; s.a Kap. 3.2 in diesem

Band). Beispielsweise sind tragfähige Vorstellungen zu p-Werten in der Statistik von besonderer Bedeutung in sozialwissenschaftlichen Studiengängen (s. a. Haller & Krauss, 2002 für Fehlvorstellungen dazu), werden jedoch in eher mathematisch orientierten Studiengängen nicht zwingend thematisiert.

Gerade in der neueren Literatur (Braun et al., 2021) wird darauf hingewiesen, dass Studierfähigkeit nicht alleine auf kognitive Personenmerkmale reduziert werden kann. Insbesondere Braun et al. weisen auf die Bedeutung motivationaler Merkmale hin, die wiederum von allgemeinen motivationalen Tendenzen hin zu spezifischen, ggf. nur für einzelne Studienfächer relevanten mathematikbezogenen Wert- und Erwartungsüberzeugungen reichen können (Ufer et al., 2017). Da dieser Beitrag ein Modell für den spezifischen Beitrag des Fachs Mathematik zur Studierfähigkeit fokussiert (Abb. 1), wurden die bei Braun genannten „personalen" und „sozialen" Merkmale unter dem Begriff „personal" zusammengefasst. Die dort unter „methodisch" gefassten Merkmale, wie beispielsweise Lernstrategien, wären unter dieser Perspektive kaum von überfachlichen kognitiven Merkmalen zu trennen.

Wie auch das Modell von Konegen-Grenier (2002) spiegelt das hier vorgeschlagene Modell (Abb. 1) auch die Feststellung Hubers (2009) wider, dass Studierfähigkeit nicht allein auf ein Produkt des Unterrichts in der Sekundarstufe II reduziert werden kann, sondern ihren Niederschlag ganz wesentlich in der Entwicklung und im Lernverhalten der Studierenden im Laufe des Studiums findet. Letztlich ist dieser Prozess nicht losgelöst vom persönlichen, beispielsweise familiären Lernumfeld der Studierenden und den durch den institutionellen Kontext der Hochschule gestalteten Lern- und Entwicklungsgelegenheiten zu sehen.

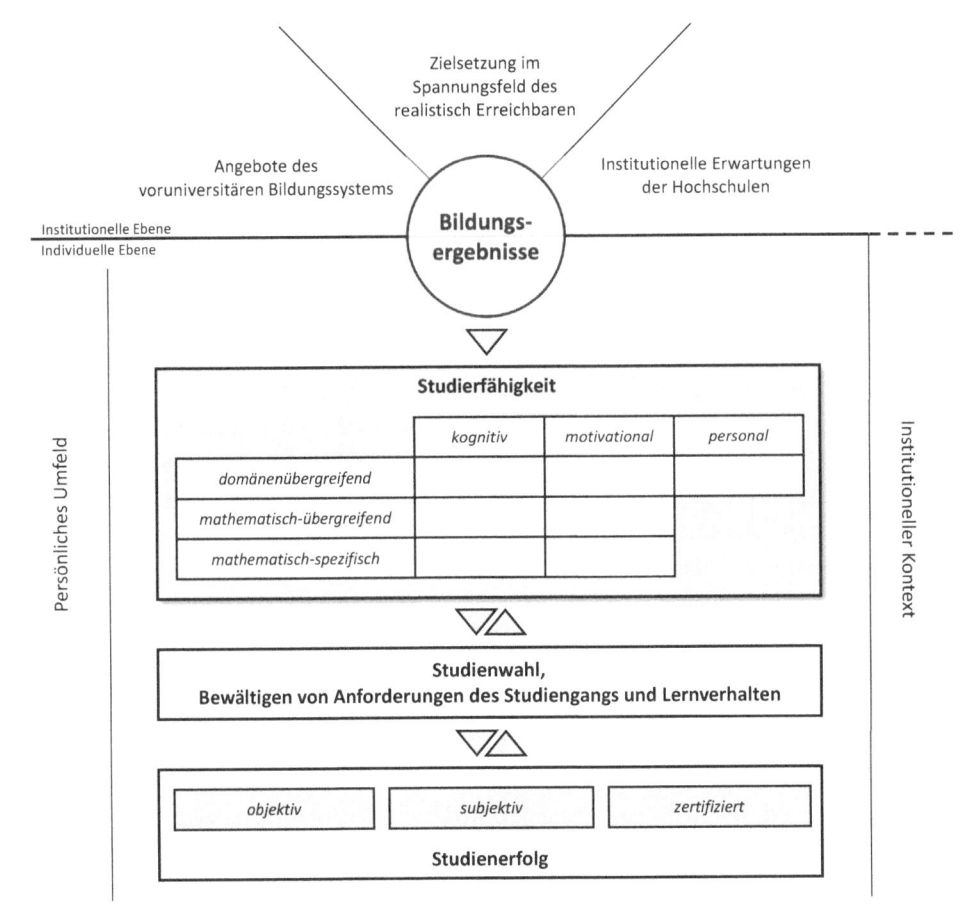

Abbildung 1: Rahmenmodell für den Beitrag des Mathematikunterrichts zur Studierfähigkeit; adaptiert und erweitert nach Konegen-Grenier (2002); Oepke und Eberle (2016); Sorge et al. (2016); Braun et al. (2021).

2 Empirische Ergebnisse zu Teilkomponenten von Studierfähigkeit

In der Vergangenheit wurden unterschiedliche Indikatoren herangezogen, um interindividuelle Unterschiede in der Studierfähigkeit empirisch zu erfassen und anhand von Längsschnittstudien auf ihren Zusammenhang mit dem Studienerfolg zu untersuchen. Eine erste Herausforderung ist zunächst, die entsprechenden Konstrukte so zu konzeptualisieren, dass sie einer wissenschaftlichen Messung zugänglich gemacht werden können (s. z.B. Kapitel 3.4 in diesem Band für wissenschaftspropädeutische Kompetenzen). Maße zu finden, die darüber hinaus eine kriteriale Beschreibung von Studierfähigkeit z.B. durch bestimmte Cut-Offs oder Mindestniveaus erlauben, ist dabei allerdings nach wie vor ein Desiderat, das nur selten bearbeitet wird (Rach & Ufer, 2020).

2.1 Überfachliche kognitive Komponenten

Gesamt-Abiturnote: Auf der Basis von Meta-Analysen wurde wiederholt festgestellt, dass die Gesamt-Abiturnote „eines der besten Einzelmaße zur Prognose des Studienerfolgs ist" (Köller & Baumert, 2002, Abschnitt I.1, Absatz 1). Dies gilt nicht nur, wenn die Studiennoten über eine Bandbreite von Studienfächern betrachtet werden, sondern auch innerhalb von Studienfachgruppen (Trapmann et al., 2007b). Nagy (2007) berichtet ähnliche Befunde für subjektive Studienerfolgskriterien. Dies ist zunächst verwunderlich, da Gesamt-Abiturnoten häufig als wenig vergleichbar zwischen den Bundesländern angesehen werden. Auf der anderen Seite wird die Prädiktionskraft von Gesamt-Abiturnoten wiederholt damit erklärt, dass sie durch Aggregation einer Vielfalt von Einzelleistungen über einen längeren Zeitraum, in mehreren Fächern, durch mehrere Beurteilende, mit unterschiedlichen Prüfungsmodi entstehen (Trapmann et al., 2007b). Trotz ihrer Prädiktionskraft erlauben Gesamt-Abiturnoten aufgrund der hohen Aggregationsdichte kaum Rückschlüsse auf die in ihnen konkret kodierten kognitiven und motivationalen Personenmerkmale, die zur Entwicklung von spezifischen Interventionen in Schul- oder Hochschulkontext beitragen könnten. Gesamt-Abiturnoten sind also überfachlichen Komponenten von Studierfähigkeit zuzuordnen, inwiefern sie rein kognitive oder auch motivationale Personenmerkmale beschreiben, kann jedoch nicht abschließend geklärt werden.

Weitere überfachliche Komponenten: Gerade Arbeiten, die Studierfähigkeit anhand von Befragungen von Hochschullehrenden zu charakterisieren versuchen, schlagen sehr allgemeine, überfachliche Merkmale als wesentliche Teile von Studierfähigkeit vor. Konegen-Grenier (2002) benennt beispielsweise „analytische Fähigkeiten", „Abstraktionsfähigkeit", „Differenzierungsvermögen", „Synthesefähigkeit", „Transferfähigkeit" und „Kreativität" sowie, etwas konkreter, „sprachliche Ausdrucksfähigkeit". Ähnlich berichtet Heldmann (1984), dass Hochschullehrende unter Anderem „kommunikative Fähigkeiten" erwarten. Diskutiert werden auch Fähigkeiten zum logischen Schließen. Diese sind weiterhin einerseits Ziel gymnasialen Mathematikunterrichts und betreffen im Kern die Arbeit mit grundlegenden mathematischen Strukturen (Aussagen, Quantifizierungen). Andererseits werden sie häufig als „allgemeine Fähigkeiten" konzeptualisiert und können als Grundlage präzisen und strukturierten Argumentierens in einer Bandbreite von Studienfächern angesehen werden (Kind & Osborne, 2017; Ufer & Kramer, 2015).

Offen bleibt dabei, inwiefern insbesondere die zuerst genannten Merkmale abgrenzbar konzeptualisiert und gemessen werden können. Dabei geht es um die Abgrenzung der Merkmale untereinander, von allgemeinen kognitiven Fähigkeiten (z. B. Intelligenz, Arbeitsgedächtnisfunktionen), aber auch von dem konkreten Wissen zu den Inhalten, anhand derer diese Fähigkeiten gezeigt werden sollen (d. h. welche Phänomene abstrahiert werden, welche Erkenntnisse transferiert werden sollen). In diese Richtung gehen Argumente, dass allgemeine Problemlösefähigkeiten nicht unabhängig von konkreten (z. B. mathematischen) Inhalten erlernt werden könnten (Sweller et al., 2010). Es bleibt abzuwarten, inwiefern aktuelle Arbeiten beispielsweise zu 21st century skills (Greiff et al., 2014) diese Frage nach der Interaktion bzw. Trennung von domänenspezifischem Wissen, grundlegenden kognitiven Fähigkeiten und überfachlichen Kompetenzen lösen können. Sollten sich diese Kompetenzen als prädiktiv für Studienerfolg – im Allgemeinen oder für einzelne Fächer – erweisen, würde dies eine konkretere Ausdifferenzierung überfachlicher kognitiver Komponenten von Studierfähigkeit über die beispielsweise in der Abiturnote enthaltenen Anteile hinaus erlauben.

2.2 Mathematisch-studienfachübergreifende und mathematisch-studienfachspezifische kognitive Komponenten

Fachnahe Einzelnoten: Der Beitrag von Fachnoten zur Prädiktion von (i.d.R. zertifiziertem) Studienerfolg über die Gesamt-Abiturnote hinaus wird in einigen Arbeiten als marginal charakterisiert (Gold & Souvignier, 2005; Köller & Baumert, 2002). Einzelnoten der Abiturprüfungen zu bestimmten Fächern oder der Leistungen aus der gymnasialen Oberstufe wurden in Meta-Analysen analysiert. Gerade wenn es um Noten geht, die auf zentralen bzw. dezentralen Prüfungen beruhen, besteht grundlegend auch das Problem der Vergleichbarkeit zwischen Bundesländern bzw. Schulklassen und Schulen. Weiter stellt sich hier auch die Frage, inwiefern ein Rückschluss auf die in den Noten kodierten Personenmerkmale möglich ist.

Bei Trapmann et al. (2007b) sind Mathematiknoten und andere fachnahe Einzelnoten nicht in allen, aber in einzelnen Studienfachgruppen prädiktiv für Studienerfolg (gemessen an Studiennoten). Die Analysen von Nagy (2007) zeigen, dass die Mathematiknote, über die Abiturnote hinaus, vor allem in mathematisch-naturwissenschaftlichen Fächern mit der selbsteingeschätzten Studienleistung korrelierte, jedoch nicht beispielsweise in wirtschaftswissenschaftlichen Studiengängen – obwohl auch diese wesentliche mathematische Anteile umfassen (vgl. das Projekt MaLeMINT-E, Neumann et al., 2021b). Diese Befunde deuten also darauf hin, dass Unterschiede in den Mathematiknoten einen Bereich von mathematischen Leistungen abdecken, dessen Bewältigung für einige, aber nicht für alle Studienfächer von Bedeutung ist. Das könnte zunächst bedeuten, dass manche Studienfächer ein Niveau mathematischer Kenntnisse voraussetzen, das über oder unter dem liegt, das durch die Mathematiknoten in der Oberstufe differenziert wird. Dies würde die Frage aufwerfen, in welchem Sinne die Forderung nach vertieften mathematischen Kenntnissen am Ende der gymnasialen Oberstufe (KMK, 1972, 2021) – abgesehen von der Bedeutung für die anderen beiden Zieldimensionen – relevant für die Zieldimension *allgemeine* Studierfähigkeit ist. Weiter könnte es aber auch sein, dass das Problem weniger darin liegt, auf welchem Niveau mathematischer Kompetenzen Noten differenzieren, sondern darin, welches spezifische mathematische Wissen die Noten widerspiegeln.

Spezifische Wissens- und Leistungstests: In der nationalen Diskussion werden über Noten hinaus auch Leistungen in weiteren Testverfahren als Prädiktor für Studienerfolg diskutiert. Ein Grund könnte sein, dass Mathematiknoten das für einzelne Studiengänge relevante Wissen nur ungenau widerspiegeln. Rach und Heinze (2017) berichten, dass die Mathematiknote im Abitur über einen Test zum hochschulnahen mathematischen Vorwissen hinaus nicht prädiktiv für den Studienerfolg im ersten Semester des Mathematikstudiums war. Standardisierte Testverfahren, wie sie in den USA verbreitet sind (z. B. SAT II Tests), werden in Deutschland in der Breite selten verwendet, ein Beispiel für solche Tests in Deutschland sind die Studienauswahltests medizinischer Studiengänge (s. a. Köller, 2013). Meta-Analysen weisen insgesamt auf eine hohe Erklärungskraft der „Studienfeldbezogenen Eignungstests (SFBT)" (z. B. Fay et al., 1982 für das Studienfeld Mathematik/Informatik) insgesamt hin. In den wenigen Untersuchungen zum Studienfach Informatik liegt diese im mittleren Bereich (Hell et al., 2007; Schult et al., 2019). In Bezug auf spezifisch mathematische Leistungen liegen mehrere Large-Scale Studien vor, die den in der Third International Mathematics and Science Study (TIMSS) verwendeten Leistungstest mit Absolvent:innen der Oberstufe einsetzen. Anhand eines von Klieme et al. (2000) vorgeschlagenen Kompetenzstufenmodells wird hier argumentiert, dass nur etwa 30 % der Absolvent:innen ein Mindestniveau in Bezug auf sogenannte Voruniversitäre Mathematik erreichen (s. a. Rolfes et al., 2021 für ein Review). Empirische Analysen zur Prädiktivität des TIMSS-Tests für Maße des Studienerfolgs sind dem Autor jedoch nicht bekannt. Eine inhaltliche Analyse dessen, was dieses Mindestniveau in Bezug auf die Inhalte der gymnasialen Oberstufe charakterisiert, ist außerdem nicht trivial (s. a. Kap. 3.3 in diesem Band). Wie auch für Fachnoten wird allerdings die Bedeutung dieser zusätzlichen Maße über die Abiturnote hinaus häufig als marginal charakterisiert (Gold & Souvignier, 2005; Köller & Baumert, 2002).

Eine Reihe weiterer Projekte hat in den vergangenen Jahren spezifische Leistungstests für mathematische Lernvoraussetzungen in mathematischen und mathematikaffinen Studiengängen eingesetzt (s. a. Heinze et al., 2019). Für das Fach Mathematik zeigen mehrere Studien einen Beitrag dieser Wissenstests bei der Erklärung von Studienleistungen am Ende des ersten Semesters über die Abiturnote und teilweise auch über die Fachnote Mathematik hinaus (Rach & Heinze, 2017). Ähnlich berichten Laging und Voßkamp (2017) eine Prädiktion des mathematischen Vorwissens für das in einer Mathematikveranstaltung eines wirtschaftswissenschaftlichen Studiums erworbene mathematische Wissen über die Fachnote Mathematik und die Abiturnote hinaus. Für die Naturwissenschaften zeigen sich variierende Zusammenhänge mit mathematischem Vorwissen je nach Studienfach und Maß für den Studienerfolg (z. B. Fleischer et al., 2019; Kap. 3.2 in diesem Band), wobei besonders für das Fach Physik systematische Zusammenhänge auftraten, für das Fach Biologie hingegen keine Zusammenhänge über Vorwissen zur Biologie und andere Maße (nicht jedoch die Gesamtabiturnote) hinaus nachgewiesen werden konnten. Für ingenieurwissenschaftliche Studiengänge berichten auch Greefrath et al. (2017) positive Zusammenhänge, jedoch ohne allgemeine oder fachspezifische Abiturnoten zu kontrollieren.

Angemerkt werden muss, dass die eingesetzten Tests in ihrer Konzeption stark variieren (s. a. Borowski, Sumfleth & Ufer in diesem Band). So beinhalten die von Fleischer et al. (2019) und Greefrath et al. (2017) eingesetzten Instrumente stark schematisierbare, prozedurale Anforderungen zu Berechnungsproblemen. Ähnliches gilt für die publizierten mathematikbezogenen Beispielitems der „Studienfeldbezogenen Beratungstests" der Bundesagentur für Arbeit (BfA, 2022). Ein von Besser et al. (2021) entwickeltes Instrument für das Mathematik-Lehramt wiederum baut auf der Konzeption der Bildungsstandards für den Mittleren Schulabschluss auf. Rach und Ufer (2020) schlagen ein Stufenmodell vor, das prozedurale Anforderungen von unterschiedlich komplexen konzeptuellen Anforderungen trennt. Sie zeigen anhand einer Reanalyse mehrerer Studien, dass gerade vernetztes Wissen zu mathematischen Konzepten eine wesentliche Voraussetzung für das Bestehen der Erstsemesterveranstaltung zur Analysis in einem Mathematikstudium ist. Zusammenfassend weisen die verfügbaren Studien darauf hin, dass spezifisch erhobene mathematische Vorkenntnisse in einigen, aber nicht allen Studienfächern über andere Maße hinaus zur Prädiktion von (zertifiziertem) Studienerfolg beitragen. Dies spricht dafür, diese Maße mathematischen Wissens den kognitiven, mathematisch-studienfachspezifischen Komponenten von Studierfähigkeit zuzuordnen.

Prozessbezogene mathematische Kompetenzen: Über Wissen zu konkreten mathematischen Konzepten und Verfahren hinaus können inhaltsübergreifende mathematische Kompetenzen als relevant für die Studierfähigkeit angenommen werden. Anhand von Dokumentenanalysen und Befragungen an Schweizer Hochschulen stellen (Eberle et al., 2015; s. a. Rüede et al., 2019) drei exemplarische Kompetenzbereiche heraus, die sie über eine große Bandbreite von Studienfachgruppen als relevant erachten, wobei nur die letzten zwei im Kern prozessbezogene Kompetenzen abdecken: (1) Mathematisches Handwerkszeug einsetzen, also mathematische Verfahren wie z. B. Prozentrechnung, algebraische Umformungen oder Methoden der Analysis und – in geringerem Umfang – der Linearen Algebra und der schließenden Statistik – anwenden können. (2) Mathematische Darstellungen verwenden, also mathematische Darstellungen wie Formeln und Symbole, besonders aber Graphen, Diagramme und Statistiken lesen, interpretieren und – in geringerem Umfang – selbst herstellen. (3) Zusammenhänge zwischen mathematischen Konzepten herstellen, also mathematische oder mathematikhaltige Zusammenhänge in universitären Fachveranstaltungen über eine reine Regelanwendung hinaus mit Konzepten der schulischen Mathematik in Verbindung bringen. Dies wird auch dann als relevant erachtet, wenn mathematische Veranstaltungen eben *nicht* Teil der Studieninhalte sind, und entsprechend eine Aktivierung relevanten mathematischen Schulwissens an entsprechenden Stellen der nicht mathematischen Lehrveranstaltungen stillschweigend vorausgesetzt wird. Bei allen drei Bereichen wird explizit darauf hingewiesen, dass die flexible und adaptive Nutzung der jeweiligen Konzepte und prozessbezogenen Kompetenzen eingeschlossen ist. Die Ausführungen von Eberle et al. (2015) deuten darauf hin, dass diese Kompetenzen in den Bereich mathematisch-studienfachübergreifender Komponenten von Studierfähigkeit einzuordnen sind. Weitere Kompetenzbereiche könnten das mathematische Modellieren betreffen, gerade weil sich in vielen Studienfächern Mathematik (auch) als Hilfs- oder Anwendungswissenschaft findet.

Anzumerken ist zu diesen übergreifenden mathematischen Kompetenzen jedoch, dass bisher unklar ist, inwiefern sie wirklich inhaltsübergreifend aufgebaut werden und damit als unabhängig vom Verständnis der jeweils konkret genutzten mathematischen Konzepte angesehen und ggf. auch gemessen werden können. Für das mathematische Argumentieren und Beweisen beispielsweise weisen einige Studien auf eine dominante Bedeutung des Wissens zu den beteiligten Konzepten gegenüber inhaltsübergreifenden Anteilen hin (Chinnappan et al., 2012; Sommerhoff, 2017; Ufer et al., 2008).

2.3 Motivationale Komponenten

Die Befundlage zur Bedeutung motivationaler Merkmale wie Interesse und Selbstkonzept für Kriterien des Studienerfolgs ist deutlich schwächer als bei den kognitiven Komponenten. Gold und Souvignier (2005) attestieren Maßen für das Fachinteresse nur einen marginalen Mehrwert über die Abiturnote hinaus bei der Prädiktion von Studienabschlussnoten. Nagy (2007) argumentiert, dass weniger die Intensität von Fachinteresse, sondern primär die Kongruenz des individuellen Interessensprofils mit den Lerninhalten des Studienfachs von Bedeutung ist. In eine ähnliche Richtung weisen die Befunde von Kosiol et al. (2019). Sie zeigen, dass besonders Interesse an Aspekten der Mathematik, die mit der Hochschulmathematik verknüpft sind (z. B. Beweisen und formalen Darstellungen), subjektive Studienerfolgskriterien vorhersagen, nicht jedoch Interesse an Schulmathematik oder mathematischen Anwendungen. Rach et al. (2021) berichten ähnliche Ergebnisse für parallel angelegte Facetten des mathematischen Selbstkonzepts. Studienfach-kongruente Interessen und Selbstkonzepte sind damit primär dem Bereich der mathematisch-studienfachspezifischen Komponenten von Studierfähigkeit zuzuordnen. Auffällig ist dabei, dass die Interessensmaße bei Kosiol et al. (2019) zwar subjektive Maße des Studienerfolgs vorhersagen, nicht jedoch die jeweiligen Studienleistungen in einer Klausur am Ende des 1. Semesters (s. a. Nagy, 2007, S. 259 für ähnliche Argumente), während die betrachteten Wissensmaße und Noten zwar die Studienleistung als objektives Maß, nicht aber subjektive Maße vorhersagen.

In Bezug auf überfachliche motivationale Merkmale liefern wieder primär Befragungen von Hochschullehrenden Hinweise auf potenzielle motivationale Komponenten von Studierfähigkeit. Konegen-Grenier (2002) nennt beispielsweise „Leistungsmotivation", „Zielstrebigkeit", „Beharrlichkeit", „Eigeninitiative" oder ein „hohes Anspruchsniveau". Bei Heldmann (1984) findet man ebenfalls eine „starke Lern- und Leistungsbereitschaft", „hohe Selbständigkeit", „hohe Ausdauer" oder „intellektuelle Neugier". Nagy (2007) interpretiert ein – unabhängig von der Kongruenz zum Studienfach – über Domänen hinweg hohes Interessensniveau als Zeichen dafür, dass sich Personen gut an sehr unterschiedliche berufliche und Bildungskontexte anpassen können. Seine Daten weisen darauf hin, dass ein hohes generelles Interessensniveau mit der Studienzufriedenheit und dem selbsteingeschätzten Studienerfolg einhergeht.

2.4 Personale Komponenten

Übergreifende motivationale Tendenzen können konzeptuell nur schwer von anderen Persönlichkeitsmerkmalen getrennt werden, beispielsweise epistemische Neugier oder Offenheit für neue Erfahrungen. Solche Persönlichkeitsmerkmale zeichnet ja gerade aus, dass sie die Person als Ganzes, unabhängig von konkreten Kontexten beschreiben sollen. Basierend auf dem Big-Five-Modell der Persönlichkeit berichtet die Meta-Analyse von Trapmann et al. (2007a), dass vor allem Gewissenhaftigkeit Studiennoten vorhersagte, während Neurotizismus negativ mit Studienzufriedenheit zusammenhing. Für den Studienabbruch waren zu wenige Primärstudien verfügbar, um Aussagen zu treffen. Andere Zusammenhänge variierten substanziell zwischen den verschiedenen Studien. Offen muss damit auch die Frage bleiben, ob bestimmte Persönlichkeitsmerkmale für den Erfolg in einzelnen Studienfächern mehr oder weniger wichtig sein könnten als für andere.

2.5 Zusammenfassung

Es konnten bisher sowohl überfachliche als auch mathematisch-studienfachspezifische Komponenten von Studierfähigkeit identifiziert werden. Dabei zeigten sich kognitive Komponenten primär als relevant für zertifizierte und objektive Kriterien des Studienerfolgs, während motivationale Komponenten primär mit subjektiven Kriterien in Verbindung gebracht werden konnten. Weiter deutet sich an, dass einige allgemeine motivationale und personale Komponenten – teilweise über die Abiturnote hinaus – über verschiedene Studiengänge hinweg prädiktiv für den Studienerfolg sind.

Zunächst ist festzuhalten, dass die meisten Untersuchungen nur eine geringe Bandbreite von Komponenten der Studierfähigkeit abdecken. Das ist insofern problematisch, als sich diese Komponenten bereits im schulischen Kontext in gegenseitiger Wechselwirkung entwickeln. Da überfachliche kognitive Komponenten Studienerfolg wesentlich vorhersagen, wäre es wünschenswert, diese in Untersuchungen beispielsweise zu motivationalen und personalen Komponenten systematisch zu kontrollieren. Kritisch zu sehen ist dabei die Nutzung von Schulnoten, da hier nicht hinreichend geklärt ist, welche Merkmale der Personen sie neben der Schulleistung zusätzlich widerspiegeln.

Für einzelne Studienfächer liegen bereits Arbeiten vor, die mathematisch-domänenspezifische Komponenten von Studierfähigkeit beschreiben und analysieren. Der Fokus liegt dabei jedoch häufig auf kognitiven Komponenten wie Noten oder fachlichem Wissen. Offen ist dagegen, inwieweit mathematische Kompetenzen und mathematik-spezifische motivationale Tendenzen identifiziert werden können, die empirisch nachweisbare Relevanz für den Studienerfolg in einer großen Bandbreite von Studienfächern haben.

Letztlich gibt es kaum Modelle und Ergebnisse, die die Rolle des individuellen Lernverhaltens, des persönlichen Umfelds sowie des institutionellen Kontexts für die Entwicklung von Studierfähigkeit zwischen initialen Studienvoraussetzungen und Studienerfolg erklären (Bosse et al., 2016). Dabei könnte insbesondere untersucht werden, wie domänenübergreifend notwendige Komponenten für ein erfolgreiches Studium mit mathematikbezogenen Komponenten zusammenwirken. Eine offene Frage ist beispielsweise, ob sehr gut ausgeprägte domänenübergreifende Komponenten Schwächen bezüglich mathematikbezogener Komponenten im Laufe des Studiums zu einem gewissen Grad kompensieren können.

3 Beiträge des Mathematikunterrichts in der gymnasialen Oberstufe zur Studierfähigkeit

Studierfähigkeit erscheint vor den dargestellten Erkenntnissen als facettenreiches Konstrukt, das aus einer Bandbreite von Teilkomponenten besteht, derzeit aber nur teilweise geklärt ist und darüber hinaus gemeinsam mit den universitären Studienangeboten einem zeitlichen Wandel unterliegt. Die Frage stellt sich also, welche Implikationen sich für einen potentiellen Beitrag des Fachs Mathematik in der gymnasialen Oberstufe zu mehr oder weniger spezifischen Komponenten von Studierfähigkeit (Abb. 1) ableiten lassen.

3.1 Beitrag zu überfachlichen kognitiven Komponenten

Die Erwartung, dass Mathematikunterricht zum Aufbau bestimmter überfachlicher Kompetenzen wie „Abstraktionsvermögen", „logisches Denken" oder „Vorstellungsvermögen" beitragen kann, ist nicht neu. Sie spiegelt sich in der dritten Grunderfahrung nach Winter (1995) genauso wider wie in den Fachprofilen zum Fach Mathematik vieler Lehrpläne (z. B. Bayern, Sachsen, Rheinland-Pfalz). Dahinter steckt der Gedanke, dass die Beschäftigung mit Mathematik dazu dienen kann, allgemeine und breit übertragbare Kompetenzen wie eben logisches Denken oder „Abstraktionsfähigkeit" zu erwerben und zu intensivieren. Dieser Erwartung stehen zunächst zahlreiche Ergebnisse entgegen, die zeigen, wie schwer es ist allgemeine Fähigkeiten anhand bestimmter Inhalte so zu thematisieren, dass sie auf eine große Bandbreite anderer Inhalte übertragen werden können (siehe Kap. 1.1, Abschnitt 2.2 in diesem Band; Lobato, 2006). Attridge und Inglis (2013; Attridge et al., 2015) haben dies unter der Bezeichnung „Theory of formal discipline" anhand von Fähigkeiten zum logischen Schließen untersucht. In der Tat zeigte sich in mehreren Studien, dass eine intensivere (schulische) Beschäftigung mit Mathematik zu einer gewissen Entwicklung von Fähigkeiten zum logischen Schließen mit Implikationen beitrug – allerdings eben nicht hin zu einer normativ korrekten Interpretation von Implikationen. Die wenigen empirischen Ergebnisse deuten also darauf hin, dass der Erwerb allgemeiner, überfachlicher Kompetenzen nach wie vor kritisch zu sehen ist. Zumindest geschieht dies nicht automatisch, sondern könnte allenfalls unter entsprechender expliziter didaktischer Gestaltung gelingen. Beispielsweise weisen Ufer und Kramer (2015) exemplarisch auf die Möglichkeit hin, die (normativ korrekte) Bedeutung von Implikationen im Kontext von Regeln für Extrema differenzierbarer Funktionen zu thematisieren. Ob derartige Lerngelegenheiten allerdings Effekte über den spezifischen Inhalt hinaus haben, muss nach wie vor als spekulativ angesehen werden.

Günstiger ist die Befundlage für den Aufbau selbstregulativer Fähigkeiten. So weisen die Meta-Analysen von Dignath und Büttner (2008) bzw. Dignath et al. (2008) darauf hin, dass entsprechende Trainings beispielsweise in Bezug auf die spätere Strategieanwendung effektiver waren, wenn sie im Mathematikunterricht (vs. im Erstsprachunterricht) erfolgten. Analog zeigt die Studie von Perels et al. (2005), dass gerade die Kombination eines mathematischen Problemlösetrainings mit einem Selbstregulationstraining sowohl zur Entwicklung von selbstregulativen Fähigkeiten als auch Problemlösekompetenzen beitrug.

Dies spricht zusammenfassend dafür, dass der Mathematikunterricht der Oberstufe besonders an den Stellen zur Entwicklung überfachlicher selbstregulativer Fähigkeiten durch explizite didaktische Gestaltung beitragen kann, wo inhaltliche Anknüpfungspunkte bestehen. Für das Training von Problemlösekompetenzen (Bruder & Collet, 2011) sowie selbstregulativen Fähigkeiten liegen erprobte Konzepte vor (s. Dörrenbächer et al., 2018; Perels et al., 2005).

3.2 Mathematisch-studienfachübergreifende kognitive Komponenten

Der Beitrag des gymnasialen Mathematikunterrichts zu diesen Komponenten von Studierfähigkeit umfasst zunächst sicher das von Eberle et al. (2015) genannte Anwenden mathematischen Handwerkszeugs. Dies weist auf die Notwendigkeit hin, Fertigkeiten im Bereich mathematischer Techniken und Verfahren aus der Sekundarstufe I aufrechtzuerhalten (z. B. Arithmetik, algebraische Umformungen) und ggf. kontinuierlich zu erweitern und zu vertiefen (z. B. Umgang mit einfachen Bruchtermen) sowie auch zentrale Techniken aus der Sekundarstufe II (z. B. Differenzieren und Integrieren; Monotonieverhalten von Funktionen analysieren; verschiedene algebraische Charakterisierungen geometrischer Objekte, z. B. Ebenen, interpretieren und zwischen diesen wechseln) zu flexibel und adaptiv einsetzbaren Fertigkeiten auszubauen (vgl. auch Kap. 4.3 in diesem Band).

Die beiden weiteren von Eberle et al. (2015) genannten Anforderungen decken sich mit Forderungen älterer Expertisen, den Mathematikunterricht in der gymnasialen Oberstufe mehr auf mathematische Prozesse auszurichten (Baptist & Winter,

2001; Borneleit et al., 2001). Entsprechende Zielsetzungen sind bereits in den Bildungsstandards für die Abiturprüfung (KMK, 2015) unter den prozessbezogenen Kompetenzen verankert.

Konkret benennen Eberle et al. (2015) darunter das Verwenden von Darstellungen wie Graphiken, Statistiken, Formeln, 3D-Darstellungen und Diagrammen. Dabei stellen Sie zunächst das Lesen, Interpretieren und Nutzen derartiger Darstellungen in den Vordergrund, und mit etwas weniger Gewicht das eigenständige Produzieren solcher Darstellungen. In beiden Bereichen ist die zentrale Frage, welche Techniken und Verfahren, Darstellungen etc. konkret Relevanz für die Studierfähigkeit haben. Hier wäre es denkbar, einerseits ein begrenztes Spektrum bestimmter Darstellungstypen – wie derzeit schon Funktionsgraphen und Projektionen dreidimensionaler Objekte – im Unterricht gezielt zu fokussieren. Während das Produzieren derartiger Darstellungen teilweise auch mit Hilfe digitaler Tools erfolgen könnte, wäre ein starker Fokus auf die zielgerichtete Interpretation der Darstellungen zu legen (z. B. welche Längen und Winkel können einer Projektion direkt entnommen werden, welche sind verzerrt). Da dabei das Spektrum potenziell relevanter Darstellungstypen sicher nicht abgedeckt werden kann, wäre zu klären, inwiefern es möglich und wirksam ist, das Erschließen neuer oder veränderter, in dieser Form noch nicht bekannter Darstellungstypen einzuüben.

Die von Eberle et al. (2015) genannte Fähigkeit, Beziehungen zu und zwischen mathematischen Konzepten herstellen zu können, überschneidet sich mit dem Niveau vernetzten mathematischen Wissens, das Rach und Ufer (2020) als relevant für den Einstieg in ein Mathematikstudium identifiziert haben. Offen ist hierbei zunächst, welche Wissensqualitäten in anderen Studienfächern relevant sind. Die Arbeiten zu Vorwissenstests gehen zumindest in einigen Studienfächern (Naturwissenschaften, Ingenieurwissenschaften) bereits in der Testkonstruktion davon aus, dass primär eine Automatisierung von Rechenverfahren relevant ist. Da die einschlägigen Kontexte zur Anwendung der erlernten Konzepte im Studium in der Breite kaum spezifizierbar erscheinen, wären für die allgemeine Studierfähigkeit deshalb allgemeine Aspekte mathematischen Konzepterwerbs (Weigand, 2015) wie eine reichhaltige Anbindung mathematischer Konzepte an erfahrbare Phänomene im Sinne von Grundvorstellungen (Greefrath et al., 2016; vom Hofe, 1995) von Relevanz: Aufgrund der starken Verknüpfung prozessbezogener Kompetenzen mit konzeptuellem Wissen ist davon auszugehen, dass mathematisches Wissen im Studium dann besonders gut angewendet werden kann, wenn es im schulischen Kontext in exemplarischen mathematischen Prozessen und Arbeitsweisen genutzt wird, wie sie auch in einem Studium auftreten könnten. Exemplarisch ist dabei so zu verstehen, dass Anwendungen aus den Studienfächern in der Oberstufe sicher nicht repräsentativ oder ausschöpfend abgebildet werden können. Eine Klassifikation typischer Anwendungskontexte, im Sinne einer normativen Beschreibung von Grundvorstellungen wie sie z. B. Greefrath et al. (2016) für das Integral vorschlagen, könnte hier eine Orientierung für die Auswahl sein. Ein weiteres Beispiel wäre in der Inferenzstatistik auch Vorgehensweisen zu diskutieren, die auf der Nutzung von p-Werten beruhen. Dies müsste in diesem Sinne nicht zwingend als eigene Technik eingeführt werden, der Bezug zu den im Unterricht oft behandelten Ablehnungsbereichen könnte jedoch produktiv diskutiert und ggf. auch typische Fehlvorstellungen zu p-Werten als Anlass zur Diskussion über diese Verknüpfung genutzt werden.

Ausgehend von den vergleichsweise hohen Anforderungen an selbstreguliertes Lernen und Problemlösen in universitären Studiengängen wäre in diesem Sinne auch denkbar, stärker auf ein eigenständiges Erschließen von Phänomenen mit mathematischen Konzepten zu fokussieren, als es nur unter der Perspektive der Allgemeinbildung nötig wäre. Letztlich würde dies dafür sprechen, mathematische Inhalte im Rahmen wissenschaftspropädeutisch fokussierter Einheiten in anderen Fächern aufzugreifen, zu vertiefen und ihre Nutzung zu reflektieren.

Ein wesentliches Desiderat ist in diesem Bereich, Vorschläge zu erarbeiten, welche Wissenskomponenten und Prozesse als so relevant für mathematisch-studienfachübergreifende Studierfähigkeit angesehen werden können, dass sie in der gymnasialen Oberstufe behandelt werden sollen. Erste Hinweise können Befragungen von Hochschullehrenden verschiedener Studienfächer geben, wie beispielsweise in den MaLeMINT-Studien umgesetzt (Neumann et al., 2017; Neumann et al., 2021b; Kap. 3.1 in diesem Band). Dazu gehört auch, welche mathematischen Prozesse anhand welcher Konzepte bearbeitet werden. Dies erfordert letztlich einen Aushandlungsprozess in der Interaktion zwischen dem voruniversitären Bildungssystem und einem breiten Spektrum von Vertreter:innen unterschiedlicher universitärer Disziplinen (cosh, 2021; Eberle et al., 2008; Neumann et al., 2017). Letztlich stellt sich langfristig die Herausforderung, dass sowohl schulische Bildungsziele als auch die Ziele, Inhalte und damit auch Voraussetzungen der universitären Studiengänge einem zeitlichen Wandel unterworfen sind, der eine regelmäßige Abstimmung der gegenseitigen Angebote und Erwartungen erforderlich macht.

Gerade diese mathematisch-studienfachübergreifenden Komponenten von Studierfähigkeit zeigen naturgemäß eine große Überschneidung mit der Zieldimension vertiefte Allgemeinbildung. Während für die Studierfähigkeit auf das Erschließen neuer Wissenschaftskulturen und die Bewältigung von mathematischen Anforderungen im Studium fokussiert wird, nimmt die Perspektive der vertieften Allgemeinbildung andere Bereiche in den Blick, wie z. B. das Privatleben, eine klassische Berufsausbildung oder gesellschaftliche Teilhabe. Es ist durchaus denkbar, dass aus beiden Perspektiven dieselben Inhalte für den Mathematikunterricht der gymnasialen Oberstufe als relevant erscheinen. Die unterschiedlichen Anwendungskontexte können jedoch in unterschiedlichen Gewichtungen von Teilaspekten resultieren. So ist es im Rahmen der Inferenzstatistik unter einer Perspektive der Allgemeinbildung ggf. relevant zu thematisieren, was mit „signifikant" gemeint ist, und wie sich dies zur Bedeutsamkeit von Effekten und Zusammenhängen (und der jeweiligen Stichprobengröße) verhält. Unter der Perspektive der Studierfähigkeit könnte die konkrete Praxis der Inferenzstatistik mit der Auswahl von Verteilungen und der Interpretation von p-Werten dagegen stärker zu gewichten und zu reflektieren sein. In diesem Sinne unterscheidet sich Studierfähigkeit, die eben ggf. auch konkrete Techniken und Fertigkeiten umfasst, auch von Wissenschaftspropädeutik, die im Kern mehr auf die epistemischen Prozesse unterschiedlicher wissenschaftlicher Disziplinen fokussiert.

3.3 Mathematisch-studienfachspezifische kognitive Komponenten

Mathematisch-studienfachspezifische kognitive Komponenten von Studierfähigkeit beziehen sich auf Wissens- und Fähigkeitsbereiche, die nur für bestimmte Studienfachgruppen, aber nicht für den Großteil der Studiengänge relevant sind. Eine Herausforderung für den Mathematikunterricht stellen hier insbesondere Bereiche dar, die auch von den anderen beiden Zieldimensionen vertiefte Allgemeinbildung und Wissenschaftspropädeutik nicht ohnehin abgedeckt werden. Es erscheint unrealistisch, dass der gymnasiale Mathematikunterricht diese Komponenten in der Breite und – aus Sicht der Hochschulen – notwendigen Tiefe bearbeiten kann, um für alle Studiengänge hinreichende Voraussetzungen zu schaffen (Heymann, 1996) (siehe dazu das Zitat von Heymann, Abschnitt 2.1 in diesem Beitrag). Eine Kombination von drei Maßnahmen könnte helfen, dieses Dilemma anzugehen:

i) Der Beitrag des gymnasialen Mathematikunterrichts könnte es sein, eine begrenzte Anzahl von „Schnittstellenkonzepten" und „Schnittstellenpraktiken" aufzubauen, die ausreichend anschlussfähig für den Erwerb weiterer mathematischer Konzepte und Praktiken in den einzelnen Studiengängen sind. Es erscheint plausibel, dass dieser Anschluss dann leichter fällt, wenn nicht allein technische und ggf. wenig vernetzte Verfahren vermittelt werden, sondern primär zentrale konzeptuelle Kernideen anhand weniger Inhalte so behandelt werden, dass sie anschlussfähig an die entsprechende Praxis an der Hochschule sind. Es wäre auch zu prüfen, inwiefern beispielsweise Fähigkeiten zur Interpretation von Darstellungen hier nicht anschlussfähiger sind als technisches Wissen zur eigenständigen Produktion von Darstellungen.

ii) In diesem Sinne wäre die Herausforderung, eine begrenzte Anzahl von solchen Schnittstellenkonzepten und -praktiken zu beschreiben, die thematisiert werden sollen. Initiativen zur Zusammenarbeit von Schule und Hochschule zeigen hier erste Wege auf (cosh, 2021; KFP, 2012, s.a. Kap. 3.1 in diesem Band).

iii) Für die Hochschulen würde dies bedeuten, in den betreffenden Studiengängen gezielt an diese Schnittstellenkonzepte und -praktiken anzuschließen und die darüber hinausgehenden wesentlichen Konzepte und Kompetenzen für die jeweiligen Studiengänge an den Hochschulen zu vermitteln. Zu berücksichtigen (an Schulen wie an Hochschulen) ist dabei die naturgemäße Heterogenität der Studieninteressierten, sodass in einem gewissen Umfang auch Möglichkeiten für ein ausgleichendes Nachholen einzelner Inhalte anzudenken sind.

Im Kontext der Analysis stellt die übliche Beschränkung auf bestimmte Funktionstypen in der gymnasialen Oberstufe und im Abitur ein Beispiel dar. Die konkrete Auswahl wäre unter dieser Perspektive jeweils dahingehend zu prüfen, ob die wesentlichen Konzepte und Praktiken der gymnasialen Oberstufe daran thematisiert werden können. Beispielsweise müsste es möglich sein, auch Wende- und Terrassenpunkte zu analysieren und tragfähige Erfahrungen zur Modellbildung mit Integralen und mathematischen Funktionen zu sammeln. Ob eine Beschränkung auf Polynome hier ausreichend ist, wäre zu diskutieren. Weiter wird das Grenzwertkonzept im schulischen Kontext i.d.R. nur informell thematisiert und oft ohne die verschiedenen Perspektiven (Grenzwert von Folgen, Grenzwerte von Funktionen, Grenzwertprozesse durch Intervallschachtelungen) tragfähig zu systematisieren. Eine systematische Behandlung des Grenzwertkonzepts in der Oberstufe ist hier ebenso eher eine theoretisch denkbare Lösung wie ein Verzicht auf das Konzept. Zu klären wäre hier ggf., ob ein Bearbeiten der wesentlichen Fehlvorstellungen zum Grenzwertkonzept (Davis & Vinner, 1986) in der gymnasialen Oberstufe leistbar wäre. Ein letztes Beispiel könnte die Inferenzstatistik sein, die häufig anhand einer oder weniger Verteilungen in der gymnasialen Oberstufe thematisiert wird. In Sinne der Anschlussfähigkeit könnte hier ein Fokus auf die zentralen Ideen und Phänomene (Hypothesen, Konzept der Signifikanz, ggf. Effektstärken und statistische Power) gelegt werden. Zu überlegen wäre unter dieser Perspektive, wie Fähigkeiten zur expliziten Berechnung von Ablehnungsbereichen (oder p-Werten) gegenüber einer Analyse von Zusammenhängen von Größen, beispielsweise unter Nutzung digitaler Werkzeuge, zu gewichten sind.

3.4 Motivationale und personale Komponenten

Untersuchungen zu Voraussetzungsprofilen verschiedener Studiengänge zeigen, dass motivationale Personenmerkmale bereits für die Studienfachwahl von Relevanz sind (z.B. Ufer, 2015 für Mathematikstudiengänge; Wang, 2013). Im weiteren Studienverlauf haben sie sich als besonders relevant für subjektive Kriterien des Studienerfolgs wie Studienzufriedenheit erwiesen, die wiederum als prädiktiv für Studienabbruch und Studienfachwechsel gelten. Allgemeine motivationale oder personale Merkmale, wie Gewissenhaftigkeit oder Offenheit für neue Erfahrungen erscheinen – soweit sie als expliziter Auftrag der Sekundarstufe II verstanden werden können – fächerübergreifend relevant und werden hier nicht weiter betrachtet.

Hohe Wertüberzeugungen und positiv-realistische Erwartungsüberzeugungen zur Mathematik sind unabhängig vom konkreten Ziel der Studierfähigkeit relevante Ergebnisse von Mathematikunterricht. So stellt sich die Frage, inwiefern der Mathematikunterricht spezifisch auf die Zieldimension der Studierfähigkeit ausgerichtet werden kann.

Beispielsweise weisen Ergebnisse von Liebendörfer (2018) und Ufer et al. (2017) darauf hin, dass Studienanfänger:innen ihr Interesse für Mathematik durchaus nach unterschiedlichen Teildomänen (Schulmathematik und Hochschulmathematik), Inhaltsbereichen (Analysis, Geometrie, Stochastik) und mathematischen Arbeitsweisen (z.B. Anwenden mathematischer Modelle vs. mathematische Wissenskonstruktion durch Definitionen und Beweise) differenzieren. Eine Ausdifferenzierung frühzeitig zu unterstützen, könnte die Wahl eines zu den eigenen Interessen passenden Studiums fördern. Zur Studierfähigkeit könnte es in diesem Sinne beitragen, wenn der Mathematikunterricht (oder Angebote der Universitäten für Abiturient:innen) diese Bandbreite mathematischer Arbeitsweisen exemplarisch und ggf. elementarisiert erfahrbar macht, um entsprechende Wert- und Erwartungsüberzeugungen aufzubauen. Wirksam wird dies natürlich nur dann, wenn angehende Studierende sich auch über die konkreten mathematischen Arbeitsweisen in den angestrebten Studiengängen informieren bzw. informieren können.

Generell ist die Befundlage zur Rolle mathematikbezogener motivationaler Merkmale für das Mathematikstudium, und noch viel mehr für andere Studiengänge noch sehr dünn, sodass fundierte, differenziertere Folgerungen für den Mathematikunterricht derzeit nur schwer zu ziehen sind.

Einschränkend ist letztlich anzumerken, dass es nicht das Ziel des Mathematikunterrichts sein kann in der Breite der Schülerschaft Erwartungs- oder Wertüberzeugungen aufzubauen, die in Mathematik durchgehend höher sind als in anderen Fächern. Einerseits ist die motivationale Entwicklung ein Teil der Identitätsentwicklung. Schulischer Unterricht soll hier natürlich Erfahrungen ermöglichen und Möglichkeiten aufzeigen, wesentliche Schwerpunktsetzungen in dieser Entwicklung sind jedoch durch die Heranwachsenden selbst zu gestalten. Andererseits ist intrinsische Motivation – ausgelöst durch hohe Wert- und Erwartungsüberzeugungen – an mathematischen Themen und Tätigkeiten sicher wünschenswert. Wenn sie in der Breite nicht für alle Lernenden erreichbar ist, so ist doch anzumerken, dass je nach Studienfach ggf. auch andere Motivationsformen wie identifizierte und introjizierte Motivation (Deci & Ryan, 2012) eine ausreichende Auseinandersetzung mit mathematischen Studieninhalten anregen könnte.

4 Zusammenfassung und Ausblick

Studierfähigkeit ist die einzige Zieldimension aus der Trias, die sich auf ein mehr oder weniger klar greifbares Außenkriterium – Studienerfolg – bezieht. Es liegen zunehmend, aber bei Weitem noch nicht ausreichend umfangreiche empirische Arbeiten vor, um dies für konkrete Rückschlüsse auf relevante Zielsetzungen des Mathematikunterrichts zu nutzen. Als Rahmen für eine weitere Systematisierung der Einzelergebnisse kann das adaptierte Rahmenmodell der Studierfähigkeit dienen (Abb. 1).

Insbesondere ist anzumerken, dass Studierfähigkeit kein kohärentes Konstrukt ist, sondern seine konkrete Ausgestaltung von dem spezifischen Verständnis von „Studienerfolg", von der Bandbreite der betrachteten Studiengänge und auch vom Auflösungsgrad mehr oder weniger domänenspezifischer Komponenten abhängt. Weitgehend Konsens ist dabei aber, dass *allgemeine Studierfähigkeit* als hinreichendes Merkmal für Studienerfolg eine Utopie bleiben muss. Vielmehr erscheint es relevant zu verstehen, wie domänenübergreifende und für allgemeine Studierfähigkeit plausiblerweise notwendige Komponenten zusammenwirken mit domänenspezifischen Komponenten. Offen ist dabei allerdings, *wie* diese domänenspezifischen Komponenten dann gemeinsam mit domänenübergreifenden Komponenten studienfachspezifische Profile prinzipiell hinreichender Voraussetzungen ergeben können. Letztlich ist zu beachten, dass Studierfähigkeit zwar einerseits ein Ergebnis der gymnasialen Oberstufe sein soll. Andererseits ist ein Studium auch eine Enkulturation in eine Fachkultur, in deren Rahmen fehlende Komponenten von Studierfähigkeit ggf. kompensiert werden können, aber auch externe Einflüsse besondere Voraussetzungen notwendig machen können.

Eine besondere fachdidaktische Herausforderung ist dennoch zunächst, die abstrakte Definition von „Studierfähigkeit" mit konkreten Inhalten und Zielen zu füllen. Dies muss im Spannungsfeld dessen geschehen, was Schule und Universität jeweils leisten können bzw. müssen. Dabei ist die wesentliche Frage, inwiefern der gymnasiale Mathematikunterricht auf spezifische Bedarfe von einzelnen Studienfachgruppen oder Studienfächern reagieren kann (z. B. technische Fertigkeiten), ohne dass dies zu Ungunsten anderer Komponenten (z. B. konzeptuelles Wissen) geht. In einem ersten Schritt ist es dazu sicher hilfreich, die mathematischen Anforderungen der verschiedenen Studienfachgruppen zu systematisieren und zu beschreiben. Hierzu gibt es bereits eine Anzahl erfolgreicher Beispielprojekte, die eine mehr (Neumann et al., 2017; Neumann et al., 2021b; Kap. 3.1 in diesem Band) oder weniger große Bandbreite (cosh, 2021) von Studiengängen adressieren. Aufgrund der Anzahl der Einzelanforderungen und der Breite der potenziellen Anwendungskontexte im Studium könnte es jedoch darüber hinaus notwendig sein, spezifische Schnittstellenkonzepte zu definieren, die einerseits in der gymnasialen Oberstufe möglichst anschlussfähig aufgebaut, andererseits an den Hochschulen in den jeweiligen Studiengängen explizit aufgegriffen und in die notwendige Richtung erweitert werden müssten. Ein wesentlicher Schritt dabei könnte auch sein, über Studien zur Prädiktionskraft von einzelnen mathematischen Kompetenzbereichen hinauszugehen. Dazu könnte gehören, Stufenmodelle (Rach & Ufer, 2020; Ufer & Neumann, 2018) zu entwickeln und darauf aufbauend kriteriale Cut-Offs zu identifizieren, die das für einen Studienerfolg (in einem bestimmten Studiengang) notwendige bzw. hinreichende Kompetenzniveau beschreiben.

Zusammenfassend zeigt sich, dass Studierfähigkeit als eigenständige Zieldimension von gymnasialem Mathematikunterricht weniger spezifische, eigene Ergebnisse des Unterrichts in den Vordergrund rückt, sondern eher Zielbereiche prononciert und ausdifferenziert, die auch aus der Perspektive der anderen beiden Zieldimensionen – vertiefte Allgemeinbildung und Wissenschaftspropädeutik – von Bedeutung erscheinen.

Literatur

Attridge, N., Doritou, M. & Inglis, M. (2015). The development of reasoning skills during compulsory 16 to 18 mathematics education. *Research in Mathematics Education, 17*(1), 20–37.

Attridge, N. & Inglis, M. (2013). Advanced mathematical study and the development of conditional reasoning skills. *PLoS one, 8*(7), e69399.

Baptist, P. & Winter, H. (2001). Überlegungen zur Weiterentwicklung des Mathematikunterrichts in der Oberstufe des Gymnasiums. In H.-E. Tenorth (Hrsg.), *Kerncurriculum Oberstufe. Mathematik, Deutsch, Englisch; Expertisen* (S. 54–76). Beltz.

Baumert, J. (1995). *Bericht der KMK-Expertenkommission „Weiterentwicklung der Prinzipien der gymnasialen Oberstufe und des Abiturs". Zusammenfassung.*

Besser, M., Göller, R., Ehmke, T., Leiss, D. & Hagena, M. (2021). Entwicklung eines fachspezifischen Kenntnistests zur Erfassung mathematischen Vorwissens von Bewerberinnen und Bewerbern auf ein Mathematik-Lehramtsstudium. *Journal für Mathematik-Didaktik, 42*(2), 335–365.

BfA (=Bundesagentur für Arbeit). (2022). *Studienfeldbezogene Beratungstests (SFBT)*. https://www.arbeitsagentur.de/datei/beratungstests_ba015617.pdf

Borneleit, P., Henn, H.-W., Danckwerts, R. & Weigand, H.-G. (2001). Expertise zum Mathematikunterricht in der gymnasialen Oberstufe. In H.-E. Tenorth (Hrsg.), *Kerncurriculum Oberstufe. Mathematik, Deutsch, Englisch; Expertisen* (S. 26–53). Beltz.

Bosse, E., Schultes, K. & Trautwein, C. (2016). Wissenschaftliche Bezugspunkte für die Untersuchung von Studierfähigkeit. In N. Schaper, C. Wetzel & M. Merkt (Hrsg.), *Professionalisierung in der Hochschuldidaktik* (S. 79–88). wbv.

Braun, E., Mertens, J., Böttger, J., Haase, J. & Hannover, B. (2021). Das Konzept der „Studierfähigkeit" im wissenschaftlichen Diskurs in Deutschland. In C. Bohndick, M. Bülow-Schramm, D. Paul & G. Reinmann (Hrsg.), *Hochschullehre im Spannungsfeld zwischen individueller und institutioneller Verantwortung* (S. 111–123). Springer.

Bruder, R. & Collet, C. (2011). *Problemlösen lernen im Mathematikunterricht*. Cornelsen Scriptor Berlin.

Burck, K. & Grendel, T. (2011). Studierbarkeit – ein institutionelles Arrangement? *Zeitschrift für Hochschulentwicklung, 6*(2), 99–105.

Chinnappan, M., Ekanayake, M. B. & Brown, C. (2012). Knowledge use in the construction of geometry proof by Sri Lankan students. *International Journal of Science and Mathematics Education, 10*(4), 865–887.

cosh. (2021). *Mindestanforderungskatalog Mathematik. Version 3.0.* https://cosh-mathe.de/wp-content/uploads/2021/12/makV3.0.pdf

Cramer, E. & Walcher, S. (2010). Schulmathematik und Studierfähigkeit. *Mitteilungen der DMV, 18*(2), 110–114.

Davis, R. B. & Vinner, S. (1986). The notion of limit: Some seemingly unavoidable misconception stages. *The Journal of Mathematical Behavior, 5*(3), 281–303.

Deci, E. L. & Ryan, R. M. (2012). *Self-determination theory*. Sage Publications.

Dignath, C. & Büttner, G. (2008). Components of fostering self-regulated learning among students. A meta-analysis on intervention studies at primary and secondary school level. *Metacognition and Learning, 3*(3), 231–264.

Dignath, C., Buettner, G. & Langfeldt, H.-P. (2008). How can primary school students learn self-regulated learning strategies most effectively?: A meta-analysis on self-regulation training programmes. *Educational Research Review, 3*(2), 101–129.

Dörrenbächer, L., Russer, L. & Perels, F. (2018). Selbstregulationstraining für Studierende: Sind quantifizierte qualitative Lerntagebuchdaten zur Wirksamkeitsüberprüfung geeignet? *Zeitschrift für empirische Hochschulforschung, 2*(1), 9–10.

Eberle, F., Brüggenbrock, C., Rüede, C., Weber, C. & Albrecht, U. (2015). Basale fachliche Kompetenzen für allgemeine Studierfähigkeit in Mathematik und Erstsprache: Schlussbericht zuhanden der EDK.

Eberle, F., Gehrer, K., Jaggi, B., Kottonau, J., Oepke, M. & Pflüger, M. (2008). Evaluation der Maturitätsreform 1995 (EVAMAR). Schlussbericht zur Phase II.

Fay, E., Mausfeld, R., Niederée, R., Stumpf, H. & Trost, G. (1982). *Studienfeldbezogener Test Mathematik (SFT-MATH)*.

Fleischer, J., Leutner, D., Brand, M., Fischer, H., Lang, M., Schmiemann, P. & Sumfleth, E. (2019). Vorhersage des Studienabbruchs in naturwissenschaftlich-technischen Studiengängen. *Zeitschrift für Erziehungswissenschaft, 22*(5), 1077–1097.

Gold, A. & Souvignier, E. (2005). Prognose der Studierfähigkeit. *Zeitschrift für Entwicklungspsychologie und pädagogische Psychologie, 37*(4), 214–222.

Greefrath, G., Koepf, W. & Neugebauer, C. (2017). Is there a link between preparatory course attendance and academic success? A case study of degree programmes in electrical engineering and computer science. *International Journal of Research in Undergraduate Mathematics Education, 3*(1), 143–167.

Greefrath, G., Oldenburg, R., Siller, H.-S., Weigand, H. & Ulm, V. (2016). *Didaktik der Analysis*. Springer.

Greiff, S., Wüstenberg, S., Csapó, B., Demetriou, A., Hautamäki, J., Graesser, A. C. & Martin, R. (2014). Domain-general problem solving skills and education in the 21st century. *Educational Research Review*(13), 74–83.

Haller, H. & Krauss, S. (2002). Misinterpretations of significance: A problem students share with their teachers. *Methods of Psychological Research, 7*(1), 1–20.

Heinze, A., Neumann, I., Ufer, S., Rach, S., Borowski, A., Buschhüter, D., Greefrath, G., Halverscheid, S., Kürten, R. & Pustelnik, K. (2019). Mathematische Kenntnisse in der Studieneingangsphase. Was messen unsere Tests? *Beiträge zum Mathematikunterricht 2019*.

Heldmann, W. (1984). *Studierfähigkeit – Ergebnisse einer Umfrage*. Otto Schwartz & Co.

Hell, B., Trapmann, S. & Schuler, H. (2007). Eine Metaanalyse der Validität von fachspezifischen Studierfähigkeitstests im deutschsprachigen Raum. *Empirische Pädagogik, 21*(3), 251–270.

Heymann, H. W. (1996). Mathematikunterricht in der gymnasialen Oberstufe. *Zeitschrift für Pädagogik, 42*(4), 541–556.

Huber, L. (1986). Studierfähigkeit und Ausbildungsniveau: Veränderte Bedingungen des Lehrens und Lernens. In P. Kellermann (Hrsg.), *Universität und Hochschulpolitik* (S. 241–258). Böhlau.

Huber, L. (2009). Kompetenzen für das Studium: Studierfähigkeit. Übergang Schule-Hochschule. *TriOS: Forum für schulnahe Forschung, Schulentwicklung und Evaluation, 4*(1), 81–95.

Kazemzadeh, F., Minks, K.-H. & Nigmann, R.-R. (1987). *„Studierfähigkeit" – eine Untersuchung des Übergangs vom Gymnasium zur Universität*. NIS.

KFP (=Konferenz der Fachbereiche Physik). (2012). *Empfehlung der Konferenz der Fachbereiche Physik zum Umgang mit den Mathematikkenntnissen von Studienanfängern der Physik*. https://www.kfp-physik.de/dokument/KFP-Empfehlung-Mathematikkenntnisse.pdf

Kind, P. & Osborne, J. (2017). Styles of scientific reasoning: A cultural rationale for science education? *Science Education, 101*(1), 8–31.

Klieme, E., Baumert, J., Köller, O. & Bos, W. (2000). Mathematische und naturwissenschaftliche Grundbildung: Konzeptuelle Grundlagen und die Erfassung und Skalierung von Kompetenzen. In J. Baumert (Hrsg.), *TIMSS-III. Dritte Internationale Mathematik- und Naturwissenschaftsstudie. Mathematische und naturwissenschaftliche Bildung am Ende der Schullaufbahn. 2. Mathematische und physikalische Kompetenzen am Ende der gymnasialen Oberstufe* (S. 85–133). Springer.

KMK (=Kultusministerkonferenz). (1972). *Vereinbarung zur Neugestaltung der gymnasialen Oberstufe in der Sekundarstufe II: mit einem einführenden Bericht, am 7. Juli 1972 von der*

Ständigen Konferenz der Kultusminister der Länder in der Bundesrepublik Deutschland beschlossen. Luchterhand.

KMK (2015). *Bildungsstandards im Fach Mathematik für die Allgemeine Hochschulreife. Beschluss vom 18.10.2021.*

KMK (2021). *Vereinbarung zur Gestaltung der gymnasialen Oberstufe und der Abiturprüfung; Beschluss der Kultusministerkonferenz vom 07.07.1972 i. d. F. vom 18.02.2021.* https://www.kmk.org/fileadmin/veroeffentlichungen_beschluesse/1972/1972_07_07-VB-gymnasiale-Oberstufe-Abiturpruefung.pdf

Köller, O. (2013). *Wege zur Hochschulreife und Leistungen von Abiturienten.* https://www.oefg.at/wp-content/uploads/2014/01/K%C3%B6ller_%C3%96FG_Text.pdf

Köller, O. & Baumert, J. (2002). Das Abitur. Immer noch ein gültiger Indikator für die Studierfähigkeit? *Aus Politik und Zeitgeschichte, 52*(B 26), 12–19.

Konegen-Grenier, C. (2002). *Studierfähigkeit und Hochschulzugang.* Deutscher Instituts-Verlag.

Kosiol, T., Rach, S. & Ufer, S. (2019). (Which) Mathematics interest is important for a successful transition to a university study program? *International Journal of Science and Mathematics Education, 17*(7), 1359–1380.

Laging, A. & Voßkamp, R. (2017). Determinants of maths performance of first-year business administration and economics students. *International Journal of Research in Undergraduate Mathematics Education, 3*(1), 108–142.

Liebendörfer, M. (2018). *Motivationsentwicklung im Mathematikstudium.* Springer.

Lobato, J. (2006). Alternative perspectives on the transfer of learning: History, issues, and challenges for future research. *The Journal of the Learning Sciences, 15*(4), 431–449.

Nagy, G. (2007). *Berufliche Interessen, kognitive und fachgebundene Kompetenzen: Ihre Bedeutung für die Studienfachwahl und die Bewährung im Studium.* [Dissertation, FU Berlin].

Neumann, I., Jeschke, C. & Heinze, A. (2021a). First Year Students' Resilience to Cope with Mathematics Exercises in the University Mathematics Studies. *Journal für Mathematik-Didaktik, 42*(2), 307–333.

Neumann, I., Pigge, C. & Heinze, A. (2017). Mathematische Lernvoraussetzungen Für Mint-Studiengänge Aus Sicht Der Hochschulen. *Mitteilungen der Deutschen Mathematiker-Vereinigung, 25*(4), 240–244.

Neumann, I., Rohenroth, D. & Heinze, A. (2021b). Mathe braucht man überall? Welche mathematischen Lernvoraussetzungen erwarten Hochschullehrende für Studiengänge außerhalb des MINT-Bereichs? *Mitteilungen der Gesellschaft für Didaktik der Mathematik, 47*(111), 45–49.

Oepke, M. & Eberle, F. (2016). Deutsch-und Mathematikkompetenzen – wichtig für die (allgemeine) Studierfähigkeit? In J. Kramer, M. Neumann & U. Trautwein (Hrsg.), *Abitur und Matura im Wandel* (S. 215–252). Springer.

Perels, F., Gürtler, T. & Schmitz, B. (2005). Training of self-regulatory and problem-solving competence. *Learning and Instruction, 15*(2), 123–139.

Rach, S. & Heinze, A. (2017). The transition from school to university in mathematics: Which influence do school-related variables have? *International Journal of Science and Mathematics Education, 15*(7), 1343–1363.

Rach, S. & Ufer, S. (2020). Which Prior Mathematical Knowledge Is Necessary for Study Success in the University Study Entrance Phase? Results on a New Model of Knowledge Levels Based on a Reanalysis of Data from Existing Studies. *International Journal of Research in Undergraduate Mathematics Education.* https://doi.org/10.1007/s40753-020-00112-x

Rach, S., Ufer, S. & Kosiol, T. (2021). Die Rolle des Selbstkonzepts im Mathematikstudium– Wie fit fühlen sich Studierende in Mathematik? *Zeitschrift für Erziehungswissenschaft, 24*(6), 1549–1571.

Rolfes, T., Lindmeier, A. & Heinze, A. (2021). Mathematikleistungen von Schülerinnen und Schülern der gymnasialen Oberstufe in Deutschland: Ein Review und eine Sekundäranalyse der Schulleistungsstudien seit 1995. *Journal für Mathematik-Didaktik, 42*(2), 395–429.

Rüede, C., Weber, C. & Eberle, F. (2019). Welche mathematischen Kompetenzen sind notwendig, um allgemeine Studierfähigkeit zu erreichen? Eine empirische Bestimmung erster Komponenten. *Journal für Mathematik-Didaktik, 40*(1), 63–93.

Schneider, M. & Preckel, F. (2017). Variables associated with achievement in higher education: A systematic review of meta-analyses. *Psychological Bulletin, 143*(6), 565.

Schult, J., Hofmann, A. & Stegt, S. J. (2019). Leisten fachspezifische Studierfähigkeitstests im deutschsprachigen Raum eine valide Studienerfolgsprognose? *Zeitschrift für Entwicklungspsychologie und Pädagogische Psychologie, 51*(1), 16–30.

Sommerhoff, D. (2017). *The individual cognitive resources underlying students' mathematical argumentation and proof skills.* [Ph.D. thesis, LMU München].

Sorge, S., Petersen, S. & Neumann, K. (2016). Die Bedeutung der Studierfähigkeit für den Studienerfolg im 1. Semester in Physik. *Zeitschrift für Didaktik der Naturwissenschaften, 22*(1), 165–180.

Sweller, J., Clark, R. & Kirschner, P. (2010). Teaching general problem-solving skills is not a substitute for, or a viable addition to, teaching mathematics. *Notices of the American Mathematical Society, 57*(10), 1303–1304.

Trapmann, S., Hell, B., Hirn, J.-O. W. & Schuler, H. (2007a). Meta-analysis of the relationship between the Big Five and academic success at university. *Zeitschrift für Psychologie/Journal of Psychology, 215*(2), 132–151.

Trapmann, S., Hell, B., Weigand, S. & Schuler, H. (2007b). Die Validität von Schulnoten zur Vorhersage des Studienerfolgs-eine Metaanalyse. *Zeitschrift für pädagogische Psychologie, 21*(1), 11–27.

Ufer, S. (2015). The role of study motives and learning activities for success in first semester mathematics studies. In K. Beswick, T. Muir & J. Wells (Hrsg.), *Proceedings of the 39th Conference of the International Group for the Psychology of Mathematics Education* (Bd. 4, S. 265–272). PME.

Ufer, S., Heinze, A. & Reiss, K. (2008). Individual predictors of geometrical proof competence. In O. Figueras, J. L. Cortina, S. Alatorre, T. Rojano & A. Sepulveda (Hrsg.), *Proceedings of the Joint Meeting of PME 32 and PME-NA XXX* (Bd. 4, S. 361–368). PME.

Ufer, S. & Kramer, J. (2015). Die Kompetenz mathematisch Argumentieren. In W. Blum, C. Drüke-Noe, S. Vogel & A. Roppelt (Hrsg.), *Bildungsstandards aktuell: Mathematik für die Sekundarstufe II* (S. 83–94). Westermann.

Ufer, S. & Neumann, K. (2018). Measuring competencies. In F. Fischer, C. E. Hmelo-Silver, S. R. Goldman & P. Reimann (Hrsg.), *International Handbook of the Learning Sciences* (S. 433–443). Routledge.

Ufer, S., Rach, S. & Kosiol, T. (2017). Interest in mathematics=interest in mathematics? What general measures of interest reflect when the object of interest changes. *ZDM Mathematics Education, 49*(3), 397–409.

vom Hofe, R. (1995). *Grundvorstellungen mathematischer Inhalte.* Spektrum Akademischer Verlag.

Wang, X. (2013). Why students choose STEM majors: Motivation, high school learning, and postsecondary context of support. *American Educational Research Journal, 50*(5), 1081–1121.

Weigand, H.-G. (2015). Begriffsbildung. In R. Bruder, L. Hefendehl-Hebeker, B. Schmidt-Thieme & H.-G. Weigand (Hrsg.), *Handbuch der Mathematikdidaktik* (S. 255–278). Springer.

Winter, H. (1995). Mathematikunterricht und Allgemeinbildung. *Mitteilungen der Gesellschaft für Didaktik der Mathematik, 21*(61), 37–46.

Stefan Ufer, Lehrstuhl für Didaktik der Mathematik, Ludwig-Maximilians-Universität München, Theresienstraße 39, 80333 München
https://orcid.org/0000-0002-3187-3459
ufer@math.lmu.de

1.4
Anke Lindmeier

Mathematische Bildung in der digitalen Welt
Ist die traditionelle Trias der Bildungsziele für die gymnasiale Oberstufe noch zeitgemäß?

1 Einleitung

Die aktuell gültige Zieltrias der Oberstufe, vertiefte Allgemeinbildung, allgemeine Studierfähigkeit sowie wissenschaftspropädeutische Bildung (KMK, 1972, S. 5, Fassung von 2021), stammt in ihrem Kern aus Zeiten, in denen die Digitalisierung zwar bereits eingesetzt hatte, ihre Dynamik in der heutigen Ausprägung jedoch noch nicht so klar erkennbar bzw. sogar vorstellbar war. Folglich spielten Fragen der Digitalisierung und mögliche Implikationen für die Bestimmung von Bildungszielen der Oberstufe damals – wenn überhaupt – eine eher untergeordnete Rolle. Selbst in der aktuellen Version der Vereinbarung zur Gestaltung der gymnasialen Oberstufe und der Abiturprüfungen wird das Thema nicht explizit aufgegriffen. Speziell für das Fach Mathematik thematisieren die Bildungsstandards für die Allgemeine Hochschulreife zwar digitale Mathematikwerkzeuge (vgl. Abschnitt 4.2 für eine Definition), betonen jedoch bisher vordergründig deren Potenzial zur Unterstützung des Erwerbs mathematischer Kompetenzen (KMK, 2012a).

Spätestens mit dem Ausrufen der Strategie „Bildung für eine digitale Welt" (KMK, 2016) wurden jedoch explizit Bildungsziele mit Bezug zur Digitalisierung vorgestellt, die in allgemeinbildenden Kontexten erworben werden sollen. Hier lässt sich beobachten, wie die fortschreitende Digitalisierung und der zugehörige öffentliche Diskurs zu einem bildungspolitischen Entscheidungsdruck (Neubrand, 2021) in Bezug auf eine mögliche Verschiebung von Bildungszielen führen, welche es konsequenterweise erforderlich machen würden, diesbezüglich auch über die Fächer und ihren jeweiligen Bildungswert zu reflektieren. Dies geschieht bisher aber kaum und vorsorglich konstatiert die Präambel der genannten Strategie, dass diese „neuen" Bildungsziele dem geltenden Bildungs- und Erziehungsauftrag untergeordnet werden sollen. Entsprechend durchzieht das Strategiepapier der Grundtenor, dass die Aufnahme digitaler Kompetenzen in die Bildungsziele keine Umorientierung darstellt. Es ginge eher darum „auch durch Nutzung digitaler Lernumgebungen" die Zielsetzungen durch „Veränderungen bei der inhaltlichen und formalen Gestaltung […] besser zur Entfaltung [zu] bringen" (KMK, 2016, S. 9).

Nun werden in dieser Strategie explizit die Grundschule, Sekundarstufe I, die Hochschulen sowie der berufliche Bildungsbereich bedacht, nicht jedoch die gymnasiale Oberstufe. Fragen, die das Verhältnis von Studierfähigkeit oder Wissenschafts-

Lindmeier, A. (2022). Mathematische Bildung in der digitalen Welt. In T. Rolfes, S. Rach, S. Ufer & A. Heinze (Hrsg.), *Das Fach Mathematik in der gymnasialen Oberstufe* (S. 103–133). Waxmann. CC BY-NC-SA 4.0

propädeutik zu digitalen Kompetenzen betreffen, werden ebenso wenig gestreift wie ein möglicher Bezug zur Idee einer vertieften Allgemeinbildung. Dies gilt auch für die ergänzende Empfehlung von 2021 (KMK, 2021).

Es stellen sich daher die Fragen: Welche Rolle können und sollen mögliche Bildungsziele mit Bezug zur Digitalisierung in der gymnasialen Oberstufe im Rahmen der geltenden Zieltrias spielen? Ist es sinnvoll, eine vierte Zieldimension mit Bezug zur Digitalisierung zu entwickeln? Und daran anschließend insbesondere: Welchen Beitrag kann das Fach Mathematik in der gymnasialen Oberstufe bei der Modifikation bzw. Erweiterung der Zieldimensionen leisten? Eine derartige, neue Zieldimension kann vor ihrer Fassung naturgemäß noch nicht geschärft sein. Um möglichen vorhandenen Konnotationen in der Literatur aus dem Weg zu gehen, wäre es günstig, in der Zwischenzeit einen möglichst „unverbrauchten" Begriff zu nutzen, was sich als schwierig erweist. Deswegen wird in diesem Text in der Regel die Umschreibung „Zieldimension mit Bezug zur Digitalisierung" verwendet.

Die Bearbeitung der Fragen stellt aufgrund der in essenziellen Punkten unterbestimmten Bezugsgrößen *Zieltrias* und *Mathematikunterricht der gymnasialen Oberstufe* sowie zudem *mögliche Zieldimension mit Bezug zur Digitalisierung* eine kaum zu bewältigende Herausforderung dar. Dieser Beitrag macht den Versuch, sich der Problemstellung über alle drei Bezugsgrößen anzunähern. In Abschnitt 2 wird daher ausgehend von der gültigen Zieltrias dargelegt, dass die Frage nach der Ergänzung einer vierten Zieldimension derzeit nicht abschließend beantwortet werden kann. Gleichzeitig wird in diesem Abschnitt noch einmal deutlich, dass es gerade durch die fortschreitende Digitalisierung notwendig wird, die Zieltrias und damit in Folge auch den Mathematikunterricht der gymnasialen Oberstufe neu zu kalibrieren.

Um dafür eine Grundlage zu setzen, wird im Anschluss der Versuch unternommen, abzustecken, was unter einer Zieldimension mit Bezug zur Digitalisierung verstanden werden könnte. Dazu werden in Abschnitt 3 holzschnittartig und exemplarisch Diskurslinien skizziert, die für Bildungsziele mit Bezug zur Digitalisierung relevant erscheinen. Aus der Zusammenschau der verschiedenen Diskurslinien entsteht ein orientierendes Rahmenmodell.

Im darauffolgenden Abschnitt 4 wird beispielhaft entlang des mathematikdidaktischen Diskurses und ausgewählter Bereiche des Rahmenmodells aufgezeigt, was der Mathematikunterricht der gymnasialen Oberstufe dazu bereits beiträgt oder idealerweise beitragen könnte. Es wird dabei mit aller Vorsicht ein Fazit für mögliche zukünftige Neuorientierungen des Mathemathematikunterrichts in der Oberstufe bezüglich der Bildungsziele abgeleitet.

2 Was spricht generell für oder gegen eine Erweiterung der Zieltrias um eine Zieldimension mit Bezug zur Digitalisierung?

Die hier geführte Argumentation basiert auf der Beobachtung, dass die fortschreitende Digitalisierung Veränderungen in allen Lebensbereichen hervorruft und die

Menschen vor der Herausforderung stehen, diese Veränderungen zu bewältigen. Die offensichtlichen technischen Veränderungen könnten bereits ein Anlass zur Überprüfung geltender Bildungsziele sein.

Mit dem Begriff *Digitalisierung* ist allerdings jenseits der ursprünglichen Wortbedeutung nicht nur gemeint, dass etwas Nicht-Digitales in etwas Digitales überführt wird (Verständig, 2020). Aus soziologischer Perspektive lässt sich herausarbeiten, dass die Digitalisierung auch gesellschaftliche Ordnungen und kulturelle Praktiken prägt und sie somit nicht nur Veränderungen, sondern eher einen Wandel oder sogar eine Disruption bedingt (Stalder, 2016). So gewinnen etwa selbstorganisierte Gemeinschaftsformate, die nicht an Raum und Zeit gebunden sind, an Bedeutung (z. B. in sozialen Netzwerken organisierte Gruppen von Menschen, die an bestimmten Themen interessiert sind). Zusammenfassend wird von der *Kultur der Digitalität* (oder kurz *der Digitalität*) gesprochen, um zu betonen, dass es sich nicht um einen vorübergehenden Änderungsprozess handelt, der auf eine neue Normalität hin konvergiert, sondern dass auch für die Zukunft kein stabiler Endzustand der Gesellschaft erwartet wird.

Entsprechend müssten vorhandene Bildungsziele also prinzipiell überprüft werden, ob sie in einer Kultur der Digitalität obsolet werden oder modifiziert werden müssen. Darüber hinaus stellt sich die Frage, ob es notwendig wird, eine Zieldimension mit Bezug zur Digitalisierung zu ergänzen.

Naturgemäß sind solche bildungstheoretischen Überlegungen schwierig, weil die prinzipielle Offenheit der Zukunft nicht auflösbar ist und daraus eine Unbestimmtheit der zu erwartenden Anforderungen und Aufgaben resultiert (vgl. Klieme et al., 2003; Tenorth, 2003). Trotzdem muss immer wieder um ein gemeinsames Bildungsverständnis gerungen werden. Die dafür in diesem Buchbeitrag genutzten aktuellen Bestimmungsversuche für die Zieltrias der Oberstufe wurden in Kapitel 1.1 bis 1.3 dieses Buchs herausgearbeitet und seien hier nur porträtiert:

(Vertiefte) Allgemeinbildung manifestiert sich in Zusammenschau verschiedener Konzepte bei Rolfes und Heinze (Kap. 1.1 in diesem Band), einerseits in der Orientierung an Lebenssituationen, die funktionale Aspekte betrifft und die Bewältigung privater, beruflicher und gesellschaftlicher Herausforderungen mit und durch Mathematik ermöglichen soll. Andererseits kommt dem Kennenlernen von *Mathematik als eigener Welt* eine allgemeinbildende Funktion zu. Dabei steht die Natur der wissenschaftlichen Disziplin im Fokus, sodass sich deutliche Überschneidungen mit der Wissenschaftspropädeutik als zweiter Zieldimension ergeben.

Wissenschaftspropädeutik zielt nach Fesser und Rach (Kap. 1.2 in diesem Band) darauf ab, Lernende exemplarisch in mathematikbezogene wissenschaftliche Denk- und Arbeitsweisen einzuführen. Dabei gilt es, zwei wissenschaftliche Bezugspunkte, die Mathematik als *beweisend-deduzierende* und als *anwendbare Disziplin,* zu berücksichtigen.

Studierfähigkeit als Bildungsziel folgt wiederum einer stärker funktionalen Perspektive und bezieht sich auf Personenmerkmale, die das erfolgreiche Bewältigen der Anforderungen im Studium ermöglichen. Ufer (Kap. 1.3 in diesem Band) differenziert dies in *kognitive, motivationale und personale Komponenten* aus, wobei die ersten beiden sich wiederum je auf einen *domänenübergreifenden, mathematisch-studienfachübergreifenden* oder *mathematisch-studienfachspezifischen* Aspekt beziehen können.

Als übergreifende Zieldimensionen sind alle drei auf Gesellschaftsausschnitte bezogen, für welche die jeweilige Mündigkeit erlangt werden soll. Dabei sind diese Ausschnitte unterschiedlich gesetzt: Während sich vertiefte Allgemeinbildung allgemein auf die Bewährung in der Gesellschaft als mündige Person bezieht, ist Studierfähigkeit speziell auf den Gesellschaftsausschnitt Hochschule bezogen. Wissenschaftspropädeutik bezieht sich innerhalb eines Ausschnitts Wissenschaft (der nicht gleichzusetzen ist mit Hochschule) wiederum auf spezifische Teilbereiche, die wissenschaftliche Disziplin Mathematik sowie weitere Disziplinen, in denen mathematische Begriffe und Verfahren angewendet werden.

Wenn sich diese Gesellschaftsausschnitte als Bezugspunkte nun verändern, kann dies bei der konkreten Interpretation der Zieltrias nicht ignoriert werden. So kann ein Verständnis von Lebensvorbereitung für eine durch die Kultur der Digitalität geprägte Gesellschaft etwa nicht aussparen, dass man privat und beruflich (auch) auf digitale Herausforderungen trifft. Wissenschaftspropädeutik kann nicht ignorieren, dass man in der Mathematik in vielen Anwendungsfächern – und sogar in Teilbereichen der Disziplin Mathematik – computergestützte Routinen nutzt und die Breite der Anwendungsfächer stetig wächst. Ebenso muss sich Studierfähigkeit auch daran bemessen, ob Lernende in universitären Lernumgebungen in einer Kultur der Digitalität in der Lage sind, ihren Lernprozess erfolgreich zu gestalten.

Es kann also als Zwischenfazit festgehalten werden, dass eine mögliche Zieldimension mit Bezug zur Digitalisierung nicht nur deutliche Überlappungen mit der Zieltrias aufweisen müsste, sondern dass die Dimensionen der Zieltrias in einer Kultur der Digitalität von digitalisierungsbezogenen Zielen durchwoben sein müssten. Die Kapitel zu den einzelnen Zieldimensionen der Trias dieses Buches (Kap. 1.1–1.3) deuten dies nur punktuell an.

Es bleibt damit noch zu überlegen, welche Gründe für die Fassung einer eigenständigen vierten Zieldimension mit Bezug zur Digitalisierung ergänzend zu den anderen drei Zieldimensionen sprechen. Dafür gäbe es mindestens zwei unterschiedliche Begründungsfälle: Der erste Fall läge vor, wenn Ziele mit Bezug zur Digitalisierung substanzielle Bereiche umfassen, die nicht durch die Zieltrias – jetzt schon mit Blick auf eine Kultur der Digitalität verstanden – abgedeckt werden. Diese Bereiche müssten jedoch, um begründend für eine Erweiterung der Trias zu sein, für alle Fächer relevant sein.[1] Der zweite Fall wäre gegeben, wenn die Gefahr be-

---

1 Man könnte in übergeordnete Bildungsziele auch Bereiche aufnehmen, die eigenständig zu verstehen sind oder aber nur für bestimmte Fächer relevant sind. Das würde aber nicht der bisher konsensualen übergeordneten Funktion der Bildungsziele entsprechen: Bei einem eigenständigen Bereich, ohne Bezug zu den Fächern, würde sich sofort die Frage stellen, warum der Bereich nicht als Fach abgebildet wird. Bei einem nur für bestimmte Fächer relevanten Bereich würde die Aufnahme eine Aufwertung von bestimmten Fächern und damit eine indirekte Abwertung der anderen bedeuten.

stünde, dass Ziele mit Bezug zur Digitalisierung ohne eigene Auszeichnung innerhalb der anderen Zieldimensionen zu sehr in den Hintergrund treten, während sie gleichzeitig als besonders wichtig für die gymnasiale Oberstufe gesehen werden. Mit der letzten Bedingung wird deutlich, dass hier im besonderen Maße bildungspolitische Fragen tangiert werden. In diesem Fall könnte diskutiert werden, ob es pragmatisch sinnvoll sein könnte, eine vierte Zieldimension zu entwerfen, um Ziele mit Bezug zur Digitalisierung zu betonen.[2]

Solche Überlegungen werden derzeit noch zu selten und nicht systematisch diskutiert, sodass die Frage nach der Erweiterungsnotwendigkeit der Zieltrias vorerst kaum zu beantworten ist. Aus der Perspektive einer Kultur der Digitalität müsste man sich, wie argumentiert, zuerst ein aktuelles Verständnis der Zieltrias erlangen. Dies empfiehlt sich möglicherweise auch deshalb, weil die einzelnen Dimensionen der Zieltrias, wie Kapitel 1.1–1.3 in diesem Buch aufzeigen, in größeren Teilen, nicht nur in Bezug auf Digitalisierung, unterbestimmt sind. Darüber hinaus fehlt derzeit noch ein konsensuales Verständnis einer möglichen Zieldimension mit Bezug zur Digitalisierung, wobei erschwerend hinzukommt, dass verschiedenste Perspektiven für eine mögliche vierte Zieldimension relevant sind.[3]

3 Perspektiven auf Bildungsziele mit Bezug zur Digitalisierung

Im Folgenden werden verschiedene Diskurslinien vorgestellt, die für eine Zieldimension mit Bezug zur Digitalisierung relevant erscheinen. Mit Blick zurück auf teils stark kontroverse Diskurse über mehrere Jahrzehnte kann die Darstellung nicht der historischen Entwicklung gerecht werden und wird exemplarisch sein müssen. Trotzdem lassen sich von höherer Warte verschiedene Bezugslinien aufmachen, die je eigene Perspektiven auf Bildungsziele mit Bezug zur Digitalisierung bedingen und für die Bandbreite der heute vorliegenden Verständnisse relevant sind.

Dabei handelt es sich um eine Diskurslinie mit stark pragmatischer Ausrichtung auf Basis der informationstechnischen Grundbildung. Eine zweite, medienpädagogische Diskurslinie hat als Ausgangspunkt, dass Medien konstituierend für die Ge-

---

2   Eine Variante des zweiten Falls wäre, dass die neue Zieldimension im Moment und mutmaßlich vorübergehend als besonders wichtig erachtet wird. Konsequenterweise könnte man dann für eine temporäre Aufnahme eines vierten Zielbereichs mit Bezug zur Digitalisierung argumentieren. Aber auch eine geplant vorübergehende Aufnahme würde nicht der bisher konsensualen Funktion der Bildungsziele entsprechen und in Folge vermutlich eher dazu führen, dass für andere wichtige querliegende, mit der Trias verwobene Ziele auch der Anspruch abgeleitet werden könnte, sie mindestens temporär zu übergreifenden Bildungszielen zu erheben. Kandidaten sind aufgrund des systematischen Utopieüberschusses (Tenorth, 2003) und damit pluralen und übersteigerten Erwartungen an Zielsetzungen von Schule durchaus vorhanden (z. B. Bildung für nachhaltige Entwicklung, Kompetenzen für eine inklusive Gesellschaft).
3   Weidenmann und Krapp verwiesen 1989 bereits auf dasselbe Problem: „Die große Spannbreite dieser Forderungen [bezüglich des Einbezugs von computerbezogenen Kompetenzen] und die unterschiedlichen Auslegungen des Bildungsverständnisses gerade in Bezug auf das Konzept der Allgemeinbildung bedürfen dringend der Klärung" (Weidenmann & Krapp, 1989, S. 629).

sellschaft sind und daher ihre Reflexion für das Erlangen von Mündigkeit zentral ist. Die dritte portraitierte Linie nimmt besonders Kompetenzen für das Lernen unter Bedingungen der Digitalität in den Blick.

Dabei ist anzumerken, dass in allen Diskurslinien selten spezifisch die gymnasiale Oberstufe thematisiert wird, sodass in diesem Abschnitt auf eine entsprechende Engführung verzichtet wird.

3.1 Diskurslinie mit Bezug zur informationstechnischen Bildung

Die erste Diskurslinie fußt auf dem Begriff der *informationstechnischen Bildung* und wurde durch die Veränderungen der Lebens- und Arbeitswelten durch den fortschreitenden Einfluss der Technologie ausgelöst. Die 1980er Jahre waren prägend für diese Diskurslinie und eine zentrale Rolle nahm ursprünglich der Computer als aufstrebendes Universalwerkzeug mit zunehmend wirtschaftlicher Bedeutung ein. Es wurde angenommen, dass ein technologisches Grundverständnis für dessen sachgerechte Nutzung unabdingbar ist und somit Teil der Allgemeinbildung sein muss. Die Diskurslinie ist von Beginn an stark mit der Entwicklung der Informatik als eigenständige Disziplin verwoben und als Zielsetzungen sind neben technologischem Verständnis auch pragmatische Kompetenzen der Anwendung von Technologien dominant.

Da die informationstechnische Bildung ein bildungspolitischer Schwerpunkt wurde und etwa in einem BLK-Programm implementiert wurde, wirkt diese Diskurslinie bis heute nicht nur in informatiknahen Diskursen mit Bezug zur Digitalisierung deutlich nach. In Retrospektive wird der Diskurslinie häufig eine zu starke gesellschaftlich-funktionale Ausrichtung attestiert (z. B. Tulodziecki, 2016).

Das die Diskurslinie prägende „Gesamtkonzept für die informationstechnische Bildung" (BLK, 1987) differenzierte von der Sekundarstufe bis hin zur tertiären Bildung verschiedene Bereiche aus, wobei für die allgemeinbildende Schule eine (1) informationstechnische Grundbildung und eine (2) vertiefende informationstechnische Bildung in Form der Informatik unterschieden wurden.

Die *informationstechnische Grundbildung* wurde in der (fortgeschrittenen) Sekundarstufe I verortet, als Beitrag zu einer „erweiterten allgemeinen Bildung" (BLK, 1987, S. 13) und als vorwiegend integrativ innerhalb der vorhandenen Fächer zu realisieren verstanden. Es war vorgesehen, die Lernenden nicht nur in die Bedienung der Technologien (u. a. „Einführung in die Handhabung eines Computers und dessen Peripherie", S. 12), sondern auch in zentrale Arbeitsweisen einzuführen (u. a. „Einführung in die Darstellung von Problemlösungen in algorithmischer Form", S. 12). Letzteres wird heute in Konzepten des *Computational Thinking* gefasst (vgl. z. B. Eickelmann et al., 2019). Die *vertiefende informationstechnische Bildung in Form der Informatik* baute auf der informationstechnischen Grundbildung auf und war als wissenschaftspropädeutisches Fach für die Oberstufe konzipiert. Deren Konzeption bildete konsequent die damals zentralen Themen der aufstrebenden technisch orientierten Informatik ab (S. 14f., u. a. Vermittlung von Kenntnissen bestimmter Programmiersprachen, Erörterung von Prozesssteuerung durch Mikroprozessoren) und muss als Skizze für ein eigenständiges Fach Informatik in der Oberstufe gelesen werden.

In der Tradition der allgemeinbildend konzipierten informationstechnischen Grundbildung steht heute zum Beispiel die Konzeption der internationalen ICILS-Studie (Senkbeil et al., 2019). Hier werden *computer- und informationsbezogene Kompetenzen* (ICT Literacy) und *Computational Thinking* ausdifferenziert. *ICT Literacy* wird mit Hilfe von vier Teilbereichen strukturiert (über Wissen zur Nutzung von Computern verfügen, Informationen sammeln und organisieren, Informationen erzeugen, digitale Kommunikation). *Computational Thinking* werden zwei Teilbereiche untergeordnet (Probleme konzeptualisieren, Lösungen operationalisieren).

Auch das Digital Competence Framework for Citizens (DigComp) der EU kann primär unter einer pragmatischen Perspektive (etwa im Sinne von Fertigkeiten) verortet werden (Vuorikari et al., 2022). Die aktuelle Version 2.2 umfasst Kompetenzen in 5 Bereichen, darunter etwa *Information and Data Literacy*, *Communication and Collaboration* oder *Problem Solving*, die jeweils bezüglich der Anforderungen in Bezug auf zugrundeliegendes Wissen, konkrete Fertigkeiten und zugehörige Einstellungen ausdifferenziert werden. Dabei umfasst die Einstellungskomponente beispielsweise auch volitionale Aspekte (z. B. Offenheit für neue Technologien).

Weitere aktuelle Konzeptionen stehen zumindest in Teilen in Tradition der informationstechnischen Grundbildung. Hier sei stellvertretend das sogenannte Dagstuhl-Dreieck (Gesellschaft für Informatik [GI], 2016) aufgegriffen. Das Dreieck versteht sich als eine Strukturierungshilfe für *Digitale Bildung*, die im Rahmen der allgemeinbildenden Schule erworben werden soll. Es wurde in interdisziplinärer Zusammenarbeit federführend von Personen der Informatik und ihrer Didaktik (unter anderem mit Vertretenden der Medienpädagogik) erarbeitet, so dass es strenggenommen die hier portraitierte Diskurslinie mit Bezug zur informationstechnischen Grundbildung, mit der in Abschnitt 3.2. portraitierten mit Bezug zur Medienpädagogik integriert. Interessant ist nun an dieser Stelle, dass in dem Dagstuhl-Dreieck eine pragmatische Anwendungsperspektive („Wie nutze ich das?") und eine informatisch-technische Perspektive („Wie funktioniert das?") differenziert werden.

In dieser Hinsicht leistet das Dagstuhl-Dreieck einen eigenständigen Beitrag in der Tradition der informationstechnischen Grundbildung, da es eine pointierte Strukturierung vorschlägt: Pragmatische Kompetenzen werden von Kompetenzen separiert, die informatisch-technisch geprägt sind und sich beispielsweise auf das Verständnis grundlegender informatischer Konzepte beziehen, die aber auch als allgemeinbildend verstanden werden (GI, 2016, S. 3). Beispiele für solche grundlegende Konzepte wären Algorithmus, Verschlüsslung (z. B. Lindmeier & Mühling, 2020), Debugging oder aber Netzwerkstrukturen (z. B. Diethelm & Zumbrägel, 2010).

Im originalen Konzept informationstechnischer Grundbildung ist eine Differenzierung zwischen Anwendungen und konzeptuellen Grundlagen (BLK, 1987) so nicht zu erkennen. Bildet man die beiden ICILS-Konstrukte (*ICT Literacy* und *Com-

putational Thinking) auf diese beiden Bezugspunkte des Dagstuhl-Dreiecks ab, so wären *Computational Thinking* und Teile der *ICT Literacy* (z. B. Problem Solving) unter der informatisch-technischen Perspektive zu verorten. Letztere umfasst jedoch weiterführende informatisch geprägte Aspekte, die in den ICILS-Konstrukten (bisher) nicht berücksichtigt sind.

Zusammenfassend werden in der ersten hier aufgegriffenen Diskurslinie also primär bestimmte Fertigkeiten und Fähigkeiten zur zielgerichteten Nutzung von digitalen Werkzeugen, Medien oder Systemen betrachtet. Es wird dabei angenommen, dass dazu grundlegendes informatisch-technisches Wissen, pragmatische Kompetenzen sowie zugehörigen Arbeitsweisen und geeignete Einstellungen benötigt werden. Tragend für diese Diskurslinie ist eine Sicht auf digitale Technologien in Form von Werkzeugen, also (universelle oder bereichsspezifische) Hilfsmittel zur Lösung von Problemen. Die identifizierten Kompetenzbereiche werden unterschiedlich aufgelöst, es lassen sich grob folgende Bereiche unterscheiden: (1) Grundlegende Bedienkompetenzen, (2) Kompetenzen zum Erheben, Verarbeiten, Speichern von Daten, (3) Kompetenzen zur digital-gestützten Kommunikation und Kollaboration, (4) digitales Problemlösen und Produzieren.

In Bezug auf Werkzeuge, Medien oder Systeme besteht prinzipiell eine Offenheit. Die aktuellen Frameworks verweisen mit einem allgemeinbildenden Anspruch auf eine große Bandbreite von Technologien aus dem privaten und beruflichen Bereich, meist jedoch ohne auf spezifische Programme oder Anbieter zu rekurrieren (in DigComp2.2 wird u. a. verwiesen auf: soziale Medien, Chats, Wiki, Browser, Videoschnittprogramme, Repositorien, Cloudspeicher, relationale Datenbanken, Präsentationssoftware, Tabellenkalkulation, blockbasierte Programmierung). Zudem werden teilweise stärker (5) allgemeinbildende informatische Konzepte als tragende Struktur in dieser Diskurslinie verortet.

Der Diskurslinie der informationstechnologischen Grundbildung wird teils eine einseitige, mathematisch-naturwissenschaftliche Prägung attestiert. Zudem wird die funktional-pragmatische Ausrichtung kritisiert (Tulodziecki, 2016) und letztere teils sogar als unverträglich mit dem Bildungsbegriff im Humboldtschen Sinne gesehen (Wiater, 2018). Dabei sei trotz der holzschnittartigen Darstellung an dieser Stelle nicht unterschlagen, dass bereits das Gesamtkonzept von 1987 Aspekte einer kritischen Medienbildung umfasst (vgl. Abschnitt 3.2, u. a. „Darstellung der Chancen und Risiken der Informationstechniken sowie Aufbau eines rationalen Verhältnisses zu diesen", BLK, 1987, S. 12). Auch die ICILS-Konzeptualisierungen, der DigComp-Rahmen und als integratives Konzept auch das Dagstuhl-Dreieck umfassen oder betonen sogar im Sinne eines Bildungsziels der kritischen Mündigkeit die kritisch-distanzierte Reflexion des Umgangs mit digitalen Werkzeugen, Medien oder Systemen. Die Bezüge zu einer funktional-pragmatischen Sicht, motiviert über die Bewältigung von Anforderungen in der zukünftigen Berufs- und Lebenswelt, sind jedoch in dieser Diskurslinie immer zu erkennen. Es ist außerdem in der Retrospektive nicht von der Hand zu weisen, dass die Maßnahmen zur Implementierung informationstechnischer Grundbildung im Unterricht zuerst stark auf die Einbeziehung neuer Tools fokussiert haben. Auch die damit verbundenen praktischen Erfahrungen haben die Wahrnehmung der Diskurslinie mit Bezug zur informationstechnischen Grundbildung geprägt (vgl. Evaluation der Modellversuche im SEMIK Programm der BLK, Mandl et al., 2003, S. 291).

3.2 Diskurslinie mit Bezug zur Medienpädagogik

Eine relevante zweite und stärker pädagogisch geprägte Diskurslinie hat sich auf Basis vorgängiger Konzepte entlang des Begriffs der *Medienkompetenz*[4] parallel zur Diskurslinie der informationstechnischen Grundbildung entwickelt. Medien werden dabei im Kern als kommunikative Mittel verstanden, wobei zwischen primären sprachlichen, sekundären schriftlichen und tertiären technischen Medien unterschieden werden kann (Barberi, 2017). Gerade die Medienkompetenz mit Bezug zu technischen Medien ist für eine mögliche Zieldimension mit Bezug zur Digitalisierung relevant, wobei es im Rahmen der Medienpädagogik nicht sachadäquat erscheint, hier eine Engführung vorzunehmen. Die Diskurslinie ist stark soziologisch orientiert und steht in Beziehung zur kritischen Pädagogik. Eine Grundannahme dieser Diskurslinie ist, dass Medienkompetenz zentral für zukunftsorientierte Handlungsfähigkeit und gesellschaftliche Teilhabe ist, da Medien konstituierend für die Gesellschaft sind (Verständig, 2020). Sie hat in medienpädagogischen bildungspolitischen Zielsetzungen breiten Niederschlag gefunden.

Als Ausgangspunkt der Medienpädagogik gelten Arbeiten zur Konzeptualisierung der Medienkompetenz von Baacke (z. B. 1999, mit Vorläufern z. B. als Medienerziehung vgl. Barberi, 2017). Hier werden vier Teilkompetenzen von Medienkompetenz unterschieden, die als moderne Form einer Kommunikationskompetenz zentrale Entwicklungs- und Emanzipationsaufgaben des Menschen darstellen (Blömeke, 2001). Knapp skizziert handelt es sich bei den vier Teilkompetenzen um Medienkunde (Medien kennen und bedienen können), Mediennutzung (Medien zielgerichtet nutzen können), Mediengestaltung (Medien weiterentwickeln und kreativ nutzen können) und Medienkritik (Medien angemessen auch unter der gesellschaftlichen Perspektive beurteilen können). Die Medienkompetenz nach Baacke bildet einen eigenständigen Orientierungsrahmen für pädagogische Zielvorstellungen von Kompetenzen mit Bezug zur Digitalisierung, bleibt dabei aber gleichzeitig sehr abstrakt.

Ein zweiter prominenter Strang innerhalb dieser Diskurslinie geht zurück auf die Konzeptualisierung von Medienkompetenz nach Tulodziecki (z. B. Tulodziecki, 1998). Ihr liegt die Entwicklung von Selbstbestimmtheit, Gerechtigkeit und sozialer Verantwortung jedes Menschen als Orientierung zu Grunde (s. a. Blömeke, 2001; Tulodziecki, 1998). Tulodziecki fasst in einem Kompetenzrahmen zusammen, was digital kompetente Schülerinnen und Schüler leisten sollen, und bemüht sich damit um

---

4 In diesem Text wird zum Zweck der überblicksartigen Darstellung nicht feinkörnig zwischen Medienbildung und Medienkompetenz unterschieden (vgl. aber Hugger, 2021).

eine Konkretisierung von Zielen der Medienpädagogik. Dabei sind fünf Teilkompetenzen von Medienkompetenz zu unterscheiden (Formulierung nach Blömeke, 2001): (1) Auswählen und Nutzen von Medienangeboten (unter Abwägung von Handlungsalternativen), (2) Eigenes Gestalten und Verbreiten von Medienbeiträgen, (3) Verstehen und Bewerten von Mediengestaltungen, (4) Erkennen und Aufarbeiten von Medieneinflüssen, (5) Durchschauen und Beurteilen von Bedingungen der Medienproduktion und Medienverbreitung.

Auch wenn innerhalb der Medienpädagogik teils kontroverse Diskussionen um die Unterschiede und Gemeinsamkeiten verschiedener Ansätze vorliegen, die von außen nicht immer im Detail nachzuvollziehen sind, sieht Herzig (2021) zusammenfassend das aktuelle Bildungsverständnis in der medienpädagogischen Diskurslinie generell unter der Zielsetzung, „sachgerechtes, selbstbestimmtes, kreatives und sozial verantwortliches Handeln in Bezug auf Medien" zu ermöglichen (Herzig, 2021, S. 5). Wenn in medienpädagogischen Ansätzen Ziele konkretisiert werden – was nicht immer zum Selbstverständnis gehört (zsf. z.B. Jörissen, 2011) – dann tritt entsprechend der kritisch-reflexive Umgang mit Medien in das Zentrum des Interesses (Tulodziecki, 2016). Zielsetzungen bleiben aber auch bei Ausarbeitung in dieser Diskurslinie häufig vage.

Neben einem abstrakten Medienbildungsverständnis haben Ansätze aus der medienpädagogischen Diskurslinie gemeinsam, dass sie auf einen kommunikativen Medienbegriff rekurrieren, was aus aktueller Perspektive einengend erscheinen kann. Pointiert gesprochen ist medienpädagogischen Ansätzen häufig anzusehen, dass der Umgang mit Zeitung, Fernsehen und Internet als Informationsquellen, die prinzipiell auch Instrumente von Macht sein können, lange bestimmend für Fragen der Medienpädagogik waren. Zwar gibt es Aktualisierungsbemühungen, sodass unter einer strukturalen Perspektive beispielsweise auch Kommunikationsformen der sozialen Netzwerke gefasst werden (Mediatisierung, z.B. Jörissen & Marotzki, 2009; vgl. Aktualisierungsvorschlag für den Medienbegriff bei Tulodziecki, 2016). Im Kern bleibt der Medienbegriff dabei immer an Kommunikation und Kommunikationsabsichten gebunden. Das erschwert die Anbindung medienpädagogischer Konzepte an Fachrichtungen, wo sich Konzepte für digitale Kompetenzen stärker an der Nutzung digitaler Werkzeuge zum Lösen von Problemen orientieren. Nichtsdestotrotz gibt es Rezeptionen der medienpädagogischen Diskurslinie auch im Fach Mathematik (z. B. Hischer, 2016).

Die medienpädagogische Diskurslinie erwies sich bildungspolitisch als sehr prägend. So spiegelt beispielsweise der KMK-Beschluss „Medienbildung in der Schule" (KMK, 2012b) oder ein Medienkompetenzkonzept in Form eines Positionspapiers der Länderkonferenz MedienBildung[5] (LKM, 2015), das als Zielvorstellung für den Mittleren Schulabschluss konzipiert ist, deutlich einen medienpädagogischen Geist

---

5   Die Länderkonferenz MedienBildung ist ein freiwilliger Zusammenschluss der Leiter*innen der Landesmedienzentren und der entsprechenden Medienabteilungen in den pädagogischen Landesinstituten. Da diese für die Implementierung von Medienbildungskonzepten in den Ländern zuständig sind, kann das Positionspapier als Indikator dafür genutzt werden, dass die medienpädagogischen Konzepte in der Schulpraxis angekommen sind.

wider. Indem medienpädagogische Konzeptionen höchstens in geringem Umfang funktional-pragmatisch geprägt sind, werden sie teils als Gegenentwurf zu Beiträgen aus der ersten Diskurslinie positioniert oder als solche gelesen. Zum Teil grenzen sich bestimmte medienpädagogische Subdiskurse, etwa bildungstheoretische Diskurse zur Medienbildung im engeren Sinne, sogar explizit von jeglicher pragmatischen Perspektive ab (zsf. Barberi, 2017; Hugger, 2021; Jörissen, 2011). Es sind aber auch integrative Bemühungen zu erkennen, beispielsweise im interdisziplinär erarbeiteten Ansatz des Dagstuhl-Dreiecks (vgl. Abschnitt 3.1; GI, 2016).

3.3 Diskurslinie mit Bezug zum Lernen in einer digitalen Welt

Für die Bestimmung einer möglichen Zieldimension mit Bezug zur Digitalisierung soll hier schließlich eine dritte Diskurslinie aufgegriffen werden, die nochmals von einem anderen Ausgangspunkt startet: Digitale Werkzeuge, Medien oder Systeme erscheinen in Abgrenzung zu den anderen beiden Diskurslinien hier unter einer instrumentellen Perspektive, also als (Hilfs-)Mittel zur Erreichung fachlicher und überfachlicher Ziele (Scheiter, 2021). Die Spannbreite der betrachteten digital gestützten Lernszenarien reicht von autodidaktischen Prozessen, etwa in Online-Kursen, über betreute Lernprozesse, etwa wenn im Rahmen des Unterrichts spezifische Trainingstools eingesetzt werden, bis hin zu sozialen Lernprozessen, etwa wenn eine Interessensgruppe sich online austauscht (zsf. Kerres, 2013).

Es stellt sich nun erstens die Frage, über welche Kompetenzen jemand zur Bewältigung digital gestützter Lernprozesse verfügen muss. Damit verbunden ist zweitens die zugespitzte Frage, welche Kompetenzen für das *zukünftige* Lernen in einer Kultur der Digitalität benötigt werden und entsprechend in der Schule erworben werden sollen (vgl. Beiträge zur Studierfähigkeit, Kap. 1.3 sowie zur Allgemeinbildung, Kap. 1.1 in diesem Band). Die Antwort auf diese Frage unterliegt aufgrund ihres Zukunftsbezugs naturgemäß hoher Unsicherheit. Es wird aber im Einklang mit den oben skizzierten Überlegungen zur Kultur der Digitalität angenommen, dass die technologischen Entwicklungen dazu führen, dass die Zukunft weiterhin von einem hohen Maß an Volatilität geprägt ist, sodass Lernen über die Lebensspanne eine zentrale Bedingung für eine erfolgreiche gesellschaftliche Teilhabe ist. Für das Lernen unter Bedingungen einer Kultur der Digitalität wird angenommen, dass es zunehmend auch in informellen Kontexten stattfindet und von der Nutzung digitaler Werkzeuge, Medien oder Systeme geprägt ist. Außerdem könnten Lerngelegenheiten direkt an entstehenden – etwa beruflichen – Problemen ansetzen und damit Lernen in höherem Maße problembasiert sein. Dabei könnten einerseits hochgradig individualisierte Lerngelegenheiten, andererseits zunehmend kooperative Settings auftreten.

Antworten auf die Frage, welche Kompetenzen für das Lernen unter solchen Bedingungen voraussichtlich besonders relevant sein werden, werden beispielsweise im

Rahmen von Konzepten der 21st Century Skills[6] bearbeitet. Exemplarisch sei das KSAVE Model (Binkley et al., 2012) herangezogen, das eine Synthese verschiedener Ansätze darstellt. Es umfasst 10 Komponenten in 4 Bereichen, wobei Überschneidungen mit Kompetenzen auftreten, die hier unter den anderen beiden Diskurslinien bereits bearbeitet wurden (z. B. ICT Literacy, Critical Thinking, vgl. auch van Laar et al., 2017 zu Überschneidungen von Konstrukten digitaler Kompetenz und 21st Century Skills).

Im Unterpunkt *Learning to Learn/Metacognition* aus dem Bereich *Ways of Thinking* wird die besondere Rolle von bestimmten personalen und motivationalen Kompetenzaspekten für digital gestützte Lernprozesse betont. Im Einklang mit Forschungserkenntnissen zum Lernen mit digitalen Medien werden etwa Fähigkeiten zur Selbstregulation (z. B. beim Lernen, bei der Informationsverarbeitung), motivationale Kompetenzaspekte, wie digitalisierungsbezogene Selbstwirksamkeitserwartungen (d. h. Eigenwahrnehmung als digital kompetente Person) oder positive digitalisierungsbezogene Einstellungen wie beispielsweise Offenheit für neue Lösungsansätze aufgeführt. Dabei ist zu berücksichtigen, dass sich solche personalen und motivationalen Kompetenzaspekte, die hier nur angerissen werden können, für Lernprozesse allgemein als relevant erweisen (vgl. auch Beitrag zur Studierfähigkeit, Kap. 1.3 in diesem Band, der dies differenzierter ausführt). Insbesondere konnte ihre Bedeutung aber auch im Kontext digital gestützter Lernprozesse nachgewiesen werden (z. B. E-Learning, zsf. Kerres, 2013).

Die Beobachtung, dass personale und motivationale Aspekte von Kompetenz sich in verschiedenen Lernkontexten durchgängig als bedeutsam erweisen, bedeutet jedoch nicht, dass es sich um generische Eigenschaften einer Person handelt. Vielmehr geht man davon aus, dass es sich um sozial geprägte Faktoren handelt, die entsprechend bereichsspezifisch erworben werden (zsf. Zimmerman, 2000). Am Beispiel würde dies bedeuten, dass eine Selbstwirksamkeitserwartung bezüglich digital gestützter Lernprozesse durch entsprechende Erfahrungen geprägt wird und sich von Selbstwirksamkeitserwartungen bezüglich anderer Lernbedingungen unterscheiden kann.

Zusammenfassend lässt sich also festhalten, dass unter den skizzierten Annahmen zum zukünftigen Lernen aus dieser Diskurslinie ein eigenständiger Beitrag zum Bestimmungsproblem für eine mögliche Zieldimension mit Bezug zur Digitalisierung zu erkennen ist. Diese Linie betont in besonderem Maße, wenn auch nicht exklusiv, personale und motivationale Aspekte von Kompetenz als Voraussetzung für erfolgreiche zukünftige Lernprozesse, die der Argumentation folgend jedoch in einer Kultur der Digitalität konsequent auch digitalisierungsbezogen ausgebildet werden müssten. Es zeigt sich, dass dafür die Gelegenheit bestehen muss, entsprechende Erfahrungen mit digitalen Lernprozessen zu machen. Ungelöst bleibt dabei das Pro-

---

6 21st Century Skills zielen auf die vollumfängliche Fassung der Kompetenzen, die für erfolgreiche Teilhabe an zukünftigen Gesellschaften benötigt werden. Die Frameworks sind klar mit Blick auf ökonomische Interessen und teilweise zusammen mit US-amerikanischen Firmen entwickelt worden (z. B. Trilling & Fadel, 2009). In diesem Abschnitt wird nur der Ausschnitt rezipiert, der sich auf Lernprozesse bezieht.

blem, dass Annahmen über die Natur des zukünftigen Lernens zu treffen sind, die mit Unsicherheit behaftet bleiben.

3.4 Synthese eines Rahmenmodells für eine mögliche Zieldimension mit Bezug zur Digitalisierung

Mit dem Strategiepapier „Kompetenzen in der digitalen Welt" (KMK, 2016) und seiner Ergänzung (KMK, 2021) legte die KMK einen Orientierungsrahmen vor, der durch die drei skizzierten Diskurslinien geprägt ist. So wird in der Strategie von 2016 explizit darauf verwiesen, dass sie die älteren Diskurse der informationstechnischen Grundbildung (Diskurslinie 1) und der Medienpädagogik (Diskurslinie 2) aufgreift. In der Erweiterung von 2021 werden zusätzlich – und in Reaktion auf eine Empfehlung der Ständigen Wissenschaftlichen Kommission (SWK) der KMK – verstärkt Aspekte digitalen Lernens (Diskurslinie 3) aufgegriffen. Man kann also in den aktuellen bildungspolitischen Rahmensetzungen den Versuch einer Synthese erkennen.

Die im Strategiepapier definierten Kompetenzen (in diesem Kapitel im Folgenden als KMK-Kompetenzen bezeichnet) sollen verbindlich darlegen, „über welche Kenntnisse, Kompetenzen und Fähigkeiten Schülerinnen und Schüler am Ende ihrer Pflichtschulzeit verfügen sollen, damit sie zu einem selbstständigen und mündigen Leben in einer digitalen Welt befähigt werden" (S. 11). Sie bilden also zuerst einen Orientierungsrahmen für Bildungsziele mit Bezug zur Digitalisierung, die zum Eintritt in die gymnasiale Oberstufe schon erworben sein und dort (vermutlich) vertieft werden sollten.[7] Dazu werden die KMK-Kompetenzen in sechs Bereichen (1) Suchen, Verarbeiten und Aufbewahren, (2) Kommunizieren und Kooperieren, (3) Produzieren und Präsentieren, (4) Schützen und sicher Agieren, (5) Problemlösen und Handeln, (6) Analysieren und Reflektieren strukturiert und ausformuliert. Die Bereiche werden keinem isolierten Lernbereich zugeordnet, sondern sollen durch Beiträge der einzelnen Unterrichtsfächer erworben werden.

Dass das im Strategiepapier der KMK entworfene Konzept ein kompromissgetragener Syntheseversuch ist, welcher in der vorliegenden Form noch einer Weiterentwicklung bedarf, zeigt sich an kritischen Einwänden aus verschiedensten Richtungen. So ist es aus Sicht der Disziplin Informatik und ihrer Didaktik nicht in jeder Hinsicht gelungen, die allgemeinbildenden informatischen Aspekte adäquat abzubilden (Brinda, 2016).[8] Aus Sicht der (kritischen) Medienpädagogik wird einerseits eine zu starke Betonung der pragmatischen Aspekte moniert und andererseits bemängelt,

---

7   Wie bereits erwähnt, gibt es in der KMK-Strategie keinen Hinweis auf die gymnasiale Oberstufe.
8   Gleichzeitig zeigt eine exemplarische Analyse auf Basis der Niedersächsischen Curricula, dass es für einen erheblichen Anteil der KMK-Kompetenzen (bisher) keine Lerngelegenheiten in den Pflichtfächern, wohl aber in dem fakultativen Fach Informatik gibt, wodurch die KMK-Kompetenzen auch zur Legitimation eines Pflichtfachs Informatik herangezogen werden können (Diethelm & Glücks, 2019).

dass gesellschaftlich-strukturale Aspekte (Mediatisierung, Jörissen & Marotzki, 2009) im Kontrast zur Digitalisierung zu stark in den Hintergrund getreten sind (Herzig, 2021). Den KMK-Kompetenzen wird daher eine funktionale Verkürzung von medienpädagogischen Perspektiven auf qualifikatorische Absichten unterstellt (Altenrath et al., 2020).

Aus Perspektive der Fächer wird zum einen aufgegriffen, dass die Kompetenzen zwingend fachlich ausgestaltet werden müssen (GFD, 2018, S. 1, „Ohne Fachlichkeit besitzen digitale Kompetenzen keinen Gegenstand, an dem sie sich beweisen bzw. fruchtbar werden können"; GDM, 2017). Andererseits wird auch bemängelt, dass „neue digitale fachliche Kompetenzanforderungen" (GFD, 2018, S. 2) sich nicht explizit in den KMK-Kompetenzen widerspiegeln und sich auch nicht einpassen lassen. Konkret werden etwa laut Oldenburg (2020) aus Perspektive der Mathematikdidaktik im Bereich Problemlösen wichtige Kompetenzen mit Bezug zu digitalen Mathematikwerkzeugen nur implizit und nicht in der vollen Breite angesprochen. Damit wird deutlich, dass nicht nur eine fachliche Konkretisierung der KMK-Kompetenzen notwendig ist. Die Ausgestaltung fachlich geprägter Bildungsziele mit Bezug zur Digitalisierung über den KMK-Kompetenzrahmen hinaus scheint notwendig.

Die Empfehlung zur Weiterentwicklung der Digitalstrategie (SWK, 2021) greift die aufgezeigten Kritikpunkte in Teilen auch auf: Der KMK-Kompetenzrahmen sei zu ergänzen und gleichzeitig auszuschärfen, indem (a) fachspezifische und (b) fachübergreifende Bereiche (in Form von ICT Literacy) sowie (c) ein informatisch geprägter Bereich unterschieden werden sollte. Kritische Reflexionskompetenzen seien dabei, mit Blick auf die Kritikpunkte aus dem Bereich Medienpädagogik, in allen Bereichen mitzudenken.[9] Sollte diese Richtung der Weiterentwicklung eingeschlagen werden, dürfte die Ausgangsversion der KMK-Kompetenzen den Kern des fachübergreifenden Bereichs (b) bilden.

Der informatisch geprägte Bereich (c) wird in der Empfehlung zur Weiterentwicklung der KMK-Kompetenzen vornehmlich als Aufgabe eines Fachs Informatik gesehen. Es scheint, also ob allgemeinbildende informatisch-technische Zielsetzungen – anders als in dem oben portraitierten Dagstuhl-Dreieck, aber ähnlich zur ersten Konzeptualisierung informationstechnischer Bildung – klar in die Zuständigkeit eines Fachs Informatik verwiesen werden. Die disziplinäre Verantwortung ist sinnvoll, aber ob des grundlegenden Charakters ist sicherzustellen, dass das Fach Informatik dann konsequent auch als allgemeinbildendes Fach spätestens in der Sekundarstufe I implementiert wird. Andernfalls besteht die Gefahr, dass grundlegende Zielsetzungen im informatisch-technischen Bereich nicht als Teil einer übergreifenden Zieldimension mit Bezug zur Digitalisierung verstanden werden und möglicherweise erst in der gymnasialen Oberstufe und insbesondere nicht systematisch adressiert werden.

---

9   In einer weiteren Stellungnahme aus dem Bereich der Medienpädagogik wird der SWK-Empfehlung vorgeworfen, medienpädagogische Bestände nur lose zu berücksichtigen (Braun et al., 2021).

1.4 Mathematische Bildung in der digitalen Welt | 117

Damit wird deutlich, dass die derzeit vorliegenden Rahmenmodelle jeweils nur in verschiedenen Ausschnitten erfassen, was aus den obigen Diskurslinien als relevant für eine Zieldimension mit Bezug zur Digitalisierung identifiziert wurde. Ein mögliches orientierendes umfassenderes Rahmenmodell auf Basis der Diskurslinien ist in Abbildung 1 skizziert.

```
┌─┐ ┌──────────────────────────────────────────────────────────┐ ┌─┐
│ │ │ Kommunizieren und Kollaborieren | Handeln, Problemlösen  │ │ │
│ │ │ und Produzieren | Lernen                                  │ │ │
│ │ │ mit fachspezifischen digitalen Medien, Werkzeugen, Systemen│ │ │
│ │ └──────────────────────────────────────────────────────────┘ │ │
│ │ ┌──────────────────────────────────────────────────────────┐ │ │
│ │ │ Kommunizieren und Kollaborieren | Handeln, Problemlösen  │ │ │
│ │ │ und Produzieren | Lernen                                  │ │ │
│ │ │ mit fachübergreifenden digitalen Medien, Werkzeugen, Systemen│ │
│ │ └──────────────────────────────────────────────────────────┘ │ │
│ │ ┌──────────────────────────────────────────────────────────┐ │ │
│ │ │        Informatisch-technische Grundlagen                 │ │ │
│ │ └──────────────────────────────────────────────────────────┘ │ │
└─┘                                                              └─┘
Digitalisierungs-                                    Digitalisierungs-
bezogene personale                                   bezogene kritische
und motivationale                                    Reflexionskompetenzen
Kompetenzaspekte
```

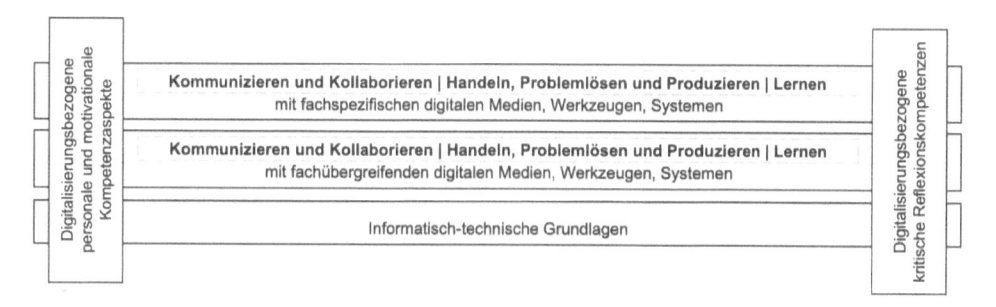

Abbildung 1: Rahmenmodell für eine Zieldimension mit Bezug zur Digitalisierung als Synthese der zentralen Diskurslinien.

Dieses ist einerseits entlang der Empfehlung der SWK in drei verschiedene Kompetenzbereiche strukturiert (vgl. Abb. 1, horizontale Kästen): Der Bereich informatisch-technische Grundlagen soll Aspekte umfassen, die aus allgemeinbildender Sicht Antworten auf die Frage „Wie funktioniert das?" geben (vgl. Abschnitt 3.1)[10]. Die beiden Bereiche mit Bezug zu fach*übergreifenden* sowie fach*spezifischen* digitalen Medien, Werkzeugen und Systemen greifen pragmatische Perspektiven auf, betonen jedoch, dass es neben geteilten, fachübergreifenden Aufgaben auch spezifische Aufgaben der Fächer gibt. Um eine Engführung auf den (kommunikativen) Medien-Begriff zu vermeiden, wurden hier explizit auch Werkzeuge und Systeme aufgenommen. Damit können fachliche Eigenheiten, wie beispielsweise Schwerpunkte im Problemlösen mit digitalen Werkzeugen im Fach Mathematik oder im Umgang mit digitalen Systemen im Fach Informatik berücksichtigt werden, wobei der Begriff Technologien möglicherweise als Überbegriff zur Vereinfachung geeignet wäre.

Der fachspezifische und fachübergreifende Kompetenzbereich sollte jeweils auf der Kenntnis zentraler zugehöriger Konzepte aufbauen (nicht dargestellt in Abb. 1, z. B. fachübergreifend: Was ist ein Blog?; fachspezifisch: Was ist ein Computeralgebrasystem (CAS)?). Aus pragmatischer Sicht ist darauf zu achten, dass Bedienkompetenzen (nicht dargestellt in Abb. 1), aber auch Kompetenzen mit Bezug zu typischen Nutzungsweisen adressiert werden, wobei durch letztere die qualifizierende Wirkung erst zum Tragen kommt. Um dies zu betonen, sind im Modell innerhalb der Berciche Nutzungsweisen dargestellt (gebrochen umrandet). Mit Blick auf die Vorschlä-

---

10 Es ist dabei zu betonen, dass hier klare Bezüge zur Disziplin Informatik auftreten. Neben informatisch-technischer Grundlagen kann ein Fach Informatik aber weitere eigenständige Beiträge leisten (vgl. Schulte & Scheel, 2001) und es ist zu eruieren, inwiefern andere Fächer ebenso einen Beitrag zu informatisch-technischen Grundlagen leisten können (z.B. Physik, vgl. Abschnitt 4.1 für Überlegungen zur Oberstufen-Mathematik).

ge aus den rezipierten Diskurslinien (Abschnitte 3.1–3.3) könnte eine Strukturierung in drei Nutzungsweisen, nämlich (1) Kommunikation und Kollaboration, (2) Handeln, Problemlösen und Produzieren sowie (3) Lernen genügen, um eine notwendige Bandbreite aufzuspannen. Häufig gesondert ausgewiesene Kompetenzen zur Informationsverarbeitung lassen sich in dem vorgeschlagenen Rahmenmodell teils in *Handeln, Problemlösen und Produzieren* (z. B. ICILS-ICT: Informationen umwandeln für Darstellungen), teils in dem Bereich informatisch-technischer Grundlagen (z. B. ICILS-ICT: Informationen organisieren in Dateistrukturen) verorten. Die drei Nutzungsweisen sind nicht überlappungsfrei zu verstehen, was am Beispiel des digital gestützten, kollaborativen Lernens einsichtig wird.

Extra ausgewiesen werden schließlich in dem Rahmenmodell noch digitalisierungsbezogene personale und motivationale Kompetenzaspekte (vgl. Abschnitt 3.3.) und digitalisierungsbezogene kritische Reflexionskompetenzen (vgl. Abschnitt 3.2) (siehe Abb. 1, vertikale Kästen). Dies spiegelt die Annahme wider, dass beide Bereiche nicht unabhängig von konkreten Erfahrungen im Umgang mit digitalen Medien, Werkzeugen oder Systemen erworben werden können, sondern darauf angewiesen sind. Es sei dabei betont, dass sie hier auch nicht als nachgeordnete, optionale oder im Sinne eines Additums speziellen Populationen zugedachte Kompetenzen verstanden werden, sondern integraler Bestandteil der Bemühungen einer möglichen Zieldimension mit Bezug zur Digitalisierung sein müssen. Man könnte durchaus – im Anschluss an die Medienpädagogik – diskutieren, dass der bildende Gehalt sich erst durch die Ausbildung dieser querliegenden Kompetenzbereiche manifestiert.

Das hier vorgeschlagene Rahmenmodell für eine Zieldimension mit Bezug zur Digitalisierung fußt auf Konzepten mit mehrheitlich Allgemeinbildungsanspruch und ist damit nicht als Zielsetzung nur einzelner Bildungsabschnitte, insbesondere auch nicht alleine der gymnasialen Oberstufe, zu interpretieren. Es grenzt sich von anderen Verständnissen digitaler Kompetenz ab, indem es erstens die zentralen Diskurslinien integriert. Dabei werden zweitens besonders notwendige Fähigkeiten zur reflektierten Nutzung von digitalen Technologien inklusive etwaiger situationsabhängiger Nicht-Nutzung betont, die sich auf der Basis von Erfahrungen in verschiedenen fachlichen und fachübergreifenden Kontexten entfalten sollen. Als eine Grundlage für die reflektierte Nutzung müssen drittens Aspekte einer informatisch-technischen Grundbildung berücksichtigt werden. Durch die Betonung der Nutzungsweisen ist die Zielvorstellung aber offen für die verschiedenen Logiken der spezifischen Anwendungsgebiete (z. B. fachliche, berufliche, gesellschaftliche Kontexte). Digital kompetent zu sein, setzt in diesem Sinne voraus, relevante Herausforderungen, welche beispielsweise Bezüge zur Kommunikation aufweisen, Probleme oder auch eine Lernanforderung darstellen, unter Bedingungen der Kultur der Digitalität selbstbestimmt so zu bearbeiten, dass es den Kriterien des Bezugsfelds genügt (d.h. sachgerecht ist) und sozial verantwortlich ist. Das Rahmenmodell lässt Raum für die klare Betonung des Bezugs zur Lebensumwelt durch eine praktisch-habituelle Komponente, die aber nicht auf funktionale Kompetenz eingeschränkt ist und könnte auch aus Perspektive der Medienpädagogik als anschlussfähig gelten (vgl. auch Überlegungen zu anschlussfähigen Bildungsbegriffen bei Tulodziecki, 2016).

4 Welchen Beitrag kann das Fach Mathematik in der gymnasialen Oberstufe zu Zielen mit Bezug zur Digitalisierung leisten?

Auf Grundlage des Rahmenmodells soll nun exemplarisch ausgelotet werden, welche konkreten Beiträge das Fach Mathematik speziell in der Oberstufe zu einer Zieldimension mit Bezug zur Digitalisierung leisten könnte. Dabei soll zuerst der mögliche indirekte Beitrag des Fachs Mathematik zum Bereich der informatisch-technischen Grundlagen kurz angerissen werden. Er wird hier als indirekter Beitrag charakterisiert, da es nicht zu erwarten ist, dass das Fach Mathematik informatisch-technische Grundlagen direkt thematisiert, aber gegebenenfalls zu deren Verständnis beitragen kann. Danach wird es ausführlicher um mögliche direkte Beiträge im Zusammenhang mit fachspezifischen Werkzeugen gehen. Mögliche Beiträge zu fachübergreifenden Aspekten können im Rahmen dieses Beitrags nicht behandelt werden, Ansätze sind aber beispielsweise bei Pallack (2018) und Hischer (2016) ableitbar.

Folgt man der Argumentation in Abschnitt 2 und betrachtet eine Zieldimension mit Bezug zur Digitalisierung nicht als eigenständige Zieldimension, sondern integriert sie in die bestehende Zieltrias aus vertiefter Allgemeinbildung, Wissenschaftspropädeutik und Studierfähigkeit, dann besteht die Schwierigkeit darin, Gegenstände des Mathematikunterrichts in der Oberstufe nicht durch einen möglichen Beitrag zu digitalisierungsbezogenen Zielen zu legitimieren, sondern lediglich ihren möglichen Nebenertrag dafür zu betrachten. Trotzdem dürfen von querliegenden digitalisierungsbezogenen Zielen Impulse für die Ausgestaltung des Mathematikunterrichts abgeleitet werden.

4.1 Mögliche indirekte Beiträge des Fachs Mathematik

In Abschnitt 3.1 wird der Bereich informatisch-technischer Grundlagen im Kern als das verstanden, was ein Schulfach Informatik zur allgemeinbildenden Beantwortung der Frage „Wie funktioniert das?" beitragen kann. Insofern liegt die Deutungshoheit hier nicht in der Mathematik, sondern bei der Informatik. Grundsätzlich ist jedoch festzuhalten, dass sich Teile der Informatik, die ja selbst aus der Mathematik hervorgegangen ist, auch heute noch als stark mathematisch geprägt verstehen (v. a. theoretische Informatik, vgl. Knuth, 1974). Dies gilt für die Disziplin jedoch nicht in ihrer Gänze, die ein zweites starkes Standbein im Bereich der Ingenieurwissenschaften hat, insgesamt interdisziplinär arbeitet und in manchen Bereichen auch deutliche Bezüge zu den Gesellschaftswissenschaften aufweist (s. a. Heintz, 1994). Insofern wird hier von einem möglichen *in*direkten Beitrag des Faches Mathematik gesprochen, wenn der Oberstufen-Mathematikunterricht dazu beitragen kann, ein (besseres) Verständnis für informatisch-technische Grundlagen zu erzielen.

Bei einem Blick auf den Mathematikunterricht der gymnasialen Oberstufe lassen sich verschiedene potenzielle Bezugspunkte aufmachen, etwa bezüglich Gegenständen wie Algorithmen, Matrizenschreibweisen, dem Bereich Stochastik oder der mathematischen Modellierung (KMK, 2012a).

Explizit erwähnt werden in den Bildungsstandards Algorithmen. Die zugehörige Zielsetzung bezieht sich auf „die Kenntnis, das Verstehen und das Anwenden mathematischer Verfahren, die prinzipiell automatisierbar und damit einer Rechnernutzung zugänglich sind" (KMK, 2012a). Algorithmen aus mathematischer Sicht könnten ein wohlvertrauter Ausgangspunkt für vertiefte Betrachtungen aus informatischer Sicht sein. Prinzipiell könnten die zitierten Zielsetzungen mithilfe der zahlreichen eingeführten Verfahren bereits in der Sekundar- oder sogar Primarstufe (vgl. Krauthausen, 1993) bedient werden. Die Zielsetzungen könnten aber auch in der Oberstufe aufgegriffen werden, vor allem dort, wo dem Erwerb von Verfahren (z. B. Ableiten, Newton-Verfahren) zügig seine Auslagerung in technische Hilfsmittel wie beispielsweise CAS folgt.

Potenziale für indirekte Beiträge der Mathematik ergeben sich möglicherweise auch aus der Matrizendarstellung, die etwa zum Darstellen von Graphen, zum Finden kürzester Wege oder zur mathematischen Beschreibung von endlichen Automaten genutzt werden können. Je nach Ausgestaltung des Stochastikcurriculums könnten in der Sekundarstufe im Rahmen der beschreibenden Statistik gelegte Grundlagen für die aufstrebenden datenbasierten Technologien in der Oberstufe vertieft behandelt werden. Dies würde jedoch eine Umorientierung des aktuellen Kanons erfordern, etwa indem bivariate Zusammenhänge mittels Korrelation und Regression in größeren Datensätzen untersucht werden. Didaktische Konzepte zur Behandlung von Korrelation und Regression im Rahmen von Mathematikunterricht bestehen (z. B. Borovcnik, 1988; Engel & Sedlmeier, 2010), bivariate Daten werden jedoch derzeit allenfalls in der Sekundarstufe I (z. B. bei der Untersuchung des Zusammenhangs Kreisradius – Kreisumfang) und eher qualitativ untersucht (z. B. Idee der Ausgleichsgerade als Trend). Mit Blick auf Grundlagen für maschinelles Lernen (und weiterführende KI-Methoden) wäre es vermutlich notwendig, wenigstens ein Grundverständnis für die multiple Regression anzuzielen, was definitiv einen – wegen der größeren Datenmengen sowieso schon notwendigen – digitalen Werkzeugeinsatz erfordern würde, der derzeit in diesem Themenbereich nicht flächendeckend praktiziert wird.

Allgemein wird argumentiert, dass die in der Mathematik geübten Techniken der Abstrahierung und Modellierung mit Hilfe von Mathematik wichtige Grundprinzipien für die Informatik sind und die Fassung von Sachverhalten in formaler Sprache ein wichtiger Vorläufer für das Programmieren ist. Die dabei angewandte Argumentation erinnert an Theorien des formalen Bildungswerts von Mathematik (vgl. Kap. 1.1 in diesem Band) und mit Blick auf die empirischen Befunde zur Transferierbarkeit von Problemlösefähigkeiten zwischen Domänen sollten indirekte Beiträge zum

Bereich informatisch-technische Grundlagen mittels einer Übertragung von ähnlich gelagerten Fähigkeiten aus der Mathematik möglicherweise nicht überschätzt werden.

Das zu bearbeitende Problem ist aber strenggenommen nicht, ob sich im bestehenden Kanon Bezüge zu zentralen Konzepten der Informatik herstellen lassen (es wäre seltsam, wenn dies nicht so wäre), sondern ob sich aus dem Verständnis der mathematischen Konzepte eine höhere Qualität des informatischen Verstehens ergibt. Dies könnte beispielsweise daraus erwachsen, dass eine Technologie (z. B. RSA-Verschlüsselung) zur White Box wird, weil man mit Hilfe der Mathematik erklären kann, wie sie funktioniert.

Aus mehreren Gründen ist jedoch Skepsis bezüglich des konkreten Potenzials angebracht: Zum einen ist der Abstand zwischen den schulisch vermittelten mathematischen Grundlagen und ihrer informatischen Verwendung häufig beträchtlich. So nutzen etwa RSA-Verschlüsselungen Primzahlen, die Kenntnis des Primzahlbegriffs zusammen mit einem basalen Verschlüsselungsverständnis erschließt jedoch noch nicht die RSA-Verschlüsselung. Ebenso liegen für bestimmte Methoden des maschinellen Lernens erste didaktische Ansätze vor, die an schulmathematische Konzepte anknüpfen. Die Umsetzung erweist sich aber dennoch sehr voraussetzungsreich und muss doch in Teilen für die Lernenden intransparent bleiben (z. B. Mariescu-Istodor & Jormanainen, 2019). Vohns (2021) spricht daher vom „digitalen Trittbrettfahrertum" (S. 53), wenn der Mathematik generell ein Beitrag zu digitalisierungsbezogenen Zielen aufgrund ihrer Grundlageneigenschaft zugesprochen wird. Außerdem wird bei einer solchen Sicht systematisch unterschätzt, dass sich disziplinäre Sichten auf Konzepte in wesentlichen Punkten unterscheiden können und damit Vorstellungen aus dem Fach Mathematik auch in Konflikt mit informatischen Ideen treten können (beispielhaft für den Algorithmus-Begriff, Mühling et al., 2021; s.a. Knuth, 1974; zu mathematischem Vorwissen als Quelle für Syntaxfehler beim Programmierenlernen, zsf. Qian & Lehman, 2017). Darüber hinaus sei darauf hingewiesen, dass es innerhalb der Informatikdidaktik Ansätze gibt, zentrale Ideen ganz ohne Programmierung und/oder mathematischer Formulierung zu vermitteln (z. B. Computer Science Unplugged, Bell & Vahrenhold, 2018) und es erste empirische Befunde dazu gibt, dass bestimmte informatische Kompetenzen stärker mit sprachlichen als mit mathematischen Fertigkeiten zusammenhängen (Prat et al., 2020).

Es wäre zusammenfassend auszuloten, ob und wie eine bessere Anschlussfähigkeit des Fachs Mathematik zu einem allgemeinbildenden Fach Informatik hergestellt werden kann. Insgesamt gibt es derzeit aber ein begrenztes Potenzial des Faches Mathematik in der gymnasialen Oberstufe hinsichtlich eines (indirekten) Beitrags zum Bereich informatisch-technische Grundlagen. Systematische empirische Erkenntnisse stehen im Moment noch aus. Mit Blick auf die Oberstufe als abschließende Bildungsetappe der allgemeinbildenden Schule sei dabei angemerkt, dass sich mögliche indirekte Beiträge des Fachs Mathematik zu digitalisierungsbezogenen Zielen vermutlich erst dann voll entfalten können, wenn die aufgezeigten Bezugspunkte aus informatischer Sicht aufgegriffen und vertieft werden können, wofür es naturgemäß in der gymnasialen Oberstufe wenig Zeit und derzeit auch absehbar keine systematischen Angebote gibt.

4.2 Mögliche direkte fachspezifische Beiträge des Fachs Mathematik

Für die hier betrachteten möglichen direkten Beiträge des Fachs zu digitalisierungsbezogenen Zielen hinsichtlich des fachspezifischen Bereichs ist der Begriff der digitalen Mathematikwerkzeuge ein zentraler Ausgangspunkt. Er bezeichnet mathematikspezifische Hilfsmittel zur Problemlösung, wozu typischerweise wissenschaftliche Taschenrechner (inklusive grafikfähige Taschenrechner), Computeralgebrasysteme (CAS), Dynamische Geometriesysteme (DGS), Tabellenkalkulationsprogramme (TKP, ggf. auch spezifischere Datenanalyseprogramme) und Systeme, die entsprechende Funktionen kombinieren, gehören (z.B. Roth, 2019). Im Unterricht werden verschiedene Lösungen auf unterschiedlichen Plattformen (z.B. Computer, Tablet, Handheld) genutzt, die in der Regel[11] für die Nutzung in Lehr-/Lernprozessen entwickelt wurden, wobei man korrespondierende Expertensysteme identifizieren kann (z.B. DGS als didaktisierte Form bestimmter Funktionalitäten aus CAD-Systemen). In der Mathematikdidaktik kann es als Konsens angesehen werden, dass diese teils mächtigen Hilfsmittel nur über individuelle Aneignungsprozesse zum Werkzeug in der Hand der Lernenden werden können (Instrumental Genesis, zsf. Rabardel, 2002; vgl. Weigand & Bichler, 2010 für eine Illustration verschiedener Aneignungsniveaus). Dies setzt voraus, dass Lernende über die Schulzeit hinweg mit den Werkzeugen sowie zugehörigen Praktiken vertraut werden und verschiedene Nutzungsweisen erlernen.

Der Einsatz digitaler Mathematikwerkzeuge stellt sich trotz Verankerung in den Bildungsstandards der Sekundarstufe I und II derzeit als sehr unterschiedlich dar. Für CAS gilt aktuell zum Beispiel, dass sie in einigen Ländern in der Oberstufe verpflichtend sind (z.B. Thüringen) und in anderen optional (z.B. Schleswig-Holstein) oder zumindest bei Leistungserhebungen verboten sind (z.B. Baden-Württemberg). Systematische Erhebungen über die tatsächliche Verbreitung digitaler Mathematikwerkzeuge sind rar. In einer nicht repräsentativen Untersuchung im Schuljahr 2017/18 mit 163 Sekundarstufen-Lehrkräften aus verschiedenen Bundesländern gaben 25% bzw. 50% der Lehrkräfte an, in den oberen Klassen der Sekundarstufe I DGS bzw. CAS praktisch nicht zu nutzen, während ca. 20% der Lehrkräfte über eine regelmäßige und durchgängige Nutzung beider Werkzeugtypen im Unterricht berichten (Ostermann et al., 2021). In der ICILS-Untersuchung 2018 wurde die Nutzungshäufigkeit digitaler Medien in der Jahrgangsstufe 8 aus Perspektive der Lehrkräfte erhoben. Dort berichteten ebenfalls ca. 23%, digitale Medien täglich zu nutzen, während ca. 40% seltener als wöchentlich Medien einsetzten. Weiterhin gaben bis zu 85% der Lehrkräfte an, nie Modellierungs- oder Simulationssoftware ein-

---

11 In Bezug auf Tabellenkalkulationsprogramme werden meist typische Anwendersysteme und selten didaktisierte Versionen davon genutzt.

zusetzen, zu denen die genannten digitalen Mathematikwerkzeuge zählen (Drossel et al., 2019). Diese Daten wurden jedoch nicht differenziert nach unterrichtetem Fach berichtet. Vergleichbare Studien zu Nutzungshäufigkeiten digitaler Mathematikwerkzeuge aus der gymnasialen Oberstufe sind nicht bekannt. Es ist aber davon auszugehen, dass dort, wo bestimmte Werkzeuge für das Abitur zugelassen sind (z. B. CAS), diese den Lernenden auch zur Verfügung stehen (z. B. als eigene Geräte) und durchgängig im Unterricht Verwendung finden, während andere Werkzeuge, so sie denn überhaupt Anwendung finden, nur punktuell verfügbar sein dürften.

Aus der Unterschiedlichkeit von Regelungen bzw. auch der Abwesenheit von Regelungen wird deutlich, dass in Deutschland auch auf praktischer Ebene derzeit kein Konsens über die Rolle digitaler Mathematikwerkzeuge in der gymnasialen Oberstufe herrscht. Für die Frage zum direkten Beitrag der Mathematik zum fachspezifischen Bereich einer Zieldimension mit Bezug zur Digitalisierung sind also zwei Teilfragen zu betrachten: Welche digitalen Mathematikwerkzeuge wären entlang der Trias der Bildungsziele in der Oberstufe möglicherweise zu berücksichtigen (werkzeugorientierte Analyse)? Welche Nutzungsweisen müssten für diese Werkzeuge dann eingeführt werden (nutzungsorientierte Analyse)?

Werkzeugorientierte Analyse
Eine Studie mit Hochschuldozierenden verschiedenster Fachbereiche hat ergeben, dass der sichere und reflektierte Einsatz von Taschenrechnern und Computern zum Studienbeginn vorausgesetzt wird (Neumann et al., 2017, 2021). Mit dem Ziel der *Studierfähigkeit* lässt sich daraus für den Mathematikunterricht ein Desiderat ableiten. Bisher fehlt jedoch eine Ausdifferenzierung, auf welche Werkzeuge und Nutzungsweisen sich diese Kompetenzen beziehen sollen. Darüber hinaus fehlt eine empirische Prüfung des möglichen Beitrags von werkzeugbezogenen Kompetenzen zur Studierfähigkeit.

Aus dem Ziel der *Wissenschaftspropädeutik* ließen sich zwei Folgerungen für den Einsatz digitaler Mathematikwerkzeuge ableiten: Die fortschreitende Digitalisierung in den Anwendungsfächern müsste aufgegriffen werden, etwa indem verstärkt digitale Mathematikwerkzeuge (als didaktisierte Expertenwerkzeuge) zur algebraischen, geometrischen oder statistischen Modellierung herangezogen werden (vgl. Greefrath & Siller, 2018). Diese Aufgaben könnten aber auch den Anwendungsfächern direkt zugeschrieben werden (z. B. digitale Messwerterfassung und -verarbeitung im Unterricht der Physik, Kurth et al., 2019). Gleichzeitig wäre es im Interesse einer wissenschaftspropädeutischen Ausrichtung der Oberstufe auf die Disziplin Mathematik, exemplarisch auch (ggf. stärker als derzeit, vgl. Kap. 1.2 in diesem Band) in die deduktiv-beweisende Methode einzuführen. Diese Arbeitsweisen sind traditionell werkzeugfrei und benötigen einen gewissen Vorrat an mathematischen Strukturen. Eine Fluidität im Umgang mit mathematischen Strukturen wird dabei im Allgemeinen für mathematisches Problemlösen als wichtig erachtet (zsf. Bruder et al., 2015), sodass Dozierende der mathematischen Studiengänge auch substanzielle händische Fertigkeiten zu Studienbeginn voraussetzen (Neumann et al., 2017). Mittlerweile liegen allerdings auch erste digitale Systeme vor, die als Alternative zu händischen Termumformungen den Erwerb von algebraischer Fluidität unterstützen sollen (s. Graspable Math, Goldstone et al., 2017). Eine empirische Prüfung, wie viel – frei nach Herget – Termumformung mathematiktreibende Menschen brauchen, steht allerdings (immer noch) aus (zitiert nach Hischer, 1993).

Bei den pointiert formulierten Perspektiven „Anwendungen mit Computereinsatz" und „echte Mathematik ohne Computereinsatz" erscheint es nicht sachadäquat, von einer Dichotomie auszugehen. Dennoch kann es unter den schulischen Randbedingungen, wie etwa begrenzter Unterrichtszeit, durchaus zu Zielkonflikten zwischen der Einführung und sophistizierten Nutzung digitaler Mathematikwerkzeuge zur Lösung echter (oder zumindest anschlussfähiger) Anwendungsprobleme und dem Aufbau sowie der Einübung eines genügend großen Vorrats mathematischer Begriffe und Operationen kommen (s. a. Bruder et al., 2015). Dieser Konflikt besteht jedoch bereits mit Blick auf übergeordnete Ziele, insbesondere innerhalb des Ziels der Wissenschaftspropädeutik, und kann auch für wechselseitige Einsichten produktiv genutzt werden, wenn Mathematik als Anwendungsdisziplin und wissenschaftliche Disziplin im Blick bleiben soll (s. a. Dehnbostel, 1987).

Gemäß dem Ziel einer *vertieften Allgemeinbildung* müsste ein digitales Mathematikwerkzeug Teil des Unterrichts sein, wenn es außerhalb der Schule in einer Vielzahl von Situationen relevant ist (z. B. deutlich bei Tabellenkalkulation, wissenschaftlichen Taschenrechnern) oder eine besondere Errungenschaft der Mathematik (als eigene Welt) darstellt. Letzteres lässt sich für CAS als moderne algebraische und DGS als moderne geometrische Materialisierung von Mathematik (Fischer, 2012; Peschek, 1999; Peschek & Schneider, 2002) verargumentieren. Es lassen sich zudem, wenn sie als didaktisierte Expertenwerkzeuge verstanden werden, auch lebensweltliche Bezüge eingeschränkterer Reichweite herstellen (z. B. für DGS: CAD-Anwendungen im technischen Bereich, Rapid Prototyping mit 3D Druck, s. a. Lindmeier & Rach, 2015). Anders verhält es sich mit dem grafikfähigen Taschenrechner, der ausschließlich schulische Verwendung findet und somit unter dieser allgemeinen Perspektive nicht legitimierbar ist. Wegen der fehlenden Nutzung in der Hochschule und den Bezugsdisziplinen bleibt die Nutzung dieser Geräte auch aus Perspektive der anderen Dimensionen der Trias hinterfragbar.

Zusammenfassend lässt sich für den Einsatz (und auch deren Vermeidung) aller genannten digitalen Mathematikwerkzeuge aus verschiedenen Gründen Potenzial für die Trias der übergreifenden Zielsetzungen der gymnasialen Oberstufe herausarbeiten. Insbesondere erscheint die aktuelle Instrumentierung der gymnasialen Oberstufe im Fach Mathematik (überwiegend Einsatz CAS/wissenschaftlicher o. grafischer Taschenrechner, kaum Einsatz DGS, unklare Situation für Tabellenkalkulation) also nicht als Notwendigkeit, sondern ist eher dem bestehenden Oberstufen-Kanon geschuldet.

Nutzungsorientierte Analyse

Eine werkzeugorientierte Diskussion vernachlässigt, dass die Einführung eines Werkzeugs, inklusive der Vermittlung von grundlegenden Bedienkompetenzen, wie oben argumentiert, per se nur ein bescheidener Beitrag zu einer Zieldimension mit Bezug zur Digitalisierung wäre. Diese würde sich erst dann entfalten, wenn Lernende die digitalen Mathematikwerkzeuge auf verschiedene Arten zielführend nutzen, digitalisierungsbezogene kritisch-reflexive Kompetenzen entwickeln und zugehörige motivationale und personale Aspekte der Kompetenzen erwerben. Im Folgenden werden exemplarisch die beiden Nutzungsweisen *Lernen* und *Handeln, Problemlösen und Produzieren* betrachtet, da diese die in der Mathematikdidaktik umfangreicher diskutierten Nutzungsweisen sind (vgl. aber Fischer, 2012; Peschek, 1999; Peschek & Schneider, 2002 für Teilaspekte der Kommunikation und Kollaboration).

Die Nutzungsweise *Lernen*, also der Einsatz der Werkzeuge zum Lernen von Mathematik, ist ein breit bearbeitetes Thema und derzeit die dominantere Perspektive (s. a. Vohns, 2021; GDM, 2017). Die Abitur-Bildungsstandards Mathematik stellen entsprechend zur Nutzung digitaler Werkzeuge programmatisch fest, dass „die Entwicklung mathematischer Kompetenzen […] durch den sinnvollen Einsatz digitaler Mathematikwerkzeuge unterstützt [wird]" (KMK, 2012a, S. 12). Es gibt zahlreiche Vorschläge, die dieses Potenzial digitaler Mathematikwerkzeuge unterschiedlich aufgreifen (zsf. Roth, 2019; Schmidt-Thieme & Weigand, 2015). Hier ist nun zu eruieren, inwiefern solche Vorschläge – über die Unterstützung mathematischer Lernprozesse hinaus – einen Beitrag zur Kompetenzentwicklung für das Lernen in einer Kultur der Digitalität (s. Abschnitt 3.3) leisten könnten.

Ein begrenzter Beitrag wird erkennbar, wenn digitale Mathematikwerkzeuge überwiegend als reine *Lern*werkzeuge, etwa in Form von digitalen Arbeitsblättern genutzt werden. Diese bestehen – in Analogie zu traditionellen Arbeitsblättern – typischerweise aus mehrschrittigen Arbeitsaufträgen und können auch in größeren Lernumgebungen (vgl. vorstrukturiertes Arbeitsheft) weiter zusammengefasst sein. Für den Inhaltsbereich der Analysis skizziert etwa Elschenbroich (2015) solche Nutzungsarten. Charakteristisch ist, dass eine hohe Vorstrukturierung für die Arbeitsprozesse besteht, die gleichzeitig gewisse Aspekte der Individualisierung (z. B. in Bezug auf die zeitliche Strukturierung) erlauben (Roth, 2019). Um hier keine Missverständnisse aufkommen zu lassen: Diese beschriebenen lernbezogenen instrumentellen Nutzungsweisen der punktuellen Integration von digitalen Mathematikwerkzeugen, oft in Form von sehr spezifischen Applets, stark vorstrukturierten digitalen Arbeitsblättern oder digitalen Anschauungsmaterialien mögen für das gerade bearbeitete mathematische Lernziel effektiv sein. Viele der Konzepte sind didaktisch auch sehr kunstvoll gestaltet und unter Nutzung von pädagogisch-psychologischen Erkenntnissen zum Lernen mit digitalen Medien ausgearbeitet. Es besteht aber Grund zur Annahme, dass Lernende solchen Nutzungsweisen von Mathematikwerkzeugen vornehmlich im schulischen Kontext begegnen. Ob daraus überdauernde Kompetenzen für das Lernen in einer Kultur der Digitalität entwickelt werden können, wäre jeweils zu prüfen. Der Ertrag eines sehr stark vorstrukturierten, reinen

*Lern*werkzeugeinsatzes für informellere, ggf. problembasierte Lernanforderungen, wo das Werkzeug möglicherweise nicht vorselektiert ist und Lernende beim „leeren Bildschirm" starten, erscheint eher fraglich. Beispielsweise könnten sehr starke Vorstrukturierungen sogar ungünstigerweise die Ausbildung von Selbstregulationsfähigkeiten erschweren (Scheiter, 2021).

Ein höheres Potenzial in dieser Hinsicht bieten prinzipiell Nutzungsweisen, in denen digitale Mathematikwerkzeuge in einem Lernprozess als Werkzeuge im engeren Wortsinn, also zum Problemlösen, Handeln oder Produzieren, genutzt werden. Hier verschwimmen dann die Nutzungsarten *Lernen* und *Handeln, Problemlösen und Produzieren*, weswegen an dieser Stelle gleichzeitig auf die zweite Nutzungsart mit eingegangen wird. Digitale Mathematikwerkzeuge werden dabei etwa in komplexeren Lernprozessen genutzt, indem bestimmte Teilarbeitsschritte an digitale Mathematikwerkzeuge ausgelagert werden, was idealerweise eine zeitliche und kognitive Entlastung im Problemlöseprozess bewirkt und somit komplexere Lernhandlungen ermöglicht. So können zum einen experimentelle Phasen bei der Entwicklung von Argumentationen, dem Verstehen einer Situation oder der Entwicklung von Lösungen bei Modellierungsproblemen digital gestützt werden. Zum anderen können Problemlösungen direkt im Werkzeug produziert werden. Ein Beispiel bietet die Bearbeitung des Straßenverbindungsproblems im Analysisunterricht unter Nutzung digitaler Werkzeuge (Weigand & Bichler, 2010). Andere Beispiele sind die Entwicklung geeigneter Datendarstellungen oder die explorative Untersuchung von Verteilungen. Hier besteht der Vorteil ebenfalls darin, dass explorative Vorgehensweisen genutzt werden können, Zwischenlösungen schneller produziert und auch leichter wieder verworfen werden können.

Feinkörnig kann unterschieden werden, ob die genutzte Funktionalität eines digitalen Mathematikwerkzeugs für die Lernenden eine White oder Black Box darstellt. Im ersten Fall kennen die Lernenden das implementierte Verfahren. Dies könnte umfassen, dass die Lernenden auch ohne Werkzeug, wenn auch vielleicht nur in einfachen Situationen, handlungsfähig sind. Es wird angenommen, dass sich daraus ein Beitrag zur Entwicklung digitalisierungsbezogener kritischer-reflexiver Kompetenzen ergeben kann. Im zweiten Fall, der Black Boxes, haben die Lernenden das implementierte Verfahren nicht (oder nur phänomenologisch) kennen gelernt. Beispielsweise können Regressionsgeraden bestimmt werden, ohne dass ein Verständnis jenseits einer anschaulichen Plausibilisierung als Ausgleichsgerade aufgebaut wurde (s. a. Peschek, 1999). Zufallszahlen können simuliert werden, ohne dass Lernenden transparent ist, wie die Zufallszahlen bestimmt werden. Fischer (2013) argumentiert, dass gerade von der bewussten Nutzung von Black Boxes ein charakteristischer Beitrag zum Verständnis von arbeitsteiligem Vorgehen ausgehen kann, was wiederum Ansatzpunkt für eine kritische-reflektive Bearbeitung von digitalisierungsbezogenen Themen ermöglicht (Fischer, 2013 vgl. auch Abschnitt 3.3 zu 21st Century Skills). Insofern können sowohl Black- als auch White-Box-Nutzungsweisen Anknüpfungspunkte zur Entwicklung digitalisierungsbezogener kritisch-reflexiver Kompetenzen zum souveränen Umgang mit digitalen Werkzeugen bieten.

Insgesamt ist zu berücksichtigen, dass werkzeuggestütztes Problemlösen vom „leeren Bildschirm" aus – wie problembasiertes Lernen generell – herausfordernd ist. In der gymnasialen Oberstufe sind prinzipiell aufgrund der bereits besser ausgebildeten Selbstregulationskompetenzen der älteren Lernenden die Voraussetzungen für problembasiertes Lernen günstiger. Gleichzeitig bleibt die Schwierigkeit, dass benötigte Nutzungsweisen bis zur Oberstufe nicht systematisch entwickelt werden. Wenn digitale Mathematikwerkzeuge und deren Nutzungsweisen nicht eingeführt sind, dann ist problembasiertes Lernen selbst in der Oberstufe nicht möglich. Neue Entwicklungen machen zwar digitale Mathematikwerkzeuge zunehmend einfacher zu bedienen, aber für mathematisches Problemlösen mit diesen Werkzeugen bleibt es notwendig, elaborierte Nutzungsweisen zu erlernen. Neue digitale Mathematikwerkzeuge erst in der Oberstufe einzuführen und direkt in problembasierten Lernumgebungen zu nutzen, erscheint auf Basis der Forschung zu digitalen Mathematikwerkzeugen aus den letzten Jahrzehnten als illusorisch.

Zusammenfassend machen es digitale Mathematikwerkzeuge also theoretisch möglich, bereits in der Schule digitalisierungsbezogene Kompetenzen zu erwerben, was hier vor allem in Bezug auf die Nutzungsweisen Handeln, Problemlösen und Produzieren oder Lernen aufgezeigt wurde. Es kann zudem angenommen werden, dass dabei – mit geeigneter Unterstützung – auch Selbstregulationskompetenzen geübt und digitalisierungsbezogene Selbstkonzepte entwickelt werden können, etwa indem man sich als Person erfährt, die digitale Werkzeuge zielführend nutzen kann. Aus Platzgründen konnte nur angedeutet werden, dass dabei auch digitalisierungsbezogene kritisch-reflexive Kompetenzen, etwa durch die Reflexion der Transparenz von Werkzeugen, entwickelt werden können.

Die in den letzten Absätzen gezeichnete Vorstellung von digitalen Werkzeugen als „Katalysatoren", durch welche „herkömmliche" Lerngelegenheiten im Mathematikunterricht generell durch „bessere" (u. a. offenere, problemhaltigere, sinnstiftendere) ersetzt werden und damit Mathematikunterricht „besser" übergreifende Bildungsziele erfüllen kann, wurde bereits mit dem Siegeszug des Taschenrechners entwickelt und scheint bis heute immer wieder als Leitvorstellung zum digital-gestützten Mathematikunterricht durch. Ganz explizit ist das etwa auch in der Expertise zum Mathematikunterricht in der gymnasialen Oberstufe ausgewiesen, wenn auch sofort einschränkend relativiert (Borneleit et al., 2001).

Gleichzeitig werden gerade die Nutzungsweisen kaum in der Praxis umgesetzt, die im Kern dieser Leitvorstellungen liegen. Unter Modellversuchsbedingungen wurden typische Hürden wie beispielsweise fehlende Ausstattung, ungelöste Fragen der Lösungsprozessdokumentation, einschränkende Abituranforderungen, fehlende Qualifikation der Lehrkräfte oder vorherrschende nicht digitale Praktiken dokumentiert. Obwohl auch verschiedene Unterstützungsmechanismen wie durchgängiger Werkzeugeinsatz, genügende Ausstattung oder schulische Supportstrukturen identifiziert werden konnten, hat sich in manchen Bereichen der Mathematikdidaktik trotz hohem Idealismus mittlerweile eine deutliche Ernüchterung breitgemacht (Weigand, 2012). Roth (2019) sieht sogar in dem idealtypischen unstrukturierten Problemlösen eine nicht mehr zeitgemäße Form des Einsatzes digitaler Mathematikwerkzeuge. Sollte sich dies bestätigen, so wäre also – trotz vielfältig herausgearbeitetem Potenzial – von einem digital gestützten Mathematikunterricht trotzdem nur ein begrenzter direkter Beitrag zu einer möglichen Zieldimension mit Bezug zur Digitalisierung zu erwarten. Digitale Werkzeuge würden dann in der Schule zwar eingeführt, aber eben vornehmlich in enggeführten und vorstrukturierten Kontexten genutzt, sodass nur ein begrenztes Repertoire der anvisierten Nutzungsweisen erworben werden könnte.

5 Fazit

Der Mathematikunterricht der gymnasialen Oberstufe weist derzeit bei differenzierter Betrachtung einerseits gewisse Potenziale auf, zu einer möglichen Zieldimension mit Bezug zur Digitalisierung beizutragen, die als Integration dreier Diskurslinien hergeleitet wurde. Es wurde aber auch herausgearbeitet, dass der Beitrag in manchen Punkten derzeit möglicherweise überschätzt wird bzw. erst intentional herausgearbeitet werden müsste. Dabei ist vorneweg einschränkend zu sagen, dass in diesem Kapitel nur mögliche indirekte Beiträge zum Bereich informatisch-technischer Grundlagen und direkte Beiträge mit Bezug zu fachspezifischen Werkzeugen vertieft betrachtet wurden. Nicht betrachtet wurde beispielsweise, inwiefern Mathematikunterricht in der gymnasialen Oberstufe einen Beitrag zum fachübergreifenden Kompetenzbereich leisten kann.

In der werkzeugorientierten Analyse wurde deutlich, dass die Einführung verschiedener digitaler Mathematikwerkzeuge den drei Zieldimensionen der Oberstufe zuträglich ist, wenn auch mit unterschiedlich gelagerten Akzentuierungen. Es ist unstrittig, dass die Einführung in fachspezifische Technologien eine Aufgabe des Mathematikunterrichts ist, wobei die angeführten Argumente größtenteils nicht oberstufenspezifisch sind und somit die Einführung auch als Aufgabe der Sekundarstufe I verstanden werden kann. Bei der nutzungsorientierten Analyse wurde deutlich, dass es stark auf die Art des Einsatzes und die angezielten Nutzungsweisen ankommt, ob digitale Mathematikwerkzeuge einen breiteren Beitrag zu einer Zieldimension mit Bezug zur Digitalisierung leisten können. Dazu ist nochmals anzumerken, dass in diesem Beitrag ein umfassendes Bild einer möglichen Zieldimension als Synthese aus verschiedenen Diskurslinien gezeichnet wurde. Allerdings lassen sich diese Zielsetzungen vermutlich weitgehend der Trias der Oberstufenziele unterordnen bzw. könnten in ihr aufgehen.

Insofern könnte eine mögliche Neuorientierung des Oberstufen-Mathematikunterrichts davon befreit werden, besondere Erwartungen über die Dimensionen der Trias hinaus in Bezug auf einen Beitrag zu Zielen der Digitalisierung zu leisten. Darin liegt aber auch eine große Chance, denn eine Neuorientierung könnte sich darauf konzentrieren, welche Interpretationen der Oberstufentrias aktuell konsensfähig sind und wie demzufolge Mathematikunterricht inhaltlich und nachfolgend auch in Bezug auf die Arbeitsweisen ausgestaltet werden sollte. Digitale Arbeitsweisen werden selbstverständlich dazugehören und an vielen Stellen eigene Beiträge leisten, aber würden dann nicht Ausgangspunkt dieser Überlegungen sein.

Literatur

Altenrath, M., Helbig, C. & Hofhues, S. (2020). Deutungshoheiten: Digitalisierung und Bildung in Programmatiken und Förderrichtlinien Deutschlands und der EU. *MedienPädagogik: Zeitschrift für Theorie und Praxis der Medienbildung*, 565–594. https://doi.org/10.21240/mpaed/jb17/2020.05.22.X

Baacke, D. (1999). Medienkompetenz als zentrales Operationsfeld von Projekten. In D. Baacke, S. Kornblum, J. Lauffer, L. Mikos, & G. A. Thiele (Hrsg.), *Handbuch Medien: Medienkompetenz – Modelle und Projekte* (S. 31–35). Bundeszentrale für politische Bildung.

Barberi, A. (2017). Von Kompetenz, Medien und Medienkompetenz. Dieter Baackes interdisziplinäre Diskursbegründung der Medienpädagogik als Subdisziplin einer sozialwissenschaftlich orientierten Kommunikationswissenschaft. In C. Trültzsch-Wijnen (Hrsg.), *Medienpädagogik* (S. 143–162). Nomos Verlagsgesellschaft mbH & Co. KG. https://doi.org/10.5771/9783845279718-143

Bell, T. & Vahrenhold, J. (2018). CS unplugged—How is it used, and does it work? In H.-J. Böckenhauer, D. Komm & W. Unger (Hrsg.), *Adventures between lower bounds and higher altitudes* (S. 497–521). Springer.

Binkley, M., Erstad, O., Herman, J., Raizen, S., Ripley, M., Miller-Ricci, M. & Rumble, M. (2012). Defining twenty-first century skills. In P. Griffin, B. McGaw & E. Care (Hrsg.), *Assessment and teaching of 21st century skills* (S. 17–66). Springer.

BLK (=Bund-Länder-Kommission). (1987). *Gesamtkonzept für die informationstechnische Bildung*.

Blömeke, S. (2001). Analyse von Konzepten zum Erwerb medienpädagogischer Kompetenz. Folgerungen aus den Ansätzen von Dieter Baacke und Gerhard Tulodziecki. *MedienPädagogik: Zeitschrift für Theorie und Praxis der Medienbildung*, 27–47. https://doi.org/10.21240/mpaed/retro/2017.06.03.X

Borneleit, P., Henn, H.-W., Danckwerts, R. & Weigand, H.-G. (2001). Expertise zum Mathematikunterricht in der gymnasialen Oberstufe: Verkürzte Fassung. *Journal für Mathematik-Didaktik*, 22(1), 73–90. https://doi.org/10.1007/BF03339317

Borovcnik, M. (1988). Korrelation und Regression–Ein inhaltlicher Zugang zu den grundlegenden mathematischen Konzepten. *Stochastik in der Schule*, 8(1), 5–32.

Braun, T., Büsch, A., Dander, V., Eder, S., Förschler, A., Fuchs, M., Gapski, H., Geisler, M., Hartong, S., Hug, T., Kübler, H.-D., Moser, H., Niesyto, H., Pohlmann, H., Richter, C., Rummler, K. & Sieben, G. (2021). Positionspapier zur Weiterentwicklung der KMK-Strategie ‹Bildung in der digitalen Welt›. *MedienPädagogik: Zeitschrift für Theorie und Praxis der Medienbildung*, 1–7. https://doi.org/10.21240/mpaed/00/2021.11.29.X

Brinda, T. (2016). *Stellungnahme zum KMK-Strategiepapier „Bildung in der digitalen Welt"*. Gesellschaft für Informatik. https://fb-iad.gi.de/fileadmin/FB/IAD/Dokumente/gi-fbiad-stellungnahme-kmk-strategie-digitale-bildung.pdf

Bruder, R., Feldt-Caesar, N., Pallack, A., Pinkernell, G. & Wynands, A. (2015). Mathematisches Grundwissen und Grundkönnen in der Sekundarstufe II. In W. Blum, S. Vogel, C. Drüke-Noe & A. Roppelt (Hrsg.), *Bildungsstandards aktuell: Mathematik in der Sekundarstufe II* (S. 108–124). Bildungshaus Schulbuchverlage.

Dehnbostel, P. (1987). Allgemeinbildender oder berufsbildender Mathematikunterricht in der Sekundarstufe II? *Die deutsche Schule*, 79(2), 220–232. https://doi.org/10.25656/01:428

Diethelm, I. & Glücks, S. (2019). Analyse von Curricula auf Abdeckung der Kompetenzen zur Bildung in der digitalen Welt. In A. Pasternak (Hrsg.), *Informatik für alle* (S. 69–78). GI.

Diethelm, I. & Zumbrägel, S. (2010). Wie funktioniert eigentlich das Internet? Empirische Untersuchung von Schülervorstellungen. In I. Diethelm, C. Dörge, C. Hildebrandt & C. Schulte (Hrsg.), *Didaktik der Informatik. Möglichkeiten empirischer Forschungsmethoden und Perspektiven der Fachdidaktik* (S. 33–44). GI.

Drossel, K., Eickelmann, B., Schaumburg, H. & Labusch, A. (2019). Nutzung digitaler Medien und Prädiktoren aus der Perspektive der Lehrerinnen und Lehrer im internationalen Vergleich. In B. Eickelmann, W. Bos, J. Gerick, F. Goldhammer, H. Schaumburg, K. Schwippert, M. Senkbeil & J. Vahrenhold (Hrsg.), *ICILS 2018 #Deutschland: Computer- und informationsbezogene Kompetenzen von Schülerinnen und Schülern im zweiten internationalen Vergleich und Kompetenzen im Bereich Computational Thinking* (S. 205–240). Waxmann.

Eickelmann, B., Bos, W., Gerick, J., Goldhammer, F., Schaumburg, H., Schwippert, K., Senkbeil, M. & Vahrenhold, J. (Hrsg.). (2019). *ICILS 2018 #Deutschland: Computer- und informationsbezogene Kompetenzen von Schülerinnen und Schülern im zweiten internationalen Vergleich und Kompetenzen im Bereich Computational Thinking*. Waxmann.

Elschenbroich, H.-J. (2015). Digitale Werkzeuge im Analysisunterricht. In W. Blum, S. Vogel, C. Drüke-Noe & A. Roppelt (Hrsg.), *Bildungsstandards aktuell: Mathematik in der Sekundarstufe II*. Bildungshaus Schulbuchverlage.

Engel, J. & Sedlmeier, P. (2010). Regression und Korrelation: Alles klar, oder voller Tücken? *Stochastik in der Schule, 30*, 13–20.

Fischer, R. (2012). Fächerorientierte Allgemeinbildung: Entscheidungskompetenz und Kommunikationsfähigkeit mit ExpertInnen. In R. Fischer, U. Greiner & H. Bastel (Hrsg.), *Domänen fächerorientierter Allgemeinbildung* (S. 9–17). Trauner.

Fischer, R. (2013). Entscheidungs-Bildung und Mathematik. In M. Rathgeb, M. Helmerich, R. Krömer, K. Lengnink & G. Nickel, *Mathematik im Prozess* (S. 335–345). Springer.

GDM (=Gesellschaft für Didaktik der Mathematik) (2017). *Die Bildungsoffensive für die digitale Wissensgesellschaft: Eine Chance für den fachdidaktisch reflektierten Einsatz digitaler Werkzeuge im Mathematikunterricht. Positionspapier der Gesellschaft für Didaktik der Mathematik*. https://madipedia.de/images/6/6c/BMBF-KMK-Bildungsoffensive_PositionspapierGDM.pdf

GFD (=Gesellschaft für Fachdidaktik) (2018). *Fachliche Bildung in der digitalen Welt. Positionspapier der Gesellschaft für Fachdidaktik*. https://www.fachdidaktik.org/wordpress/wp-content/uploads/2018/07/GFD-Positionspapier-Fachliche-Bildung-in-der-digitalen-Welt-2018-FINAL-HP-Version.pdf

GI (=Gesellschaft für Informatik) (2016). *Dagstuhl-Erklärung: Bildung in der digitalen vernetzten Welt*. Gesellschaft für Informatik. https://gi.de/fileadmin/GI/Hauptseite/Themen/Dagstuhl-Erkla__rung_2016-03-23.pdf

Goldstone, R. L., Marghetis, T., Weitnauer, E., Ottmar, E. R. & Landy, D. (2017). Adapting perception, action, and technology for mathematical reasoning. *Current Directions in Psychological Science, 26*(5), 434–441.

Greefrath, G. & Siller, H.-S. (Hrsg.). (2018). *Digitale Werkzeuge, Simulationen und mathematisches Modellieren: Didaktische Hintergründe und Erfahrungen aus der Praxis*. Springer Fachmedien. https://doi.org/10.1007/978-3-658-21940-6

Heintz, B. (1994). Die Gesellschaft in der Maschine-Überlegungen zum Verhältnis von Informatik und Soziologie. In H.-J. Kreowski & T. Risse (Hrsg.), *Realität und Utopien der Informatik [ausgewählte Beiträge der 10. Jahrestagung des Forums Informatikerinnen und Informatiker für Frieden und gesellschaftliche Verantwortung e.V.* (S. 12–31).

Herzig, B. (2021). Institutionen der Medienpädagogik: Schule und Medien. In U. Sander, F. von Gross & K.-U. Hugger (Hrsg.), *Handbuch Medienpädagogik* (S. 1–11). Springer Fachmedien. https://doi.org/10.1007/978-3-658-25090-4_95-1

Hischer, H. (Hrsg.). (1993). *Wieviel Termumformung braucht der Mensch? Fragen zu Zielen und Inhalten eines künftigen Mathematikunterrichts angesichts der Verfügbarkeit informatischer Methoden.* Franzbecker.

Hischer, H. (2016). *Mathematik – Medien – Bildung: Medialitätsbewusstsein als Bildungsziel: Theorie und Beispiele.* Springer Spektrum. https://doi.org/10.1007/978-3-658-14167-7

Hugger, K.-U. (2021). Medienkompetenz. In U. Sander, F. von Gross & K.-U. Hugger (Hrsg.), *Handbuch Medienpädagogik* (S. 1–15). Springer Fachmedien. https://doi.org/10.1007/978-3-658-25090-4_9-1

Jörissen, B. (2011). «Medienbildung» – Begriffsverständnisse und Reichweiten. *MedienPädagogik: Zeitschrift für Theorie und Praxis der Medienbildung, 20,* 211–235. https://doi.org/10.21240/mpaed/20/2011.09.20.X

Jörissen, B. & Marotzki, W. (2009). *Medienbildung – eine Einführung: Theorie-Methoden-Analysen.* Klinkhardt (utb).

Kerres, M. (2013). *Mediendidaktik: Konzeption und Entwicklung mediengestützter Lernangebote* (4. Aufl.). Oldenbourg.

Klieme, E., Avenarius, H., Blum, W., Döbrich, P., Gruber, H., Prenzel, M., Reiss, K., Riquarts, K., Rost, J., Tenorth, H.-E. & Vollmer, H. J. (2003). *Zur Entwicklung nationaler Bildungsstandards. Eine Expertise.* BMBF.

KMK (=Kultusministerkonferenz) (1972). *Vereinbarung zur Gestaltung der gymnasialen Oberstufe und der Abiturprüfung (Beschluss der Kultusministerkonferenz vom 07.07.1972 i. D. F. vom 18.02.2021).*

KMK (2012a). *Bildungsstandards im Fach Mathematik für die Allgemeine Hochschulreife. (Beschluss der Kultusministerkonferenz vom 18.10.2012).*

KMK (2012b). *Medienbildung in der Schule (Beschluss der Kultusministerkonferenz vom 8. März 2012).*

KMK (2016). *Strategie der Kultusministerkonferenz „Bildung in der digitalen Welt": Herausforderung für Educational Governance, Schulentwicklung und schulisches Qualitätsmanagement.* https://doi.org/10.5771/9783828869615

KMK (2021). *Lehren und Lernen in der digitalen Welt. Die ergänzende Empfehlung zur Strategie „Bildung in der digitalen Welt".*

Knuth, D. E. (1974). Computer science and its relation to mathematics. *The American Mathematical Monthly, 81*(4), 323–343.

Krauthausen, G. (1993). Kopfrechnen, halbschriftliches Rechnen, schriftliche Normalverfahren, Taschenrechner: Für eine Neubestimmung des Stellenwertes der vier Rechenmethoden. *Journal für Mathematik-Didaktik, 14*(3), 189–219.

Kurth, C., Walpert, D. & Wodzinski, R. (2019). Digitale Messwerterfassung im Kontext digitaler Bildung. *PhyDid B-Didaktik der Physik-Beiträge zur DPG-Frühjahrstagung, 1.*

Lindmeier, A. & Mühling, A. (2020). Keeping secrets: K-12 students' understanding of cryptography. In T. Brinda & A. Armoni (Hrsg.), *Proceedings of the 15th Workshop on Primary and Secondary Computing Education* (S. 1–10). Association for Computing Machinery. https://doi.org/10.1145/3421590.3421630

Lindmeier, A. & Rach, S. (2015). 3D-Druck: Hands & minds on! Von der räumlichen Konstruktion zum gedruckten Modell. *Mathematik lehren,* (190), 19–21.

LKM (=Länderkonferenz MedienBildung) (2015). *Kompetenzorientiertes Konzept für die schulische Medienbildung.* https://lkm.lernnetz.de/files/Dateien_lkm/Dokumente/LKM-Positionspapier_2015.pdf

Mandl, H., Hense, J. & Kruppa, K. (2003). *Abschlussbericht der wissenschaftlichen Programmbegleitung und zentralen Evaluation des BLK-Programms SEMIK.*

Mariescu-Istodor, R. & Jormanainen, I. (2019). Machine learning for high school students. In P. Inhantola & N. Falkner (Hrsg.), *Proceedings of the 19th Koli Calling International Conference on Computing Education Research* (S. 1–9). Association for Computing Machinery. https://doi.org/10.1145/3364510.3364520

Mühling, A., Ghomi, M. & Lindmeier, A. (2021). Welche Kompetenzen benötigen Lehrkräfte für digitale Grundbildung im Mathematikunterricht? Eine Illustration am Beispiel der Idee des „Algorithmus". In K. Hein, K. Heil, S. Ruwisch & S. Prediger (Hrsg.), *Beiträge zum Mathematikunterricht 2021* (S. 207–210). WTM.

Neubrand, M. (2021). Bildungstheoretische Grundlagen des Mathematikunterrichts. In R. Bruder, L. Hefendehl-Hebeker & B. Schmidt-Thieme, *Handbuch der Mathematikdidaktik*. Springer. https://doi.org/10.1007/978-3-642-35119-8_3

Neumann, I., Pigge, C. & Heinze, A. (2017). *Welche mathematischen Lernvoraussetzungen erwarten Hochschullehrende für ein MINT-Studium. Eine Delphi-Studie*. IPN.

Neumann, I., Rohenroth, D. & Heinze, A. (2021). *Studieren ohne Mathe? Welche mathematischen Lernvoraussetzungen erwarten Hochschullehrende für Studienfächer außerhalb des MINT-Bereichs?* IPN.

Oldenburg, R. (2020). Mathematische Bildung für das digitale Zeitalter. In G. Pinkernell & F. Schacht, *Digitale Kompetenzen und Curriculare Konsequenzen. Tagungsband der Herbsttagung 2019 des AK Mathematikunterricht und digitale Wekrzeuge der GDM* (S. 1–21). Franzbecker.

Ostermann, A., Lindmeier, A., Härtig, H., Kampschulte, L., Ropohl, M. & Schwanewedel, J. (2021). Mathematikspezifische Medien nutzen. Was macht den Unterschied – Lehrkraft, Schulkultur oder Technik? *Die Deutsche Schule*, *113*(2), 199–217. https://doi.org/10.31244/dds.2021.02.07

Pallack, A. (2018). *Digitale Medien im Mathematikunterricht der Sekundarstufen I + II*. Springer. https://doi.org/10.1007/978-3-662-47301-6

Peschek, W. (1999). Mathematische Bildung meint auch Verzicht auf Wissen. In G. Kadunz, G. Ossimitz, W. Peschek, E. Schneider & B. Winkelmann (Hrsg.), *Mathematische Bildung und Neue Technologien* (S. 263–270). Teubner.

Peschek, W. & Schneider, E. (2002). CAS in general mathematics education. *Zentralblatt für Didaktik der Mathematik*, *34*(5), 189–195. https://doi.org/10.1007/BF02655821

Prat, C. S., Madhyastha, T. M., Mottarella, M. J. & Kuo, C.-H. (2020). Relating Natural Language Aptitude to Individual Differences in Learning Programming Languages. *Scientific Reports*, *10*(1), Artikel 3817. https://doi.org/10.1038/s41598-020-60661-8

Qian, Y. & Lehman, J. (2017). Students' misconceptions and other difficulties in introductory programming: A literature review. *ACM Transactions on Computing Education (TOCE)*, *18*(1), 1–24.

Rabardel, P. (2002). *People and technology: A cognitive approach to contemporary instruments* (hal-01020705). https://hal.archives-ouvertes.fr/file/index/docid/1020705/filename/people_and_technology.pdf

Roth, J. (2019). Digitale Werkzeuge im Mathematikunterricht–Konzepte, empirische Ergebnisse und Desiderate. In A. Büchter, M. Glade, R. Herold-Blasius, M. Klinger, F. Schacht & P. Scherer (Hrsg.), *Vielfältige Zugänge zum Mathematikunterricht* (S. 233–248). Springer.

Scheiter, K. (2021). Lernen und Lehren mit digitalen Medien: Eine Standortbestimmung. *Zeitschrift für Erziehungswissenschaft*, *24*(5), 1039–1060. https://doi.org/10.1007/s11618-021-01047-y

Schmidt-Thieme, B. & Weigand, H.-G. (2015). Medien. In R. Bruder, L. Hefendehl-Hebeker & B. Schmidt-Thieme, *Handbuch der Mathematikdidaktik* (S. 461–490). Springer.

Schulte, C. & Scheel, O., (2001). Aufgabenbereiche der Medienbildung im Informatikunterricht. In R. Keil-Slawik & J. Magenheim (Hrsg.), *Informatikunterricht und Medienbildung, INFOS 2001, 9. GI-Fachtagung Informatik und Schule* (S. 157–171). Gesellschaft für Informatik.

Senkbeil, M., Eickelmann, B., Vahrenhold, J., Goldhammer, F., Gerick, J. & Labusch, A. (2019). Das Konstrukt der computer-und informationsbezogenen Kompetenzen und das Konstrukt der Kompetenzen im Bereich ‚Computational Thinking' in ICILS 2018. In B. Eickelmann, W. Bos, J. Gerick, F. Goldhammer, H. Schaumburg, K. Schwippert, M. Senkbeil & J. Vahrenhold (Hrsg.), *ICILS 2018 #Deutschland: Computer- und informationsbezogene Kompetenzen von Schülerinnen und Schülern im zweiten internationalen Vergleich und Kompetenzen im Bereich Computational Thinking* (S. 79–111). Waxmann.

Stalder, F. (2016). *Kultur der Digitalität*. Suhrkamp.

SWK (=Ständige Wissenschaftliche Kommission der Kultusministerkonferenz) (2021). *Stellungnahme zur Weiterentwicklung der KMK-Strategie „Bildung in der digitalen Welt"*.

Tenorth, H.-E. (2003). Bildungsziele, Bildungsstandards und Kompetenzmodelle – Kritik und Begründungsversuche. *Recht der Jugend und des Bildungswesens, 51*(2), 156–164.

Trilling, B. & Fadel, C. (2009). *21st century skills: Learning for life in our times*. Jossey-Bass.

Tulodziecki, G. (1998). Entwicklung von Medienkompetenz als Erziehungs-und Bildungsaufgabe. *Pädagogische Rundschau, 52*(6), 693–709.

Tulodziecki, G. (2016). Konkurrenz oder Kooperation? Zur Entwicklung des Verhältnisses von Medienbildung und informatischer Bildung. *MedienPädagogik: Zeitschrift für Theorie und Praxis der Medienbildung, 25*, 7–25.

van Laar, E., van Deursen, A. J. A. M., van Dijk, J. A. G. M. & de Haan, J. (2017). The relation between 21st-century skills and digital skills: A systematic literature review. *Computers in Human Behavior, 72*, 577–588. https://doi.org/10.1016/j.chb.2017.03.010

Verständig, D. (2020). Das Allgemeine der Bildung in der digitalen Welt. *MedienPädagogik: Zeitschrift für Theorie und Praxis der Medienbildung, 39*, 1–12. https://doi.org/10.21240/mpaed/39/2020.12.01.X

Vohns, A. (2021). Das Digitale als Bildungsherausforderung für den Mathematikunterricht? (Un-)Zeitgemäße Betrachtungen. *Mitteilungen der GDM, 110*, 47–55.

Vuorikari, R., Kluzer, S. & Punie, Y. (2022). *DigComp 2.2: The Digital Competence Framework for Citizens – With new examples of knowledge, skills and attitudes*. Publications Office of the European Union.

Weidenmann, B. & Krapp, A. (1989). Lernen mit dem Computer, Lernen für den Computer. Einleitung der Herausgeber zum Themenheft. *Zeitschrift für Pädagogik, 35*, 621–636.

Weigand, H.-G. (2012). Fünf Thesen zum Einsatz digitaler Technologien im zukünftigen Mathematikunterricht. In W. Blum, R. Borromeo Ferri & K. Maaß (Hrsg.), *Mathematikunterricht im Kontext von Realität, Kultur und Lehrerprofessionalität* (S. 315–324). Vieweg+Teubner. https://doi.org/10.1007/978-3-8348-2389-2_32

Weigand, H.-G. & Bichler, E. (2010). Towards a competence model for the use of symbolic calculators in mathematics lessons: The case of functions. *ZDM, 42*(7), 697–713.

Wiater, W. (2018). Digitale Bildung – ein kritischer Zwischenruf. *Bildung und Erziehung, 71*(1), 110–117. https://doi.org/10.13109/buer.2018.71.1.110

Zimmerman, B. J. (2000). Attaining self-regulation: A social cognitive perspective. In M. Boekaerts, M. Zeidner & P. R. Pintrich (Hrsg.), *Handbook of self-regulation* (S. 13–39). Elsevier.

Anke Lindmeier, Friedrich-Schiller-Universität Jena, Fakultät für Mathematik und Informatik, Ernst-Abbe-Platz 2, 07743 Jena
https://orcid.org/0000-0002-2819-4375
anke.lindmeier@uni-jena.de

Teil 2:
Ein Blick über den Zaun – Das Fach Mathematik in der Sekundarstufe II in den Niederlanden, in Norwegen und in Ungarn

In Teil 1 des Sammelbandes wurde die Trias der Bildungsziele (Vertiefte Allgemeinbildung, Wissenschaftspropädeutik, Studierfähigkeit), die in Deutschland fächerübergreifend für die gymnasiale Oberstufe leitend ist, aus theoretischer Perspektive in Bezug auf das Fach Mathematik analysiert. Diese auf Deutschland zentrierte Sichtweise wird in Teil 2 mit einem Blick über den Zaun auf andere europäische Länder kontrastiert. Hierbei wird von Autorinnen und Autoren aus den jeweiligen Ländern dargestellt, in welcher Weise der Mathematikunterricht in der Sekundarstufe II (*academic-track upper secondary school*) organisatorisch und vor allem inhaltlich gestaltet ist. Dazu werden drei europäische Länder (Niederlande, Norwegen und Ungarn) näher betrachtet. Da in diesen Ländern im Allgemeinen eine gewisse gesellschaftliche und soziokulturelle Ähnlichkeit zu Deutschland besteht, können als vorteilhaft erachtete Ausgestaltungsmerkmale möglicherweise Impulse für die Unterrichtsentwicklung in Deutschland geben.

In **Kapitel 2.1** wird der Blick auf den Mathematikunterricht der Sekundarstufe II in den Niederlanden gerichtet. Dort wurde unter Mitwirkung von Hans Freudenthal mit der *Realistic Mathematics Education* eine spezielle Konzeptualisierung des Mathematikunterrichts implementiert, die bis heute den Mathematikunterricht in den Niederlanden beeinflusst.

Im Kapitel wird zunächst die Organisationsform der Sekundarstufe II in den Niederlanden beschrieben. Sie zeichnet sich dadurch aus, dass je nach angestrebtem Studienfach unterschiedliche Mathematikkurse (von Math A bis Math D) angeboten werden. Daran anschließend werden sechs Trends identifiziert, die den Mathematikunterricht der Sekundarstufe II in den Niederlanden in den letzten 25 Jahren geprägt haben, und anhand zahlreicher Beispielaufgaben illustriert. In den ersten beiden Trends geht es – in verblüffender Ähnlichkeit zu mancher Übergangsdiskussion in Deutschland – schwerpunktmäßig um die Sicherung von algebraischem Basiswissen und -fertigkeiten und seiner Evaluierung in nationalen Abschlussprüfungen. Der dritte Trend beschreibt die Veränderung des Geometrieunterrichts von einer synthetischen zu einer analytischen Betrachtung, während als vierter Trend der niederländische Ansatz, *Mathematical Thinking* (das ähnlich zu den prozessbezogenen Kompetenzen der Bildungsstandards zu verstehen ist) verstärkt zu etablieren, dargestellt wird. Die letzten beiden Trends schließlich beschäftigen sich mit der Entwicklung der

Lehrkraft-Schüler-Interaktionen und der Rolle von Kontexten im Mathematikunterricht der hochschulvorbereitenden Sekundarstufe II.

Kapitel 2.2 richtet den Blick in den Norden Europas. Wie auch die Niederlande haben die skandinavischen Länder, welche hier exemplarisch durch Norwegen repräsentiert werden, eine eigene Unterrichtskultur aufzuweisen.

Im ersten Teil des Kapitels wird die Entwicklung der übergreifenden und fachspezifischen Bildungsziele in der Sekundarstufe II in Norwegen dargestellt. Lag in den 1990er Jahren der Fokus des Unterrichts auf einer Prozessorientierung und auf der Eigenverantwortlichkeit der Schülerinnen und Schüler für ihre Lernprozesse, so dominiert heute zunehmend eine output- und kompetenzorientierte Sicht auf Mathematikunterricht. Darauf aufbauend werden im zweiten Teil die empirischen Ergebnisse Norwegens in internationalen Schulleistungsstudien und die Stärken und Herausforderungen des norwegischen Mathematikunterrichts in der Sekundarstufe II näher beleuchtet. So zeigten die empirischen Ergebnisse, dass in Norwegen im internationalen Vergleich nur ein relativ geringer Anteil der Schülerschaft (und außerdem noch unterproportional viele junge Frauen) in der Sekundarstufe II Kurse in voruniversitärer Mathematik (*Advanced Mathematics*) besucht. Darüber hinaus schnitten die Schülerinnen und Schüler aus der Sekundarstufe II im Inhaltsgebiet Algebra im internationalen Vergleich eher schwach ab. Somit schließt der Bericht mit dem Fazit, dass die Herausforderung für den norwegischen Mathematikunterricht in der Sekundarstufe II darin besteht, eine bessere Balance zwischen einer lebensweltlichen Orientierung und einer Beschäftigung mit voruniversitärer Mathematik und insbesondere Algebra zu finden, um einen höheren Anteil der Schülerschaft (und insbesondere auch junger Frauen) auf ein akademisches Studium mit Mathematikbezug vorzubereiten.

Kapitel 2.3 wendet den Blick nach Osteuropa und beschäftigt sich mit dem Mathematikunterricht in Ungarn, das am Beginn des 20. Jahrhunderts zahlreiche international renommierte Mathematiker hervorbrachte. In der Mathematikdidaktik haben insbesondere die Arbeiten von George Pólya zur Charakterisierung von Problemlöseprozessen internationale Bekanntheit erlangt.

Im Beitrag wird zunächst die differenzierte organisatorische Struktur der *Mittelschule* beschrieben, welche im Kern die Sekundarstufe II umfasst. Die curricularen Veränderungen des Mathematikunterrichts an den ungarischen Mittelschulen ist dabei vom Bestreben getragen, eine Balance zwischen den spezifischen nationalen Traditionen (vor allem den Ideen von Tamás Varga zum komplexen Mathematikunterricht) und den allgemeinen internationalen Entwicklungen (z. B. dem EU-Konzept der acht Schlüsselkompetenzen) zu finden. Illustriert werden diese Entwicklungen durch Ergebnisse und Beispiele aus den Abschlussprüfungen. Abschließend werden die Stärken (z. B. gute Talentförderung, die sich in guten Resultaten bei den internationalen Mathematik-Olympiaden zeigt) und die Herausforderungen (z. B. inhaltliche Ausgestaltung der Abschlussprüfung) des Mathematikunterrichts an ungarischen Mittelschulen herausgearbeitet.

2.1

Peter Kop

Trends in Mathematical Education in the Upper-Academic Track in the Netherlands

The Dutch math curriculum in upper secondary school has seen many major revisions over the last 25 years. These revisions and the trends that played a role in them are described and discussed below.

History: Math Curricula in the Netherlands, 1998–2021

Before 1998, Dutch students in upper secondary school, i.e., grades 10–12, chose seven subjects, e.g., math B, physics, chemistry, biology, economics, English, and Dutch, if they wished to choose university courses in areas such as engineering, science, or mathematics. In 1998, the so-called 'Tweede Fase' (second phase of secondary school) was introduced. From now on, students had to choose between four profiles: Culture & Society (CS), Economics & Society (ES), Nature & Health (NH), and Nature & Technology (NT). Each profile had its own math curriculum: math A for CS and ES, and math B for NH and NT. Math A, which included statistics and some algebra, prepared students for studies in psychology and economics, whereas math B, which includes Euclidean geometry, statistics, and more advanced algebra, prepared them for engineering, the sciences, and econometrics. The curricula of CS and NH were mostly subsets of, respectively, ES and NT. Through the new curriculum, students would be better prepared for university as a result of a greater focus on learning to learn, on general skills like planning and communicating, on skills instead of knowledge, on learning to investigate via practical tasks, and on more different subjects, i.e., 15 different subjects. Schools determined the weekly number of lessons based on the study load of each subject (math in CS had a study load of 360 hours over three years, in ES and NH 600 hours, and in NT 760 hours), and on the idea that students should work 1659 hours per year on school tasks and should have 1200 lessons of 50 minutes. These calculations resulted in three or four weekly lessons of 50 minutes for math B, and in two or three for math A, in grades 10, 11, and 12. Soon it turned out that the new curriculum was too ambitious: students complained about the high workload, and later, universities found that students could organize and plan their studies better and could communicate better than students who had followed the old program, but they complained about the students' lack of basic algebraic skills, and in general, a decrease in students' subject knowledge (Van der Kooij et al., 2012; Werkgroep 3TU, 2006). However, Dutch students performed rather well in the international tests of TIMSS Advanced 2008, with an average score of 552 (just behind the Russian Federation) and a small standard deviation (Mullis et al., 2009). However, in algebra tasks like 'For which values of x is the inequality $\frac{x+1}{x-2} > 1$ satisfied?' and 'Find the values of a, b, and c of a function $f(x) = ax^2 + bx+c$ (when a graph of a quadratic function is given)', the Dutch students, who were selected only from the NT profile, performed only at a medium level (Mullis et al., 2009).

In 2007, the curricula were adapted: all subjects were given a study load of 480 hours (for three years upper secondary school). Only math B was given a study load of 600 hours. A new curriculum was introduced for CS: math C. To compensate for the diminishing of the math B hours, schools could offer math D, a subject that would deepen the math B curriculum. But in only about 60% of schools, students have been able to choose math D, and only a small percentage of math B students, about 15%, have done so (cTWO, 2015). Schools were also allowed to make choices concerning the school exams, e.g., about the practical tasks. The national exam would be restricted to 60% of the curriculum; only math B was an exception, as it had almost 100% of the curriculum in a national exam. For the national exams, a detailed syllabus was formulated, in which an extra algebra paragraph was included. This stated what algebra skills students should learn by hand (Van der Kooij, 2007).

In 2009, the *Commissie Toekomst Wiskundeonderwijs* (cTWO; Commission Future Mathematics Education) was installed, with teachers, didactic experts, and professional mathematicians as members. Their vision document 'Rijk aan betekenis' (Rich in meaning, a vision on math education) focused on the historical and cultural value of mathematics (in, e.g., art, philosophy, architecture), on its relevance to society and daily life (e.g., insurance, statistics, finance), and on the development of students' talents (cTWO, 2007). This committee was required to focus on the 'what to teach' (what do our students have to learn), and not on the 'how', which was considered didactics and so the responsibility of school/teachers. Central to its work was the focus on algebraic skills, which was visible in the core concepts of number, formula, function, change, space, and chance, and on mathematical thinking, like modeling, ordering and structuring, analytic thinking and problem solving, manipulating formulas, abstracting, logical reasoning, and proving.

cTWO reflected on contexts and on the use of technology in math education: they recommended the use of more authentic contexts and less 'story math,' and a greater focus on learning using technology instead of learning to use technology ('use to learn' instead of 'learn to use'). A pilot lasting five years resulted in a final report in 2015, in which it was concluded that the algebraic skills of students were improved through the new curriculum; that the new statistics program in the math A curriculum, with its focus on the empirical cycle and qualitative and quantitative exploration of large, realistic datasets, better prepared students for higher education; and that the math B program was more coherent and has strengthened students' algebraic skills (cTWO, 2015). Drijvers et al. (2019) found in their analyses of the pilot exams that these pilot exams required more mathematical thinking than did the regular exams (44% versus 33% of the credit points), and that students at the pilot schools used more diverse problem-solving strategies, used more algebraic methods instead of using the graphic calculator, and more often sketched graphs and switched between representations.

> Math A and B Curricula in 2021 (with an indication of the total study load over three years (in hours) (cTWO, 2015).
>
> General domain for math A and for math B: Skills, including knowing about the role of math in society, solving profile-specific problems, using mathematical thinking like modeling, ordering and structuring, analytic thinking and problem solving, manipulating formulas, abstracting, logical reasoning, proving, and using ICT functionally.
>
> Specific domains for math A: algebra and combinatorics (60 hours); relations with standard functions (140 hours); changes (differential calculus) (120 hours); statistics and probability (160 hours); free mathematical subject, students'/teachers' choice (40 hours). About 49% of students choose math A.
>
> Specific domains for math B: formulas, functions, graphs (160 hours); differential and integral calculus (140 hours); trigonometry (120 hours); geometry with coordinates (160 hours); free mathematical subject, students'/teachers' choice (40 hours). About 49% of students choose math B.
>
> The Math C curriculum resembles the Math A curriculum, but less attention is paid to algebraic skills and no attention is paid to differential calculus; instead, students learn about informal logical reasoning and shape and space. Only 2% of students choose Math C.

In the period 2015–2019, all secondary school students had to write an arithmetic test (rekentoets), with contextual and non-contextual arithmetic problems forming a part of the national exams. This test was introduced to improve students' basic skills in arithmetic (Examenoverzicht, 2019). From 2019 on, arithmetic became a part of the math curriculum in lower secondary school, to be sustained in upper secondary school.

During these 25 years, and also in the current explorations of new curricula, several trends can be distinguished. In the following paragraphs, we discuss different trends that played a role in this period in math curricula, in assessment, and in teaching practices. We distinguish six trends: (1) the struggle in algebra education between basic skills, technology, and symbol sense, (2) the assessment of algebra in national exams, (3) the switch between synthetic and analytic geometry, (4) mathematical thinking, (5) teacher and student interaction in math lessons, and (6) the role of contexts in math education. Below, we discuss these trends and give some examples.

(1) The Struggle Between Basic Skills, Technology, and Symbol Sense

In 1998, the graphic calculator (GC) was introduced in math lessons. The aim was to use technology as a tool, but also for conceptual learning, as it allows students to explore, for instance, by creating their own examples. However, in many math lessons the GC was only used as a graphing and calculation tool. From this moment on, students used the GC for many aspects of algebra, like solving equations and graphing. Different groups soon expressed their concerns about this. Kemme (2002) suggested distinguishing between specific algebraic skills (algebraic calculations) and general algebraic skills (algebraic reasoning). In teaching, attention should be paid not only to specific algebraic skills but also to the general algebraic skills, as these are indispensable in algebraic work. But this warning came too late: from 2003 on, the technical universities started to complain about the problems their first-year students had with basic algebraic skills (Werkgroep 3TU, 2006). Later, other universities, too, like those of mathematics, physics, and economics, complained about this lack of basic algebraic skills; they started special courses to teach these basic skills and adapted their entry tests (Van der Kooij et al., 2012). The results of the entry tests showed the students' lack of algebraic competencies. We give two examples to illustrate these findings. The expression $\frac{a^{1/3}}{a^{1/5}}$ equals $\sqrt[15]{a^2}$, according to only 44 % of students; others chose $\sqrt[3]{a^5}$, or $\sqrt[15]{a}$, or $\sqrt[5]{a^3}$. In rewriting the expression $\frac{x^2-x}{x^2-2x+1}$, only half of the students was successful; 18 % gave $\frac{-x}{-2x+1}$ as an answer, and 16 % $\frac{1}{-x+1}$.

The discussions that followed resulted in the "Dutch math war" between didactic experts and mathematicians (Smid, 2020). The mathematicians blamed the black box use of technology (GC), questioned the ideas of Freudenthal and the realistic approach, and advocated a focus on basic skills, believing that students would develop insight through practicing more or less identical exercises. The discussion on algebraic skills had its effects: gradually, more emphasis was given on the basic skills, like expanding brackets, factorizing, linear equations, and quadratic equations.

In schools, teachers paid more attention to algebra using pen and paper, and the role of the GC was diminished. In the national exams, too, more attention was paid to algebra, and the number of credit points that students might get through the use of the GC decreased. For math B, special formulations were introduced to indicate that some tasks had to be solved using paper-and-pen procedures, so, without using the special options of the GC, 'calculate exactly …' or 'calculate algebraically …'.

In 2007, the study load of math B was reduced, and the program was adjusted: more attention had to be paid to algebraic skills. A paragraph about algebraic skills was added to the syllabi of all math curricula, including descriptions of basic skills and general algebraic skills, like reasoning with formulas. New to the exams in math B were the so-called short tasks, i.e., where only one question was formulated in a 'context' (problem), instead of several questions, as it was usually the case in exams. As no sub-questions were available, students had to solve the 'whole' problem. Here are two examples (Van der Kooij, 2007):

> Given the function $f(x) = \frac{1}{2}x + \frac{x}{e^x - 1}$. The graph of this function seems to be symmetric in the y-axis. Prove that this is true.

> On the parabola $y = x^2$ are the points $A(a, a^2)$ and $B(b, b^2)$ with a>b. The area between the line AB and the parabola can be calculated using the formula $\frac{1}{6}(a - b)^3$. Prove this.

Universities and the *Nederlandse Vereniging van Wiskundeleraren* (Dutch Society of Math Teachers) worked together on a project to develop basic skills entry tests for first-year students and on courses to support these students (Van der Kooij et al., 2012). After several years, these entry tests for first-year students gradually disappeared because secondary school students' algebraic skills had improved.

In 2007, cTWO started to work on a curricula reform and focused on algebraic skills. Not only on basic algebraic skills but also, via the concept of mathematical thinking, on symbol sense. Van Stiphout et al. (2013) found that Dutch students in upper secondary school had problems with seeing the structure in algebraic equations and formulas. Symbol sense is very broad and is involved in three phases of the problem-solving cycle; it has to do with "an intuitive feel for when to call on symbols in the process of solving a problem, and conversely, when to abandon a symbolic treatment for better tools" (Arcavi, 1994, p. 25). It can be seen as complementary to basic skills, and is about reasoning, taking a global view, and strategic work. We give an example to illustrate the use of symbol sense when solving an algebra task.

Task (Kop, 2020): Choose the correct alternative:

A maximum of the function $y = x(14 - 2x)(8 - 2x)$ is situated in
A: [-4;0]; B: [0;4]; C: [4;7]; D: [7;14]

Student 1 used symbol sense; they first considered their strategy when thinking aloud, recognized the zeroes from the structure of the formula, and made a graph through qualitative reasoning about *y*-values being positive/negative:

> *Hmm, not nice to expand the brackets and to differentiate the function; but is there a better way? We can say that there will be a zero at 0, and when 14 − 2x = 0, so, at 7 and at 4 (R2); what shape do we have? For a large it is positive multiply negative multiply negative, so positive; for a very large negative number we get a negative outcome (followed by a correct graph).* (Kop, 2020, p. 126)

Student 2 (see Figure 1) used less symbol sense; they started immediately with calculations and tried to solve the problem by expanding the brackets and formulating an equation to determine the zeroes ($0 = 4x^3 - 44x^2 + 112x$). While solving the equation, they divided through x and, therefore, missed the zero at $x = 0$ and only found zeroes at $x = 4$ and $x = 7$. Hence, they concluded incorrectly that the turning point had to be between 4 and 7.

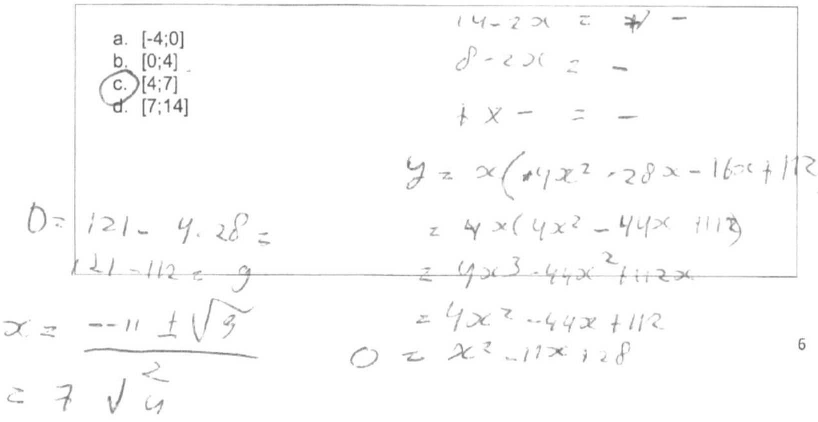

Figure 1: A student's solution to identify the interval in which a maximum of the function $y = x(14 - 2x)(8 - 2x)$ is situated (Kop, 2020, p. 141).

Although school textbooks aim to pay attention to mathematical thinking, there is not much explicit instruction on symbol sense. In order to systematically teach symbol sense, Kop (2020) and Kop et al. (2021) have suggested teaching students in grades 11 and 12 to graph formulas based on recognition and reasoning.

(2) Assessment of Algebra in National Exams

The tasks from the national math A and B exams often require a combination of basic skills and symbol sense, which has been taught in grades 1–12. To illustrate this, we give some examples of math B and math A algebra problems in the national exams, taken from the site of College voor Toetsen en Examens (2021). To indicate the students' performances on the tasks, the *p*'-values are provided when available. A *p*'-value is the average percentage of the maximum credit points that could be scored on the task.

First some examples from the Math B exams (the track preparing students for studies in mathematics, science, and engineering) are presented to illustrate the combinations of symbol sense and basic skills that are required in Math B exams.

Example 1 gives a task that is new to students. The students have to find a strategy for 'how to work on the horizontal distance 2'. For instance, they could substitute $x = 1\frac{1}{2}\pi - 1$ in the formula or solve the equation $f(x + 2) = f(x)$ and then use their repertoire of basic skills to finish the task.

Example 1 (Math B, 2018 I, task 8; $p' = 69$)

Given the function $f(x) = 6 \sin(x) - \cos(2x)$ Calculate exactly the x-values of the turning points of the graph. Point P is $(1\frac{1}{2}\pi, -5)$. Above P a horizontal segment with endpoints on the graph has been drawn. This segment has a length of 2. Calculate the distance from P to this segment.

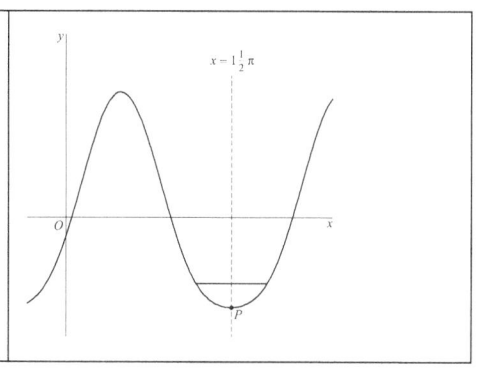

In the second example, the students are confronted with a whole task that needs different steps to be taken; the students have to consider their strategies and have to keep track of their problem-solving activities while using basic skills, like finding zeroes, extreme values, and an integral.

Example 2 (Math B, 2012 II, task 11; $p' = 52$)

Given the function $f(x) = x^3 + 3px^2$. See figure for further information. Prove that the ratio between the shaded area and the area of rectangle OABC is independent of the value of p.

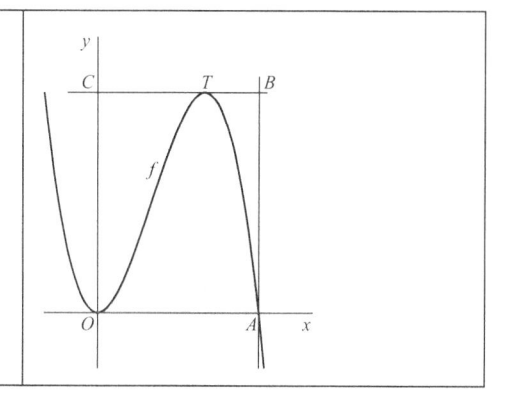

In the third example, students require symbol sense, in particular to reason with and about the formula.

Example 3 (Pilot math B, 2013 I, task 2; p' = 60)

> Antoine's equation is on the relation between vapor pressure and temperature:
> $\log(P) = k - \frac{m}{T-n}$ with $T > n$
>
> P is the pressure in bar; T the temperature in kelvin; k, m, and n are constants that depend on the liquid. The graph shows that P increases when T increases.
>
> [Graph showing P (bar) versus T (kelvin), with P increasing from about 0.03 at $T=250$ to about 0.34 at $T=300$.]
>
> Prove this through reasoning, without using differentiation.

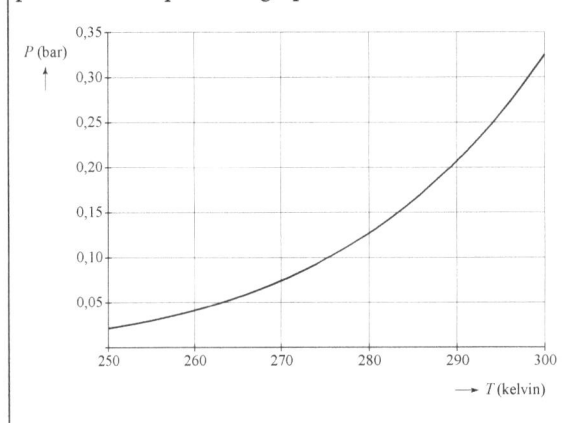

Math A prepares students for studies in economics, biology, and psychology. These students spend less time on algebra than math B students. Tasks in math A exams are presented in a realistic context and the algebra is less complex and less formal than in math B exams.

Again, we give some examples to illustrate combinations of symbol sense and basic skills that are required in math A exams.

Examples 4 and 5 show tasks in which students have to reason with and about formulas, which are an aspect of symbol sense. They have to reason about the increasing/decreasing of a function and about the infinity behavior of a function. These tasks are becoming more common in the national math A exams.

Example 4 (Pilot math A, 2016 I, task 16; p' = 62)

> Given a formula to calculate the number of geocaches M: $M = \frac{5.6}{1+87e^{-0.3t}}$, t time in years after 2000, M number of geocaches in millions.
>
> Reason from the formula that the number of geocaches is increasing and that the increments in the long run will be very small.

Example 5 (Pilot math A, 2015 I, task 8; p' = 41)

> When you pay in a shop, this costs the shopkeeper, too. This problem is about transaction costs K, which depend on transaction amounts B. See the figure for three different ways to pay. A formula for K_{cont} is given: $K_{cont} = 0.00488 + \frac{0.0744}{B}$.
> The formula for K_{chip} is of the same form: $K_{chip} = p + \frac{q}{B}$, p and q are constants.
>
> Reason using the formulas, without calculating p and/or q, whether p is larger or smaller than 0.00488, and then whether q is larger or smaller than 0.0744.

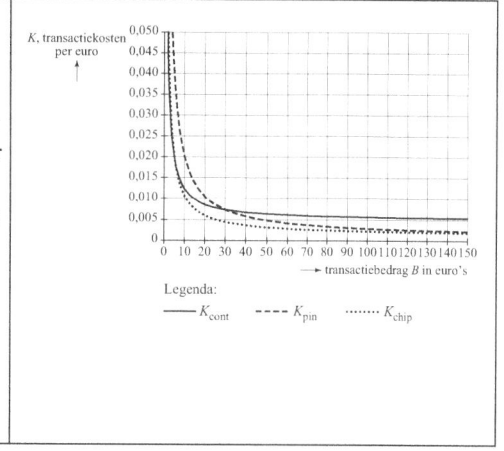

Example 6 shows a task that requires symbol sense, as students have to consider their strategies and organize the algebraic manipulations.

Example 6 (Math A, 2019 I, task 13; p' = 31)

> To calculate the efficiency E of a package with volume V and area A, a comparison is made between volume V of this package and the volume of a sphere with the same area A.
> $E = \frac{\text{volume } V \text{ with area } A}{\text{volume of sphere with area } A}$ (1)
> area of sphere = $12.57r^2$ (2)
> volume of sphere = $4.19r^3$ (3)
> r is the radius of the sphere
>
> From the formulas (1), (2), and (3) you can show that $E = \frac{V}{4.19(\sqrt{0.08A})^3}$. Show this.

(3) Synthetic or analytic geometry

Before 1998, geometry was about spheres and blocks, and included drawing cross sections, views, and volume calculations. Universities complained about the students' lack of knowledge about differences between axioma, definitions, proofs, and theorems. Therefore, in 1998, Euclidean geometry was introduced into the math B program. A list of theorems (e.g., congruence theorems, circle theorems like the inscribed angle theorem, a theorem about angle formed by an intersecting tangent and chord) was formulated that could be used when constructing proofs for new theorems about lines, angles, and circles. Technology with programs like Cabri, and later Geogebra, could be used to explore situations. This topic could show students what it is to find and formulate proof in mathematics. Students found it difficult but challenging.

Example 7 (Math B, 2004 I, task 10; $p' = 38$)

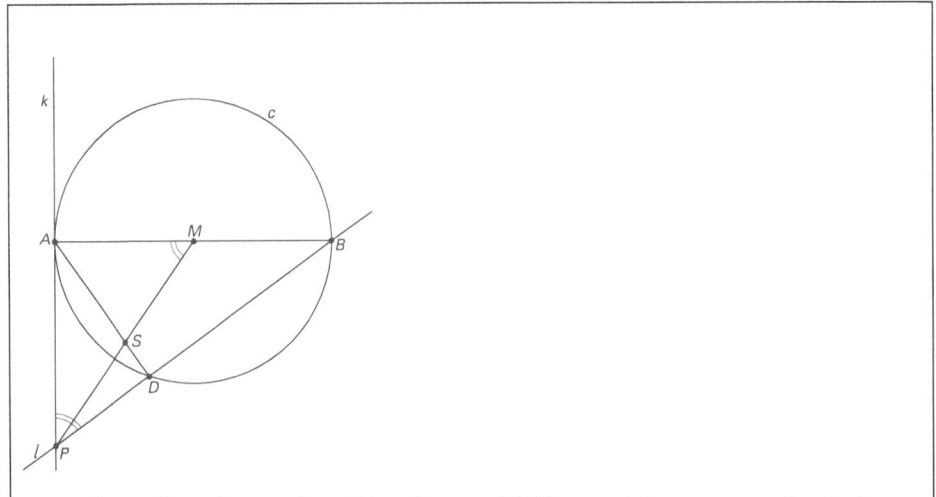

Given the circle with centerline AB and center M. The y-axis is tangent to the circle. Given that angle AMP is equal to angle APD, prove that AS = PS = MS

In this task, one can prove that both triangles APS and AMS are isosceles triangles by using the list of theorems.

In 2010, cTWO decided to return to analytical geometry. Although synthetic methods were still mentioned in the program, the focus was on geometry using coordinates and vectors. Arguments for this choice were that algebraic skills were practiced in a natural way, that Euclidean geometry was not relevant to Dutch university programs, and a better coherence in the program. The new exams included problems that needed domain-specific basic skills and problem-solving activities (mathematical thinking) like those in the examples below.

Example 8 (Pilot math B, 2012 I, task 7; p' = 35)

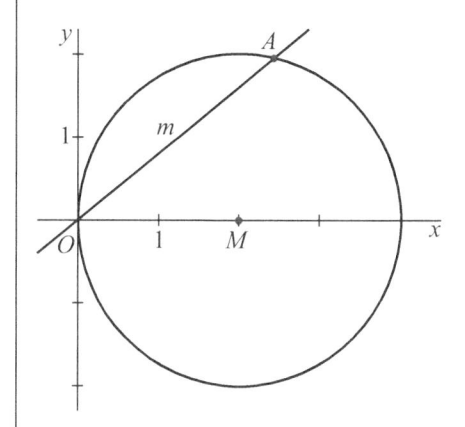

Given a circle with radius 2 and center (2,0).

[Figure: circle centered at M=(2,0) with radius 2, line m through origin O intersecting the circle at point A in the upper region; axes labeled x and y with unit marks at 1.]

A line m with equation $y = px$ with $p > 0$ intersects the circle at point O and point A.
The length OA is 3.
Calculate exactly the value of p.

This task can be solved by finding the points of intersection of $(x - 2)^2 + y^2 = 4$ and $y = px$, and using $OA = \sqrt{x^2 + (px)^2} = 3$

(4) Mathematical Thinking

The 1998 program was ambitious and challenging for students, particularly the proving in geometry in the math B program. For several reasons, problem solving was not given enough attention. First, the program was overloaded. Second, instead of using technology like the GC to explore problem situations and concepts and the like, thus using technology to learn, teachers and students focused on learning to use technology for solving problems. For instance, students hardly learned to solve equations, because all these equations could be solved using the GC, and many teachers did not pay enough attention to algebraic skills and thinking. Third, the Dutch math dispute between mathematicians and didactic experts led to a focus on basic skills and algorithmic work. This resulted in many teachers focusing on training students to solve basic skills problems, often using more or less identical problems. The textbooks followed this direction, leading to a situation in which learning goals, like problem solving, modeling, reasoning, and proving, were hardly addressed (Drijvers et al., 2012).

cTWO (2007) tried to establish a new balance between these learning goals, presenting core concepts like number, relation, change, chance, space, and form, and mathematical thinking as the goals of mathematical education. Its aim was that mathematical thinking, i.e., modeling, ordering and structuring, analytic thinking and problem solving, manipulating formulas, abstracting, logical reasoning, and proving, would be tested both in national and school exams. The new exams contained more problems that required mathematical thinking, and the students improved their thinking abilities.

Mathematical thinking, in addition to other tasks, is recognizable in a short investigation task, the last task of the math A exam. We give two examples of such tasks.

Example 9 (Pilot math A, 2013 II, task 20; no p' was calculated due to the small number of students involved)

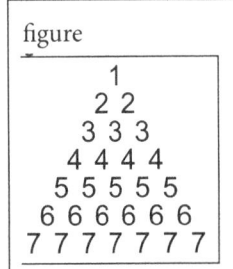

figure	
1 2 2 3 3 3 4 4 4 4 5 5 5 5 5 6 6 6 6 6 6 7 7 7 7 7 7 7	
The game Tricoda consists of 28 tiles. One tile has the number 1, two tiles the number 2, three tiles the number 3, etc. Each player gets three tiles. See figure. How many different threesomes can a player get at the start of the game?	

In this task, students could, e.g., distinguish different types: *xxx* (three numbers are the same), *xxy*, and *xyz*, or they could write down all 76 different possibilities.

Example 10 (Pilot math A, 2014 I, task 21; $p'= 28$)

> The final standings of the Dutch soccer competition of 2008–2009 are shown below.
>
> | Ranking | Team | Points | Ranking | Team | Points |
> |---|---|---|---|---|---|
> | 1 | AZ | 80 | 10 | Vitesse | 43 |
> | 2 | FC Twente | 69 | 11 | NEC | 42 |
> | 3 | Ajax | 68 | 12 | Willem II | 37 |
> | 4 | PSV | 65 | 13 | Sparta Rotterdam | 35 |
> | 5 | SC Heerenveen | 60 | 14 | ADO Den Haag | 32 |
> | 6 | FC Groningen | 56 | 15 | Heracles Almelo | 32 |
> | 7 | Feyenoord | 45 | 16 | Roda JC | 30 |
> | 8 | NAC Breda | 45 | 17 | De Graafschap | 30 |
> | 9 | FC Utrecht | 44 | 18 | FC Volendam | 29 |
>
> The 18 teams have played a whole competition, i.e., each team has played a home game and a return game against each other team.
> Teams get 3 points for winning a game, 1 point each for a draw, and 0 points for losing a game.
> Investigate how many games ended in a draw in this competition.

In this task, students have to calculate the total number of games (306) and total number of points (842). Then, they can make the equations $3w + 2g = 842$ and $w + g = 306$ and solve this set of equations. But they could also reason as follows: "If all games had a winner, then the total number of points would be 918; the total number of points is only 842, so 76 games ended in a draw"; or they could calculate some examples until they found the correct number of draws (suppose 70 games ended in a draw, then …). As these investigation tasks are always at the end of an exam, low scores might be the result of a lack of time.

The mathematical thinking tasks in the national exams were mainly about problem solving, manipulation of formulas, and some reasoning and proving activities. Modeling, for instance, was hardly covered in the national exams (Drijvers et al., 2019; Van Streun, 2014). Modeling is an important aspect of the so-called *Mathematics A-lympiad* and *Mathematics B day*, designed by the Freudenthal institute. Both are games made up of tasks for grade 11 and 12. Teams of four students work a whole day on a modeling task (Freudenthal Instituut, 2021).

Teaching and assessing mathematical thinking were not straightforward for teachers either, because it was not clear how to translate these scientific ideas into educational practices (Drijvers, 2011; Van Streun & Kop, 2012). Many teachers had the impression that mathematical thinking was something that occurred at the end of the learning process, resulting in some problems at the end of a chapter. Later, it was realized that mathematical thinking can be involved in all stages of the learning process. Van Streun and Kop (2016, 2017) developed tasks to involve students in mathematical thinking. All of their tasks reflected exploring for structure at the beginning and at the end of a learning process, using knowledge functionally to solve problems, as well as reasoning and generalizing. The tasks for exploration, including activities for linking representations and categorizing concepts and tasks, aimed at promoting students' development of rich and well-connected cognitive schemas. Van Streun and Kop suggested that teachers should not split up whole tasks for their students at the start; they recommended that teachers stimulate students to explore in small groups and support students when needed, use whole class discussion for reflecting and generalizing, teach students how to ask questions, and model how to solve problems.

To teach problem solving, teachers might use a model in which problem solving is described in terms of recognition and heuristic search. This model is a generalization of the model used to teach grade 11 students symbol sense through graphing formulas (Kop, 2020). Since recognition guides heuristic search, students should first consider whether they recognize a given problem as a member of a known problem family, for which standard approaches have been learned and are available. If not, students should try to split the problem up into sub-problems that can be solved. Then students should search for signal words that can be related to their content knowledge. And finally, if there is no recognition at all, students should try to use general heuristics like making an example, making a sketch, guessing a solution and checking it, etc., in the hope that in this way some recognition will take place and/or steps in the solving process can be found. In teaching problem solving by using this model, the aim is to enable students to experience and practice all these different levels of recognition. This model explicitly shows students the levels of recognition, the problem-solving activities, the need for specific domain knowledge (for a repertoire of problem families), and general heuristics.

(5) Teacher and Student Interaction in Math Lessons

At the start of the Tweede Fase in 1998, the focus was on learning to learn, promoting students' sense of responsibility for their own learning processes, and learning other 21st century skills (planning, regulating, and monitoring one's learning process, learning together, searching for information, learning problem-solving strategies, working with technology, making summaries, etc.) (Simons & Van Zuylen, 1995). These skills were considered to be of a general nature and were taught in separate lessons. It turned out that without the help of teachers, students were not able to transfer these general skills to the more specific contexts of the different subjects.

In addition, to promote students' learning, teachers were expected to take a step back from the regular teaching process, and only to give short plenary introductions and enable students to work individually or in small groups, and to coach students in this process. Already in the pilot of the new math program, teachers had indicated that especially a subject like proving in Euclidean geometry was hard to learn individually, without plenary discussion in the classroom. According to these teachers, modeling by the teacher and discussions were indispensable to promote students' learning to construct proofs. But these suggestions were not in line with the ideas about student learning in the Tweede Fase (Van Streun, 2001a, 2001b, 2003, 2010).

Math textbooks have always played an important role in Dutch math education. In order to enable students to work and learn individually, without the help of teachers, math school textbooks split information up into small pieces, giving worked out examples and/or step-by-step plans, and presenting problems that were very similar to those in the examples. As a result, students were able to solve many small and identical problems but did not develop problem-solving abilities.

In 2007, schools became more autonomous and were able to make their own choices. As schools had to compete with other schools for students, they tried to stand out by defining their identity and their educational arrangements, resulting in less space for teachers to design their own lessons. In many schools, teachers had to follow school rules about 'how to teach', often with a focus on students' own responsibility, allowing students to make their own choices, for instance, in so-called choice-of-working-time lessons, in which students could choose on what subject they wished to work. In schools, teachers were stepping back from the students' learning processes (Van Streun, 2010). Later, many again stressed the importance of the teacher taking a pro-active role in the classroom (see, e.g., Drijvers et al., 2012; Van Streun & Kop, 2017)

(6) Role of Contexts in Math Education

Realistic contexts have been at the heart of math A since the 1980s and have also been used in math B exams. In *Realistic Math Education* (RME), the term 'realistic' refers not only to 'real-life' problems, but also to the Dutch expression 'zich realiseren', i.e., to imagine. Problems can come from the real world, but also from a fantasy world or the formal world, as long as students can attach meaning to the mathematics; this allows them to use out-of-school knowledge and informal procedures (Vos, 2020). According to RME, the teaching of concepts starts with problems in rich contexts that put students on the track of informal context-related solution strategies as a first step in the learning process, followed by other levels of understanding: from informal context-related solutions (models of), through creating various levels of shortcuts and schematizations (models for), to a formal level. This learning can be characterized as 'guided reinvention' and is a social activity, including small-group work and whole-class discussions to share ideas and strategies (Van den Heuvel-Panhuizen & Drijvers, 2020a, 2020b).

Van Stiphout (2011) analyzed how linear relationships and linear equations were taught in the two popular secondary school, pre-university stream, textbooks. She found that the textbooks paid ample attention to phenomenological exploration, with a considerable number of activities that focus on the exploration of contextual problems. However, the textbooks hardly supported the link from balance model ('model for') to formalization, as the formal level was given in ready-made mathematics (by the rule 'change sides then change signs'). These findings suggested that the principles of RME might not be well implemented in Dutch mathematics education (Gravemeijer et al., 2016).

RME has often been criticized for its 'verhaaltjessommen' (story tasks). And indeed, many contexts in textbooks are used simply to legitimize the mathematics involved and are artificial, simple, dressed-up stories with questions that would not normally be asked by the actors within the context (Vos, 2020): e.g., in which year does the number of cars that pass a certain road reach its maximum (N) when the number of cars in thousands (N) in year x can be described using the formula $N = -0.01x^3 + 20x^2$?

cTWO (2007, 2015) turned against such 'story tasks' and argued for the use of more authentic problem situations. Math A contexts should have a predominantly didactical and social character and should focus on the application of math in contexts. In math B, the contexts should have a more mathematical and applied character and should contribute to the internal structure and coherence of the several aspects of mathematics.

At the moment, the math B exams often have only one real-life context, mostly about science, and perhaps two questions on this context. In these tasks, the algebraic or geometrical models are often given through a formula and/or a sketch. In the math A exam, five or six contexts are involved; these relate to daily life and circumstances linked to economics, medicine, and biology. After an introduction to the background of the model, the model is given via, e.g., a formula or a described (linear or exponential) model.

Many links to real-life situations are used in Dutch mathematical education, both teaching and assessment; these are presented not only verbally, but also visually using drawings, photos, diagrams, and other visualizations. The contexts can have different roles: they can be used to motivate students for the problem, to create a cognitive conflict, to function as a thinking model to explore a concept, and to show how the mathematics can be used in professions, in higher education, and/or in other secondary school subjects. Depending on the role of the context in the teaching or assessment, it is necessary to determine how important the authenticity of the problem situation and/or the activity should be.

(7) The Dutch Curriculum in the Near Future

In 2018, the government nominated a committee of teachers and school directors to consider the education of grade 1–12 students in the future (Curriculum.nu, 2019). The problems of the current curriculum were formulated: lack of continuity in learning trajectories from primary to secondary, and to higher education, the overload in programs, the lack of choices for teachers and students, and a lack of personalization. For the new curricula, three general goals were formulated: qualification, socialization, and personalization. In politics, it was formulated that teachers should be involved in the process of designing a new curriculum and even lead it. Therefore, a committee of teachers was established and was asked to produce suggestions for an innovative math education that would address the formulated problems and goals. In its first report, the committee focused on presenting a challenging and motivating curriculum with a balance between basic skills and mathematical thinking, in which technology is used for many calculations. In addition, it was decided to continue the focus on mathematical thinking as a learning goal. In Figure 2, two types of content are distinguished: content domains and domain-independent thinking and working processes (mathematical thinking). The content domains are numbers and operations, ratio, geometry, variables, relations and formulas, data, statistics and probability, and changes and approximations. The domain-independent thinking and working processes (mathematical thinking) are mathematical problem solving, modeling, representing and communicating, logical reasoning, abstracting, algorithmic thinking and using technology. In Figure 2, it is shown how content domains and domain-independent thinking and working processes should interact.

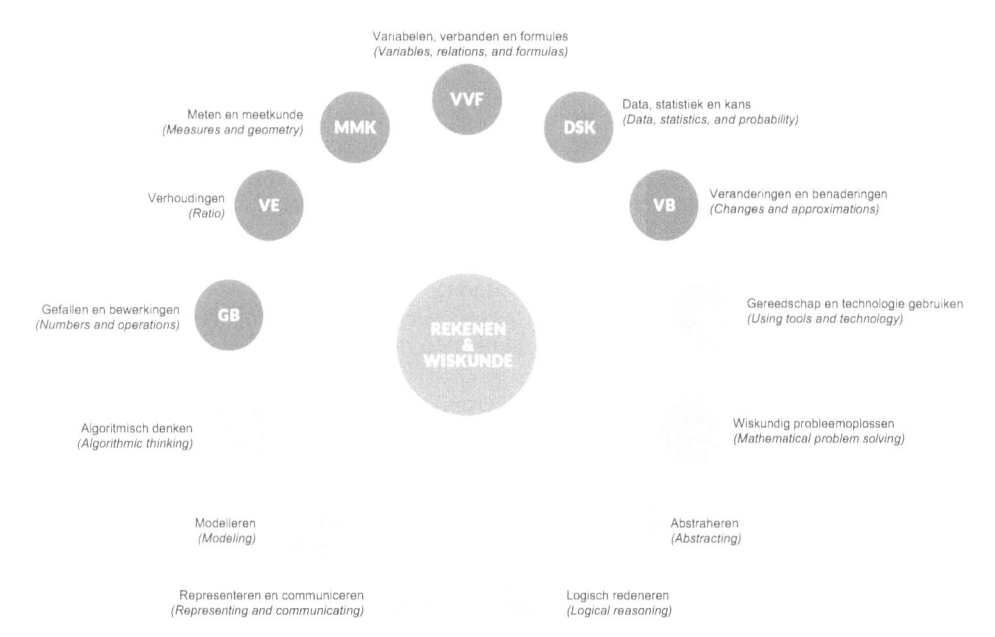

Figure 2: Two types of learning goals according to Curriculum.nu (Curriculum.nu, 2019). The darker colored circles represent different mathematical content domains while the lighter colored circles represent ways of mathematical thinking.

In a preliminary response to these plans of Curriculum.nu, the *Platform Wiskunde Nederland* (Platform for Mathematics in the Netherlands) and the *Nederlandse Vereniging van Wiskundeleraren* (Dutch Society of Math Teachers) suggested to have three different programs for math in upper secondary school, which should all include statistics: preparation (i) for cultural, social, and medical studies, (ii) for economic and biological studies, and (iii) for engineering, science studies, and mathematics (Platform Wiskunde Nederland, 2020). Although it is expected that these content domains will be reformulated, we expect that the focus on mathematical thinking will continue.

References

Arcavi, A. (1994). Symbol sense: Informal sense-making in formal mathematics. *For the Learning of Mathematics, 14*(3), 24–35.

College voor Toetsen en Examens (2021). *Eindexamenblad in wiskunde* [Final exam in mathematics]. https://www.examenblad.nl/vak/wiskunde [04.11.2022].

cTWO [Commissie Toekomst Wiskundeonderwijs] (2007). *Rijk aan betekenis. Visie op vernieuwd wiskundeonderwijs* [Vision of reform mathematics education]. cTWO. http://www.fi.uu.nl/ctwo/

cTWO (2015). *Denken & doen, wiskunde op havo en vwo per 2015. Eindrapport van de vernieuwingscommissie wiskunde* [Thinking & doing, mathematics at havo and vwo by 2015. Final report of cTWO]. cTWO. https://www.fi.uu.nl/ctwo/publicaties/docs/CTWO-Eindrapport.pdf

Curriculum.nu (2019). *Samen bouwen aan het primair en voortgezet onderwijs van morgen. Leergebied Rekenen en wiskunde.* https://www.curriculum.nu/voorstellen/rekenen-wiskunde/

Drijvers, P. (2011). Wat bedoelen ze toch met… denkactiviteiten? [What do they mean with … mathematical thinking?] *Nieuwe Wiskrant, 31*(2), 38–41.

Drijvers, P., Kodde-Buitenhuis, H. & Doorman, M. (2019). Assessing mathematical thinking as part of curriculum reform in the Netherlands. *Educational Studies in Mathematics, 102*(3), 435–456. https://doi.org/10.1007/s10649-019-09905-7.

Drijvers, P., van Streun, A. & Zwanenveld, B. (Eds.) (2012). *Handboek Wiskundedidactiek* [Handbook Didactics on Mathematics]. Epsilon.

Examenoverzicht (2019). *Alles wat je moet weten over de rekentoets* [All you need to know about the arithmetics test]. https://www.examenoverzicht.nl/examen-informatie/algemeen/rekentoets

Freudenthal Instituut (2021). *Mathematics in teams.* https://www.uu.nl/en/node/753/mathematics-in-teams

Gravemeijer, K., Bruin-Muurling, G., Kraemer, J. M. & van Stiphout, I. (2016). Shortcomings of mathematics education reform in The Netherlands: A paradigm case? *Mathematical Thinking and Learning, 18*(1), 25–44. https://doi.org/10.1080/10986065.2016.1107821

Kemme, S. (2002). Welke algebra is nodig in vwo 4? [What algebra is needed in VWO 4?] *Nieuwe Wiskrant, 21*(3), 29–31.

Kop, P. M., Janssen, F. J., Drijvers, P. H. & van Driel, J. H. (2021). Promoting insight into algebraic formulas through graphing by hand. *Mathematical Thinking and Learning, 23*(2), 125–144. https://doi.org/10.1080/10986065.2020.1765078

Kop, P.M.G.M. (2020). *Graphing formulas by hand to promote symbol sense: Becoming friends with algebraic formulas* (PhD thesis, Leiden University Graduate School of Teaching (ICLON), Leiden University) ICLON PhD Dissertation Series. https://www.universiteitleiden.nl/binaries/content/assets/iclon/nieuws/peter-kop_graphing-formulas-by-hand-to-promote-symbol-sense.pdf

Mullis, I. V., Martin, M. O., Robitaille, D. F. & Foy, P. (2009). *TIMSS advanced 2008 international report. Findings from IEA's study of achievement in advanced mathematics and physics in the final year of secondary school.* TIMSS & PIRLS International Study Center.

Platform Wiskunde Nederland (2020) *Wiskunde in het voortgezet onderwijs (t.b.v. Curriculum.nu)* [Mathematics in secondary school]. https://platformwiskunde.nl/onderwijs/

Simons, P. & Van Zuylen, J. (1995). *De Didactiek van Leren Leren.* [Didactics on learning to learn.] http://docplayer.nl/8746501-De-didactiek-van-leren-leren.html

Smid, H. J. (2020). Dutch Mathematicians and Mathematics Education – A Problematic Relationship. In M. Van den Heuvel-Panhuizen (Ed.), *National Reflections on the Netherlands Didactics of Mathematics. Teaching and Learning in the Context of Realistic Mathematics Education* (pp. 63–75). Springer. https://doi.org/10.1007/978-3-030-33824-4

Van den Heuvel-Panhuizen, M. (Ed.). (2020a). *National Reflections on the Netherlands Didactics of Mathematics. Teaching and Learning in the Context of Realistic Mathematics Education.* Springer. https://doi.org/10.1007/978-3-030-33824-4

Van den Heuvel-Panhuizen, M. & Drijvers, P. (2020b). Realistic Mathematics Education. In S. Lerman (Ed.), *Encyclopedia of Mathematics Education (2nd ed.)* (pp. 521–525). Springer. https://doi.org/10.1007/978-3-030-15789-0

Van der Kooij, H. (2007). De wiskunde-examenprogramma's havo en vwo vanaf 2007 [Math curricula for havo and vwo from 2007]. *Euclides, 81*(7), 322–326.

Van der Kooij, H., Van Gastel, L., Heck, A., Tempelaar, D. & Cuypers, H. (2012). Aansluitproblemen VO-WO students [Problems in connection between secondary school and higher education]. *Nieuw Archief voor Wiskunde, 5/13*(1), 37–42. http://www.nieuwarchief.nl/serie5/pdf/naw5-2012-13-1-037.pdf

Van Stiphout, I. M. (2011). *The development of algebraic proficiency* (Doctoral dissertation). Eindhoven School of Education, Eindhoven, The Netherlands. https://doi.org/10.6100/IR719774

Van Stiphout, I., Drijvers, P. & Gravemeijer, K. (2013). The development of students' algebraic proficiency. *International Electronic Journal of Mathematics Education, 8*(2–3), 62–80. https://www.iejme.com/download/the-development-of-students-algebraic-proficiency.pdf

Van Streun, A. (2001a). Hoe staat ons Nederlands wiskundeonderwijs er voor? [State of Dutch mathematics education]. *Nieuw Archief voor Wiskunde*, 5/2(2), 42–51.

Van Streun, A. (2001b). *Het denken bevorderen* [Promoting students' mathematical thinking]. Rijksuniversiteit Groningen. Faculteit der Wiskunde en Natuurwetenschappen. https://research.rug.nl/nl/publications/het-denken-bevorderen

Van Streun, A. (2003). Gerommel aan de Tweede Fase [Rumble on Tweede Fase]. *Nieuw Archief voor Wiskunde*, 5/4(1), 56–59.

Van Streun, A. (2010). Hoe staat ons Nederlands wiskundeonderwijs er voor? (deel 2) [State of Dutch mathematics education (part 2)]. *Nieuw Archief voor Wiskunde*, 5/11(3), 173–177. http://www.nieuwarchief.nl/serie5/pdf/naw5-2010-11-3-173.pdf

Van Streun, A. (2014). *Onderwijzen en toetsen van wiskundige denkactiviteiten: Implementatie examenprogramma's havo-vwo 2015* [Teaching and testing mathematical thinking activities: Implementation of havo-vwo examination programs 2015]. SLO. https://www.slo.nl/@4200/onderwijzen-toetsen/

Van Streun, A. & Kop, P. (2012). Wiskundige denkactiviteiten [Mathematical thinking]. In P. Drijvers, A. van Streun & B. Zwaneveld (Eds.), *Handboek Wiskundedidactiek* (pp. 339–368). Epsilon.

Van Streun, A. & Kop, P. (2016). *Ontwerpen van wiskundige denkactiviteiten bovenbouw havo-vwo. Implementatie examenprogramma havo-vwo 2015* [Designing mathematical thinking in upper secondary school havo-vwo. Implementation exam program havo-vwo 2015]. SLO. https://www.slo.nl/zoeken/@4505/ontwerpen-wiskundige/

Van Streun, A. & Kop, P. (2017). *Ontwerpen van wiskundige denkactiviteiten onderbouw havo-vwo. Implementatie examenprogramma havo-vwo 2015* [Designing mathematical thinking in lower secondary school havo-vwo. Implementation exam program havo-vwo 2015]. SLO. https://www.slo.nl/publicaties/@4594/ontwerpen-wiskundige-0/

Vos, P. (2020). Task contexts in Dutch Mathematics Education. In M. Van den Heuvel-Panhuizen (Ed.), *National Reflections on the Netherlands Didactics of Mathematics. Teaching and Learning in the Context of Realistic Mathematics Education* (pp. 31–53). Springer. https://doi.org/10.1007/978-3-030-33824-4

Werkgroep 3TU (2006). Aansluiting vwo en Technische Universiteiten [Connection between VWO and Studies of Engineering]. *Euclides*, *81*(5), 242–247.

Peter Kop, ICLON, Leiden University Graduate School of Teaching, The Netherlands
https://orcid.org/0000-0002-5721-7409
koppmgm@iclon.leidenuniv.nl

2.2

Inger Christin Borge, Arne Hole & Liv Sissel Grønmo

Mathematics education in Norwegian academic-track upper secondary school

The Norwegian school system consists of a seven-year primary school (grades 1–7, ages 6–13), followed by lower secondary school (grades 8–10, ages 13–16) and upper secondary school (grades 11–13, ages 16–19). While in primary and lower secondary school there is no streaming into different tracks, in upper secondary school, which is our main focus of attention here, there is a track structure which will be described in section 2 of the chapter.

1 General overarching goals underlying the design of upper secondary mathematics education in Norway

In order to properly describe the situation for mathematics education in Norwegian upper secondary school, in particular the academic tracks, it is necessary to start by considering the wider picture of school politics and curricula in Norway.

The vast majority of Norwegian children, all the way from grade 1 (5/6 year-olds) to grade 13 (18/19 year-olds), attend public schools free of charge for the parents. In these schools, curricula are designed through political processes led by the Norwegian government. Hence, in Norway, the educational system offers relatively large possibilities for shaping school practices politically. This freedom also applies to the different tracks in upper secondary school, among which some are academically inclined.

During the past 50 years, there have been several curriculum changes in Norway, which has led to quite large changes for the mathematics subject. We will mention the following:
- The 1974 curriculum **M74** (M for *Mønsterplan*, meaning "Pattern curriculum")
- The 1987 curriculum **M87**
- The 1994 reform **R94** (R for *Reform*)
- The 1997 curriculum **L97** (L for *Læreplan*, meaning "Curriculum")
- The 2006 curriculum **LK06** (K for *Kunnskapsløftet*, meaning "Knowledge promotion")
- The 2020 curriculum **LK20**

Borge, I. C., Hole, A. & Grønmo, L. S. (2022). Mathematics education in Norwegian academic-track upper secondary school. In T. Rolfes, S. Rach, S. Ufer & A. Heinze (Hrsg.), *Das Fach Mathematik in der gymnasialen Oberstufe* (S. 157–175). Waxmann. CC BY-NC-SA 4.0

The ideological basis for school mathematics in Norway, including mathematics in upper secondary school, has changed back and forth with these reforms. LK20 is not a reform, but a "renewal" of LK06, which we will elaborate on. The present curriculum LK20 for Norwegian school mathematics can be considered as a kind of hybrid between the curricula L97 (KUF, 1996b) and LK06 (KD, 2006).

Typically, the various reforms have been carried out in a stepwise fashion, so that, for instance, reforms in primary and lower secondary schools have been followed by a corresponding reform in upper secondary school a year or two later. Hence, upper secondary school curricula will be a consequence of the curricula changes in the lower grades. By autumn 2022, all grades in school will follow LK20.

The concepts or ideas connecting the reform across different school levels, have typically been defined partly by overarching goals, and partly by changes in pedagogical and subject-specific theoretical positioning. The overarching goals or ideologies particular to *academic-track upper secondary school mathematics* follow these fluctuations in the goals for school mathematics in general.

Looking at Norwegian school mathematics in general, some of the curriculum changes have resulted from changes imposed across disciplines. An example of this is the focus on problem solving and working on projects across subjects in the curriculum M87 (KUD, 1987). Another example is the *process-oriented approach* in the curriculum L97, and a third one is the competence-based approach found in the most recent Norwegian curricula LK06 and LK20.

Other changes have been internal to mathematics as a school subject. These have originated from changes in the subject itself. Examples of this are the so-called modern mathematics found in the curriculum M74 (KUD, 1974) and the subsequent "back to basics" wave (greater focus on basic arithmetic skills) which in Norway was reflected in M87.

To explain the "ideological" basis for the current Norwegian upper secondary mathematics curriculum, we will consider in somewhat more detail the three most recent Norwegian curricula, namely L97, LK06 and LK20, from the perspective of mathematics.

Norwegian curricula in the 1990s: L97 and R94. Process orientation and responsibility for own learning

Compared with its predecessor M87, which physically was a relatively modest book, the paper version of L97 for the 10-year primary school looked very impressive (KUF, 1996a). It was large format, hardbound and with lots of colour images, most of them displaying artworks. In the mathematics part of the curriculum, all of the five pictures were related to arts and crafts. Two of the five pictures concerned knitting. The general part of the curriculum described a holistic view of human beings, with subsections entitled "The spiritual human being", "The creative human being", "The working human being", "The liberally-oriented human being", "The social human being", "The environmentally aware human being", "The environmentally conscious human being", finishing with "The integrated human being". This curriculum focused on individual personality formation and what is customarily referred to by the word *allmenndannelse* in Norwegian, meaning "general education" for you as a human being, independently of your future profession.

In the Norwegian mathematics education community, the curriculum reform L97 was generally celebrated as a victory for progressive mathematics teaching methods (Herbjørnsen, 1998). In L97, strong emphasis is placed on the individual student's responsibility for professional and social development. L97 placed great emphasis on students' responsibility for their own learning. This principle can be linked to an underlying constructivist view of learning, i.e. a view of learning where emphasis is placed on the students creating their own knowledge (Herbjørnsen, 1998).

L97 was also *process oriented*. The mathematics curriculum listed the main elements that the students were supposed to *work with* at each of the 10 school grades. Each part consisted of the sentence "In the education the students shall..." followed by a list of things that the students should *work with* or *experience*. As an example, under the item «Graphs and functions» for 9th grade it reads (our translation): *The students should*

- *continue reading and drawing graphs that describe situations from everyday life*
- *practice using letters to symbolise variable numbers and quantities, and express simple functional relations in ordinary language and in mathematical symbols, and in particular explore linear functions* (KUF, 1996a, p. 181).

Just as the principle of "responsibility for one's own learning" did, this process orientation corresponded well with the idea of teaching based on an underlying constructivist view of learning. If one reads L97 from such an angle, it builds up to a classroom situation where the teacher primarily becomes a supervisor rather than a leader of the learning process.

In parallel with the introduction of L97 for primary school, a corresponding curriculum reform was also implemented in upper secondary school. This is often referred to as Reform 94 (KUF, 1994, 1999). Structurally, R94 represented a culmination of changes that had taken place in upper secondary school since the 1980s. Previous stages in the development included the curricula of 1992 (KUD, 1992) and 1996 (KUD, 1986), which should be compared to the upper secondary plan from 1976 (KUD, 1976).

In R94, the last traces of the previous division into specialized *linjer* (study programmes) in the academically oriented tracks of upper secondary school, disappeared. For upper secondary school mathematics, this meant for example that there no longer was any *naturfaglinje* (science programme) where one could assume a collaboration with physics at 12th and 13th grade. Previously, mathematics courses could rely on physics courses for interpretations and applications of topics such as vectors and calculus, and in return the physics courses could build on mathematics concerning the theoretical development of these subjects. Clearly, the decoupling of these subjects in R94 can be linked ideologically to the emphasis on individual responsibility expressed in L97.

In terms of content, a comparison of the plans from 1976 and 1992 shows that the mathematics in the academically oriented tracks moved away from mathematical rigor and formal, logical development. In other words, the development here was quite parallel to the development that took place in primary school during the same period.

Norwegian curricula after the year 2000: Competencies and measurability

The curriculum L97, and partly also the corresponding R94 in upper secondary school, promoted activity-based learning. A general criticism, however, was that these activities were not sufficiently linked to the theoretical work in the subject.

Another problem was that the slogan *responsibility for own learning* eventually resulted in a form of schoolwork organization that was widely criticized. Students were given *arbeidsplaner* (work plans) that typically covered a week or more (Bergem, 2016b; Dalland & Klette, 2014). The work plan listed what the students were supposed to work with in the relevant period, across all subjects. The students could choose the working order themselves. One consequence of this was that students in the same classroom often worked with completely different things, often even in different subjects. This made collaboration difficult. Since typically one teacher was present in the classroom at a given time, it was also far from certain that she or he had the competence required for giving advice in all the different subjects.

These emerging problems set the stage for the next major ideological shift in Norwegian curricula. The turning point came in 2003. In Norway, the results from the international comparative surveys PISA and TIMSS from this year are often referred to as the "PISA shock" (Kjærnsli et al., 2004; Mullis et al., 2004). These surveys showed that Norwegian students did not perform nearly as well as one would expect based on the country's resource levels, compared with other countries. For instance, this was the case in mathematics. We will describe this more closely in section 3.

From about 2003 onwards, the Norwegian discourse on school mathematics switched away from the "soft" and child-oriented L97-approach, focusing instead on *competence-based* approaches to curricula. This development was clearly inspired by the theoretical framework of PISA (OECD, 2003), which in turn was strongly related to the mathematical competence framework developed in the Danish KOM project (Niss, 1999; Niss & Højgaard Jensen, 2002).

As a result, the new 2006 curriculum for grades 1–13 (LK06) was purely competency based. The new curriculum emphasized measurability of competencies and so in many ways represented an approach diametrically opposed to the one in L97. The standard formatting phrase "The students should [work with]" from L97 was now replaced with "The goal of the training is that the students should be able to", followed by bullet points.

This time the curriculum did not come in the form of an impressive-looking book with colour pictures. On the contrary, LK06 was a plain black and white text document listing how the students should perform at different points in their education. This reflected the shift away from the abovementioned emphasis on aesthetics and "art" found in the previous plan.

Along with the new requirements for measurability also came stronger documentation requirements and feedback requirements for teachers. The teachers had to break down the curriculum's competence goals into measurable sub-competencies, for which they were then required to develop mechanisms for measuring and documenting student achievements to school authorities, parents, and other stakeholders. At the same time, national tests in mathematics and some other subjects were introduced on 5th and 8th/9th grades, along with national tests in lower grades aimed at locating general learning difficulties and needs for special attention among children in lower grades. In upper secondary school, there continued to be no national tests of these kinds. Following LK06, textbooks also introduced their own additional test regimes, which were sold as part of the packages the schools could buy. These packages included half-year tests, full-year tests and textbook chapter tests.

To sum up, it has been argued that LK06 led to an intensified test regime in school mathematics in Norway. It has been claimed that this represents an ideological shift away from the child-oriented traditional approach of Scandinavian schools, highlighted by L97 in the case of mathematics in Norway, but going much further back historically (Sjøberg, 2007; Braathe & Ongstad, 2001; Otterstad & Braathe, 2016). It has also been argued that the political will to do well in international studies can affect both education policy, curricula, and the individual teacher in a negative way. The result may be a national "teach to the test" effect where the goals of the teaching are dictated by international tests and national test regimes designed to match the international ones (Sjøberg, 2007).

It is also reasonable to say that the changes in LK06 represent a shift in the direction of greater emphasis on school mathematics as a *foundation for professional education*. The enforced requirements of measurability were partly justified politically by referring to reports on declining mathematical competence among beginning students at the university level (NMR, 2015; Grønmo and Hole, 2017, chapter 12).

Also, at the beginning of the new century, both an Official Norwegian Report (NOU, 2003) and a white Paper (KD, 2003–2004) suggested that students in school should be allowed to move ahead in school subjects, and also be given access to taking exams at university level. For example, the Department of Mathematics (MI) at the University of Oslo (UiO) has given access to gifted students in mathematics for 30 years, and this has been a permanent arrangement since 2004.

In the years leading up to 2020, a new process of curriculum revision in school was initiated in Norway. In the first phase of the work, the so-called *Ludvigsen committee* played a central role. In 2014 and 2015, this committee delivered two Official

Norwegian Reports about the future school in Norway (NOU, 2014, 2015). Here, the concept of *dybdelæring* ("in-depth learning") was highlighted as a new basic idea. The definition of the concept was somewhat vague and contradictory, but it was clear that *dybdelæring* had to do with going in depth, both within a given subject and across different subjects. Emphasis was also placed on long-term progress across different grades and long-term learning trajectories.

The curriculum revision in LK20, which followed the Ludvigsen reports, was initially described as a process for narrowing the syllabi, giving room for greater emphasis on so called *core elements*. Furthermore, it was set as a guideline that no new school subjects should be introduced in LK20, hence it is not considered a true "reform". LK20 is also called *Fagfornyelsen* ("subject renewal"). A defining idea was simplification. Separate subject groups were then set up with the task of defining core elements in each of the school subjects. The core elements in mathematics will be listed in section 2.

When the core elements for each subject had been described, the ball was passed on to *subject specific curriculum groups*, including a mathematics group. These groups designed the final curriculum for all grades 1–13, including the academic tracks of upper secondary school. The groups were given quite detailed templates specifying what the finished plan should look like.

At the same time, it was also decided that basic training in programming and algorithmic thinking should be introduced into the mathematics curriculum in all grades. This meant that other subject areas had to be taken out or reduced in the curriculum, and the "narrowing" became more challenging. Furthermore, it was required that the curriculum, like LK06 before it, should be competence based. The mathematics learning goals stated for the various school grades in LK20 are thus competence descriptions. However, the requirement on competence orientation made by the Ministry of Education did not apply to the core elements. For the mathematics subject, this has resulted in the core elements being mainly process oriented.

As a result, the present curriculum LK20 for Norwegian school mathematics can be considered as a kind of hybrid between the L97 and L06 curricula. The process-oriented approach of L97, motivated by personal development and general education of "modern citizens", is partly represented by the core elements of mathematics, as these are expressed in LK20. On the other hand, for each grade the LK20 mathematics plan lists learning goals in the form of measurable competencies, just like LK06 did.

To sum up, the ideological basis for school mathematics in Norway, including mathematics in upper secondary school, has changed back and forth during the last decades. While the emphasis on competence and measurability in LK06 certainly can be labelled as academically oriented, the emphasis on the development of "integrated human beings" inherited from L97, is more oriented towards personal developments, independently of future professional or educational choices.

On the other hand, overarching goals or ideologies *particular to* academic-track upper secondary school mathematics, are difficult to spot in the Norwegian dis-

course. Rather, the mathematics in these tracks has followed the changes in general ideologies "passively", maybe in a kind of damped manner, without any particular attention given to it. This fact is interesting, and it may be summed up as the first of our main conclusions in this report:
- Mathematics education in upper secondary school, and in particular mathematics in the academically inclined tracks, has not been a main area of focus in the Norwegian discourse on school mathematics in the past decades. Rather, curricula and other educational policy elements regarding this segment of mathematics education in Norway have been sleeping passenger on a train driven by the discourse on mathematics in lower grades.

2 Shaping the overarching goals specifically for mathematics instruction and visibility of these goals in concrete mathematical content

The students who end up in academic-track mathematics after LK20, start on a general study programme in the first year of upper secondary school. They then choose between two mathematics subjects, 1T (T for theoretical) and 1P (P for practical). Figure 1 illustrates the structure of the mathematics subjects in the three years of upper secondary school in LK06. The structure is the same in LK20, except 2T no longer exists. The columns in the figure indicate the possible subjects each year, and the arrows show the possible choices for the students. All students must have two years of mathematics. The subject Mathematics X is optional, and is for students who need to fill up their schedule or want to take it as an extra subject.

The academic-track mathematics subjects are S1 and S2 (S for *samfunnsfag*, social sciences) and R1 and R2 (R for *realfag*, natural science and mathematics).

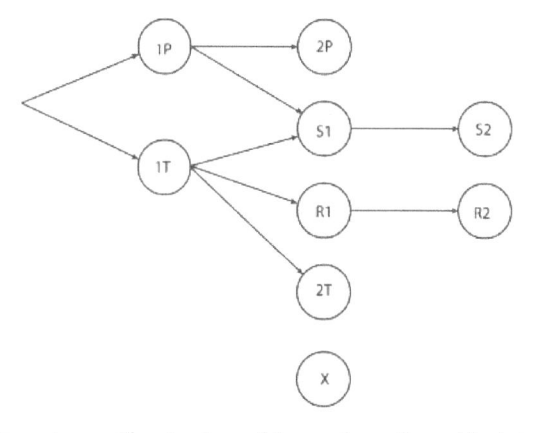

Figure 1: The structure of the mathematics subjects in upper secondary school in LK06 (Borge et al., 2014). T stands for theoretical, P for practical, S for social sciences, and R for "realfag", natural sciences. The subject Mathematics X is optional.

The core elements in mathematics in LK20 became (Utdanningsdirektoratet, 2020) (our translation):
- Inquiry and problem solving
- Modelling and applications
- Reasoning and argumentation
- Representation and communication
- Abstraction and generalization
- Mathematical topic areas

Note that the first five of these are not core elements in the *subject of mathematics* in the sense that they describe central topic areas in the subject, such as numbers, geometry, algebra, etc. Instead, they are core elements in *work* with the subject. Thus, they are *process oriented*. In LK20, the core elements in mathematics apply to all the grades 1–13, including the academic tracks of upper secondary school.

One of the reasons for focusing on the work with the subject rather than the specific mathematical content in the core elements was to make the students work more on methods and ways of thinking to get a better understanding of mathematics, hereby also making the teachers change their instruction methods.

In LK06 and LK20, the curriculum also included *grunnleggende ferdigheter* (basic skills) in the subjects mathematics and Norwegian. In mathematics, these skills are oral and digital skills, and to be able to write, read, and calculate.

The concrete mathematical content becomes visible in the learning goals, which are competence based. The goals come in one bulleted list for each subject. In the academic-track upper secondary mathematics subjects each subject has 12–14 goals linking together the core elements and the basic skills with the mathematical content. The goals follow a certain template: they use certain kind of verbs, e.g., explore, explain, present, analyse, and each goal also consists of two competencies.

We will elaborate more on the way the mathematical content is presented in the new curriculum LK 20 below, but to give an idea of the mathematical topics included in the subjects S1, S2, R1 and R2, we list some of it below (Utdanningsdirektoratet, 2020) (our translation):
- **S1:** limits, differentiation, powers, logarithms, continuity, combinatorics, probability
- **S2:** series, integrals, fundamental theorem of calculus, exponential growth, logistic growth, statistical distributions, stochastic variables, economic models, statistical hypothesis testing
- **R1:** limits, differentiation, continuity, powers, logarithms, exponential growth, logistic growth, inverse functions, parametric equations, 2-dimensional vectors
- **R2:** series, recurrence relations, integrals, parametric equations, 3-dimensional vectors, radians, trigonometric functions, mathematical proof

These subjects all comprise 5 hours per week.

The requirements in mathematics for entrance to further studies at colleges and universities vary. Some institutions require R2 (in particular, university studies involving mathematics), whereas others only require R1, or S1+S2, which is considered as equivalent when it comes to entrance requirements. Different institutions have had trial periods with different entrance requirements.

When it comes to the concrete mathematical content, the mathematics learning goals stated for the various school grades in LK20 are less specified, both in relation to mathematical domains and the mathematical content itself, than in LK06. As an example, we use some of the learning goals in the course R2, the most advanced mathematics course from upper secondary school.

In LK06, the learning goals in R2 were presented under four *hovedområder* (main areas): geometry, algebra, functions and differential equations. The learning goals in algebra state (KD, 2006) (our translation):

The goal of the training is that the student should be able to
- *find and analyse recursive and explicit formulae for number patterns with and without digital aids, and complete and present simple proofs linked to these formulae,*
- *complete and explain proof by induction,*
- *sum finite series with and without digital aids, derive and use the formulae for the sum of the n first terms in arithmetic and geometric series, and use this to solve practical problems,*
- *calculate with infinite geometric series with constant and variable quotients, decide the convergence region for these series and present the results.*

In LK20, the learning goals come in one list, hence they are not divided into main areas. The goals related to the learning goals in algebra from LK06 now state (Utdanningsdirektoratet, 2020) (our translation):

The goal of the training is that the student should be able to
- *explore properties of different series and explain practical applications of properties of series,*
- *explore recursive relationships by using programming and present own approaches,*
- *analyse and understand mathematical proofs, explain the "carrying" ideas in a mathematical proof and develop own proofs.*

We see that words like "recursive and explicit formulae", "arithmetic and geometric series", "infinite geometric series" are replaced by less concrete phrasings like "recursive relationships" and "different series".

One of the reasons for making the learning goals less concrete is that there should be "no ceiling", i.e. the teacher (who interprets the learning goals) can go as far as she or he feels is reachable for her or his students. However, the learning goals provide no floor either.

Below is an example from one of the textbooks in R2 under LK20, showing an exercise incorporating the core element "inquiry" (Borge et al., 2022) (our translation):

> Let a and b be two positive numbers. *The arithmetic mean* between a and b is defined to be the number $m = (a + b)/2$. *The geometric mean* of a and b is defined as the number $\sqrt{ab}$.
>
> Explore the connection between arithmetic and geometric mean and arithmetic and geometric series.

When the learning goals become less concrete, the interpretation becomes more difficult. Especially considering that the exam is a national exam. At the time of this writing, there is a committee working on new types of exam questions for all mathematics exams in Norway, designed for the new curriculum. The format of the exam is also under discussion. In the S- and R-subjects, the exam has been 5 hours, consisting of two parts. In part 1, the students cannot use digital aids, whereas in part 2 all aids are allowed, except open internet and other tools that can be used for communication.

Some examples of exam questions have been released, and there have been hearings. We give an example from R1 (part 1) (Utdanningsdirektoratet, 2022a):

> Funksjonen f er gitt ved
>
> $f(x) = 4x \cdot e^{-x}$
>
> En av grafene nedenfor er grafen til f.
>
> Begrunn hvilken av grafene nedenfor som er grafen til f.

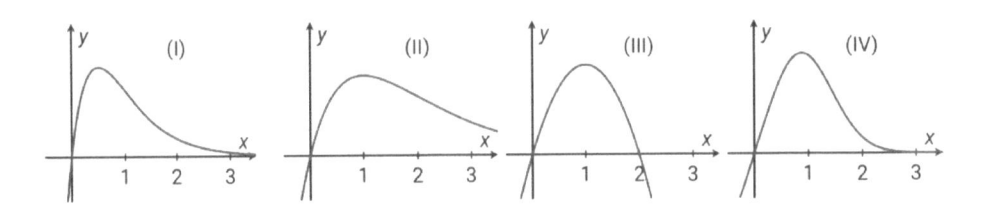

In this exercise, one of the graphs shown is the graph of the given function f. The task for the student is to "Justify which of the graphs below is the graph of f."

Since the work with exam questions is ongoing, it is difficult to say where it all will end up.

Possibly the outcome of this process will help making the interpretation of the new curriculum a bit easier. But still, we may formulate our second main conclusion as follows:

- The degree to which curricula and other educational policy documents determine what actually should happen in the Norwegian mathematics classrooms, has been decreasing over the past decades. This development is particularly pronounced in upper secondary school. Much is left open to interpretations made by less politically controlled groups such as exam development committees and publishers.

3 Empirical findings concerning the teaching reality and the knowledge and skills achieved in academic-track upper secondary mathematics

A good source for data about students' achievements at upper secondary level is the IEA TIMSS Advanced study (IEA, 2022). This study collects data on student achievement and attitudes as well as other educational factors in upper secondary school, in an international perspective. The TIMSS Advanced Mathematics framework (Grønmo et al., 2015) can be seen as defining a common ground for the participating countries concerning what should constitute academic mathematics in upper secondary school.

TIMSS Advanced has conducted an international study in mathematics at the end of upper secondary school in 1995, 2008, and 2015 (Mullis et al., 2009; Mullis et al., 2016b). While Norway participated both in mathematics and physics in 2008 and 2015, in 1995 Norway participated only in the international study in physics. However, in 1998 Norway conducted an identical study in mathematics, using the same procedures and instruments as used internationally in 1995. The results for Norway are therefore not published in the international report in 1995, only in national reports (Angell et al., 1999; UiO, 2022b). Nine countries participated in TIMSS Advanced in 2015: France, Italy, Lebanon, Norway, Portugal, Russia, Slovenia, Sweden, and USA. The results for Norwegian students in mathematics is pretty low compared with the other participating countries. The percentage of the actual age cohort that studied mathematics at the highest level in each country, the so-called coverage index, is also lower for Norway than for most of the other countries (Mullis et al., 2016a). While France and Slovenia have about the same mean mathematics achievement as Norway, their coverage indexes are much higher. The overage index in France is over 20 percent, in Slovenia about 34 percent, whereas the Norwegian coverage index is just above 10 percent. This tells us that France and Slovenia educate a significantly higher percentage of their population to an advanced "academic-track" level in mathematics, giving their students an indisputable better basis for a number of further educations at the university level.

TIMSS Advanced compare the percentage of students in each country that reach three defined levels for mathematical competence: Intermediate level, High level, and Advanced level (for more about the definition of these levels, see the international report (Mullis et al., 2016b; Grønmo et al., 2015)). Table 1 shows the percentage of students that participated in the study that reach each level in Norway, Slovenia, and France, and the percentage of the actual age cohort reaching each level.

Table 1: Percentages of students at intermediate, high and advanced level in France, Norway and Slovenia, TIMSS Advanced 2015

	Intermediate level		High level		Advanced level	
	Percent of TIMSS Adv. students	Percent of age cohort	Percent of TIMSS Adv. students	Percent of age cohort	Percent of TIMSS Adv. students	Percent of age cohort
France	43	9	11	2	1	0
Norway	41	4	10	1	1	0
Slovenia	42	14	14	5	3	1

The percentage of students participating in the study that reached Intermediate level is about the same in Norway as in Slovenia and France, while comparing the percentage of the actual age cohort reaching this level is respectively 14 % and 9 % in Slovenia and France, and only 4 % in Norway. The pattern is the same for the percentage of students reaching High level in these three countries.

In the international report, presenting results from all participating countries, it is important to notice that the percentage of age cohort that reach High level in Norway was lower than in all other countries in TIMSS Advanced 2015 (Mullis et al., 2016b). The national report concluded that Norway, to a lesser degree than other countries, failed to give students with talent and interest for mathematics the mathematical competence needed for many further studies at the university level (Grønmo & Hole, 2017).

TIMSS Advanced also indicates interesting information about how different domains of mathematical content are prioritized across countries. Students in TIMSS Advanced are tested in three different mathematical domains: Algebra, calculus, and geometry (Grønmo et al., 2015). Achievement data in each of these separate domains may help us understand what type of competence students in a country have achieved last year of upper secondary school. By that indicating what type of competence a country sees as an essential basis for further academic studies. TIMSS Advanced compares a country's achievement in each of these domains with the mean level of achievement for the country. By that, we get a measure for the relative focus given in a country on each of these domains. Norway's mean is 459 points, but 13 points lower in algebra, and 4 points and 14 points higher in calculus and geometry respectively. All differences are statistically significant. Norway has a lower relative focus on algebra than any of the other countries that participated in TIMSS Advanced 2015. France, Slovenia, Portugal and Russia all had a significantly higher focus on algebra (Mullis et al., 2016b; Grønmo & Hole, 2017). Data from TIMSS Advanced 2015 show that one content domain, namely algebra, stands out as the domain where Norwegian students' performance is especially weak. This is a result consistent for Norwegian students in all TIMSS studies at all levels in school from 1995 till today (UiO, 2022c). Algebra is a domain where Norwegian students achieve especially low. Taking into account that algebra may be seen as a mathematical language which is a very important building block for all forms of university level education involving mathematics (Grønmo, 2018), this is problematic. Research in Norway on problems students meet in mathematics at the university level, support the conclusions that lack of basic algebraic knowledge that the students were supposed to learn in upper secondary school can be a main reason for students' failure in beginning university courses in calculus (Hole et al., 2021).

Another problematic issue concerning academic-track mathematics in Norway is the percentage of girls choosing the advanced mathematical courses in upper secondary school. As already mentioned, the general coverage index (percentage of age cohort) taking advanced mathematics tracks is pretty low in Norway compared with most of the other countries in TIMSS Advanced. For Norwegian female students, the coverage index is even lower (Mullis et al., 2016a). Only 8 percent of the actual age cohort of female students in Norway take advanced mathematics last year of upper secondary school. In France and Slovenia, respectively 20 and 40 percent of females take these courses. Norwegian politicians seem to like portraying Norway as an exemplary country concerning equality between females and males, but the coverage indexes mentioned here show that this is not the case in advanced mathematics in school. The Norwegian difference in coverage index between boys and girls is even more pronounced in upper secondary school physics, which is the other school subject tested in TIMSS Advanced. Unfortunately, we must conclude that recruitment of females into mathematics and science has not worked well in Norway. Even more problematic, the arrows seem to be pointing in the wrong direction, with fewer students and a decrease in achievement for each year (Grønmo & Hole, 2017).

In the PISA study in 2018, Norwegian girls scored a little higher than Norwegian boys (OECD, 2022; UiO, 2022a). This may be interpreted as a contradiction to our conclusion about the situation between boys and girls in mathematics in Norway. However, when comparing results from different studies we have to take into account the framework and items used to measure the students' achievement. Norway has participated in various international studies in lower secondary school, which is a good thing. We participate both in PISA and TIMSS, and we also have national tests of students in mathematics and reading in lower secondary school, with a participating rate over 90 percent. By carefully examining and comparing the results from all these tests, we get a better picture of the situation and the challenges we have to meet in our educational system. PISA tests what they define as *mathematical literacy* at the end of lower secondary school. Mathematical literacy focuses on use in daily life. Items in PISA, since related to daily life, include in general quite a lot of text to be read describing a daily life situation, much more than traditional items in mathematics. In Norwegian national tests, boys achieve better than girls in mathematics, the opposite is the case in reading (Utdanningsdirektoratet, 2022b). The PISA results for Norway are therefore likely to be influenced by the large amount of reading needed to answer items in what they define as mathematical literacy. The results in tests in TIMSS in lower secondary school are also in contradiction to the

PISA results that girls tend to perform better than boys. In TIMSS Advanced we see that boys outperformed girls both in percentage taking the course, and in results on the tests. PISA tests students to a little degree in mathematics needed for further studies (Hole et al., 2018). Already in 2005 over 200 mathematics teachers and researchers (Astala et al., 2005) point to the problematic issue that PISA results are interpreted as students achieving high in that study have a good foundation for academic mathematics. They argue that that is not at all the case. PISA gives adequate data for Norwegian students' knowledge in mathematics to be used in daily life, but we have other and more relevant data, for what type of mathematics students will need in upper secondary school and for further studies. Mathematics learned in lower secondary school is important, both for using mathematics in daily life and for giving a basis in algebra for further learning. The Norwegian challenge to be met is to implement a better balance between these two goals for mathematics in school.

With relatively few students choosing academic mathematics in upper secondary school compared to other countries in TIMSS Advanced 2015, and the level of achievement in general, we need to take a closer look at what students learn and are exposed to in lower levels in school. As mentioned in section 1 of this report, in the Norwegian curriculum all the grades 1–13 (primary, lower, and upper secondary) are seen as steps on a ladder. In lower secondary school, there are consistent results from 1995 up until today showing that Norwegian students achieve especially low in algebra (UIO, 2021). The Norwegian TIMSS and PISA results in mathematics around 2003 were considered a "shock" by both educators, politicians, and the public in Norway (Grønmo et al., 2004; Kjærnsli et al., 2004). While there have been some indications that Norwegian students achieve slightly better in mathematics overall after 2003, this is not the case in algebra (Bergem, 2016a). When comparing the focus on algebra in lower secondary school with the focus on more daily life mathematics as statistics, Norwegian students showed the largest difference in favour of statistics compared with algebra out of any of the countries. The result in algebra for Norway is consistently low over time and in different studies. This is the case, even if it already in 1995 was pointed out that Norwegian students were achieving problematically low in algebra (UiO, 2022c).

It is also relevant to look at analyses combining data from studies of student achievement to data from studies related to other aspects of school mathematics. In the Norwegian context, the TEDS-M study of competencies of mathematics teacher students is interesting (Tatto et al., 2012; Grønmo & Onstad, 2012). There is much discussion in Norway concerning lack of well-educated teachers, but this discussion has also mainly been focused on grades 1–10. Data from TIMSS Advanced concerning age and education levels of teachers in Norwegian upper secondary school have been alarming for several years (Grønmo et al., 2010). Several of the international studies have documented that mathematics teachers in Norway have a relatively low competency in mathematical subject content when compared to other countries, and that they are offered relatively few additional in-service courses in mathematics when teaching in school (Grønmo et al., 2016; Mullis et al., 2016a). Also, the fact that this challenge needed to be met was pointed out in the national reports already in 1995 (UiO, 2022c).

In TEDS-M, patterns in achievements were also found which confirmed the regional clusters concerning achievement which has consistently been found in studies such as PISA and TIMSS, on all school levels. In Nordic and English-speaking countries, students achieve relatively low on items related to academic mathematics such as algebra, and better on items closer to daily life, such as statistics and probability. In East-European and East-Asian countries, the picture is the opposite. These regional clusters are stable over time and consistent across studies using different frameworks. It appears that there are quite different cultures of mathematics education in different regions of the world (Grønmo, 2018; Blömeke et al., 2013). For more about these types of cluster analyses, see (Olsen, 2006).

As far as Norway is concerned, we may summarize the above in our third main conclusion of this report:
- Compared to other countries, the culture in mathematics education in Norway does not favour academically oriented mathematics such as algebra. Algebra may be particularly important in academic-track upper secondary mathematics, but in society today it is also needed in several vocational studies. To learn algebra, as other languages, the foundation laid in compulsory school is important for learning later. Norwegian school mathematics is geared more towards mathematics relevant for people in their everyday lives than for further learning. This fact is also visible in mathematics teacher education. A better balance is needed in Norwegian schools between daily life mathematics and mathematics for further learning. There is also a significant recruitment problem concerning academic-track mathematics and physics in upper secondary school, particularly for females.

4 Strengths and challenges arising concerning mathematics education in Norwegian academic-track upper secondary school

The challenges that arise concerning mathematical education in the upper secondary school has to be reflected upon based both on the educational goals as presented in the curriculum, and on the empirical findings on knowledge and skills achieved by the students. Also, as mentioned above, it is important to take into account the situation at lower levels in school. Although the Norwegian results in PISA are respectable (Kjærnsli & Olsen, 2013), we consider the relevance of this to academic-track upper secondary mathematics as quite limited, since PISA is primarily testing everyday mathematics (Hole et al., 2018). See section 3.

Concerning challenges, we have already listed the following:
1) A general lack of focus on upper secondary school mathematics, with no separate policy for academic tracks.
2) Weakened mechanisms for political influence on the mathematics actually taught in the classrooms, caused by curricula which are less concrete and specified.
3) Low student achievement in academically oriented areas of mathematics, in particular algebra, compared to other countries (results consistent over several decades, different studies and different levels).
4) We need a better balance between daily life mathematics and academically oriented school mathematics in Norway.

On the positive side, the core elements in the new curriculum concerning abstraction, generalization, modelling, exploration and so on may potentially give Norwegian teachers and students added possibilities for reforming mathematics education in a positive way.

Concerning strengths, it should also be remarked that Norway generally scores very high on school climate, school safety, student engagement and attitudes, and teacher job satisfaction (Mullis et al., 2016b). This, along with other data from various international studies where Norway has participated, may be perceived as a good foundation for improving Norwegian schools on all levels, including upper secondary mathematics academic tracks.

References

Angell, C., Kjærnsli, M. & Lie, S. (1999). *Hva i all verden skjer i realfagene i videregående skole? [What on earth is happening to science and mathematics in upper secondary school?]* Universitetsforlaget.

Astala, K., Kivelä, S. K., Koskela, P., Martio, O., Näätänen, M., Tarvainen, K. & polytechnics, m. t. i. u.a. (2005). *The PISA survey tells only a partial truth of Finnish children's mathematical skills.* https://matematiikkalehtisolmu.fi/2005/erik/PisaEng.html

Bergem, O. K. (2016a). Hovedresultater i matematikk. [Main results in mathematics.] In O. K. Bergem, H. Kaarstein & T. Nilsen (Eds.), *Vi kan lykkes i realfag. Resultater og analyser fra TIMSS 2015 [We can succeed in scienc and mathematicss. Results and analyses from TIMSS 2015]* (pp. 22–44). Universitetsforlaget.

Bergem, O. K. (2016b). "I Prefer to Take One Subject a Day". In K. Klette, O. C. Bergem & A. Roe (Eds.), *Teaching and Learning in Lower Secondary Schools in the Era of PISA and TIMSS* (pp. 149–164). Springer.

Blömeke, S., Suhl, U. & Döhrmann, M. (2013). Assessing strengths and weaknesses of teacher knowledge in Asia, Eastern Europe and Western Countries: Differential item functioning in TEDS-M. *International Journal of Science and Mathematics Education, 11,* 795–817.

Borge, I. C., Engeseth, J., Heir, O., Moe, H., Norderhaug, T. T. & Vie, S. M. (2022). *Matematikk R2. [Mathematics R2.]* Aschehoug.

Borge, I. C., Sanne, A., Nortvedt, G. A., Meistad, J. A., Skrindo, K., Ranestad, K., Maugesten, M., Lindstrøm, T. & Kristensen, T. E. (2014). *Matematikk i norsk skole anno 2014. Faggjennomgang av matematikkfagene-Rapport fra ekstern arbeidsgruppe oppnevnt av Ut-*

danningsdirektoratet. [*Mathematics in Norwegian school anno 2014. Review of the mathematics subjects-Report from external working group appointed by the Directorate of Education.*] Utdanningsdirektoratet.

Braathe, H. J. & Ongstad, S. (2001). Egalitarianism meets ideologies of mathematical education – instances from Norwegian curricula and classrooms. *Zentralblatt für Didaktik der Mathematik, 33*(5), 147–157.

Dalland, C. P. & Klette, K. (2014). Work-Plan Heroes: Student Strategies in Lower-Secondary Norwegian Classrooms. *Scandinavian Journal of Educational Research, 58*(4).

Grønmo, L. S. (2018). The Role of Algebra in School Mathematics. In G. Kaiser, H. Forgasz, M. Graven, A. Kuzniak, E. Simmt & B. Xu (Eds.), *Invited Lectures from the 13th International Congress on Mathematical Education* (pp. 175–193). Springer.

Grønmo, L. S., Bergem, O. K., Kjærnsli, M., Lie, S. & Turmo, A. (2004). *Hva i all verden har skjedd i realfagene? Norske elevers prestasjoner i matematikk og naturfag i TIMSS 2003.* [*What on earth has happened in mathematics and science? Norwegian students' achievements in mathematics and science in TIMSS 2003.*] Institutt for lærerutdanning og skoleutvikling, Universitetet i Oslo.

Grønmo, L. S. & Hole, A. (Eds.). (2017). *Prioritering og progresjon i skolematematikken. En nøkkel til å lykkes i realfag. Analyser av TIMSS Advanced og andre internasjonale studier.* [*Prioritization and progression in school mathematics. A key to succeed in science and mathematics. Analyses from TIMSS Advanced and other international studies.*] Cappelen Damm Akademisk.

Grønmo, L. S., Hole, A. & Onstad, T. (2016). *Ett skritt fram og ett tilbake: TIMSS Advanced 2015 matematikk og fysikk i videregående skole.* [*One step forward and one back: TIMSS Advanced 2015 mathematics and physics in upper secondary school.*] Cappelen Damm Akademisk.

Grønmo, L. S., Lindquist, M. & Arora, A. (2015). TIMSS Advanced 2015 Mathematics Framework. In I. S. V. Mullis & M. O. Martin (Eds.), *TIMSS Advanced 2015 Assessment Frameworks*. TIMSS & PIRLS International Study Center. http://timssandpirls.bc.edu/timss2015-advanced/frameworks.html

Grønmo, L. S. & Onstad, T. (2012). *Mange og store utfordringer. Et nasjonalt og internasjonalt perspektiv på utdanning av lærere i matematikk basert på data fra TEDS-M 2008.* [*Many and big challenges. A national and international perspective on education of teachers in mathematics based on data from TEDS-M 2008.*] Unipub.

Grønmo, L. S., Onstad, T. & Pedersen, I. F. (2010). *Matematikk i motvind. TIMSS Advanced 2008 i videregående skole.* [*Mathematics in headwind. TIMSS Advanced 2008 in upper secondary school.*] Unipub.

Herbjørnsen, O. (1998). *Rom, form og tall.* [*Space, shape and numbers.*] Tano Aschehoug.

Hole, A., Borge, I. C. & Grønmo, L. S. (2021). *From upper secondary school to university calculus: Language difficulties versus conceptual difficulties.* ICME-14, Shanghai, China.

Hole, A., Grønmo, L. S. & Onstad, T. (2018). The dependence on mathematical theory in TIMSS, PISA and TIMSS Advanced test items and its relation to student achievement. *Large-scale Assessments in Education, 6*(3). https://doi.org/10.1186/s40536-018-0055-0.

IEA. (2022). *TIMSS & PIRLS.* https://timssandpirls.bc.edu/

KD. (2003–2004). *Stortingsmelding nr. 30 Kultur for læring.* [*White Paper no. 30 Culture for learning.*] Oslo: Kunnskapsdepartementet.

KD. (2006). *Læreplanverket for Kunnskapsløftet 2006.* [*The 2006 Curriculum "Knowledge promotion".*] Kunnskapsdepartementet.

Kjærnsli, M., Lie, S., Olsen, R. V., Roe, A. & Turmo, A. (2004). *Rett spor eller ville veier? Norske elevers prestasjoner i matematikk, naturfag og lesing i PISA 2003.* [*Right track or wild roads? Norwegian students' achievements in mathematics, science and reading in PISA 2003.*] Universitetsforlaget.

Kjærnsli, M. & Olsen, R. V. (2013). *Fortsatt en vei å gå. Norske elevers kompetanse i matematikk, naturfag og lesing i PISA 2012*. [*Still a way to go. Norwegian students'competence in mathematics, science and reading in PISA 2012.*] Universitetsforlaget.

KUD. (1974). *Mønsterplan for grunnskolen* [*The 1974 "Pattern curriculum" for primary school.*] http://urn.nb.no/URN:NBN:no-nb_digibok_2008052804017

KUD. (1976). *Læreplan for den videregående skole. Del 3a: Studieretning for allmenne fag 1976.* [*Curriculum for the upper secondary school. Part 3a: Study track for general subjects 1976.*] http://urn.nb.no/URN:NBN:no-nb_digibok_2014081207075

KUD. (1986). *Læreplan for den videregående skole. Del 3a: Studieretning for allmenne fag 1985.* [*Curriculum for the upper secondary school. Part 3a: Study track for general subjects 1985.*] Kirke- og undervisningsdepartementet : Gyldendal. http://urn.nb.no/URN:NBN:no-nb_digibok_2017052207167

KUD. (1987). *Mønsterplan for grunnskolen* [*The 1987 "Pattern curriculum" for primary school.*] http://urn.nb.no/URN:NBN:no-nb_digibok_2007080200101

KUD. (1992). *Læreplan for den videregående skole. Del 3a: Studieretning for allmenne fag.* [*Curriculum for the upper secondary school. Part 3a: Study track for general subjects.*] Kirke- og undervisningsdepartementet : Gyldendal. http://urn.nb.no/URN:NBN:no-nb_digibok_2007112101055

KUF. (1994). *Læreplaner for videregående opplæring.* [*Curriculum for upper secondary training.*] Det kongelige kirke-, utdannings- og forskningsdepartement.

KUF. (1996a). *The curriculum for the 10-year compulsory school in Norway*. The Royal Ministry of Education, Research and Church Affairs.

KUF. (1996b). *Læreplanverket for den 10-årige grunnskolen 1997.* [*The curriculum for the 10-year compulsory school 1997.*] Det kongelige kirke-, utdannings- og forskningsdepartement

KUF. (1999). *Læreplan for videregående opplæring, Matematikk. Felles allment fag i alle studieretninger.* [*Curriculum for upper secondary traning, Mathematics. Common general subject in all study tracks.*] Kirke-, utdannings- og forskningsdepartementet.

Mullis, I. V. S., Martin, M. O., Foy, P. & Hooper, M. (2016a). *TIMSS 2015 International Results in Mathematics*. http://timssandpirls.bc.edu/timss2015/international-results/

Mullis, I. V. S., Martin, M. O., Foy, P. & Hooper, M. (2016b). *TIMSS Advanced 2015 International Results in Advanced Mathematics and Physics*. http://timssandpirls.bc.edu/timss2015/international-results/advanced/

Mullis, I. V. S., Martin, M. O., Gonzalez, E. J. & Chrostowski, S. J. (2004). *TIMSS 2003 International Mathematics Report. Findings from IEA's Trends in International Mathematics and Science Study at the Fourth and Eight Grades*. TIMSS & PIRLS International Study Center. https://timss.bc.edu/pdf/t03_download/t03intlmatrpt.pdf

Mullis, I. S. V., Martin, M. O., Robitaille, D. F. & Foy, P. (2009). *TIMSS Advanced 2008 International Report: Findings from IEA's study of achievement in advanced mathematics and physics in the final year of seondary school*. TIMSS & PIRLS International Study Center.

Niss, M. (1999). Kompetencer og uddannelsesbeskrivelse. [*Competencies and description of education.*] *Uddannelse, 9*, 21–29.

Niss, M. & Højgaard Jensen, T. (2002). Del II. Kompetencer som middel til fagbeskrivelser af matematik. [Part II. Competencies as a means for subject descriptions of mathematics.] In M. Niss & T. Højgaard Jensen (Eds.), *Kompetencer og matematiklæring: ideer og inspiration til udvikling av matematikundervisning i Danmark*. [*Competencies and mathematics learning: ideas and inspiration for developing mathematics teaching in Denmark.*] Undervisningsministeriet.

NMR. (2015). *Norsk matematikkråds forkunnskapstester*. [*The Norwegian Mathematical Council's tests of prior knowledge.*] https://matematikkraadet.wixsite.com/matematikkraadet/forkunnskapstesten

NOU. (2003). *I første rekke. Forsterket kvalitet i en grunnopplæring for alle*. [*First in line. Strengthened quality in a basic training for all.*] NOU 2003:16.

NOU. (2014). *Elevenes læring i fremtidens skole.* [*The students' learning in the school of the future.*] NOU 2014:7.
NOU. (2015). *Fremtidens skole. Fornyelse av fag og kompetanser.* [*The school of the future. Renewal of subjects and competencies.*] NOU 2015:8.
OECD. (2003). *PISA 2003 Assessment Framework. Mathematics, Reading, Science and Problem Solving. Knowledge and skills.* OECD Publications.
OECD. (2022). *PISA publications.* https://www.oecd.org/pisa/publications/
Olsen, R. V. (2006). A Nordic Profile of Mathematics Achievement: Myth or Reality? In J. Mejding & A. Roe (Eds.), *Northern Lights on PISA 2003 – A Reflection from the Nordic Countries.* Nordisk Ministerråd.
Otterstad, A. M. & Braathe, H. J. (2016). Travelling insciptions of neo-liberalism in Nordic early childhood: Repositioning professionals for teaching and learnability. *Global Studies of Childhood*, 6(1), 80–97.
Sjøberg, S. (2007). Internasjonale undersøkelser: Grunnlaget for Kunnskapsløftet? [*International surveys: The foundation for the "Knowledge promotion".*] In H. Hølleland (Ed.), *På vei mot Kunnskapsløftet. Begrunnelser, løsninger og utfordringer.* [*Heading for the "Knowledge promotion". Justifications, solutions and challenges.*] Cappelen Akademisk Forlag.
Tatto, M. T., Schwille, J., Senk, S. L., Ingvarson, L., Rowley, G., Peck, R., Bankov, K., Rodriguez, M. & Reckase, M. (2012). *Policy, Practice, and Readiness to Teach Primary and Secondary Mathematics in 17 Countries. Findings from the IEA Teacher Education and Development Study in Mathematics (TEDS-M).* IEA.
UIO. (2021). *Tidligere TIMSS-undersøkelser.* [*Past TIMSS-surveys.*] University of Oslo. https://www.uv.uio.no/ils/forskning/prosjekter/timss/tidligere-undersokelser/
UiO. (2022a). *PISA (Programme for International Student Assessment).* University of Oslo. https://www.uv.uio.no/ils/forskning/prosjekter/pisa/
UiO. (2022b). *Rapporter 1995.* [*Reports 1995.*] University of Oslo. https://www.uv.uio.no/ils/forskning/prosjekter/timss/1995/publikasjoner-1995.html
UiO. (2022c). *Tidligere TIMSS-undersøkelser.* [*Past TIMSS-surveys.*] University of Oslo. https://www.uv.uio.no/ils/forskning/prosjekter/timss/tidligere-undersokelser/
Utdanningsdirektoratet. (2020). *Læreplaner etter Fagfornyelsen.* [*The 2020 curriculum "Subject renewal".*] https://www.udir.no/laring-og-trivsel/lareplanverket/
Utdanningsdirektoratet. (2022a). *Eksempeloppgaver i Matematikk R1.* [*Exampleexercises in Mathematics R1.*] https://www.udir.no/eksamen-og-prover/eksamen/eksempeloppgaver/eksempeloppgaver-i-matematikk-r1/
Utdanningsdirektoratet. (2022b). *Resultater fra nasjonale prøver – statistikk og analyser.* [*Results from national tests – statistics and analyses.*] https://udir.no/tall-og-forskning/statistikk/statistikk-grunnskole/analyser/analyse-av-nasjonale-prover-for-8.-og-9.-trinn-2021/

Inger Christin Borge, Department of Mathematics, University of Oslo
ingerbo@math.uio.no

Arne Hole, Department of Teacher Education and School Research, University of Oslo
arne.hole@ils.uio.no

Liv Sissel Grønmo, Department of Teacher Education and School Research, University of Oslo
l.s.gronmo@ils.uio.no

2.3

Gabriella Ambrus, Csaba Csapodi, Ödön Vancsó & Eszter Varga

Mathematikunterricht in Ungarn – Traditionen und Erneuerungen

Stellung, Ziele, Inhalt und Ergebnisse des Mathematikunterrichts der oberen Klassen der ungarischen Schulen

Einleitung

Der ungarische Mathematikunterricht befindet sich im Moment zwischen verschiedenen Polen: eine starke nationale Tradition und der Anspruch an eine Modernisierung, die anwachsende Zentralisierung in der öffentlichen Bildung und die methodische Freiheit in den Schulstunden, eine herausragend erfolgreiche Begabtenförderung und eine große Anzahl von Schülerinnen und Schülern, die gegen Ende der Mittelschule nur ein sehr niedriges Niveau in Mathematik erreichen. In unserem Beitrag steht der Mathematikunterricht in den Mittelschulen im Mittelpunkt. Neben der Beschreibung des institutionellen Rahmens wird auch auf die Reformen des Nationalcurriculums 2020 eingegangen. Diese streben an, unter Wahrung der wertvollen Traditionen des ungarischen Bildungssystems die Herausforderungen in der öffentlichen Bildung zu bewältigen.

1 Übersicht der Bildungsziele und Begebenheiten im Unterricht der ungarischen Mittelschulen

1.1 Das ungarische Schulsystem mit einem Schwerpunkt bezüglich der Struktur an Mittelschulen

Das Bildungswesen (z. B. die Schulorganisation und die Regelung der Lerninhalte) ist in Ungarn größtenteils zentralisiert. So ist seit 2013 die Organisation und seit 2016 auch der Betrieb des Unterrichts in Grund- und Mittelschulen größtenteils in den Händen einer zentralen Institution (Klebelsberg[1] Zentrum). Vorher gehörten diese Aufgaben zu den örtlichen Verwaltungen. Zurzeit gehören 70 % der Schulen zu diesem Zentrum. Daneben gibt es kirchliche Schulen (18 % der Schulen) und Privatschulen (12 % der Schulen). Unter den Gymnasien ist die Verteilung der erwähnten drei Möglichkeiten etwa ⅓ zu ⅓ zu ⅓. In Ungarn gilt die Schulpflicht bis zum 16. Lebensjahr.

---

1 Kuno Klebelsberg, Minister für Unterrichtswesen und Kultur in Ungarn 1920–30

Ambrus, G., Csapodi, C., Vancsó, O. & Varga, E. (2022). Mathematikunterricht in Ungarn – Traditionen und Erneuerungen. In T. Rolfes, S. Rach, S. Ufer & A. Heinze (Hrsg.), *Das Fach Mathematik in der gymnasialen Oberstufe* (S. 177–195). Waxmann. CC BY-NC-SA 4.0

Die öffentliche Bildung erfolgt im Allgemeinen in achtklassigen allgemeinbildenden Schulen. Die ersten vier Jahrgangsstufen der Grundschule bilden den ersten Teil, die Untermittelschule (Jahrgangsstufen 5–8) den zweiten Teil, gefolgt von der Mittelschule, welche mit der Jahrgangsstufe 12 abschließt (vgl. Abb. 1).

Ab 2020 änderten sich zwei der drei Lehrpläne für den Unterricht an den (Ober-)Mittelschule (die Fachbildende Programme), wobei die gymnasiale Bildung unverändert blieb. Das ungarische Schulsystem ist sehr differenziert konzipiert (vgl. Abb. 1):

- Das Gymnasium kann vier, sechs oder acht Jahrgangsstufen umfassen. Die Abschlussprüfung am Ende der Ausbildung im Gymnasium ist landesweit einheitlich (siehe Abschnitt 2.3.3.) und stellt eine notwendige Bedingung für das Studium an einer Hochschule dar.
- Das neue fachbildende System, *das Technikum* (früher Fachmittelschule), mit einer 5- oder einer 6-jährigen Dauer soll die Vorteile des Gymnasiums mit den Vorteilen der Fachausbildung kombinieren. Im Technikum müssen Schülerinnen und Schüler in den Schulfächern Mathematik, Ungarische Sprache, Geschichte und einer Fremdsprache das Niveau des Gymnasiums erreichen und eine Abschlussprüfung in diesen Fächern absolvieren.
- Der Besuch einer *Berufsbildenden Schule* dauert 3 Jahre. Im ersten Jahr werden Fachkenntnisse unterrichtet, in den weiteren zwei Jahren gibt es im Rahmen eines Arbeitsvertrages eine sog. duale Ausbildung. Nach der Fachprüfung in dieser Schule und weiteren zwei Jahren in einem Abendkurs ist es auch möglich, eine Abschlussprüfung zu belegen.

Im Folgenden werden unter „Mittelschule" die letzten vier bzw. fünf Jahrgangsstufen der Gymnasien und des Technikums verstanden.

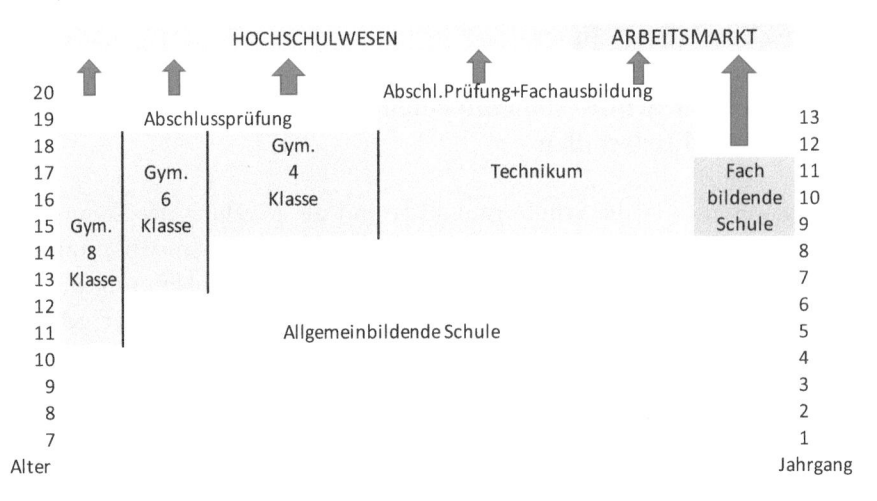

Abbildung 1: Zusammenfassende Darstellung des ungarischen Schulsystems. Die Breite der Spalten der einzelnen Schularten ist ungefähr proportional zur Anzahl der Schülerinnen und Schüler in den einzelnen Schularten. Beispielsweise besuchten in der Jahrgangsstufe 9 circa 3 % der Schülerinnen und Schüler das achtjährige Gymnasium, 5 % das sechsjährige Gymnasium, 34 % das vierjährige Gymnasium, 39 % das Technikum und 20 % die Berufsbildende Schule (Hajdú et al., 2019).

1.2 Das Lehrplansystem – dreistufiges Regelungssystem

Seit 2000 gilt in Ungarn ein dreistufiges Regelungssystem für die Unterrichts- und Lerninhalte.

- Die zentrale und zugleich höchste Stufe des Systems ist *das Nationale Curriculum* (Nemzeti alaptanterv, Abk.: Nat), das 2012 veröffentlicht und 2020 letztmalig verändert wurde. Im Nat sind die Lernbereiche des Unterrichts gesetzlich festgelegt und die zu erreichenden Lernergebnisse am Ende der drei jeweiligen Abschnitte (Jahrgangsstufen 4, 8 und 12) festgeschrieben.
- Die zweite Stufe des Systems ist der ebenfalls zentral angeordnete *Rahmenlehrplan*, der in zweijährigen Abschnitten die Entwicklungsaufgaben in Mathematik mit der zur Verfügung stehenden Stundenzahl festlegt. Im Rahmenlehrplan werden die zu erwerbenden Begriffe, Kenntnisse und Kompetenzen detailliert angegeben. Auch gibt das Dokument methodische Hinweise zum Unterricht der Inhalte.
- Die dritte Stufe des Systems ist das *Pädagogische Programm der Schulen*, das unter anderem den *lokalen Lehrplan* umfasst. Dieser lokale Lehrplan vereinbart an der jeweiligen Schule die Lerninhalte für jedes Schuljahr.

Obwohl die Anforderungen der Abschlussprüfung und der nationalen Kompetenzerhebung nicht zum Lehrplansystem gehören, haben beide einen entscheidenden inhaltlichen Einfluss auf den Unterricht.

1.3 Wichtige Inhaltsgebiete, allgemeine Kompetenzen und methodische Grundlagen in den Lehrplänen

Die allgemeinen Kompetenzen im Nat gehen vom EU-Konzept der acht Schlüsselkompetenzen[2] aus. Gleichzeitig sind im Nat aber auch nationale Merkmale, z.B. die Problemorientierung nach Pólya oder Ideen des komplexen Mathematikunterrichtes nach Varga, integriert worden. Tamás Varga und seine Mitarbeiterinnen und Mitarbeiter entwickelten für das Mathematiklernen ein Konzept, das sich an den konkreten Lernvoraussetzungen der Schülerinnen und Schüler orientiert. In dieser Theorie ist bedeutsam, dass die gesamten Inhalte für das Fach Mathematik (für die Jahrgangsstufen 1–8) und die Methoden einheitlich gedacht werden. Aufbauend auf diese Konzeption begann im Jahr 1963 „der komplexe Mathematikunterrichtsversuch" zunächst in den Jahrgangsstufen 1 bis 2 und wurde später in den Jahrgangsstufen 5 bis 8 fortgesetzt. Seine Bestrebungen für eine Vereinheitlichung und für eine

---

[2] 1. Muttersprachliche Kompetenz, 2. Fremdsprachliche Kompetenz, 3. Mathematische Kompetenz und grundlegende naturwissenschaftlich-technische Kompetenz, 4. Computerkompetenz, 5. Lernkompetenz, 6. Soziale Kompetenz und Bürgerkompetenz, 7. Eigeninitiative und unternehmerische Kompetenz, 8. Kulturbewusstsein und kulturelle Ausdrucksfähigkeit (Europäisches Parlament & Europäischer Rat, 2006).

Suche nach Synthese sind auch heute charakteristisch für den ungarischen Mathematikunterricht (Varga & Halmos, 1978). Die wichtigsten Ideen des „komplexen Mathematikunterrichts" werden noch später erörtert.

Die Erneuerung und Modernisierung dieser Vorstellungen und die Erweiterung der Konzeption von Varga auf die Jahrgangsstufen 9 bis 12 war die Zielsetzung verschiedener neuerer didaktischer Projekte. Beispielsweise widmete sich die Forschungsgruppe „MTA-ELTE Korszerű Komplex Matematikaoktatás" (MTA-ELTE Zeitgemäßer Komplexer Mathematikunterricht) zwischen 2016 und 2020 dieser Aufgabe (Ambrus & Vancsó, 2017, Gosztonyi et al., 2018).

Auf Basis der Konzeption von Tamás Varga und den Ergebnissen der genannten Forschungsgruppe wurden der Nat 2012 und die zugehörigen Rahmenlehrpläne erneuert und der Nat 2020 samt neuen Rahmenlehrplänen entwickelt. Eine zentrale Idee des Mathematikunterrichts im Nat 2020 ist, dass die Schülerinnen und Schüler die Begriffe, Sätze und Algorithmen anhand von Problemen und Problemserien durch direkte oder indirekte Leitung der Lehrkräfte entdecken sollen. Bei diesem Entdeckungsprozess ist es wichtig, dass außerschulische Kenntnisse und Erfahrungen der Schülerinnen und Schüler aufgegriffen werden, indem beispielsweise im Mathematikunterricht realen Situationen Anwendung finden.

Im Nat 2020 sind in den Kapiteln über die Einheitlichkeit und Differenzierung und über die methodischen Grundlagen einige Änderungen im Vergleich zu Nat 2012 zu finden, beispielsweise:

Neue Ansätze zum Lehren und Lernen:
- *aktives Lernen*, Kompetenzentwicklung von Lernenden, Verbindlichkeit der Sicherung der individuellen Lernmöglichkeit
- auf Kollaboration der Lernenden basiertes Lernen.

Stärker betont als vorher sind die Techniken zur differenzierten Lernorganisation:
- 80 % des Stundenkontingents soll zum Erlernen der Lerninhalte aus den Rahmenlehrplänen aufgewendet werden, aber gegebenenfalls können sogar 100 % des Stundenkontingents dafür eingesetzt werden.
- Alternativ können die verbleibenden 20 % des Stundenkontingents aber nach dem Unterricht der obligatorischen Lerninhalte der Rahmenlehrpläne auch für freigewählte Themen verwendet werden.

Die wichtigste Frage ist natürlich, wie die allgemeinen Unterrichtsziele im Nat in der Praxis verwirklicht bzw. wie die angegebenen zeitgemäßen methodischen Prinzipien ein Teil der Alltagspraxis werden. In Weiterem werden diese Fragen am Beispiel des Mathematikunterrichtes betrachtet.

2 Die Verwirklichung der allgemeinen Unterrichtsziele im Mathematikunterricht an Mittelschulen

2.1 Die Struktur des Lehrsystems in Mathematik

Wie bereits erwähnt findet aktuell in Ungarn eine Lehrplanänderung statt. Im Herbst 2020 begann der Unterricht in den Jahrgangsstufen 1, 5 und 9 nach dem reformierten Nat 2020 und dem reformierten Rahmenlehrplan. Dieser Prozess wird in den weiteren Jahren für die aufbauenden Jahrgangsstufen konsekutiv fortgesetzt.

Im Nat 2012 konnten die Schulen je nach Schultyp oder nach der Anzahl der Mathematikstunden in der jeweiligen Schule aus verschiedenen Rahmenlehrplänen für Mathematik wählen. Für den Mathematikunterricht in den Mittelschulen gab es insgesamt 14 verschiedene Rahmenlehrpläne. Diese (alten) Rahmenlehrpläne waren in fünf große Themengebiete unterteilt: 1. Denk- und Erkenntnismethoden, 2. Arithmetik und Algebra, 3. Zusammenhänge, Funktionen, Reihen, 4. Geometrie und Messen und 5. Wahrscheinlichkeitsrechnung und Statistik.

Im neuen Lehrsystem (gültig ab 2020) gibt es stattdessen einen einzigen sogenannten Kern-Rahmenlehrplan. Der Rahmenlehrplan für Nat 2020 ist wie beim Nat 2012 in zweijährige Abschnitte gegliedert. Die erwähnten fünf Themengebiete wurden jedoch abgelöst und durch kleinere Themenbereiche ersetzt. Die Lehrkräfte besitzen aber weiterhin die Freiheit, diese Inhalte entsprechend der Leistungsfähigkeit der Lerngruppe zu erweitern. Charakteristisch für die Lehrplanänderung 2020 ist, dass die Themenbereiche, in denen z. B. eine größere Abstraktion und ein komplexes Formelsystem verlangt werden, aus der Untermittelschule (Jahrgangsstufen 5 bis 8) in die Mittelschule verschoben wurden. So wurde der Funktionsbegriff im früheren Lehrplan in den Jahrgangsstufen 7 und 8 formalbegrifflich eingeführt, die linearen, die quadratischen, die Wurzel-, und Bruchfunktionen graphisch dargestellt und durch Parameter verändert sowie charakterisiert. Im neuen Lehrplan wird dagegen in diesen Jahrgangsstufen der Funktionsbegriff nur vorbereitet, d.h., es erfolgt eine intuitive Einführung, bei der mit vielen Beispielen wichtige Eigenschaften vorgestellt werden, während die exakte Definition erst in der Jahrgangsstufe 9 folgt.

2.2 Die Mathematiklehrbücher

Für die ganze öffentliche Bildung werden von staatlicher Seite zwei Lehrbuchserien kostenlos und auch online zur Verfügung gestellt, wobei die Lehrkraft die Entscheidung für ein Lehrbuch trifft. In den Büchern der ersten Serie werden die neuen Begriffe anhand praxisnaher Beispiele eingeführt. Diese Lehrbücher beinhalten viele Aufgaben aus dem Alltag, und die Inhalte gehen nur in geringem Maß über die Erfordernisse des Nat hinaus. Die Lehrbücher der zweiten Serie verwenden eher theoretische Annäherungen zu den Begriffen und können auch in den Klassen verwendet werden, in denen die Ziele des Mathematikunterrichts über die obligatorischen

Lerninhalte hinausgehen. Aktuell erfolgt die Überarbeitung beider Lehrbuchserien entsprechend des Nat 2020.

2.3 Prüfungen und Ländererhebungen

2.3.1 Aufnahmeprüfungen

Vor der Abschlussprüfung findet in Ungarn keine einheitliche zentrale Prüfung statt. Für die Aufnahme an Gymnasien gibt es zumeist jedoch eine zentrale schriftliche Aufnahmeprüfung in der ungarischen Sprache und Literatur und in Mathematik. Ob eine Aufnahmeprüfung stattfindet, liegt im Ermessen der jeweiligen Schule. Da die Anzahl der Bewerberinnen und Bewerber in den sechs- und achtjährigen Gymnasien oft höher als die vorhandenen Plätze ist, sind dort die Mathematikprüfungen in der Regel anspruchsvoll und erfordern von vielen Schülerinnen und Schülern eine gesonderte Vorbereitung.

2.3.2 Ländererhebung der Kompetenzen

In 2001 fand die erste landesweite Untersuchung der erreichten Kompetenzen mit dem Hauptziel „Rückmeldung zur Effektivität von Schulen" statt. Während der Erhebung füllten die Schülerinnen und Schüler der sechsten, achten und zehnten Jahrgangsstufe Testhefte aus, die Aufgaben zur Mathematik und zum ungarischen Sprachverständnis beinhalteten. Für höhere Jahrgangsstufen gibt es eine solche Kompetenzerhebung nicht. Seit einigen Jahren sind die individuellen Ergebnisse der Teilnehmerinnen und Teilnehmer auch für die beteiligten Lernenden, Eltern und auch für die Lehrkräfte abrufbar. Die Aufgaben messen dabei nicht die reine Aneignung der vorgeschriebenen Lerninhalte, sondern die Anwendbarkeit des Wissens durch die Schülerinnen und Schüler.

Die Wirkung der landesweiten Erhebung ist spürbar in der Entwicklung einer diagnostischen Kultur an Schulen, da sich die Analyse und die Besprechung der Ergebnisse innerhalb der Schulen etabliert haben.

2.3.3 Abschlussprüfung

Die Abschlussprüfung ist eine staatliche Prüfung mit festgelegter Prüfungsordnung und festgelegten Prüfungsanforderungen. Das jetzt gültige zweistufige Prüfungssystem wurde im Jahr 2005 eingeführt. Die fünf obligatorischen Prüfungsfächer sind: ungarische Sprache und Literatur, Geschichte, Mathematik, eine Fremdsprache (nach Wahl) und ein frei wählbares Fach. Die Schülerin bzw. der Schüler kann entscheiden, ob er aus den einzelnen Fächern eine Prüfung auf grundlegendem Niveau (im

Folgenden Mittelstufenprüfung genannt) oder eine Prüfung auf erhöhtem Niveau (im Folgenden Oberstufenprüfung genannt) ablegt. Die Schülerinnen und Schüler entscheiden durch die Wahl des Kurses, in welchen Fächern sie eine Mittelstufen- oder Oberstufenprüfung ablegen wollen. Die Mittelstufenprüfungen in allen fünf obligatorischen Fächern sind ausreichend, um ein Abschlusszertifikat zu erhalten. Die Oberstufenprüfungen sind anstelle der früheren Aufnahmeprüfung an Hochschulen eingeführt worden. Als Einschreibevoraussetzungen an Hochschulen muss in mindestens einem der Fächer eine Oberstufenprüfung abgelegt worden sein. Die Anzahl der sogenannten Aufnahmepunkte – von dieser Punktzahl hängt ab, ob jemand an der gewählten Hochschule aufgenommen wird – wird anhand des Ergebnisses der Abschlussprüfungen und der Noten in den Fächern am Ende der Mittelschule berechnet.

Die Abschlussprüfungen werden zentral gestellt und bestehen in Mathematik jeweils aus zwei Teilen. Der erste Prüfungsteil ist hilfsmittelfrei, wohingegen im zweiten Teil Taschenrechner verwendet werden dürfen. Die weiteren formalen Merkmale der zentralen Abschlussprüfung in Mathematik sind die Folgenden:

Für die Mittelstufenprüfung gibt es nur eine schriftliche Prüfung, die aus zwei Arbeitsblättern besteht. Das Arbeitsblatt I beinhaltet 12 Aufgaben, die auf Kenntnissen zu Grundbegriffen, Definitionen und einfachen Zusammenhängen zielen. Das Arbeitsblatt II beinhaltet zwei Teile (II/A und II/B) mit je drei Aufgaben und mit mehreren Fragen, wobei die Schülerinnen und Schüler aus den drei Aufgaben des Teils II/B zwei Aufgaben frei auswählen können. Das Anspruchsniveau dieser Wahlpflichtaufgaben bleibt innerhalb der Anforderungen der Mittelstufe, ist aber komplexer als im Teil II/A. Im Allgemeinen wird zur Lösung der Aufgaben die Anwendung von Kenntnissen aus verschiedenen Gebieten der Mathematik benötigt. Die prozentuale Verteilung der Inhaltsgebiete in den Aufgaben sind für die Mittelstufenprüfung: Mengen/Kombinatorik/Graphen (20%), Algebra (25%), Funktionen (15%), Geometrie (25%) und Wahrscheinlichkeitsrechnung/Statistik (15%). Für die Oberstufenprüfung erhöht sich der Anteil im Gebiet Funktionen auf 20%, dafür reduziert er sich im Themengebiet Geometrie auf 20%.

Bei der schriftlichen *Oberstufenprüfung* besteht das Arbeitsblatt I aus vier komplexen Aufgaben, das Arbeitsblatt II (mit einem Teil A und B) aus fünf komplexen Aufgaben, bei denen mindestens zwei reale Situation thematisiert werden. Die Schülerinnen und Schüler müssen vier der fünf Aufgaben auswählen und lösen. Für die *mündliche Oberstufenprüfung* sind die Themen zentral bestimmt (wie auch die Aufgaben für die schriftlichen Prüfungen) und beinhalten die gesamten Lerninhalte der Mittelschule.

Die inhaltlichen Anforderungen der Mittel- und Oberstufenprüfung in Mathematik können zusammenfassend folgendermaßen charakterisiert werden:

- *Bei der Mittelstufenprüfung* werden neben den grundlegenden und vorgeschriebenen mathematischen Kenntnissen auch das Erkennen und die Anwendung von Begriffen und Sätzen erwartet.

- *Bei der Oberstufenprüfung* gelten die Anforderungen der Mittelstufenprüfung, aber die Aufgaben sind in diesem Fall anspruchsvoller, komplexer und zur Lösung benötigt man mehr Ideen. Überdies werden auch weitere spezielle Themen abgefragt (z. B. Elemente der Analysis). In der mündlichen Prüfung werden der logische Aufbau der Antwort sowie die genaue Formulierung und der Beweis von Sätzen bewertet.

Im Weiteren wird an einigen Beispielen aufgezeigt, wie die obigen Anforderungen konkret in den Aufgaben der schriftlichen Prüfungen auftreten.

Beispiel 1
Gegeben ist die folgende Funktion f in der Menge der reellen Zahlen:
$f : x \mapsto (x-1)^2 - 4$

a) Berechnen Sie den Funktionswert der Funktion f an der Stelle $x = -5$.
b) Stellen Sie die Funktion f graphisch dar und geben Sie die Koordinaten des Extrempunktes an.
c) Lösen Sie die folgende Gleichung in der Menge der reellen Zahlen:
$(x - 1)^2 - 4 = -x - 1$.

(*Aufgabe 13, Teil II/A, Mittelstufenprüfung, 2017*)

In Aufgabenteil a) und b) stehen grundlegende Kenntnisse von Funktionen im Vordergrund. Unter den Grundkenntnissen von Funktionen subsumiert sich auch die graphische Lösung von Gleichungen. Diese Möglichkeit kann eine Lösungsmethode für den Aufgabenteil c) sein, wobei die Schülerin bzw. der Schüler hier natürlich auch den algebraischen Weg wählen kann.

Wie erwähnt werden in der Mittelstufenprüfung auch das Erkennen und Anwenden von einfachen mathematischen Kenntnissen in relevanten realen Situationen erwartet. In der nächsten Aufgabe (Beispiel 2) sind die Kenntnisse zu verwenden, die auch bei der vorherigen Aufgabe (Beispiel 1) benötigt worden sind: Berechnung von konkreten Funktionswerten, das Lösen von einfachen quadratischen Gleichungen und die Interpretation des Resultates und das Bestimmen des Extremwertes von quadratischen Funktionen. Ein Unterschied ist aber, dass diese Kenntnisse bei Beispiel 2 in einer einfachen realen Situation und in einem Modell verwendet werden müssen. Ein Teil einer Aufgabe wird dazu gezeigt:

Beispiel 2

Ein Ball wird von einem Fußballspieler getreten und dieser Ball wird von niemanden berührt, bis er auf der Erde auftrifft. Die folgende Funktion beschreibt, wie hoch der Ball in der Luft (gemessen vom Boden) in Abhängigkeit von t (t bezeichnet die vergangene Zeit in Sekunden von dem Moment des Trittes, die Höhe wird in Metern gemessen) ist: $h(t) = -5t^2 + 15t$.
a) Wie hoch war der Ball eine Sekunde nach dem Tritt?
b) Wie lange war der Ball in der Luft?
c) Wie hoch war der Ball am höchsten Punkt seiner Flugbahn?

(Ein Teil der Aufgabe 16, Teil II/B, Mittelstufenprüfung, 2018)

Mit Hilfe der folgenden zwei Beispiele möchten wir konkret den Unterschied der Mittelstufen- und Oberstufenprüfungen illustrieren. Die Aufgaben gehören inhaltlich zum gleichen Thema. Beide waren die ersten (also im Allgemeinen eine einfachere Aufgabe) der entsprechenden Aufgabenserien.

Beispiel 3

Die Seite eines Quadrates ABCD ist 4 Meter lang. In dem Quadrat wird ein Parallelogramm EFGH eingezeichnet (siehe Abbildung). Die Strecken AH und CF sind x Meter lang, BE und DG sind $2x$ Meter lang ($0 < x < 2$).
a) Zeigen Sie, dass der Flächeninhalt T des Parallelogramms (in m² gemessen) $T(x) = 4x^2 - 12x + 16$ beträgt.
b) Bestimmen Sie den Wert x so, dass der Flächeninhalt des Parallelogramms am kleinsten ist.
c) Bestimmen Sie die Winkel des Parallelogramms, wenn $x = 1{,}25$ ist.

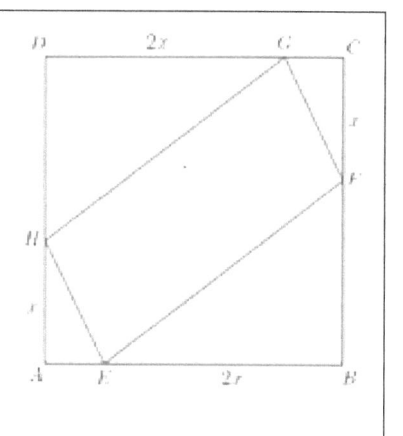

(Aufgabe 1, Oberstufenprüfung, 2019 Mai)

Zur Lösung dieser Aufgabe sind neben den Kenntnissen aus dem Gebiet der Funktionen auch einfache algebraische und geometrische Kenntnisse notwendig. Ebenfalls wird eine grundlegende Problemlösefähigkeit benötigt, da der Flächeninhalt des Parallelogramms als Differenz der Flächeninhalte des Quadrates und der Dreiecke angegeben werden kann. Die Extremwertaufgabe kann sowohl mit elementaren Mitteln, ähnlich wie bei Aufgabe 2, als auch mit Methoden der Differenzialrechnung gelöst werden.

Die Teilaufgaben der Mittel- und Oberstufenprüfung hängen nicht miteinander zusammen und können unabhängig voneinander gelöst werden.

Beispiel 4

Wir untersuchen den Querschnitt eines Baumstammes einer bestimmten Baumart. Im Alter von 5 bis 20 Jahren kann während des Wachstums des Baumes dieser Querschnitt als kreisförmig angenommen werden (es ist eine gute Annäherung). Der Durchmesser des Kreises beschreibe die folgende Funktion:

d: [5; 20] → **R**, $d(x) = -0{,}25x^2 + 20x + 40$, wobei x das Alter des Baumes in Jahren und d den Durchmesser in Millimeter angibt.

a) Wie groß ist der Durchmesser in cm, wenn der Baum genau 10 Jahre alt ist?
b) Um wieviel dm² wird der Flächeninhalt des Querschnittes im 11. Jahr größer?
   (Die Antwort soll auf eine Dezimalstelle gerundet angegeben werden.)
c) Wie alt (in Jahren) ist der Baum, wenn der Kreisumfang genau 1 m ist?

(Aufgabe 1, Oberstufenprüfung, 2019 Oktober)

Für die Lösung sind Kenntnisse auf Mittelstufenniveau ausreichend, aber die Komplexität der Aufgabe geht über diese Stufe hinaus. Wegen der Formulierung (mit den Bedingungen) und der nötigen Transformationen ist die Aufgabe anspruchsvoller.

2.4 Arbeitsweisen und Methoden in der Mittelschule

Obwohl die Lerninhalte des Unterrichtes – zumindest bezüglich des nationalen Minimums – zum großen Teil festgelegt sind, haben die Schulen relative Freiheit bei den verwendeten Methoden im Unterricht, um ein bestimmtes pädagogisches Programm zu verwirklichen.

Der Frontalunterricht als Organisation der Stunde ist noch immer charakteristisch in ungarischen Schulen (European Commission, 2021), aber es verbreiten sich immer mehr kooperative Arbeitstechniken. Außerdem werden praktische Erfahrungen zu Begriffen oder Themen zunehmend in den Mittelpunkt gerückt. Dabei wird aber die Interpretation und Systematisierung der erworbenen Erfahrungen erwartet, und wenn möglich, kommen auch Untersuchungen zu Verallgemeinerungsmöglichkeiten vor. Das Erkennen, das Verstehen und die Anwendung der Begriffe geschieht größtenteils mit Hilfe von Aufgaben. Die fachlich korrekte, präzise Formulierung von Begriffsdefinitionen wird bis zur Jahrgangsstufe 8 noch nicht erwartet.

In den Jahrgangsstufen 9 bis 12 der Mittelschule rückt der deduktive Charakter der Mathematik mit Hilfe einiger Sätze und von vorgelegten Beweisen (die zu verstehen sind) in den Vordergrund. Nach der Intention des Lehrplanes müssen in der Mittelschule die neuen Begriffe und Algorithmen auch mittels Veranschaulichungen, tätigkeitsorientiert und induktiv eingeführt werden, wobei die gelenkten Entdeckungen und die Beziehungen zum alltäglichen Leben eine große Rolle spielen sollen. Im Lehrplan befinden sich auch Kenntnisse, die gut im Alltag einsetzbar sind (z. B. Themen der Finanzmathematik, statistische Begriffe). Wie bereits am Beispiel des Funktionsbegriffs erwähnt, wurden einige mathematische Inhalte von den Jahrgangsstufen 5 bis 8 in die Jahrgangsstufen 9 bis 12 verschoben.

3 Empirische Erhebungen über die Verwirklichung der geplanten Unterrichtsziele

Als Information über die Verwirklichung der Unterrichtsziele in den Mittelschulen dienen die Ergebnisse einer umfassenden Erhebung zur Abschlussprüfung (siehe Abschnitt 2.3.3). Die Ergebnisse der Erhebung sind öffentlich zugänglich. Nach einer kurzen Vorstellung dieser Resultate wird außerdem noch die Lage des Mathematikunterrichtes in den (Mittel-)Schulen anhand von Kommentaren einer großen Lehrkräfteumfrage verdeutlicht.

3.1 Die Abschlussprüfung

Ein umfangreiches Bild über die Effektivität des ungarischen Mathematikunterrichts in den Mittelschulen kann mittels der Analyse der Ergebnisse der Abschlussprüfungen gezeichnet werden. Zwischen 2013 und 2015 wurden hierzu vier Studien veröffentlicht (auf Ungarisch), die auch online verfügbar sind (Oktatási Hivatal, 2014a, 2014b, 2014c, 2014d).

3.1.1 Einige Daten zu den Abschlussprüfungen

Während der Anteil der Oberstufenprüfungen bis 2019 bei ca. 4,5 % lag, stieg dieser Anteil in den Jahren 2020 und 2021 auf ca. 7 %. Dieser Anstieg könnte darauf zurückzuführen sein, dass seit 2020 mindestens eine Oberstufenprüfung zur Aufnahme an einer Hochschule notwendig ist.

In Ungarn gibt es ein fünfstufiges Bewertungssystem mit den Noten 1 bis 5, wobei die Note 5 die beste Note ist. Für die Mittelstufenprüfung ist die Notenskala folgendermaßen bestimmt: unter 25 % der Höchstpunktzahl ist ungenügend (Note 1), 25 %–39 % bedeutet genügend (Note 2), 40 %–59 % ist befriedigend (Note 3), 60 %–79 % ist gut (Note 4), ab 80 % ist die Note vorzüglich (Note 5). In Abbildung 2 sind die Ergebnisse der Lernenden im Gymnasium und der Fachmittelschulen (ab 2020 Technikum) dargestellt. Höchstens eine genügende Leistung in Mathematik erreichten 53 % der Schülerinnen und Schüler aus den Fachmittelschulen, 20 % der Schülerinnen und Schüler aus den Gymnasien. Diese Werte zeigen sich ähnlich seit vielen Jahren. Da alle Lernende die gleichen Aufgaben erhalten, kann man daraus schließen, dass die Schülerinnen und Schüler aus den Gymnasien die besseren mathematischen Kompetenzen aufweisen.

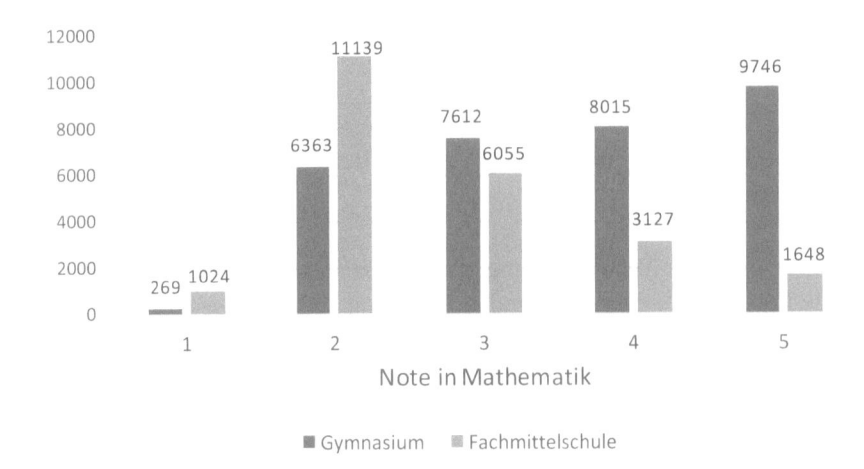

Abbildung 2: Notenverteilung bei der Mittelstufenprüfung im Jahr 2021 (1 = ungenügend, 2 = genügend, 3 = befriedigend, 4 = gut, 5 = vorzüglich).

In der Oberstufenprüfung werden die Resultate ebenfalls mit Noten bewertet. Die Notenskala lautet: unter 25 % der Höchstpunktzahl ist ungenügend (Note 1), 25 %–32 % bedeutet genügend (Note 2), 33 %–46 % ist befriedigend (Note 3), 47 %–59 % ist gut (Note 4), ab 60 % ist die Note vorzüglich (Note 5).

Seit 2012 wird jedes Jahr eine Analyse über die Lösungsraten der einzelnen Aufgaben der Abschlussprüfung angefertigt (Csapodi & Koncz, 2016). Die wichtigsten zusammenfassenden Feststellungen sind die Folgenden:

1. In der Mittelstufenprüfung sind die elementar-geometrischen Aufgaben (z. B. Sätze an Dreiecken, Flächeninhalt und Volumina von Figuren und Körpern) am problematischsten, da diese Aufgaben am wenigsten gelöst werden. Die Ursache kann zum einen an der Tatsache liegen, dass in den letzten Jahrzehnten der Geometrieunterricht zunehmend in den Hintergrund gedrängt wurde. Zum anderen gehören die Aufgaben in diesem Themengebiet zu den komplexesten und anspruchsvollsten Aufgaben, da die Lösungen aus mehreren Schritten bestehen. Außerdem werden manchmal vernetzte Kenntnisse aus unterschiedlichen Jahrgangsstufen benötigt. Unter den besser bewältigten Themen befindet sich die Algebra, und – was als eine Überraschung angesehen werden kann – die Statistik und Wahrscheinlichkeitsrechnung.

2. In der Oberstufenprüfung ist das Bild homogener. Es sieht so aus, als dass die Leistung der Schülerinnen und Schüler bei allen Gebieten ungefähr gleich gut ist. Es ist aber anzumerken, dass die Aufgaben der Koordinatengeometrie (Analytischen Geometrie) am seltensten gewählt werden, wenn eine Wahl aus den Aufgaben möglich ist. Wenn solche Aufgaben gewählt werden, ist das gezeigte Leistungsniveau eher niedrig.

3. Wenn die Themenbereiche betrachtet werden, die in Ungarn verhältnismäßig neu sind (Logik, Graphen, Statistik und Wahrscheinlichkeitsrechnung), ist zu sehen,

dass die relevanten Aufgaben in beiden Prüfungen oft gewählt und mit guten Ergebnissen gelöst sind. Zwei Erklärungen können dazu angegeben werden. Zum einen gibt es eine Weiterentwicklung bei den Lehrbüchern und auch bei den Mathematiklehrkräften in diesen Gebieten. Zum anderen brauchen die Schülerinnen und Schüler zur Lösung dieser Aufgaben in der Mittelstufenprüfung nur elementare Kenntnisse der Gebiete, also weniger allgemeine mathematische Kenntnisse oder Problemlösefähigkeiten.

4. Bei den Anweisungen zur zweistufigen Abschlussprüfung (eingeführt im Jahr 2005) wurde der Anteil der Textaufgaben (für die eventuell auch Modellierungen benötigt werden) angegeben: Für die Mittelstufenprüfung betrug der Anteil 30–50 %, wohingegen er für die Oberstufenprüfung 30–40 % betrug. Die Analysen zwischen 2012 und 2015 zeigten, dass trotz der unter den Lehrkräften verbreiteten Annahmen die Textaufgaben sowohl in der Mittelstufen- als auch in der Oberstufenprüfung gerne gewählt wurden und die Ergebnisse auch besser als bei den Aufgaben zu anderen Themengebieten der Mathematik waren.

3.1.2 Die prädiktive Validität der Abschlussprüfung aus Mathematik

Im Jahre 2018 gab es eine Erhebung zur Untersuchung des Zusammenhangs zwischen dem Leistungsniveau der Studierenden in der Abschlussprüfung und ihrer Leistung an der Universität (prädiktive Validität). Diese Untersuchung wurde unter den Studierenden durchgeführt, die ihr Studium an der größten ungarischen Universität (Eötvös-Loránd-Universität in Budapest) im 2017 begonnen hatten. Insgesamt nahmen Studierende aus dem Bachelorstudium Mathematik ($N=54$) und Lehramtsstudium Mathematik ($N=91$) teil. Bei der Untersuchung wurden nicht nur die Ergebnisse der Pflichtklausur vor dem Beginn des Studiums an der Universität,[3] sondern es wurden auch die relevanten Ergebnisse des ersten Semesters an der Universität mit den Resultaten der Abschlussprüfung verglichen.

Einige wichtige Feststellungen aus der Studie sind:
- Unter den Lehramtsstudierenden mit Oberstufenprüfung in Mathematik haben 85 % und mit Mittelstufenprüfung in Mathematik haben 33 % die Pflichtklausur erfolgreich absolviert.
- Der Korrelationskoeffizient der Leistungen in der Abschlussprüfung und der Pflichtklausur lag bei 0,75 bei den Studierenden mit einer Oberstufenprüfung in Mathematik und bei 0,62 bei Studierenden mit einer Mittelstufenprüfung in Mathematik.

---

3 Für die erfolgreiche Erfüllung der Pflichtklausur gibt es mehrere Möglichkeiten während des ersten und zweiten Semesters. Die Universität bietet ein Spezialseminar für die betroffenen Studierenden an. Wenn jemand diese Klausur in einem akademischen Jahr nicht erfolgreich bewältigt, kann das Studium nicht fortgesetzt werden.

- Unter den Studierenden im Bachelorstudiengang Mathematik haben 44 Personen das erste Semester erfolgreich absolviert, ihr Durchschnittsresultat in der Oberstufenprüfung betrug 90 %. 10 Personen haben das erste Semester nicht erfolgreich absolviert. Ihr Durchschnittsresultat in der Oberstufenprüfung lag bei 71 %.

Anhand der Resultate kann gesagt werden, dass für Studierende der Eötvös-Loránd-Universität vor allem die Oberstufenprüfung in Mathematik eine prädiktive Validität für ihren Studienerfolg im ersten Semester besitzt (Jantner, 2020).

3.2 Befragung von Lehrkräften 2016

Vom *Arbeitskomitee für Allgemeinbildung in Mathematik der Ungarischen Akademie der Wissenschaften* (MTA) wurde ein Arbeitsausschuss ins Leben gerufen, um die Lage und die wichtigsten Probleme des ungarischen Mathematikunterrichts zu untersuchen. Von dieser Organisation wurde ein Fragebogen ausgearbeitet und während der Monate Februar und März 2016 wurde dieser Fragebogen von 4.257 Mathematiklehrkräften ausgefüllt[4] (Magyar Tudományos Akadémia Matematikai Közoktatási Munkabizottság, 2016).

Anhand der Antworten wird deutlich, dass die Lehrkräfte Defizite im Vorwissen als das größte Problem beim Übergang in die Mittelschule ansehen. Als Ursache dafür werden die Menge der Lerninhalte, die Höhe des Anspruchsniveaus und ein Mangel an der (dazu) benötigten Stundenzahl erwähnt. Die Lehrkräfte berichten, dass die Lernenden im Allgemeinen nicht die richtigen Methoden beherrschen, die zum Lernen von Mathematik nötig sind. Zudem seien die Aufgaben zu abstrakt und könnten nicht das Interesse der Schülerinnen und Schüler wecken. Außerdem hätte die Mehrheit der Aufgaben keine Relevanz für den Alltag. Aufgrund der beträchtlichen Defizite in den Mathematikkenntnissen sind die Lehrkräfte in den Mittelschulen der Meinung, dass die Einführung einer einheitlichen Abschlussprüfung am Ende der Jahrgangsstufe 8 nötig wäre.

4 Stärken und Herausforderungen im ungarischen Mathematikunterricht

Seit den fünfziger Jahren des vergangenen Jahrhunderts wurden die Bestrebungen zur Verbesserung des Mathematikunterrichts von namenhaften ungarischen Mathematikern unterstützt. Auch haben sie selbst an den Reformbemühungen für den mathematischen Schulunterricht aktiv teilgenommen.

---

4 http://mta.hu/data/dokumentumok/iii_osztaly/2016/tanitoi_tanari_kerdoiv_osszegzes_2016%20(1).pdf

Nach der UNESCO-Konferenz im Jahr 1962 in Budapest wurde der komplexe Mathematikunterrichtsversuch von Tamás Varga[5] und seinen Mitarbeiterinnen und Mitarbeitern weltweit noch bekannter (Ambrus, 2016; Ambrus & Vancsó, 2017). In dem Buch von Sándor Klein[6] über den komplexen Mathematikunterricht von Tamás Varga können wir die wichtigsten Prinzipien in erster Linie aus psychologischer Sicht nachlesen: „A break with the usual fragmentary approach and a view of mathematics as a whole (selection of curriculum)", „Nothing to impose, either on teacher or on students", „The process of abstraction viewed as the interiorization of concrete experiences", „Independence training", „The importance of individual differences", „Internal as opposed to external motivation". (Klein, 1987, S. 38–43)

Im Jahre 1978 wurde anhand der Ergebnisse des Versuches ein neuer Lehrplan für die allgemeinbildenden Schulen (Jahrgangsstufen 1 bis 8) eingeführt. Dieser Lehrplan beinhaltete neue, auch heute noch zeitgemäße Elemente (ein spiralförmiger Begriffsaufbau, Werkzeuganwendung, mathematische Spiele, Arbeitsblätter mit kleinen Forschungsmöglichkeiten, Freiheit der Denkweisen und Recht auf Irrtümer und Fehler in den Mathematikstunden). Die Weiterführung der Konzeption von Tamás Varga auf die Jahrgangsstufen 9 bis 12 blieb größtenteils der Nachwelt vorbehalten (Pálfalvi, 2020). Die Ideen der Konzeption sind weiterhin in der mathematischen Allgemeinbildung und besonders in der Begabtenförderung zu finden. Auf Initiative des vorangegangenen Präsidenten der MTA, László Lovász, wurde die Forschungsgruppe „Moderner komplexer Mathematikunterricht" (unter der Leitung von Ödön Vancsó) ins Leben gerufen. Sie wurde unterstützt vom didaktischen Programm der Magyar Tudományos Akadémia (Ungarische Akademie der Wissenschaften). Die Tätigkeit der Gruppe konzentriert sich auf die Erhaltung und Erneuerung dieser Traditionen für die Allgemeinbildung.

4.1 Herausragende Talentenförderung

Die sehr erfolgreiche ungarische Begabtenförderung ist in erster Linie den Spezialklassen in Mathematik zu verdanken, die in den 1960er Jahren eingerichtet wurden. Die erste solche Klasse startete im Schuljahr 1961/62 in Budapest im Fazekas Mihály Gimnázium. In diesen Klassen wurde die Mathematik nach einem speziellen Lehrplan mit einer wöchentlichen Stundenzahl von 7 bis 9 Stunden unterrichtet. Heute beträgt die Stundenzahl dieser Spezialklassen nur 5 bis 6 Stunden (die üblichen Stundenzahl in Mathematik beträgt 3 bis 4 Stunden).

Weitere wichtige Gebiete der Talentenförderung sind die Fachzirkel und Fachlager und die mathematischen Wettbewerbe für die Lernenden ab der dritten bis zur zwölften Jahrgangsstufe (Vancsó, 2002). Erwähnenswert ist hierbei noch die Rolle der *KöMaL* (*Középiskolai Matematikai Lapok, dt.: Matheblätter für die Sekundarschu-*

---

5   Tamás Varga (1919–1987) Mathematiker, Mathematiklehrer und Didaktiker
6   Sándor Klein (*1941) ist Psychologe, hat aber auch einen Abschluss im Mathematiklehramt und ist ein großer Bewunderer und Kollege von Zoltán Dienes und Tamás Varga.

le), einer mathematischen Zeitschrift für Schülerinnen und Schüler der Mittelschulen, die im Jahre 1893 als zweite mathematische Zeitschrift für Gymnasiasten in der Welt gegründet wurde (Ambrus, 2016; Vancsó, 2002; Oláh, 2022). Die Zeitschrift erscheint monatlich und beinhaltet neben Fachartikeln auch einen schriftlichen Wettbewerb, bei dem die Lösungen der Aufgaben monatlich zur Redaktion eingeschickt werden können. Die Zeitschrift wurde auch schon mit Teilen der Physik und der Informatik ergänzt.

All diese Maßnahmen haben dazu beigetragen, dass Ungarn im Zeitraum von 1959 bis 2019 bei der Internationalen Mathematik-Olympiaden nach Goldmedaillen an vierter Stelle in der Welt steht. Dieses Ergebnis verdeutlicht, dass die Elitenförderung eine Stärke des ungarischen Mathematikunterrichts darstellt.

4.2 Lehrertagungen und Lehrerforum

In den 1960er Jahren begannen auch die Ländertagungen *Rátz László[7] Vándorgyűlés*, ein mehrtägiges jährliches Treffen von ungarischen Mittelschullehrkräften sowie von Fachleuten und Didaktikerinnen und Didaktikern aus den Universitäten, die in der Lehrkräfteausbildung tätig waren. Mit den Jahren wurde die Struktur der Tagung mit weiteren Sektionen, die Allgemeinbildung betreffen, ergänzt. Neben den Vorträgen gibt es Möglichkeiten zu persönlichen Treffen und Diskussionen, beispielsweise über den Nat oder in Zusammenhang mit der Abschlussprüfung. Es gibt regelmäßig auch Diskussionen über Probleme beim Übergang Schule-Hochschule.

4.3 Fachdiskussionen über die Abschlussprüfung

Im Zusammenhang mit der zweistufigen Abschlussprüfung (seit 2005) gab es ernsthafte Kritik (Csapó, 2014). Im Folgenden werden einige kritische Positionen kurz vorgestellt:
- Einige Lehrkräfte, die mit leistungsfähigen Schülerinnen und Schüler arbeiten, meinen, dass in der Oberstufenprüfung auch noch anspruchsvollere Aufgaben notwendig wären, um eine bessere Leistungsdifferenzierung zu ermöglichen (Katz, 2011).
- Seit der Einführung der zweistufigen Abschlussprüfung werden die Formulierungen der Aufgaben und die mangelnde mathematische Genauigkeit der zugehörigen Lösungsanleitungen kritisiert (Kántor & Fazekas, 2011).
- Es gibt auch messtechnische Kritik an den Abschlussprüfungen. Es ist hier aber anzumerken, dass die Kommission, die für das Zusammenstellen der Aufgaben verantwortlich ist (bestehend aus erfahrenen Lehrkräften und einer Person aus der Mathematikdidaktik), keine vorangehende Möglichkeit zur Kontrolle der

---

7   László Rátz (1863–1930), Lehrer für Mathematik und Physik. Schüler von ihm waren auch der Physiker Jenő Wigner und der Mathematiker János Neumann (John von Neumann).

messtechnischen Passung der Aufgaben hat. Die Mitglieder können sich nur an ihren Erfahrungen und an der Analyse der früheren Aufgaben orientieren.

Trotz dieser Kritik an der Abschlussprüfung zeigte aber eine Erhebung des Schulamtes im Jahre 2013, dass die Lehrerinnen und Lehrer im Allgemeinen mit der aktuellen Abschlussprüfung zufrieden waren (Oktatási Hivatal, 2014d).

5 Zusammenfassung

Zielgebend für die ungarischen Lehrplanänderungen der letzten Jahrzehnte sind die Traditionen des ungarischen Mathematikunterrichtes (z. B. die bis heute betonte Wichtigkeit der elementaren Geometrie im internationalen Vergleich), die bedeutenden Gebiete der ungarischen Mathematikforschung (z. B. die Rolle der endlichen Mathematik in der Entwicklung des Denkens), der Anspruch an eine stetige Modernisierung des Lehrmaterials (z. B. im Unterricht der Wahrscheinlichkeitsrechnung und Statistik) sowie das Bestreben für neue „Wege". Zu Letzterem gehört auch, dass seit 2005 der entdeckende Mathematikunterricht und die Anwendung von lebensnahen Situationen in den Textaufgaben wieder verstärkt betont und neu gedacht werden.

Zum Abitur führen verschiedene mögliche „Wege" im System des allgemeinbildenden Unterrichtes (vgl. Abb. 1). Die wichtigste Entscheidung für die Vorbereitung eines Hochschulstudiums bildet dabei die Wahl des Fakultätsfachs (vor der Jahrgangsstufe 11), in dem mit einer erhöhten Stundenanzahl unterrichtet wird. In den mathematischen Fakultätsfachgruppen, die zusätzliche Mathematikstunden bedeuten, können die Schülerinnen und Schüler sich für die Ansprüche der Oberstufenprüfung in der Abschlussprüfung vorbereiten.

Eine Oberstufenprüfung erfordert die Beherrschung von abstrakteren und erheblich umfangreicheren Inhalte (beispielsweise Elemente der mathematischen Analysis) und ist daher deutlich schwerer als die Mittelstufenprüfung. Daher stellt die Oberstufenprüfung und die Vorbereitung darauf einen herausfordernden Anspruch sowohl an die Schülerinnen und Schüler als auch an ihre Lehrerinnen und Lehrer.

Literatur

Ambrus, G. (2016). Vergangenheit und Gegenwart der ungarischen Mathematikdidaktik – unter besonderer Berücksichtigung der Bezüge zu Deutschland und Österreich, Hauptvortrag an der 46. Jahrestagung der GDM, Heidelberg. In Institut für Mathematik und Informatik Heidelberg (Hrsg.), *Beiträge zum Mathematikunterricht 2016* (S. 41–48). WTM. https://doi.org/10.17877/DE290R-17280

Ambrus, G. & Vancsó, Ö. (2017). Der komplexe Mathematikunterricht von Tamás Varga im 21. Jahrhundert – Förderung des mathematischen Denkens nach neuesten Forschungsergebnissen *Mitteilungen der Gesellschaft für Didaktik der Mathematik*, 103, 6–12.

Csapó, B. (Hrsg.) (2014). *Az érettségi vizsgarendszer megújításának lehetőségei a technológia-alapú tesztelés segítségével* [Möglichkeiten zur Erneuerung des Abiturprüfungssystems mit Hilfe von technologiebasiertem Testen]. Szegedi Tudományegyetem Oktatáselméleti Kutatócsoport.

Csapodi, C. & Koncz, L. (2016). The efficiency of written final exams questions in mathematics based on voluntary data reports, 2012–2015. *Teaching Mathematics and Computer Science*, 2016, *14*(1), 63–81. https://doi.org/10.5485/TMCS.2016.0417

Europäisches Parlament & Europäischer Rat (2006). Empfehlung des Europäischen Parlaments und des Rates vom 18. Dezember 2006 zu Schlüsselkompetenzen für lebensbegleitendes Lernen (2006/962/EG). *Amtsblatt der Europäischen Union vom 30.12.2006*. https://eur-lex.europa.eu/legal-content/DE/TXT/HTML/?uri=CELEX:32006H0962&from=HU

European Commission-EACEA National Policies Platform-Eurydice (2021). *National Education Systems*. https://eacea.ec.europa.eu/national-policies/eurydice/content/teaching-and-learning-general-secondary-education-2_en)

Gosztonyi, K., Kosztolányi, J., Pintér, K., Vancsó, Ö. & Varga, E. (2018). Varga's "complex mathematics education" reform: at the crossroad of the New Math and Hungarian traditions. In Y. Shimizu & R. Vithal (Hrsg.), *ICMI Study 24: School Mathematics Curriculum Reforms: Challenges, Changes and Opportunities* (S. 133–140). University of Tsukuba.

Hajdu, T., Hermann, Z., Horn, D. & Varga, J. (2019). *A közoktatás indikátorrendszere [Indikatorensystem der öffentlichen Bildung] 2019*. https://kti.krtk.hu/wp-content/uploads/2020/01/A_kozoktatas_indikatorrendszere_2019.pdf

Jantner, A. (2020). *A matematika érettségi vizsga prediktív validitása matematikatanár és matematika BSc szakos egyetemi hallgatók körében* [Aussagekraft der Mathematik-Abschlussprüfung bei Mathematik-Lehramtstudierenden und BSc-Mathematik-Studierenden] (Unveröffentlichte Diplomarbeit). Eötvös-Loránd-Universität.

Kántor, S. & K. Fazekas, A. (2011). Conventions of mathematical problems and their solutions in Hungarian secondary school leaving exams. *Teaching Mathematics and Computer Science*, *9*(1), 137–146. https://doi.org/10.5485/tmcs.2011.0280

Katz, S. (2011). Javaslatok az emelt szintű matematika érettségi megújításához [Vorschläge für die Erneuerung der Erhöhten Abschlussprüfung in Mathematik].

Klein, S. (1987). *The Effects of Modern Mathematics*. Akadémia Kiadó.

Magyar Tudományos Akadémia Matematikai Közoktatási Munkabizottság (2016). *A Tanítói/tanári kérdőívre beküldött válaszok összesítése* [Zusammenfassung der Antworten auf den Lehrkräfte-Fragebogen]. http://mta.hu/data/dokumentumok/iii_osztaly/2016/tanitoi_tanari_kerdoiv_osszegzes_2016%20(1).pdf

Oktatási Hivatal (2014a). *A 2012. május–júniusi érettségi feladatsor és az egyes feladatok mérésmetodikai vizsgálata a TÁMOP-3.1.8-09/1-2010-0004 azonosító számú projekt keretében. Matematika* [Die Reihe der Abschlussarbeiten für Mai – Juni 2012 und die Messmethodik einiger Aufgaben im Rahmen des Projekts mit der Identifikationsnummer TÁMOP-3.1.8-09/1-2010-0004. Mathematik]. https://www.oktatas.hu/pub_bin/dload/unios_projektek/tamop318/meresmetodika/Matematika.pdf

Oktatási Hivatal (2014b). *Összehasonlító elemzés matematika vizsgatárgyból* [Vergleichende Analyse des Prüfungsfachs Mathematik]. www.oktatas.hu/pub_bin/dload/unios_projektek/tamop318/ertekelesi_skalak_osszehasonlitasa/ertekelesi_skalak_matematika.pdf

Oktatási Hivatal (2014c). *Érettségi vizsgatárgyak elemzése 2009–2012. tavaszi vizsgaidőszakok. Matematika.* [Analyse der Abiturprüfungsfächer 2009–2012 Frühjahrsprüfungen. Mathematik.]. http://www.oktatas.hu/pub_bin/dload/unios_projektek/tamop318/erettsegi_vizsgatargyak_elemzese/matematika.pdf

Oktatási Hivatal (2014d). *A nagy létszámú vizsgatárgyakra vonatkozó felmérése elemzése* [Analyse einer Umfrage bezüglich Prüfungsgegenstände mit einer großen Anzahl von Probanden]. http://www.oktatas.hu/pub_bin/dload/unios_projektek/tamop318/erettsegi_felmeres/nagy_letszamu_vizsgatargyak_elemzese.pdf

Oláh, V. (2022). Középiskolai Matematikai és Fizikai Lapok (KöMaL) – Mathematikblätter für die Mittelschule. In G. Ambrus, J. Sjuts & E. Vásárhelyi (Hrsg.), *Mathematische Zeitschriften und Wettbewerbe für Kinder und Jugendlichen, Reihe: Mathematiklehren und -lernen in Ungarn, Band 4*. WTM.

Pálfalvi, J. (2020). Reformen des Mathematikunterrichts in Ungarn in den 1960–70-er Jahren. In G. Ambrus, J. Sjuts, Ö. Vancsó & E. Vásárhelyi (Hrsg.), *Komplexer Mathematikunterricht: Die Ideen von Tamás Varga in aktueller Sicht* (S. 283–304). Reihe: Mathematiklehren und -lernen in Ungarn, Band 2. WTM.

Vancsó, Ö. (2002). Begabtenförderung in Ungarn Hauptvortrag an der 32. GDM Tagung, 2002 in Klagenfurt. In *Beiträge zum Mathematikunterricht* (S. 47–55). Franzbecker.

Varga, T. & Halmos, M. (1978). Change in mathematics education since the late 1950's: Ideas and realisation: An ICMI report. *Educational Studies in Mathematics, 9*(2), 225–244.

Gabriella Ambrus, Eötvös-Loránd-Universität Budapest, Pázmány Péter sétány 1/C, Budapest
ambrus.gabriella@ttk.elte.hu

Csaba Csapodi, Eötvös-Loránd-Universität Budapest, Pázmány Péter sétány 1/C, Budapest
csapodi.csaba@ttk.elte.hu

Ödön Vancsó, Eötvös-Loránd-Universität Budapest, Pázmány Péter sétány 1/C, Budapest
vancso.odon@ttk.elte.hu

Eszter Varga, Bornemissza Péter Gimnázium, Budapest
evarga@bpg.hu

Teil 3:
Empirische Forschung zu den Bildungszielen der gymnasialen Oberstufe

Der Teil 3 dieses Bandes beschäftigt sich mit ausgewählter empirischer Forschung zu den Bildungszielen der gymnasialen Oberstufe. Dabei geht es sowohl um die Frage, welche Rolle die Bildungsziele für das weitere Lernen an Hochschulen haben (Kap. 3.1 und 3.2), als auch um die Frage, inwieweit die Bildungsziele erreicht werden (Kap. 3.3 und 3.4). Zusammenfassend ist zu bemerken, dass es nur sehr wenige empirische Erkenntnisse zu beiden Aspekten gibt.

Die ersten beiden Kapitel blicken aus der Perspektive der Hochschule auf das Thema. In **Kapitel 3.1** wird dargestellt, welche mathematischen Kompetenzen Hochschullehrende von Studienanfängerinnen und -anfängern erwarten. Sowohl MINT-Fächer als auch Studienfächer, die außerhalb des MINT-Bereiches angesiedelt sind, werden betrachtet. Die identifizierten, erwarteten Lernvoraussetzungen werden mit den schulischen Vorgaben abgeglichen. In **Kapitel 3.2** werden empirische Ergebnisse präsentiert, die den Studienerfolg in MINT-Fächern unter besonderer Berücksichtigung der geforderten und benötigten mathematischen Kompetenzen evaluieren. Dabei wird deutlich, wie groß die Bedeutung der schulisch erworbenen mathematischen Kompetenzen ist. Insbesondere gibt es für naturwissenschaftliche Fächer Studien, die die Relevanz von Rechenfähigkeiten für den Studienerfolg zeigen.

Die letzten beiden Kapitel fokussieren die Ziele der gymnasialen Oberstufe aus der Perspektive der Schule. In **Kapitel 3.3** wird im Rahmen einer Replikationsanalyse der TIMSS-Daten von 1995/96 untersucht, wie robust das damalige Ergebnis ist, nach dem nur 30 % der Abiturientinnen und Abiturienten aus Deutschland die Mindeststandards in voruniversitärer Mathematik erreichen. Zur Analyse werden verschiedene, methodische Entscheidungen variiert, die die Modellierung des Kompetenzniveaus der Abiturientinnen und Abiturienten beeinflussen könnten. **Kapitel 3.4** nimmt die wissenschaftspropädeutischen Kompetenzen genauer in den Blick und stellt eine Konzeptualisierung und Operationalisierung der Subkomponente „metawissenschaftliches Wissen über Mathematik" vor. Anhand einer Stichprobe mit knapp 300 Studienanfängerinnen bzw. -anfängern wird untersucht, inwieweit diese metawissenschaftliches Wissen über Mathematik in der Schule erworben haben.

3.1

*Irene Neumann, Christoph Deeken, Dunja Rohenroth,
Birke-Johanna Weber & Aiso Heinze*

Mathematische Lernvoraussetzungen für ein Studium – was erwarten Hochschullehrende?

1 Einleitung

Die gymnasiale Oberstufe bildet die Schnittstelle zwischen Schule und Hochschule (Abb. 1). Dabei sind in der Schule die Bildungsziele, die Schülerinnen und Schüler bis zum Schulabschluss erreicht haben sollen, normativ in Curricula und Bildungsstandards festgelegt. In der Hochschule ist die Studieneingangsphase durch spezifische Anforderungen gekennzeichnet – wie beispielsweise (neue) Lernformate oder Lerninhalte –, die wiederum Lernvoraussetzungen bedingen, um diesen Anforderungen gerecht zu werden. Ein erfolgreicher Wechsel von der Institution Schule in die Institution Hochschule kann demnach nur gelingen, wenn die Lernvoraussetzungen für ein Studium mit den Bildungszielen der Schule und dem Wissen und den Fähigkeiten der Absolventinnen und Absolventen korrespondieren.

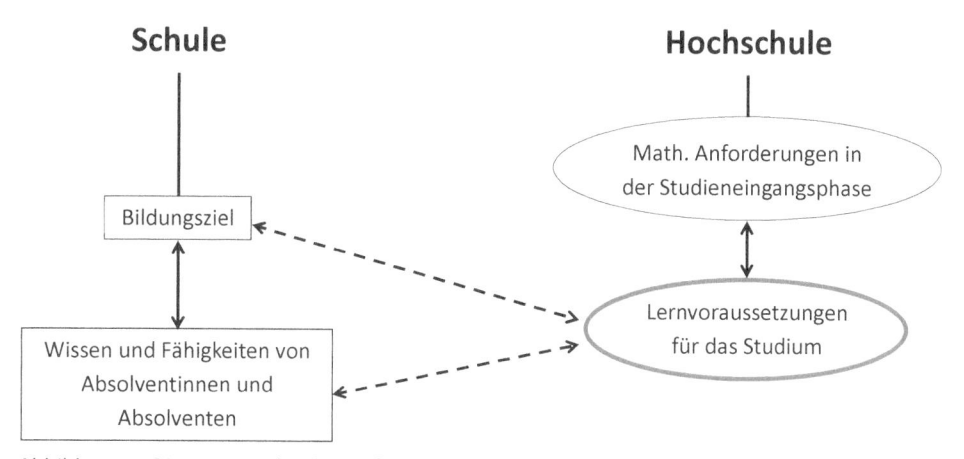

Abbildung 1: Die gymnasiale Oberstufe als Schnittstelle zwischen Schule und Hochschule.

Für viele Studienfächer kommt dabei gerade der Mathematik eine besondere Rolle beim Übergang Schule-Hochschule zu. „Mathematik als nützliche, brauchbare Disziplin […] von schier universeller Reichweite" (Winter, 1995, S. 38) wird als ein zentrales Element der Allgemeinbildung und sogar als „fächerübergreifende Schlüsselqualifikation" (Baumert, 2002, S. 110) angesehen (vgl. auch Kap. 1.1 in diesem

Neumann, I., Deeken, C., Rohenroth, D., Weber, B.-J. & Heinze, A. (2022). Mathematische Lernvoraussetzungen für ein Studium – Was erwarten Hochschullehrende? In T. Rolfes, S. Rach, S. Ufer & A. Heinze (Hrsg.), *Das Fach Mathematik in der gymnasialen Oberstufe* (S. 199–219). Waxmann. CC BY-NC-SA 4.0

Band). So verwundert es kaum, dass Mathematik in der gymnasialen Oberstufe ein Pflichtfach für alle Schülerinnen und Schüler ist (KMK, 2021) und Hochschullehrende über alle Fächer hinweg Mathematik als Teil einer allgemeinen Studierfähigkeit ansehen (Heldmann, 1984; Konegen-Grenier, 2001; vgl. auch Kap. 1.3 in diesem Band). Jedoch scheint gerade im Bereich der Mathematik der Übergang von der Schule in die Hochschule nicht reibungslos zu gelingen. Hochschullehrende berichten über mangelnde Mathematikkenntnisse ihrer Studierenden (z. B. Offener Brief, 2017) und Studierende äußern Probleme mit Mathematik (z. B. Albrecht & Nordmeier, 2011) oder fühlen sich nicht ausreichend durch den schulischen Mathematikunterricht vorbereitet (z. B. Bescherer, 2003; Heublein et al., 2017). Die mathematischen Fachverbände sehen entsprechend Handlungsbedarf, diesen Übergang zu verbessern, und schlagen unter anderem vor, dass sich „Schule und Hochschule […] genau und verbindlich über das mathematische Wissen und Können der Studienanfängerinnen und -anfänger ab[stimmen]" (DMV, GDM & MNU, 2019, o. S.). Eine solche Abstimmung bedarf jedoch zunächst einer Klärung der Erwartungen von Hochschulseite, da diese – anders als die normativ festgelegten Bildungsziele der Schule – nicht geregelt sind bzw. aufgrund der grundgesetzlich garantierten Hochschulautonomie nur bedingt geregelt werden können.

Die Erwartungen von Hochschulseite, welche Lernvoraussetzungen Studienanfängerinnen und Studienanfänger mitbringen sollten, näher zu beleuchten, war das Ziel eines Forschungsprogramms am IPN – Leibniz-Institut für die Pädagogik der Naturwissenschaften und Mathematik, aus dem hier vier Studien vorgestellt werden sollen. Die Studie MaLeMINT (Mathematische Lernvoraussetzungen für MINT-Studiengänge) befasste sich mit der Frage, welche Erwartungen Hochschullehrende an Studienanfängerinnen und Studienanfänger im MINT-Bereich (Mathematik, Informatik, Naturwissenschaften, Technik) stellen (Abschnitt 2). MaLeMINT-E (MaLeMINT-Ergänzungsstudie) hatte die Erwartungen der Hochschullehrenden an Studienanfängerinnen und Studienanfänger außerhalb des MINT-Bereichs im Fokus (Abschnitt 3). Die so identifizierten Erwartungen der Hochschullehrenden wurden dann mit normativen schulischen Vorgaben abgeglichen (Abschnitt 4). Schließlich zielte die Studie MaLeMINT-Implementation darauf, einen Abstimmungsprozess zwischen Lehrenden in Schulen und Lehrenden in Hochschulen anzustoßen (Abschnitt 5).

2 MaLeMINT: Mathematische Lernvoraussetzungen für MINT-Studiengänge

Für Studienfächer im MINT-Bereich beschäftigten sich in den vergangenen Jahren einzelne Arbeitsgruppen und Kommissionen mit der Frage, welche mathematischen Lernvoraussetzungen von den Studienanfängerinnen und Studienanfängern erwartet werden. Die „cooperation schule:hochschule" legte beispielsweise einen „Mindestanforderungskatalog Mathematik (Version 3.0)" (cosh, 2021) für ein WiMINT-Studium (Wirtschaft, Mathematik, Informatik, Naturwissenschaften, Technik) in Baden-Württemberg vor. Die Konferenz der Fachbereiche Physik beschrieb in ihrer „Empfehlung [..] zum Umgang mit den Mathematikkenntnissen von Studienanfängern der Physik" (KFP, 2012), welche mathematischen Inhalte bereits aus dem Schulunterricht bekannt sein und welche erst in einem Physikstudium behandelt werden sollten. Schließlich hat die Europäische Gesellschaft für Ingenieur-Ausbildung ein „Framework for Mathematics Curricula in Engineering Education" (SEFI, 2013) ausgearbeitet, in dem neben Inhalten des Studiums auch notwendige Voraussetzungen für ein ingenieurwissenschaftliches Studium aufgeführt werden. Ein Vergleich dieser drei Kataloge zeigt zwar durchaus Überschneidungen, es lassen sich aber auch deutliche Unterschiede feststellen. So werden in allen drei Katalogen mathematische Inhalte genannt (mit großen Überschneidungen vor allem in den Grundlagen), prozessbezogene Erwartungen werden aber nur bei cosh und SEFI formuliert, und SEFI führt zusätzlich noch Aspekte zum Wesen der Mathematik auf. Darüber hinaus sind diese vorgelegten Kataloge lediglich für einzelne Studienfächer des MINT-Bereichs oder mit Blick auf einzelne Bundesländer erarbeitet worden. Inwieweit unter Hochschullehrenden über alle Bundesländer und den gesamten MINT-Bereich hinweg ein Konsens zu erwarteten mathematischen Lernvoraussetzungen besteht, ist somit allein auf Grundlage von Katalogen einzelner Arbeitsgruppen und Kommissionen nicht zu beantworten.

2.1 Delphi-Studie

Ziel des Projekts MaLeMINT war daher, die Erwartungen der MINT-Hochschullehrenden in ganz Deutschland systematisch zu erfassen und zu untersuchen, inwieweit ein Konsens über Bundesländer, Studienfächer und Hochschularten hinweg besteht (eine detaillierte Beschreibung des Projekts findet sich in Deeken et al., 2020; Neumann et al., 2017). Dazu wurde eine sogenannte Delphi-Studie (vgl. Häder, 2014; Webler et al., 1991) durchgeführt, in der Hochschullehrende als Expertinnen und Experten über mehrere Runden hinweg befragt wurden. Die Antworten der Hochschullehrenden wurden nach jeder Runde vom Projektteam zusammengefasst und systematisiert und in der folgenden Runde den Teilnehmenden zu einer erneuten Bewertung zurückgespiegelt. Bei der Rückmeldung wurde nicht offengelegt, wer welche Meinung eingebracht hat, sondern es wurden lediglich aggregierte Ergebnisse der Vorrunde mitgeteilt. So sollten Effekte der sozialen Beeinflussung wie beispielsweise Meinungsführerschaften von Einzelpersonen vermieden werden, die in anderen Formen der Expertenbefragungen (z.B. beobachtete Gruppendiskussionen) auftreten können (Häder, 2014). Die Iteration aus der Erfassung der Expertenmeinungen, der Auswertung und erneuten Bewertung erlaubte es, einen potenziellen Konsens zu ermitteln sowie zu untersuchen, wie weitreichend dieser ist und ob er gegebenenfalls nur für Teilgruppen festzustellen ist.

2.1.1 Teilnehmende

Als Expertinnen und Experten wurden zu Projektbeginn im Jahr 2015 Hochschullehrende ausgewählt, die in MINT-Studiengängen Mathematikveranstaltungen für das erste Semester angeboten hatten. Es ist anzunehmen, dass die Erwartungen von Hochschullehrenden über mathematische Lernvoraussetzungen ihrer Studierenden die Gestaltung ihrer Lehrveranstaltungen maßgeblich beeinflussen. Darüber hinaus sind der Besuch und das Bestehen von Mathematiklehrveranstaltungen im ersten Semester in MINT-Studiengängen in der Regel obligatorisch. Insgesamt kommt damit den Erwartungen von Hochschullehrenden in diesen Lehrveranstaltungen eine besondere Bedeutung für einen gelingenden Übergang von der Schule in die Hochschule zu. Um nicht nur den Eindruck für einen bestimmten Jahrgang zu erfassen und dennoch die Erwartungen mit einer gewissen Aktualität abzubilden, wurden bei der Recherche der Teilnehmenden Lehrveranstaltungen aus dem Zeitraum 2010–2015 einbezogen. Aus den online verfügbaren Informationen (Vorlesungsverzeichnisse, Modulhandbücher, Stundenpläne) wurden schließlich 2.233 Hochschullehrende ermittelt, von denen 2.138 mit einer Einladung als Expertinnen und Experten zur Delphi-Befragung erreicht werden konnten.

2.1.2 Anlage der Befragung in MaLeMINT

Die Befragung im Rahmen der MaLeMINT-Studie umfasste drei Delphi-Runden. Da die Erwartungen der Hochschullehrenden möglichst unbeeinflusst erfasst werden sollten, wurde Runde 1 als explorative Befragung angelegt. Eine kleine Stichprobe (N = 36) wurde gebeten, ihre Erwartungen hinsichtlich mathematischer Lernvoraussetzungen von Studienanfängerinnen und Studienanfängern in offenen Textfeldern zu drei erzählgenerierenden Impulsen (vgl. Flanagan, 1954) zu äußern. Die Impulse bezogen sich dabei auf (1) die Studierfähigkeit im Bereich Mathematik, (2) die Konzeptionierung von mathematischen Orientierungstests für das MINT-Studium sowie (3) die Unterschiede von erfolgreichen und nicht erfolgreichen Erstsemesterstudierenden in Mathematikvorlesungen. Mithilfe einer Inhaltsanalyse wurden aus den Antworten der Teilnehmenden einzelne Lernvoraussetzungen extrahiert und kategorisiert. Der so entstandene Katalog an Lernvoraussetzungen wurde anschließend der Gesamtstichprobe in Runde 2 zur Bewertung vorgelegt, an der sich N = 952 Hochschullehrende beteiligten. Dabei sollten die Teilnehmenden einerseits die Notwendigkeit der genannten Lernvoraussetzungen für einen erfolgreichen Studienbeginn beurteilen. Andererseits hatten sie die Möglichkeit, die genannten Lernvoraussetzungen zu präzisieren oder weitere, bislang nicht genannte Lernvoraussetzungen zu ergänzen. Die Ergebnisse dieser Runde wurden der Gesamtstichprobe in Runde 3 schließlich zu einer erneuten Bewertung mit der Möglichkeit zu Ergänzungen und Präzisierungen vorgelegt. An der dritten Runde beteiligten sich N = 664 Hochschullehrende.

2.1.3 Konsenskriterien

Für die Auswertung der Runden 2 und 3 mussten zunächst Kriterien für einen Konsens festgelegt werden. Dabei wurden gesellschaftlich übliche Standards (wie die Zweidrittelmehrheit für eine Verfassungsänderung) herangezogen und es wurde darauf geachtet, dass die Kriterien eher konservativ sind. Mit den Kriterien sollte außerdem angenommen werden können, dass ein Konsens nicht nur in der gesamten Stichprobe, sondern auch in den einzelnen Studienganggruppen (d.h. Lehrende, die nur in Mathematikstudiengängen bzw. in verschiedenen MINT-Studiengängen bzw. in verschiedenen INT-Studiengängen, aber nicht in Mathematikstudiengängen unterrichten) und Hochschularten (d.h. Lehrende von Universitäten und Fachhochschulen) vorliegt. Eine Lernvoraussetzung wurde demnach als notwendig angesehen, wenn (1) mindestens zwei Drittel aller Befragten und (2) mindestens die Hälfte der Lehrenden in jeder Studienganggruppe (Mathematik, MINT oder INT) und (3) mindestens die Hälfte der Lehrenden in jeder Hochschulart (Universität, (Fach-)Hochschule) die Lernvoraussetzung als notwendig ansahen. Eine Lernvoraussetzung wurde als nicht notwendig gesehen, wenn (1) mindestens drei Viertel aller Befragten und (2) mindestens zwei Drittel der Lehrenden in jeder Studienganggruppe (Mathematik, MINT oder INT) und (3) mindestens zwei Drittel der Lehrenden in jeder Hochschulart (Universität, (Fach-)Hochschule) die Lernvoraussetzung als nicht notwendig ansahen. Bei der Auswertung von neu genannten oder präzisierten Lernvoraussetzungen wurden nur diejenigen berücksichtigt, die von mindestens drei Hochschullehrenden genannt wurden. Durch eine Mindestanzahl von drei Nennungen sollten eine Beeinflussung durch Einzelmeinungen vermieden und neue Aspekte angemessen berücksichtigt werden.

2.2 Ergebnisse: der MaLeMINT-Katalog

Über die drei Befragungsrunden hinweg konnten 179 Lernvoraussetzungen identifiziert werden. 140 dieser Lernvoraussetzungen erfüllten die oben genannten Konsenskriterien für notwendige Lernvoraussetzungen und 4 die für nicht notwendige Lernvoraussetzungen. Bei den 35 Lernvoraussetzungen, die die Konsenskriterien nicht erfüllten, zeigte sich die Uneinheitlichkeit tendenziell eher innerhalb der Studienfachgruppen als zwischen diesen (bzw. den Hochschularten), was eher auf individuelle Meinungsunterschiede bzw. standorttypische Spezifika hindeutet als auf grundsätzliche Unterschiede zwischen Studienfächern (bzw. Hochschularten). Insgesamt ist damit ein sehr breiter Konsens (80 %) unter den MINT-Hochschullehrenden festzustellen. Die identifizierten Lernvoraussetzungen ließen sich vier Bereichen zuordnen: *Mathematische Inhalte, Mathematische Arbeitstätigkeiten, Vorstellungen zum Wesen der Mathematik* und *Persönliche Merkmale*.

Mathematische Inhalte erstrecken sich von Grundlagen (z. B. Bruchrechnung, lineare und quadratische Gleichungen) über Analysis (z. B. Verständnis von Stetigkeit und Differenzierbarkeit, rechnerisches Differenzieren und Integrieren, Extrem- und Wendestellen), Lineare Algebra (z. B. Vektoren als Pfeilklassen, analytische Beschreibung geometrischer Objekte in Ebene und Raum) und Stochastik (z. B. Kombinatorik, Wahrscheinlichkeit) bis hin zu bereichsübergreifenden Inhalten (z. B. Aussagenlogik; Begriffe wie Vermutung, Satz, Beweis).

Mathematische Arbeitstätigkeiten umfassen grundlegende Tätigkeiten (z. B. sicherer Umgang mit Standarddarstellungen), mathematisches Argumentieren und Beweisen (z. B. Verstehen und Prüfen von Beweisen, Plausibilitätsüberlegungen bei Argumentationen), mathematisches Kommunizieren (z. B. präzise mathematische Notation mit Einsatz von Fachsprache und Fachsymbolik), mathematisches Definieren (z. B. mathematische Begriffe anhand ihrer Definition erklären), Problemlösen (z. B. aus gegebenen Lösungen Lösungsstrategien ableiten, Fallunterscheidungen vornehmen), mathematisches Modellieren (z. B. Beschreibung und Lösung außermathematischer Situationen mit mathematischen Werkzeugen) sowie Recherchieren (d. h. mathematische Informationen aus verschiedenen Quellen recherchieren und kritisch einschätzen).

Vorstellungen zum Wesen der Mathematik adressieren ein Verständnis von Mathematik als wissenschaftliche Disziplin, zum Beispiel davon, dass das Beweisen eine zentrale Tätigkeit in der Mathematik ist und die spezielle Art des Beweisens die Mathematik von vielen anderen Disziplinen abgrenzt.

Unter *Persönlichen Merkmalen* werden schließlich Einstellungen und Arbeitsweisen (z. B. Offenheit gegenüber dem Mathematiklernen an Hochschulen, Organisations- und Zeitmanagement, Fleiß), kognitive Fähigkeiten und Kenntnisse (z. B. Konzentrationsfähigkeit, Kreativität) und soziale Fähigkeiten (z. B. Teamfähigkeit zum Bilden von Übungsgruppen, Bereitschaft zum Austausch über Mathematik) zusammengefasst.

Mit den Lernvoraussetzungen in den Bereichen *Mathematische Inhalte* und *Mathematische Arbeitstätigkeiten* spiegelt der MaLeMINT-Katalog die Strukturierung schulmathematischer Lernziele wider, wie sie üblicherweise in Curricula oder den Bildungsstandards für die gymnasiale Oberstufe (KMK, 2012) zu finden ist. Die erwarteten *Vorstellungen zum Wesen der Mathematik* korrespondieren zwar mit Wissenschaftspropädeutik als grundsätzlichem Bildungsauftrag der gymnasialen Oberstufe (KMK, 2021; siehe auch Kap. 1.2), sind allerdings in der Regel nicht explizit in Bildungsdokumenten aufgeführt. Auch *Persönliche Merkmale* stehen nicht im Widerspruch zu schulischen Vorgaben, sind jedoch dort in der Regel nicht als konkrete Anforderungen an den Fachunterricht formuliert, sondern finden sich eher allgemein beschrieben in Vorworten und Präambeln wieder.

Über alle Bereiche hinweg waren besonders hohe Übereinstimmungen unter den Hochschullehrenden vor allem zu mathematischen Inhalten der Sekundarstufe I und zu einigen persönlichen Merkmalen wie beispielsweise Durchhaltevermögen und Frustrationstoleranz festzustellen. Lernvoraussetzungen, die abstrakt-formale Aspekte der Mathematik adressieren, wurden dagegen als nicht notwendig erachtet oder führten zu einem uneinheitlichen Meinungsbild (z. B. abstrakte algebraische Strukturen wie Gruppe und Vektorraum, formales Stetigkeitskonzept auf Basis der ε-δ-Definition oder der Folgenstetigkeit). Ein intuitives Verständnis von komplexeren Begriffen der formalen und abstrakten Mathematik (z. B. Stetigkeit als „durchgezogener Graph", Wissen über die zentrale Rolle des Beweisens für die Mathematik, aber ohne eigene Erfahrungen damit) wurde jedoch einheitlich erwartet.

Insgesamt liegt mit dem MaLeMINT-Katalog nun eine umfassende, empirisch gestützte Übersicht über erwartete mathematische Lernvoraussetzungen für MINT-Studierende seitens der Hochschulen vor. Er kann beispielsweise von Fachbereichen an Hochschulen genutzt werden, um sich über die jeweiligen standortspezifischen Erwartungen auszutauschen und um diese den Studieninteressierten transparent zu machen. Er kann aber auch als Ausgangspunkt für eine Abstimmung zwischen Schulen und Hochschulen dienen (s. Abschnitt 5). Ein Austausch über standort- bzw. studiengangspezifische Erwartungen und eine Abstimmung zwischen Schulen und Hochschulen sollten dabei auch eine Konkretisierung der einzelnen Aspekte beinhalten, da der Katalog die erwarteten Lernvoraussetzungen zwar umfassend zusammenstellt, bei einzelnen Aspekten jedoch unklar sein kann, was genau darunter verstanden wird (z. B. welche Aufgaben zum „Hauptsatz der Differential- und Integralrechnung" sicher gelöst werden sollten).

3 MaLeMINT-E: mathematische Lernvoraussetzungen für Studienfächer außerhalb des MINT-Bereichs

Da das Abitur die *allgemeine* Hochschulreife darstellt und damit grundsätzlich zur Aufnahme eines Studiums einer beliebigen Fachrichtung befähigt, wäre es zu kurz gegriffen, den Übergang von der Schule in die Hochschule lediglich aus der Perspektive der MINT-Fächer zu betrachten. Insbesondere mit Blick auf die Mathematik, die ein Pflichtfach in der gymnasialen Oberstufe darstellt (KMK, 2021) und der ein wesentlicher Beitrag zur Allgemeinbildung zugeschrieben wird (z. B. Baumert, 2002; Winter, 1995; Kap. 1.1 in diesem Band), muss daher die Frage nach erwarteten Lernvoraussetzungen auch für andere Studienfächer außerhalb des MINT-Bereichs gestellt werden. Diese Frage zu beantworten, war das Ziel des Projekts MaLeMINT-E, das hier im Überblick vorgestellt wird (eine detaillierte Beschreibung des Projekts findet sich in Neumann et al., 2021).

3.1 Delphi-Studie

Analog zur Vorgängerstudie MaLeMINT (vgl. Abschnitt 2) wurde MaLeMINT-E als Expertenbefragung nach der Delphi-Methode (vgl. Häder, 2014; Webler et al., 1991) angelegt. In insgesamt drei Befragungsrunden wurde untersucht, inwieweit unter Hochschullehrenden außerhalb des MINT-Bereichs ein Konsens zu erwarteten mathematischen Lernvoraussetzungen besteht. Für den eingesetzten Fragebogen konnte auf den bereits aus MaLeMINT vorliegenden Katalog an Lernvoraussetzungen zurückgegriffen werden.

3.1.1 Teilnehmende

Aufgrund der positiven Erfahrungen bei der MaLeMINT-Studie sollten für die Befragung in MaLeMINT-E wieder möglichst breit Hochschullehrende, die für Mathematiklehrveranstaltungen in der Studieneingangsphase verantwortlich sind, als Expertinnen und Experten befragt werden. Anders als im MINT-Bereich, in dem Mathematiklehrveranstaltungen für Erstsemesterstudierende kanonisch sind, wurden für die MaLeMINT-E-Studie zunächst 69 Studienfächer identifiziert, in denen die Hochschullehrenden potenziell Erwartungen zu mathematischen Lernvoraussetzungen haben, die über eine basale mathematische Grundbildung hinausgehen (von Architektur über Soziale Arbeit und Wirtschaftswissenschaften bis hin zu Medizin; für eine vollständige Liste siehe Neumann et al., 2021). Anschließend wurden Hochschullehrende, die in diesen identifizierten Studienfächern für mathematische Lehrveranstaltungen verantwortlich waren bzw. sind, recherchiert. Dabei wurde darauf geachtet, ein starkes Ungleichgewicht einzelner Studiengänge zu vermeiden und die Studierendenzahlen angemessen zu berücksichtigen. Insgesamt konnten so 1.953 Hochschullehrende von 164 Universitäten und (Fach-)Hochschulen, die in den Jahren 2015 bis 2019 Lehrveranstaltungen mit mathematischen Inhalten angeboten hatten, ermittelt werden.

3.1.2 Fragebogen

Mit dem MaLeMINT-Katalog (Abschnitt 2.2) lagen bereits Lernvoraussetzungen vor, die die Hochschullehrenden außerhalb des MINT-Bereichs für ihre Studienfächer einschätzen konnten. Bei der Durchsicht der Modulhandbücher zeigte sich allerdings, dass viele Studienfächer (vor allem aus dem Bereich der Sozial- und Wirtschaftswissenschaften) vor allem Inhalte der Stochastik adressieren, die im MaLeMINT-Katalog nur eingeschränkt abgebildet sind. Daher wurde dieser Bereich auf Grundlage der Bildungsstandards für Mathematik (KMK, 2012) weiter ausdifferenziert. Insgesamt umfasste der Fragebogen damit 188 Lernvoraussetzungen.

3.1.3 Anlage der Befragung MaLeMINT-E

Um zu untersuchen, inwieweit die mathematischen Lernvoraussetzungen, die für ein MINT-Studium als notwendig erachtet werden, auch außerhalb des MINT-Bereichs relevant sind und inwieweit hier ein Konsens unter den Hochschullehrenden über die verschiedenen Studienfächer hinweg besteht, wurde zunächst eine explorative Befragungsrunde mit einer kleineren Teilstichprobe durchgeführt. Auf Basis der Rückmeldung von 19 Teilnehmenden in dieser ersten Runde zeigte sich, dass kein einheitliches Meinungsbild über alle Studienfächer hinweg zu erwarten war. Daher wurden die Studienfächer zunächst in drei Studienfachgruppen eingeteilt – entsprechend der von der Teilstichprobe geäußerten Erwartungen. In Runde 2 wurden in der Gesamtstichprobe drei Fragebögen eingesetzt, sodass die Hochschullehrenden lediglich potenziell relevante Lernvoraussetzungen beurteilen mussten. Jedoch waren auch die in Runde 1 vorgelegten Lernvoraussetzungen einsehbar und konnten beurteilt werden. Darüber hinaus standen den Hochschullehrenden offene Textfelder für Präzisierungen oder Ergänzungen zur Verfügung. Es beteiligten sich 547 Hochschullehrende an dieser Befragungsrunde. Eine Clusteranalyse ergab, dass eine Aufteilung in drei Studienfachgruppen zu grob war und fünf Studienfachgruppen notwendig waren, um Hochschullehrende mit ähnlichen Einschätzungen angemessen zusammenzufassen. In Runde 3 wurden schließlich diese Ergebnisse erneut der Gesamtstichprobe zur Prüfung und Validierung vorgelegt, an der sich 337 Hochschullehrende beteiligten.

3.1.4 Konsenskriterien

Zur Bestimmung eines Konsenses wurden auch bei MaLeMINT-E konservative Kriterien angelegt. Eine Lernvoraussetzung wurde als notwendig angesehen, wenn mindestens zwei Drittel aller Befragten eines Studienfachs die Lernvoraussetzung als notwendig ansahen. Eine Lernvoraussetzung wurde als nicht notwendig angesehen, wenn mindestens drei Viertel aller Befragten eines Studienfachs die Lernvoraussetzung als nicht notwendig ansahen. Dabei wurden diese Kriterien in Runde 2 auf Hochschullehrende eines Studienfachs sowie auf die Hochschullehrenden einer Studienfachgruppe angewendet (in Runde 2 und 3). Bei der Auswertung von neu genannten oder präzisierten Lernvoraussetzungen wurden wiederum Voraussetzungen berücksichtigt, die von mindestens drei Hochschullehrenden genannt wurden.

3.2 Ergebnisse: Der MaLeMINT-E-Katalog

Ein zentrales Ergebnis der MaLeMINT-E-Studie zeigte sich bereits im Verlauf der drei Befragungsrunden: Es ließ sich kein Konsens unter den Hochschullehrenden für alle einbezogenen Studienfächer außerhalb des MINT-Bereichs feststellen, jedoch ließen sich fünf Studienfachgruppen identifizieren, für welche die Hochschullehrenden ähnliche Erwartungen an die Studienanfängerinnen und Studienanfänger äußerten (Tab. 1). In den Studienfachgruppen 1 und 4 lag die Konsensrate zufriedenstellend bei etwa 70 %, in den Studienfachgruppen 2 und 3 bei 80 % und in Studienfachgruppe 5 sogar bei über 85 %.

Tabelle 1: Studienfachgruppen mit ähnlichen Erwartungen an mathematische Lernvoraussetzungen

	Studienfächer und Studienfachbereiche
Studienfachgruppe 1	Architektur / Landespflege, Umweltgestaltung / Raumplanung / Wirtschaftsingenieurwesen mit wirtschaftswiss. Schwerpunkt
Studienfachgruppe 2	Psychologie / Wirtschaftswissenschaften
Studienfachgruppe 3	Ernährungs- und Haushaltswissenschaft / Humanmedizin / Pharmazie[1] / Restaurierungskunde / Veterinärmedizin / Zahnmedizin
Studienfachgruppe 4	Bibliothekswissenschaft, Dokumentation / Erziehungswissenschaften / Gesundheitswissenschaften (allgemein) / Medienwissenschaft / Politikwissenschaft, Politologie / Sozialwissenschaften / Sport, Sportwissenschaft
Studienfachgruppe 5	Kommunikationswissenschaft, Publizistik / Sozialwesen / Verwaltungswissenschaften

Für alle vier Bereiche, in denen Lernvoraussetzungen für MINT-Fächer erwartet werden – *Mathematische Inhalte, Mathematische Arbeitstätigkeiten, Vorstellungen zum Wesen der Mathematik* und *Persönliche Merkmale* – wurden auch außerhalb der MINT-Fächer Lernvoraussetzungen erwartet, jedoch in teils deutlich geringerem Umfang und mit klarer Schwerpunktsetzung in den verschiedenen Studienfachgruppen. Immerhin 41 Lernvoraussetzungen wurden über alle Studienfachgruppen hinweg als notwendig erachtet. Bezüglich *Mathematischer Inhalte* zeigte sich die Schwerpunktsetzung am deutlichsten. So wurden Inhalte der elementaren Geometrie vornehmlich in Studienfachgruppe 1 (u. a. Architektur, Raumplanung) erwartet und Inhalte der Analysis vor allem in den Studienfachgruppen 2 (u. a. Wirtschaftswissenschaften) und 3 (u. a. Medizin, Pharmazie). Vor allem in Studienfachgruppe 2 wurden darüber hinaus auch Inhalte der analytischen Geometrie und linearen Algebra erwartet. Inhalte zur Stochastik (jenseits eines grundlegenden Verständnisses von Wahrscheinlichkeit) fanden sich in den Erwartungen aller Studienfachgruppen bis auf Gruppe 1, wobei hier das Meinungsbild unter den Hochschullehrenden teilweise uneinheitlich war.

Hinsichtlich *Mathematischer Arbeitstätigkeiten* erschienen die Erwartungen über alle Studienfachgruppen hinweg dagegen deutlich einheitlicher. Dabei wurden die grundlegenden Arbeitstätigkeiten wie zum Beispiel der sichere Umgang mit mathematischer Formelsprache, der Umgang mit und das Wechseln zwischen Standarddarstellungen, aber auch Plausibilitätsüberlegungen und Überschlagsrechnungen über alle Gruppen hinweg als notwendig angesehen. Aspekte des mathematischen Argumentierens und Beweisens, Kommunizierens, Definierens und Problemlösens wurden vor allem in der Studienfachgruppe 2 und teilweise auch in Studienfachgruppe 1 als notwendige Lernvoraussetzungen erwartet. Ein Charakteristikum von Studienfachgruppe 5 ist, dass hier am wenigsten Lernvoraussetzungen erwartet wurden und die, die erwartet wurden, vornehmlich den Grundlagen zuzuordnen sind.

---

[1] Pharmazie wurde in der Studie MaLeMINT-E mit aufgenommen, da sie in der vorangegangenen MaLeMINT-Studie nicht abgedeckt war.

Vorstellungen zum Wesen der Mathematik wurden nicht ganz so umfassend wie im MINT-Bereich, doch zumindest in Grundzügen auch außerhalb des MINT-Bereichs erwartet. So wurden Aspekte wie zum Beispiel adäquate Vorstellungen darüber, dass Mathematik auch als eine Schulung des präzisen und abstrakten Denkens zu verstehen ist, besonders in den Studienfachgruppen 1 und 2 und eingeschränkt auch in den Studienfachgruppen 3 und 4 als notwendige Lernvoraussetzungen erwartet. In Studienfachgruppe 5 wurden dagegen derartige Aspekte entweder als nicht notwendig eingeschätzt oder uneinheitlich bewertet.

Ein Großteil der *Persönlichen Merkmale* wurde über alle Studienfachgruppen hinweg als erwünschte Lernvoraussetzungen eingeschätzt. Dies umfasst zum Beispiel Interesse, Freude, Motivation und Neugier an bzw. gegenüber der Anwendung von Mathematik in außermathematischen Situationen, Organisations- und Zeitmanagement, ein schnelles Auffassungsvermögen oder die Bereitschaft und der Mut, nachzufragen und Hilfe einzuholen. Interessant ist, dass die Beurteilung der Notwendigkeit dieser Merkmale als Lernvoraussetzungen in den Studienfachgruppen 1 bis 4 weitgehend einheitlich war, während in Studienfachgruppe 5 einige Aspekte als nicht notwendig angesehen wurden.

Wie der MaLeMINT-Katalog kann auch der MaLeMINT-E-Katalog als Ausgangspunkt dienen, den Übergang von der Schule zur Hochschule reibungsfreier zu gestalten. Besonders wichtig erscheint in diesem Zusammenhang, dass die mathematischen Lernvoraussetzungen den Studienanfängerinnen und Studienanfängern transparent gemacht werden – insbesondere in Studienfächern, in denen sie Mathematik vielleicht nicht erwarten. So berichteten einige Hochschullehrende im Rahmen der Delphi-Befragung von der Erfahrung, dass viele Studierende in ihren Studienfächern von der Mathematik überrascht seien. Ähnlich wie im MINT-Bereich sind für eine Verbesserung Akteure von Schul- *und* Hochschulseite in die Pflicht zu nehmen. So könnten beispielsweise Lehrkräfte an Schulen die Breite der Studienfächer, in denen Mathematik relevant ist, stärker adressieren und Studienberatungen und Hochschullehrende offener mit den mathematischen Anforderungen in den entsprechenden Studiengängen umgehen.

4 Abgleich von erwarteten Lernvoraussetzungen und schulischen Vorgaben

Mit den Ergebnissen der Studien MaLeMINT und MaLeMINT-E liegt ein detaillierter Katalog an mathematischen Lernvoraussetzungen vor, die Hochschullehrende von Studienanfängerinnen und Studienanfängern erwarten. Um weitere Einblicke in den Übergang von der Schule in die Hochschule zu erhalten, wurden in einer Anschlussstudie eventuelle Passungsprobleme (vgl. Wolter, 2013) zwischen den Erwartungen von Hochschulseite und den normativen Zielvorgaben auf Schulseite untersucht. Ein Vergleich mit den Bildungsstandards (KMK, 2004, 2012) zeigte, dass die dort genannten Vorgaben deutlich weniger detailliert formuliert waren als die Aspekte in den erarbeiteten Katalogen. Ein Abgleich wäre somit höchst interpretativ gewesen. In einem ersten Schritt wurden daher die in MaLeMINT erwarteten Lernvoraussetzungen mit den Fachanforderungen für Mathematik an allgemeinbildenden Schulen in Schleswig-Holstein (IQSH, 2014) abgeglichen (für Details siehe auch Heinze, Neumann & Deeken, 2022).

4.1 Methode

Für den Abgleich wurden aus dem MaLeMINT-Katalog die 140 Lernvoraussetzungen herangezogen, die die Kriterien für notwendige Lernvoraussetzungen erfüllten. Da der MaLeMINT-E-Katalog auf dem MaLeMINT-Katalog basiert und die Erwartungen im MINT-Bereich in der Regel umfassender sind als die außerhalb des MINT-Bereichs, sollte dieser Abgleich eine Abschätzung nach oben darstellen (die in MaLeMINT-E ergänzten Lernvoraussetzungen im Bereich der Stochastik waren ohnehin auf Grundlage bildungspolitischer Dokumente hinzugefügt worden). Für jede Lernvoraussetzung wurde der Text der Fachanforderungen zunächst nach passenden Textstellen durchsucht (vorwärts und rückwärts). Anschließend wurde auf Basis der identifizierten Textstellen bewertet, ob eine Lernvoraussetzung „gar nicht abgedeckt", „teilweise abgedeckt" (d. h. nur Teile der Lernvoraussetzung oder ein geringeres Niveau war abgedeckt), „optional vollständig abgedeckt" (d. h. die Lernvoraussetzung ist als Wahloption oder nur für Kurse mit erhöhtem Niveau vorgesehen) oder „vollständig abgedeckt" wird (Übereinstimmung zwischen zwei Ratern 92 %, Cohen's $\kappa = .85$).

4.2 Ergebnisse

Abbildung 2 zeigt, dass knapp 66 % der von den MINT-Hochschullehrenden als notwendig erwarteten Lernvoraussetzungen durch die Vorgaben in den Fachanforderungen vollständig bzw. optional vollständig abgedeckt sind und knapp 90 % mindestens teilweise. Abbildung 2 zeigt auch, dass sich die Abdeckung jedoch zwischen den vier Bereichen mathematischer Lernvoraussetzungen teils stark unterscheidet. So sind die mathematischen Inhalte und die mathematischen Arbeitstätigkeiten zu einem ähnlich hohen Anteil mindestens teilweise abgedeckt, wobei zwischen 70 und 80 % sogar (optional) vollständig in den Fachanforderungen adressiert werden. Dagegen sind weniger als 50 % der persönlichen Merkmale vollständig adressiert und die Aspekte zum Wesen der Mathematik zu einem Großteil gar nicht. Ein Grund dafür mag sein, dass vornehmlich Inhalte und Arbeitstätigkeiten, die die Struktur der nationalen Bildungsstandards widerspiegeln, eher und ausführlicher in Dokumente auf Landesebene übernommen wurden als Aspekte der Wissenschaftspropädeutik bzw. der Persönlichkeitsbildung, die in der Regel schwieriger zu beschreiben und zu operationalisieren sind.

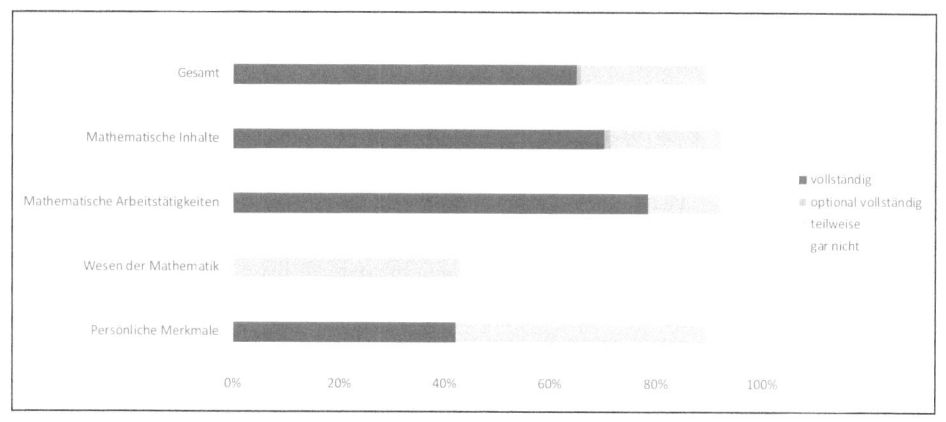

Abbildung 2: Abdeckung der 140 in MaLeMINT als notwendig erachteten Lernvoraussetzungen, insgesamt und in den einzelnen Bereichen (prozentuale Angaben).

Bezüglich der mathematischen Inhalte wurden sechs Lernvoraussetzungen nicht in den Fachanforderungen adressiert. Dies betrifft sowohl eher abstrakte Aspekte (z. B. Vektoren als Pfeilklassen) als auch Grundlagen (z. B. Polynomdivision, Ungleichungen mit Beträgen). Interessant ist auch, dass die Fachanforderungen demgegenüber Aspekte beinhalten, die von den MINT-Hochschullehrenden als nicht notwendig oder nicht einheitlich bewertet wurden (z. B. Rotationsvolumen oder direkter und indirekter Beweis) und damit teils über die Erwartungen der Hochschullehrenden hinausgehen. Hinsichtlich der mathematischen Arbeitstätigkeiten werden drei Lernvoraussetzungen nicht abgedeckt (sprachliche Fähigkeiten in Englisch zum Verstehen von Aufgabenstellungen oder Texten zur Mathematik; sicherer Umgang mit dem Summen- und dem Produktzeichen; Reflektieren des Nutzens und der Grenzen mathematischer Modellierungen für reale Problemsituationen). Sprachliche Fähigkeiten in Englisch – jenseits spezieller Neigungsklassen – sind vermutlich tatsächlich eher ungewöhnlich für den Mathematikunterricht. Aber es ist durchaus anzunehmen, dass Lehrkräfte Nutzen und Grenzen von Modellierungen adressieren und zumindest in Teilen auch das Summen- und Produktzeichen. Aspekte zum Wesen der Mathematik werden – wenn überhaupt – eher indirekt durch die in den Fachanforderungen genannten typischen Tätigkeiten adressiert. Eine explizite Benennung wissenschaftspropädeutischer Aspekte (z. B. Beweisen als abgrenzendes Merkmal gegenüber anderen Wissenschaften; Mathematik als offenes System, das über Schulmathematik hinausgeht) erfolgt dagegen nicht. Persönliche Merkmale, die für das Lernen von Mathematik relevant sind, finden sich insbesondere im allgemeinen Teil der Fachanforderungen. Die zwei nicht adressierten Aspekte betreffen einerseits die Konzentrationsfähigkeit und andererseits die Kenntnisse über einen gewählten Studiengang. Dabei ist anzunehmen, dass schulischer Unterricht – nicht nur Mathematikunterricht – die Konzentrationsfähigkeit fördert, während hingegen die Kenntnisse über Studiengänge vermutlich eher im Rahmen von Informationsveranstaltungen der Universitäten/(Fach-)Hochschulen oder Studienberatungen erworben werden.

Insgesamt deuten diese Ergebnisse auf eine Lücke zwischen den Erwartungen auf Hochschulseite und den normativen Vorgaben auf Schulseite hin. Dabei ist jedoch unbedingt zu berücksichtigen, dass der Abgleich sich zunächst nur auf Schleswig-Holstein bezieht und außerdem lediglich auf explizit formulierte Lernziele fokussierte. Aussagen zu tatsächlich im Unterricht adressierten Aspekten (im Sinne implementierter Lernziele) lassen diese Ergebnisse nicht zu. Insbesondere ist bei einigen Aspekten anzunehmen, dass Lehrkräfte diese aufgrund der Natur des Gegenstandes durchaus in ihrem Unterricht ansprechen. Gleichermaßen lässt ein Dokumentenabgleich weder Aussagen über die tatsächlichen Kenntnisse und Fähigkeiten seitens der Abiturientinnen und Abiturienten im Sinne realisierter Lernziele zu noch Aussagen darüber, inwieweit die Erwartungen seitens der Hochschullehrenden tatsächlich prädiktiv für den Studienerfolg sind. Dennoch kann der Abgleich von Erwartungen der Hochschullehrenden mit normativen Vorgaben wie den Fachanforderungen dazu dienen, Ansatzpunkte für mögliche Implikationen (z. B. eine Anpassung der Fachanforderungen, aber auch der Erwartungen auf Hochschulseite oder die Gestaltung möglicher Brückenkurse zwischen Schule und Hochschule) zu identifizieren.

5 MaLeMINT-Implementation

Die Gegenüberstellung von schulischen Fachanforderungen und Erwartungen seitens der Hochschullehrenden hat gezeigt, dass sich zumindest hinsichtlich intendierter Lernziele eine Lücke zwischen Schule und Hochschule ergibt. Diese zu schließen bedarf einer besseren Abstimmung zwischen Schule und Hochschule, für die – wie in den letzten Jahren vermehrt angemahnt wurde – beide Institutionen gemeinsam die Verantwortung übernehmen sollten (z. B. Biehler, 2018; DMV, GDM & MNU, 2019; Rach & Heinze, 2017). Die Bildung einer „Verantwortungsgemeinschaft" (Sartory et al., 2018, S. 22) sowie eine gemeinsame Kommunikations- und Vertrauensbasis scheinen bei einer solchen Abstimmung zentral für eine gelingende Verbesserung des Übergangs von einer Institution in die andere (Tippelt, 2007). Im Projekt MaLeMINT-Implementation, das von dem Institut für Qualitätsentwicklung Schleswig-Holstein (IQSH), dem Leibniz-Institut für die Pädagogik der Naturwissenschaften und Mathematik (IPN) und dem schleswig-holsteinischen Ministerium für Bildung, Wissenschaft und Kultur (MBWK) initiiert und finanziert wurde, sollten daher ein Rahmen für die Abstimmung zwischen Mathematiklehrenden an Schulen einerseits und an Hochschulen andererseits gegeben sowie Gelingensbedingungen für eine solche Abstimmung identifiziert werden.

5.1 Anlage des Projekts

Dem Ziel entsprechend war das Projekt MaLeMINT-Implementation als Design-Based-Research-Projekt angelegt (Abb. 3, für Details siehe Weber et al., 2022). Im Laufe des Projekts wurde eine Aufgabensammlung entwickelt, die sich an den im MaLeMINT-Katalog identifizierten Lernvoraussetzungen sowie an den Zielen des Mathematikunterrichts in Schleswig-Holstein orientierte. Da aus den Formulierungen der Lernvoraussetzungen im MaLeMINT-Katalog teilweise nicht klar wird, welche Anforderungen genau Hochschullehrende damit verbinden (z.B. „Hauptsatz der Differential- und Integralrechnung" oder „Skalarprodukt"), war eine Präzisierung durch exemplarische Aufgaben geboten. Darüber hinaus gab die Erstellung einer Aufgabensammlung einen Gesprächsanlass zwischen Mathematiklehrenden an Schulen und Hochschulen, in dessen Rahmen Lernvoraussetzungen von beiden Seiten diskutiert werden konnten. In vier Projektzyklen wurden entsprechende Gesprächsanlässe und damit der Abstimmungsprozess zwischen Schulen und Hochschulen umgesetzt. Zunächst wurden im Rahmen einer Arbeitstagung mit 52 Teilnehmenden in Kleingruppen Aufgaben zu den MaLeMINT-Lernvoraussetzungen entworfen (I). Diese wurden anschließend von einer Fokusgruppe (16 Vertreter und Vertreterinnen von Schulen und Hochschulen) überarbeitet und zu einem vollständigen Aufgabenkatalog ergänzt (II). Auf einer zweiten Arbeitstagung (44 Teilnehmende) wurde dieser Katalog diskutiert und optimiert (III). Die so entwickelte finale Version wurde schließlich von zwei Experten (je einer aus Schule und Hochschule) auf Konsistenz und inhaltliche Korrektheit geprüft (IV).

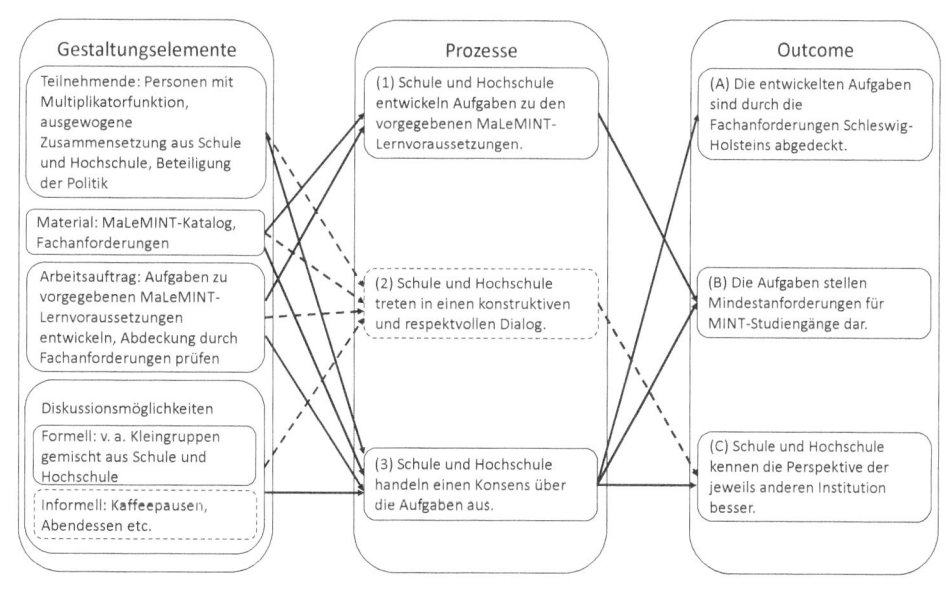

Abbildung 3: Angenommene Wirkmechanismen im Projekt MaLeMINT-Implementation (orientiert am Conjecture Mappings nach Sandoval, 2014). Gestrichelte Pfeile und Elemente wurden im Verlauf des Projekts ergänzt.

5.2 Gestaltungselemente

Im Rahmen dieser vier Zyklen sollten die folgenden Prozesse angestoßen werden (Abb. 3): Mathematiklehrkräfte und Hochschullehrende sollten (1) Aufgaben zu gegebenen mathematischen Lernvoraussetzungen für MINT-Studiengänge entwickeln, dabei (2) in einen respektvollen und konstruktiven Dialog miteinander treten und (3) einen Konsens aushandeln. Zur Initiierung dieser Prozesse wurden Teilnehmende, Material, Arbeitsauftrag und Diskussionsmöglichkeiten gezielt gewählt bzw. gestaltet.

Als Teilnehmende wurden 20 Personen auf Hochschulseite (vornehmlich Professorinnen und Professoren, darunter Leitungspersonal verschiedener Ebenen) und 32 Personen auf Schulseite (darunter Fachkonferenzleitungen, Ausbildungspersonal) ausgewählt. Dabei wurde darauf geachtet, dass alle staatlichen Hochschulen Schleswig-Holsteins – sowohl Universitäten als auch Fachhochschulen – und alle Schulformen, die eine Hochschulzugangsberechtigung vergeben, vertreten waren. Auf Grundlage der vorab verteilten Materialien – MaLeMINT-Katalog und aktuell gültige Lehrpläne (Fachanforderungen für Mathematik in Schleswig-Holstein) – sollten die Teilnehmenden in Kleingruppen Aufgaben entwickeln, die die Lernvoraussetzungen aus dem MaLeMINT-Katalog illustrieren, und dabei einen Konsens erarbeiten, inwieweit eine jeweilige Lernvoraussetzung konkret seitens der Hochschule erwartet wird und seitens der Schule erreicht werden kann. Die Kleingruppenarbeit wie auch die Plenumsphasen gaben formale Möglichkeiten zum Austausch zwischen beiden Seiten; informelle Diskussionsmöglichkeiten im Rahmen von Pausen und Mahlzeiten boten zusätzliche Gelegenheiten, vertiefte Einblicke in die Arbeit der jeweils anderen Institution zu erhalten und Vertrauen aufzubauen.

5.3 Ergebnisse

5.3.1 Aufgabenkatalog

Im Laufe der vier Projektzyklen entstand so ein Katalog[2] aus 255 Aufgaben, die Lernvoraussetzungen illustrieren, die von Hochschulseite erwartet und von Schulseite auch erreicht werden können. Da Lernvoraussetzungen zu *Vorstellungen zum Wesen der Mathematik* und zu *Persönlichen Merkmalen* eher schwierig in Aufgaben zu fassen sind, wurde der Fokus auf die Lernvoraussetzungen zu *Mathematischen Inhalten* und *Mathematischen Arbeitstätigkeiten* gelegt. Die entwickelten Aufgaben adressierten 120 der 144 in MaLeMINT identifizierten Lernvoraussetzungen dieser beiden Bereiche. Alle entwickelten Aufgaben korrespondierten mit Lernvoraussetzungen, die in MaLeMINT die Konsenskriterien für notwendige Aufgaben erfüllt hatten oder zu denen in MaLeMINT in Bezug auf die Notwendigkeit kein Kon-

---

2   Der Aufgabenkatalog ist unter der folgenden URL verfügbar: http://www.leibniz-ipn.de/malemint-implementation

sens erzielt wurde. Die 24 Lernvoraussetzungen, die nicht durch Aufgaben abgedeckt wurden, wurden im Rahmen von MaLeMINT-Implementation in den Kleingruppen als nicht vereinbar mit den schulcurricularen Rahmenvorgaben oder als nicht notwendig für ein MINT-Studium in Schleswig-Holstein identifiziert. Teilweise adressierte eine Aufgabe mehrere Lernvoraussetzungen, die dann entsprechend ausgewiesen wurden. Die Prüfung durch zwei Experten stellte die Korrektheit und adäquate Darstellung der Aufgaben aus Schul- und Hochschulsicht sicher. Außerdem wurde dabei geprüft, dass alle Aufgaben durch die Fachanforderungen in Schleswig-Holstein abgedeckt waren.

Entsprechend der im Design angenommenen Outcomes sollten die Aufgaben Mindestanforderungen für ein MINT-Studium darstellen. Um dies zu überprüfen, wurde eine Auswahl der Aufgaben einer Stichprobe von Studienanfängerinnen und Studienanfängern der Fächer Biologie, Chemie, Informatik, Ingenieurwissenschaften, Mathematik, Pharmazie und Physik an der Christian-Albrechts-Universität zu Kiel vorgelegt. Dabei zeigte sich, dass die mit den Aufgaben gemessene Leistung prädiktiv für das Bestehen der Mathematikklausuren nach dem ersten Semester in den Studienfächern Mathematik, Chemie und Physik war. Auch zeigten sich signifikante Effekte auf die Punktzahlen in den Mathematikklausuren in Mathematik, Chemie, Informatik, Ingenieurwissenschaften und Physik. Dies sind erste Hinweise darauf, dass die in den Aufgaben adressierten mathematischen Lernvoraussetzungen nur für einige Studienfächer Mindestanforderungen darstellen und eine weitere Spezifikation für einzelne Studienfächer (und ggf. Hochschultypen) nötig wäre.

5.3.2 Austausch zwischen Institutionen

Die gemeinsame Entwicklung von Aufgaben sollte insbesondere einen Rahmen bilden, um Austausch- und Abstimmungsprozesse zwischen Lehrenden aus Schulen und Hochschulen anzustoßen, für die es in der Regel kaum strukturell vorgegebene Gelegenheiten gibt. Die Tatsache, dass Aufgaben entwickelt und dabei Lernvoraussetzungen mit Blick auf die Situation in Schleswig-Holstein diskutiert wurden, ist ein erster Anhaltspunkt dafür, dass derartige Austausch- und Abstimmungsprozesse stattgefunden haben. In einer Befragung der Teilnehmenden im Anschluss an das Projekt zeigte sich außerdem, dass diese die Arbeitsatmosphäre als angenehm empfunden und wechselseitig eine Offenheit gegenüber anderen Perspektiven wahrgenommen hatten. Darüber hinaus wurde von den Teilnehmenden geäußert, dass sie durch die gemeinsame Arbeit neue Einblicke in die jeweils andere Institution erhalten hatten. So wurde beispielsweise von den Lehrkräften an Schulen Überraschung darüber geäußert, dass Hochschullehrende den mathematischen Inhalten der Sekundarstufe I eine unerwartet große Bedeutung beimessen; und einige Hochschullehrende wurden sich erst durch die Teilnahme an der Tagung darüber bewusst, welche unterschiedlichen Voraussetzungen Studienanfängerinnen und Studienanfänger in Abhängigkeit von ihrer Hochschulzugangsberechtigung mitbringen. Insgesamt zeigt das Projekt MaLeMINT-Implementation damit, dass ein konstruktiver Abstimmungsprozess zwischen Akteurinnen und Akteuren aus Schulen und Hochschulen möglich ist. Die gezielte Auswahl von Teilnehmenden, die Gestaltung von Material und Arbeitsaufträgen sowie das Einräumen von geeigneten Diskussionsmöglichkeiten scheinen dabei wichtige Gelingensbedingungen darzustellen.

6   Ausblick

Mit den Projekten im MaLeMINT-Verbund liegen nun Informationen darüber vor, (a) welche mathematischen Lernvoraussetzungen zum Studienbeginn von Hochschullehrenden erwartet werden, sowohl im MINT-Bereich (MaLeMINT) als auch außerhalb (MaLeMINT-E), und (b) dass und wie eine Abstimmung zwischen Lehrenden aus Schule und Hochschule über von Hochschulseite erwartete und von Schulseite erreichbare Lernvoraussetzungen gelingen kann (MaLeMINT-Implementation). Die Kataloge aus MaLeMINT und MaLeMINT-E liefern zusammen genommen einen Einblick in die Hochschulseite, der eine ähnliche Breite hat wie Lehrpläne und Standards für die gymnasiale Oberstufe, an deren Ende die *allgemeine* Hochschulreife steht. Der exemplarische Abgleich der von den Hochschullehrenden erwarteten Lernvoraussetzungen mit den normativen Vorgaben für Mathematik in den Fachanforderungen Schleswig-Holsteins zeigte, dass zwischen den Erwartungen und den schulischen Zielvorgaben durchaus Lücken bestehen. Jedoch zeigte MaLeMINT-Implementation, dass eine Abstimmung von Lehrenden aus Schule und Hochschule dennoch möglich ist: Die Konkretisierung von Lernvoraussetzungen in Aufgaben und der Austausch auf der persönlichen Ebene führten zu einem Konsens über Lernvoraussetzungen, die von Hochschulseite erwartet und von Schulseite erreicht werden können; damit wurde insbesondere auch akzeptiert, dass einzelne Lernvoraussetzungen nicht im schulischen Unterricht adressiert werden (können) und diese von der Hochschule folglich nicht erwartet werden können. Gleichzeitig wurde deutlich, dass in der Schule auch Lernvoraussetzungen adressiert werden, die auf Bundesebene im Rahmen der MaLeMINT-Studie uneinheitlich bewertet wurden. Diese Diskrepanz verdeutlicht, dass die gymnasiale Oberstufe nicht nur die Ausbildung von Studierfähigkeit, erst recht nicht nur die Studierfähigkeit für bestimmte Studienfächer oder -fachgruppen, als Bildungsziel hat, sondern auch Inhalte zum Ziel der Allgemeinbildung und der Wissenschaftspropädeutik adressiert (vgl. Kap. 1.1 und 1.2 in diesem Band). Insgesamt wird einmal mehr deutlich, dass der Übergang von der Schule in die Hochschule aus mehreren Blickwinkeln betrachtet werden muss und wahrscheinlich eine einzelne, einseitige Maßnahme nicht ausreicht, um diesen zu verbessern. Die hier vorgestellten Studien können wertvolle Informationen liefern, was zu einer Verbesserung des Übergangs beitragen könnte.

Lehrkräfte an *Schulen* können die beiden Lernvoraussetzungskataloge beispielsweise bei der Gestaltung ihres Unterrichts als Orientierung nutzen. Mathematiklehrkräfte könnten anhand der Liste der Studienfachgruppen (MaLeMINT-E) und

Studienfächer (MaLeMINT) gezielt Kontexte für mathematische Lerngelegenheiten auswählen und so die Breite an Anwendungskontexten für Mathematik verdeutlichen. Gleichermaßen könnten Lehrkräfte in anderen Unterrichtsfächern als der Mathematik in ihrem Fachunterricht auch die Rolle der Mathematik hervorheben und so inadäquaten Bildern von (Studien-)Fächern vorbeugen.

Lehrende an *Hochschulen* können die Kataloge nutzen, um mathematische Anforderungen eines bestimmten Studiums den interessierten Schülerinnen und Schülern transparent zu machen. Eine mögliche Vorgehensweise wäre, dass sich Hochschullehrende zunächst über die Lernvoraussetzungen an ihrem jeweiligen Standort (im Idealfall auch innerhalb einer Region) abstimmen, und sich dann – ähnlich dem Vorgehen in MaLeMINT-Implementation – mit Lehrkräften von Schulen aus dem Einzugsgebiet darüber abstimmen, was seitens der Schulen geleistet werden kann. Darüber hinausgehende Anforderungen könnten in spezifischen Vor- und Brückenkursen adressiert werden. Insbesondere die Ergebnisse aus MaLeMINT-E sollten in die Ausbildung von Mathematiklehrkräften einfließen, indem dort verstärkt auch die Rolle der Mathematik für Studienfächer außerhalb des MINT-Bereichs verdeutlicht wird.

Akteure aus der *Bildungspolitik und Bildungsverwaltung* können die erarbeiteten Erkenntnisse, insbesondere die Kataloge aus MaLeMINT und MaLeMINT-E, für die (Weiter-)Entwicklung von Standards und Curricula für das Schulfach Mathematik nutzen und zur Beurteilung von Ergebnissen aus Schulleistungsstudien heranziehen. Aus- und Fortbildungsmaßnahmen von Lehrkräften könnten gezielt auf die Breite der Anwendungskontexte und damit den Beitrag der Mathematik für eine allgemeine Bildung verweisen. Schließlich können seitens der Bildungsverwaltung Strukturen geschaffen werden, die Austausch- und Abstimmungsprozesse zwischen Schulen und Hochschulen systematisch unterstützen.

Trotz der vielen Erkenntnisse, die der Projektverbund für die verschiedenen Akteure am Übergang von der Schule in die Hochschule geliefert hat, sollte nicht unberücksichtigt bleiben, dass eine Hochschulzugangsberechtigung zwar ein Studium an einer Universität oder (Fach-)Hochschule ermöglicht, nicht aber zwangsläufig dazu führt. So beginnt zum Beispiel ein Teil der Schulabsolventinnen und Schulabsolventen eine Berufsausbildung. Mit Blick auf die gymnasiale Oberstufe sollte daher eine gute Abwägung der drei grundsätzlichen Ziele Studierfähigkeit, Wissenschaftspropädeutik und vertiefte Allgemeinbildung berücksichtigt werden (vgl. Kap. 1.1–1.3 in diesem Band).

Literatur

Albrecht, A. & Nordmeier, V. (2011). Ursachen des Studienabbruchs in Physik. Eine explorative Studie. *die hochschule 2/2011*, 131–145.

Baumert, J. (2002). Deutschland im internationalen Bildungsvergleich. In N. Killius, J. Kluge & L. Reisch (Hrsg.), *Die Zukunft der Bildung* (S. 100–150). Suhrkamp.

Bescherer, C. (2003). *Selbsteinschätzung mathematischer Studierfähigkeit von Studienanfängerinnen und -anfängern – Empirische Untersuchung und praktische Konsequenz*. Dissertation PH Ludwigsburg. https://phbl-opus.phlb.de/frontdoor/deliver/index/docId/4/file/bescherer.pdf

Biehler, R. (2018). Die Schnittstelle Schule-Hochschule – Übersicht und Fokus. *Der Mathematikunterricht, 64*(5), 3–15.

cosh – Cooperation Schule-Hochschule (2021). *Mindestanforderungskatalog Mathematik (Version 3.0) von Schulen und Hochschulen Baden-Württembergs für ein Studium von Wi-MINT-Fächern*. https://cosh-mathe.de/wp-content/uploads/2021/12/makV3.0.pdf

Deeken, C., Neumann, I. & Heinze, A. (2020). Mathematical prerequisites for STEM programs: What do university instructors expect from new STEM undergraduates? *International Journal of Research on Undergraduate Mathematics Education 6*(1), 23–41. https://doi.org/10.1007/s40753-019-00098-1

DMV, GDM & MNU (2019) = Deutsche Mathematiker-Vereinigung, Gesellschaft für Didaktik der Mathematik & Verband zur Förderung des MINT-Unterrichts (2019). *Mathematik: 19 Maßnahmen für einen konstruktiven Übergang Schule – Hochschule*. Stellungnahme S8 der Mathematik-Kommission Übergang Schule-Hochschule. https://www.mathematik.de/images/Presse/Presseinformationen/Massnahmenkatalog_DMV_GDM_MNU.pdf

Flanagan, J. C. (1954). The critical incident technique. *Psychological Bulletin, 51*(4), 327–358.

Häder, M. (2014). *Delphi-Befragungen: Ein Arbeitsbuch* (3. Aufl.). Springer.

Heldmann, W. (1984). *Studierfähigkeit: Ergebnisse einer Umfrage; Thesen zur Studierfähigkeit und zum Hochschulzugang. Schriften des Hochschulverbandes: Vol. 29*. Schwartz.

Heinze, A., Neumann, I. & Deeken, C. (2022). Mathematische Lernvoraussetzungen für MINT-Studiengänge – eine Delphi-Studie mit Hochschullehrenden. In L. Hoffmann, P. Schröter, A. Groß, S. M. Schmid-Kühn & P. Stanat (Hrsg.), *Das unvergleichliche Abitur* (S. 289–317). wbv. https://doi.org/10.3278/9783763972494

Heublein, U., Ebert, J., Hutzsch, C., Isleib, S., König, R., Richter, J. & Woisch, A. (2017). *Zwischen Studienerwartungen und Studienwirklichkeit. Ursachen des Studienabbruchs, beruflicher Verbleib der Studienabbrecherinnen und Studienabbrecher und Entwicklung der Studienabbruchquote an deutschen Hochschulen*. Forum Hochschule 1|2017. https://www.dzhw.eu/pdf/pub_fh/fh-201701.pdf

KFP (2012) = Konferenz der Fachbereiche Physik (2012). *Empfehlung der Konferenz der Fachbereiche Physik zum Umgang mit den Mathematikkenntnissen von Studienanfängern der Physik*.

KMK (2004) = Sekretariat der Ständigen Konferenz der Kultusminister der Länder in der Bundesrepublik Deutschland (2004). *Bildungsstandards im Fach Mathematik für den Mittleren Schulabschluss*. Luchterhand. http://www.kmk.org/fileadmin/veroeffentlichungen_beschluesse/2003/2003_12_04-Bildungsstandards-Mathe-Mittleren-SA.pdf

KMK (2012) = Sekretariat der Ständigen Konferenz der Kultusminister der Länder in der Bundesrepublik Deutschland (2012). *Bildungsstandards im Fach Mathematik für die Allgemeine Hochschulreife. Beschluss der Kultusministerkonferenz vom 18.10.2012*. https://www.kmk.org/fileadmin/Dateien/veroeffentlichungen_beschluesse/2012/2012_10_18-Bildungsstandards-Mathe-Abi.pdf

KMK (2021) = Sekretariat der Ständigen Konferenz der Kultusminister der Länder in der Bundesrepublik Deutschland. (2021). *Vereinbarung zur Gestaltung der gymnasialen Oberstufe und der Abiturprüfung. Beschluss der Kultusministerkonferenz vom 07.07.1972 i. d. F. vom 18.02.2021*. https://www.kmk.org/fileadmin/veroeffentlichungen_beschluesse/1972/1972_07_07-VB-gymnasiale-Oberstufe-Abiturpruefung.pdf

Konegen-Grenier, C. (2001). *Studierfähigkeit und Hochschulzugang*. Deutscher Instituts-Verlag.

Neumann, I., Pigge, C. & Heinze, A. (2017). *Welche mathematischen Lernvoraussetzungen erwarten Hochschullehrende für ein MINT-Studium? Eine Delphi-Studie*. IPN – Leibniz-Institut für die Pädagogik der Naturwissenschaften und Mathematik.

Neumann, I., Rohenroth, D. &. Heinze, A. (2021). *Studieren ohne Mathe? Welche mathematischen Lernvoraussetzungen erwarten Hochschullehrende für Studienfächer außerhalb des MINT-Bereichs?* IPN – Leibniz-Institut für die Pädagogik der Naturwissenschaften und Mathematik.

Offener Brief (2017). *Mathematikunterricht und Kompetenzorientierung – ein offener Brief.* https://www.tagesspiegel.de/wissen/downloads/offener-brief-der-mathematiker

Rach, S. & Heinze, A. (2017). The transition from school to university in mathematics: Which influence do school-related variables have? *International Journal of Science and Mathematics Education, 15*, 1343–1363. https://doi.org/10.1007/s10763-016-9744-8

Sartory, K., Jungermann, A., Hoeft, M. & Bos, W. (2018). *Kommunales Übergangsmanagement in der Praxis. Wie Kommunen und Schulen Übergänge gemeinsam gestalten können.* Waxmann.

SEFI (2013) = European Society for Engineering Education (2013). *A framework for mathematics curricula in engineering education. A report of the mathematics working group.* SEFI.

Tippelt, R. (2007). Übergänge im Bildungssystem. Fragen zum Übergangsmanagement in regionalen Kontexten. In T. Eckert (Hrsg.), *Übergänge im Bildungswesen: 68. Tagung der Arbeitsgruppe für Empirische Pädagogische Forschung vom 11. bis 13. September 2006 an der Ludwig-Maximilians-Universität München* (S. 11–22). Waxmann.

Weber, B.-J., Schumacher, M., Rolfes, T., Neumann, I., Abshagen, M. & Heinze, A. (2022). Mathematische Mindestanforderungen für ein MINT-Studium: Was können Hochschulen fordern, was sollten Schulen leisten? *Journal für Mathematik-Didaktik.* https://doi.org/10.1007/s13138-022-00211-z

Webler, T., Levine, D., Rakel, H. & Renn, O. (1991). A novel approach to reducing uncertainty: The group Delphi. *Technological Forecasting and Social Change, 39*(3), 253–263. https://doi.org/10.1016/0040-1625(91)90040-M

Winter, H. (1995). Mathematikunterricht und Allgemeinbildung. *Mitteilungen der GDM, 61*, 37–46.

Wolter, A. (2013). Übergang aus dem Schulsystem heraus Übergänge zwischen Schule, beruflicher Bildung und Hochschule – Entwicklungen und Herausforderungen aus der Sicht der empirischen Bildungsforschung. In G. Bellenberg & M. Forell (Hrsg.), *Bildungsübergänge gestalten. Ein Dialog zwischen Wissenschaft und Praxis* (S. 45–61). Münster: Waxmann.

Irene Neumann, IPN – Leibniz-Institut für die Pädagogik der Naturwissenschaften und Mathematik, Olshausenstraße 62, 24118 Kiel,
   https://orcid.org/0000-0002-7890-2798
ineumann@leibniz-ipn.de

Christoph Deeken, Berufsbildungszentrum Rendsburg-Eckernförde

Dunja Rohenroth, IPN – Leibniz-Institut für die Pädagogik der Naturwissenschaften und Mathematik, Olshausenstraße 62, 24118 Kiel

Birke-Johanna Weber, IPN – Leibniz-Institut für die Pädagogik der Naturwissenschaften und Mathematik, Olshausenstraße 62, 24118 Kiel,
   https://orcid.org/0000-0002-6225-8520

Aiso Heinze, IPN – Leibniz-Institut für die Pädagogik der Naturwissenschaften und Mathematik, Olshausenstraße 62, 24118 Kiel,
   https://orcid.org/0000-0002-7408-0395

3.2
Andreas Borowski, Elke Sumfleth & Stefan Ufer

Mathematik als Voraussetzung für das Fachstudium
Beispiele aus der Mathematik, Chemie und Physik

1 Einleitung

Es gab Zeiten, da konnte die allgemeine Hochschulreife ohne das Fach Mathematik erlangt werden. Auch heute ist es (wieder) möglich, ohne Mathematik seine Abiturprüfungen zu absolvieren. Vonseiten der Hochschule wird aber für viele Fächer ein Verständnis von Mathematik erwartet. Dies drückt sich z. B. dadurch aus, dass es an vielen Universitäten Brückenkurse für Mathematik gibt, auch dann, wenn das eigentliche Studium im Bereich der Naturwissenschaften oder in den Ingenieurwissenschaften liegt. Zudem gehören Mathematik-Module in vielen nicht mathematischen Studiengängen zum Pflichtprogramm der Studierenden.

Dieses Kapitel möchte exemplarisch für das Studienfach Mathematik, vor allem aber auch für die mathematikintensiven Studienfächer Chemie und Physik die Bedeutung der Vorbildung in Mathematik für das universitäre Studium diskutieren.

2 Schulische Mathematik als Prädiktor für Studienerfolg?

2.1 Studienfach Mathematik

Ob mathematische Vorbildung im Sinne der Ziele der gymnasialen Oberstufe für den Studienerfolg relevant ist, kann aus theoretischer Perspektive unterschiedlich gesehen werden. Veranstaltungen des Studienfachs Mathematik – sowohl in reinen Mathematikstudiengängen als auch in vielen Lehramtsstudiengängen – zeichnen sich bereits in den ersten Studienwochen durch einen stark axiomatischen Zugang aus, in dem alle zentralen Begriffe explizit definiert und i. d. R. auch alle benötigten Aussagen formuliert und bewiesen werden (Weber, 2004). Es könnte also argumentiert werden, dass fehlendes Vorwissen direkt in der Veranstaltung ausgeglichen wird und nicht stark ins Gewicht fällt. Allerdings könnte einschränkend angemerkt werden, dass dies i. d. R. nur für Inhalte gilt, die explizit in der Veranstaltung eingeführt werden. Eher technische Fähigkeiten, wie z. B. der Umgang mit Bruchtermen oder Ungleichungen, werden oft vorausgesetzt und nicht explizit eingeübt. So könnten Vorkenntnisse zu technischen Basisfertigkeiten Relevanz haben, eher konzeptuelle Wissensaspekte zu den eigentlichen Inhalten der Veranstaltungen (z. B. Grenzwerte) jedoch weniger. Diese Ansichten werden z. B. auch von Mathematiklehrenden ingenieurwissenschaftlicher Studiengänge berichtet, in denen eine axiomatische Fundierung der Inhalte eine untergeordnete Rolle spielt (Kürten et al., 2014). Andere Autor:innen argumentieren, dass die neue, in ein axiomatisches System eingebettete Perspektive auf bereits bekannte Konzepte wie z. B. den Grenzwertbegriff in der Eingangsphase gerade des Studienfachs Mathematik eine wesentliche Umstrukturierung des vorhandenen Wissens erfordert, die durch ein umfassendes konzeptuelles Verständnis dieser Inhalte – eben über technische Fähigkeiten hinaus – deutlich unterstützt werden kann (z. B. Artigue, 1999; Selden, 2005; Rach & Ufer, 2020). Entsprechend stellt sich nicht nur die Frage, *ob* mathematische Vorbildung relevant für den Studienerfolg in mathematikhaltigen Studiengängen ist, sondern *welche* Vorbildung und insbesondere welches Vorwissen sich dann als relevant erweisen.

Erhebung mathematischer Vorbildung für das Studienfach Mathematik
Um mathematische Vorbildung für das Studienfach Mathematik zu untersuchen, wurden in einigen Studien über die allgemeine Abiturnote hinaus zunächst die Schulnoten im Fach Mathematik herangezogen (z. B. Rach & Heinze, 2017). Ergänzend (s. a. nächster Abschnitt) werden allerdings fachspezifische Leistungstests eingesetzt, die dazu angelegt sind, die für das Studienfach Mathematik besonders relevanten Aspekte mathematischer Vorbildung zu erfassen. Spezifische Untersuchungen zum Studienfach Mathematik, die die in Kapitel 3.3 in diesem Band beschriebenen Instrumente basierend auf Large-Scale-Assessments einsetzen, sind uns nicht bekannt.

Bestehende Testinstrumente zum mathematischen Vorwissen basieren auf unterschiedlichen theoretischen Konzeptualisierungen (vgl. z. B. Heinze et al., 2019). Besser et al. (2021) berichten über ein Instrument zur Feststellung der Studieneignung für das Lehramt Mathematik, das auf dem Modell der Bildungsstandards Mathematik für die Sekundarstufe I basiert und sich eng an bestehende Kompetenztests zu den Standards anlehnt. Entsprechend deckt das Instrument eine große Bandbreite an Inhalten und prozessbezogenen Kompetenzen ab. Andere Instrumente fokussieren dagegen auf spezifische Inhalte, die für den jeweiligen Studienkontext als relevant erachtet werden, und unterscheiden hier eher nach der Komplexität und weniger nach der Art der prozessbezogenen Anforderungen in den Aufgaben.

So schlagen Hailikari et al. (2007) ein Modell zur Konstruktion solcher Instrumente vor. Es spannt ein *declarative-procedural*-Kontinuum auf, das von Aufgaben mit eher oberflächlichen Anforderungen *(declarative)*, wie der Reproduktion von Begriffen und Beispielen, über ein konzeptuelles Verständnis von Zusammenhängen und Unterschieden zwischen Konzepten bis hin zur Anwendung von Konzepten beim Problemlösen *(procedural)* reicht. Rach und Ufer (2020) analysieren Daten zu einem in mehreren Studien eingesetzten Test zum Vorwissen zur Analysis, der insbesondere Wissen zur elementaren Algebra, zu Zahlbereichen und informelles Vorwissen zu Konzepten der Analysis erfasst. Sie leiten daraus ein vierstufiges Modell von Komplexitätsstufen für solche Tests ab, das von rein deklarativem Faktenwissen und der Reproduktion erlernter Verfahren (Stufe 1) über isoliertes (Stufe 2) bzw. vernetztes Konzeptwissen (Stufe 3) bis zur Anbindung des Wissens an formale Darstellungen (Stufe 4) reicht. Dieses Modell wurde zwischenzeitlich auf weitere Inhaltsbereiche übertragen (Rach et al., 2021). Halverscheid und Pustelnik (2013) berichten über einen Test, der Differential- und Integralrechnung, Vektorrechnung, Exponential- und Potenzfunktionen, elementare Algebra sowie Gleichungs- und Ungleichungssysteme umfasst und primär die ersten beiden Stufen des Modells von Rach und Ufer abdeckt.

Zusammenfassend kann gesagt werden, dass Vorwissenstests in den meisten verfügbaren Untersuchungen zum Studienfach Mathematik sehr spezifische Wissensbereiche ansprechen (Heinze et al., 2019). Allein das breiter angelegte Instrument von Besser et al. (2021) scheint eng an Konzeptualisierungen mathematischer Grundbildung in der Sekundarstufe I angebunden und geht damit wenig über allgemeine Zielsetzungen des Mathematikunterrichts hinaus. Bei den spezifischen Instrumenten liegt der Fokus jedoch nach wie vor meist auf reproduktiven oder technischen Anforderungen. Nur wenige Instrumente zielen direkt auf konzeptuelles mathematisches Wissen als Grundlage weiterer, universitärer Lernprozesse ab.

Zusammenhang zwischen mathematischer Vorbildung und Studienerfolg
Für die Prädiktivität von Noten auf die Studienleistung findet Geisler (2019), dass die Mathematiknote im Abitur die Leistung in Übungsaufgaben im Studium über die Abiturnote hinaus erklärt. Der Zusammenhang mit der Abiturnote war nicht mehr signifikant. Bei Halverscheid und Pustelnik (2013) klärt die Leistung im Vorwissenstest Unterschiede in der Leistung am Ende des ersten Studiensemesters auf, wobei jedoch die ebenfalls erhobene Gesamtabiturnote oder die Mathematiknote im Abitur nicht mit ins Modell aufgenommen wurden. Darüber hinaus liegen kaum Studien vor, die Zusammenhänge zwischen den Schulnoten im Fach Mathematik und der Studienleistung gemeinsam mit anderen Prädiktoren untersuchen.

Mehrere Studien international und in Deutschland berichten weiter, dass spezifische Tests zum mathematischen Vorwissen Unterschiede in der Klausurleistung im ersten Studiensemester Mathematik über die Abiturnote hinaus signifikant erklärten (z. B. Ufer, 2015). Bei Kosiol et al. (2019) erklärten Abiturnote und ein Leistungstest zum Vorwissen zur Analysis gemeinsam 48 % der Varianz in der Klausurleistung zur Analysis am Ende des ersten Semesters im Bachelor Mathematik, wobei die Regressionskoeffizienten der beiden Prädiktoren einen etwa gleich großen Beitrag beider Indikatoren anzeigen. Sehr ähnliche Ergebnisse berichten Hailikari et al. (2008). Für eine kleinere Stichprobe aus dem gymnasialen Lehramtsstudium (Kosiol et al., 2019) zeigte jedoch nur die Abiturnote, nicht der spezifische Vorwissenstest einen signifikanten Beitrag. In der Analyse von Rach und Heinze (2017) konnten sowohl die Abiturnote als auch ein Wissenstest zur Analysis ein erfolgreiches Bestehen der Klausur in der Analysis vorhersagen. In einer Re-Analyse von Daten aus fünf Studien (u. a. Rach & Heinze, 2017; Kosiol et al., 2019) untersuchten Rach und Ufer

(2020) die Abiturnote und das Vorwissen zur Analysis als Prädiktoren für ein erfolgreiches Bestehen der Klausur zur Analysis am Ende des ersten Studiensemesters. Wieder konnten sowohl die Abiturnote als auch das fachspezifische Vorwissen den Klausurerfolg vorhersagen. Eine Detailanalyse mit Hilfe einer IRT-Skalierung des Wissenstests zeigte, dass Wissen im unteren Bereich der Stufe 3 des vorgeschlagenen Stufenmodells (also vernetztes Konzeptwissen) ausreicht, um eine Wahrscheinlichkeit von mindestens 50 % für das Bestehen der Klausur zu erreichen. Dieses Cut-Off-Kriterium prognostiziert das Bestehen bzw. Nicht-Bestehen der Klausur in etwa ¾ der Fälle korrekt. Wissen auf dem Niveau von Stufe 4, die allerdings weniger als 1 % der über 1.500 Teilnehmenden erreichten, geht mit einer Wahrscheinlichkeit von knapp 90 % für das Bestehen einher.

Untersuchungen zum Klausurerfolg berücksichtigen naturgemäß nur Studierende, die an einer Klausur teilnehmen bzw. das Studium nicht abgebrochen haben. Dies sind Entscheidungen von Studierenden, in die erwartungsgemäß auch andere Prozesse als der konkrete Wissenserwerb einfließen. Generell sind valide Daten sowohl zur Klausurteilnahme als auch zum Drop-Out aus einem Mathematikstudiengang noch rar.

Rach und Heinze (2017) berichten beispielsweise, dass vor allem das mathematische Selbstkonzept, nicht jedoch die Abiturnote oder das mathematische Vorwissen vorhersagt, ob Studierende an der Klausur teilnehmen und diese nicht bestehen oder ob sie der Klausur fernbleiben. Kosiol et al. (2019) untersuchen die Zufriedenheit der Studierenden, ihre studienbezogene Demotivation und ihre selbstberichtete Tendenz, das Studium abzubrechen. Für alle drei Frühindikatoren von Studienabbruch weisen die Ergebnisse auf eine deutliche Rolle des Interesses zu Studienbeginn, nicht jedoch der Abiturnote oder mathematischen Vorbildung hin. Benden und Lauermann (2021) zeigen weiter, dass sowohl die positiven anfänglichen motivationalen Charakteristika als auch deren positive Entwicklung eine höhere Studienzufriedenheit, einen höheren Klausurerfolg und eine schwächere Tendenz zum Drop-Out vorhersagen.

Daten zum Immatrikulationsstatus liegen in der Arbeit von Geisler (2019) vor. In seinen Analysen reduzieren vor allem das Kursprofil Mathematik in der Oberstufe (Grund- vs. Leistungskurs) und die Teilnahme an einem Vorkurs die Wahrscheinlichkeit einer Exmatrikulation im ersten Studienjahr signifikant, nicht jedoch eine bessere allgemeine Abiturnote oder Fachnote Mathematik im Abitur (S. 156).

Insgesamt unterstützen die vorliegenden Studien sehr konsistent die Annahme, dass erfolgreiche Lernprozesse im Fachstudium Mathematik sehr wohl ausreichende fachliche Vorbildung voraussetzen. Dies scheint zumindest in der Studieneingangsphase eher die konkrete Leistung zu betreffen und weniger individuelle Wahlentscheidungen der Studierenden zu ihrem weiteren Studienverlauf. Bezüglich einer inhaltlichen Charakterisierung des notwendigen Vorwissens liegen wenige empirische Erkenntnisse vor. Die Ergebnisse von Rach und Ufer (2020) legen jedoch nahe, dass deklaratives Faktenwissen und technische Fertigkeiten nicht hinreichend sind, um gute Chancen auf ein erfolgreiches Absolvieren der Studieneingangsphase zu schaffen, sondern dass insbesondere vernetztes Konzeptwissen eine wesentliche Rolle spielt.

2.2 Studienfächer Physik und Chemie

Die Bedeutung der Mathematik für die Naturwissenschaften wird von verschiedenen Personen zu verschiedenen Zeiten thematisiert. Erwähnt sei hier z. B. ein Zitat von Galilei

> „Das Buch der Natur ist in der Sprache der Mathematik geschrieben und ihre Buchstaben sind Dreiecke, Kreise und andere geometrische Figuren, ohne die es ganz unmöglich ist auch nur einen Satz zu verstehen, ohne die man sich in einem dunklen Labyrinth verliert." (Galilei, 1623, S. 232)

oder R. Feynman „Die Physik lässt sich in keine andere Sprache [als die der Mathematik] übersetzen. Wenn Sie etwas über die Natur erfahren, sich ein Bild von ihr machen wollen, müssen Sie sich der Sprache bedienen, die sie spricht." (Feynman, 1993, S. 75). In einem neueren Zeitungsbeitrag spricht René Matzdorf (zu der Zeit Leiter der Konferenz der Fachbereiche Physik) davon, dass die Amtssprache in Physik die Mathematik sei (Agarwala, 2015). Für die Chemie empfiehlt die Gesellschaft Deutscher Chemiker e. V. (GDCh, 2011) Studieninteressierten Kenntnisse in Mathematik. Auch gibt es Veröffentlichungen, die die Bedeutung der Mathematik für die Physik (z. B. Krey, 2012; Uhden, 2012; Trump, 2015) und die Chemie (z. B. Goldhausen, 2015; Tai et al., 2006) herausstellen. Dass diese Beziehung nicht nur auf theoretischer Ebene von Bedeutung ist, sondern auch ganz praktische Relevanz besitzt, drückt sich beispielsweise durch die hohe Anzahl mathematischer Vor- und Brückenkurse an Hochschulen aus (Bausch et al., 2014; Buschhüter et al., 2016; Dürr et al., 2016). International zeigt sich, dass es eine positive Korrelation zwischen der schulbezogenen Mathematikleistung (erhoben nach verschiedenen Kriterien wie z. B. Schulnoten oder standardisierte Tests) und einem Erfolg im Physikstudium gibt (z. B. Hazari et al., 2007; Sadler & Tai, 2001; Long et al., 1986; Hudson & McIntire, 1977). Dieser Abschnitt diskutiert ähnliche Studien in Deutschland. Dabei soll zuerst dargestellt werden, welche mathematischen Fähigkeiten für den Übergang von Schule zu Hochschule in Deutschland, hier im Speziellen für die Fächer Physik und Chemie, aus Sicht des jeweiligen Faches wichtig sind und wie sich diese ggf. verändert haben. Aufbauend darauf wird diskutiert, welcher Zusammenhang zwischen den erhobenen mathematischen Fähigkeiten und dem Studienerfolg gefunden wurde.

Konstruktion von Tests zur Mathematik in der Physik und Chemie
Für eine Erhebung der Fähigkeiten und Fertigkeiten in Mathematik und Physik von Physikstudierenden zu Beginn des Studiums entwickelten Krause und Reiners-Logothetidou zusammen mit Kolleg:innen Kriterien, die die Aufgaben in ihrem Test erfüllen sollten (Krause & Reiners-Logothetidou, 1981). Hierzu zählen die Relevanz

der Aufgaben hinsichtlich typischer Lernsituationen in der Studieneingangsphase, die Ausrichtung auf möglichst notwendige Anforderungen und auf defizitäre Bereiche sowie Exemplarität (vgl. Buschhüter et al., 2016). Die curriculare Validität war dabei kein Kriterium. Die Aufgaben wurden also aus Sicht der Hochschule und ihrer Bedürfnisse in den Anfängerveranstaltungen entwickelt (vgl. Krause & Reiners-Logothetidou, 1981). Inhaltlich wurden u. a. die Bereiche Gleichungen, Vektoren, Graphen, Differentialrechnung und Integralrechnung abgebildet. Diese inhaltliche Auswahl deckt sich sehr gut mit den Empfehlungen der Konferenz der Fachbereiche Physik (KFP, 2011), einer Interviewstudie von Buschhüter und Borowski (2014) sowie den Ergebnissen des MaLeMINT-Projektes (Neumann et al., 2017). Die geforderten mathematischen Arbeitstätigkeiten der Aufgaben können im MaLeMINT-Projekt hierbei überwiegend dem Bereich „1 Grundlagen (Rechnen, Hilfsmitteleinsatz, Darstellungen)" zugeordnet werden (Heinze et al., 2019). Darüber hinaus fällt noch eine größere Zahl von Aufgaben in den Bereich „Schriftliche mathematische Formulierungen (mit Fachsprache und Fachsymbolik) sprachlich verstehen" (ebd.). Auch eine Einsortierung der 53 Aufgaben in das KUM-Model von Rach und Ufer (2020) ergab vergleichbare Ergebnisse. Die überwiegende Anzahl der Aufgaben ($N = 29$) kann der Kategorie „Faktenwissen und prozedurales Wissen" zugeordnet werden. Dennoch gibt es auch Aufgaben, die den Kategorien „Grundlegendes, konzeptuelles Wissen" ($N = 4$), „Flexibles, konzeptuelles Wissen" ($N = 3$) bzw. „Flexibles, konzeptuelles Wissen inklusive formaler Notation" ($N = 7$) zugeordnet werden können. Charakteristisch für den Test ist aber, dass die Anwendung von Rechenroutinen abgefragt wird.

Auch in den verschiedenen Förderphasen des BMBF-Projekts „Professionswissen in der Lehramtsausbildung Physik – ProfiLe-P" wurde die Rechenfähigkeit als eine wichtige Variable mit aufgenommen (vgl. z. B. Riese et al., 2015). Hier war die Überlegung, dass die Fähigkeit, Rechenroutinen anwenden zu können, ein Baustein in einem größeren Professionswissensmodell in der Lehramtsausbildung Physik sein könnte. Dementsprechend ist es nicht erstaunlich, dass die einzelnen Aufgaben des ProfiLe-P-Rechenfähigkeitstests im KUM-Modell (Rach & Ufer, 2020) der Kategorie „Faktenwissen und prozedurales Wissen" zuzuordnen sind. Ähnliche Kompetenzen werden auch durch den in der DFG-Forschergruppe ALSTER verwendeten Rechentest für Physik und Chemie sowie andere Fächer der Forschergruppe abgefragt (Müller et al., 2018). Dieser Rechentest umfasst die fünf Themenbereiche Mathematische Operationen, Terme und Gleichungen, Vektoren und Matrizen, Differenzieren und Integrieren. Zum Lösen der Aufgaben werden primär nur die „Grundlagen" im Bereich der mathematischen Arbeitstätigkeiten verlangt (vgl. Neumann et al., 2017).

Zusammenfassend kann gesagt werden, dass die Wissenstests zu den mathematischen Fähigkeiten in der Physik primär die Rechenfähigkeit der Studierenden abfragen. Andere mathematische Fähigkeiten spielen in den Tests eine untergeordnete Rolle. Mit Bezug auf das Zitat von Feynman (s. o.) bedeutet es, dass die Studierenden nur die grundlegende Grammatik beherrschen und diese in einfachen Aussagen anwenden müssen. Anspruchsvollere mathematische Prozesse wie das Modellieren,

Argumentieren, Darstellen, Kommunizieren oder das mathematische Problemlösen werden in den Tests nicht oder nur am Rande behandelt, sodass über deren Einfluss keine Aussage getroffen werden kann.

Veränderung der mathematischen Fähigkeiten zwischen 1978 und 2013
Ein Vergleich von Fähigkeiten ist immer ein schwieriges Unterfangen, vor allem bei einem großen zeitlichen Abstand zwischen den einzelnen Erhebungszeiträumen. Es kann dann immer nur ein Vergleich zu dem zuerst gemessenen Konstrukt gezogen werden. Wenn zu einem späteren Zeitpunkt Fähigkeiten gelehrt und gelernt werden, die zum ersten Zeitpunkt noch gar nicht gefragt wurden, dann kann nicht gezeigt werden, dass diese Fähigkeiten stärker ausgeprägt waren als in anderen Bereichen. Ähnlich verhält es sich bei einem Vergleich der mathematischen Fähigkeiten zwischen Studierenden zu Beginn eines Physikstudiums 1978 und 2013 (Buschhüter et al., 2016). Zwischen 1978 und 2013 gab es verschiedene Veränderungen in den Lehrplänen und Standards. Inhalte, die 1978 relevant waren (z.B. der Gruppenbegriff), sind 2013 nicht mehr im Curriculum vorgesehen. Demgegenüber war der heutige Umgang mit digitalen Medien 1978 noch nicht denkbar. Aus diesem Grund ist ein Vergleich zwischen den beiden Kohorten immer mit einer gewissen Vorsicht zu bewerten. Trotzdem lohnt sich dieser Vergleich, da er die subjektiven Erfahrungen zumindest mit den Leistungen der Studierenden in dem getesteten Konstrukt objektiviert.

Ein solcher Vergleich wurde mit dem oben beschriebenen Testinstrument (Krause & Reiners-Logothetidou, 1981), welches 1978 erstmalig eingesetzt wurde, durchgeführt. Bei diesem Vergleich wurden insgesamt 5040 Studierende, davon 2718 im Jahr 1978 und 2322 im Jahr 2013, an über 20 Universitäten in Deutschland in den ersten Wochen ihres Physikstudiums befragt (Buschhüter et al., 2016). Die Ergebnisse zeigen, dass heutige Studierende nicht pauschal schlechtere mathematische Fähigkeiten zeigen als Ende der siebziger Jahre (ebd.). Statistisch gesehen zeigt sich in dieser großen Stichprobe ein signifikanter Unterschied zwischen den beiden Jahrgängen zugunsten des älteren Jahrgangs; dieser Unterschied ist aber nicht von praktischer Bedeutung, da seine Effektstärke (Cohens d = 0.09) im vernachlässigbaren Bereich liegt (ebd). Vielmehr zeigte sich, dass in Abhängigkeit von den Aufgaben bzw. den Inhaltsgebieten mal die Studierenden des Jahrgangs 1978, mal die Studierenden des Jahrgangs 2013 besser abschnitten. Die Inhaltsbereiche „Grenzwert", „Gleichungen" und „Trigonometrie und Bogenmaß" konnten beispielsweise im Schnitt von den Studierenden des Jahrgangs 1978 besser gelöst werden (ebd.). Hingegen zeigten die Studierenden des Jahrgangs 2013 in den Inhaltsbereichen „Integralrechnung" und „Vektoren" im Schnitt bessere Leistungen. Diese Veränderung ist teilweise durch eine Veränderung des Schulcurriculums zu erklären. Es zeigte sich ein weiterer Effekt, der ggf. auf eine veränderte Routinebildung im Unterricht zurückzuführen ist. Bei allen Aufgaben, die Brüche verwendeten, zeigte sich inhaltsübergreifend, dass die Studierenden des Jahrgangs 1978 im Mittel die Aufgaben besser lösten als die Studierenden des Jahrgangs 2013 (Buschhüter et al., 2016). Ähnliches stellen auch Dozierende aus Vorkursen zur Mathematik fest (Biehler et al., 2014). Insgesamt zeigt sich also ein differenziertes Bild. Bei den Fähigkeiten, die z. B. bei der Bearbeitung von Übungsaufgaben häufig vorkommen und leicht beobachtbar sind, hierzu gehört etwa das Umstellen von Gleichungen und der Umgang mit Brüchen, haben Physikstudierende im Schnitt heutzutage mehr Schwierigkeiten als 1978. Dies kann dazu führen, dass Studierende heutzutage vermehrt als leistungsschwächer als früher eingeschätzt werden. Aber gerade diese Routinen könnten durch Vorkurse und begleitende Online-Kurse (z. B. http://www.ombplus.de) verbessert werden.

Zusammenhang zwischen mathematischen Fähigkeiten und Studienerfolg in Physik

Wie bereits oben beschrieben kann Studienerfolg sicherlich auf unterschiedliche Arten und Weisen charakterisiert werden. Buschhüter et al. (2017) untersuchten in einer Studie den Studienabbruch (hier Exmatrikulation aus dem Physikstudium der untersuchten Universität) mithilfe des Mathematiktests von Krause und Reiners-Logothetidou (1981). Hierzu wurde das mithilfe einer logistischen Regression prognostizierte Verhalten mit dem beobachteten Studienabbruch bis zum vierten Semester verglichen. In der Analyse wurden die Studierenden ab einer Abbruchwahrscheinlichkeit von 50 % als Abbrecher:innen kategorisiert. Durch diese Festlegung konnten insgesamt ca. 90 % der Studienverläufe (Abbruch/Verbleib) richtig identifiziert werden. Betrachtet man die Ergebnisse differenzierter, so wurden ca. 97 % der 106 Verbleibenden im Studium und ca. 52 % der 21 Studierenden, die das Studium abgebrochen haben, korrekt identifiziert (Buschhüter et al., 2017). Von 14 Personen wurden nur 3 fälschlicherweise als Abbrechende klassifiziert. Besonders bemerkenswert war hier aber, dass „physikalisches Wissen" oder „physikalische Kompetenz", jeweils gemessen mit unterschiedlichen Testinstrumenten, keine signifikante Verbesserung der Vorhersage lieferte. Erst bei einer Analyse der Studienleistungen zeigt sich diesbezüglich inkrementelle Validität, bei weiterhin substantieller prognostischer Validität der mathematischen Kenntnisse und Fähigkeiten. Insgesamt sind die Ergebnisse Ausdruck der besonderen Relevanz mathematischen Vorwissens in Bezug auf Studienanforderungen. Es ist anzumerken, dass die Zahl der Abbrechenden hier sehr gering (21) war, und es bleibt zu prüfen, inwiefern das Ergebnis auf weitere größere Stichproben übertragbar ist. Es erscheint nach dieser Studie aber prinzipiell vielversprechend, dass durch einen relativ kurzen Mathematiktest zu Beginn des Studiums Personen identifiziert werden könnten, die durch eine Unterstützung in „einfachen mathematischen Routinen" wahrscheinlicher im Studium verbleiben. Dass darüber hinaus ein Physiktest bei Identifikation von potentiellen Abbrechenden hilft, ist nach diesen Ergebnissen weniger wahrscheinlich (Buschhüter et al., 2017).

Ein anderes Kriterium für Studienerfolg sind auch die Leistungen (z. B. Klausurnoten) im Laufe des Studiums. Teilweise werden diese Studienleistungen auch noch mit den Leistungspunkten der zugehörigen Module gewichtet. Müller et al. (2018) untersuchten im Rahmen der DFG-Forschergruppe FOR 2242 ALSTER u. a., wie sich mathematisches Wissen von Studierenden zu Beginn ihres Studiums auf ihren Studienerfolg (hier gewichtete Klausurnoten am Ende des ersten Semesters) auswirkte. Die Studie umfasst neben der Physik auch die Studiengänge Bauingenieurwesen, Chemie und Biologie (vgl. Tab. 1). Ein zentraler Befund ist hier, dass das mit dem Test gemessene mathematische Wissen (s. o.) über die Abiturnote hinaus einen bedeutenden Anteil der Varianz des Studienerfolgs aufklären kann (für die Physik: $\Delta R^2_{korr.} = .16$; $R^2_{korr.} = .51$, vgl. Müller et al., 2018). Diese Ergebnisse bestätigen vorherige Metaanalysen von Hell et al. (2007) in anderen Fächern. Für die Physik konnten Buschhüter et al. ähnliche Ergebnisse mit dem Test von Krause und Reiners-Logothetidou (1981) für das erste Semester (Buschhüter et al., 2016), aber auch Auswirkungen bis zum fünften Semester (Buschhüter et al., 2017) bestimmen. Es zeigt sich also eine starke Bedeutung der erhobenen mathematischen Fähigkeiten für die Noten bis weit in das Studium hinein.

Eine ähnliche Auswirkung auf den Studienerfolg zeigte sich im Projekt ProfiLeP+ (Riese et al., 2015). Bei dem Projekt wurde der Studienerfolg mit dem im Projekt entwickelten Test zum physikalischen Fachwissen von Lehramtsstudierenden bestimmt. Zur Erhebung der mathematischen Fähigkeiten wurde ein Test ähnlich wie bei der Studie von Müller et al. (2018) eingesetzt. In der Studie zeigte sich, dass es einen starken Zusammenhang zwischen dem Zuwachs des fachlichen Wissens vom ersten zum dritten Semester und dem Ergebnis des Tests zu den mathematischen Fähigkeiten zu Beginn des Studiums gibt (Enkrott, 2021). Für den Wissenszuwachs vom dritten zum fünften Semester konnte dieser Zusammenhang nicht gefunden werden (ebd). Enkrott kommt zu dem Schluss, dass insbesondere in der Studieneingangsphase die erhobenen mathematischen Fähigkeiten hilfreich für den Wissensaufbau im Physik(lehramts)studium sind.

Die Studien bestätigen und untermauern empirisch ein Zitat von Georg Düchs von der Deutschen Physikalischen Gesellschaft (DPG), das 2015 im Rahmen eines Zeitungsartikels (Agarwala, 2015) veröffentlicht wurde. Damals meinte Georg Düchs: „Um in die Physik einzusteigen, ist Mathematik das wichtigste Werkzeug". In dem Artikel geht es dann mit der Aussage weiter „man könne sogar sagen, dass Mathematikwissen für den Studienbeginn wichtiger sei als das Wissen um physikalische Zusammenhänge" (Agarwala, 2015, o. S.). Für ein Physikstudium zeigen die Ergebnisse also, dass es wichtig ist, mathematische Rechenoperationen und algorithmen verstanden zu haben und in konkreten Situationen anwenden zu können. Dies scheint wesentlich zu sein, um den Zusammenhang zwischen physikalischen Größen aufzubauen.

Zusammenhang zwischen mathematischen Fähigkeiten und Studienerfolg in Chemie
Auch für das Fach Chemie konnten Müller et al. (2018) im Rahmen der DFG-Forschergruppe FOR 2242 ALSTER zeigen, dass sich das mathematische Wissen von Studierenden zu Beginn ihres Studiums auf ihren Studienerfolg (gemittelte Prüfungsleistungen am Ende des ersten Semesters in den Klausuren in Allgemeiner

Chemie und Mathematik) auswirkt, und dass es über die Abiturnote und die Mathematiknoten hinaus einen bedeutenden Anteil der Varianz des Studienerfolgs aufklärt (z.B. Müller et al., 2018, $\Delta R^2_{korr.}$ = .23; $R^2_{korr.}$ = .49 mit $\Delta R^2_{korr.}$ Varianzaufklärung von mathematischem Wissen über die Abiturnote hinaus und $R^2_{korr.}$ Varianzaufklärung von Abiturnote und mathematischem Wissen zusammen). Für die Chemie wurden fachspezifisch vertiefte Analysen unter Berücksichtigung des Wissens in den unterschiedlichen Teilbereichen der Chemie durchgeführt (Averbeck, 2021). Dadurch reduziert sich der Einfluss der mathematischen Fähigkeiten erheblich, wie im Folgenden detailliert dargestellt wird. An dieser Studie waren 275 Studierende der Universitäten Duisburg-Essen (UDE) und der Ruhr-Universität Bochum (RUB) beteiligt, deren Curricula sich in der Studieneingangsphase insofern unterscheiden, dass die Studierenden an der UDE neben Lehrveranstaltungen in der Allgemeinen Chemie solche in Physikalischer Chemie besuchen, die Studierenden an der RUB stattdessen solche in Analytischer Chemie. Wenn sich Zusammenhänge signifikant unterscheiden, sind im Folgenden immer beide Werte angegeben, in der Reihenfolge UDE vor RUB.

Anhand von Pfadanalysen wurden die Zusammenhänge der Studieneingangsvoraussetzungen zu Studienbeginn untereinander und deren Einfluss auf das Fachwissen der Studierenden am Ende des ersten Semesters in den Teilbereichen der Chemie des ersten Semesters und auf das Abschneiden in der Klausur Allgemeine Chemie untersucht.

Die Ergebnisse zeigen für das Vorwissen in Chemie (gemessen mit Multiple-Choice-Aufgaben zu grundlegenden Inhalten) die höchsten Zusammenhänge mit der Kurswahl in der Oberstufe und mit den mathematischen Fähigkeiten. Im Einzelnen bestehen für das Vorwissen in Allgemeiner Chemie die größten Zusammenhänge mit der Kurswahl (Chemie) in der Oberstufe und den mathematischen Fähigkeiten, dann folgen das Studieninteresse, die kognitiven Fähigkeiten und das Geschlecht der Studierenden. Diese Variablen klären insgesamt 46 % der Varianz der Leistungen in den Testaufgaben auf. Alle weiteren kognitiven oder affektiv-motivationalen Eingangsvoraussetzungen wie Selbstkonzept, Studienzufriedenheit, Selbstwirksamkeitserwartung und Motivation zeigen keine bedeutsamen Effekte. Erwartungskonform verfügen Studierende, die einen Chemieleistungskurs gewählt haben, über ein höheres Vorwissen als andere Studierende. Für die Analytische Chemie zeigen sich sehr ähnliche Zusammenhänge: Die Kurswahl zeigt wieder den größten Zusammenhang mit dem Vorwissen in Analytischer Chemie, dann folgen das Interesse und die mathematischen Fähigkeiten. Im Unterschied hierzu sind für das Vorwissen in Physikalischer Chemie die mathematischen Fähigkeiten der Studierenden am bedeutsamsten, danach folgen das Interesse, das Geschlecht und die kognitiven Fähigkeiten. Die Varianzaufklärung ist in den letzten beiden Fällen nur halb so groß wie beim Vorwissen in Allgemeiner Chemie bei hohen Korrelationen zwischen den inhaltlich unterschiedlichen Vorwissensarten. Es fällt auf, dass mit Blick auf die Physikalische Chemie die Kurswahl in der Oberstufe keine Rolle spielt, vermutlich ein Effekt des Schulcurriculums.

Für das Fachwissen am Ende des ersten Semesters sind in allen drei Teilbereichen die korrespondierenden Leistungen im jeweiligen Vorwissenstest die stärksten Prädiktoren. Außerdem ist das Vorwissen in Allgemeiner Chemie ein wirkmächtiger Prädiktor für die Leistungen in den beiden anderen Teilbereichen am Ende des Semesters. Der Einfluss der mathematischen Fähigkeiten ist deutlich geringer, trägt aber zusätzlich zur Varianzaufklärung bei. Zum Semesterende zeigt sich dann zusätzlich in der Allgemeinen Chemie und in der Analytischen Chemie ein allerdings deutlich niedriger Einfluss der Abiturgesamtnote. Bei den Leistungen in der Physikalischen Chemie wird im Unterschied dazu der Einfluss der kognitiven Fähigkeiten signifikant, wobei beide Konstrukte vermutlich für ähnliche Fähigkeiten stehen. Auffallend ist, dass der Einfluss der Kurswahl in der Oberstufe auf die Leistungen in der Allgemeinen Chemie auch zu diesem Zeitpunkt immer noch signifikant ist. Zusammen mit einem geringen Effekt des Geschlechts ist die Varianzaufklärung durch die genannten Studienvoraussetzungen in allen drei Teilbereichen erheblich (Allgemeine Chemie: 64.5%; Analytische Chemie: 53.0%; Physikalische Chemie: 58.9%).

Nur die Allgemeine Chemie wurde an beiden Hochschulen durch eine Klausur am Semesterende abgeschlossen. Als abhängige Variable wurde die von den Studierenden erreichte Punktzahl in das Modell aufgenommen. Hier zeigt sich keinerlei Einfluss des mathematischen Wissens mehr auf das Abschneiden in der Klausur. Entscheidend sind das Fachwissen in Allgemeiner Chemie am Semesterende (ß = .560/.481), die Abiturgesamtnote (ß = -.275) und für den Fall, dass es ein Lehrangebot in Analytischer Chemie im ersten Semester gab, auch das Fachwissen in Analytischer Chemie (ß = .068/.260) mit einer Varianzaufklärung von 70.8%.

Für die Studienleistungen im zweiten Semester zeigt sich, dass die mathematischen Fähigkeiten nur noch für das Fachwissen am Ende des Semesters in Physikalischer Chemie eine Rolle spielen, auf die Leistungen in weiteren Fächern wie der Anorganischen Chemie, der Analytischen Chemie und der Organischen Chemie sind sie ohne Einfluss. Für die Leistungen in Physikalischer Chemie im zweiten Semester sind die entscheidenden Variablen das Fachwissen in Physikalischer Chemie am Ende des ersten Semesters, das Fachwissen in Allgemeiner Chemie am Ende des ersten Semesters und die zu Studienbeginn erhobenen mathematischen Fähigkeiten, die zusammen zu einer Varianzaufklärung von 80.8% führen. Betrachtet man die Klausurleistung am Ende des zweiten Semesters, wird der Einfluss der mathematischen Fähigkeiten nicht mehr signifikant, es bleiben die Parameter Fachwissen Physikalische Chemie am Ende des ersten und des zweiten Semesters, das Fachwissen am Ende des ersten Semesters in Allgemeiner Chemie und wiederum wie bei der Klausur in Allgemeiner Chemie am Ende des ersten Semesters der Einfluss der Abiturgesamtnote. Dies führt zu einer Varianzaufklärung von 61.5%.

Zusammenfassend wird sehr deutlich, dass es einen bedeutsamen Zusammenhang zwischen mathematischen Fähigkeiten und dem Vorwissen, mit dem die Studierenden ihr Studium beginnen, gibt, und dass die chemiebezogene Kurswahl in der Oberstufe das Vorwissen aber genauso beeinflusst. Im weiteren Studienverlauf nimmt – ähnlich wie im Fach Physik – der Einfluss der zu Studienbeginn erhobenen mathematischen Fähigkeiten ab, während die Bedeutsamkeit des jeweiligen Fachwissens zunimmt, und für dieses Wissen ist vor allem das Vorwissen – maßgeblich beeinflusst durch die Kurswahl in der Oberstufe – entscheidend.

Eine Studie von Kimpel (2018) unterstreicht diesen Befund. Hier konnte für chemiebezogene Rechenaufgaben aus der Allgemeinen Chemie gezeigt werden, dass Studierende genau wie Schülerinnen und Schüler der Oberstufe sehr wohl in der Lage sind, reine Rechenaufgaben zu lösen, die Schwierigkeiten aber dann auftreten, wenn dieselben Rechenaufgaben in einer Stöchiometrieaufgabe, also in einem chemischen Kontext, bearbeitet werden müssen. Die Lösungshäufigkeiten unterscheiden sich signifikant mit einer großen Effektstärke. Fast 40 % der Studierenden können die Rechenaufgabe lösen, aber nicht die Stöchiometrieaufgabe. Bei den Oberstufenschülerinnen und -schülern tritt dieser Unterschied nur bei den Grundkursschülerinnen und -schülern auf, was noch einmal das fehlende chemische Fachwissen unterstreicht.

3 Zusammenfassung

In diesem Kapitel wurde diskutiert, welche mathematischen Fähigkeiten/Fertigkeiten sich wie auf ein Studium bzw. die Studieneingangsphase auswirken. Die Antwort darauf fällt erwartungsgemäß nicht eindeutig aus.

Für ein Mathematikstudium legen die Ergebnisse nahe, dass deklaratives Faktenwissen und technische Fertigkeiten nicht hinreichend sind, um gute Chancen auf ein erfolgreiches Absolvieren der Studieneingangsphase zu schaffen. Für ein Physik- und ein Chemiestudium werden aber gerade diese Fähigkeiten in den Tests zu den mathematischen Fertigkeiten abgefragt. Aus diesem Grund werden die Tests auch häufig als Rechentests bezeichnet. Trotz dieser Einschränkung zeigt sich ein differenziertes Bild. Für die Physik können die Ergebnisse dahingehend interpretiert werden, dass mit guten Rechenfähigkeiten ein Studienerfolg wahrscheinlicher und ein Studienabbruch unwahrscheinlicher wird. Für die Chemie zeigt sich dieser Effekt aber nur, wenn das chemische Fachwissen nicht zeitgleich mitberücksichtigt wird. Für das Chemiestudium ist nicht die Rechenfähigkeit, sondern das fachliche Vorwissen in der Chemie von größter Bedeutung, was aber wiederum auch nicht bedeutet, dass man ohne mathematische Kompetenzen erfolgreich Chemie studieren kann. Für das Studium des Bauingenieurwesens und das Biologiestudium gibt es ebenfalls Zusammenhänge zur Rechenfähigkeit wie in den oben näher betrachteten Studiengängen zur Physik und Chemie (für das Bauingenieurwesens: $\Delta R^2_{korr.} = .17$; $R^2_{korr.} = .42$, für die Biologie: $\Delta R^2_{korr.} = .08$; $R^2_{korr.} = .17$, mit $\Delta R^2_{korr.}$ Varianzaufklärung von mathematischem Wissen über die Abiturnote hinaus und $R^2_{korr.}$ = Varianzaufklärung von Abiturnote und mathematischem Wissen zusammen, vgl. Müller et al., 2018). Hier stehen jedoch noch Studien aus, die den Zusammenhang vertieft untersuchen. Insgesamt ist aber für die hier diskutierten naturwissenschaftlichen Fächer und das Bauingenieurwesen zu beachten, dass die verwendeten mathematischen Tests sehr auf die

Rechenfähigkeiten, also auf die 1. Kategorie „Faktenwissen und prozedurales Wissen" im KUM-Modell (Rach & Ufer, 2020) fokussieren. Hier bleibt weiter zu untersuchen, ob nicht auch die anderen Kategorien einen Einfluss und ggf. sogar einen größeren Einfluss auf den Studienerfolg haben als nur die „Rechenfähigkeit".

Für die Schule bedeuten die bisher vorliegenden Ergebnisse, dass mathematische Kompetenz im Sinne anwendbaren, konzeptuellen Wissens in der Oberstufe umfassend erworben werden sollte, dabei jedoch nicht auf die Routinebildung verzichtet werden kann.

Literatur

Agarwala, A. (2015). Ganz schön verrechnet. *ZEIT Campus*. http://www.zeit.de/2015/23/physikstudium-mathematik-hochschule-ranking.

Artigue, M. (1999). The teaching and learning of mathematics at the university level. Crucial questions for contemporary research in education. *Notices of the AMS, 46*(11), 1377–1385.

Averbeck, D. (2021). *Zum Studienerfolg in der Studieneingangsphase des Chemiestudiums*. Berlin: Logos.

Bausch, I., Biehler, R., Bruder, R., Fischer, P. R., Hochmuth, R., Koepf, W., Schreiber, S. & Wassong, T. (2014). *Mathematische Vor- und Brückenkurse. Konzepte, Probleme und Perspektiven*. Springer. https://doi.org/10.1007/978-3-658-03065-0

Benden, D. K. & Lauermann, F. (2021). Students' motivational trajectories and academic success in math-intensive study programs: Why short-term motivational assessments matter. *Journal of Educational Psychology*. Advance online publication. https://doi.org/10.1037/edu0000708

Besser, M., Göller, R., Ehmke, T., Leiss, D. & Hagena, M. (2021). Entwicklung eines fachspezifischen Kenntnistests zur Erfassung mathematischen Vorwissens von Bewerberinnen und Bewerbern auf ein Mathematik-Lehramtsstudium. *Journal für Mathematik-Didaktik, 42*(2), 335–365. https://doi.org/10.1007/s13138-020-00176-x

Buschhüter, D. & Borowski, A. (2014). Modellierung von Eingangsanforderungen für das Studienfach Physik. In S. Bernholt (Hrsg.), *Naturwissenschaftliche Bildung zwischen Science- und Fachunterricht. Gesellschaft für Didaktik der Chemie und Physik, Jahrestagung in München 2013* (S. 540–542). IPN.

Buschhüter, D., Spoden, C. & Borowski, A. (2016). Mathematische Kenntnisse und Fähigkeiten von Physikstudierenden zu Studienbeginn. *Zeitschrift für Didaktik der Naturwissenschaften, 22*(1), 61–75. https://doi.org/10.1007/s40573-016-0041-4

Buschhüter, D., Spoden, C. & Borowski, A. (2017). Studienerfolg im Physikstudium: Inkrementelle Validität physikalischen Fachwissens und physikalischer Kompetenz. *Zeitschrift für Didaktik der Naturwissenschaften, 23*(1), 127–141. https://doi.org/10.1007/s40573-017-0062-7

Dürr, R., Dürrschnabel, K., Loose, F. & Wurth, R. (2016). *Mathematik zwischen Schule und Hochschule*. Springer. https://doi.org/10.1007/978-3-658-08943-6

Enkrott, P. (2021). *Entwicklung des fachlichen Wissens von angehenden Physiklehrkräften*. Dissertation: Universität Potsdam. https://doi.org/10.25932/publishup-50040

Feynman, R. P. (1993). *Vom Wesen physikalischer Gesetze*. Piper.

Galilei, G. (1623). *Il Saggiatore*. Edition Nazionale, Bd. 6, Florenz 1896.

GDCh – Gesellschaft Deutscher Chemiker e.V. (2011). *Chemie studieren*. http://www.chemie-studieren.de/

Geisler, S. (2019). *Bleiben oder Gehen? Eine empirische Untersuchung von Bedingungsfaktoren und Motiven für frühen Studienabbruch und Fachwechsel in Mathematik*. Dissertation: Ruhr-Universität Bochum. https://hss-opus.ub.rub.de/opus4/frontdoor/index/index/docId/7163

Goldhausen, I. (2015). *Mathematische Modelle im Chemieunterricht*. Uni-edition.

Hailikari, T., Nevgi, A. & Komulainen, E. (2008). Academic self-beliefs and prior knowledge as predictors of student achievement in Mathematics: A structural model. *Educational Psychology, 28*(1), 59–71.

Hailikari, T., Nevgi, A. & Lindblom-Ylänne, S. (2007). Exploring alternative ways of assessing prior knowledge, its components and their relation to student achievement: A mathematics based case study. *Studies in Educational Evaluation, 33*(3–4), 320–337.

Halverscheid, S. & Pustelnik, K. (2013). Studying math at the university: Is dropout predictable? In A. M. Lindmeier & A. Heinze (Eds.), *Proceedings of the 37th Conference of the International Group for the Psychology of Mathematics Education* (Vol. 2, S. 417–424). PME.

Hazari, Z., Tai, R. H. & Sadler, P. M. (2007). Gender differences in introductory university physics performance: The influence of high school physics preparation and affective factors. *Science Education, 91*, 847–876.

Heinze, A., Neumann, I., Ufer, S., Rach, S., Borowski, A., Buchhüter, D., Greefrath, G., Halverscheid, S., Kürten, R., Pustelnik, K. & Sommerhoff, D. (2019) Mathematische Kenntnisse in der Studieneingangsphase – Was messen unsere Tests? In A. Frank, S. Krauss & K. Binder (Hrsg.), *Beiträge zum Mathematikunterricht 2019* (S. 345–348). WTM.

Hell, B., Trapmann, S. & Schuler, H. (2007). Eine Metaanalyse der Validität von fachspezifischen Studierfähigkeitstests im deutschsprachigen Raum. *Empirische Pädagogik, 21*(3), 251–270.

Hudson, H. T. & McIntire, W. R. (1977). Correlation between mathematical skills and success in physics. *American Journal of Physics, 45*, 470–471.

Kimpel, L. (2018). *Aufgaben in der Allgemeinen Chemie*. Logos.

KFP [Konferenz der Fachbereiche Physik] (2011). *Empfehlung der Konferenz der Fachbereiche Physik zum Umgang mit den Mathematikkenntnissen von Studienanfängern der Physik*. http://www.kfp-physik.de/dokument/KFP-Empfehlung-Mathematikkenntnisse.pdf

Kosiol, T., Rach, S. & Ufer, S. (2019). (Which) mathematics interest is important for a successful transition to a university study program? *International Journal of Science and Mathematics Education, 17*(7), 1359–1380. https://doi.org/10.1007/s10763-018-9925-8

Krause, F. & Reiners-Logothetidou, A. (1981). *Kenntnisse und Fähigkeiten naturwissenschaftlich orientierter Studienanfänger in Physik und Mathematik. Die Ergebnisse des bundesweiten Studieneingangstests Physik 1978*. Universität Bonn.

Krey, O. (2012). *Zur Rolle der Mathematik in der Physik. Wissenschaftstheoretische Aspekte und Vorstellungen Physiklernender* (Dissertation). Münster: Logos-Verlag.

Kürten, R., Greefrath, G., Harth, T. & Pott-Langemeyer, M. (2014). Die Rechenbrücke – ein fachbereichsübergreifendes Forschungs- und Entwicklungsprojekt. *Zeitschrift für Hochschulentwicklung, 9*(4), 17–38.

Long, D. D., McLaughlin, G. W. & Bloom, A. M. (1986). The influence of physics laboratories on student performance in a lecture course. *American Journal of Physics, 54*, 122–125.

Müller, J., Stender, A., Fleischer, J., Borowski, A., Dammann, E., Lang, E. & Fischer, H.E. (2018). Mathematisches Wissen von Studienanfängern und Studienerfolg. *Zeitschrift für Didaktik der Naturwissenschaften, 24*(1), 1–17. https://doi.org/10.1007/s40573-018-0082-y

Neumann, I., Pigge, C. & Heinze, A. (2017). *Welche mathematischen Lernvoraussetzungen erwarten Hochschullehrende für ein MINT-Studium? Eine Delphi-Studie*. IPN.

Rach, S. & Heinze, A. (2017). The transition from school to university in mathematics: Which influence do school-related variables have? *International Journal of Science and Mathematics Education, 15*(7), 1343–1363.

Rach, S. & Ufer, S. (2020). Which prior mathematical knowledge is necessary for study success in the university study entrance phase? Results on a new model of knowledge levels based on a reanalysis of data from existing studies. *International Journal of Research in Undergraduate Mathematics Education, 6*(3), 375–403. https://doi.org/10.1007/s40753-020-00112-x

Rach, S., Sommerhoff, D. & Ufer, S. (2021). *Technical Report – Knowledge for University Mathematics (KUM) and Mathematics Online Assessment System (MOAS). MCLS Reports 1.* https://epub.ub.uni-muenchen.de/76294/

Riese, J., Kulgemeyer, C., Zander, S, Borowski, A., Fischer, H. E., Gramzow, Y., Reinhold, P., Schecker, H. & Tomczyszyn, E. (2015). Modellierung und Messung des Professionswissens in der Lehramtsausbildung Physik. In S. Blömeke & O. Zlatkin-Troitschanskaia (Hrsg.), *Kompetenzen von Studierenden (Zeitschrift für Pädagogik, Beiheft 61)* (S. 55–79). Beltz Juventa.

Sadler, P. M. & Tai, R. H. (2001). Success in introductory college physics: The role of high school preparation. *Science Education, 85,* 111–136.

Selden, A. (2005). New developments and trends in tertiary mathematics education: Or, more of the same. *International Journal of Mathematical Education in Science and Technology, 36*(2), 131–147.

Tai, R. H., Ward, R. B. & Sadler, P. M. (2006). High school chemistry content background of introductory college chemistry students and its association with college chemistry grades. *Journal of Chemical Education, 83*(11), 1703. https://doi.org/10.1021/ed083p1703

Trump, S. (2015). *Mathematik in der Physik der Sekundarstufe II!? Eine Benennung notwendiger mathematischer Fertigkeiten für einen flexiblen Umgang mit Mathematik beim Lösen physikalisch-mathematischer Probleme im Rahmen der Schul- und Hochschulbildung sowie eine systematische Analyse zur notwendigen Mathematik in der Physik der Sekundarstufe II.* Dissertation: Universität Potsdam.

Ufer, S. (2015). The role of study motives and learning activities for success in first semester mathematics studies. In Beswick, K., Muir, T., Wells, J. (Eds.), *Proceedings of the 39th Conference of the International Group for the Psychology of Mathematics Education,* Vol. 4, 265–272. PME.

Uhden, O. (2012). *Mathematisches Denken im Physikunterricht. Theorieentwicklung und Problemanalyse.* Logos.

Weber, K. (2004). Traditional instruction in advanced mathematics courses: A case study of one professor's lectures and proofs in an introductory real analysis course. *The Journal of Mathematical Behavior, 23*(2), 115–133.

Andreas Borowski, Universität Potsdam, Karl-Liebknecht-Str. 24–25, 14476 Potsdam
   https://orcid.org/0000-0002-9502-0420
andreas.borowski@uni-potsdam.de

Elke Sumfleth, Universität Duisburg-Essen, Schützenbahn 70, 45127 Essen
   https://orcid.org/0000-0001-6458-0823
elke.sumfleth@uni-due.de

Stefan Ufer, Ludwig-Maximilians-Universität München, Theresienstraße 39, 80333 München
   https://orcid.org/0000-0002-3187-3459
ufer@math.lmu.de

3.3

Tobias Rolfes & Aiso Heinze

Nur 30 Prozent der Abiturientinnen und Abiturienten erreichen Mindeststandards in voruniversitärer Mathematik!?

Eine Replikationsanalyse zum Schüleranteil oberhalb der Mindeststandards bei TIMSS

1 Einleitung

Die Trias der Bildungsziele (Vertiefte Allgemeinbildung, Wissenschaftspropädeutik, Studierfähigkeit, vgl. Teil 1) formuliert den fachübergreifenden bildungstheoretischen Anspruch an den Unterricht in der gymnasialen Oberstufe. Inwieweit die gymnasiale Oberstufe insbesondere im Fach Mathematik diesem Anspruch gerecht wird, ist allerdings umstritten. So bestehen schon seit Jahrzehnten Klagen über defizitäre mathematische Kompetenzen der Abiturientinnen und Abiturienten und eine damit einhergehende mangelnde Studierfähigkeit (vgl. dazu z. B. DMV et al., 1982; KMK, 1995; Steiner, 1984). Die empirische Evidenz für diese Einschätzung seitens der Hochschulen ist bisher unzureichend. Zwar konnten die MaLeMINT-Studien (vgl. Kap. 3.1 in diesem Band) ermitteln, welche mathematischen Lernvoraussetzungen Hochschuldozierende von Studienanfängerinnen und Studienanfängern *erwarten*, und es liegen mittlerweile auch empirische Erkenntnisse über die Rolle der Mathematik für unterschiedliche Studiengänge vor (vgl. Kap. 1.3 und 3.2 in diesem Band). Allerdings wird in Deutschland in der gymnasialen Oberstufe bislang kein bundesweites Bildungsmonitoring durchgeführt (Neumann & Trautwein, 2019; Stanat et al., 2016), sodass relativ wenig über die mathematischen Kompetenzen von Abiturientinnen und Abiturienten bekannt ist. So wäre es für die Beurteilung der Leistungsfähigkeit des Mathematikunterrichts in der gymnasialen Oberstufe wichtig zu wissen, welche Fähigkeitsniveaus die Abiturientinnen und Abiturienten erreichen, um auf der Grundlage von solchen Informationen Handlungsbedarfe für die Bildungsadministration und das Schulsystem zu identifizieren.

Einer der wenigen empirischen und trotz des Alters heute noch zentralen empirischen Befunde zu den Kompetenzen der Abiturientinnen und Abiturienten in voruniversitärer Mathematik stammt aus der *Third International Mathematics and Science Study* (TIMSS) aus den Jahren 1995/96. Der TIMSS-Test zur voruniversitären Mathematik sollte die curricularen Inhalte voruniversitärer Fachkurse am Ende der Sekundarstufe II abbilden (Klieme, 2000). Daher zielte das Konstrukt voruniversitäre Mathematik nicht auf eine alltagsweltliche Einbettung im Sinne einer Grundbildung,

Rolfes, T. & Heinze, A. (2022). Nur 30 Prozent der Abiturientinnen und Abiturienten erreichen Mindeststandards in voruniversitärer Mathematik!? Eine Replikationsanalyse zum Schüleranteil oberhalb der Mindeststandards bei TIMSS. In T. Rolfes, S. Rach, S. Ufer & A. Heinze (Hrsg.), *Das Fach Mathematik in der gymnasialen Oberstufe* (S. 237–260). Waxmann. CC BY-NC-SA 4.0

sondern adressiert vor allem die innerfachliche Perspektive. Die TIMSS-Studien in der Sekundarstufe II wurden mit den TIMSS-Advanced-Untersuchungen 2008 und 2015 fortgesetzt, an denen die Bundesrepublik Deutschland allerdings nicht teilnahm.

Die TIMSS-Erhebungen aus den Jahren 1995/96 ergaben für Deutschland, dass die Schülerinnen und Schüler der gymnasialen Oberstufe im Test zur voruniversitären Mathematik mit einem mittleren Fähigkeitswert von 455 signifikant und deutlich unterhalb des internationalen Mittelwertes von 500 ($SD = 100$) der 17 Teilnehmerländer abschnitten (Baumert et al., 2000). Allerdings sind mittlere Fähigkeitswerte eines Landes ohne eine Berücksichtigung der Fähigkeitsverteilung und ohne eine Verknüpfung von Skalenwerten und des an diesen Skalenwerten „beherrschten" mathematischen Wissens und der mathematischen Prozeduren nur eingeschränkt aussagekräftig. Daher wurde von der deutschen TIMSS-Forschungsgruppe zur kriterialen Einordnung der TIMSS-Ergebnisse ein vierstufiges Kompetenzstufenmodell entwickelt. Hierbei wurde auf der Grundlage einer inhaltlichen Itemanalyse das Erreichen von mindestens Stufe III als Mindeststandard für die Oberstufe festgelegt (Klieme, 2000).

Die Verteilung der TIMSS-Ergebnisse für Deutschland auf die Kompetenzstufen zeigte, dass nur 30 % der Abiturientinnen und Abiturienten mindestens die Kompetenzstufe III erreichten (Baumert & Köller, 2000). Anders formuliert verfehlten somit nach dem Modell von Klieme (2000) 70 % der Schülerinnen und Schüler in der gymnasialen Oberstufe die Mindeststandards in voruniversitärer Mathematik. Gerade dieser Anteil der Schülerschaft, der Mindeststandards verfehlt, verdient eine besondere Betrachtung, da ein zu hoher Anteil möglicherweise auf eine problematische Ineffektivität des Mathematikunterrichts in der gymnasialen Oberstufe hinweist.

Auf der Grundlage des Kompetenzstufenmodells zur voruniversitären Mathematik nach Klieme (2000) wurde ein Review und eine Reanalyse von Schulleistungsstudien aus dem Zeitraum von 1996 bis 2012 aus unterschiedlichen Bundesländern durchgeführt (Rolfes et al., 2021). Da seit TIMSS 1995/96 keine bundesweite repräsentative Studie zur Mathematikleistung in der gymnasialen Oberstufe mehr durchgeführt wurde, sollten auf diese Weise die großen Studien seit 1996 zusammengetragen werden, die zumindest für Teile des Landes Aussagen zulassen. Dabei zeigte sich, dass der Anteil der Schülerinnen und Schüler, der die Mindeststandards erreichte, zwischen den Bundesländern deutlich variierte und zwischen 10 % und 47 % lag (vgl. Abb. 1). Bemerkenswert allerdings ist, dass selbst in einem leistungsstarken Bundesland wie Baden-Württemberg nur eine Minderheit der Schülerinnen und Schüler bei TOSCA im Jahre 2002 und bei TOSCA-R im Jahre 2006 die Mindeststandards erreichte. Darüber hinaus zeigten die Ergebnisse des Reviews und der Reanalyse von Rolfes et al. (2021), dass es seit TIMSS 1995/96 keinen eindeutig negativen Trend bei den Mathematikleistungen von Schülerinnen und Schülern der Oberstufe zu verzeichnen gab, wie er im Rahmen der Debatte um Studienabbrüche im MINT-Bereich oft angenommen wird. Allerdings gab es auch keine Indizien dafür, dass sich die aktuellen Mathematikleistungen in Deutschland im Vergleich zu

TIMSS 1995/96 erheblich verbessert haben. Hinweise auf bedeutsame Leistungsverbesserungen waren angesichts des starken Anstiegs der Abiturientenquote von 25 % im Jahre 1996 zu 40 % im Jahre 2017 aber auch nicht unbedingt zu erwarten. Daher besitzen die TIMSS-Ergebnisse auch heute noch Relevanz.

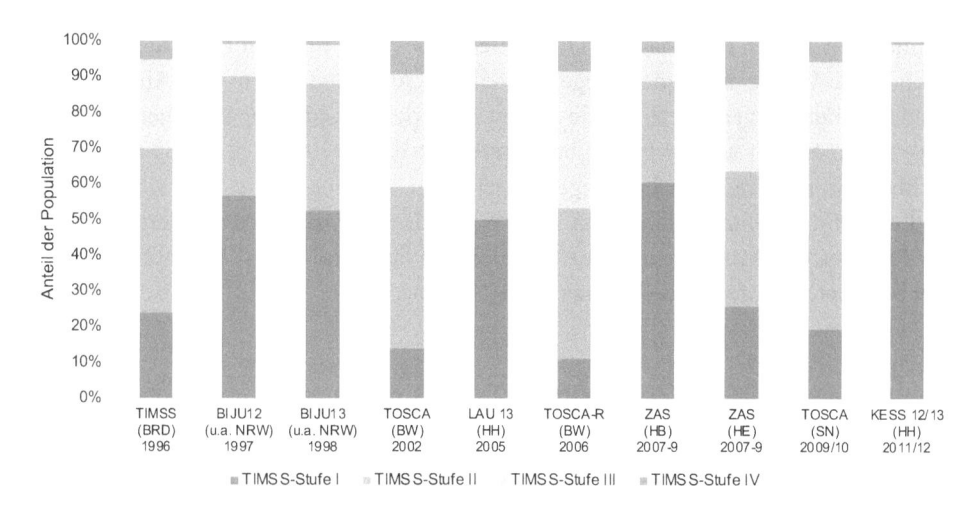

Abbildung 1: Verteilung der Schülerleistungen für das Konstrukt voruniversitäre Mathematik gemäß dem Kompetenzstufenmodell nach Klieme (2000) bei einer Reanalyse von Schulleistungsstudien im Zeitraum von 1996 bis 2012 (Abbildung nach Rolfes et al., 2021, S. 415; in Klammern Kurzbezeichnungen der Bundesländer).

Trotz der überschaubaren Datenlage kann aber insgesamt als summatives Ergebnis festgehalten werden, dass die Mehrheit der Abiturientinnen und Abiturienten über Jahrzehnte nicht einmal Mindeststandards in Mathematik erreichte. Zu prüfen ist dabei allerdings noch, ob der Mathematikunterricht in der gymnasialen Oberstufe wirklich nicht in der Lage ist, ein Erreichen von Mindeststandards in voruniversitärer Mathematik zu gewährleisten, oder ob der Befund möglicherweise zumindest zum Teil Resultat eines statistischen Artefakts ist. So basieren alle bisherigen Analysen auf der Mindeststandards-Definition im Kompetenzstufenmodell von Klieme (2000). Bei Kompetenzstufenmodellierungen können empirische Methoden die Beurteilungsprozesse zwar unterstützen, die Ergebnisse sind aber trotzdem nicht unabhängig von menschlichen Meinungen und Werten (vgl. Cizek, 2012). Folglich ist jede Form von Standardsetzung normativ und subjektiv. So ist der Anteil der Schülerinnen und Schüler oberhalb des Mindeststandards zum einen davon abhängig, welche Testitems das Mindestniveau definieren. Das heißt konkret, die Ergebnisse hängen davon ab, welche Items Schülerinnen und Schüler beherrschen müssen, damit ihnen das Erreichen eines Mindestniveaus attestiert wird. Zum anderen muss im Rahmen der verwendeten statistischen Item-Response-Modelle operationalisiert werden, was „Itembeherrschung" bedeutet, d.h., welcher Grad an Beherrschung (im Sinne einer Antwortwahrscheinlichkeit) von den Schülerinnen und Schülern für die ausgewählten Mindeststandards-Items erwartet wird.

Unklar ist daher, wie valide und robust die Befunde zum Erreichen bzw. Nichterreichen der Mindeststandards in voruniversitärer Mathematik in der gymnasialen Oberstufe sind. Dieses stellt nicht nur ein akademisches Problem dar, sondern hat auch praktische Relevanz. Der Anteil der Schülerleistungen unterhalb des Mindeststandards ist ein entscheidender Beurteilungsfaktor, in welcher Weise der Mathematikunterricht in der gymnasialen Oberstufe als defizitär und reformbedürftig angesehen wird. Würde nur ein geringer Anteil der Abiturientinnen und Abiturienten Mindeststandards verfehlen, würde dieses zu anderen bildungspolitischen Schlussfolgerungen führen als der bisher berichtete Anteil von 70 %. Daher soll in diesem Buchbeitrag der Frage nachgegangen werden, in welcher Weise sich ein Kernbefund der TIMSS-Untersuchung von 1995/96 („Nur 30 Prozent der Schülerinnen und Schüler erreichen Mindeststandards.") replizieren lässt und robust bezüglich alternativer Kompetenzstufenmodellierungen zeigt.

TIMSS-Kompetenzstufenmodellierung zur voruniversitären Mathematik

TIMSS 1995/96

Für die Untersuchungen zu TIMSS 1995/96 wurde von der internationalen Forschungsgruppe noch kein Kompetenzstufenmodell entwickelt. Daher entschloss sich das für Deutschland zuständige nationale Forschungsteam dazu, für den Test zur voruniversitären Mathematik ein Kompetenzstufenmodell zu entwickeln, um die Mathematikleistungen der Schülerinnen und Schüler aus Deutschland kriterial einordnen zu können. In diesem Kompetenzstufenmodell nach Klieme (2000) wurden drei TIMSS-Fähigkeitswerte a priori als Schwellenwerte festgelegt: Der internationale Mittelwert 500 und die Werte 400 und 600, da sie jeweils eine Standardabweichung unterhalb bzw. oberhalb des internationalen Mittelwertes lagen. Damit konnte die Fähigkeitsskala in vier Abschnitte (≤ 400, 401-500, 501-600, >600) unterteilt werden, welche die vier Kompetenzstufen I, II, III und IV bildeten. Um eine inhaltliche Interpretation der Schülerfähigkeiten in diesen vier Kompetenzstufen zu ermöglichen und kriterial einen Mindeststandard zu definieren, wurde ein *Scale-Anchoring* nach der Methodologie von Beaten und Allen (1992) durchgeführt. Bei diesem Verfahren wird den Kompetenzstufen eine inhaltliche Bedeutung verliehen, indem charakteristische Items identifiziert werden, die Fähigkeitsanforderungen auf den jeweiligen Kompetenzstufen repräsentieren. Ein Item war dabei ein *charakteristisches Item* für eine Kompetenzstufe, wenn es von Personen mit Fähigkeitswerten innerhalb dieser Kompetenzstufe mit einer Wahrscheinlichkeit von mindestens 65 % gelöst wurde, von Personen der darunterliegenden Kompetenzstufe aber nur höchstens mit einer Wahrscheinlichkeit von 50 % (Klieme et al., 2000). Um die Items auf der Fähigkeitsskala zu verankern, wurde daher auf der Basis der internationalen Skalierung des TIMSS-Tests für jedes Item unter Annahme einer Antwortwahrscheinlichkeit von 65 % ein sogenannter *Schwierigkeitskennwert* berechnet. Das ist der Wert auf der Fähigkeitsskala, bei dem eine Testperson das Item mit einer Wahrscheinlichkeit von 65% löst.[1] Konkret: Ein Item mit einem Schwierigkeitskennwert von 480 wird von einer Person mit einem Fähigkeitswert von 480 mit einer Wahrscheinlichkeit von 65% gelöst.

Das Scale-Anchoring wurde bei TIMSS 1995/96 angewendet, indem die Kompetenzstufen auf der Basis von charakteristischen Items analysiert wurden (Klieme 2000). Dieses waren für die Kompetenzstufe I zwei Items (K01, J12; internationale Schwierigkeitskennwerte 353 und 383), für die Kompetenzstufe II fünf Items (J08, L12, K03, L15B, I09; Schwierigkeitskennwerte zwischen 483 und 499), für die Kompetenzstufe III sieben Items (L08, K11, L04, J13, J07, L05, K05; Schwierigkeitskennwerte zwischen 576 und 601) und für die höchste Kompetenzstufe IV ebenfalls sieben Items (K08, L10, K04, K15, L17, J18, L13; Schwierigkeitskennwerte zwischen 691 und 699) (vgl. Klieme, 2000). Auf der Grundlage einer inhaltlichen Analyse dieser Items wurde von Klieme (2000) für jede der vier Kompetenzstufen eine inhaltliche Charakterisierung ausgearbeitet, welche die Anforderungen auf den Kompetenzstufen beschreibt (siehe Tab. 1). Da entsprechend der inhaltlichen Charakterisierung der Kompetenzstufen erst ab der dritten Stufe die Fähigkeit gegeben war, typische Aufgabenstellungen der Oberstufenmathematik zu bewältigen, wurde das Erreichen der Kompetenzstufe III als Mindeststandard für das Ende der Sekundarstufe II ermittelt (Klieme, 2000). Somit war der internationale Fähigkeitsmittelwert von 500 der Schwellenwert, ab dem Schülerinnen und Schülern ein Erreichen des Mindeststandards attestiert wurde. Wie bereits in der Einleitung dargestellt (vgl. Abb. 1), ergab sich für die TIMSS-Gesamtpopulation in der Bundesrepublik Deutschland ein Anteil von 30% der Abiturientinnen und Abiturienten, welcher die Kompetenzstufen III und IV und damit den Mindeststandard erreichten. 46% wurden der Kompetenzstufe II zugeordnet, während die restlichen 24% lediglich die Kompetenzstufe I erreichten (Baumert & Köller, 2000).

Tabelle 1: TIMSS-Kompetenzstufenmodell zur voruniversitären Mathematik (Klieme, 2000, S. 87ff.)

Scorewert	Niveau	Inhaltliche Charakterisierung
> 600	Stufe IV	Selbstständiges Lösen mathematischer Probleme auf Oberstufenniveau
501 – 600	Stufe III (Mindeststandard)	Anwendung von Lerninhalten der Oberstufe im Rahmen typischer Standardaufgaben
401 – 500	Stufe II	Anwendung einfacher mathematischer Begriffe und Regeln, die kein Verständnis von Konzepten der Oberstufenmathematik voraussetzen
≤ 400	Stufe I	Elementares Schlussfolgern

---

1 Mathematisch kann der Schwierigkeitskennwert anhand der Itemschwierigkeit ermittelt werden, indem die Itemschwierigkeit auf der Logik-Skala zunächst um einen Shiftparameter verschoben wird (Wert wird addiert), bevor die Transformation in die 500/100-TIMSS-Skala erfolgt. Bei einer Antwortwahrscheinlichkeit von 65% beträgt dieser Shiftparameter $\ln(0{,}65/0{,}35) = 0{,}619$. Bei einer Antwortwahrscheinlichkeit von 50% entspricht der Schwierigkeitskennwert der Itemschwierigkeit.

TIMSS-Advanced 2008 und 2015

Während für die TIMSS-Untersuchungen von 1995/96 vom internationalen Forschungskomitee kein Kompetenzstufenmodell ausgearbeitet wurde, wurde ein solches für die TIMSS-Advanced-Erhebungen 2008 und 2015 entwickelt. Wie beim Kompetenzstufenmodell nach Klieme (2000) wurde auch für das internationale TIMSS-Kompetenzstufenmodell ein Scale-Anchoring-Verfahren eingesetzt, um eine inhaltliche Interpretation von Skalenwerten auf der TIMSS-Skala zu ermöglichen (Arora et al., 2009). Dazu wurden drei Skalenpunkte ausgewählt, die inhaltlich mit Hilfe von Items beschrieben werden sollten. Der erste Schwellenwert wurde auf den Wert 475 auf der 500/100-TIMSS-Skala[2] festgelegt und als *Intermediate International Benchmark* bezeichnet. Der Skalenwert 550 bildete die *High International Benchmark* und an die Stelle 625 wurde die *Advanced International Benchmark* gesetzt. Die inhaltliche Charakterisierung der Kompetenzstufen (vgl. Tab. 2) zeigt, dass die Schülerinnen und Schüler ab einem Schwellenwert von 475 Routineprobleme mit Grundbegriffen und -verfahren in Algebra, Analysis und Geometrie lösen können. Somit kann in diesem Modell die Intermediate-Benchmark als internationaler Mindeststandard interpretiert werden, den Schülerinnen und Schüler in voruniversitärer Mathematik erreichen sollten. Damit liegt diese Mindeststandardschwelle (MSS) um 25 Skalenpunkte unterhalb der MSS im Kompetenzstufenmodell nach Klieme (2000).

Tabelle 2: TIMSS-Advanced-Kompetenzstufenmodell zur voruniversitären Mathematik in der Fassung von TIMSS-Advanced-2015 (Mullis et al., 2016, Exhibit M2.1). Einen Scorewert kleiner 475 bezeichnen wir im Folgenden als Stufe 0.

Scorewert	Niveau	Inhaltliche Charakterisierung
> 625	Advanced	Students demonstrate thorough understanding of concepts, mastery of procedures, and mathematical reasoning skills. They can solve problems in complex contexts in algebra, calculus, geometry, and trigonometry.
550 – 624	High	Students can apply a broad range of mathematical concepts and procedures in algebra, calculus, geometry and trigonometry to analyze and solve multi-step problems set in routine and non-routine contexts.
475 – 549	Intermediate	Students demonstrate basic knowledge of concepts and procedures in algebra, calculus, and geometry to solve routine problems.

Da in diesem Buchbeitrag die MSS im Fokus steht, wird im Folgenden nur der Scale-Anchoring-Prozess für die Intermediate-Benchmark als Mindeststandard genauer betrachtet. Um die Intermediate-Benchmark inhaltlich zu beschreiben, wurden von der internationalen Forschungsgruppe charakteristische Aufgaben identifiziert, die Schülerinnen und Schüler an diesen Skalenpunkten „richtig" beantworten kön-

---

2 Die in TIMSS 1995/96 erzeugte Skala mit einem internationalen Mittelwert von 500 und einer Standardabweichung von 100 wurde für die TIMSS-Advanced-Untersuchungen fortgesetzt. Daher sind die TIMSS-Score-Werte der Untersuchungen von 1995/96, 2008 und 2015 vergleichbar (Arora et al., 2009).

nen (Arora et al., 2009). Dazu wurden zunächst alle Testpersonen gefiltert, die innerhalb eines 20-Scorepunkte-Intervalls um diese Benchmark lagen, d.h. alle Testpersonen mit einem Fähigkeitswert zwischen 455 und 495 auf der TIMSS-Skala. Wenn ein Item mit geschlossenem Antwortformat von mindestens 65 % dieser Personengruppe richtig gelöst wurde, so wurde es als Item ausgewählt, das diese Benchmark beschreibt. Bei einem offenen Antwortformat wurden bereits Items einbezogen, wenn 50 % der Testpersonen im Fähigkeitsbereich von 455 bis 495 dieses Item richtig gelöst hatten. Auf der Grundlage dieser Kriterien wurden bei TIMSS-Advanced 2008 insgesamt 16 Items der Intermediate-Benchmark zugeordnet (Arora et al., 2009). Darunter befanden sich neun Items, die bereits bei TIMSS 1995/96 eingesetzt wurden (Algebra: J01; Analysis: I01, I04, J03, J15A; Geometrie: I08, J08, J11, J16A).

Auch wenn auf internationaler Ebene das beschriebene Kompetenzstufenmodell bei TIMSS 1995/96 noch keine Anwendung fand, wurde für die Teilnehmerländer, die an TIMSS-Advanced 2008 oder 2015 teilnahmen, auch für die Ergebnisse aus TIMSS 1995/96 die Anteile auf den Kompetenzstufen ermittelt (vgl. Mullis et al., 2009, 2016). Wie Abbildung 3 zeigt, sind hierbei die Ergebnisse der Niederlande aus dem Jahr 2008 und Frankreichs aus dem Jahre 1995 deskriptiv besonders auffällig, da 95% bzw. 96% der Testpersonen oberhalb der Intermediate-Benchmark lagen und damit den Mindeststandard erreichten. Allerdings unterschieden sich die beiden Teilnehmerländer deutlich im Anteil des betreffenden Altersjahrgangs, der zur Zielpopulation der TIMSS-Advanced-Studien gehörte (also dem Anteil, der Schülerinnen und Schüler mit Zugang zur Oberstufenmathematik an der gesamten Alterskohorte). Dieser Anteil wird bei TIMSS-Advanced mit dem *Advanced Mathematics Coverage Index* (AMCI) gemessen und wurde für die Niederlande im Jahr 2008 mit nur 3,5% angegeben[3], während der ACMI in Frankreich im Jahr 1995 20% betrug. Zum Vergleich: Bei TIMSS 1995/96 betrug der AMCI für Deutschland 25% (Baumert et al., 2000).

Abgesehen von diesen beiden Ausreißern befand sich der Anteil der Testpersonen, welcher die Intermediate-Benchmark erreichte, zwischen 30% (Schweden im Jahr 2008) und 64% (Schweden im Jahr 1995) (vgl. Abb. 2). Abgesehen von Slowenien (vgl. Abb. 2) lag der AMCI der Länder unter dem Wert von Deutschland im Jahr 1995/96. Der hohe AMCI Sloweniens und die dementsprechend vergleichsweise gute Leistung der slowenischen Schülerinnen und Schüler bei TIMSS 1995/96 zeigen nach Baumert et al. (2000), dass „eine Öffnung der Wege zur Hochschulreife […] keineswegs zur Leistungsnivellierung oder Senkung des Niveaus führen [muss]" (S. 146). Allerdings war die Trendentwicklung Sloweniens bei den TIMSS-Advanced-Erhebungen 2008 und 2015 negativ, obwohl der AMCI deutlich gesunken war, sodass sich die heutigen Leistungen in voruniversitärer Mathematik bei den slowenischen Schülerinnen und Schüler nicht mehr substanziell von denen anderer Länder unterscheidet.

---

3   In den Niederlanden wurden nur die Schülerinnen und Schüler aus den Kursen *Math B2* in die TIMSS-Advanced-Untersuchung einbezogen (Mullis et al., 2009), obgleich in noch weiteren Kursen voruniversitäre Mathematik unterrichtet wurde (vgl. Kapitel 2: Niederlande).

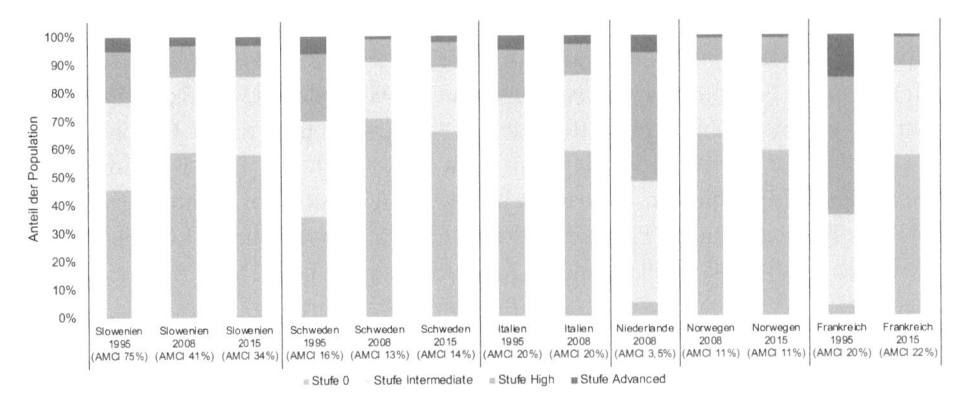

Abbildung 2: Verteilung der Schülerleistungen für das Konstrukt voruniversitäre Mathematik gemäß dem internationalen TIMSS-Kompetenzstufenmodell für andere europäische Länder (Daten aus Mullis et al., 2009, 2016).

Zusammengefasst kann man mit Blick auf die Mathematikleistungen in anderen europäischen Ländern feststellen, dass nur in einzelnen Ländern zu bestimmten Zeitpunkten die Mehrheit der Schülerinnen und Schüler die Intermediate-Benchmark erreichte. Außerdem ist die Größe des Anteils der Schülerinnen und Schüler einer Alterskohorte mit Unterricht in voruniversitärer Mathematik (hier in Form des AMCI) anscheinend nicht der entscheidende Faktor für die Mathematikleistungen, wie die Beispiele Sloweniens, Schwedens und Frankreichs zeigen.

Methodisches Vorgehen bei der Kompetenzstufenmodellierung

Bei der Kompetenzstufenmodellierung in TIMSS 1995/96 und bei TIMSS-Advanced 2008 und 2015 wurde mit dem Scale-Anchoring-Verfahren ein bestimmtes methodisches Verfahren angewendet. Wie im vorherigen Abschnitt beschrieben, wurden dazu a priori Schwellenwerte in gleichmäßigem Abstand festgelegt und nach Festlegung dieser Schwellenwerte charakteristische Items identifiziert, die von Personen mit Fähigkeitswerten in einer Kompetenzstufen zwischen den Schwellenwerten „mit hinreichender Sicherheit" gelöst werden. Anschließend wurden die mathematischen Anforderungen der charakteristischen Items für die jeweiligen Kompetenzstufen inhaltlich interpretiert und darauf aufbauend eine bestimmte Kompetenzstufe als Mindeststandard festgelegt. Außerdem wurden sowohl für das Kompetenzstufenmodell für TIMSS 1995/96 als auch für das Kompetenzstufenmodell für TIMSS-Advanced 2008 und 2015 die Itemschwierigkeiten der IRT-Skalierung anhand der internationalen Stichprobe zugrunde gelegt. Das bedeutet, dass ein differentielles Itemfunktionieren (DIF) für einzelne Länder in den beiden TIMSS-Kompetenzstufenmodellen nicht berücksichtigt werden konnte. Daher ist es nicht ausgeschlossen, dass eine Kompetenzstufenmodellierung für einzelne Länder zu anderen Ergebnissen kommen könnte, wenn DIF vorliegt und eine Kompetenzstufenmodellierung auf der Grundlage der länderspezifischen Itemschwierigkeiten vorgenommen wird.

Neben dem in TIMSS angewendeten Scale-Anchoring-Verfahren wird heutzutage häufig ein Standard-Setting mit Hilfe der *Bookmark-Methode* auf der Grundlage eines *Ordered Item Booklet* durchgeführt (vgl. Cizek, 2012). In einem Ordered Item Booklet werden die Items einzeln auf einer Seite abgebildet und der Schwierigkeit nach geordnet in einem Heft dargestellt. Anhand der nach Schwierigkeiten geordneten Items analysieren nun Expertinnen und Experten, welche Anforderungen bei der Lösung der Items bewältigt werden müssen und welche Items mit einer „hinreichenden Sicherheit" gelöst werden sollten, um eine bestimmte Kompetenzstufe zu erreichen. Zur Festlegung von Schwellen für die Kompetenzstufen legen die Expertinnen und Experten abschließend in bestimmte Seiten des Hefts *Bookmarks*, sodass jedes Bookmark einen Übergang von einer niedrigeren Kompetenzstufe zu einer höheren Kompetenzstufe bedeutet. Mit welchem methodischen Vorgehen in einer Gruppe von Expertinnen und Experten eine konsensuale Festlegung von Bookmarks erfolgen kann, ist nicht standardisiert und kann auf unterschiedliche Weisen erfolgen (vgl. z. B. Cizek, 2012).

Um die anhand der inhaltlichen Analyse definierte Schwelle durch Bookmarks auf der Personenfähigkeitsskala verankern zu können, muss operationalisiert werden, was es heißt, ein Item mit „hinreichender Sicherheit" zu lösen. Wie bereits dargestellt, wurde in TIMSS eine Antwortwahrscheinlichkeit von 65% für die Verankerung eines Items auf der Fähigkeitsskala verwendet (Klieme, 2000). Diese für das Lösen eines Items mit „hinreichender Sicherheit" angenommene Antwortwahrscheinlichkeit wird in Standard-Setting-Verfahren als *Response Probability* (RP) bezeichnet.

Die Auswahl eines angemessenen Wertes für die RP ist die umstrittenste Frage im Zusammenhang mit Standard-Setting-Verfahren (Karantonis & Sireci, 2006) und zu einem gewissen Grade willkürlich (OECD, 2005). So wurde beispielsweise in der *National Adult Literacy Study* aus dem Jahre 1992 eine RP von 80% zugrunde gelegt (Karantonis & Sireci, 2006). Dabei zeigte sich der Wert von 80% als zu streng und unpraktikabel für ein Low-Stakes-Assessment (Karantonis & Sireci, 2006), sodass bei nachfolgenden Untersuchungen ein RP von 67% (kurz: RP67) verwendet wurde.

Da bei einer Rasch-Skalierung die Itemschwierigkeit eines Items auf der Fähigkeitsskala als der Wert definiert wird, bei dem die Antwortwahrscheinlichkeit 50% beträgt, wäre auch eine RP von 50% (kurz: RP50) naheliegend. Aber auch wenn eine RP50 aus Perspektive der statistischen Modellierung naheliegend begründbar ist, zeigte sich dieser Wert für Standard-Setting-Verfahren als inhaltlich problematisch, da bei einer RP50 das Nichtlösen genauso wahrscheinlich wie das Lösen eines Items ist. Daher kann nicht unbedingt davon gesprochen werden, dass eine Person mit einer Lösungswahrscheinlichkeit von 50% die mathematischen Inhalte des Items beherrscht bzw. mit hinreichender Sicherheit richtig lösen kann. Deshalb finden viele Teilnehmende in Standard-Setting-Verfahren eine RP50 als schwer anwendbar und präferieren demgegenüber eine RP67 (Lewis et al., 2012).

Mittlerweile wird in Standard-Setting-Verfahren häufig eine RP67 verwendet (Huynh, 2006; Karantonis & Sireci, 2006; Lewis et al., 2012). Allerdings finden auch leicht „liberalere" Werte Anwendung. So nehmen beispielsweise die PISA-Untersuchungen eine RP62 für die Schwellenwerte von Kompetenzstufen an (OECD, 2017). Insgesamt erscheint daher nach dem aktuellen Stand der Forschung die Wahl einer RP im Bereich von 60 bis 70% plausibel, da Werte in diesem Intervall als eine akzeptable Operationalisierung für das „Beherrschen eines Items" angesehen werden können. Außerdem haben sich Werte zwischen 60 bis 70% als praktikabel in der praktischen Umsetzung erwiesen.

Forschungsziele

Der Anteil der Schülerinnen und Schüler, der Mindeststandards erreicht, ist eine bedeutende Maßzahl für das Bildungsmonitoring und wird daher in der folgenden Analyse genauer betrachtet. Für die gymnasiale Oberstufe ergab sich auf der Basis des TIMSS-Kompetenzstufenmodells nach Klieme (2000) der Befund, dass lediglich 30% der Abiturientinnen und Abiturienten Mindeststandards in Mathematik erreichen. Ergebnisse von weiteren Schulleistungsuntersuchungen in einzelnen Bundesländern lassen vermuten, dass sich die mathematischen Kompetenzen der Abiturientinnen und Abiturienten seit 1995/96 nicht deutlich verbessert haben (vgl. Rolfes et al., 2021) und somit die TIMSS-Ergebnisse auch heutzutage noch eine gewisse Gültigkeit aufweisen. Auch international zeigte sich auf der Grundlage des internationalen Kompetenzstufenmodells von TIMSS-Advanced 2008 und 2015, dass in vielen Ländern eine Mehrheit der Schülerinnen und Schüler Mindeststandards in voruniversitärer Mathematik nicht erreichten.

Zur Entwicklung der beiden dargestellten TIMSS-Kompetenzstufenmodelle wurde mit dem Scale-Anchoring ein legitimer, aber spezieller methodischer Ansatz gewählt. Das heißt, die dargestellten Befunde basierten auf dieser Art der Kompetenzstufenmodellierung bei TIMSS. So wurden in den beiden TIMSS-Kompetenzstufenmodellen jeweils die Itemschwierigkeiten der internationalen Itemskalierung verwendet. Da sich Länder in ihrer curricularen Gestaltung unterscheiden, könnten diese internationalen Itemschwierigkeiten für die Schülerinnen und Schüler in Deutschland möglicherweise nur eine eingeschränkte Gültigkeit aufweisen, sodass ggf. besser die nationalen Itemschwierigkeiten herangezogen werden sollten. Außerdem stellt zweitens die Bookmark-Methode eine weitere und heutzutage verbreitete Möglichkeit für das Standard-Setting dar. Und drittens verändert die RP, die für das hinreichend sichere Lösen eines Items angenommen wird, die Verankerung der MSS auf der Fähigkeitsskala und damit den Anteil der Schülerinnen und Schüler, der Mindeststandards erreicht.

Daher wird im Folgenden für die Daten von TIMSS 1995/96 aus Deutschland untersucht, in welcher Weise sich der Anteil der Abiturientinnen und Abiturienten, der die Mindeststandards erreicht, verändert, wenn

1. die Itemschwierigkeiten anhand der Stichprobe aus Deutschland skaliert werden und
2. die Schwelle für das Erreichen von Mindeststandards mit Hilfe der Bookmark-Methode in einem Ordered Item Booklet definiert wird und
3. zur Verankerung der MSS auf der Fähigkeitsskala die Operationalisierung des RP-Wertes für das „Beherrschen" eines Items variiert wird.

2 Methode

Stichprobe

Die vorliegenden Analysen basieren auf Daten der Stichprobe aus Deutschland für TIMSS 1995/96. Hierbei wurden aus der Population III (Sekundarstufe II) die Daten der Teilpopulation verwendet, die Aufgaben zur voruniversitären Mathematik vorgelegt bekam. In Deutschland waren dies alle Schülerinnen und Schüler des Abschlussjahrgangs der gymnasialen Oberstufe, da ein Besuch von voruniversitärem Mathematikunterricht für alle Schülerinnen und Schüler bis mindestens ein Jahr vor dem Abitur verpflichtend war (Baumert et al., 2000). Insgesamt lagen Datensätze von $N = 2.246$ Testpersonen (1.412 Schülerinnen, 816 Schüler, 18 Personen ohne Angabe) vor. Da für die Ergebnisse des deutschen Berichtes (Baumert et al., 2000) die Personengewichte aus der internationalen Auswertung adjustiert wurden, wurden für die vorliegenden Replikationsanalysen die Personengewichte des nationalen Berichts verwendet[4]. Das mittlere Alter der Schülerinnen und Schüler in der gewichteten Stichprobe betrug $M = 19,5$ Jahre mit einer Standardabweichung von $SD = 0,8$ Jahre.

Material

Im TIMSS-Test zur voruniversitären Mathematik wurden 68 Items in 65 Testlets administriert (Baumert et al., 1999). Da in TIMSS 1995/96 ein Multi-Matrix-Design eingesetzt wurde, wurden die Items auf vier Cluster verteilt. Die zehn Items aus dem Cluster I (I01 bis I10) wurden allen 2.246 Testpersonen vorlegt und dienten als Linking-Items. Die Items des Clusters J (J01 bis J19, 21 Items), des Clusters K (K01 bis K18, 18 Items) und des Clusters L (L01 bis L18, 19 Items) wurden dagegen nur bei jeweils etwa einem Drittel der Gesamtstichprobe administriert. Alle Items der beiden Cluster K und L wurden im Anschluss an die TIMSS-Untersuchungen 1995/96 auf Deutsch veröffentlicht (Baumert et al., 1999). Nach der TIMSS-Advanced-Erhebung 2008, an der Deutschland nicht teilgenommen hatte, wurde ein großer Teil der Items der beiden weiteren Cluster I und J auf Englisch veröffentlicht (Foy & Arora, 2009).

---

4   Der Datensatz mit den adjustierten nationalen Personengewichten wurde uns von Rainer Watermann freundlicherweise zur Verfügung gestellt.

Reskalierung

In den Auswertungen des deutschen Berichts (Baumert et al., 2000) wurden die Itemschwierigkeiten der internationalen Skalierungsstichprobe (15.989 Testpersonen; Martin & Kelly, 1998) verwendet. Dementsprechend basierte auch das Kompetenzstufenmodell nach Klieme (2000) auf diesen internationalen Itemschwierigkeiten. Um die Auswirkungen eines möglichen länderspezifischen DIF-Effekts zu eliminieren, wurde für die vorliegende Replikationsanalysen daher eine Reskalierung der Daten vorgenommen. Hierfür wurden ausschließlich die Datensätze der Stichprobe aus Deutschland einbezogen und somit Itemschwierigkeiten ermittelt, die speziell für die damals beteiligten Schülerinnen und Schüler in Deutschland gültig sind. Dazu wurde ein 2-Gruppen-Partial-Credit-Modell[5] geschätzt, in dem die besuchten Kursformen (728 Personen im Leistungskurs und 1.488 Personen nicht im Leistungskurs) die beiden Gruppen bildeten.

Bei der Reskalierung fielen die Items J02, K08 und K15 wegen schlechter Trennschärfen aus der Modellierung heraus. Dieses Ergebnis ließ sich auch inhaltlich erklären, da in den drei betreffenden Items Inhalte behandelt wurden, die in Deutschland nicht curricular obligatorisch waren. So beschäftigten sich die Items J02 und K15 mit den komplexen Zahlen, während das Item K08 Funktionsgleichungen von Kegelschnitten thematisierte. Die EAP/PV-Reliabilität der Reskalierung auf der Grundlage der verbliebenen 65 Items betrug 0,82.

Ermittlung einer Mindeststandardschwelle

Wie in der Einleitung dargestellt, wurden die beiden Kompetenzstufenmodelle bei TIMSS mittels des Scale-Anchoring-Verfahrens auf der Grundlage der internationalen Skalierungsstichprobe entwickelt und darauf aufbauend eine MSS definiert. In der Replikationsanalyse wurde neben einer anderen Itemskalierung (vgl. Abschnitt Reskalierung) auch das Verfahren zur Ermittlung einer MSS variiert. So erfolgte in der Replikationsanalyse die Bestimmung der MSS ähnlich der Bookmark-Methode. Hierzu wurde auf Grundlage der Itemschwierigkeiten der Reskalierung ein Ordered Item Booklet erstellt, für welches analysiert wurde, welche Bookmarks als Repräsentation einer MSS inhaltlich plausibel sind. Das heißt, es wurden die administrierten Items von den beiden Autoren inhaltlich untersucht, bis zu welcher Stelle die Abiturientinnen und Abiturienten aus Deutschland die Items im Ordered Item Booklet beherrschen sollten, damit ihnen ein Erreichen von Mindestanforderungen am Ende der gymnasialen Oberstufe attestiert werden kann. Auch wenn das Bookmark-Verfahren Ähnlichkeiten mit dem Scale-Anchoring aufweist, so unterscheidet es sich dahingehend, dass alle Items und nicht nur ausgewählte charakteristische Items betrachtet werden. Außerdem erfordert die Bookmark-Methode nicht, dass bestimmte Schwellen a priori definiert werden, sondern die Schwellen werden a posteriori, d. h., aufbauend auf einer inhaltlichen Analyse der Itemanforderungen gesetzt.

---

5 Im Mehrgruppen-IRT-Modell werden Personenfähigkeitsverteilungen angenommen, bei denen Mittelwerte und Varianz(matrix) zwischen Gruppen variieren können (Bock & Zimowski, 1997).

Variation des RP-Wertes

Mit der Bookmark-Methode wird zunächst „nur" ermittelt, welche Items von den Schülerinnen und Schülern mit hinreichender Sicherheit gelöst werden sollten, damit ihnen ein Erreichen von Mindeststandards zugeschrieben werden kann. Um diese Itemschwelle auf der IRT-skalierten Fähigkeitsskala verankern zu können, muss in Form eines RP-Wertes festgelegt werden, wie eine „Itembeherrschung" im IRT-Modell operationalisiert werden soll. Das Scale-Anchoring im Kompetenzstufenmodell nach Klieme (2000) implizierte im Prinzip eine RP65. Wie bereits dargestellt, erscheinen RP-Werte im Bereich von 60 bis 70% nach dem aktuellen Forschungsstand als akzeptable Werte. Daher wurde auch in der Reskalierung für die Bestimmung eines Schwierigkeitskennwertes von Items zunächst eine RP65 angenommen. Da aber die zu erreichenden Fähigkeitswerte für die MSS auch von der Operationalisierung für die „Itembeherrschung" abhängen, wurden zusätzlich noch die RP-Werte variiert. Hierdurch veränderten sich die Schwierigkeitskennwerte der Items und damit die zu erreichenden Fähigkeitswerte für das Erreichen der Mindeststandards. Im Sinne einer Sensitivitätsanalyse wurden RP-Werte von 60%, 62%, 65%, 67% und 70% angenommen und die daraus resultierenden Schüleranteile oberhalb der MSS ermittelt.

Verankerung auf der internationalen TIMSS-Skala

Die bisher dargestellten Analysen konnten auf Grundlage der Itemschwierigkeiten auf der Logit-Skala der Reskalierung durchgeführt werden und erforderten keine Verankerung auf der TIMSS-Skala. Um jedoch eine Verknüpfung zu den beiden TIMSS-Kompetenzstufenmodellen zu ermöglichen, wurde eine Transformation der reskalierten Logit-Itemschwierigkeiten in die internationale TIMSS-Skala (mit einem internationalen Mittelwert von 500 und einer Standardabweichung von 100) vorgenommen. Diese Transformation erfolgte mittels eines *Equipercentile Equating* (vgl. Kolen & Brennan, 2014), das heißt, es wurden die Logit-Werte der Reskalierung mit den internationalen TIMSS-Fähigkeitswerten gleichgesetzt, bei denen in der Stichprobe aus Deutschland die jeweiligen Perzentilwerte identisch waren. Betrug zum Beispiel das 40%-Perzentil in der Reskalierung −0,67 Logit, so wurde dieser Wert in den Fähigkeitswert der internationalen TIMSS-Skalierung transformiert, der ebenfalls das 40%-Perzentil darstellte (d.h. in diesem Fall den TIMSS-Score 435).

3 Ergebnisse

Im Kompetenzstufenmodell nach Klieme (2000) wurde (basierend auf einem Scale-Anchoring mit einer RP65) ein Fähigkeitswert von 500 als MSS festgelegt. Gemäß den darauf aufbauenden Ergebnissen der Primäranalyse erreichten 30% der Abiturientinnen und Abiturienten diesen Mindeststandard (vgl. Baumert et al., 2000). Um zu untersuchen, inwieweit dieses Ergebnis robust ist, wurde eine Replikationsanalyse durchgeführt.

Wie im Methodenteil dargestellt, wurde hierfür zunächst eine Reskalierung der Itemschwierigkeiten anhand der Stichprobe aus Deutschland durchgeführt. Diese Itemschwierigkeiten auf der Logit-Skala wurden anschließend auf der Grundlage eines RP65 und eines Equipercentile Equating in Schwierigkeitskennwerte auf der TIMSS-Skala transformiert. Das Ergebnis dieser Reskalierung und der anschließenden Transformation ist in Abb. 3 und Abb. 4 dargestellt, in denen alle Items mit Schwierigkeitskennwerten bis 600 nach Schwierigkeit geordnet abgebildet sind. Somit können diese beiden Abbildungen als ein Ordered Item Booklet bis zum Wert 600 interpretiert werden. Die Betrachtung der Items bis zum Schwierigkeitskennwert von 600 erschien als ausreichend, da in der Replikationsanalyse nicht das gesamte Kompetenzstufenmodell, sondern nur die MSS im Fokus stand.

Deskriptiv auffällig ist dabei zunächst, dass die im Kompetenzstufenmodell von Klieme (2000) für die Kompetenzstufe III (Mindeststandard) ermittelten charakteristischen Items (mit Schwierigkeitskennwerten in der internationalen Skalierung zwischen 576 und 601) nicht in Abb. 3 und Abb. 4 enthalten sind. Dieses wird dadurch verursacht, dass alle sieben charakteristischen Items in der Reskalierung Schwierigkeitskennwerte oberhalb von 600 besaßen (K05: 650, L05: 714, J07: 680, J13: 620, L04: 650, K11: 611, L08: 645) und somit für die Stichprobe aus Deutschland im Vergleich zur internationalen Stichprobe schwieriger waren. Dieser deskriptive Befund zeigt, dass nicht zu vernachlässigende DIF-Effekte zwischen den Stichproben existieren.

In der Replikationsanalyse wurde nun zur Ermittlung einer MSS mit Hilfe einer Itemanalyse untersucht, welche Itemschwelle für das Erreichen der Mindeststandards für Abiturientinnen und Abiturienten aus Deutschland nach inhaltlichen Kriterien plausibel erscheint. Dabei fällt auf, dass unter den leichtesten 22 Items bis zum Schwierigkeitskennwert 600 kaum Items vertreten sind, in denen originäre Begriffe und Verfahren der Oberstufenmathematik zu finden sind. Das erste Item mit spezifischen Oberstufeninhalten ist das Item J08 (Schwierigkeitskennwert 480 in der Reskalierung anhand der Stichprobe aus Deutschland bei Annahme einer RP65), bei dem die Differenz zweier Vektoren in Koordinatenform zu bestimmen ist. Zwar sind zur Lösung dieses Items Begriffswissen und Prozeduren aus der gymnasialen Oberstufe erforderlich, allerdings ist die Subtraktion von Vektoren in Koordinatenform ein sehr elementares Verfahren, das üblicherweise innerhalb der ersten Woche einer Unterrichtseinheit zur Analytischen Geometrie Unterrichtsthema ist. Abgesehen vom Item J08 sind bis zum Schwierigkeitskennwert von 580 alle Items mit Begriffen und Verfahren aus der Sekundarstufe I zu lösen. Allerdings handelt es sich bei diesen Inhalten nicht um reine Routineaufgaben der Sekundarstufe I, sondern die Begriffe und Verfahren der Sekundarstufe I müssen in anspruchsvolleren Aufgabenkontexten angewendet werden.

Ab einem Schwierigkeitskennwert von 580 dagegen treten einige Items mit originären Oberstufeninhalten auf. Das Item K06 (Schwierigkeitskennwert 586) adressiert den Integralbegriff, bei dem die Grundvorstellung des Integrals als Flächeninhalt unterhalb des Funktionsgraphen aktiviert werden muss. Dabei ist allerdings nicht das Anwenden von Integrationsregeln erforderlich, sondern der Inhalt der dreiecksförmigen Fläche kann mit elementargeometrischen Mitteln bestimmt werden. Das nächstschwierige Item ist das Item I02 (Schwierigkeitskennwert 587), in dem identifiziert werden muss, welcher Funktionsgraph zu einer abschnittsweise definierten Funktion gehört, wobei die Abschnitte jeweils lineare Funktionen darstellen. Abschnittsweise definierte Funktionen sind nicht unbedingt Thema der Sekundarstufe I und wurden in den 90er Jahren häufig in der Einführungsphase der gymnasialen Oberstufe behandelt. Ebenso behandeln die Items I01 (Schwierigkeitskennwert 590) mit der Verkettung von Funktionen und das Item I04 (Schwierigkeitskennwert 596) mit dem Grenzwertbegriff Inhalte, die curricular in der Sekundarstufe II verankert sind.

Somit könnte aus inhaltlicher Sicht der Schwierigkeitskennwert von Item K06 als Schwelle definiert werden, ab der originäre Oberstufeninhalte beherrscht werden. Wird der Fähigkeitswert 586 (Schwierigkeitskennwert von Item K06) als MSS definiert, so erreichen bei einer RP65 nur 7% der Schülerpopulation von TIMSS 1995/96 diese MSS (vgl. Tab. 3). Bei einer RP60 vergrößert sich dieser Anteil über MSS auf 10%, während er sich bei einer RP70 auf 4% verringert.

Alternativ könnte der Durchschnitt der Schwierigkeitskennwerte der ersten beiden Oberstufenitems J08 (480) und K06 (586) als Fähigkeitswert für die MSS gewählt werden, was einen Wert von 533 auf der TIMSS-Skala ergibt. Das Item I09 mit einem Schwierigkeitskennwert von 526 würde ungefähr diese MSS inhaltlich repräsentieren. Bei der Annahme einer MSS von 526 ergibt sich ein Anteil von 20% der Abiturientinnen und Abiturienten aus Deutschland über Mindeststandard. Wird der RP-Wert variiert, so führt dieses zu einem Anteil zwischen 14% (bei RP70) und 28% (bei RP60).

In den Kompetenzstufenmodellen von Klieme (2000) und TIMSS-Advanced wurde die MSS bei einem Fähigkeitswert von 500 bzw. 475 definiert. Diese beiden MSS liegen unterhalb der beiden zuvor betrachteten inhaltlich-kriterial begründbaren MSS. Der Fähigkeitswert 475 wird in der Reskalierung anhand der Stichprobe aus Deutschland in etwa von den Items L11 (473), J11 (477) und J08 (480) repräsentiert. Bei J08 handelt es sich wie bereits erläutert um ein sehr elementares Item des Rechnens mit Vektoren. Im Item J11 ist die Frage, welche Figur erzeugt wird, wenn eine Gerade im Raum um eine andere Gerade mit einem Schnittwinkel von 30° rotiert. Zur Lösung dieser Aufgabe ist es erforderlich, sich die Rotation der Geraden mental vorstellen zu können und ein Begriffswissen zu elementaren Körper-

L09 / 508

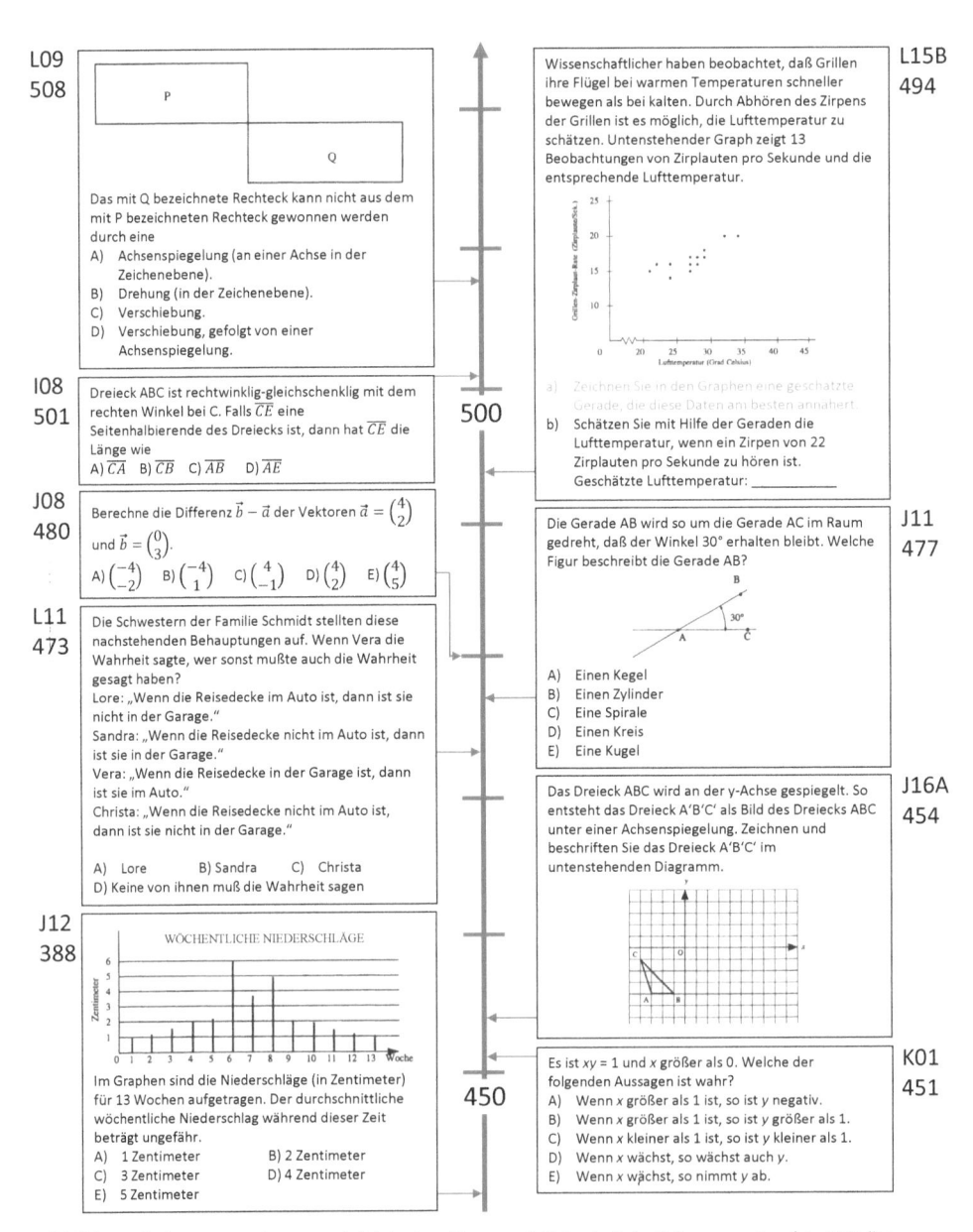

Das mit Q bezeichnete Rechteck kann nicht aus dem mit P bezeichneten Rechteck gewonnen werden durch eine
A) Achsenspiegelung (an einer Achse in der Zeichenebene).
B) Drehung (in der Zeichenebene).
C) Verschiebung.
D) Verschiebung, gefolgt von einer Achsenspiegelung.

I08 / 501

Dreieck ABC ist rechtwinklig-gleichschenklig mit dem rechten Winkel bei C. Falls $\overline{CE}$ eine Seitenhalbierende des Dreiecks ist, dann hat $\overline{CE}$ die Länge wie
A) $\overline{CA}$ B) $\overline{CB}$ C) $\overline{AB}$ D) $\overline{AE}$

J08 / 480

Berechne die Differenz $\vec{b} - \vec{a}$ der Vektoren $\vec{a} = \begin{pmatrix} 4 \\ 2 \end{pmatrix}$ und $\vec{b} = \begin{pmatrix} 0 \\ 3 \end{pmatrix}$.

A) $\begin{pmatrix} -4 \\ -2 \end{pmatrix}$ B) $\begin{pmatrix} -4 \\ 1 \end{pmatrix}$ C) $\begin{pmatrix} 4 \\ -1 \end{pmatrix}$ D) $\begin{pmatrix} 4 \\ 2 \end{pmatrix}$ E) $\begin{pmatrix} 4 \\ 5 \end{pmatrix}$

L11 / 473

Die Schwestern der Familie Schmidt stellten diese nachstehenden Behauptungen auf. Wenn Vera die Wahrheit sagte, wer sonst mußte auch die Wahrheit gesagt haben?
Lore: „Wenn die Reisedecke im Auto ist, dann ist sie nicht in der Garage."
Sandra: „Wenn die Reisedecke nicht im Auto ist, dann ist sie in der Garage."
Vera: „Wenn die Reisedecke in der Garage ist, dann ist sie im Auto."
Christa: „Wenn die Reisedecke nicht im Auto ist, dann ist sie nicht in der Garage."

A) Lore   B) Sandra   C) Christa
D) Keine von ihnen muß die Wahrheit sagen

J12 / 388

WÖCHENTLICHE NIEDERSCHLÄGE

Im Graphen sind die Niederschläge (in Zentimeter) für 13 Wochen aufgetragen. Der durchschnittliche wöchentliche Niederschlag während dieser Zeit beträgt ungefähr.
A) 1 Zentimeter   B) 2 Zentimeter
C) 3 Zentimeter   D) 4 Zentimeter
E) 5 Zentimeter

L15B / 494

Wissenschaftlicher haben beobachtet, daß Grillen ihre Flügel bei warmen Temperaturen schneller bewegen als bei kalten. Durch Abhören des Zirpens der Grillen ist es möglich, die Lufttemperatur zu schätzen. Untenstehender Graph zeigt 13 Beobachtungen von Zirplauten pro Sekunde und die entsprechende Lufttemperatur.

a) Zeichnen Sie in den Graphen eine geschätzte Gerade, die diese Daten am besten annähert.
b) Schätzen Sie mit Hilfe der Geraden die Lufttemperatur, wenn ein Zirpen von 22 Zirplauten pro Sekunde zu hören ist.
Geschätzte Lufttemperatur: _____

J11 / 477

Die Gerade AB wird so um die Gerade AC im Raum gedreht, daß der Winkel 30° erhalten bleibt. Welche Figur beschreibt die Gerade AB?

A) Einen Kegel
B) Einen Zylinder
C) Eine Spirale
D) Einen Kreis
E) Eine Kugel

J16A / 454

Das Dreieck ABC wird an der y-Achse gespiegelt. So entsteht das Dreieck A'B'C' als Bild des Dreiecks ABC unter einer Achsenspiegelung. Zeichnen und beschriften Sie das Dreieck A'B'C' im untenstehenden Diagramm.

K01 / 451

Es ist $xy = 1$ und x größer als 0. Welche der folgenden Aussagen ist wahr?
A) Wenn x größer als 1 ist, so ist y negativ.
B) Wenn x größer als 1 ist, so ist y größer als 1.
C) Wenn x kleiner als 1 ist, so ist y kleiner als 1.
D) Wenn x wächst, so wächst auch y.
E) Wenn x wächst, so nimmt y ab.

Abbildung 3: Itemmap der neun leichtesten Items mit Schwierigkeitskennwerten bis 520 (Items aus Baumert et al., 1999; Baumert et al., 2000; Foy & Arora, 2009; Lehmann et al., 2006/2012).

3.3 Erreichen von Mindeststandards | 253

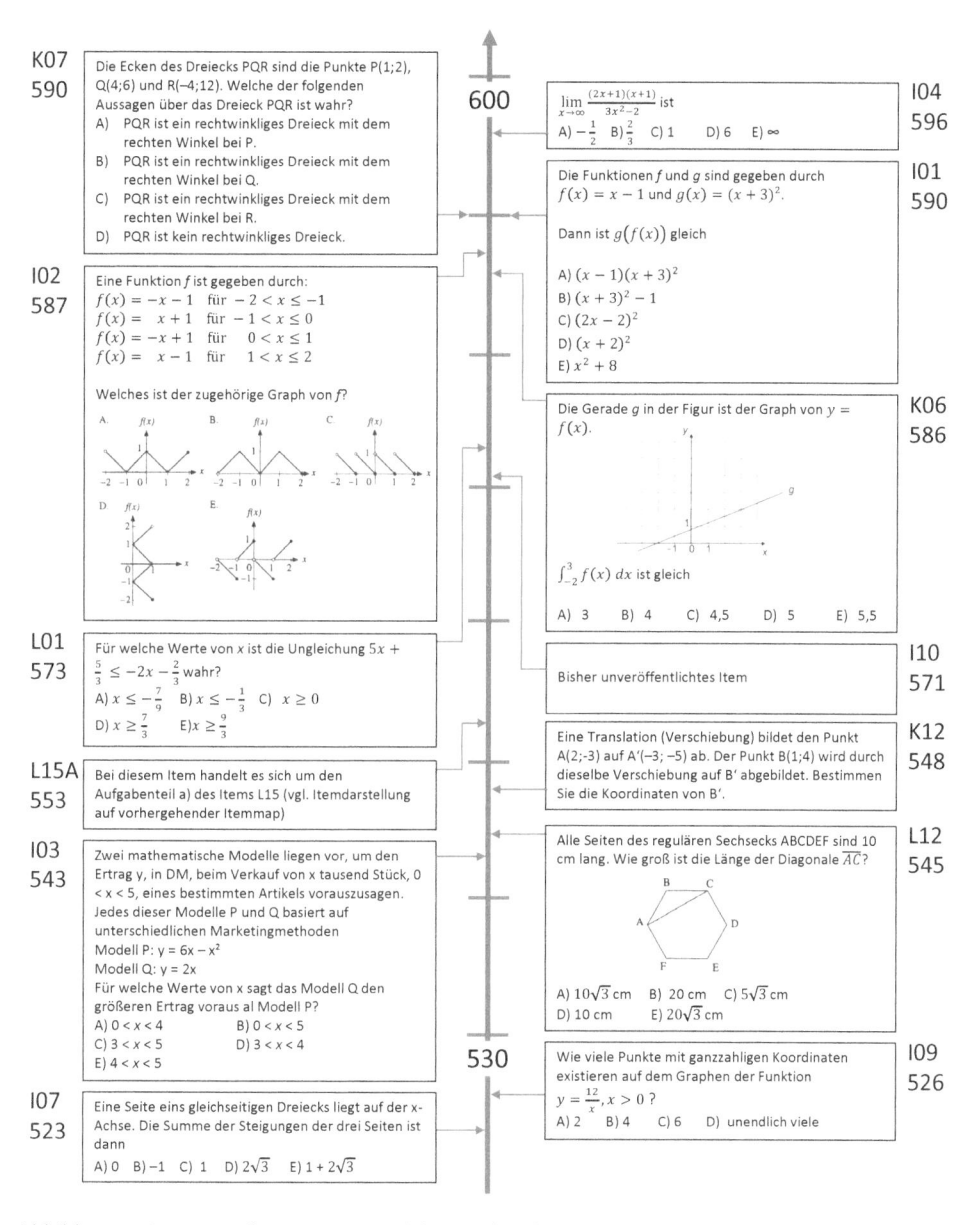

K07 — 590
Die Ecken des Dreiecks PQR sind die Punkte P(1;2), Q(4;6) und R(–4;12). Welche der folgenden Aussagen über das Dreieck PQR ist wahr?
A) PQR ist ein rechtwinkliges Dreieck mit dem rechten Winkel bei P.
B) PQR ist ein rechtwinkliges Dreieck mit dem rechten Winkel bei Q.
C) PQR ist ein rechtwinkliges Dreieck mit dem rechten Winkel bei R.
D) PQR ist kein rechtwinkliges Dreieck.

I04 — 596
$\lim_{x\to\infty} \frac{(2x+1)(x+1)}{3x^2-2}$ ist
A) $-\frac{1}{2}$ B) $\frac{2}{3}$ C) 1 D) 6 E) ∞

I01 — 590
Die Funktionen f und g sind gegeben durch $f(x) = x - 1$ und $g(x) = (x + 3)^2$.
Dann ist $g(f(x))$ gleich
A) $(x - 1)(x + 3)^2$
B) $(x + 3)^2 - 1$
C) $(2x - 2)^2$
D) $(x + 2)^2$
E) $x^2 + 8$

I02 — 587
Eine Funktion f ist gegeben durch:
$f(x) = -x - 1$ für $-2 < x \leq -1$
$f(x) = x + 1$ für $-1 < x \leq 0$
$f(x) = -x + 1$ für $0 < x \leq 1$
$f(x) = x - 1$ für $1 < x \leq 2$

Welches ist der zugehörige Graph von f?

K06 — 586
Die Gerade g in der Figur ist der Graph von $y = f(x)$.

$\int_{-2}^{3} f(x)\, dx$ ist gleich
A) 3 B) 4 C) 4,5 D) 5 E) 5,5

L01 — 573
Für welche Werte von x ist die Ungleichung $5x + \frac{5}{3} \leq -2x - \frac{2}{3}$ wahr?
A) $x \leq -\frac{7}{9}$ B) $x \leq -\frac{1}{3}$ C) $x \geq 0$
D) $x \geq \frac{7}{3}$ E) $x \geq \frac{9}{3}$

I10 — 571
Bisher unveröffentlichtes Item

L15A — 553
Bei diesem Item handelt es sich um den Aufgabenteil a) des Items L15 (vgl. Itemdarstellung auf vorhergehender Itemmap)

K12 — 548
Eine Translation (Verschiebung) bildet den Punkt A(2;-3) auf A'(–3; –5) ab. Der Punkt B(1;4) wird durch dieselbe Verschiebung auf B' abgebildet. Bestimmen Sie die Koordinaten von B'.

I03 — 543
Zwei mathematische Modelle liegen vor, um den Ertrag y, in DM, beim Verkauf von x tausend Stück, 0 < x < 5, eines bestimmten Artikels vorauszusagen. Jedes dieser Modelle P und Q basiert auf unterschiedlichen Marketingmethoden
Modell P: $y = 6x - x^2$
Modell Q: $y = 2x$
Für welche Werte von x sagt das Modell Q den größeren Ertrag voraus al Modell P?
A) 0 < x < 4 B) 0 < x < 5
C) 3 < x < 5 D) 3 < x < 4
E) 4 < x < 5

L12 — 545
Alle Seiten des regulären Sechsecks ABCDEF sind 10 cm lang. Wie groß ist die Länge der Diagonale $\overline{AC}$?
A) $10\sqrt{3}$ cm B) 20 cm C) $5\sqrt{3}$ cm
D) 10 cm E) $20\sqrt{3}$ cm

I09 — 526
Wie viele Punkte mit ganzzahligen Koordinaten existieren auf dem Graphen der Funktion $y = \frac{12}{x}, x > 0$?
A) 2 B) 4 C) 6 D) unendlich viele

I07 — 523
Eine Seite eins gleichseitigen Dreiecks liegt auf der x-Achse. Die Summe der Steigungen der drei Seiten ist dann
A) 0 B) –1 C) 1 D) $2\sqrt{3}$ E) $1 + 2\sqrt{3}$

Abbildung 4: Itemmap der 13 Items mit Schwierigkeitskennwerten von 520 bis 600 (Items aus Baumert et al., 1999; Baumert et al., 2000; Foy & Arora, 2009; Lehmann et al., 2006/2012).

formen (in diesem Fall Kegel) zu besitzen, das curricular in der Sekundarstufe I verankert ist. Das Item L11 beschäftigt sich mit in Alltagssituationen eingekleideten Aussagen, die mit Hilfe elementarer Aussagenlogik (Wenn-Dann-Beziehung) auf ihren Wahrheitsgehalt beurteilt werden müssen. Somit sind die Anforderungen, welche die Items L11, J11 und J08 stellen, als sehr elementar für Abiturientinnen und Abiturienten einzustufen und eher als liberale Grenze für den Mindeststandard anzusehen. Insgesamt kann daher die im Kompetenzstufenmodell nach Klieme (2000) verwendete MSS von 500 als zwar legitim, aber aus inhaltlich-kriterialer Perspektive sogar nur als eingeschränkt ambitioniert bezeichnet werden. Wird beispielsweise J08 (Schwierigkeitskennwert 480) als Schwellenitem für die MSS definiert, so beträgt bei einer RP65 der Populationsanteil oberhalb der MSS 38% (vgl. Tab. 3). Wird auch der RP-Wert variiert und nur eine RP60 angenommen, so erhöht sich der Populationsanteil auf 48%. Bei einer RP70 liegt der Anteil dagegen 20 Prozentpunkte niedriger bei 28%.

Die MSS im TIMSS-Kompetenzstufenmodell nach Klieme (2000) betrug 500 und liegt damit um 25 Skalenpunkte höher als die MSS des internationalen Kompetenzstufenmodells. Das Item I08 (Schwierigkeitskennwert 501, problemlösende Anwendung Satz des Thales) repräsentierte relativ genau diese Itemschwelle. Von den Abiturientinnen und Abiturienten konnten 29% Items bis zu dieser Itemschwelle mit hinreichender Sicherheit lösen (bei Annahme einer RP65). Wie in Tab. 3 zu sehen ist, variierte der Anteil über dieser Itemschwelle in Abhängigkeit von der angenommenen RP zwischen 21% und 38%.

Tabelle 3: P-Werte, Schwierigkeitskennwerte (bei RP65) und Populationsanteile für die Items bis zu einem TIMSS-Score von 600 gemäß der Itemskalierung anhand der Stichprobe aus Deutschland für TIMSS 1995/96

Nr	Item	σ_{int}	p_{deu}	σ_{deu}	$\Delta\sigma_{deu-int}$	π_{RP60}	π_{RP62}	π_{RP65}	π_{RP67}	π_{RP70}	$\Delta\pi$
1	J12	383	0,87	388	5	0,87	0,85	0,81	0,77	0,72	0,15
2	K01	353	0,79	451	98	0,63	0,59	0,52	0,48	0,42	0,21
3	J16A	473	0,78	454	−19	0,61	0,57	0,51	0,46	0,40	0,21
4	L11	425	0,74	473	48	0,51	0,47	0,41	0,37	0,32	0,20
5	J11	462	0,74	477	15	0,49	0,45	0,39	0,35	0,30	0,20
6	J08	483	0,73	480	−3	0,48	0,44	0,38	0,34	0,28	0,19
7	L15B	498	0,70	494	−4	0,42	0,38	0,33	0,29	0,24	0,18
8	I08	403	0,70	501	98	0,38	0,35	0,29	0,26	0,21	0,17
9	L09	546	0,68	508	−38	0,35	0,32	0,27	0,23	0,19	0,16
10	I07	527	0,65	523	−4	0,29	0,26	0,21	0,19	0,15	0,14
11	I09	499	0,65	526	27	0,28	0,25	0,20	0,18	0,14	0,14
12	I03	508	0,61	543	35	0,22	0,19	0,15	0,13	0,10	0,11
13	L12	486	0,60	545	59	0,21	0,18	0,15	0,13	0,10	0,11
14	K12	570	0,60	548	−22	0,20	0,18	0,14	0,12	0,09	0,11
15	L15A	570	0,58	553	−17	0,19	0,16	0,13	0,11	0,08	0,10
16	I10	532	0,55	571	39	0,13	0,11	0,09	0,07	0,06	0,08
17	L01	443	0,54	573	130	0,13	0,11	0,09	0,07	0,05	0,08
18	K06	537	0,52	586	49	0,10	0,09	0,07	0,06	0,04	0,06
19	I02	510	0,51	587	77	0,10	0,08	0,06	0,05	0,04	0,06
20	I01	517	0,50	590	73	0,09	0,08	0,06	0,05	0,04	0,06
21	K07	547	0,51	590	43	0,09	0,08	0,06	0,05	0,04	0,06
22	I04	515	0,49	596	81	0,08	0,07	0,05	0,04	0,03	0,05

Anmerkungen: p_{deu} = Lösungsrate in der gewichteten Stichprobe aus Deutschland; σ_{deu} = Schwierigkeitskennwert des Items in der Replikationsanalyse (Itemskalierung anhand der Stichprobe aus Deutschland) bei einem RP von 65%; σ_{int} = Schwierigkeitskennwert des Items in der Primäranalyse (Itemskalierung anhand der internationalen Stichprobe) bei einem RP von 65%; $\Delta\sigma_{deu-int} = \sigma_{deu} - \sigma_{int}$; π_{RPx} = Anteil der Schülerinnen und Schüler, die in der Replikationsanalyse den Mindeststandard erreichen, wenn die MSS durch den Schwierigkeitskennwert des jeweiligen Items festgelegt und ein RP von x% angenommen wird; $\Delta\pi = \pi_{RP60} - \pi_{RP70}$

4 Diskussion

Bei der vorliegenden Replikationsanalyse zu den Kompetenzen der Abiturientinnen und Abiturienten in voruniversitärer Mathematik bei TIMSS 1995/96 zeigte sich, dass der Populationsanteil, der die Mindeststandards erreicht, deutlich mit den plausibel möglichen Festlegungen der MSS im Rahmen der Oberstufenanforderungen variiert. Bei einer sehr liberalen Standardsetzung mit MMS beim Fähigkeitswert 480 (entspricht der Vektorsubtraktion repräsentiert im Item J08 sowie ungefähr der MSS des internationalen Kompetenzstufenmodells) erreichten 38% der Schülerpopulation aus Deutschland bei TIMSS 1995/96 die MSS (bei einer RP65). Bei einer strengeren Festlegung der MSS mit Fähigkeitswert 586 (entspricht der Nutzung des Integrals zur Flächeninhaltsbestimmung repräsentiert im Item K06) betrug dieser Anteil dagegen nur 7%.

Zunächst überraschend erscheint, wie stark der Anteil oberhalb der MSS von der angenommenen RP für die „Itembeherrschung" abhing. Der Anteilsunterschied bei einer vermeintlich eher unbedeutenden Variation der RP zwischen 60% und 70% betrug beispielsweise bei einer MSS mit Fähigkeitswert 480 19 Prozentpunkte. Betrachtet man allerdings, welche Auswirkung im Rasch-Modell eine Veränderung des RP-Wertes von 60% auf 70% auf der Logit-Skala hat, so wird der Effekt nachvollziehbar. Bei einer RP60 muss der Shiftparameter $\ln(0{,}60/0{,}40) = 0{,}405$ zu der Itemschwierigkeit (in Logit) addiert werden, während der Shiftparameter bei einem RP70 bereits $\ln(0{,}70/0{,}30) = 0{,}847$ beträgt. Eine Variation von einer RP60 zu einer RP70 als Operationalisierung für eine „Itembeherrschung" bewirkt also, dass der Schwierigkeitskennwert eines Items um 0,442 Einheiten auf der Logit-Skala steigt, was in die TIMSS-Skala transformiert etwa 43 TIMSS-Punkte bedeutet.

Wie bereits beschrieben, ist die Wahl des RP-Wertes zu einem gewissen Grade eine willkürliche Entscheidung. Im Rahmen eines Standard-Settings kann von Expertinnen und Experten auch nicht erwartet werden, dass sie bei der inhaltlichen Ermittlung der MSS über Itemvergleiche zwischen einem RP-Wert von z. B. 62% und 67% als Maß für eine „Itembeherrschung" differenzieren können. Daher bleibt nur die Möglichkeit, in Standard-Settings etablierte RP-Werte zu verwenden. Bei der Interpretation von Fähigkeitsverteilungen auf Kompetenzstufen sollte aber dieses Maß an Unsicherheit berücksichtigt werden. So sollte z. B. der ermittelte Anteil über der MSS bei TIMSS 1995/96 nicht zu punktgenau interpretiert werden, da bei anderen, ebenso plausiblen RP-Werten der Anteil durchaus um einige Prozentpunkte variieren kann.

Insgesamt kann somit auf der einen Seite festgestellt werden, dass der in TIMSS 1995/96 ermittelte Anteil von 30% der Schülerpopulation aus der gymnasialen Oberstufe, der die Mindeststandards erreicht, bei einer Veränderung der Modellierungsannahmen in Bezug auf die zu beherrschenden Items und die RP deutlich variieren würde. Auf der anderen Seite kann aber auch resümiert werden, dass selbst bei einer liberalen Standardsetzung (MSS bei Fähigkeitswert 480 repräsentiert durch Item J08 zur Vektorsubtraktion und RP60), die aus inhaltlicher Perspektive als nur wenig ambitioniert charakterisiert werden kann, nur 48% der Schülerpopulation die MSS erreichte. Damit kann das überschlägige Fazit aus TIMSS 1995/96, dass eine Mehrheit der Oberstufenschülerinnen und -schüler die Mindeststandards in Mathematik verfehlte, als bestätigt angesehen werden.

Auch zeigte die Replikationsanalyse, dass die bei TIMSS 1995/96 im Kompetenzstufenmodell nach Klieme (2000) definierte MSS mit einem Fähigkeitswert von 500 für die Stichprobe aus Deutschland als legitim angesehen werden kann. Damit zeigt sich das Kompetenzstufenmodell nach Klieme (2000) als durchaus geeignet für vergleichende Analysen in anderen Schulleistungsstudien, wie z. B. bei Rolfes et al.

(2021) geschehen. Gleichwohl sollte dabei beachtet werden, dass in solchen Analysen die Prozentanteile der Schülerinnen und Schüler über der MSS durchaus einer Variabilität unterliegen und daher die Interpretationen besser anhand überschlägiger Anteilswerte geschehen sollte.

Darüber hinaus zeigten die vorliegenden Analysen aber auch, dass der internationale Itempool bei TIMSS 1995/96 für die Stichprobe aus Deutschland nicht optimal geeignet war. So gab es nur wenige Items (wie z. B. J08 oder K06), die Begriffe und Verfahren der Oberstufenmathematik auf elementarem Niveau adressierten. Dadurch wird die kriteriale Festlegung einer MSS erschwert, da die Schülerfähigkeiten in Routineaufgaben mit elementaren Begriffen (z. B. Ableitungsbegriff, Integralbegriff, Vektorbegriff) und elementaren Verfahren (z. B. Bestimmung von einfachen Ableitungsfunktionen und Integralen, Rechnen mit Vektoren) der Oberstufenmathematik nur eingeschränkt erfasst werden. Mit zusätzlichen Items aus diesem Bereich könnte ein differenzierteres Bild der grundlegenden Kompetenzen im Bereich der Oberstufenmathematik gezeichnet werden. Damit könnte die festgestellte Variabilität, die aus der Itemauswahl für das Erreichen der MSS entsteht, möglicherweise reduziert werden. Insgesamt kann festgestellt werden, dass der TIMSS-Test zur voruniversitären Mathematik nur ein beschränktes Spektrum von spezifischen Oberstufenanforderungen abdeckt. In einem erheblichen Maße werden auch Mittelstufenanforderungen adressiert.

Zuletzt stellt sich die Frage, in welchem Ausmaß der Anteil der Schülerinnen und Schüler unterhalb des MSS vom Testformat als Low-Stakes-Testung abhängt. Eine potenzielle Gefahr für die Validität von Ergebnissen aus Low-Stakes-Testungen ist eine mangelnde Anstrengungsbereitschaft der Testpersonen bei der Testbearbeitung (Wise, 2009). In TIMSS 1995/96 und auch bei den analysierten Schulleistungsstudien in Rolfes et al. (2021) hatten die Testleistungen keine Konsequenzen und somit bestand für die Schülerinnen und Schüler möglicherweise nur eine begrenzte Motivation eine hohe Leistung zu zeigen. Dabei könnte das Problem mangelnder Testmotivation gerade im unteren Leistungsbereich in erhöhtem Maße auftreten und daher insbesondere im Bereich der MSS die Validität der Ergebnisse beeinträchtigen. Deshalb könnte ein Teil der Mathematikleistungen unterhalb des Mindestniveaus an der mangelnden Testmotivation der Schülerinnen und Schüler und nicht an mangelnden mathematischen Fähigkeiten liegen.

Daher wäre eine alternative Möglichkeit High-Stakes-Untersuchungen wie Abiturklausuren für die Evaluierung, ob Mindeststandards erreicht werden, zu verwenden. Eine mögliche Limitation bei der Nutzung von Abiturklausurergebnissen ist allerdings, dass sich die Schülerinnen und Schüler für diese Prüfungen termingenau vorbereiten und das gelernte Wissen und die gelernten Fertigkeiten möglicherweise wieder relativ schnell vergessen. Auch könnte die Skalierung der Abituraufgaben eine Herausforderung darstellen, da diese nicht als klassische Testaufgaben entwickelt werden. Daher ist nicht ausgeschlossen, dass Low-Stakes-Testungen für die Evaluierung der *nachhaltig* verfügbaren mathematischen Kompetenzen besser geeignet sind als High-Stakes-Testungen. Außerdem absolvieren nicht alle Schülerinnen und Schüler in Mathematik eine schriftliche Abiturprüfung. Es ist anzunehmen, dass insbesondere Schülerinnen und Schüler im unteren Leistungsspektrum das Fach Mathematik nicht als schriftliches Prüfungsfach wählen und somit nicht erfasst würden.

Insgesamt zeigten die vorliegenden Analysen, dass die in den Primäranalysen der TIMSS-Untersuchungen von 1995/96 festgestellten eher schwachen Leistungen der Abiturientinnen und Abiturienten aus Deutschland in voruniversitärer Mathematik auch mit anderen Analysemethoden und Modellierungsannahmen in den Grundzügen repliziert werden konnten. Eine inhaltlich vertretbare Modellierung, in der eine deutliche Mehrheit der Schülerinnen und Schüler Mindeststandards erreicht, gab es nicht. Angesichts der Tatsache, dass auch in weiteren Schulleistungsstudien zwischen den Jahren 1997 und 2012 kein positiver Trend festzustellen war (vgl. Rolfes et al., 2021), ist dieses ein bedenklicher Befund. Wenn der Mathematikunterricht in der gymnasialen Oberstufe nicht in der Lage ist, einem Großteil der Schülerschaft am Ende der Sekundarstufe II Mindeststandards zu vermitteln, legt dieser Befund eine problematische Diskrepanz zwischen Anspruch und Wirklichkeit offen. Diese Diskrepanz ist im Mathematikunterricht in der Sekundarstufe II vermutlich nicht einfach zu überwinden, da sich die Situation auch in anderen europäischen Ländern ähnlich verhält (vgl. Ausführungen oben zu TIMSS-Advanced sowie Kap. 2.1–2.3 in diesem Band).

Die vorliegenden Analysen verdeutlichen einmal mehr, dass eine intensivere Beforschung des Mathematikunterrichts der Sekundarstufe II, national und international, dringend geboten ist. Nur auf diesem Wege können bessere Erkenntnisse zum aktuellen Leistungsstand und zur Unterrichtsrealität gewonnen werden, um auf einer fundierten empirischen Grundlage erfolgsversprechende Ansatzpunkte zur Unterrichtsentwicklung zu identifizieren. Außerdem sollten die Ergebnisse Anlass zu grundlegenden Reflexionen über die Bildungsziele des Mathematikunterrichts in der gymnasialen Oberstufe geben. Wenn der Mathematikunterricht dort seit Jahrzehnten die gesteckten Ziele nicht erreicht, stellt sich die grundsätzliche Frage, welche Bildungsziele und welche curricularen Inhalte unter welchen Bedingungen erreichbar sind und adressiert werden sollten. Möglicherweise ist auch eine Adjustierung der Bildungsziele und curricularen Inhalte an die empirische Realität für den Mathematikunterricht der gymnasialen Oberstufe angezeigt, ggf. differenziert nach Schülergruppen mit verschiedenen Interessensprofilen.

Literatur

Adams, R. & Wu, M. (2002). *PISA 2000 Technical Report*. OECD. https://www.oecd.org/pisa/data/33688233.pdf

Arora, A., Foy, P., Martin, M. O. & Mullis, I. V. S. (Hrsg.). (2009). *TIMSS Advanced 2008 technical report*. TIMSS & PIRLS International Study Center, Lynch School of Education, Boston College. https://timssandpirls.bc.edu/timss_advanced/tr.html

Baumert, J., Bos, W., Klieme, E., Lehmann, R., Lehrke, M., Hosenfeld, I., Neubrand, J. & Watermann, R. (1999). *Testaufgaben zu TIMSS/III: Mathematisch-naturwissenschaftliche Grundbildung und voruniversitäre Mathematik und Physik der Abschlußklassen der Sekun-*

darstufe II (Population 3). Max-Planck-Institut für Bildungsforschung. http://hdl.handle.net/11858/00-001M-0000-0025-A04A-6

Baumert, J., Bos, W. & Watermann, R. (2000). Fachleistungen im voruniversitären Mathematik- und Physikunterricht im internationalen Vergleich. In J. Baumert, W. Bos & R. Lehmann (Hrsg.), *TIMSS/III Dritte Internationale Mathematik- und Naturwissenschaftsstudie — Mathematische und naturwissenschaftliche Bildung am Ende der Schullaufbahn* (Band 2: Mathematische und physikalische Kompetenzen am Ende der gymnasialen Oberstufe, S. 129–180). Leske + Budrich. https://doi.org/10.1007/978-3-322-83411-9

Baumert, J. & Köller, O. (2000). Motivation, Fachwahlen, selbstreguliertes Lernen und Fachleistungen im Mathematik- und Physikunterricht der gymnasialen Oberstufe. In J. Baumert, W. Bos & R. Lehmann (Hrsg.), *TIMSS/III Dritte Internationale Mathematik- und Naturwissenschaftsstudie — Mathematische und naturwissenschaftliche Bildung am Ende der Schullaufbahn* (Band 2: Mathematische und physikalische Kompetenzen am Ende der gymnasialen Oberstufe, S. 181–213). Leske + Budrich. https://doi.org/10.1007/978-3-322-83411-9

Beaton, A. E. & Allen, N. L. (1992). Interpreting scales through scale anchoring. *Journal of Educational and Behaviorial Statistics, 17*(2), 191–204. https://doi.org/10.3102/10769986017002191

Bock, R. D. & Zimowski, M. F. (1997). Multiple group IRT. In W. J. van der Linden & R. K. Hambleton (Hrsg.), *Handbook of modern item response theory* (S. 433–448). Springer.

Cizek, G. J. (Hrsg.). (2012). *Setting performance standards: Foundations, methods, and innovations* (2. Aufl.). Routledge.

DMV, DPG, GDCh, MNU, VDB (1982). Rettet die mathematisch-naturwissenschaftliche Bildung. *Physikalische Blätter, 38*(1), 25.

Foy, P. & Arora, A. (2009). *TIMSS advanced 2008 user guide for the international database: Released Items. Advanced mathematics*. Boston College.

Huynh, H. (2006). A clarification on the response probability criterion RP67 for standard settings based on bookmark and item mapping. *Educational Measurement: Issues and Practice, 25*(2), 19–20. https://doi.org/10.1111/j.1745-3992.2006.00053.x

Karantonis, A. & Sireci, S. G. (2006). The bookmark standard-setting method: A literature review. *Educational Measurement: Issues and Practice, 25*(1), 4–12. https://doi.org/10.1111/j.1745-3992.2006.00047.x

Klieme, E. (2000). Fachleistungen im voruniversitären Mathematik- und Physikunterricht: Theoretische Grundlagen, Kompetenzstufen und Unterrichtsschwerpunkte. In J. Baumert, W. Bos & R. Lehmann (Hrsg.), *TIMSS/III Dritte Internationale Mathematik- und Naturwissenschaftsstudie — Mathematische und naturwissenschaftliche Bildung am Ende der Schullaufbahn* (Band 2: Mathematische und physikalische Kompetenzen am Ende der gymnasialen Oberstufe, S. 57–128). Leske + Budrich. https://doi.org/10.1007/978-3-322-83411-9

Klieme, E., Baumert, J., Köller, O. & Bos, W. (2000). Mathematische und naturwissenschaftliche Grundbildung: Konzeptuelle Grundlagen und die Erfassung und Skalierung von Kompetenzen. In J. Baumert, W. Bos & R. Lehmann (Hrsg.), *TIMSS/III Dritte Internationale Mathematik- und Naturwissenschaftsstudie — Mathematische und naturwissenschaftliche Bildung am Ende der Schullaufbahn* (S. 85–133). Leske + Budrich.

KMK (= Sekretariat der Ständigen Konferenz der Kultusminister der Länder in der Bundesrepublik Deutschland). (1995). *Weiterentwicklung der Prinzipien der gymnasialen Oberstufe und des Abiturs: Abschlussbericht der von der Kultusministerkonferenz eingesetzten Expertenkommission*. Schmidt & Klaunig.

Kolen, M. J. & Brennan, R. L. (2014). *Test equating, scaling, and linking* (3. Aufl.). Springer. https://doi.org/10.1007/978-1-4939-0317-7

Lehmann, R. H., Vieluf, U., Nikolova, R. & Ivanov, S. (2012). LAU 13 – Aspekte der Lernausgangslage und der Lernentwicklung – Klassenstufe 13 – Erster Bericht. In Behörde für Schule und Berufsbildung (Hrsg.), *LAU – Aspekte der Lernausgangslage und der Lernentwicklung* (S. 151–231). Waxmann. (Erstveröffentlichung 2006)

Lewis, D. M., Mitzel, H. C., Mercado, R. L. & Schulz, E. M. (2012). The bookmark standard setting procedure. In G. J. Cizek (Hrsg.), *Setting performance standards: Foundations, methods, and innovations* (2. Aufl., S. 225–253). Routledge.

Martin, M. O. & Kelly, D. L. (Hrsg.). (1998). *Third International Mathematics and Science Study: Technical report: Vol. III. Implementation and analysis. Final year of secondary school (Population 3)*. Boston College. https://timssandpirls.bc.edu/timss1995i/TIMSS PDF/TR3book.pdf

Mullis, I. V., Martin, M. O., Foy, P. & Hooper, M. (2016). *TIMSS Advanced 2015 international results in advanced mathematics and physics*. Boston College. http://timssandpirls.bc.edu/timss2015/international-results/wp-content/uploads/filebase/advanced/full%20pdfs/TA15-International-Results-in-Advanced-Mathematics-and-Physics.pdf

Mullis, I. V. s., Martin, M. O., Robitaille, D. F. & Foy, P. (2009). *TIMSS Advanced 2008 international report: Findings from IEA's study of achievement in advanced mathematics and physics in the final year of secondary school*. TIMSS & PIRLS International Study Center. https://timssandpirls.bc.edu/timss_advanced/downloads/TA08_International_Report.pdf

Neumann, M. & Trautwein, U. (2019). Sekundarbereich II und der Erwerb der Hochschulzugangsberechtigung. In O. Köller, M. Hasselhorn, F. W. Hesse, K. Maaz, J. Schrader, H. Solga, K. C. Spieß & K. Zimmer (Hrsg.), *Das Bildungswesen in Deutschland: Bestand und Potenziale* (S. 533–564). Klinkhardt.

OECD (=Organisation for Economic Co-operation and Development). (2005). *PISA 2003 technical report*. OECD Publishing. https://doi.org/10.1787/19963777

OECD. (2017). *PISA 2015: Technical Report*. http://www.oecd.org/pisa/sitedocument/PISA-2015-technical-report-final.pdf

Rolfes, T., Lindmeier, A. & Heinze, A. (2021). Mathematikleistungen von Schülerinnen und Schülern der gymnasialen Oberstufe in Deutschland. Ein Review und eine Sekundäranalyse der Schulleistungsstudien seit 1995. *Journal für Mathematik-Didaktik, 42*(2), 395–429. https://doi.org/10.1007/s13138-020-00180-1

Stanat, P., Becker-Mrotzek, M., Blum, W. & Tesch, B. (2016). Vergleichbarkeit in der Vielfalt: Bildungsstandards der Kultusministerkonferenz für die Allgemeine Hochschulreife. In J. Kramer, M. Neumann & U. Trautwein (Hrsg.), *Abitur und Matura im Wandel* (S. 29–58). Springer Fachmedien Wiesbaden. https://doi.org/10.1007/978-3-658-11693-4_2

Steiner, H.-G. (1984). Mathematisch-naturwissenschaftliche Bildung – Kritisch-konstruktive Fragen und Bemerkungen zum Aufruf einiger Fachverbände. In M. Reiß & H.-G. Steiner (Hrsg.), *Mathematikkenntnisse – Leistungsmessung – Studierfähigkeit* (S. 5–58). Aulis.

Wise, S. L. (2009). Strategies for managing the problem of unmotivated examinees in low-stakes testing programs. *The Journal of General Education, 58*(3), 152–166.

Tobias Rolfes, Goethe-Universität Frankfurt am Main, Institut für Didaktik der Mathematik und der Informatik, Robert-Mayer-Str. 6-8, 60325 Frankfurt,
IPN – Leibniz-Institut für die Pädagogik der Naturwissenschaften und Mathematik, Olshausenstraße 62, 24118 Kiel
https://orcid.org/0000-0002-9780-8828
rolfes@math.uni-frankfurt.de

Aiso Heinze, IPN – Leibniz-Institut für die Pädagogik der Naturwissenschaften und Mathematik, Olshausenstraße 62, 24118 Kiel
https://orcid.org/0000-0002-7408-0395

3.4
Patrick Fesser & Stefanie Rach

Wissenschaftspropädeutik in der gymnasialen Oberstufe
Theoretische und empirische Zugänge sowie erste Befunde zu meta-wissenschaftlichem Wissen über Mathematik

1 Einleitung

Der gymnasialen Oberstufe werden drei grundlegende Zieldimensionen zugewiesen: Anbahnung einer vertieften Allgemeinbildung, Vermittlung einer allgemeinen Studierfähigkeit und Wissenschaftspropädeutik (KMK, 1995, vgl. auch Teil 1 in diesem Band). In Bezug auf die Ausgestaltung dieser Zieldimensionen wird insbesondere den grundlegenden Fächern Deutsch, Mathematik und einer Fremdsprache eine zentrale Bedeutung zugesprochen (KMK, 1972/2021). Wie diese drei Zieldimensionen in der Unterrichtspraxis umgesetzt werden, d. h., wie im Unterricht der gymnasialen Oberstufe auf die Zielerreichung hingearbeitet wird und welche Kompetenzen die Schülerinnen und Schüler dabei erwerben, sind Fragestellungen, die aus empirischer Sicht noch nicht ausreichend geklärt sind.

In diesem Beitrag betrachten wir weniger Wissenschaftspropädeutik als ein Unterrichtsangebot, sondern fokussieren die zu erwerbenden wissenschaftspropädeutischen Kompetenzen bezogen auf das Fach Mathematik. Diese Kompetenzen erscheinen nicht nur für die Vorbereitung auf einen mathematikhaltigen Studiengang als sinnvoll, sondern dienen auch der Teilhabe am gesellschaftlichen Leben in der heutigen Welt, die stark von rationalen Entscheidungen auf Basis wissenschaftlich-mathematischer Evidenz geprägt ist. Wissenschaftspropädeutische Kompetenzen zu konzeptualisieren und zu operationalisieren, um diese der Forschung zugänglich und für die unterrichtliche Praxis umsetzbar zu machen, ist eine nicht triviale Herausforderung (Hahn, 2008; Müsche, 2009): So lassen sich die drei genannten Zieldimensionen „vertiefte Allgemeinbildung", „allgemeine Studierfähigkeit" und „Wissenschaftspropädeutik" der gymnasialen Oberstufe nur schwer inhaltlich voneinander abgrenzen. Zudem werden in der Literatur konkurrierende Ansätze zur Konzeptualisierung von Wissenschaftspropädeutik präsentiert, da mit unterschiedlichen Bezugswissenschaften auch unterschiedliche wissenschaftliche Arbeitsweisen fokussiert werden. Ein genuin mathematisches Modell wissenschaftspropädeutischer Kompetenzen gibt es aus unserer Sicht noch nicht in der Literatur, weshalb zu prüfen ist, inwieweit etablierte Modelle für Mathematik adaptiert werden können.

Fesser, P. & Rach, S. (2022). Wissenschaftspropädeutik in der gymnasialen Oberstufe: Theoretische und empirische Zugänge sowie erste Befunde zu meta-wissenschaftlichem Wissen über Mathematik. In T. Rolfes, S. Rach, S. Ufer & A. Heinze (Hrsg.), *Das Fach Mathematik in der gymnasialen Oberstufe* (S. 261–284). Waxmann. CC BY-NC-SA 4.0

Exemplarisch fokussieren wir in diesem Beitrag die zentrale Dimension des meta-wissenschaftlichen Wissens, also Wissen über Mathematik als wissenschaftliche Disziplin[1], die durch weitere Kompetenzdimensionen (Methodenbewusstsein und meta-wissenschaftliche Reflexion) ergänzt werden kann (Müsche, 2009). Das meta-wissenschaftliche Wissen wird nach Huber (1998) als Teil von Wissenschaftspropädeutik im engeren Sinne aufgefasst und kann daher als zentraler Aspekt von Wissenschaftspropädeutik angesehen werden. Hier setzt der vorliegende Beitrag an, indem wir in einem ersten Schritt das meta-wissenschaftliche Wissen konzeptualisieren und ein Testinstrument vorstellen, mit dem meta-wissenschaftliches Wissen über Mathematik objektiv, reliabel und valide gemessen werden soll. Nach unserem Kenntnisstand gibt es neben Skalen zur Selbsteinschätzung des eigenen meta-wissenschaftlichen Wissens (Lankeit et al., 2020) bzw. einem Instrument zur Erfassung von Beliefs über das Wesen der Mathematik (Woltron, 2020) keine publizierten Instrumente zur Erfassung des meta-wissenschaftlichen Wissens über Mathematik. Neben dem von uns entwickelten Instrument geben wir anhand der Ergebnisse einer Studie einen ersten Einblick, inwiefern die Zieldimension Wissenschaftspropädeutik im Mathematikunterricht der gymnasialen Oberstufe erreicht wird.

Im Beitrag werden zunächst auf Basis von bildungstheoretischen Überlegungen die Konstrukte Wissenschaftspropädeutik, wissenschaftspropädeutische Kompetenzen sowie meta-wissenschaftliches Wissen inhaltlich beschrieben und eingegrenzt sowie der bisherige Forschungsstand zum Erfassen wissenschaftspropädeutischer Kompetenzen bzw. meta-wissenschaftlichen Wissens dargestellt. Darauf folgt die theoretische Konzeptualisierung eines für die mathematische Bildung relevanten meta-wissenschaftlichen Wissens über Mathematik und die Vorstellung eines Testinstruments zur Erfassung dieses Wissens. Schließlich folgt die Präsentation der Ergebnisse einer Studie mit 313 Studienanfängerinnen und Studienanfängern aus einem mathematikhaltigen Studiengang, die das Testinstrument bearbeitet haben.

2 Forschungsstand

In diesem Abschnitt beschränken wir uns aus Platzgründen auf die Darstellung der zentralen Aspekte. Für weitere Informationen zur bildungspolitischen Debatte bzw. zu bildungstheoretischen Ausführungen zum Begriff der Wissenschaftspropädeutik verweisen wir auf die Literatur (z. B. Kapitel 1.2 in diesem Band; Hahn, 2009; Huber, 1997).

---

1 In diesem Beitrag fokussieren wir den Charakter von Mathematik als wissenschaftliche Disziplin, wie sie von Mathematikerinnen und Mathematikern betrieben wird. Den Charakter von Mathematik als anwendbare Disziplin ebenfalls zu berücksichtigen, würde den Umfang des Beitrages sprengen.

2.1 Wissenschaftspropädeutik

Wissenschaftspropädeutik kann als Unterrichtsangebot der gymnasialen Oberstufe gesehen werden, welches darauf zielt, Schülerinnen und Schüler an das wissenschaftliche Arbeiten heranzuführen. Im schulischen Kontext bedeutet dies, dass die Lernenden vorbereitet oder angeleitet werden, wissenschaftlich zu arbeiten, indem sie grundlegendes Wissen über Wissenschaften erwerben, exemplarisch wissenschaftlich fundierte Arbeitsweisen anwenden sowie über wissenschaftliche Ideen sowie Voraussetzungen und Grenzen von Wissenschaften reflektieren (Benner, 2002; Hahn, 2008; 2013). In bisherigen Arbeiten wurde unter wissenschaftspropädeutischen Kompetenzen häufig einerseits die Kompetenz gefasst, die im Rahmen einer akademischen Ausbildung benötigt wird, um die wissenschaftlichen Anforderungssituationen angemessen bewältigen zu können, und andererseits sich als mündiger junger Erwachsener generell in einer zunehmend verwissenschaftlichten Gesellschaft eigenverantwortlich und kritisch verhalten zu können (Huber, 2005).

Nach dieser Auffassung von wissenschaftspropädeutischen Kompetenzen ermöglichen diese Kompetenzen, sich im allgemeinen System der Wissenschaften zu orientieren. Dabei meint System von Wissenschaften die z. T. miteinander vernetzten und voneinander abhängigen wissenschaftlichen Disziplinen mit ihren jeweiligen charakteristischen Forschungsgegenständen und -methoden (Tillich, 1923). Dieses Verständnis macht eine inhaltliche Überlappung zum gängigen Konzept Nature of Science (z. B. Heering & Kremer, 2017; Michel & Neumann, 2016) aus der naturwissenschaftsdidaktischen Forschung deutlich: Dabei bezieht sich „Nature of Science" auf die „epistemology of science, science as a way of knowing, or the values and beliefs inherent to scientific knowledge or the development of scientific knowledge" (Lederman, 2006, S. 303). Im Gegensatz zu dem Konstrukt „epistemologische Überzeugungen", das in den Bereich der Beliefs zu verorten ist (vgl. Schommer, 1990), handelt es sich bei „wissenschaftspropädeutischen Kompetenzen" bzw. „Nature of Science" stärker um Konstrukte aus einer normativ-wertenden Perspektive, die als adäquates oder weniger adäquates Verständnis gemessen werden können.

Betrachten wir wissenschaftspropädeutische Kompetenzen aus einer bildungstheoretischen Perspektive, so wurde Wissenschaftspropädeutik nicht nur fachspezifisch gedeutet, sondern bezog sich vor allem auf einen fächerübergreifenden Vergleich von Wissenschaften (Hahn, 2008; Hentig et al., 1971). Während sich Wissenschaftspropädeutik zunächst stark auf den naturwissenschaftlichen Prozess zur Erkenntnisgewinnung begrenzte, wurden im Zuge fachdidaktischer Diskussionen anderer Disziplinen auch Konzepte zu sprach- und gesellschaftswissenschaftlichen Unterrichtsfächern entwickelt, die neben der fachlichen Betrachtung auch eine überfachliche Perspektive auf das System der Wissenschaften integrieren (z. B. Boggasch, 2011; Hahn, 2008; Kirchner, 2020). Hinter diesem Vorgehen bei der fachlichen Konkretisierung steht die Annahme, dass erst der Vergleich von wissenschaftlichen Disziplinen beispielsweise in Bezug auf ihre Voraussetzungen und Grenzen von generiertem Wissen deren Charakteristika deutlich machen kann.

Ein in der Literatur bekanntes Modell zur Konkretisierung und Strukturierung von Wissenschaftspropädeutik ist das Drei-Ebenen-Modell von Huber (1997). Dabei strukturierte Huber Wissenschaftspropädeutik in drei inhaltliche Bereiche:

> „Lernen und Einüben *in* Wissenschaft (Grundbegriffe, -methoden), *an* Wissenschaft (eine Haltung des Immer-weiter-fragens und Gründegebens) und *über* Wissenschaft (kritische Reflexion in größeren Zusammenhängen)" (Huber, 1997, S. 348).

Auch wenn die drei Ebenen eine Wissenschaft jeweils aus einer anderen Perspektive beleuchten, bauen diese doch hierarchisch aufeinander auf. Dabei beschreibt Huber (1998) die erste Ebene als *Wissenschaftspropädeutik im engeren Sinne*, in der sowohl Wissen über wissenschaftliche Strukturen und Erkenntnisweisen als auch Wissen und Anwendung von wissenschaftlichen Arbeitstechniken verortet sind. Die zweite Ebene beinhaltet die Entwicklung von Einstellungen und Verhaltensweisen, die für das wissenschaftliche Arbeiten bedeutsam sind (z. B. Neugier, Anstrengungsbereitschaft), während die dritte Ebene die Reflexion von Ideen und wissenschaftlichen Erkenntnissen in Bezug auf ihre Gewinnung, Grenzen und Konsequenzen thematisiert.

Aufbauend auf den theoretischen Überlegungen von Huber (1997, 1998) legte Müsche (2009) ein Strukturmodell zur Modellierung von wissenschaftspropädeutischen Kompetenzen vor. In ihrem Modell werden die drei Ebenen Hubers (1997) in drei hierarchisch geordnete Kompetenzdimensionen übersetzt: (1) meta-wissenschaftliches Wissen, (2) Methodenbewusstsein und (3) meta-wissenschaftliche Reflexion (Abb. 1). Dabei besteht die erste Dimension aus den folgenden zwei Teilkompetenzen: Grundbegriffe und Strukturen der Wissenschaft sowie Prinzipien und Verfahren der Wissenschaften kennen und systematisieren (Müsche, 2009).

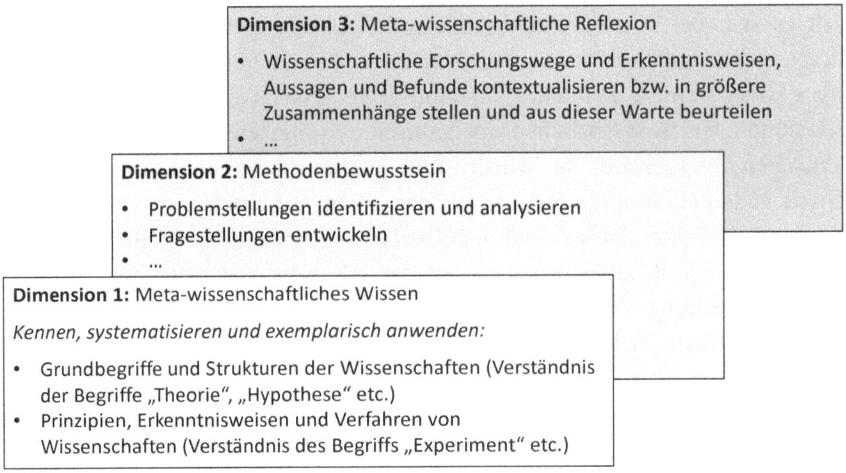

Dimension 3: Meta-wissenschaftliche Reflexion
- Wissenschaftliche Forschungswege und Erkenntnisweisen, Aussagen und Befunde kontextualisieren bzw. in größere Zusammenhänge stellen und aus dieser Warte beurteilen
- ...

Dimension 2: Methodenbewusstsein
- Problemstellungen identifizieren und analysieren
- Fragestellungen entwickeln
- ...

Dimension 1: Meta-wissenschaftliches Wissen
Kennen, systematisieren und exemplarisch anwenden:
- Grundbegriffe und Strukturen der Wissenschaften (Verständnis der Begriffe „Theorie", „Hypothese" etc.)
- Prinzipien, Erkenntnisweisen und Verfahren von Wissenschaften (Verständnis des Begriffs „Experiment" etc.)

Abbildung 1: Dreidimensionales Modell von Wissenschaftspropädeutik (eigene Darstellung in Anlehnung an: Müsche, 2009, S. 76ff.).

Der wesentliche Unterschied zwischen den Modellen liegt darin, dass Müsche (2009) aus ihrem Kompetenzmodell den Aufbau einer wissenschaftlichen Grundhaltung auslagert, da es sich hierbei eher um habituelle Personenmerkmale (wie beispielsweise Werthaltungen, gewohnheitsmäßige Präferenzen) handelt als um Kompetenzbeschreibungen. Daher fällt für Müsche (2009) der Umgang mit wissenschaftlichen Methoden in die zweite Kompetenzdimension, was sich einerseits aktiv – im Sinne eines eigenständigen Anwendens von ausgewählten Arbeitsweisen (z. B. Aussagen beweisen) – oder zumindest passiv – im Sinne eines Nachvollziehens vom Vorgehen bei der Erkenntnisgewinnung (z. B. Beweise verstehen) – zeigen kann. Anzumerken ist bei diesem Modell und dessen Konkretisierung, dass sich die Kompetenzbeschreibungen der einzelnen Dimensionen stark am naturwissenschaftlichen Erkenntnisprozess orientieren, z. B. „Verständnis der Begriffe ‚Theorie', ‚Hypothese' […] ‚Experiment' etc." (Müsche, 2009, S. 76), weshalb sich die Frage stellt, ob das Modell auf Mathematik als wissenschaftliche Disziplin überführbar ist und wie meta-wissenschaftliches Wissen über Mathematik bisher in der Literatur konzeptualisiert bzw. operationalisiert wurde.

2.2 Meta-wissenschaftliches Wissen

Bisher existieren unserer Ansicht nach nur wenige theoretische Konzeptualisierungen sowie empirische Studien, die sich mit Wissenschaftspropädeutik bzw. meta-wissenschaftlichem Wissen allgemein oder domänenspezifisch für Mathematik beschäftigen. Im folgenden Überblick über den Forschungsstand zu meta-wissenschaftlichem Wissen werden Evaluationsstudien zu extracurricularen Lehr- und Lernformaten im schulischen Kontext (z. B. Haus-/Facharbeiten oder sog. W-Seminare) bzgl. ihres wissenschaftspropädeutischen Potenzials (Boggasch, 2011; Frank, 2020; Krause, 2014) ausgeschlossen, da diese erstens nicht den regulären Mathematikunterricht betreffen und zweitens eher den Aufbau mathematikbezogener habitueller Personenmerkmale in den Blick nehmen.

Eberle et al. (2015) haben Studierende in der Schweiz mit erfolgreich abgeschlossenem ersten Studienjahr befragt, welches Wissen aus ihrer Sicht nötig ist, um Lehrveranstaltungen im ersten Studienjahr erfolgreich absolvieren zu können. Es zeigte sich, dass vor allem in den mathematikhaltigen Studiengängen ein angemessener Umgang mit Begriffen und Definitionen, d. h. Kenntnisse über Beispiele für einen Begriff sowie die Fähigkeit, neue Begriffe miteinander zu vernetzen, als relevant angegeben wurde. Die Relevanz des mathematischen Definierens konnte auch im Rahmen der als Delphi-Studie angelegten MaLeMINT-Untersuchung (Mathematische Lernvoraussetzungen für MINT-Studiengänge) bestätigt werden (Neumann et al., 2017; siehe auch Kapitel 3.1 in diesem Band). Hochschullehrende nannten für MINT-Studiengänge in Deutschland auch Kenntnisse zum „Wesen der Mathematik" als notwendige Lernvoraussetzung für ein MINT-Studium. Allerdings reicht es aus Hochschulsicht aus, wenn diese Vorstellungen zum Wesen der Mathematik als theoretisches Metawissen vorliegen (Ebene 1 von Müsche) und noch nicht selbst angewendet werden (Ebene 2 von Müsche) oder reflektiert werden können (Ebene 3 von Müsche).

Woltron (2020) hat ebenfalls eine mathematikdidaktische Sichtweise auf das meta-wissenschaftliche Wissen eingenommen und den Begriff *Nature of Mathematics* verwendet, jedoch ist seine Forschung stärker an die Beliefsforschung angebunden. Um die Vorstellungen über die Natur der Mathematik zu erheben, hat er Junglehrerinnen und Junglehrern für allgemeinbildende höhere sowie berufsbildende mittlere und höhere Schulen in Österreich einen Fragebogen vorgelegt und im Rahmen einer Follow-up-Studie Interviews geführt. Woltron (2020) stuft nur vier der 46 befragten Lehrerinnen und Lehrer als „informiert" ein, während er 13 den Status „naiv" und 29 den Status „transitional"[2] zugewiesen hat.

Im Rahmen des Projekts WiGeMath (Wirkung und Gelingensbedingungen von Unterstützungsmaßnahmen für mathematikbezogenes Lernen in der Studieneingangsphase; Lankeit et al., 2020) wurde das in Vorkursen erlernte Metawissen über Mathematik als wissenschaftliche Disziplin als Selbsteinschätzungsmaß erhoben. Die Skala umfasst fünf Items und bezieht sich inhaltlich auf ausgewählte Aspekte von Mathematik als wissenschaftliche Disziplin, namentlich Definitionen, Sätze und Beweise. Die Items sind dabei so formuliert, dass die Befragten auf einer sechsstufigen Likert-Skala einschätzen sollten, ob sie ein bestimmtes Wissen im Rahmen des besuchten Vorkurses erworben haben oder nicht. Dabei wurden insgesamt 1945 Studierende aus sechs Universitäten in Deutschland befragt. Es konnte gezeigt werden, dass das eingeschätzte Metawissen über Mathematik mit der eingeschätzten eigenen Studienvorbereitung korreliert. Diese Studie gibt einen ersten Einblick, wie meta-wissenschaftliches Wissen entlang der DTP-Struktur (definition-theorem-proof) konzeptualisiert und operationalisiert werden kann.

Zusammenfassend gibt es unserer Kenntnis nach kein umfassendes Modell von wissenschaftspropädeutischen Kompetenzen für Mathematik und auch nur wenige konkrete Forschungsaktivitäten zu wissenschaftspropädeutischen Kompetenzen (und damit auch meta-wissenschaftlichem Wissen) in Mathematik, was nach Dettmers et al. (2010) nicht zuletzt daran liegt, dass sich das Konstrukt durch seine hohe Komplexität sowie die fächerübergreifenden Aspekte nicht leicht in gängige Testformate übersetzen lässt. Es wurde deshalb der Versuch unternommen, ein Modell von wissenschaftspropädeutischen Kompetenzen fachspezifisch für Mathematik zu entwickeln. Um die Komplexität zu reduzieren, wird im ersten Schritt nur auf meta-wissenschaftliches Wissen fokussiert, und zwar nicht im fächerübergreifenden Kontext, sondern ausschließlich bezogen auf Mathematik als wissenschaftliche Disziplin. Im nächsten Abschnitt wird dafür zunächst geklärt, was neben Wissen über Definitionen, Sätze und Beweise noch Bestandteil von meta-wissenschaftlichem Wissen über Mathematik als wissenschaftliche Disziplin ist.

---

2 Die Zuordnung „transitional" (Übergangstyp) wurde dann vorgenommen, wenn die befragten Lehrkräfte zwischen vier und acht informierte Antworten (konform der Einschätzung eines Experten) auf zwölf Fragen gegeben haben.

2.3 Konzeptualisierung von meta-wissenschaftlichem Wissen über Mathematik

Meta-wissenschaftliches Wissen über Mathematik kann als Wissen über Grundbegriffe und den Aufbau von Mathematik verstanden werden. Dabei wird Mathematik in diesem Beitrag als eigenständige, wissenschaftliche Disziplin betrachtet und nicht als sog. anwendbare Disziplin, die beispielsweise in naturwissenschaftlichen oder sozialwissenschaftlichen Disziplinen Anwendung findet. Für die Mathematiklehrkräftebildung werden unter meta-wissenschaftlichem Wissen bzw. Metawissen über Mathematik

> „jene allgemeinsten erkenntnistheoretischen, wissenschaftsphilosophischen, weltanschaulichen, inhaltslogischen und inhaltspsychologischen Orientierungen verstanden, wie sie in impliziter Weise und nicht als Gegenstand einer ausgearbeiteten Theorie, nicht als Gegenstand der Philosophie als Profession, das Handeln desjenigen, der mit Wissen, in diesem Fall Mathematik, befaßt ist, regulieren" (IDM-Arbeitsgruppe Mathematiklehrerbildung, 1981, S. 259).

Im schulischen Kontext kann meta-wissenschaftliches Wissen über Mathematik als Wissen über die Spezifika der mathematischen Erkenntnisgewinnung angesehen werden, das Lernende durch exemplarische Erfahrungen der Genese mathematischen Wissens erwerben (Hefendehl-Hebeker, 1990). Dazu gehören insbesondere Wissen über die Grundbegriffe (z. B. „Definition"), die beim mathematischen Arbeiten (z. B. beim Prozess des Beweisens) angewendet werden, sowie Wissen über den Aufbau und die Struktur der Mathematik als wissenschaftliche Disziplin, das auch fachspezifische Denk- und Arbeitsweisen umfasst. In Anlehnung an Müsche (2009) beschreiben wir meta-wissenschaftliches Wissen entsprechend anhand von zwei Kernkategorien: (1) Grundbegriffe und Strukturen von Mathematik (Produkte) sowie (2) Prinzipien und Verfahren zur mathematischen Erkenntnisgewinnung (Prozesse). Anzumerken ist, dass diese zwei Kernkategorien nicht immer trennscharf sind. So kann beispielsweise der Begriff „Beweis" einerseits als Grundbegriff angesehen werden, aber andererseits ist das Beweisen ein zentraler Prozess, um Evidenz in der Mathematik zu generieren, und damit ein essenzieller Bestandteil der mathematischen Erkenntnisgewinnung.

Grundbegriffe und Strukturen von Mathematik: Jede wissenschaftliche Disziplin zeichnet sich durch (wissenschaftsbezogene) Grundbegriffe und Strukturen aus, mit denen sie ihr generiertes Wissen darstellt. In den naturwissenschaftlichen Disziplinen sind es beispielsweise Gesetze und Experimente, die bedeutend sind. Die Wissenschaft Mathematik verwendet Definitionen (als Festlegungen eines Begriffes), mathematische Aussagen (die beweisbar, widerlegbar oder unentscheidbar sein können), Axiome (als festgelegte Aussagen in einem System), Vermutungen (als bisher unbewiesene, aber potentiell beweisbare Aussagen), Sätze (bewiesene Aussagen) und Beweise (als deduktive Herleitung) (Fleischhack, 2010). Das Kennen dieser Grundbegriffe und ihrer Bedeutung zum Aufbau einer wissenschaftlichen Theorie gehören sicherlich zum meta-wissenschaftlichen Wissen.

Prinzipien und Verfahren zur mathematischen Erkenntnisgewinnung: Neben Grundbegriffen und Strukturen benötigt jede Wissenschaft Verfahren, um Evidenz zu generieren, und speziell Evidenzkriterien, mit denen sie die aufgestellten Theorien bzw. deren Aussagen überprüft. Die Wissenschaft Mathematik nutzt den Prozess des Beweisens, um die aufgestellten Vermutungen in einem Axiomensystem zu verifizieren oder durch Gegenbeispiele zu widerlegen (Heintz, 2000; Jahnke & Ufer, 2015). Eine streng formalisierte deduktive Herleitung würde bei fast allen mathematischen Aussagen jedoch sehr umfangreich sein, so dass publizierte Beweise in den meisten Fällen nur die dahinterliegenden Ideen widerspiegeln und von vollständig formalisierten Beweisen deutlich abweichen. Somit ist die Akzeptanz eines Beweises nicht allein durch Regeln der Logik gegeben, sondern wird durch den Diskurs in der mathematischen Community auf Basis geteilter Überzeugungen und geteiltem Hintergrundwissen generiert (Heintz, 2000; Knipping & Reid, 2013). Die Publikation eines Beweises dient aber nicht nur der Validierungsfunktion von Beweisen, sondern auch der Kommunikation von Methoden und der Systematisierung von Wissen (De Villiers, 1990), um die mathematische Theoriebildung voranzutreiben. Basis für die Entwicklung neuer mathematischer Vermutungen ist die Festlegung eines Systems aus Axiomen und grundlegenden Begriffen. Im Zuge der Generierung von Vermutungen und Beweisen zu diesen Vermutungen in der mathematischen Forschung ist die Festlegung von neuen Begriffen ein dynamischer Prozess – dieser Prozesscharakter der Mathematik wird aber nicht allen Lernenden deutlich: Einerseits wird dem Mathematikunterricht in der gymnasialen Oberstufe vorgeworfen, dass dieser überwiegend Mathematik als deduktiv geordnete Welt darstelle und die Kalkülorientierung dominiere (Borneleit et al., 2001), und andererseits würden in universitären Lehrveranstaltungen in der Regel nur abgesicherte mathematische Inhalte und damit Produkte dargestellt (Engelbrecht, 2010).

Zusammenfassend kann Mathematik als eine beweisende Wissenschaft angesehen werden (Heintz, 2000; Jahnke & Ufer, 2015), die sich durch eine formale Sprache mit spezifischen Charakteristika auszeichnet. Mathematische Begriffe haben dabei nicht zwangsläufig einen Bezug zur Realität, sondern sind innerhalb eines abstrakt-formalen deduktiven Systems definiert, in dem Beweise Aussagen auf Basis eines Axiomensystems verifizieren. Bezogen auf das meta-wissenschaftliche Wissen über Mathematik als wissenschaftliche Disziplin konnten daraus zwei Kernkategorien abgeleitet werden (Abb. 2), die als Fundament für die Binnenstruktur des meta-wissenschaftlichen Wissens angesehen werden können.

> **Dimension 3:** Meta-wissenschaftliche Reflexion
>
> **Dimension 2:** Methodenbewusstsein
>
> **Dimension 1:** Meta-wissenschaftliches Wissen
>
> *Kennen, systematisieren und exemplarisch anwenden:*
>
> - Grundbegriffe und Strukturen von Mathematik
> - Prinzipien und Verfahren zur mathematischen Erkenntnisgewinnung

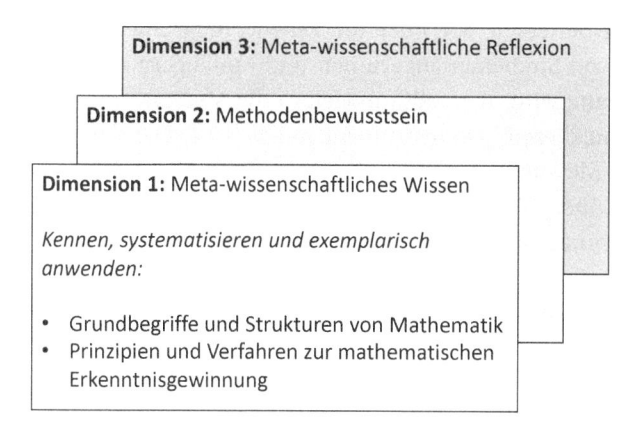

Abbildung 2: Drei Dimensionen von wissenschaftspropädeutischen Kompetenzen.

3 Ziel der vorliegenden Studie

Wie oben dargestellt, ist die Forschungslage zu wissenschaftspropädeutischen Kompetenzen im Bereich der Mathematikdidaktik unzureichend, was aus mehreren Gründen überraschend ist: Erstens ist es aus Sicht schulnaher Evaluationsforschung durchaus notwendig zu überprüfen, inwieweit die bildungspolitischen Ziele (KMK, 1972/2021; 1995) auch tatsächlich erreicht werden und mit welchen Kompetenzen letztendlich die Abiturientinnen und Abiturienten in den tertiären Bildungsbereich bzw. in das gesellschaftliche Leben einmünden. Voraussetzung dafür sind natürlich auch Konzepte, wie Dimensionen wissenschaftspropädeutischer Kompetenzen im Mathematikcurriculum adressiert werden, was wiederum eine klare Konstruktbeschreibung voraussetzen würde. Zweitens ist es plausibel anzunehmen, dass meta-wissenschaftliches Wissen über Mathematik die Studienzeit in einem Mathematikstudium (bzw. mathematikhaltigen Studium) für Studierende erleichtert. Folglich könnte es sinnvoll sein, Interventionen (z. B. Vorkurse) zu konzipieren, um Lücken im meta-wissenschaftlichen Wissen zu glätten. Entsprechend überraschend ist die geringe Beachtung, die wissenschaftspropädeutische Kompetenzen in der Diskussion zum Übergang Schule-Hochschule bezogen auf das Fach Mathematik erfahren.

In diesem Beitrag soll mit dem meta-wissenschaftlichen Wissen über Mathematik die erste Dimension wissenschaftspropädeutischer Kompetenzen nach Müsche (2009) fokussiert werden. Um Aussagen über das meta-wissenschaftliche Wissen über Mathematik von Absolventinnen und Absolventen des Gymnasiums treffen zu können, wird ein Instrument benötigt, welches dieses Wissen reliabel und valide misst. Daher ist das Ziel der vorliegenden Studie, ein objektives, reliables und valides Instrument zur Erfassung meta-wissenschaftlichen Wissens über Mathematik zu entwickeln, welches primär für Abiturientinnen und Abiturienten sowie Studienanfängerinnen und -anfänger einsetzbar sein soll.

Im Folgenden berichten wir über die Entwicklung eines Testinstruments. Anhand von Daten von Studienanfängerinnen und -anfängern aus einem mathematikhaltigen Studiengang wird überprüft, inwiefern die Messung von meta-wissenschaftlichem Wissen mit diesem Testinstrument möglich ist. Darüber hinaus prüfen wir, inwieweit bei der Messung Konstruktvalidität vorliegt. Dies wird dahingehend untersucht, indem wir überprüfen, ob das gemessene Konstrukt mit anderen Konstrukten erwartungskonform zusammenhängt. Die konkreten Fragestellungen lauten:

1. Ist die Messung von meta-wissenschaftlichem Wissen über Mathematik mit Hilfe des entwickelten Instruments möglich?

Da wir das Testinstrument theoriebasiert entwickelt und mit Expertinnen und Experten diskutiert haben, erwarten wir, dass das Testinstrument eine Messung mit akzeptabler Güte erlaubt.

2. Wie hängt das meta-wissenschaftliche Wissen über Mathematik mit bildungsbiographischen, motivationalen und kognitiven Personenmerkmale zusammen?

a) Als relevanten Indikator für bildungsbiographische Personenmerkmale haben wir die besuchten Mathematikkurse in der gymnasialen Oberstufe herangezogen. Wir vermuten, dass ein höheres meta-wissenschaftliches Wissen mit dem Besuch von Mathematikkursen auf höherem Anforderungsniveau (z.B. Leistungskurs) einhergeht. Diese Erwartung basiert auf normativen Gründen: Aus curricularer Perspektive erscheint es als wünschenswert anzunehmen, dass die Studierenden aus Mathematikleistungskursen über höhere wissenschaftspropädeutische Kompetenzen und damit auch meta-wissenschaftliches Wissen verfügen, weil laut KMK (1972/2021) wissenschaftspropädeutische Bildung vorrangig Aufgabe der Leistungskurse ist. Ebenso kann aufgrund der erhöhten Stundenanzahl in Leistungskursen und damit einhergehend einer breiteren und tieferen Auseinandersetzung mit Mathematik erwartet werden, dass der Unterricht auf Leistungskursniveau mehr Gelegenheiten zum Erlernen meta-wissenschaftlichen Wissens als Unterricht auf Grundkursniveau bietet.

b) Als relevante motivationale Personenmerkmale haben wir das Interesse und das Selbstkonzept bzgl. Beweisen identifiziert. Baumert und Köller (2000) konnten beispielsweise Zusammenhänge zwischen dem Selbstkonzept bzgl. physikalischen Fähigkeiten und Vorstellungen zu Erkenntnisweisen der Naturwissenschaften finden (vgl. auch Urhahne, 2006; Urhahne & Hopf, 2004). Basierend auf Untersuchungen in den Naturwissenschaften gehen wir davon aus, dass das Selbstkonzept bzgl. Beweisen als zentrale Arbeitsweise in der Mathematik als wissenschaftliche Disziplin mit meta-wissenschaftlichem Wissen zusammenhängt. Ähnlich zum Selbstkonzept erwarten wir ebenso Zusammenhänge zwischen dem Interesse bzgl. Beweisen sowie meta-wissenschaftlichem Wissen.

c) Zusätzlich haben wir die Abiturnote und die letzte Mathematiknote als Indikatoren für kognitive Personenmerkmale erhoben und analysiert. Wir vermuten, dass ein höheres meta-wissenschaftliches Wissen mit höheren allgemein-schulischen und fachspezifischen Leistungen einhergeht. Aus der Untersuchung von Müsche (2012) wird ebenfalls ersichtlich, dass eine höhere Lernleistung im Fach Mathematik bzw. mathematisches Vorwissen und allgemein-schulische Lernleistungen mit einer realistischeren Vorstellung von der wissenschaftlichen Disziplin Mathematik und einer genaueren Einschätzung ihrer gesellschaftlichen Bedeutung sowie Alltagsrelevanz einhergehen.

4 Methodisches Vorgehen

4.1 Testkonzeption, -aufbau und -erprobung

Für die Entwicklung des Testinstruments zur Messung meta-wissenschaftlichen Wissens über Mathematik wurden neben der Analyse von theoretischen Konzeptionen (z. B. Müsche, 2009) vorhandene Erhebungsinstrumente zum Wissen über die Natur der Naturwissenschaften (z. B. Chen, 2006; Heering & Kremer, 2017; Lederman et al., 2002; Urhahne & Hopf, 2004) sowie Arbeiten zur Natur der Mathematik (z. B. Woltron, 2020 mit größtenteils offenen Items) herangezogen. Zunächst konnten durch theoretische Vorüberlegungen sowie durch Anpassung von Items zur Natur der Naturwissenschaften an Mathematik ein vorläufiger Itempool von etwa 50 Items entwickelt werden, der nach der Diskussion in der Arbeitsgruppe der Didaktik der Mathematik reduziert wurde. Um Auswertungsobjektivität zu gewährleisten, wurde sich für ein Single-Multiple-Choice- bzw. Complex-Multiple-Choice-Antwortformat entschieden, deren Antworten mit 1 = „richtig" und 0 = „falsch" kodiert worden sind.

Um die inhaltliche Validität des Instrumentes zu stützen, wurden eine Expertinnen- und Expertenbefragung mit 13 aktiv forschenden Mathematikerinnen und Mathematikern sowie eine anschließende Gruppendiskussion durchgeführt. Im Rahmen der Gruppendiskussion wurden Items besprochen, bei denen es im Rahmen der anfänglichen Befragung zu Uneinigkeit zwischen den Expertinnen und Experten gekommen ist. Neben der sprachlichen Anpassung einiger Items zum meta-wissenschaftlichen Wissen musste ein Item eliminiert und bei einem Item das Antwortformat angepasst werden. Beispielsweise musste das Item zu Eigenschaften von Axiomen gestrichen werden, da kein Konsens im Rahmen der Befragung sowie der anschließenden Gruppendiskussion bzgl. zweier Antwortmöglichkeiten („*Für die Wahl von Axiomen bedarf es keiner inhaltlichen Begründung, sondern sie ist willkürlich.*" und „*In einem Axiomensystem kann nicht beurteilt werden, ob die verwendeten Axiome richtig oder falsch sind.*") gefunden werden konnte.

Um die Verständlichkeit und Praktikabilität der Items im Erhebungskontext zu gewährleisten, wurde anschließend eine Pilotierungsstudie mit 47 Lehramtsstudierenden mit Fach Mathematik durchgeführt. Die Teilnehmerinnen und Teilnehmer der Pilotierungsstudie merkten an, dass die Items zum großen Teil verständlich sind.

Daneben benötigten die Studierenden weniger als 20 Minuten Zeit, um die Items zum meta-wissenschaftlichen Wissen zu bearbeiten, was für die Machbarkeit (im Sinne einer Praktikabilität) spricht. Basierend auf den Ergebnissen der Pilotierungsstudie musste ein Item zum meta-wissenschaftlichem Wissen aus dem Itempool ausgeschlossen werden, weil es negativ mit der Gesamtskala korrelierte.

Nach diesen Voruntersuchungen lagen insgesamt 21 Items vor, die beide Kernkategorien des meta-wissenschaftlichen Wissens über Mathematik als wissenschaftliche Disziplin abdecken. Abbildung 3 zeigt eines der verwendeten Items: Bei diesem Single-Multiple-Choice-Item steht das Wissen zum Grundbegriff „Vermutung" im Vordergrund.

Eine Vermutung ist …	
	… eine gültige Aussage, die nicht bewiesen werden muss.
	… eine Aussage, bei der nicht bewiesen ist, ob sie wahr oder falsch ist.[+]
	… eine Äußerung, bei der etwas als Tatsache dargestellt wird.
	… die Annahme über die Gültigkeit eines Axioms.

Abbildung 3: Beispielitem „Vermutung" mit korrekter Lösung ([+]).

Ein Complex-Multiple-Choice-Item zur Illustration des Testinstruments ist in Abbildung 4 abgedruckt: Dieses Item fokussiert das Wissen zu typischen mathematischen Arbeitsweisen.

MathematikerInnen …	
	… experimentieren mit Begriffen und Operationen, um mathematische Vermutungen aufzustellen.[+]
	… nutzen Beweise oder Simulationen, um Aussagen zu verifizieren.[+]
	… arbeiten heute neben Stift und Papier auch an Computern.[+]
	… stellen nur dann Vermutungen auf, wenn sie von der Richtigkeit dieser überzeugt sind.

Abbildung 4: Beispielitem „Mathematische Arbeitsweisen" mit korrekter Lösung ([+]).

4.2 Durchführung und Stichprobe

Das Testinstrument wurde an der Otto-von-Guericke-Universität Magdeburg zu Beginn des Wintersemesters 2020/21 eingesetzt und aufgrund der Einschränkungen durch die COVID19-Pandemie in einer Onlinebefragung genutzt. Zielgruppe waren Studierende, die laut gültiger Studien- und Prüfungsordnung im ersten Fachsemester eine Mathematikveranstaltung obligatorisch belegen mussten. Hierfür wurden fünf Veranstaltungen identifiziert, die sich vor allem an Studierende aus dem ersten Fachsemester richteten. Da die Studierenden den Test nicht während der Veranstaltungszeit bearbeiten konnten, wurde die Teilnahmemotivation durch ein Gewinnspiel bzw. eine Bonuspunkteregelung im Rahmen der jeweiligen Veranstaltung verstärkt. Der Test enthielt neben den oben beschriebenen Items auch Fragen zu soziodemographischen Hintergrundmerkmalen wie z. B. Alter. Die selbstständige Bearbeitung der gesamten Befragung dauerte im Mittel 38 Minuten ($SD = 14$ Minuten), wovon etwa 23 Minuten auf die Bearbeitung dieses Leistungstests entfielen.

Insgesamt konnte eine Gelegenheitsstichprobe von insgesamt 313 Studierenden aus mathematikhaltigen Studiengängen (42,8 % weiblich) realisiert werden. Die Studienteilnehmerinnen und -teilnehmer waren größtenteils (63,6 %) zwischen 19 und 21 Jahren alt und die Mehrzahl (81,8 %) der Befragten gab an, dass sie sich im ersten oder zweiten Semester ihres Bachelorstudiums befanden.

Die befragten Studierenden waren in Bachelorstudiengänge eingeschrieben, in denen Grundlagenvorlesungen zur Mathematik bzw. zu mathematischen Methoden als Pflichtveranstaltungen im ersten Fachsemester vorgesehen sind. Von den Befragten waren 50,8 % in einem sozial- oder wirtschaftswissenschaftlichen Studiengang, 22,0 % in einem lehramtsbezogenen Studiengang (von diesen studieren 4,3 % das Unterrichtsfach Mathematik), 15,0 % in einem technischen, 8,0 % in einem informatischen Studiengang und 4,2 % in anderen Studiengängen eingeschrieben.

Aufgrund von fehlenden Werten konnte nicht jeder Person ein Wert in jeder Variablen zugeordnet werden (z. B., wenn Items von den Befragten übersprungen wurden). Aufgrund der großen Ausgangsstichprobe und des Ziels der Instrumentenentwicklung in dieser Studie haben wir für die einzelnen Analysen ausschließlich Personen mit jeweils vollständigen Datensätzen zugelassen (*fallweiser Ausschluss*). Dadurch weichen die Fallzahlen in den Analysen geringfügig ab (bis zu 12,2 %).

4.3 Weitere Personenmerkmale

Ergänzend zum meta-wissenschaftlichen Wissen wurden die Abiturnote (von 1,0 (sehr gut) bis 4,0 (ausreichend)) und die letzte Schulhalbjahresnote im Fach Mathematik (Punkte von 0 Punkten (ungenügend) bis 15 Punkte (sehr gut)) als Indikatoren für die Schulleistung herangezogen. Dabei rangierten die Abiturnoten zwischen 1,0 und 3,6 und die Punkte in Mathematik zwischen 1 und 15 Punkten. Da das Beweisen ein zentraler Prozess der Erkenntnisgenerierung in der Mathematik ist, haben wir das Interesse und das Selbstkonzept bzgl. Beweisen erhoben. Konkret wurden das Selbstkonzept bzgl. Beweisen mit drei Items (Rach et al., 2017, *Cronbachs* $\alpha = 0{,}80$) und das Interesse bzgl. Beweisen mit vier Items (Ufer et al., 2017, *Cronbachs* $\alpha = 0{,}85$) gemessen. Dabei wurde eine vierstufige Likert-Skala (1 = „trifft nicht zu" bis 4 = „trifft zu") eingesetzt. Die Merkmale weisen keine Decken- oder Bodeneffekte auf und korrelierten meistens schwach bis mittel miteinander (vgl. Tab. 1).

Tabelle 1: Deskriptivstatistik und Korrelationen der erhobenen Personenmerkmale.

Merkmal	M	SD	SB	Abi	Punkte
Interesse Beweisen (1–4)	1,99	0,71	0,59**	-0,13*	0,23**
Selbstkonzept Beweisen (SB, 1–4)	2,30	0,72		-0,18**	0,23**
Gesamt-Abiturnote (Abi, 1,0–4,0)	2,52	0,59			-0,43**
Punkte in Mathematik (Punkte, 0–15)	7,99	3,74			

Anmerkung: ** $p < 0,01$, * $p < 0,05$.

5 Ergebnisse

Ziel dieser Studie ist es, ein objektives, reliables und valides Testinstrument zur Erfassung des meta-wissenschaftlichen Wissens in Mathematik von Abiturientinnen und Abiturienten sowie Studienanfängerinnen und -anfängern zu entwickeln. Bis hierhin kann bereits festgehalten werden, dass Objektivität, Machbarkeit (im Sinne der Praktikabilität) sowie Inhaltsvalidität gegeben sind: Objektivität zeigt sich sowohl im Sinne einer Durchführungsobjektivität (durch das standardisierte Erhebungsformat) als auch im Sinne einer Auswertungsobjektivität (durch das geschlossene Itemformat). Es zeigte sich außerdem, dass die Bearbeitungszeit des Instruments angemessen war und es nur zu wenigen fehlenden Werten gekommen ist. Die Inhaltsvalidität des Tests konnte durch die Expertinnen- und Expertenbefragung gesichert werden.

Im Folgenden werden zunächst die psychometrischen Eigenschaften des Instruments berichtet, um die Machbarkeit der Messung des meta-wissenschaftlichen Wissens herauszustellen. Daraufhin wird die Konstruktvalidität überprüft, indem Zusammenhänge zwischen meta-wissenschaftlichem Wissen und bestimmten Personenmerkmalen analysiert werden.

5.1 Psychometrische Eigenschaften der Skala „meta-wissenschaftliches Wissen"

Basierend auf der Analyse der Aufgabenschwierigkeiten und Trennschärfen konnten zunächst alle 21 Items beibehalten und für die weiteren Analysen genutzt werden. Der entwickelte Itempool weist akzeptable Itemschwierigkeiten ($0,08 \leq p \leq 0,84$) sowie akzeptable Trennschärfen ($0,17 \leq r \leq 0,49$) auf (vgl. Billings & Halstead, 2016; Lienert & Raatz, 1998). Diese Ergebnisse deuten darauf hin, dass einige Items als eher schwierig einzustufen sind, während der Test insgesamt eine recht große und damit zufriedenstellende Spannweite bzgl. der Aufgabenschwierigkeit aufweist. Das Beispielitem „Vermutung" ist ein eher einfaches Item (relative Lösungshäufigkeit: 0,83), während das Beispielitem „Mathematische Arbeitsweisen" eher als schwieriges Item bezeichnet werden kann (relative Lösungshäufigkeit: 0,33). Die interne Konsistenz der Skala (*Cronbachs Alpha* = 0,65, *n* = 292) kann aufgrund der Breite des Konstrukts ebenfalls als noch akzeptabel eingestuft werden (DeVellis, 2012). Die Verteilung der erzielten Leistung im Test zum meta-wissenschaftlichem Wissen über Mathematik ist in Abbildung 5 abgedruckt. Im Mittel erreichen die Studierenden 10,29 Punkte (*SD* = 3,42 Punkte) von maximal 21 zu erreichenden Punkten. Dabei rangieren die Testergebnisse von 2 bis zu 18 Punkten.

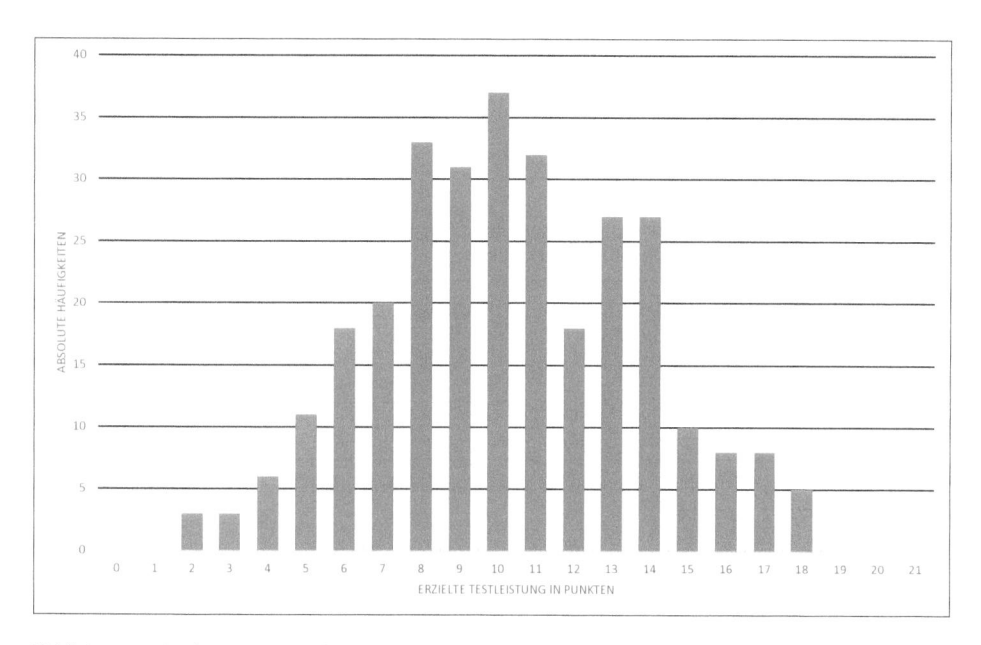

Abbildung 5: Deskriptive Verteilung der erzielten Testleistungen.

5.2 Zusammenhang des meta-wissenschaftlichen Wissens mit weiteren Personenmerkmalen

Es wurde erwartet, dass Jugendliche, die Mathematikkurse auf höherem Anforderungsniveau belegt haben, ein umfangreicheres meta-wissenschaftliche Wissen über Mathematik aufweisen als Jugendliche aus Mathematikkursen mit niedrigerem Anforderungsniveau. Die Ergebnisse sind in Tabelle 3 dargestellt. Zwar weisen die Studierenden, die im Rahmen ihrer gymnasialen Oberstufe einen Leistungskurs im Fach Mathematik besuchten, deskriptiv eine etwas höhere Testleistung auf (*M* = 10,27) gegenüber den Studierenden, die Mathematik auf Grundkursniveau belegt haben (*M* = 9,86), aber der Mittelwertunterschied fällt nicht signifikant aus. Somit kann unsere erste Erwartung nicht bestätigt werden, wobei zu beachten ist, dass es bei gut einem Drittel der Studienteilnehmerinnen und -teilnehmer in Mathematik keine Kursdifferenzierung nach Anforderungsniveau gab.

Tabelle 2: Ergebnis des Welch-t-Tests zwischen Kursniveau.

Skala	Leistungskurs ($n = 79$) M (SD)	Grundkurs ($n = 127$) M (SD)	$t(117.07)$
Meta-wissenschaftliches Wissen	10,27 (4,08)	9,86 (2,93)	0,76 (n.s.)

Anmerkung: n.s. = nicht signifikant. 107 Studierende haben angegeben, dass im Rahmen ihrer gymnasialen Oberstufe nicht zwischen Leistungs- und Grundkursen differenziert wurde.

Weiterhin wird überprüft, ob Studierende mit höherem Selbstkonzept bzw. höherem Interesse bzgl. Beweisen bzw. besseren kognitiven Leistungsindikatoren (operationalisiert durch Abiturnote und der letzten Mathematiknote) bessere Leistungen im Test zum meta-wissenschaftlichen Wissen erzielen.

Tabelle 3: Produkt-Moment-Korrelationen (Bootstrap-Typ) zwischen meta-wissenschaftlichem Wissen und weiteren Personenmerkmalen.

	Selbstkonzept Beweisen	Interesse Beweisen	Abiturnote	Letzte Mathematiknote (Punkte)
Meta-wissenschaftliches Wissen	0,19**	0,16**	-0,40**	0,24**

Anmerkung: ** $p < 0,01$. Die Abiturnote reicht von 1,0 (sehr gut) bis 4,0 (ausreichend), die Punkte in Mathematik von 0 (ungenügend) bis 15 (sehr gut).

Aus Tabelle 3 lässt sich entnehmen, dass sowohl das Selbstkonzept bzgl. Beweisen ($r = 0,19$, $p < 0,01$) als auch das Interesse bzgl. Beweisen ($r = 0,16$, $p < 0,01$) mit dem meta-wissenschaftlichen Wissen schwach positiv korrelieren. Ebenfalls konnten signifikante Korrelationen bzgl. des meta-wissenschaftlichen Wissens mit kognitiven Maßen ermittelt werden: Meta-wissenschaftliches Wissen korreliert signifikant positiv mit der letzten Mathematiknote ($r = 0,24$, $p < 0,01$) auf schwachem Niveau, wohingegen eine moderate, negative Korrelation zwischen meta-wissenschaftlichem Wissen und Abiturnote ($r = -0,40$, $p < 0,01$) festgestellt werden konnte. Die erwartungsgemäßen Zusammenhänge können als Hinweise für die Konstruktvalidität unseres Testinstruments betrachtet werden.

Der Frage, inwieweit das meta-wissenschaftliche Wissen über Mathematik aufgrund der vier Personenmerkmale variiert, wurde mit einer multiplen linearen Regressionsanalyse mit Einschluss-Verfahren nachgegangen. Zusätzlich wurde die Semesteranzahl im Rahmen der multiplen linearen Regressionsanalyse als Kontrollvariable einbezogen, um einen möglichen Zugewinn des meta-wissenschaftlichen Wissens im Rahmen des Studiums und damit eine mögliche Einflussnahme auf die schulischen Variablen zu kontrollieren. Eine Kollinearitätsdiagnose bezogen auf das Kriterium des meta-wissenschaftlichen Wissens ergab keine hohe Multikollinearität: Alle VIF-Werte der unabhängigen Variablen rangieren zwischen 1,09 und 1,58. Damit überschreiten keine VIF-Werte den Wert von 10 (Hair et al., 2006), d. h., alle vier Personenmerkmale und die Kontrollvariable konnten in die Analyse einbezogen werden. Die Ergebnisse sind in Tabelle 4 aufgeführt.

Tabelle 4: Ergebnisse der multiplen linearen Regressionsanalyse.

Modell	B	Standardfehler	t	p
(Konstante)	15,09	1,47	10,29	< 0,01
Interesse Beweisen	-0,06	0,35	-0,18	0,86
Selbstkonzept Beweisen	0,43	0,33	1,31	0,19
Abiturnote	-1,92	0,36	-5,39	< 0,01
Punkte in Mathematik	0,02	0,06	0,33	0,74
Fachsemester[1]	-0,97	0,49	-1,99	< 0,05

Anmerkung: [1] 1 ≅ 1. oder 2. Fachsemester, 2 ≅ 3. Fachsemester oder höher.
$R^2 = 0{,}17$; $F(5{,}269) = 11{,}20$, $p < 0{,}01$

Es zeigt sich, dass das Modell insgesamt 17 % der Varianz erklärt, was nach Cohen (1988) einer moderaten Varianzaufklärung entspricht. Entgegen den Ergebnissen aus der Korrelationsanalyse (Tab. 3) wird auffällig, dass bzgl. des meta-wissenschaftlichen Wissens nur ein Zusammenhang mit der Abiturnote besteht ($B = -1{,}92$, $p < 0{,}01$), d. h. die anderen Korrelationen aus Tabelle 3 können allein durch den gemeinsamen Zusammenhang mit der Abiturnote erklärt werden. Darüber hinaus zeigt sich, dass Studierende im ersten oder zweiten Fachsemester über ein höheres meta-wissenschaftliches Wissen verfügen als Studierende aus höheren Fachsemestern.

6 Diskussion

6.1 Zusammenfassung

Ziel dieser Studie war es, ein objektives, reliables und valides Testinstrument zur Erfassung des meta-wissenschaftlichen Wissens über Mathematik von Schülerinnen und Schülern in der gymnasialen Oberstufe bzw. von Studierenden zu Beginn ihres Studiums zu entwickeln. Die Entwicklung der Testitems durchlief dabei mehrere Validierungsprozesse: Inhaltsvalidität ist durch die Expertinnen- und Expertenbefragung gesichert. Zur Überprüfung weiterer Gütekriterien wurde eine Befragung mit 313 Studierenden aus mathematikhaltigen Studiengängen durchgeführt. Die Ergebnisse der Analyse auf Itemebene zeigen, dass die 21 entwickelten Items über adäquate Itemschwierigkeiten und Trennschärfen verfügen. Die interne Konsistenz ist als akzeptabel zu beschreiben. Die Bearbeitungszeit der entwickelten Items beträgt dabei im Durchschnitt 23 Minuten und ist aus zeitökonomischen Gründen damit gut einsetzbar. Zur Überprüfung der Konstruktvalidität des Testinstruments wurden Zusammenhänge zu weiteren Personenmerkmalen berechnet und auf ihre Erwartungskonformität überprüft.

Vor dem Hintergrund, dass uns bisher keine Testinstrumente zur Messung von fachspezifischen wissenschaftspropädeutischen Kompetenzen in Mathematik, konkret von meta-wissenschaftlichen Wissen, bekannt sind und dementsprechend auch keine empirischen Ergebnisse zu diesen Kompetenzen vorliegen, ist es nicht möglich, unsere deskriptiven Befunde in die bisherige mathematikdidaktische Forschung einzuordnen. Die befragten Studierenden erzielten im Mittel 10,29 Punkte (SD = 3,42), wodurch sie damit knapp unter dem Skalenmittelwert von 10,50 lagen. Zudem ist eine substanzielle Streuung zu erkennen, was auch in Beiträgen zum Konzept Nature of Science berichtet wird (vgl. Michel & Neumann, 2016). Aus den Ergebnissen könnte man ableiten, dass das meta-wissenschaftliche Wissen über Mathematik von Schulabgängerinnen und -abgängern eher moderat ausgebildet ist und noch bei einem substanziellen Anteil von Studienanfängerinnen und -anfängern ausbaufähig ist. Bezogen auf die beiden Kernkategorien des Tests zeigte sich das folgende Bild: Die Studienanfängerinnen und -anfänger schienen eher weniger Probleme bzgl. des Wissens um Grundbegriffe und Strukturen von Mathematik als wissenschaftliche Disziplin zu haben. In diesem Bereich kam es prinzipiell nur dann zu unterdurchschnittlichen Lösungshäufigkeiten, wenn es explizit um den Grundbegriff *Axiom* ging oder Antwortalternativen diesen Begriff enthielten. Die Items um das Wissen zu mathematischen Prinzipien und Verfahrensweisen der mathematischen Erkenntnisgewinnung schienen den Studierenden schwieriger zu fallen. Besonders problematisch waren Items, die das Definieren und die Verwendung der mathematischen Sprache fokussieren. Hier rangieren die relativen Lösungshäufigkeiten zwischen 0,08 und 0,47. Allerdings sollte beachtet werden, dass die Daten ohne Vorliegen eines sinnvollen Vergleichsmaßstabs nur vorsichtig zu interpretieren sind.

In Bezug auf die Überprüfung der Konstruktvalidität des Instruments können die folgenden Ergebnisse berichtet werden. Wir konnten keine Hinweise dafür liefern, dass Schülerinnen und Schüler in Leistungskursen mehr meta-wissenschaftliches Wissen erworben haben als Schülerinnen und Schüler in Grundkursen. Dieses Ergebnis ist erstaunlich, denn die KMK (1972/2021) sieht vor allem die Leistungskurse in der Verantwortung wissenschaftspropädeutische Kompetenzen (und damit auch meta-wissenschaftliches Wissen) zu fördern bzw. zu vermitteln. Dadurch, dass es wenige Erkenntnisse dazu gibt, wie der reale Mathematikunterricht in der gymnasialen Oberstufe gestaltet wird und welche Ziele von den Lehrkräften fokussiert werden, ist es möglich, dass sich der Mathematikunterricht im Leistungskurs nicht sonderlich von dem in Grundkursen bzgl. der Förderung wissenschaftspropädeutischer Kompetenzen unterscheidet. Im Gegensatz zur Erwartung a) konnten die Erwartungen b) und c) bestätigt werden, d. h. es konnten erwartungsgemäße Zusammenhänge zwischen meta-wissenschaftlichem Wissen und relevanten affektiv-motivationalen Merkmalen sowie den einbezogenen kognitiven Personenmerkmalen (Schulnoten) berichtet werden. Allerdings zeigte sich, dass die letzte Mathematiknote nur gering mit dem meta-wissenschaftlichen Wissen zusammenhängt. Dies ist möglicherweise damit zu erklären, dass einzelne Schulnoten nur bedingt geeignet sind, um fachbezogene Kompetenzen abzubilden, da die Objektivität und Reliabilität von einzelnen Schulnoten angezweifelt wird (Wilhelm & Kunina-Habenicht, 2020). Als besseres Einzelmaß für die Prädiktion von meta-wissenschaftlichem Wissen ist daher die Gesamt-Abiturnote geeignet, die durch mehrere Noten und Leistungen in Abiturprüfungen festgelegt ist und dadurch weniger anfällig für Messfehler ist als einzelne Schulnoten. In Bezug auf den Zusammenhang von meta-wissenschaftlichem Wissen und affektiven Merkmalen gibt es divergierende Ergebnisse. Die Korrelationsanalysen zeigen, dass Studierende mit einem höheren Selbstkonzept bzgl. Beweisen bzw. einem höheren Interesse bzgl. Beweisen im Mittel ein höheres meta-wissenschaftliches Wissen als ihre Kommilitoninnen und Kommilitonen mit niedrigerem Selbstkonzept und Interesse aufweisen. Die Ergebnisse der multiplen linearen Regressionsanalyse zeigen jedoch, dass die affektiven Merkmale unter Kontrolle der Abiturnote keine Varianz im Wissen erklären. Dieses Ergebnis liefert Hinweise, dass für den Erwerb von meta-wissenschaftlichem Wissen die affektiven Merkmale eine eher untergeordnete Rolle spielen. Insgesamt sind 17 % der Varianz im meta-wissenschaftlichen Wissen durch die verwendeten Personenmerkmale erklärbar.

6.2 Limitationen

Die vorliegende Studie weist einige Limitationen auf. Aus forschungspragmatischen Gründen wurde sich bei der Akquirierung der Stichprobe dafür entschieden, Studierende einzubeziehen anstatt Abiturientinnen und Abiturienten, die im Rahmen der Pandemiesituation schon äußerst belastet waren. Hier muss allerdings von einer „Positivselektion" ausgegangen werden, weil die einbezogenen Studierenden in mathematikhaltigen Studiengängen eingeschrieben waren und in den ersten Studienwochen sowie in potentiell belegten Vorkursen meta-wissenschaftliches Wissen erworben haben könnten. Neben der Stichprobe kann auch das Studiendesign durch die COVID19-Pandemie beeinträchtigt worden sein: Denn aus diesem Grund musste die Erhebung als Onlinebefragung außerhalb des regulären Lehrbetriebs durchgeführt werden. Daher muss angenommen werden, dass die Testmotivation der Studierenden geringer ausgeprägt war im Vergleich zu üblichen Erhebungskontexten.

Wie beschrieben ist die Reliabilität des Testinstruments zwar akzeptabel, aber nicht im guten Bereich, sodass zu fragen ist, wie die Reliabilität des Instruments verbessert werden könnte. Es wäre denkbar, weitere Items zu formulieren oder vorhandene Items so auszuschließen, dass das Konstrukt trotzdem noch umfassend durch die Items abgedeckt bleibt. Hieran schließt die Frage an, inwieweit die Items das Konstrukt in seiner Breite abdecken. Zur Überprüfung der inhaltlichen Validität wurden Mathematikerinnen und Mathematiker als Expertinnen und Experten befragt. Allerdings sichert dieses Vorgehen noch nicht, dass das Konstrukt umfänglich durch die Items abgebildet wird. Es ist vorstellbar, dass eine wissenschaftstheoretische bzw. -philosophische Sicht das Konstrukt in seiner Gänze schärfen und dazu beitragen könnte, Inhalte zu identifizieren, die noch nicht durch die Items abgebildet werden. Ebenfalls könnte sich das Konstrukt aus mehreren Komponenten zusammensetzen – eine zweifaktorielle Struktur des Tests mit erstem Faktor „Grundbegriffe und Strukturen von Mathematik" und zweitem Faktor „Prinzipien und Verfahren zur mathematischen Erkenntnisgewinnung" wäre beispielsweise denkbar. Unsere bisherigen Analysen deuten jedoch nicht darauf hin, dass sich das Konstrukt in mehrere Komponenten aufspalten lässt.

Um meta-wissenschaftliches Wissen über Mathematik zu erheben, ist es nicht ausreichend, sich allein auf Mathematik als wissenschaftliche Disziplin (vor allem vor dem Hintergrund der vorherrschenden Unterrichtspraxis) zu beschränken. Es müssten also noch Bemühungen dahingehend unternommen werden, theoriebasiert Kategorien für meta-wissenschaftliches Wissen über Mathematik als anwendbare Disziplin für andere Wissenschaftsdisziplinen zu entwickeln (z. B. „Modell" als Grundbegriff der anwendbaren Disziplin Mathematik). Hier wäre zunächst die Frage zu beantworten, ob es überhaupt möglich ist, meta-wissenschaftliches Wissen über Mathematik als anwendbare Disziplin für alle Wissenschaftsdisziplinen zu konzeptualisieren oder ob für jede Wissenschaftsdisziplin andere Grundbegriffe und Strukturen des mathematischen Arbeitens wichtig sind. Hier lassen sich einige Kongruenzen zur prozessbezogenen Kompetenz des mathematischen Modellierens (Blum et al., 2007) erkennen (vgl. Kapitel 1.2 in diesem Band).

6.3 Ausblick

Insgesamt sprechen die Ergebnisse dafür, dass das im Rahmen dieser Studie entwickelte Testinstrument ein geeignetes Instrument zur Erfassung des meta-wissenschaftlichen Wissens über Mathematik von Studienanfängerinnen und Studienanfängern ist und in künftigen Untersuchungen eingesetzt werden kann. Einerseits wäre es interessant zu untersuchen, inwieweit meta-wissenschaftliches Wissen bzw. wissenschaftspropädeutische Kompetenzen prädiktiv für den Studienerfolg in mathematikhaltigen Studiengängen sind und ob es möglicherweise einen Schwellenwert gibt, der notwendig oder hinreichend ist, um in einem derartigen Studiengang erfolgreich zu sein. Aufbauend darauf könnten (gemeinsam mit Lehrkräften) unterrichtliche Lernumgebungen für den Mathematikunterricht der gymnasialen Oberstufe entwickelt werden, welche im Besonderen darauf abzielen, meta-wissenschaftliches Wissen aufzubauen. Wie oben angeklungen ist, stellt sich weiterhin die Frage, inwieweit meta-wissenschaftliches Wissen über Mathematik und mathematisches Wissen (in einem speziellen Gebiet) zwei unterschiedliche latente Merkmale sind. Um diese Frage zu klären, wird im Rahmen einer aktuellen Studie mit Vorkursteilnehmerinnen und -teilnehmern neben meta-wissenschaftlichem Wissen über Mathematik auch mathematisches Wissen (im Gebiet der Analysis und der linearen Algebra) erhoben.

Zudem ist zu überlegen, in welchem Maße die Zieldimension „Wissenschaftspropädeutik", wie wir sie hier darstellen, im Mathematikunterricht der gymnasialen Oberstufe überhaupt erreicht werden kann. Denn aufgrund weiterer Zieldimensionen der gymnasialen Oberstufe wie „vertiefte Allgemeinbildung" und „Studierfähigkeit" kann die Frage gestellt werden, welchen Platz die wissenschaftliche Disziplin Mathematik in der Oberstufe einnehmen soll und inwieweit dann der Aufbau wissenschaftspropädeutischer Kompetenzen geleistet werden kann. Denn die wissenschaftliche Disziplin Mathematik unterscheidet sich in vielen Charakteristika von der Schulmathematik (Hefendehl-Hebeker, 2016), so dass gerade in Kursen mit wenigen Wochenstunden nur bedingt Zeit sein wird, alle Ziele im Fach Mathematik substanziell zu bearbeiten. Auf die Problematik bzgl. der begrenzten Zeit verweist auch Schmitt (2017), der einen reflexionsorientierten Algebra-Unterricht vorschlägt, welcher vor allem die Dimension der meta-wissenschaftlichen Reflexion in den Vordergrund stellt.

Darüber hinaus ist es interessant der Frage nachzugehen, welches Niveau an wissenschaftspropädeutischen Kompetenzen von Abiturientinnen und Abiturienten aus empirischer Sicht erwartet werden kann, die ein mathematikhaltiges Studium anstreben. Dafür wäre es notwendig, neben dem meta-wissenschaftlichen Wissen (erste Dimension wissenschaftspropädeutischer Kompetenzen) auch das Methodenbewusstsein (zweite Dimension) und meta-wissenschaftliche Reflexion (dritte Dimension) zu konzeptualisieren, zu operationalisieren und in Form eines Testinstruments zu validieren. Erste Bemühungen bezogen auf das Erheben des Methodenbewusstseins wurden bereits unternommen. Bei der Erhebung der meta-wissenschaftlichen Reflexion liegt die Schwierigkeit darin, reflexive Fähigkeiten mithilfe eines standardisierten Erhebungsverfahrens umfassend zu erfassen. Dann könnte im Rahmen einer empirischen Untersuchung mit Abiturientinnen und Abiturienten der Frage nachgegangen werden, inwieweit die curricularen Ansprüche mit den tatsächlich erreichten Niveaus übereinstimmen. Neben der empirischen Frage nach möglichen Kompetenzniveaus erscheint es ebenso sinnvoll, sich parallel der Frage aus normativer Perspektive zu nähern: Welche Kompetenzen sind vor dem Hintergrund curricularer Bestimmungen (z. B. Bildungsstandards, länderspezifische Lehrpläne) von Abiturientinnen und Abiturienten erwartbar?

7 Fazit

Abschließend lässt sich festhalten, dass ein erster Schritt bzgl. der Ausdifferenzierung der bisher vage gebliebenen Zieldimension von Wissenschaftspropädeutik für das Unterrichtsfach Mathematik unternommen wurde. Der Beitrag liefert einen Einblick in die Entwicklung eines Tests zur Erfassung meta-wissenschaftlichen Wissens in Mathematik und zeigt erste empirische Ergebnisse auf. Offene Fragen und Handlungsbedarf gibt es zur Erfassung der weiteren Kompetenzdimensionen von Wissenschaftspropädeutik, unterrichtlicher Konzepte für die Kompetenzentwicklung und der Festlegung von zu erwartbaren Kompetenzniveaus von Abiturientinnen und Abiturienten.

Literatur

Baumert, J. & Köller, O. (2000). Unterrichtsgestaltung, verständnisvolles Lernen und multiple Zielerreichung im Mathematik- und Physikunterricht der gymnasialen Oberstufe. In J. Baumert, W. Bos & R. Lehmann (Hrsg.), *TIMSS/III. Dritte Internationale Mathematik- und Naturwissenschaftsstudie: Mathematische und naturwissenschaftliche Bildung am Ende der Schullaufbahn* (S. 271–315). Leske + Budrich.

Benner, D. (2002). Die Struktur der Allgemeinbildung im Kerncurriculum moderner Bildungssysteme. Ein Vorschlag zur bildungstheoretischen Rahmung von PISA. *Zeitschrift für Pädagogik, 48*(1), 68–90.

Billings, D. M. & Halstead, J. A. (2016). *Teaching in nursing: A guide for faculty*. Elsevier.

Blum, W., Galbraith, P. L. Henn, H.-W. & Niss, M. (Hrsg.) (2007). *Modelling and applications in mathematics education: the 14th ICMI study*. Springer Science+Business Media.

Boggasch, M. (2011). *Wissenschaftspropädeutik in der Schule – „Musik und Literatur" als wissenschaftspropädeutisches Seminar in der gymnasialen Oberstufe*. Dissertation, Universität der Künste Berlin. https://opus4.kobv.de/opus4-udk/frontdoor/deliver/index/docId/27/file/boggasch_mirjam.pdf

Borneleit, P., Danckwerts, R., Henn, H.-W. & Weigand, H.-G. (2001). Expertise zum Mathematikunterricht in der gymnasialen Oberstufe. In H.-E. Tenorth (Hrsg.), *Kerncurriculum Oberstufe* (S. 26–53). Beltz.

Chen, S. (2006). Development of an instrument to assess views on nature of science and attitudes toward teaching science. *Science Education, 90*, 803–819.

Cohen, J. (1988). *Statistical power analysis for the behavioral sciences* (2. Aufl.). Erlbaum.

Dettmers, S., Trautwein, U., Neumann, M. & Lüdtke, O. (2010). Aspekte von Wissenschaftspropädeutik. In U. Trautwein, M. Neumann, G. Nagy, O. Lüdtke & K. Maaz (Hrsg.), *Schulleistungen von Abiturienten. Die neu geordnete gymnasiale Oberstufe auf dem Prüfstand* (S. 243–265). VS Verlag für Sozialwissenschaften.

De Villiers, M. (1990). The role and function of proof in mathematics. *Pythagoras, 24*, 17–24.

DeVellis, R. F. (2012). *Scale development: Theory and applications* (3. Aufl.). Sage.

Eberle, F., Brüggenbrock, C., Rüede, C., Weber, C. & Albrecht, U. (2015). *Basale fachliche Kompetenzen für allgemeine Studierfähigkeit in Mathematik und Erstsprache: Schlussbericht zuhanden der EDK*. Universität Zürich.

Engelbrecht, J. (2010). Adding structure to the transition process to advanced mathematical activity. *International Journal of Mathematical Education in Science and Technology, 41*(2), 143–154.

Fleischhack, C. (2010). Mathematik. In E.-M. Engelen, C. Fleischhack, C. G. Galizia & K. Landfester (Hrsg.), *Heureka. Evidenzkriterien in der Wissenschaft* (S. 149–168). Spektrum Akademischer Verlag.

Frank, A. (2020). *Wissenschaftspropädeutisches Lernen in Mathematik: Wie überzeugend ist das W-Seminar?* WTM.

Hahn, S. (2008). Wissenschaftspropädeutik: Der „kompetente" Umgang mit Fachperspektiven. In J. Keuffer & M. Kublitz-Kramer (Hrsg.), *Was braucht die Oberstufe? Diagnose, Förderung und selbständiges Lernen* (S. 157–168). Beltz.

Hahn, S. (2009). Wissenschaftspropädeutik in der Sekundarstufe II: Bildungsgeschichtlicher Rückblick und aktuelle Entwicklungen. *TriOS, 4*(2), 5–37.

Hahn, S. (2013). Wissenschaftspropädeutik in der gymnasialen Oberstufe. In D. Bosse, F. Eberle & S. Schneider-Taylor (Hrsg.), *Standardisierung in der gymnasialen Oberstufe* (S. 161–174). Springer.

Hair, J. F., Black, W. C., Babin, B. J., Anderson, R. E. & Tatham, R. L. (2006). *Multivariate data analysis* (6. Aufl.). Pearson Prentice Hall.

Heering, P. & Kremer, K. (2017). Nature of Science. In D. Krüger, I. Parchmann & H. Schecker (Hrsg.), *Theorien in der naturwissenschaftsdidaktischen Forschung* (S. 105–120). Springer.

Hefendehl-Hebeker, L. (1990). Erleben, wie mathematisches Wissen entsteht. In C. Selter & G. Walther (Hrsg.), *Mathematikdidaktik als design science. Festschrift für Erich Christian Wittmann* (S. 105–111). Klett.

Hefendehl-Hebeker L. (2016) Mathematische Wissensbildung in Schule und Hochschule. A. Hoppenbrock, R. Biehler, R. Hochmuth & H.-G. Rück (Hrsg.), *Lehren und Lernen von Mathematik in der Studieneingangsphase. Konzepte und Studien zur Hochschuldidaktik und Lehrerbildung Mathematik* (S. 15–30). Springer Spektrum. https://doi.org/10.1007/978-3-658-10261-6_2

Heintz, B. (2000). „In der Mathematik ist ein Streit mit Sicherheit zu entscheiden" Perspektiven einer Soziologie der Mathematik. *Zeitschrift für Soziologie, 29*(5), 339–360.

Hentig, H. von et al. (1971). *Das Bielefelder Oberstufen-Kolleg. Begründung, Funktionsplan und Rahmenflächenprogramm*. Klett-Cotta.

Huber, L. (1997). Fähigkeit zum Studieren. Bildung durch Wissenschaft. Zum Problem der Passung zwischen Gymnasialer Oberstufe und Hochschule. In E. Liebau (Hrsg.), *Das Gymnasium: Alltag, Reform, Geschichte, Theorie. Grundlagentexte Pädagogik* (S. 333–352). Juventa.

Huber, L. (1998). Fächerübergreifender Unterricht – auch auf der Sekundarstufe II? In L. Duncker & W. Popp (Hrsg.), *Fächerübergreifender Unterricht in der Sekundarstufe I und II. Prinzipien, Perspektiven, Beispiele* (S. 18–33). Klinkhardt.

Huber, L. (2005). Warum fächerübergreifender Unterricht in der Sekundarstufe II? In L. Huber & K.-J. Tillmann (Hrsg.), *Versuchsschulen und das Regelschulsystem – Bielefelder Erfahrungen* (S. 109–124). Laborschule Bielefeld.

IDM-Arbeitsgruppe Mathematiklehrerbildung (1981). *Perspektiven für die Ausbildung des Mathematiklehrers*. Aulis.

Jahnke, H. N. & Ufer, S. (2015). Argumentieren und Beweisen. In R. Bruder, L. Hefendehl-Hebeker, B. Schmidt-Thieme & H.-G. Weigand (Hrsg.), *Handbuch der Mathematikdidaktik* (S. 331–335). Springer Spektrum.

Kirchner, V. (2020). Grundlegende Überlegungen zum fachspezifischen Beitrag der ökonomischen Bildung zur Wissenschaftspropädeutik. *Zeitschrift für ökonomische Bildung*, Sondernummer, Jahresband DeGÖB 2018, 1–16. https://doi.org/10.7808/zfoeb.2020.10001.59

KMK [Kultusministerkonferenz] (1972/2021). *Vereinbarung zur Gestaltung der gymnasialen Oberstufe und der Abiturprüfung*. Sekretariat der Ständigen Konferenz der Kultusminister der Länder in der Bundesrepublik Deutschland.

KMK [Kultusministerkonferenz] (1995). *Weiterentwicklung der Prinzipien der gymnasialen Oberstufe und des Abiturs. Abschlussbericht der von der Kultusministerkonferenz eingesetzten Expertenkommission*. Sekretariat der Ständigen Konferenz der Kultusminister der Länder in der Bundesrepublik Deutschland.

Knipping, C. & Reid, D. (2013). Revealing structures of argumentations in classroom proving processes. In A. Aberdein & I. J. Dove (Hrsg.), *The argument of mathematics* (S. 119–146). Springer.

Krause, N. M. (2014). *Wissenschaftspropädeutik im Kontext vom Mathematikunterricht in der gymnasialen Oberstufe. Facharbeiten als mathematikdidaktischer Ansatz für eine Öffnung des Mathematikunterrichts zur Verbesserung der Studierfähigkeit und zur Veränderung des Mathematikbilds*. Dissertation, Martin-Luther-Universität Halle-Wittenberg]. https://opendata.uni-halle.de/bitstream/1981185920/8152/1/Dokorarbeit%20NEU.pdf

Lankeit, E., Biehler, R., Schürmann, M., Hochmuth, R., Schaper, N., Kuklinski, C. & Liebendörfer, M. (2020). *Skala zur Erfassung des erlernten Metawissens zur Hochschulmathematik in mathematischen Vorkursen* [Skala: Version 1.0]. Forschungsdatenzentrum Bildung am DIPF. https://doi.org/10.7477/410:263:10521

Lederman, N. G. (2006). Syntax of nature of science within inquiry and science instruction. In L. B. Flick & N. G. Lederman (Hrsg.), *Scientific inquiry and nature of science: Implications for teaching, learning, and teacher education* (S. 301–317). Springer.

Lederman, N. G., Abd-El-Khalick, F., Bell, R. L. & Schwartz, R. S. (2002). Views of nature of science questionnaire: Toward valid and meaningful assessment of learners' conceptions of nature of science. *Journal of Research on Science Teaching, 39*, 497–521.

Lienert, G. & Raatz, U. (1998). *Testaufbau und Testanalyse* (6. Aufl.). Beltz.

Michel, H. & Neumann, I. (2016). Nature of science and science content learning. The relation between students' nature of science understanding and their learning about the concept of energy. *Science & Education, 25*, 951–975. https://doi.org/10.1007/s11191-016-9860-4

Müsche, H. (2009). Wissenschaftspropädeutik aus psychologischer Perspektive. Zur Dimensionierung und Konkretisierung eines bildungstheoretischen Konzepts. *TriOS, 4*(2), 61–110.

Müsche, H. (2012). Epistemologische Überzeugungen in der Domäne der Mathematik. *TriOS, 6*(1), 85–164.

Neumann, I., Pigge, C. & Heinze, A. (2017). *Welche mathematischen Lernvoraussetzungen erwarten Hochschullehrende für ein MINT-Studium?* IPN.

Rach, S., Kosiol, T. & Ufer, S. (2017). Interest and self-concept concerning two characters of mathematics: All the same, or different effects? In R. Göller, R. Biehler, R. Hochmuth & H.-G. Rück (Hrsg.), *Didactics of mathematics in higher education as a scientific discipline conference proceedings* (S. 295–299). Universitätsbibliothek Kassel.

Schmitt, O. (2017). *Reflexionswissen zur linearen Algebra in der Sekundarstufe II*. Springer.

Schommer, M. (1990). Effects of beliefs about the nature of knowledge on comprehension. *Journal of Educational Psychology, 82*, 498–504.

Tillich, P. (1923). *Das System der Wissenschaften nach Gegenständen und Methoden. Ein Entwurf von Paul Tillich*. Vandenhoeck & Ruprecht.

Ufer, S., Rach, S. & Kosiol, T. (2017). Interest in mathematics = interest in mathematics? What general measures of interest reflect when the object of interest changes. *ZDM – Mathematics Education, 49*(3), 397–409. https://doi.org/10.1007/s11858-016-0828-2

Urhahne, D. (2006). Die Bedeutung domänenspezifischer epistemologischer Überzeugungen für Motivation, Selbstkonzept und Lernstrategien von Studierenden. *Zeitschrift für Pädagogische Psychologie, 20*, 189–198.

Urhahne, D. & Hopf, M. (2004). Epistemologische Überzeugungen in den Naturwissenschaften und ihre Zusammenhänge mit Motivation, Selbstkonzept und Lernstrategien. *Zeitschrift für Didaktik der Naturwissenschaften, 10*, 70–86.

Wilhelm, O. & Kunina-Habenicht, O. (2020). Pädagogisch-psychologische Diagnostik. In E. Wild & J. Möller (Hrsg.), *Pädagogische Psychologie* (3. Aufl., S. 311–334). Springer.

Woltron, F. (2020). *Nature of Mathematics. Vorstellungen von Lehrkräften und ihr Einfluss auf den Unterricht*. Dissertation, Karl-Franzens-Universität Graz. https://unipub.uni-graz.at/obvugrhs/content/titleinfo/5898238/full.pdf

Patrick Fesser, Otto-von-Guericke-Universität Magdeburg, Universitätsplatz 2, 39106 Magdeburg
patrick.fesser@ovgu.de

Stefanie Rach, Otto-von-Guericke-Universität Magdeburg, Universitätsplatz 2, 39106 Magdeburg
stefanie.rach@ovgu.de

Teil 4:
Mathematikunterricht in der gymnasialen Oberstufe

Der vierte Teil dieses Bandes widmet sich dem Mathematikunterricht in der gymnasialen Oberstufe (GO). Er stellt die Schnittstelle dar zwischen den normativen Zielsetzungen der GO (Teil 1 in diesem Band) und den in der Literatur teilweise durchaus kritisch kommentierten Ergebnissen zur Erreichung dieser Zielsetzungen (Teil 3 in diesem Band). Die Bedeutung der Beiträge in diesem Teil erwächst vor allem daraus, dass nur wenig über die fachliche Gestaltung des Mathematikunterrichts und die durch ihn angeregte Entwicklung der Lernenden bekannt ist.

Kapitel 4.1 fokussiert auf den Mathematikunterricht in der GO selbst. Als Ausgangspunkt werden die Kritikpunkte an der Mathematik in der GO verwendet. Diesen Kritikpunkten, von denen sich nur wenige direkt auf den Unterricht selbst beziehen, wird ein Überblick über den empirischen Forschungsstand zum Mathematikunterricht für die GO gegenübergestellt. Da dieser Forschungsstand durchaus dünn ausfällt, werden als zweite Referenzperspektive Modelle und Ergebnisse zur Qualität von Mathematikunterricht in der Sekundarstufe I herangezogen. Darauf aufbauend werden Desiderata zur Qualität des Mathematikunterrichts in der GO formuliert, die von etablierten Modellen der Unterrichtsqualität ausgehen, und es werden Vorschläge gemacht, wie Mathematikunterricht in der GO mit Blick auf die Trias von Zieldimensionen bewertet werden könnte.

Kapitel 4.2 betrachtet die kumulative Leistungsentwicklung im Fach Mathematik in der GO. Die Analyse stützt sich auf vorliegende Längsschnittdaten der Hamburger LAU-Studie, deren Test neben einzelnen Aspekten der Oberstufenmathematik primär Inhalte der Sekundarstufe I abdeckt. Während sich für die Inhalte der Sekundarstufe II durchaus Leistungszuwächse im Verlauf der GO zeigen, waren die Leistungen zu Inhalten der Sekundarstufe I gerade für Lernende mit niedrigem Leistungsniveau teilweise sogar rückläufig. Vor diesem Hintergrund wird die Frage gestellt, wie grundlegende Kompetenzen im Laufe der GO aufrechterhalten und vertieft werden können.

Dieser zuletzt genannten Frage widmet sich auch **Kapitel 4.3**. Als theoretische Fundierung für mögliche Mindeststandards für die Ergebnisse des Mathematikunterrichts der GO wird das Konstrukt des *mathematischen Grundwissens und Grundkönnens* vorgestellt und dieses für exemplarische Inhalte konkretisiert. Zur Diagnose dieses Grundwissens und Grundkönnens wird das Instrument BASIC präsentiert und erste Ergebnisse von Erprobungsstudien zu Beginn und zum Ende der GO berichtet. Abschließend werden Förderkonzepte diskutiert, die auf Basis des BASIC-Instruments dazu beitragen können, das für das Erreichen von Mindeststandards am Ende der GO relevante Grundwissen und Grundkönnen zu reaktivieren und aufrechtzuerhalten.

Die Beiträge in diesem vierten Teil des Bandes geben Einblicke in den Forschungsstand zum Mathematikunterricht in der GO. Sie zeigen aber auch die Vielzahl an Desiderata auf, die aufgrund der bisher sehr dünnen empirischen Evidenzlage zu bearbeiten wären, um eine tragfähige Basis für eine systematische Unterrichtsentwicklung in der GO für das Fach Mathematik zu liefern.

4.1

Stefan Ufer & Anna-Katharina Praetorius

Unterrichtsqualität im Mathematikunterricht der gymnasialen Oberstufe

1 Einleitung

Als wesentlicher Faktor für das Erreichen der Ziele des Mathematikunterrichts in der gymnasialen Oberstufe ist dessen Qualität anzunehmen. Der Mathematikunterricht in der Oberstufe schließt in den adressierten Kompetenzbereichen und Grunderfahrungen (z. B. KMK, 2015b) direkt an den Mathematikunterricht der Sekundarstufe I an. Basierend auf Unterrichtsforschung zum Mathematikunterricht wissen wir mittlerweile sowohl theoretisch als auch empirisch viel über das, was die Qualität von Mathematikunterricht ausmacht. Ein Großteil der Befunde zur Unterrichtsqualität bezieht sich jedoch auf den Grundschulbereich sowie den Bereich der Sekundarstufe I. Für die Oberstufe liegen bislang nur wenige empirische Befunde vor (Kampa et al., 2018) und stattdessen vorrangig kritisch ausfallende, subjektive Einschätzungen der Unterrichtsqualität (z. B. Baptist & Winter, 2001; Borneleit et al., 2001; Cramer & Walcher, 2010; Gerwig, 2022). Mit der Trias (vertiefte Allgemeinbildung, Wissenschaftspropädeutik und allgemeine Studierfähigkeit, s. a. Teil 1 in diesem Band) wurden spezifische Zieldimensionen für den Mathematikunterricht in der Oberstufe formuliert. Entsprechend stellt sich die Frage, inwiefern die Gestaltung und Qualität des Mathematikunterrichts oberstufenspezifisch zu betrachten sind.

Dieser Beitrag greift in Abschnitt 2 zunächst die Kritik am Mathematikunterricht der gymnasialen Oberstufe auf, verknüpft diese in Abschnitt 3 mit Modellen und Erkenntnissen zur Unterrichtsqualität des Mathematikunterrichts in der Sekundarstufe I und – soweit vorhanden – der Oberstufe. Ziel ist es, offene Fragen zu identifizieren und einen Rahmen zu schaffen für die Konzeptualisierung und Untersuchung der Qualität des Mathematikunterrichts in der gymnasialen Oberstufe in Bezug zu dessen Zieldimensionen (Abschnitt 4).

Als Rahmen für diese Analyse haben wir die Variante des Angebots-Nutzungs-Modells von Reusser et al. (2010) adaptiert (Abb. 1). Diese Version bildet die angenommenen Wirkmechanismen ab, von den Zielen und Rahmenbedingungen des Unterrichts über den Unterricht als Raum für Ko-Konstruktion des Unterrichtsgegenstands durch Schüler:innen und Lehrkräfte bis hin zu den erwarteten Wirkungen von Unterricht (Praetorius & Kleickmann, 2022). Die Ziele des Unterrichts wurden im Modell ergänzt, da sie in diesem Band den Referenzpunkt für die Analyse des Mathematikunterrichts der Oberstufe darstellen und insbesondere in den in Abschnitt 2 berichteten politischen Rahmendokumenten und Stellungnahmen eine große Rolle einnehmen.

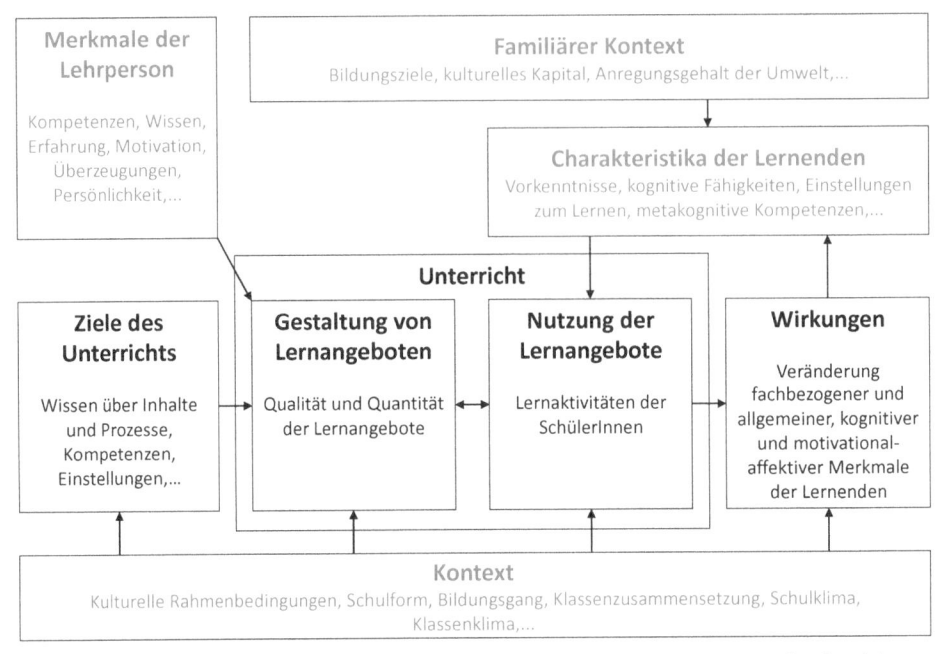

Abbildung 1: Angebots-Nutzungs-Modell nach Reusser et al. (2010), erweitert um den Bereich der Ziele des Unterrichts. Mit grauer Schrift sind Modellteile markiert, die im vorliegenden Beitrag nicht im Kern adressiert werden.

2 Perspektive politischer Rahmendokumente und Expertisen

Die optimale Gestaltung und entsprechend die zu erwartende Wirksamkeit des Mathematikunterrichts in der gymnasialen Oberstufe wird seit etlichen Jahren diskutiert. Die teilweise recht intensiv geführten Diskussionen gehen vor allem auf den Umstand zurück, dass der Unterricht in der gymnasialen Oberstufe eine Schnittstelle zwischen verschiedenen Bildungssystemen bildet – dem schulischen Bildungssystem der Sekundarstufen auf der einen Seite und unterschiedlichen tertiären Bildungssystemen (Universitäten, Fachhochschulen, berufliches Ausbildungssystem) auf der anderen Seite. Die Vielfalt der Anforderungsprofile auf Seiten des tertiären Bildungssystems, aber auch die Vielfalt der Schulprofile auf Seiten der Sekundarstufen (allgemeinbildende und berufliche Gymnasien, Gesamtschulen) führen hier zu einem erheblichen Abstimmungsbedarf. Dieser äußert sich in individuellen Stellungnahmen (vgl. Gercken, 2022 für typische Äußerungen), aber auch in gemeinsamen Aktivitäten von Vertretern der Hochschulen und des Schulsystems zur Optimierung des Übergangs Schule-Hochschule (cosh-Gruppe: Dürrschnabel & Wurth, 2018; MaLeMint: Neumann et al., 2021) und in Regulierungsversuchen seitens der

Bildungspolitik. Zentrale diesbezügliche Ansätze werden im Folgenden im Überblick dargestellt.

2.1 Politische Rahmendokumente

Relevant für eine Beurteilung des Mathematikunterrichts in der gymnasialen Oberstufe sind zunächst die gesellschaftlichen Erwartungen an diesen Unterricht. Dazu stellt sich zunächst die Frage nach regulierenden Vorgaben von politischer Seite. Auf nationaler Ebene waren in Deutschland neben der jeweils gültigen Fassung der Vereinbarung zur (Neu-)Gestaltung der gymnasialen Oberstufe (KMK, 1972, 2021) traditionell die „Einheitlichen Prüfungsanforderungen in der Abiturprüfung" (KMK, 2002) bis zum Jahr 2007 ein wesentlicher Orientierungspunkt auch für die Gestaltung des Unterrichts. Diese Prüfungsanforderungen wurden später in Form von Bildungsstandards für die Allgemeine Hochschulreife (KMK, 2015b) weiterentwickelt. Beide Rahmendokumente legen primär die anzustrebenden Ergebnisse des Unterrichts fest. Die Bildungsstandards definieren beispielsweise anhand von Leitideen die wesentlichen Inhalte des Mathematikunterrichts, sowie die anhand dieser Inhalte zu erwerbenden prozessbezogenen Kompetenzen (KMK, 2015b). Sie fordern darüber hinaus, dass der Unterricht die drei von Heinrich Winter (1995) postulierten mathematischen Grunderfahrungen (Mathematik als Mittel zur Umwelterschließung, als deduktiv geordnetes System und als Feld zum Problemlösen, s. Kap. 1.1) ermöglichen soll. Darüber hinaus finden sich in diesen Dokumenten, die primär Instrumente der Outputsteuerung darstellen, naturgemäß keine expliziten Anforderungen, die den Unterricht selbst, dessen inhaltlichen Aufbau oder seine fachdidaktische Gestaltung betreffen.

Daher verwundert es auch nicht, dass im Bericht zur Implementation der Bildungsstandards für die Allgemeine Hochschulreife in den Bundesländern (KMK, 2015a) lediglich einzelne Länder spezifische Impulse zur Schul- und Unterrichtsentwicklung erwähnen, wie z. B. die Nutzung von Ergebnissen der Vergleichsarbeiten (Mecklenburg-Vorpommern) bzw. von spezifischen Materialien zur Unterrichtsentwicklung, die auf die Bildungsstandards ausgerichtet sind (Nordrhein-Westfalen; KMK, 2015a).

2.2 Expertisen zum Mathematikunterricht in der gymnasialen Oberstufe

Konkreter auf den Mathematikunterricht bezogen sind zwei Expertisen zum Mathematikunterricht der gymnasialen Oberstufe (Baptist & Winter, 2001; Borneleit et al., 2001), die im Wesentlichen auf persönlichen Erfahrungen der jeweiligen Autoren beruhen.

Borneleit et al. (2001) gehen wie die oben genannten politischen Rahmendokumente von den Winter'schen Grunderfahrungen aus, stellen (ohne dies weiter auszuführen) jedoch erst eine „explizite Integration aller drei Grunderfahrungen" (S. 28) als das Spezifikum des Mathematikunterrichts in der gymnasialen Oberstufe heraus, das zur Erreichung seiner zentralen Bildungsdimensionen (Trias) beiträgt. Sie beschreiben aus ihrer Sicht als Mathematiker und Mathematikdidaktiker zentrale Problembereiche in der inhaltlichen Ausrichtung des Mathematikunterrichts in der Oberstufe. So attestieren sie dem Unterricht zum damaligen Zeitpunkt eine zu starke Orientierung an der Grunderfahrung „Mathematik als deduktives System" zu Lasten der beiden anderen Grunderfahrungen „Mathematik als Mittel zur Umwelterschließung" und „Mathematik als Feld zum Problemlösen". Weiterhin kritisieren sie eine zu starke Fokussierung auf das Automatisieren von schematischen Rechenverfahren und auf das Bearbeiten normierter Aufgabentypen. Sie vermuten, dass dies nicht auf transmissive bzw. stark auf Schemata abzielende Überzeugungen der Lehrkräfte zur Mathematik zurückgeführt werden kann, sondern dass damit Herausforderungen abgefedert werden sollen, die aus einer schülerseitig vorhandenen eingeschränkten Leistungsbereitschaft, Leistungsfähigkeit oder aus ungenügend gesicherten Grundlagen aus der Sekundarstufe I resultieren (Borneleit et al., 2001).

Als Maßnahmen zur Weiterentwicklung des Unterrichts in der Oberstufe fordern Borneleit et al. (2001) bezüglich der inhaltlichen Gestaltung eine Orientierung an fundamentalen Ideen des Faches. Ausgleichend zur vorherrschenden Kalkülorientierung fordern die Autoren einen klareren Fokus auf die inhaltliche Bedeutung der behandelten Verfahren, die hinter ihnen steckenden Ideen, die Phänomene in der Welt, die sie beschreiben, und die mathematischen Fragen, die sie zu lösen helfen.

Bezüglich der Gestaltung des Unterrichts selbst plädieren Borneleit et al. (2001) in diesem Kontext auch dafür, vermehrt authentische Anwendungen der vermittelten Konzepte und Techniken in den Unterricht zu integrieren. Weiter zeichnen die Autoren, wie auch Baptist und Winter (2001) in einer eigenen Expertise, wiederum ohne empirische Referenzen anzugeben, das Bild eines kleinschrittig von der Lehrkraft geführten, kognitiv wenig aktivierenden Unterrichts – ein Muster, das zu diesem Zeitpunkt insbesondere auch für den Mathematikunterricht in der Sekundarstufe I diskutiert wurde (Litman et al., 2005) – und stellen dies als ein wesentliches Problem der gymnasialen Oberstufe dar. Die Autoren beider Expertisen fordern entsprechend eine Unterrichtskultur, die Mathematik nicht allein als Produkt begreift, das aufgenommen und angewendet wird, sondern verstärkt auch Prozesse der Wissensgenerierung, des Strukturierens von Beobachtungen mit vorhandenen oder (entdeckend) neu zu erlernenden mathematischen Konzepten und Techniken berücksichtigt. Sie fordern weiter eine „konstruktive Lernkultur" (im Sinne „konstruktivistischen Lernens"), in der Schüler:innen selbsttätig an mathematisch bedeutsamen Fragestellungen arbeiten, und die in dem Sinne kumulativ ist, dass die neuen Inhalte sich anhand von Fragen aufwerfen, die vor dem Hintergrund des jeweiligen Vorwissens sinnvoll gestellt, aber auch schlüssig beantwortet werden können. Die Verbindung zwischen diesen Forderungen und den konkreten, festgelegten oder von den Autoren erwünschten Zielen des Mathematikunterrichts wird nicht explizit geklärt.

Baptist und Winter (2001) führen über die Expertise von Borneleit et al. (2001) hinaus noch grundlegendere Problembereiche an, die allerdings höchstens indirekt auf den Unterricht selbst bezogen sind. So attestieren sie der Gesellschaft ein generelles Desinteresse an (mathematischer) Bildung und sehen eine Reihe institutioneller Fehlentwicklungen, wie z. B. die zunehmende Öffnung des Gymnasiums im Zuge der Bildungsexpansion ohne entsprechende Professionalisierung der Lehrkräfte.

Methodisch fällt auf, dass die genannten Expertisen sich nicht in transparenter Weise auf wissenschaftliche Methoden wie systematische Reviews, empirische Studien zum Unterricht oder eine systematische Analyse von Expert:innenmeinungen berufen. Weiter ist anzumerken, dass beide Expertisen über 20 Jahre alt sind.

In der weiteren Diskussion um den Mathematikunterricht der Oberstufe in der fachmathematischen Community (vgl. Cramer & Walcher, 2010; Gercken, 2022) wurden im Gegensatz zu den Expertisen statt einer Kalkülorientierung auch mangelnde kalkülbezogene Basisfertigkeiten angehender Studierender kritisiert; statt eines zu starken Fokus auf die Grunderfahrung „Mathematik als deduktives System" eher ein mangelnder Fokus auf systematisches Argumentieren (Gerwig, 2022) und statt einer mangelnden Ausrichtung an (authentischen) Anwendungen eher ein zu starker Fokus auf (zu wenig authentische) Textaufgaben (Gercken, 2022). Dies mag einerseits auf Wirkungen der älteren Expertisen zu Beginn der 2000er Jahre hinweisen. Andererseits werden auch etliche in den Expertisen anklingende Kritikpunkte nach wie vor angeführt. Die teilweise gegenläufigen Kritikpunkte legen nahe, dass eine klare Orientierung dazu fehlt, wie der Mathematikunterricht zu den Zielen der gymnasialen Oberstufe aktuell beiträgt bzw. in Zukunft beitragen kann und soll.

2.3 Maßnahmenkatalog von Fachverbänden

Vor dem Hintergrund der anhaltenden Diskussionen um den Mathematikunterricht in der Oberstufe wurde im Rahmen einer gemeinsamen Kommission zum Übergang Schule-Hochschule von der Gesellschaft für Didaktik der Mathematik (GDM), der Deutschen Mathematiker-Vereinigung (DMV) und dem Verband für die Förderung des MINT-Unterrichts (MNU) 19 Maßnahmen vorgeschlagen, um den Übergang in Studienfächer mit substanziellem Mathematikanteil zu erleichtern (DMV et al., 2019). Von diesen 19 Maßnahmen werden die ersten vier dem Bereich „nachhaltiger Mathematikunterricht" zugeordnet. Sie beziehen sich auf den zeitlichen Umfang des Mathematikunterrichts in der Oberstufe (Stundenzahl), die Qualifikation der Lehrkräfte, die Gestaltung der Abschlussprüfungen im (Fach-)Abitur sowie auf gemeinsame Angebote von Universitäten und Schulen zur Förderung des Interesses an MINT-Studiengängen. Stärker auf den konkreten Unterricht bezogen ist die Forderung der Fachverbände, die Bildungsstandards in Bezug auf die zu behandelnden Inhalte zu konkretisieren. Die einzige Forderung mit direktem Bezug zu Unterrichtsinhalten ist die nach Lerngelegenheiten zum mathematischen Argumentieren und Beweisen anhand exemplarischer Inhalte. Eine differenzierte Stellungnahme zur Gewichtung verschiedener Ziele des Unterrichts oder konkrete Vorschläge zur Gestaltung oder Weiterentwicklung des Unterrichts finden sich in diesem Maßnahmenkatalog nicht.

2.4 Zusammenfassung

In der Zusammenschau weisen die Expertisen und Rahmendokumente darauf hin, dass im Kern ein Konsens besteht, die von der KMK (1972, 2021) gesetzten allgemeinen Ziele des Unterrichts in der gymnasialen Oberstufe nicht in Frage zu stellen. Auch der Ruf nach einer „konstruktiven Lernkultur" scheint unwidersprochen, auch wenn dieser Aspekt in den neueren Diskussionen unter Mathematiker:innen weniger betont wird. Einem zeitlichen Wandel unterworfen, durchgehend strittig und klärungsbedürftig scheint jedoch die Gewichtung und Konkretisierung von Unterrichtsinhalten zu sein. Dies zeigt sich insbesondere in der Diskussion zur Gewichtung der Winter'schen Grunderfahrungen sowie zur Rolle von sicheren Kalkülfertigkeiten als Ziel von Mathematikunterricht.

Diese Diskussion fokussiert dabei häufig Rahmenbedingungen des Unterrichts sowie politische Vorgaben und weniger den Unterricht selbst. Vor den anhaltenden Abstimmungsproblemen zwischen dem Schulsystem und Einrichtungen des tertiären Bildungssektors scheint dies verständlich. Dennoch werden diese Abstimmungsprobleme am Ende nicht allein durch die Veränderung von Rahmenbedingungen gelöst, sondern zumindest auf der schulischen Seite durch eine veränderte Gestaltung des Unterrichts. Deshalb erscheint es lohnend den Forschungsstand zum Mathematikunterricht – im Allgemeinen und spezifisch für die gymnasiale Oberstufe – aus der Perspektive der Unterrichtsforschung mit Blick auf die genannten Kritikbereiche genauer zu analysieren.

3 Qualität von Mathematikunterricht aus der Perspektive der Unterrichtsforschung

Möchte man nun die genannten Kritikpunkte und allgemeinen Aussagen über den Mathematikunterricht der gymnasialen Oberstufe mit empirischen Befunden abgleichen, erscheint es – der Tradition des Educational-Effectiveness-Paradigmas folgend – nützlich, das komplexe Unterrichtsgeschehen in verschiedene Unterrichtsdimensionen zu unterteilen und die Befundlage für diese separat zu betrachten (Kleickmann et al., 2019). Mittlerweile gibt es eine Vielzahl an entsprechenden Konzeptualisierungen von Unterrichtsqualität (für eine Übersicht über ausgewählte Ansätze siehe das Special Issue von Charalambous und Praetorius, 2018). Für den vorliegenden Beitrag nutzen wir das MAIN-TEACH-Modell (Multi-layered And Integrated in conceptualizing the quality of TEACHing; Charalambous & Praetorius, 2020; siehe

Abb. 2).¹ Dieses basiert auf einer Synthese und Weiterentwicklung von zwölf Ansätzen zur beobachtungsbasierten Erfassung von Unterrichtsqualität. Die sieben unterschiedenen Unterrichtsdimensionen werden in dem Modell mittels ihrer Funktion für den Lernprozess zueinander in Beziehung gesetzt, was gegenüber den oft vorherrschenden additiven Merkmalslisten von Unterrichtsqualität als vorteilhaft zu sehen ist.

Die innere Schicht des Modells bilden diejenigen Dimensionen, die auf die direkte Unterstützung des Lernprozesses der Schüler:innen fokussieren (für Definitionen s. Charalambous & Praetorius, 2020): *Auswahl und Thematisierung von Inhalten und Fachmethoden, kognitive Aktivierung, Unterstützung des Übens* und *formatives Assessment*. Diese Dimensionen sind entsprechend eines prototypischen Lernprozesses angeordnet. Die mittlere Schicht bilden die Unterrichtsdimensionen, die als unterstützend für die innerste Schicht, aber nur über diese vermittelt auf den Lernprozess ausgerichtet angesehen werden: *Klassenführung, sozio-emotionale Unterstützung* und *Unterstützung der aktiven Beteiligung. Differenzierung und Adaptivität* stellt als äußere Schicht die notwendige Grundlage aller anderen Dimensionen dar und ist mit diesen eng verknüpft.

Entsprechend der Ausrichtung am Lernprozess der Schüler:innen wird in Anlehnung an Angebots-Nutzungs-Modelle (Vieluf et al., 2020) ein direkter Zusammenhang zwischen der innersten Schicht der Unterrichtsdimensionen und den dadurch initiierten Lernprozessen auf Seiten der Schüler:innen angenommen; die weiteren Schichten sollten lediglich indirekt über die innerste Schicht mit den Lernprozessen verbunden sein. Die Lernprozesse wiederum sollten die Weiterentwicklung bestimmter Outcomes (z. B. Wissens- und Kompetenzerwerb, affektive Merkmale) auf Seiten der Schüler:innen wahrscheinlicher machen.

Das Modell integriert generische und fachspezifische Aspekte von Unterrichtsqualität. Zwei der drei Subdimensionen der Dimension kognitive Aktivierung beispielsweise werden sowohl von generischen Ansätzen als auch von hybriden sowie mathematikspezifischen Ansätzen thematisiert: Das *Potenzial zu kognitiver Aktivierung durch die Auswahl angemessen herausfordernder Aufgaben und den Einsatz mathematisch reichhaltiger Praktiken* sowie die *Unterstützung der kognitiven Aktiviertheit durch die Lehrperson*. Die dritte Subdimension – die *Unterstützung metakognitiven Lernens durch kognitiv aktivierende Aufgaben* – wird von generischen und hybriden, nicht hingegen von mathematikspezifischen Ansätzen explizit in den Blick genommen (für weitere Informationen siehe Praetorius & Charalambous, 2018; Praetorius et al., 2020b).

---

1   Wir haben uns dabei bewusst nicht am Modell der drei Basisdimensionen (Klassenführung, kognitive Aktivierung und konstruktive Unterstützung) orientiert. Zwar handelt es sich um einen theoretisch fundierten und empirisch vergleichsweise gut untersuchten Ansatz (zsf. Klieme, 2019; Praetorius et al., 2020a; Praetorius et al., 2018). Zeitgleich zeigen jedoch etliche Arbeiten in den letzten Jahren, dass das Modell der drei Basisdimensionen zu kurz greift und bedeutsame Aspekte von Unterrichtsqualität – insbesondere unter einer fachlichen Perspektive – unberücksichtigt lässt (zsf. Praetorius et al., 2020c).

Auf Grundlage der in Abschnitt 2 dargestellten Expertisen wird deutlich, dass ein zentraler Diskussions- und Kritikpunkt bzgl. der Qualität des Mathematikunterrichts in der gymnasialen Oberstufe die ausgewählten und thematisierten Unterrichtsinhalte sowie die damit zu erzielenden Bildungswirkungen darstellen. Da diese Inhalte und Wirkungen wesentlich von den gesetzten Zielen abhängen, haben wir für den vorliegenden Beitrag das MAIN-TEACH-Modell um die mit Unterricht anvisierten Ziele erweitert und über eine analoge Spiegelung bei den Outcomes symbolisiert, dass Ziele und Outcomes aufeinander abgestimmt werden müssen.[2] Wie sich später zeigen wird, ist es dabei hilfreich die Ziele auf unterschiedlichen zeitlichen Ebenen des Unterrichtsverlaufs zu differenzieren. Über die gymnasiale Oberstufe hinweg wird an den Zielen i.d.R. in längeren, auf ein bestimmtes Thema bezogenen Unterrichtseinheiten gearbeitet, die aus mehreren einzelnen und zeitlich getrennt stattfindenden Unterrichtsstunden bestehen. Um das Verständnis von Unterricht als Ko-Konstruktion und als Wechselspiel an unterrichtlichen Angeboten und deren Nutzung deutlicher zu machen, wird dies zudem nun ebenfalls grafisch anhand zweier Pfeile symbolisiert.

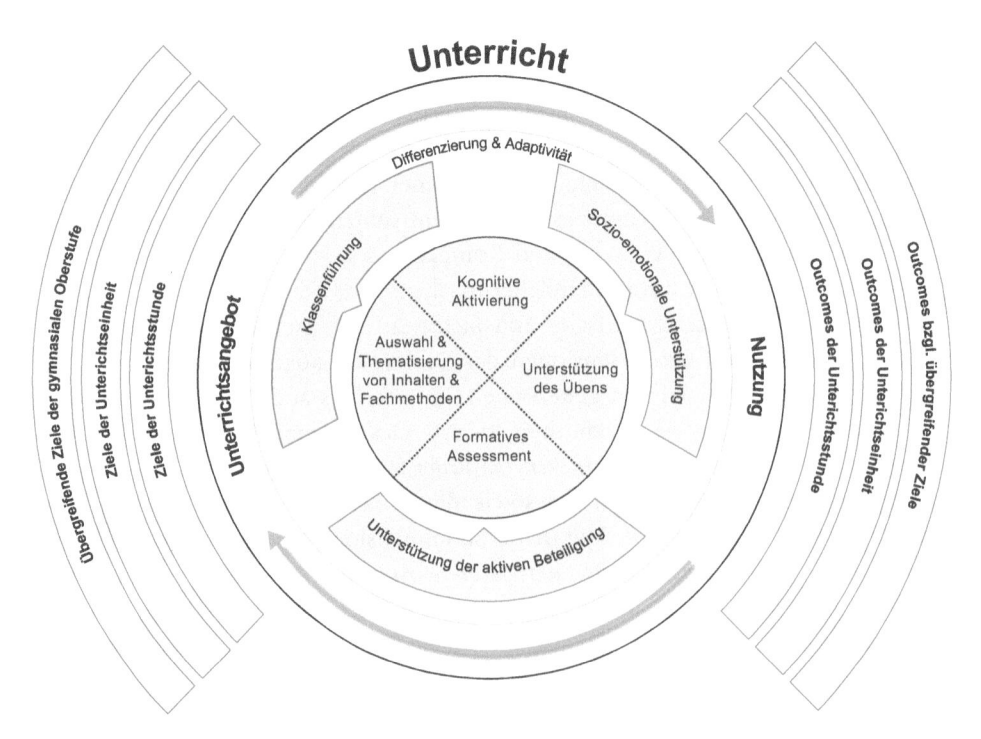

Abbildung 2: Adaptiertes MAIN-TEACH-Modell, Version 1.1 basierend auf Charalambous & Praetorius (2020).

---

2 Zudem wird zur Verdeutlichung der Nähe zwischen den gesetzten Zielen und der Dimension „Auswahl und Thematisierung von Inhalten und Fachmethoden" durch eine 90°-Drehung des inneren Kreises die entsprechende Dimension grafisch näher an die Ziele gerückt.

Aus mathematikdidaktischer Perspektive stellt sich die Frage, in welchem Ausmaß die Unterrichtsdimensionen des MAIN-TEACH-Modells fachspezifisch (und damit besonders interessant für mathematikdidaktische Studien) sind oder rein generische Dimensionen darstellen. Der Übersicht von Praetorius und Charalambous (2018) zufolge wird diese Frage je nach Forschungsperspektive anders beantwortet. Dies zeigt sich insbesondere bei der Dimension kognitive Aktivierung, die in einigen Ansätzen als generisch, in anderen als mathematikspezifisch dargestellt wird, wobei aber auf ähnliche Unterrichtsaspekte rekurriert wird. Eine weiterführende Auseinandersetzung in zwei Themenheften der Zeitschrift *Unterrichtswissenschaft* (siehe Praetorius & Gräsel, 2021; Praetorius & Nehring, 2020) über verschiedene Fächer hinweg deutet darauf hin, dass die Frage nach Generik vs. Fachspezifität ebenenspezifisch zu beantworten ist: Während die einzelnen Dimensionen selbst und auch ein Großteil der ihnen zugeordneten Subdimensionen in den meisten Fächern als bedeutsam angesehen werden, unterscheiden sich die Fächer darin, ob weitere Subdimensionen zur hinreichenden Abdeckung der Dimension erforderlich sind und welche beobachtbaren Indikatoren sinnvollerweise zur empirischen Erfassung der (Sub-)Dimensionen herangezogen werden. Fachspezifität zeigt sich also insbesondere auf Ebene der Subdimensionen und Indikatoren – und dies betrifft interessanterweise auch Dimensionen, die üblicherweise als rein generisch behandelt werden (z.B. Klassenführung[3]). Werden solche Anpassungen nicht vorgenommen, besteht die Gefahr, dass generische Indikatoren (z.B. „Nutzen von Visualisierungen" bei Unterricht zu Termen) zu unscharf sind, um eine fachlich ungünstige Umsetzung derselben im Unterricht als solche zu erfassen (z.B. Visualisierungen, die nur oberflächliche Analogien zum Inhalt „Terme" darstellen, aber keine erklärenden Informationen zu ihrer fachlichen Struktur von Termen beinhalten; Dreher & Leuders, 2021). Die Umsetzung allgemeiner Qualitätsdimensionen auf ein solch fachspezifisches Niveau sowie deren adäquate Beurteilung im Unterricht setzt also in der Regel fachbezogenes Wissen voraus: Wissen zu konkreten fachlichen Konzepten (was sind relevante Strukturen von Termen), zu den dazugehörigen realweltlichen Phänomenen (z.B. wiederholtes Durchführen von strukturgleichen Preis- oder Mengenberechnungen mit wechselnden Ausgangsgrößen) bzw. zu den spezifischen fachlichen Arbeitsweisen des Faches (z.B. Experimentieren in den Naturwissenschaften, deduktives Argumentieren in der Mathematik).

---

[3] Im Fach Sport und in den naturwissenschaftlichen Fächern spielen beispielsweise zusätzlich zu den für das Fach Mathematik üblichen Subdimensionen für Klassenführung die *Gewährleistung der Sicherheit* eine zentrale Rolle, sei es bei sportlichen Aktivitäten oder bei der Durchführung von Experimenten.

3.1 Forschungsstand zu Unterrichtsqualität im Mathematikunterricht in der gymnasialen Oberstufe

Wie eingangs erwähnt (s.a. Kampa et al., 2018) ist die Befundlage zum deutschen Mathematikunterricht in der gymnasialen Oberstufe und insbesondere in Bezug auf zentrale Qualitätsdimensionen sehr dünn – wie auch der folgende Überblick zeigt.

Baumert und Köller (2000) analysierten Schülerberichte aus dem Datensatz der querschnittlichen TIMSS-Studie zur Häufigkeit verschiedener rezeptiver (z.B. Aufzeichnungen von der Tafel abschreiben) bzw. konstruktiver (z.B. Zusammenhänge darstellen und analysieren) Lernaktivitäten im Mathematikunterricht aus $N = 139$ Oberstufenkursen. Faktorenanalytisch identifizierten sie vier Dimensionen von Unterrichtseinschätzungen, die sie als *Kognitive Herausforderung und Eigentätigkeit, Fertigkeitsschulung, Rezeptivität des Unterrichts* sowie *Anwenden und Einschleifen* bezeichneten. Wie in den Expertisen (2.2) vermutet, stellte sich der analysierte Mathematikunterricht auch aus Sicht der Lernenden als variationsarm, stark rezeptiv angelegt und auf das Üben von Fertigkeiten ausgerichtet dar. Auf Verständnisorientierung zielende Arbeitsformen und Anwendungen von Mathematik wurden deutlich seltener berichtet. Dieses Ungleichgewicht war in Grundkursen noch einmal signifikant ausgeprägter als in Leistungskursen, was jedoch auch durch die unterschiedlichen Erwartungen der beiden Schülerpopulationen an den Unterricht bedingt sein kann. In einer hierarchischen Regressionsanalyse erklärten die individuellen Schülereinschätzungen 12% der Varianzunterschiede in der Mathematikleistung zwischen den Kursen, wobei nur die Dimension Verständnisorientierung signifikant beitrug. Bei zusätzlicher Kontrolle des Kursniveaus (Grundkurs vs. Leistungskurs) stieg die Varianzaufklärung deutlich auf 53%, die Prädiktionen durch die Qualitätsdimensionen waren dann jedoch nicht mehr signifikant; dies kann als Indiz für eine Konfundierung von Unterrichtsqualität und Anspruchsniveau interpretiert werden. Aufgrund der querschnittlichen Anlage der Studie müssen die Befunde jedoch sehr vorsichtig interpretiert werden.

In mehreren Beiträgen berichtete die Arbeitsgruppe um Maag Merki Ergebnisse einer Längsschnittstudie mit drei Erhebungswellen in Bremen und Hessen, die im Kontext der Einführung zentraler Abiturprüfungen in beiden Ländern durchgeführt wurde. Befragt wurden Schüler:innen je eines Grund- und Leistungskurses Mathematik (und Englisch) aus 36 Schulen. Die Daten zur Einschätzung des Unterrichts wurden primär auf Schulebene analysiert. Erhoben wurden Schülereinschätzungen zu den Qualitätsdimensionen Motivierungsfähigkeit, Kompetenzunterstützung und Autonomieunterstützung durch die Lehrkraft sowie eine Skala zur Anregung zur Elaboration. Im Beitrag Maag Merki et al. (2010) wurden für den Leistungskurs Mathematik über die Dimensionen, Erhebungswellen und Bundesländer hinweg vergleichbare Ratings im mittleren Bereich der Skalen berichtet; lediglich die Anregung der Elaboration wurde im Vergleich zu den anderen Dimensionen durchgehend niedriger eingeschätzt. Befunde zu Zusammenhängen zwischen diesen Unterrichtsratings und der individuellen Entwicklung der Lernenden sind uns aus diesen Arbeiten nicht bekannt.

Anhand derselben Daten analysierten Maag Merki und Oerke (2017) inwiefern sich die Einführung zentraler Abschlussprüfungen in Verbindung bringen lässt mit Veränderungen in der Unterrichtsqualität. Sie betrachteten dafür Schülerberichte zur Unterstützung der Lehrkraft in Bezug auf Motivation, Autonomie und Kompetenzerleben sowie das Interesse, die Selbstwirksamkeitserwartung und die Persistenz der Lernenden. Es gab keine klaren Hinweise darauf, dass die zentralen Abschlussprüfungen die motivationalen Schülercharakteristika aufgrund eines eventuell veränderten Unterrichtsangebots verändert haben. Es fanden sich jedoch Hinweise, dass die Schülereinschätzungen des Unterrichtsangebots bezüglich Kompetenzunterstützung positiv mit Interesse, Selbstwirksamkeit und Persistenz einhergehen. Hinweise darauf, dass die Einführung zentraler Prüfungen die Einschätzung des Unterrichts beeinflusst, fanden die Autorinnen für das Fach Englisch, nicht jedoch für das Fach Mathematik.

Oerke et al. (2013) untersuchten anhand von Daten derselben Studie, inwiefern die Einführung zentraler Abschlussprüfungen zu einem „teaching to the test" führt. Ihre Analysen, die leider nicht zwischen verschiedenen Fächern differenzieren, zeigten, dass Lehrkräfte zentral geprüfter Kurse berichten, eine geringere Bandbreite von Themen zu adressieren und sich dabei weniger an den individuellen Interessen der Lernenden zu orientieren als Lehrkräfte dezentral geprüfter Kurse (siehe dazu im Detail auch Jäger, 2012). Entgegen der Annahme der Autorinnen zeigten sich keine positiven Effekte einer reduzierten Themenvarianz auf die Leistung der Lernenden. Im Gegenteil wiesen Detailanalysen darauf hin, dass Lernende mit günstigerem Bildungshintergrund (z. B. hoher sozioökonomischer Status) von einer höheren Themenvarianz profitierten. Auch für das Fachinteresse war die Befundlage in dem Sinne gemischt, dass sich in einigen Analysen positive Effekte einer höheren Themenvarianz zeigten, in anderen kein signifikanter Effekt und in einer Analyse lediglich ein signifikanter Effekt für Lernende bestimmter Teilgruppen.

Untersuchungen des Mathematikunterrichts der gymnasialen Oberstufe basierend auf Einschätzungen durch externe Beobachtende sind im deutschsprachigen Bereich kaum zu finden. Eine Ausnahme stellt die Studie von Clausen et al. (2013) dar, die allerdings mit einem Oberstufeninternat eine einzelne, durchaus besondere Schule fokussierte, mit Jgst. 10 eher den Eingangsbereich der Oberstufe adressierte und außerdem nicht nach unterschiedlichen Fächern differenzierte. Da es sich jedoch um die *einzige* uns bekannte Beobachtungsstudie zum Unterricht in der gymnasialen Oberstufe handelt, wird sie hier dennoch näher betrachtet. Es wurden 22 Unterrichtsvideographien bzw. -beobachtungen analysiert und mit einem Referenzdatensatz aus anderen Videostudien in der Sekundarstufe I (TIMSS 1995; TIMSS-R 1999) verglichen. Inwiefern solch ein direkter Vergleich sinnvolle Aussagen ermöglicht, soll hier nicht diskutiert werden. Kodiert wurde eine große Bandbreite von Qualitätsdimensionen, insbesondere im Bereich Klassenführung, individueller Lernerunterstützung, kognitiver Aktivierung sowie zu Aspekten der Strukturiertheit des Unterrichts und des Anspruchs der Übungsphasen. Das spezifische Profil der fokussierten Schule zeichnete sich durch höhere Regelklarheit, effizientere Zeitnutzung und ein positiveres sozio-emotionales Klima gegenüber der Referenzstichprobe aus. Bezüglich der Gestaltung von Lernprozessen zeichnete sich eine intensivere Fehlerkultur, stärkere individuelle Lernerunterstützung und Eigenproduktivität der Lernenden ab, sowie ein geringerer Fokus auf individuelle Bezugsnormorientierung, repetitives Üben und Strukturierungshilfen durch die Lehrkraft. In einer großen Bandbreite von Merkmalen, wie z.B. der Individualisierung des Unterrichts oder dem Anspruch der Übungsphasen, zeigten sich keine signifikanten Unterschiede zwischen der analysierten Schule und der Referenzstichprobe. Die Autoren erklären das spezifische Profil der Schule teils mit den günstigeren organisatorischen Rahmenbedingungen, mit einer stärkeren Orientierung am eigenständigen Lernen, aber auch durch Spezifika der Schülerpopulation an dieser Schule. Insgesamt zeigt die Studie zunächst, dass in der Sekundarstufe I entwickelte Unterrichtsbeobachtungsinstrumente prinzipiell auch zu Beginn der gymnasialen Oberstufe anwendbar sind, und dass auch unter den scheinbar sehr günstigen Bedingungen einer „besonderen" Schule durchaus noch Optimierungspotenzial für einige Unterrichtsqualitätsfacetten besteht.

In der Zusammenschau der berichteten Studien bestätigt sich zunächst, dass selbst rein beschreibende empirische Befunde zum Mathematikunterricht in der gymnasialen Oberstufe rar sind. Die Studie aus der Arbeitsgruppe um Maag Merki ist dabei die Einzige, die in einem Längsschnittdesign Effekte der Unterrichtsqualität betrachtete, allerdings jedoch vorrangig auf Schulebene aggregiert, so dass über Unterrichtsqualität nur eingeschränkt Aussagen getroffen werden können. Betrachtet man die Messung von Unterrichtsqualität in den beschriebenen Studien, so fällt auf, dass nur wenige der erhobenen Qualitätsdimensionen – über eine einfache Benennung des Fachs z.B. in den Items der Fragebögen für Schülerberichte hinaus – fachspezifisch ausdifferenziert wurden. Die bestehenden Analysen beruhen weitgehend auf Modellen der Unterrichtsforschung zur Sekundarstufe I. Auffällig ist, dass lediglich ein einziges Merkmal argumentativ mit der spezifischen Situation der Oberstufe in Verbindung gebracht wurde, nämlich das im Lichte zentraler Abiturprüfungen betrachtete „teaching to the test" bei Oerke et al. (2013), sowie die damit verbundene Breite der abgedeckten Themenbereiche. „Teaching to the test" kann natürlich auch in der Sekundarstufe I stattfinden, es wird jedoch in der deutschsprachigen mathematikdidaktischen Literatur primär mit Bezug zum Abitur diskutiert.

Die vorhandenen deskriptiven Befunde decken sich im Wesentlichen mit den Aussagen zur Lernkultur in den Expertisen zu Beginn der 2000er-Jahre. Ergebnisse zur Bedeutung von Unterrichtqualitätsdimensionen für die Lernentwicklung der Schüler:innen sind so gut wie nicht verfügbar. Entsprechend ist die Befundlage einerseits als dünn zu bezeichnen, andererseits berücksichtigt sie die Spezifika der gymnasialen Oberstufe, insbesondere deren genuine Zieldimensionen, so gut wie nicht.

Es stellt sich also die Frage, wie diese Spezifika für die Unterrichtsforschung überhaupt greifbar konzeptualisiert werden können. Konkret besteht die Herausforderung darin das, was Qualität im Mathematikunterricht der gymnasialen Oberstufe im Vergleich zur Sekundarstufe I spezifisch ausmacht, abzugrenzen von stufenübergreifenden Qualitätsdimensionen von Mathematikunterricht. Unter dieser Perspektive soll im Folgenden die verfügbare empirische Evidenz zu den obengenannten Modellen der Unterrichtsqualität sowie insbesondere der Stand zu fachspezifischen Aspekten von Unterrichtsqualität im Kontext des Mathematikunterrichts der Sekundarstufe I genauer analysiert werden.

3.2 Forschungsstand zu Unterrichtsqualität im Mathematikunterricht in der Sekundarstufe I

Mittlerweile existiert eine Vielzahl an empirischen Studien zu Unterrichtsqualität im Mathematikunterricht in der Sekundarstufe I (für einen Einblick siehe das Special Issue Charalambous & Praetorius, 2018). Diese Studien unterscheiden sich hinsichtlich der in den Blick genommenen Dimensionen von Unterrichtsqualität. Aufgrund der Fülle an Befunden erfolgt hier lediglich eine exemplarische Darstellung von im deutschsprachigen Raum besonders prominenten Studien zu Unterrichtsqualität im Mathematikunterricht. Neben diesen quantitativ angelegten Studien gibt es viele Studien, die sich des breiten Spektrums qualitativer Methoden bedienen, um sich mit Fragen der Qualität von Unterricht auseinanderzusetzen (international siehe z. B. die Learner's Perspective Study, Leung et al., 2014; oder das Special Issue Llinares, 2021; für eine Übersicht im deutschsprachigen Raum und eine Diskussion der unterschiedlichen Zugänge, siehe Praetorius et al., 2021).

Die deutsch-schweizerische Studie „Unterrichtsqualität und mathematisches Verständnis in verschiedenen Unterrichtskulturen" (Klieme et al., 2009), besser bekannt als Pythagoras-Studie, stellt eine der im deutschsprachigen Raum prominentesten Untersuchungen der Unterrichtsforschung dar. Die längsschnittlichen Analysen basieren auf Daten von 38 deutschen und schweizerischen Klassen der achten (Schweiz) bzw. neunten (Deutschland) Jahrgangsstufe (Schuljahr 2002/2003) verschiedener Schularten, u. a. auch des Gymnasiums. Inhaltlicher Fokus lag zum einen auf einer Einführung in den Satz des Pythagoras, in dessen Rahmen ein mathematischer Beweis erfolgen sollte und zum anderen auf der Bearbeitung algebraischer Textaufgaben, wobei hier eine Gruppenarbeit durchgeführt werden sollte. Zur Überprüfung der Effekte der drei Basisdimensionen (beobachtungsbasiert erfasst) wurden zum Prätest Voraussetzungen für das konzeptuelle Verständnis in Bezug auf den Satz des Pythagoras erfasst, zum Posttest das entsprechende konzeptuelle Verständnis und seine Anwendung. Die separat pro Basisdimension berechneten Modelle zeigten bei Kontrolle der mit dem Inhalt verbrachten Zeit signifikante Effekte von β = .09 für Klassenführung und von .10 für kognitive Aktivierung sowie einen nicht signifikanten Effekt von .08 für konstruktive Unterstützung (Lipowsky et al.,

2009). Neben den drei Basisdimensionen wurden auch stärker mathematikdidaktische Qualitätsdimensionen erfasst: das Vorkommen von Verstehenselementen[4], die Qualität von Repräsentationsformen und strukturelle Klarheit. Diese Dimensionen weisen untereinander hohe Zusammenhänge auf (.71-.78) und lassen sich zu einem als fachdidaktische Qualität der Theoriephasen bezeichneten Faktor zusammenfassen (Drollinger-Vetter, 2011; Lipowsky et al., 2018). Die Zusammenhänge zwischen dem Faktor bzw. den einzelnen Dimensionen mit den drei Basisdimensionen fallen bis auf strukturelle Klarheit mit der Basisdimension Klassenführung (.44) nicht signifikant aus. Drollinger-Vetter (2011) berichtet, dass die drei Dimensionen jeweils einzeln die Leistungsentwicklung signifikant vorhersagen (β = .23 für das Vorkommen der Verstehenselemente, β = .22 für die Qualität der Repräsentationsformen und β = .21 für strukturelle Klarheit), allerdings ohne die jeweils anderen Dimensionen oder die Basisdimensionen von Unterrichtsqualität zu kontrollieren.

Auch die Studie „Professionelle Kompetenz von Lehrkräften, kognitiv aktivierender Unterricht und die mathematische Kompetenz von Schülerinnen und Schülern" (COACTIV; Kunter et al., 2011) stellt eine im deutschsprachigen Raum sehr bekannte Studie der Unterrichtsforschung dar, die im Vergleich zur Pythagoras-Studie einen deutlich stärkeren Schwerpunkt auf die professionelle Kompetenz der Lehrkräfte setzt. Die Studie stellt eine längsschnittliche Erweiterung der PISA-Erhebung 2003 dar und basiert auf Daten von insgesamt 194 Klassen aller Schulstufen der Sekundarstufe I, die zweimal – jeweils am Ende der Jahrgangsstufen 9 bzw. 10 – im Abstand von einem Schuljahr untersucht wurden. Zum ersten Messzeitpunkt handelt es sich um eine repräsentative Stichprobe. Zur Erfassung der drei Basisdimensionen wurde eine Mischung aus Schüler- und Lehrkräfteperspektive sowie Artefakten eingesetzt, in vielen COACTIV-Publikationen werden aber ausschließlich die Schülereinschätzungen verwendet. Die mathematischen Leistungen wurden zu Messzeitpunkt 1 über einen mathematischen Literacy-Test erfasst und zu Messzeitpunkt 2 über einen standardisierten, curricularvaliden Mathematiktest. Unter Kontrolle der Schulart sowie des curricularen Niveaus der eingesetzten Aufgaben wurden die Effekte der drei Basisdimensionen in einem Gesamtmodell überprüft (Kunter et al., 2005). Klassenführung wies dabei einen signifikanten Effekt von β = .24, kognitive Aktivierung einen signifikanten Effekt von .23 und konstruktive Unterstützung einen nicht weiter spezifizierten, nicht signifikanten Effekt auf.

Die internationale Large-Scale-Studie *Measures of Effective Teaching* (MET, Kane & Staiger, 2012) stellt die bislang größte Studie zu den Effekten von Unterrichtsqualität dar, mit einer Teilstichprobe für die prädiktiven Untersuchungen von 1.333 Lehrkräfte, mehr als 44.500 Schüler:innen und 7.491 videografierten Unterrichtsstunden. In der Studie wurden zwei generische (CLASS, FFT) und drei fachspezifische (davon zwei für Mathematik: MQI, UTOP) Beobachtungsinstrumente sowie generische Schülereinschätzungen der Unterrichtsqualität (TRIPOD) eingesetzt. Viele der

---

4   Diese werden von Drollinger-Vetter (2011) als „Teilemente, ... die geeignet miteinander verknüpft seine [bezogen auf den Satz des Pythagoras; Ergänzung der Verfassenden] Bedeutung ausmachen" (S. 181) definiert.

Instrumente kamen allerdings in gekürzten Versionen zum Einsatz. Als Outcomes in Mathematik wurden die Ergebnisse von State-Tests, das konzeptuelle Verständnis in Mathematik, Schülereinsatz und -freude erfasst. In der Annahme, dass damit Verzerrungen eliminiert werden können, wurden die Beobachtungsdaten einer Klasse mit den Outcomes einer anderen Klasse derselben Lehrkraft in Beziehung gesetzt. Zentrale Befunde sind unter anderem: Es fanden sich deutliche Einschränkungen bzgl. der Reliabilität der Beobachtungsdaten. Nichtsdestotrotz konnten sehr hohe Zusammenhänge der Beobachtungsinstrumente untereinander (auch zwischen generischen und mathematikspezifischen) identifiziert werden. Die auf Ebene der Beobachtungsinstrumente (und nicht auf Ebene der darin jeweils enthaltenen Dimensionen) berichteten Zusammenhänge mit dem Leistungszuwachs in Mathematik im vergangenen Schuljahr lagen zwischen .09 (MQI) und .27 (UTOP). Die Zusammenhänge fielen etwas höher aus, wenn statt des reinen Leistungszuwachses Value-Added-Scores[5] verwendet wurden. Nochmals leicht höhere Zusammenhänge konnten schließlich identifiziert werden, wenn neben den Beobachtungsinstrumenten die Schülereinschätzungen hinzugenommen wurden.

Über Studien hinweg ist aus methodischer Sicht auffällig, dass oft vergleichsweise kleine Stichproben untersucht werden, die eine Identifikation besonders von kleinen Effekten unwahrscheinlich machen, und viele weitere methodische Entscheidungen sehr unterschiedlich und zum Teil ohne explizite Begründung vorgenommen werden (z. B. die Berücksichtigung der Mehrebenenstruktur und damit verbundene Zentrierungsoptionen, die Modellierung von Veränderung über die Zeit, die gewählten Zeitabstände, aber auch die gewählte Erhebungsperspektive, von Schüler- über Lehrpersonen bis zu Beobachtereinschätzungen; siehe auch Fauth et al., 2020; Köhler et al., 2021; Naumann et al., 2020; Praetorius et al., 2018). Entsprechend stellt dies einen bedeutsamen Hebel dar, um in Zukunft die Wahrscheinlichkeit zu erhöhen, Effekte von Unterrichtsqualität empirisch zu identifizieren.

Inhaltlich lässt sich in Zusammenschau der obigen exemplarischen Darstellungen sowie weiterer Studien zur Qualität des Mathematikunterrichts in Bezug auf die Sekundarstufe I sagen, dass sich vielfältige Befunde zur Bedeutsamkeit von diversen Dimensionen von Unterrichtsqualität aufzeigen lassen, wenig verwunderlich mit einem Schwerpunkt auf den drei Basisdimensionen und vergleichsweise wenigen Befunden zu den anderen MAIN-TEACH-Dimensionen. Die meisten Befunde finden sich zu Effekten auf die mathematische Leistungsentwicklung von Schüler:innen über vergleichsweise kurze Zeiträume und bezogen auf die konkret in der untersuchten Unterrichtsstunde, Unterrichtseinheit oder Jahrgangsstufe behandelten Unterrichtsinhalte. Zu Effekten auf affektiv-motivationale Lernermerkmale gibt es weniger Befunde und zu anderen möglichen Outcomes zum Teil gar keine Befunde. Die konsistentesten Befunde gibt es zu den positiven Effekten der Dimension Klas-

---

5   Value-Added-Scores basieren auf der Idee, dass Schülerleistungen zu einem bestimmten Zeitpunkt um all das bereinigt werden, was nicht auf den Unterricht zurückzuführen ist. Entsprechend werden die Leistungen zu einem früheren Zeitpunkt sowie andere Faktoren wie zum Beispiel Personenmerkmale der Schüler:innen, deren familiärer Hintergrund sowie Schulmerkmale statistisch kontrolliert (z. B. McCaffrey et al., 2004).

senführung (für eine Erklärung siehe Fauth et al., 2020). Die Befunde zu den Effekten kognitiver Aktivierung auf Schülerleistungen und konstruktiver Unterstützung auf motivationale Outcomes hingegen sind deutlich inkonsistenter (Praetorius et al., 2018) und es gibt Hinweise auf die stärkere Bedeutsamkeit von Dimensionen, die spezifisch fachliche Qualität abbilden und v. a. in der Dimension Auswahl und Thematisierung von Inhalten und Fachmethoden zu verorten sind. Ein Beispiel ist das Vorkommen zentraler Verstehenselemente (Drollinger-Vetter, 2011; Lipowsky et al., 2018). Es scheint also lohnend, diese Dimension in Zukunft konkreter auszuarbeiten. Andere Dimensionen wie die Unterstützung des Übens sind zwar aus lernpsychologischer Sicht hoch relevant, spielen in der mathematikbezogenen[6] Unterrichtsforschung in den letzten Jahrzehnten jedoch eine untergeordnete Rolle (Praetorius & Gräsel, 2021). An anderer Stelle wird zudem auf die Bedeutsamkeit verwiesen, in empirischen Studien zukünftig das Zusammenspiel zwischen Angebot und Nutzung stärker in den Blick zu nehmen, um Unterricht und dessen Effekte adäquat abbilden zu können (Vieluf, 2022). Schließlich wird aktuell vermehrt darüber diskutiert, dass die Ziele des Unterrichts bei der Untersuchung von Unterrichtsqualität stärker in den Blick genommen werden sollten, da je nach Ziel bestimmte Dimensionen mehr oder weniger bedeutsam sein sollten. Dimensionen wie kognitive Aktivierung beispielsweise könnten nicht in jeder einzelnen Unterrichtsstunde gleich relevant sein (Praetorius & Gräsel, 2021) und eignen sich entsprechend nicht im selben Maße zur Beurteilung aller Stunden (z. B. dürfte kognitive Aktivierung in einer Übungsstunde zur Automatisierung des kleinen Einmaleins einen anderen Stellenwert haben, als in einer Stunde zur Erarbeitung von Zerlegungsstrategien für Multiplikationsaufgaben). Darüber hinaus bietet sich eine stärkere Orientierung an spezifischen Zielen auch für den zukünftigen Austausch über Unterrichtsfächer bzw. Didaktiken hinaus an, da so konkreter über Ähnlichkeiten und Unterschiede zwischen Fächern diskutiert werden kann (Göllner et al., 2022). Gerade die Frage nach der Konzeptualisierung der Qualität von Mathematikunterricht der Oberstufe, im Spannungsfeld zwischen seinen spezifischen Zielen und der Kritik an seinen Ergebnissen, könnte hier ggf. interessante Impulse für die Unterrichtsforschung bergen.

4 Synthese: Qualität von Mathematikunterricht in der gymnasialen Oberstufe?

Betrachtet man die in den Abschnitten 2 und 3 berichteten Perspektiven, so zeigt sich ein Spannungsfeld zwischen Kritik am Mathematikunterricht in der gymnasialen Oberstufe einerseits und mangelnden diesbezüglichen empirischen wissenschaftlichen Erkenntnissen andererseits. Im folgenden Abschnitt 4.1 adressieren wir dieses Spannungsfeld, indem wir ausgehend von Modellen und empirischen Ergebnissen

---

6   Darunter fassen wir sowohl Arbeiten aus der Mathematikdidaktik als auch solche aus der erziehungswissenschaftlichen und pädagogisch-psychologischen Unterrichtsforschung, die sich auf den Mathematikunterricht beziehen.

zum Mathematikunterricht in der Sekundarstufe I die Übertragbarkeit auf den Mathematikunterricht in der gymnasialen Oberstufe analysieren. In diesem Zusammenhang werden die spezifischen Zieldimensionen des Unterrichts (wie z. B. die in Abschnitt 1 genannte Trias) als charakterisierend für die gymnasiale Oberstufe dargestellt. Auch die Kritik am Mathematikunterricht in dieser Stufe bezieht sich oft spezifisch auf die resultierenden Prüfungsleistungen und Bildungsergebnisse. Insofern stellt sich für Abschnitt 4.2 weiter die Frage, wie die Spezifika von Mathematikunterricht in der gymnasialen Oberstufe sowie die darauf bezogene Kritik in der Forschung zur und der Diskussion um die Qualität des Unterrichts in der gymnasialen Oberstufe abgebildet werden können.

4.1 Folgerungen aus dem Forschungsstand zum Mathematikunterricht in der Sekundarstufe I

Diejenigen Kritikpunkte bzw. Forderungen zum Mathematikunterricht in der gymnasialen Oberstufe, die sich konkret auf den Unterricht als Ko-Konstruktion in der Interaktion von Lernangebot und Lernangebotsnutzung beziehen, zielen primär auf Qualitätsdimensionen ab, die bereits für den Mathematikunterricht in der Sekundarstufe I diskutiert werden. Beispiele sind Forderungen nach einer „aktiven Lernkultur", die als Ruf nach kognitiver Aktivierung interpretiert werden können, sowie dem kumulativen Aufbau von Konzepten (Auswahl und Thematisierung von Inhalten) in den Expertisen zu Beginn der 2000er-Jahre (vgl. Abschnitt 2.2). Die wenigen Studien zum Mathematikunterricht der gymnasialen Oberstufe legen nahe, dass im Kontext der Sekundarstufe I entwickelte Modelle und Indikatoren für Unterrichtsqualität auch in der Oberstufe zur Beschreibung von Unterricht anwendbar sind. Die nur in geringem Umfang verfügbare Evidenz dazu kann zumindest mit den Vermutungen der Expertisen zu Problembereichen des Unterrichts in Einklang gebracht werden.

Dass die in Modellen der Unterrichtsqualität enthaltenen Dimensionen im Rahmen der Kritik am Mathematikunterricht in der gymnasialen Oberstufe (Abschnitt 2) kaum benannt werden, ist auffällig und kann unterschiedliche Ursachen haben. So ist kaum transparent, inwiefern sich die Autor:innen jeweils über die fachlichen Unterrichtsinhalte und konkreten Unterrichtsergebnisse hinaus mit dem Unterrichtsprozess und Modellen der Unterrichtsqualität auseinandergesetzt haben und dies als Basis für ihre Analysen des Mathematikunterrichts und Schlussfolgerungen heranziehen. Weiterhin könnte es sein, dass sich diese Qualitätsdimensionen von Mathematikunterricht in den vergangenen Jahren so positiv entwickelt haben, dass sie nicht mehr das vorwiegende Problem darstellen. Allerdings wies selbst der Unterricht der von Clausen et al. (2013) analysierte Schule unter sehr günstigen Bedingungen nur eine ähnliche Qualität auf wie der in den Jahren 1995 und 1999 in TIMSS beobachtete und damals durchaus kritisierte Mathematikunterricht der Sekundarstufe I. Entsprechend wäre es in einem ersten Schritt wünschenswert systematisch zu untersuchen, inwiefern die in den etablierten Modellen beschriebenen Dimensionen von Unterrichtsqualität im Mathematikunterricht in der Oberstufe umgesetzt werden (Desiderat 1.1).

Eine derartige Beschreibung des Unterrichts ist jedoch nur unter der Annahme hilfreich, dass Erkenntnisse zur Bedeutung der Qualitätsdimensionen unverändert auf die Oberstufe übertragbar sind. Diese zunächst einmal plausible Annahme machen sich Studien zu eigen, die die bestehenden Modelle und Indikatoren in der Oberstufe verwenden (z. B. Baumert & Köller, 2000; Clausen et al., 2013; Maag Merki et al., 2010). Angebots-Nutzungs-Modelle betonen die Rolle von Lernendenmerkmalen für die Nutzung des unterrichtlichen Angebots. Die Schülerpopulation der Oberstufe unterscheidet sich nicht allein in Bezug auf das Entwicklungsalter von der Population in der Sekundarstufe I. Auch die Selektion im Kontext des mittleren Bildungsabschlusses sowie die individuelle Entscheidung der Lernenden zum Eintritt in die gymnasiale Oberstufe könnte sich hier auswirken. In diesem Zusammenhang könnten beispielsweise motivationale Merkmale, aber auch Fähigkeiten zum selbstregulierten Arbeiten von Bedeutung sein. Auch aufgrund einer unter Umständen zunehmenden Selbstständigkeit der Lernenden könnte man entsprechend vermuten, dass sozio-emotionale Unterstützung oder eine explizite Unterstützung des Übens in der gymnasialen Oberstufe im Vergleich zur Sekundarstufe I in geringerem Maße notwendig sind für eine günstige Kompetenz- oder Interessensentwicklung der Lernenden und folglich unter den verschiedenen Qualitätsdimensionen niedriger zu priorisieren wären. Deshalb wäre als Desiderat 1.2 theoretisch zu klären und empirisch zu untersuchen, inwiefern Erkenntnisse zur Bedeutung der Unterrichtsqualitätsdimensionen für verschiedene Outcomes von Unterricht von Merkmalen der jeweiligen Schülerpopulation beeinflusst werden.

Studien der Unterrichtsforschung untersuchen in der Regel Unterricht zu bestimmten, im Rahmen der jeweiligen Studie aus normativer Perspektive festgelegten Zielen, die für die Erhebung von Lernfortschritten auch in Testinstrumenten abgebildet werden. In den bisherigen Studien wird diese Auswahl von Zielen häufig nicht explizit diskutiert (vgl. Lindmeier & Heinze, 2020). Häufig wird jedoch konzeptuelles Wissen um die behandelten Inhalte als zu untersuchendes Ziel von Unterricht ausgewählt (z. B. Pauli et al., 2008). Darüber hinaus wären aber auch andere Kompetenzbereiche, wie die für die gymnasiale Oberstufe häufig diskutierten automatisierten, technisch-rechnerischen Kalkülfertigkeiten oder prozessbezogene Kompetenzen Outcomes von Mathematikunterricht, die alternativ untersucht werden könnten. Die Übertragbarkeit von Befunden der Unterrichtsforschung auf diese alternativen Outcomes ist bislang weitgehend ungeklärt. Aus Sicht der allgemeinen Unterrichtsforschung kann man hier (s. Abschnitt 3.2) diskutieren, inwiefern sich die Bedeutung bestimmter Qualitätsdimensionen (z. B. kognitive Aktivierung) je nach angestrebtem Ziel (z. B. technische Kalkülfertigkeiten vs. konzeptuelles Wissen vs. prozessbezogene Kompetenzen) unterscheiden kann. Aus Sicht der Mathematikdidaktik stellt sich beispielsweise die Frage, welche Form von Übungen – und damit von Übungsunterstützung – jeweils geeignet ist, diese Ziele zu erreichen (Winter, 1984). Dies theoretisch zu beschreiben und empirisch zu untersuchen (Desiderat 1.3) müsste allerdings einhergehen mit einer zunehmenden Klassifikation von Unterrichtszielen, deren Klassifikationskriterien theoretisch schlüssig mit der Bedeutung der Qualitätsdimensionen in Verbindung gebracht werden können. Damit verbunden wäre in der bestehenden Unterrichtsforschung zu reflektieren, inwiefern das Spektrum relevanter Unterrichtsziele von Mathematikunterricht in bisherigen Studien abgedeckt wurde. Es ist anzunehmen, dass besonders der Fokus auf verständnisvolle Lernprozesse zu einer Priorisierung konzeptueller Wissensfacetten gegenüber der Automatisierung neuer technischer Fertigkeiten und der Vertiefung von bereits erarbeiteten Kompetenzen geführt hat. Dieser Fokus ist einerseits wünschenswert, da der Aufbau konzeptuell reichhaltigen, tief verarbeiteten Wissens immer wieder eingefordert wird (z. B. Abschnitt 2.2). Andererseits führt diese Fokussierung jedoch auch dazu, dass die Erforschung anderer Aspekte wie der Aufbau automatisierter mathematischen Fertigkeiten, der in der gesellschaftlichen Diskussion ebenfalls immer wieder eingefordert wird, nur eine untergeordnete Bedeutung einnimmt.

Zusammenfassend erscheint es zunächst plausibel, dass die von der Unterrichtsforschung zum Mathematikunterricht in der Sekundarstufe I vorgeschlagenen Qualitätsdimensionen auch für den Unterricht in der gymnasialen Oberstufe von Relevanz sind. Offene Fragen ergeben sich besonders bei der Frage nach der Gewichtung dieser Dimensionen vor dem Hintergrund einer spezifischen Schülerpopulation und spezifischer Zielsetzungen von Mathematikunterricht in der Oberstufe.

4.2 Qualität von Mathematikunterricht und Zieldimensionen der gymnasialen Oberstufe

Während sich einige Forderungen zum Mathematikunterricht in der gymnasialen Oberstufe nachträglich gut an die aus der Sekundarstufe I verfügbaren Modelle von Unterrichtsqualität anbinden lassen, ist dies bei anderen Kritikpunkten nicht in ähnlicher Weise möglich. Dies gilt zunächst für die Kritik eines Ungleichgewichts der Winterschen Grunderfahrungen im Mathematikunterricht, wie sie in den Expertisen Anfang der 2000er explizit benannt wurden (zu starker Fokus auf der Grunderfahrung „Mathematik als deduktives System") und in aktuellen Diskussionen mehr oder weniger implizit auftaucht (Kritik am auf „Modellieren" ausgerichteten Unterricht). Auch die Frage, inwiefern der Mathematikunterricht zur Bearbeitung der Zieldimensionen der Trias beiträgt, lässt sich nicht einfach mit den verfügbaren Modellen der Unterrichtsqualität bearbeiten. Es geht dabei im Kern darum, wie der Beitrag von in empirischen Studien untersuchten Ausschnitten des Mathematikunterrichts zu übergreifenden, langfristig angelegten Zieldimensionen von Unterricht gefasst und bewertet werden kann. Im MAIN-TEACH-Modell (Abb. 2) betrifft dies insbesondere die Dimension *Auswahl und Thematisierung von Inhalten und Fachmethoden*. Bisherige Ansätze zur Auseinandersetzung mit dieser Dimension sind i. d. R. jedoch auf eng eingegrenzte Inhalte und Fachmethoden (z. B. Beweisen) begrenzt. Dieser Abschnitt soll dieses Problemfeld auf den in Abb. 2 unterschiedenen Zielebenen genauer umreißen und Perspektiven für seine Bearbeitung aufzeigen. Wir orientieren uns dabei an den in Abb. 2 unterschiedenen zeitlichen Ebenen für die Ziele von Mathematikunterricht.

Ziele der Unterrichtsstunde: Die fachlichen Unterrichtsinhalte einer bestimmten Mathematikstunde, im Sinne der zu behandelnden zentralen Konzepte und Zusammenhänge (z. B. das Konzept Integralfunktion als fachlicher Inhalt), sind meist stark durch den inhaltlichen Aufbau der Schulmathematik in der Oberstufe vorbestimmt, andere Gestaltungsentscheidungen bleiben jedoch offen (bei der Integralfunktion z. B. Zugang über einen Anwendungskontext, über Probleme der Flächenmessung, oder eher symbolisch durch Variation der Integrationsgrenzen). Am Beispiel der Einführung des Integralbegriffs soll illustriert werden, dass die Festlegung der Inhalte noch keine Schwerpunktsetzung auf eine Zieldimension der Trias impliziert: Diese Einführung kann mit einem starken Fokus auf *vertiefte Allgemeinbildung* geschehen: Um Integrale als Mittel des Weltzugangs (Kap. 1.1 in diesem Band) erfahrbar zu machen, würde ein starker Fokus darauf liegen, die unterschiedlichen Aspekte und Grundvorstellungen zum Integralbegriff (Greefrath et al., 2016) anhand einer Bandbreite exemplarischer Anwendungskontexte zu erarbeiten. Weiterhin wäre es hilfreich einen Fokus auf qualitative Zusammenhänge zwischen einer Funktion und ihrer Integralfunktion zu legen und beispielsweise anhand variierender Kontexte zu Veränderungs- und Bestandsfunktionen zu vertiefen. Bei einer Ausrichtung auf *Wissenschaftspropädeutik im Sinne der Mathematik als anwendbare Disziplin* (Kap. 1.2 in diesem Band) würde man ggf. sehr ähnlich vorgehen, jedoch bei den Kontexten insbesondere unterschiedliche Erscheinungsformen des Integrals in typischen universitären Anwendungsdisziplinen (z. B. Volumen von Rotationskörpern, kumulative Verteilungsfunktionen in der Statistik, Flussraten und langfristige Veränderungen, o. ä.) in den Vordergrund stellen. Würde der Fokus auf *Wissenschaftspropädeutik im Sinne der Mathematik als wissenschaftlicher Disziplin* (Kap. 1.2 in diesem Band) gelegt, so könnte die mathematische Fassung des Integralbegriffs systematisch bearbeitet werden, z. B. durch die Betrachtung von Ober- und Untersumme (ggf. in Verknüpfung mit einem zunächst auf Intervallschachtelungen, später auf Folgen basierenden Grenzwertbegriff) inklusive deren formal-symbolische Beschreibung. Zur Vertiefung könnte die konkrete Bestimmung von Integralen unter Nutzung grundlegender Summenformeln oder Aussagen z. B. zu Rechenregeln für Integrale oder zur Monotonie von Integralfunktionen dienen, die systematisch formuliert und altersgemäß bewiesen werden. Ein Fokus auf *Studierfähigkeit* (Kap. 1.3 in diesem Band) könnte die beiden vorher genannten Zugänge kombinieren mit einem Schwerpunkt auf typische Anforderungen von mathematikhaltigen Studienfächern, und aus dieser Perspektive die in vielen Studienfächern erforderlichen technischen Fähigkeiten im Umgang mit dem Integralbegriff (s. Kap. 3.2 in diesem Band) sowie wesentliche Grundvorstellungen anhand in diesen Fächern typischer Kontexte betonen. Spezifische Techniken (z. B. partielle Integration) könnten zur Vertiefung und Vernetzung mit anderen Inhalten des Unterrichts genutzt werden.

Es liegt also zu einem substanziellen Anteil in der Gestaltungsfreiheit und Verantwortung der Lehrkräfte, welche übergreifende Zieldimension von Unterricht in einer spezifischen Unterrichtsstunde fokussiert wird und wie dies geschieht. Dies gilt prinzipiell nicht nur für die Zieldimensionen des Mathematikunterrichts in der gymnasialen Oberstufe, sondern überall da, wo die Unterrichtsgestaltung traditionell stark von den fachlichen Konzepten her gedacht wird, jedoch auch übergreifende Ziele von Mathematikunterricht gesetzt werden. In diesem Sinne sind Schwerpunktsetzungen zugunsten einzelner Zieldimensionen der Trias (bzw. einzelner mathematischer Grunderfahrungen) in einzelnen Unterrichtseinheiten nicht nur möglich, sondern aus praktischen Gründen (u. a. beschränkte Unterrichtszeit) sogar erforderlich. Die damit verbundenen Entscheidungen können mit den verfügbaren Modellen von Unterrichtsqualität nur schwer bewertet werden, da diese für die Untersuchung einzelner Unterrichtsstunden oder kürzerer Unterrichtseinheiten mit einem vorgegebenen Satz von Zielen gedacht sind.

Alle oben beschriebenen Zugänge zum Konzept der Integralfunktion können im Sinne der in Abschnitt 3 beschriebenen Modelle mit (mehr oder weniger) hoher Unterrichtsqualität umgesetzt werden. Es können (beispielsweise) jeweils *relevante und bedeutsame Inhalte* ausgewählt und thematisiert werden, es gibt Möglichkeiten zur *kognitiven Aktivierung*, zum *nachhaltig wirksamen Üben* und zum *formativen Assessment*. Dass eine Lehrkraft einen dieser Zugänge beispielsweise in einer Einführungsstunde besonders in den Vordergrund stellt, sagt zunächst nichts über die mit den verfügbaren Modellen beschreibbare Qualität des Unterrichts aus. Einzig eine Kombination aller drei Zugänge in einer einzigen Unterrichtsstunde, um allen Zieldimensionen gleichermaßen gerecht zu werden, ist schon aus Zeitgründen kaum denkbar, aber auch weil die Bandbreite an verschiedenen Facetten kaum in kurzer Zeit kohärent thematisiert werden kann.

Auf dieser Ebene lässt sich die Qualität von Unterricht – im Sinne eines Beitrags zu den Zieldimensionen der Trias – allenfalls daran festmachen, dass überhaupt mindestens eine der Zieldimensionen erkennbar angesprochen wird. Ein potenzielles Ungleichgewicht kann bei einer auf einzelne Unterrichtsstunden beschränkten Analyse weder erkannt noch vermieden werden.

Ziele einer längeren Unterrichtseinheit: In einer längeren Unterrichtseinheit erscheint es realistischer als in einer einzelnen Unterrichtsstunde, unterschiedliche Zugänge zu einem bzw. Perspektiven auf einen Inhalt zu kombinieren, und so mehrere Zieldimensionen der Trias anzusprechen. Die Ergebnisse von Oerke et al. (2013) zur Themenvarianz lassen sich – sehr weit interpretiert – so deuten, dass eine breite Abdeckung verschiedener Aspekte eines Inhalts nicht unbedingt nachteilig sein muss, sondern für bestimmte Lernende sogar vorteilhaft sein kann. Dennoch ist fraglich, ob alle Zieldimensionen in jeder mathematischen Unterrichtseinheit der gymnasialen Oberstufe in derselben Breite und Tiefe angesprochen werden können und sollten. So eignet sich eine Einheit zur Inferenzstatistik beispielsweise sicher, um Wissenschaftspropädeutik für die *Mathematik als anwendbare Disziplin* (Kap. 1.2 in diesem Band) zu betreiben. Eine systematische fachliche Fundierung (z. B. der Optimalität der Ablehnungsbereiche) – im Sinne der *Mathematik als wissenschaftliche Disziplin* (Kap. 1.2 in diesem Band) – geht dagegen über das hinaus, was üblicherweise für die gymnasiale Oberstufe als realistisch und relevant eingeschätzt wird. Eine Unterrichtseinheit zur natürlichen Exponentialfunktion birgt hier sicher mehr Potenzial, da diese durch typische mathematische Fragestellungen motiviert werden kann. Der Nutzen für die (allgemeine) Studierfähigkeit – über das hinaus, was zu Exponentialfunktionen in der Sekundarstufe I thematisiert wurde – dürfte sich hier allerdings meist auf die Kenntnis der Ableitungs- und Integrationsregeln für die Exponentialfunktion mit der speziellen Basis e (und darauf aufbauend für andere Exponentialfunktionen) beschränken.

Die Frage, ob eine mathematische Unterrichtseinheit „qualitativ hochwertig" zur Erreichung der Zieltrias beiträgt, lässt sich also nicht allein mit Blick auf den Unterricht selbst beantworten. Die Antwort muss berücksichtigen, welches *Potenzial* die entsprechende Unterrichtseinheit für das Erreichen der Zieldimensionen hat, und inwiefern dieses genutzt wird. Letztlich kann aber auch hier der Maßstab für Unterrichtsqualität wohl nicht sein, jedes fachlich denkbare Potenzial einer Unterrichtseinheit in Bezug auf ihren Beitrag zur Zieltrias auszuschöpfen. Eine solche Forderung läuft Gefahr die einzelnen Unterrichtseinheiten zu überladen. Sollen die Zieldimensionen der Trias in einer gewissen Balance bearbeitet werden, so muss der Fokus auch über einzelne Unterrichtseinheiten hinausgehen.

Ziele der gymnasialen Oberstufe als Ganzes: Ganz offensichtlich ist es auch gar nicht notwendig, dass jede Unterrichtseinheit oder Unterrichtsstunde zu jeder Zieldimension der Zieltrias gleichermaßen beiträgt. Vielmehr soll ja die Oberstufe als Ganzes diesen Zieldimensionen gerecht werden. Ein Problem bezüglich der Erreichung der Zieltrias ergibt sich jedoch, wenn eine der Zieldimensionen über alle Unterrichtsstunden und Unterrichtseinheiten hinweg entweder nur vereinzelt bzw. gar nicht thematisiert wird oder sogar in einem Übermaß, so dass die Erreichung der anderen Zieldimensionen gefährdet wird.

Hinter diesem Problemfeld steht die allgemeinere Frage, wie Unterricht dahingehend beurteilt werden kann, dass bestimmte übergreifende Bildungsziele (wie z. B. hier die Zieldimensionen der Trias) überhaupt und bestenfalls balanciert bearbeitet werden. Neben der Trias könnte man die analoge Frage für die Grunderfahrungen oder die verschiedenen prozessbezogenen Kompetenzen der Bildungsstandards stellen, oder auch für andere übergreifende Ziele des Mathematikunterrichts wie „digitale Bildung", „Bildung für nachhaltige Entwicklung" oder „Gesundheitsbildung". Diese allgemeine Frage ist also zunächst auch für andere Schulstufen relevant und sie lässt sich mit den bisherigen, auf einzelne Unterrichtsstunden oder im besten Fall einzelne Unterrichtseinheiten ausgerichteten empirischen Studien zu Unterrichtsqualität nicht beantworten (vgl. Lindmeier & Heinze, 2020). Mit der Fokussierung auf die Trias wird sie jedoch zu einem spezifischen Problem für die gymnasiale Oberstufe. Aus diesem Problemfeld erwachsen für die gymnasiale Oberstufe zwei Anschlussfragen:

1) Wie lässt sich der Beitrag einer bestimmten (z. B. videographierten) Unterrichtsstunde oder einer längeren Unterrichtseinheit zu den Zieldimensionen der Trias (oder anderen übergreifenden Zielen) reliabel und valide erfassen?
2) Anhand welcher Referenz bzw. welcher Kriterien kann beurteilt werden, ob und mit welcher Qualität eine Unterrichtseinheit oder der Unterricht einer Lehrkraft über die ganze Oberstufe hinweg die Zieldimensionen anspricht?

Zur Klärung dieser Fragen wäre zu überlegen, ob alleine die Häufigkeit, mit der eine Zieldimension adressiert wird (oder die relative Intensität im Vergleich zu den anderen Zieldimensionen), zur Bewertung herangezogen werden kann, oder ob andere Kriterien relevant sein könnten: Wird eine Zieldimensionen beispielsweise kontinuierlich und regelmäßig, oder nur vereinzelt und punktuell angesprochen? Wird sie mit kohärenten, begrifflich abgestimmten und aufeinander aufbauenden Lerngelegenheiten umgesetzt, oder durch weitgehend unverbundene Einzelaktivitäten? Für beide Fragen liegen eher offene Desiderata als einfache Antworten vor.

Zur ersten Frage wäre (Desiderat 2.1) aus stoffdidaktischer Sicht für einzelne thematische Unterrichtseinheiten zu klären, auf welche Weise sie einen (fachlichen oder übergreifenden) Beitrag zu den einzelnen übergreifenden Zieldimensionen der Trias leisten *könnten*. Am Beispiel der Integralrechnung ist dies oben sehr knapp angedeutet worden. Unterrichtsstunden könnten dann dahingehend beurteilt werden, ob sie ein solches, aus stoffdidaktischer Sicht relevantes Potenzial des jeweiligen Inhalts adressieren.

Um die zweite Frage anzugehen wäre es darüber hinaus jedoch aus normativer Sicht notwendig zu klären (Desiderat 2.2), welche dieser Beiträge die einzelnen Themenbereiche der Oberstufe zur Zieltrias (mindestens) leisten *sollten*. Prinzipiell müsste dies bereits in der Auswahl und Gewichtung von Unterrichtsinhalten bei der Erstellung von Lehr- und Rahmenplänen angelegt sein. Eine explizite Benennung dieser Mindestbeiträge zu übergreifenden Zieldimensionen würde es nicht nur erleichtern Unterricht zu beurteilen, sondern könnte Schulbuchautor:innen und Lehrkräften einen Rahmen für die von ihnen vorzunehmenden Schwerpunktsetzungen geben. Sie könnte auch ein Orientierungspunkt für Stellungnahmen zum Mathematikunterricht der Oberstufe sein, wenn von Seiten der Hochschulen Disbalancen – in den normativen Setzungen oder in deren Umsetzung im Unterricht – wahrgenommen werden.

Deskriptiv wäre darauf aufbauend (Desiderat 2.3) zu untersuchen, inwiefern Lerngelegenheiten zu den Zieldimensionen der Trias im Unterricht beobachtbar sind, ob sich wirklich das beklagte Ungleichgewicht bezüglich des Beitrags des Mathematikunterrichts zu den Zieldimensionen ergibt – gemessen an den jeweils normativ intendierten Beiträgen – und wie sich diese konkret gestaltet. Dazu wären von Seiten der fachbezogenen Unterrichtsforschung Beobachtungsinstrumente zu entwickeln, mit denen der Beitrag von konkretem Unterricht zu den Zieldimensionen erfasst werden kann (Desiderat 2.4). Hier wäre auch zu prüfen, inwiefern das in einem ersten Schritt auch anhand von Schulbüchern (vgl. Sievert et al., 2019 für die

Grundschule) oder Dokumenten der Unterrichtsplanung (z. B. Baumert et al., 2010) mit ausreichender Validität erfolgen kann.

Um die Validität der daraus resultierenden Unterrichtsqualitätsmaße zu untersuchen wären (Desiderat 2.5) Instrumente erforderlich, die es erlauben den Beitrag des Fachs Mathematik zum Erreichen der Zieldimensionen der Trias konkret zu erfassen. Dazu gibt es erste Ansätze im Bereich der Wissenschaftspropädeutik (Kap. 1.2 und 3.4 in diesem Band). Während der Forschungsstand für fachbezogene Studierfähigkeit hier ebenfalls Ansatzpunkte und Instrumente bietet (Kap. 1.3 und 3.2 in diesem Band), wäre dies für eine allgemeine, fachübergreifend konzeptualisierte Studierfähigkeit sowie für die vertiefte Allgemeinbildung allerdings eine substanzielle theoretische und methodische Herausforderung. Uns sind hier keine Initiativen zur Konzeption von Messinstrumenten zur vertieften Allgemeinbildung bekannt.

Unabhängig davon, ob die konkreten Ergebnisse in Bezug auf übergreifende Zielsetzungen messbar gemacht werden könnten, wäre eine relevante Frage (Desiderat 2.6), inwiefern Mathematiklehrkräfte Unterricht unter idealen oder typischen Bedingungen überhaupt erkennbar auf die Zieldimensionen der Trias ausrichten (können). Aufgrund der angesprochenen relativen Entscheidungsfreiheit der Lehrkräfte bei der Schwerpunktsetzung im Unterricht könnte beispielsweise untersucht werden, ob eine externe Vorgabe zur Adressierung übergreifender Zielbereiche (z. B. einzelne Zieldimensionen der Trias) zu beobachtbaren Unterschieden im Unterricht führt. Es wäre denkbar, dass eine gezielte Schulung der Lehrkräfte in Bezug auf die Umsetzung der Zieldimensionen notwendig ist, um solche Effekte zu erreichen.

5 Zusammenfassung und Ausblick

Zusammenfassend gibt es zwar einerseits konkrete Zielvorgaben für den Mathematikunterricht der gymnasialen Oberstufe, andererseits jedoch wiederholte und dauerhafte Kritik an diesem Unterricht und seinen Ergebnissen. Diese Kritik unterliegt jedoch in ihren Schwerpunkten einem gewissen Wandel und ist wissenschaftlich nur teilweise an aktuelle empirische Arbeiten zur Qualität von Mathematikunterricht angebunden. Eine systematischere Bearbeitung dieses Problemfelds würde sicher zu einer effizienteren Kommunikation der betroffenen Praktiker:innen aus beiden Bereichen – Schule und Hochschule – führen und klarere Angriffspunkte für eine wissenschaftliche Analyse eröffnen. Es bestätigt sich zunächst der von Kampa et al. (2018) gewonnene Eindruck einer sehr schmalen empirischen Befundlage. Das wenige, was wir über den realen Mathematikunterricht in der gymnasialen Oberstufe und seine Wirkungen wissen, baut konzeptuell auf Modellen zur Qualität von Mathematikunterricht in der Sekundarstufe I auf und bezieht sich vorrangig auf Berichte von Lehrkräften und Schüler:innen.

Soll Unterricht in der gymnasialen Oberstufe weiterentwickelt werden, so bleibt zunächst die Orientierung an Modellen und Erkenntnissen aus der Sekundarstufe I. Hier gibt es jedoch offene Fragen bezüglich der Übertragbarkeit der Erkenntnisse auf die spezifischen Rahmenbedingungen, beispielsweise bezüglich der Schülerpopulation und der Zielsetzungen des Unterrichts. Dennoch erscheint eine Übertragbarkeit der wesentlichen Erkenntnisse eine zwar prüfbedürftige, zunächst aber plausible Arbeitshypothese. Sie eröffnet eine erste Perspektive für eine detailliertere Untersuchung und konstruktive Weiterentwicklung der in den entsprechenden Modellen genannten Unterrichtsqualitätsdimensionen.

Dass dies nicht ausreichend dürfte, zeigt die immer wieder geäußerte Kritik, die sich weniger auf die Gestaltung einzelner Unterrichtsstunden bezieht, sondern im Kern die Balance hinsichtlich der anzustrebenden übergreifenden Ziele adressiert. Insbesondere ist weitgehend unklar, inwiefern und auf welche Art und Weise der Mathematikunterricht in der gymnasialen Oberstufe zu den zentralen Zieldimensionen der Trias beiträgt. Empirische Erkenntnisse zum Unterricht sind dringend notwendig, um diese Kritik einzuordnen und Ansatzpunkte für eine Unterrichtsentwicklung aufzuzeigen. Außerdem ist nicht hinreichend beschrieben, an welchen Stellen und anhand welcher Inhalte der Mathematikunterricht zu diesen Zieldimensionen beitragen *kann* und *soll*. Notwendig ist also auch eine Unterfütterung der stoffdidaktischen Grundlagen zum *potenziellen Beitrag* bestimmter Themenfelder für übergreifende Zieldimensionen der gymnasialen Oberstufe, ggf. eine Konkretisierung der normativen Vorgaben zur Orientierung in Bezug auf die konkret mit in Lehr- und Rahmenplänen *beabsichtigten Beiträge*, aber auch eine Untersuchung dessen, was davon im Unterricht konkret *umgesetzt wird* bzw. von Lehrkräften *umgesetzt werden kann*.

Literatur

Baptist, P. & Winter, H. (2001). Überlegungen zur Weiterentwicklung des Mathematikunterrichts in der Oberstufe des Gymnasiums. In H.-E. Tenorth (Hrsg.), *Kerncurriculum Oberstufe. Mathematik, Deutsch, Englisch; Expertisen* (S. 54–76). Beltz.

Baumert, J. & Köller, O. (2000). Unterrichtsgestaltung, verständnisvolles Lernen und multiple Zielerreichung im Mathematik- und Physikunterricht der gymnasialen Oberstufe. In J. Baumert (Hrsg.), *TIMSS-III. Dritte Internationale Mathematik- und Naturwissenschaftsstudie. Mathematische und naturwissenschaftliche Bildung am Ende der Schullaufbahn. 2. Mathematische und physikalische Kompetenzen am Ende der gymnasialen Oberstufe* (S. 271–315). Leske+Budrich.

Baumert, J., Kunter, M., Blum, W., Brunner, M., Voss, T., Jordan, A., Klusmann, U., Krauss, S., Neubrand, M., & Tsai, Y.-M. (2010). Teachers' Mathematical Knowledge, Cognitive Activation in the Classroom, and Student Progress. *American Educational Research Journal, 47*(1), 133–180.

Borneleit, P., Henn, H.-W., Danckwerts, R. & Weigand, H.-G. (2001). Expertise zum Mathematikunterricht in der gymnasialen Oberstufe. In H.-E. Tenorth (Hrsg.), *Kerncurriculum Oberstufe. Mathematik, Deutsch, Englisch; Expertisen* (S. 26–53). Beltz.

Charalambous, C. Y. & Praetorius, A.-K. (2018). Special Issue: Studying instructional quality in mathematics through different lenses: In search for common ground. *ZDM-Mathematics Education, 50*(3).

Charalambous, C. Y. & Praetorius, A.-K. (2020). Creating a forum for researching teaching and its quality more synergistically. *Studies in Educational Evaluation, 67*, 100894.

Clausen, M., Weingarten, J. & Wegner, H. (2013). Unterrichtsqualität an einer besonderen Schule: Videobasierte Evaluation eines Oberstufen-Internats für leistungsstarke und hoch motivierte Schülerinnen und Schüler. *Gruppendynamik und Organisationsberatung, 44*(3), 301–321.

Cramer, E. & Walcher, S. (2010). Schulmathematik und Studierfähigkeit. *Mitteilungen der DMV, 18*(2), 110–114.

DMV, GDM & MNU. (2019). Mathematik: 19 Maßnahmen für einen konstruktiven Übergang Schule-Hochschule. *Mitteilungen der Gesellschaft für Didaktik der Mathematik, 45*, 6–7.

Dreher, A. & Leuders, T. (2021). Fachspezifität von Unterrichtsqualität – aus der Perspektive der Mathematikdidaktik. *Unterrichtswissenschaft, 49*(2), 285–292.

Drollinger-Vetter, B. (2011). *Verstehenselemente und strukturelle Klarheit*. Waxmann.

Dürrschnabel, K. & Wurth, R. (2018). Der Übergang Schule-Hochschule-cosh und der Mindestanforderungskatalog. In *Beiträge zum Mathematikunterricht 2018* (S. 477–480). WTM.

Fauth, B., Göllner, R., Lenske, G., Praetorius, A.-K. & Wagner, W. (2020). Who sees what? Conceptual considerations on the measurement of teaching quality from different perspectives. *Zeitschrift für Pädagogik, 66*(Beiheft 1), 138–155.

Gercken, H. (2022). Gesprächsfäden zum Artikel ‚Meine Vision…'. *Mitteilungen der Deutschen Mathematiker-Vereinigung, 30*(1), 68–71.

Gerwig, M. (2022). Ohne Bildung geht es nicht: Pythagoras und die Krise des Beweisens im Mathematikunterricht. *Mitteilungen der Deutschen Mathematiker-Vereinigung, 30*(1), 64–67.

Göllner, R., Fauth, B., Praetorius, A.-K., Lenske, G., Wagner, W., Dreher, A., Hermann, C., Niederkofler, B., Steffensky, M. & Wiprächtiger-Geppert, M. (2022). *Kognitive Aktivierung: Eine lerntheoretische Perspektive auf den Fachunterricht*. 9. Tagung der Gesellschaft für empirische Bildungsforschung (GEBF), Bamberg.

Greefrath, G., Oldenburg, R., Siller, H.-S., Ulm, V. & Weigand, H.-G. (2016). Aspects and "Grundvorstellungen" of the concepts of derivative and integral. *Journal für Mathematik-Didaktik, 37*(1), 99–129.

Jäger, D. J. (2012). Herausforderung Zentralabitur: Unterrichtsinhalte variieren und an Prüfungsthemen anpassen. In K. Maag Merki (Hrsg.), *Zentralabitur. Die längsschnittliche Analyse der Wirkungen der Einführung zentraler Abiturprüfungen in Deutschland*. (S. 175–201). VS-Verlag.

Kampa, N., Hinz, H., Haag, N. & Köller, O. (2018). Standardbezogene Kompetenzen im Fach Mathematik am Ende der gymnasialen Oberstufe. *Zeitschrift für Erziehungswissenschaft, 21*(1), 121–141.

Kane, T. J. & Staiger, D. O. (2012). *Gathering Feedback for Teaching: Combining High-Quality Observations with Student Surveys and Achievement Gains*. Research Paper. MET Project. *Bill & Melinda Gates Foundation*.

Kleickmann, T., Praetorius, A.-K. & Riecke-Baulecke, T. (2019). Beurteilung von Unterrichtsqualität. In F. Zimmermann & J. Möller (Hrsg.), *Basiswissen Lehrerbildung: Schulische Diagnostik und Leistungsbeurteilung* (S. 207–223). Klett-Kallmeyer.

Klieme, E. (2019). Unterrichtsqualität. In M. Harring, C. Rohlfs & M. Gläser-Zikuda (Hrsg.), *Handbuch Schulpädagogik* (S. 393–408). Waxmann.

Klieme, E., Pauli, C. & Reusser, K. (2009). The Pythagoras study: Investigating effects of teaching and learning in Swiss and German mathematics classrooms. In T. Janík & T. Seidel (Hrsg.), *The power of video studies in investigating teaching and learning in the classroom* (S. 137–160). Waxmann.

KMK (1972). *Vereinbarung zur Neugestaltung der gymnasialen Oberstufe in der Sekundarstufe II: mit einem einführenden Bericht, am 7. Juli 1972 von der Ständigen Konferenz der Kultusminister der Länder in der Bundesrepublik Deutschland beschlossen*. Luchterhand.

KMK (2002). *Einheitliche Prüfungsanforderungen in der Abiturprüfung.* https://www.kmk.org/fileadmin/Dateien/pdf/PresseUndAktuelles/Beschluesse_Veroeffentlichungen/EPA-Mathematik.pdf

KMK (2015a). *Bericht über den Verfahrensstand bei der Implementation der Bildungsstandards für die Allgemeine Hochschulreife; Beschluss der Kultusministerkonferenz vom 06.11.2014 i.d.F. vom 12.11.2015.* https://www.kmk.org/fileadmin/Dateien/veroeffentlichungen_beschluesse/2015/2015_11_12-Bericht-Implementation-Bildungsstandards-AHR.pdf

KMK (2015b). *Bildungsstandards im Fach Mathematik für die Allgemeine Hochschulreife. Beschluss vom 18.10.2021.*

KMK (2021). *Vereinbarung zur Gestaltung der gymnasialen Oberstufe und der Abiturprüfung; Beschluss der Kultusministerkonferenz vom 07.07.1972 i.d.F. vom 18.02.2021.* https://www.kmk.org/fileadmin/veroeffentlichungen_beschluesse/1972/1972_07_07-VB-gymnasiale-Oberstufe-Abiturpruefung.pdf

Köhler, C., Hartig, J. & Naumann, A. (2021). Detecting instruction effects – deciding between covariance analytical and change-score approach. *Educational Psychology Review, 33*(3), 1191–1211.

Kunter, M., Baumert, J. & Blum, W. (2011). *Professionelle Kompetenz von Lehrkräften: Ergebnisse des Forschungsprogramms COACTIV.* Waxmann.

Kunter, M., Brunner, M., Baumert, J., Klusmann, U., Krauss, S., Blum, W., Jordan, A. & Neubrand, M. (2005). Der Mathematikunterricht der PISA-Schülerinnen und -Schüler. *Zeitschrift für Erziehungswissenschaft, 8*(4), 502–520.

Leung, F. K., Park, K., Holton, D. & Clarke, D. (2014). *Algebra teaching around the world.* Sense.

Lindmeier, A. & Heinze, A. (2020). Die fachdidaktische Perspektive in der Unterrichtsqualitätsforschung: (bisher) ignoriert, implizit enthalten oder nicht relevant. *Zeitschrift für Pädagogik, 66*(Beiheft 1), 255–268.

Lipowsky, F., Drollinger-Vetter, B., Pauli, C. & Reusser, K. (2018). Kognitive Aktivierung und fachdidaktische Unterrichtsqualität – nicht die gleiche Seite der Medaille. In M. Martens, K. Rabenstein, K. Bräu, M. Fetzer, H. Gresch, I. Hardy & C. Schelle (Hrsg.), *Konstruktionen von Fachlichkeit: Ansätze, Erträge und Diskussionen in der empirischen Unterrichtsforschung* (S. 183–202). Klinkhardt.

Lipowsky, F., Rakoczy, K., Pauli, C., Drollinger-Vetter, B., Klieme, E. & Reusser, K. (2009). Quality of geometry instruction and its short-term impact on students' understanding of the Pythagorean Theorem. *Learning and Instruction, 19*(6), 527–537.

Litman, J., Hutchins, T. & Russon, R. (2005). Epistemic curiosity, feeling-of-knowing, and exploratory behaviour. *Cognition & Emotion, 19*(4), 559–582.

Llinares, S. (2021). Special Issue: Instructional quality of mathematics teaching and mathematics teacher education. *Journal of Mathematics Teacher Education, 24*(1).

Maag Merki, K., Holmeier, M., Jäger, D. J. & Oerke, B. (2010). Die Effekte der Einführung zentraler Abiturprüfungen auf die Unterrichtsgestaltung in Leistungskursen in der gymnasialen Oberstufe. *Unterrichtswissenschaft, 38*(2), 173–192.

Maag Merki, K. & Oerke, B. (2017). Long-term effects of the implementation of state-wide exit exams: a multilevel regression analysis of mediation effects of teaching practices on students' motivational orientations. *Educational Assessment, Evaluation and Accountability, 29*(1), 23–54.

McCaffrey, D. F., Lockwood, J., Koretz, D., Louis, T. A. & Hamilton, L. (2004). Models for value-added modeling of teacher effects. *Journal of Educational and Behavioral Statistics, 29*(1), 67–101.

Naumann, A., Kuger, S., Köhler, C. & Hochweber, J. (2020). Conceptual and methodological challenges in detecting the effectiveness of learning and teaching. *Zeitschrift für Pädagogik, 66*(1), 179–196.

Neumann, I., Rohenroth, D. & Heinze, A. (2021). Mathe braucht man überall? Welche mathematischen Lernvoraussetzungen erwarten Hochschullehrende für Studiengänge außerhalb des MINT-Bereichs? *Mitteilungen der Gesellschaft für Didaktik der Mathematik, 47*(111), 45–49.

Oerke, B., Maag Merki, K., Maué, E. & Jäger, D. J. (2013). Zentralabitur und Themenvarianz im Unterricht: Lohnt sich Teaching-to-the-test? In D. Bosse, F. Eberle & B. Schneider-Taylor (Hrsg.), *Standardisierung in der gymnasialen Oberstufe* (S. 27–49). Springer.

Pauli, C., Drollinger-Vetter, B., Hugener, I. & Lipowsky, F. (2008). Kognitive Aktivierung im Mathematikunterricht. *Zeitschrift für Pädagogische Psychologie, 22*(2), 127–133.

Praetorius, A.-K. & Charalambous, C. Y. (2018). Classroom observation frameworks for studying instructional quality: looking back and looking forward. *ZDM, 50*(3), 535–553.

Praetorius, A.-K. & Gräsel, C. (2021). Noch immer auf der Suche nach dem heiligen Gral: Wie generisch oder fachspezifisch sind Dimensionen der Unterrichtsqualität? *Unterrichtswissenschaft, 49*(2), 167–188.

Praetorius, A.-K., Grünkorn, J. & Klieme, E. (2020a). Towards developing a theory of generic teaching quality: origin, current status, and necessary next steps regarding the three basic dimensions model. *Zeitschrift für Pädagogik, 66*(Beiheft 1), 15–36.

Praetorius, A.-K., Herrmann, C., Gerlach, E., Zülsdorf-Kersting, M., Heinitz, B. & Nehring, A. (2020b). Unterrichtsqualität in den Fachdidaktiken im deutschsprachigen Raum – zwischen Generik und Fachspezifik. *Unterrichtswissenschaft, 48*(3), 409–446.

Praetorius, A.-K. & Kleickmann, T. (2022). Nutzung von Lerngelegenheiten im Unterricht: Konzeptuelle und methodische Zugänge und Herausforderungen – Einführung in den Thementeil. *Unterrichtswissenschaft, 50*, 149–155.

Praetorius, A.-K., Klieme, E., Herbert, B. & Pinger, P. (2018). Generic dimensions of teaching quality: The German framework of three basic dimensions. *ZDM, 50*(3), 407–426.

Praetorius, A.-K., Martens, M. & Brinkmann, M. (2021). Unterrichtsqualität aus Sicht der quantitativen und qualitativen Unterrichtsforschung: Methodische Ansätze, zentrale Ergebnisse und kritische Reflexion. In T. Hascher, T. Idel & W. Helsper (Hrsg.), *Handbuch Schulforschung*. https://doi.org/10.1007/978-3-658-24734-8_40-1

Praetorius, A.-K. & Nehring, A. (2020). Unterrichtsqualität zwischen Generik und Fachspezifik: Einführung in den Thementeil. *Unterrichtswissenschaft, 48*(3), 297–301.

Praetorius, A.-K., Rogh, W. & Kleickmann, T. (2020c). Blinde Flecken des Modells der drei Basisdimensionen von Unterrichtsqualität? Das Modell im Spiegel einer internationalen Synthese von Merkmalen der Unterrichtsqualität. *Unterrichtswissenschaft, 48*(3), 303–318.

Reusser, K., Pauli, C. & Waldis, M. (2010). Einleitung und Überblick. In K. Reusser, C. Pauli & M. Waldis (Hrsg.), *Unterrichtsgestaltung und Unterrichtsqualität. Ergebnisse einer internationalen und schweizerischen Videostudie zum Mathematikunterricht* (S. 9–32). Waxmann.

Sievert, H., van den Ham, A.-K., Niedermayer, I. & Heinze, A. (2019). Effects of mathematics textbooks on the development of primary school children's adaptive expertise in arithmetic. *Learning and Instruction, 74*, 101716.

Vieluf, S. (2022). Wie, wann und warum nutzen Schüler*innen Lerngelegenheiten im Unterricht? Eine übergreifende Diskussion der Beiträge zum Thementeil. *Unterrichtswissenschaft, 50*, 265–286.

Vieluf, S., Praetorius, A.-K., Rakoczy, K., Kleinknecht, M. & Pietsch, M. (2020). Angebots-Nutzungs-Modelle der Wirkweise des Unterrichts: ein kritischer Vergleich verschiedener Modellvarianten. *Zeitschrift für Pädagogik, 66*(Beiheft 1), 63–80.

Winter, H. (1984). Begriff und Bedeutung des Übens im Mathematikunterricht. *Mathematik lehren, 2*, 4–16.

Winter, H. (1995). Mathematikunterricht und Allgemeinbildung. *Mitteilungen der Gesellschaft für Didaktik der Mathematik, 61*, 37–46.

Stefan Ufer, Mathematisches Institut, Ludwig-Maximilians-Universität München,
Theresienstraße 39, 80333 München, DE
  https://orcid.org/0000-0002-3187-3459
ufer@math.lmu.de

Anna-Katharina Praetorius, Institut für Erziehungswissenschaft, Universität Zürich,
Freiestrasse 36, 8032 Zürich, CH
  https://orcid.org/0000-0001-7581-367X

4.2

Gabriel Nagy, Tobias Rolfes & Aiso Heinze

Messung und Modellierung der Leistungsentwicklung im Fach Mathematik in der gymnasialen Oberstufe

Eine Analyse zur Kumulativität des Mathematiklernens von der Jahrgangsstufe 11 zur Jahrgangsstufe 13 anhand von Daten der längsschnittlichen Hamburger LAU-Studie

1 Einleitung und Ziele der Studie

Schulleistungsuntersuchungen zu mathematischen Kompetenzen am Ende der gymnasialen Oberstufe in den vergangenen 25 Jahren deuten an, dass nur eine Minderheit der Abiturientinnen und Abiturienten Mindestanforderungen in voruniversitärer Mathematik erfüllen (Rolfes et al., 2021; vgl. auch Kap. 3.3 in diesem Band). Diese ernüchternden Befunde bezüglich der Zielerreichung des Mathematikunterrichts in der gymnasialen Oberstufe werfen die Frage auf, in welcher Weise eine Leistungsentwicklung im Fach Mathematik im Verlauf der gymnasialen Oberstufe erfolgt. Diese übergeordnete Fragestellung lässt sich in verschiedene Teilaspekte gliedern, die zum einen den Aspekt der mittleren Lerngewinne (wieviel wird im Mittel dazu gelernt?) und zum anderen den Aspekt der Abhängigkeit der Lerngewinne gegenüber der Ausgangsleistung (lernen leistungsstärkere oder leistungsschwächere Schülerinnen und Schüler mehr dazu?) thematisieren. Eine große Herausforderung stellt dabei die Messung und statistische Modellierung der Lerngewinne auf Basis von Leistungstests dar, da die Itemauswahl großen Einfluss auf die Veränderungsmessung haben kann. Anhand von Daten der Hamburger Längsschnittstudie LAU (2002–2005) werden in den Abschnitten 2 und 3 verschiedene Modellierungen der Leistungsentwicklung im Fach Mathematik im Verlauf der gymnasialen Oberstufe untersucht und in Abschnitt 4 aus mathematikdidaktischer Perspektive interpretiert.

1.1 Mittlere Lerngewinne in der Sekundarstufe II

Bisherige empirische Ergebnisse zeigen, dass die Frage nach der Höhe der Leistungszuwächse in Mathematik im Verlauf der Sekundarstufe I und insbesondere im Verlauf der Sekundarstufe II bis heute nicht abschließend geklärt ist. Dies ist entsprechend die *erste Forschungsfrage*, die im Fokus des vorliegenden Beitrags steht.

Nagy, G., Rolfes, T. & Heinze, A. (2022). Messung und Modellierung der Leistungsentwicklung im Fach Mathematik in der gymnasialen Oberstufe. Eine Analyse zur Kumulativität des Mathematiklernens von der Jahrgangsstufe 11 zur Jahrgangsstufe 13 anhand Daten der längsschnittlichen Hamburger LAU-Studie. In T. Rolfes, S. Rach, S. Ufer & A. Heinze (Hrsg.), *Das Fach Mathematik in der gymnasialen Oberstufe* (S. 317–347). Waxmann. CC BY-NC-SA 4.0

Einige empirische Studien legen nahe, dass die Zuwächse mit zunehmender Klassenstufe abnehmen. Beispielsweise ermittelten Hill et al. (2008) für die Vereinigten Staaten anhand von sechs landesweit genormten Tests den durchschnittlichen jährlichen Zuwachs in den Mathematikleistungen. Die Zuwächse waren in den unteren Grundschulklassen am größten und verringerten sich bis zur Oberstufe stetig. So betrug der durchschnittliche jährliche Leistungszuwachs 1.03 Standardabweichungen (SD) von der Klassenstufe 1 zu 2, 0.41 SD von der Klassenstufe 5 zu 6 und nur 0.01 SD von der Klassenstufe 11 zu 12.

Für Deutschland konnten diese Befunde einer degressiven Entwicklung der Leistungszuwächse im Fach Mathematik nicht in gleichem Maße identifiziert werden. Im *Projekt zur Analyse der Leistungsentwicklung in Mathematik* (PALMA, vom Hofe, 2009), welche im Bundesland Bayern in der Sekundarstufe I durchgeführt wurde, betrug der Leistungszuwachs von der Klassenstufe 5 zur Klassenstufe 10 im jährlichen Durchschnitt etwa 0.5 SD. Dabei war der Leistungszuwachs von der Klassenstufe 9 zur Klassenstufe 10 mit rund 0.8 SD am größten. Die Mathematikkompetenzen wurden in PALMA mit dem Regensburger Mathematikleistungstest für die 5. bis 10. Klasse gemessen, der Mathematical-Literacy-orientierte Items sowie Items zu „algorithmisch geprägte[n] Kalkülkompetenzen in den Inhaltsbereichen Arithmetik, Algebra und Geometrie" (Pekrun et al., 2006, S. 23) umfasste. Auch in der Längsschnittstudie *Bildungsverläufe und psychosoziale Entwicklung im Jugendalter* (BIJU), die in den 1990er Jahren in mehreren deutschen Bundesländern durchgeführt wurde, konnten die in den Vereinigten Staaten identifizierten abnehmenden Zuwächse nicht festgestellt werden (vgl. Köller et al., 2000). So betrug in BIJU zwischen der Klassenstufe 10 und 12 der durchschnittliche jährliche Zuwachs in den Mathematikleistungen 0.9 SD für Testpersonen aus Grundkursen (GK) und 0.7 SD für Testpersonen aus Leistungskursen (LK). Zwischen den Klassenstufen 7 und 10 war der durchschnittliche jährliche Zuwachs bei diesen Testpersonen dagegen geringer gewesen und hatte nur 0.6 SD (GK) bzw. 0.7 SD (LK) betragen. Eingesetzt wurden bei BIJU vor allem Items aus den IEA-Studien (First International Mathematics Study, Second International Mathematics Study und Third International Science and Mathematics Study). Moderater als in den BIJU-Studien fielen die Leistungszuwächse in der gymnasialen Oberstufe in den Studien des *Nationalen Bildungspanels* (*National Educational Panel Study, NEPS*), das sich an dem Konzept der Mathematical Literacy orientiert, aus. So betrug der Leistungszuwachs in der Startkohorte 3 von der Klasse 9 (2010) zur Klassenstufe 12 (2013) insgesamt 0.50 Logit (L. Fischer et al., 2017), während er in der Startkohorte 4 von der Klassenstufe 9 (2014) zur Klassenstufe 12 (2017) insgesamt 0.60 Logit (Petersen et al., 2020) betrug. Unter der Annahme einer Populationsstandardabweichung von 1 Logit entsprechen die NEPS-Ergebnisse einem jährlichen durchschnittlichen Zuwachs von bis zu 0.2 SD im Verlauf der gymnasialen Oberstufe.

Diese uneinheitlichen Ergebnisse werfen die Frage auf, in welcher Weise die zum Teil deutlich differenten Leistungszuwächse in unterschiedlichen Längsschnittstudien zu erklären sind. Methodisch basieren Längsschnittstudien auf dem Einsatz von sogenannten *Ankeritems* (auch Linkitems genannt). Soll die Mathematikleistung einer Population beispielsweise zu zwei Messzeitpunkten verglichen werden, wird in den Tests der beiden Messzeitpunkte eine Menge von identischen Ankeritems eingesetzt (vgl. L. Fischer et al., 2019). Üblicherweise werden über diese Ankeritems hinaus zu beiden Messzeitpunkten noch jeweils weitere Items administriert, um die Reliabilität der Leistungsmessung zu erhöhen und um Boden- und Deckeneffekte bei der Erfassung der Fähigkeiten im Prä- bzw. Posttest zu vermeiden. Auch wenn es wie dargestellt plausible Gründe gibt, neben den Ankeritems noch weitere Items jeweils zu den einzelnen Messzeitpunkten einzusetzen, muss festgehalten werden, dass die Messung der globalen Leistungsentwicklung allein auf den Ankeritems basiert. Erhöht sich bei den Testpersonen die Lösungsrate auf den Ankeritems im Schnitt zum zweiten Messzeitpunkt nicht, so wird in den Längsschnittstudien auch eine global stagnierende Leistungsentwicklung gemessen. Umgekehrt führt eine im Schnitt deutliche Zunahme der Lösungsraten der Ankeritems dazu, dass in Längsschnittstudien auch substanzielle globale Leistungszuwächse gemessen werden. Dieser Sachverhalt verdeutlicht, dass die Abschätzung der Leistungsentwicklung von den eingesetzten Ankeritems abhängen kann, insbesondere wenn sich die Lerngewinne zwischen Items unterscheiden (s. u.).

Somit identifizieren Längsschnittstudien, inwieweit kumulatives Lernen auf den eingesetzten Ankeritems stattfindet. Als kumulatives Lernen wird die graduelle Entwicklung und Weiterentwicklung von Wissen und Fähigkeiten im Laufe der Schuljahre bezeichnet (H. E. Fischer et al., 2007; Lee, 2012), das heißt, ein „Wissens- und Kompetenzaufbau, der im Laufe der Schulzeit ein immer tiefer gehendes Verständnis von mathematischen Inhalten und Methoden erzeugt, wobei vorhandenes Wissen und bereits erworbene Kompetenzen berücksichtigt werden" (Reiss & Hammer, 2021, S. 105). Demgegenüber werden beim additiven Lernen neue Sachverhalte dazugelernt, ohne dass diese neuen Wissens- und Fähigkeitskomponenten notwendigerweise an beim Lernenden vorhandene kognitive Wissens- und Fähigkeitsstrukturen angeknüpft werden (vgl. auch H. E. Fischer et al., 2007; Schecker et al., 2004). Idealerweise sollte additiver und kumulativer Wissensaufbau ineinandergreifen: „Schüler werden mit neuen Stoffgebieten vertraut gemacht, mit denen die verfügbare Wissensbasis nicht nur erweitert, sondern auch qualitativ in vertieftem Verständnis neu organisiert wird" (Baumert et al., 2000b, S. 363). Somit besteht die Schwierigkeit bei Längsschnittstudien vor allem darin, additives Lernen zu messen, da üblicherweise zum ersten Messzeitpunkt (z. B. Klassenstufe 11) keine Items zu Begriffen und Verfahren administriert werden, die in der Klassenstufe 11 noch nicht bekannt sind (z. B. Berechnung des Skalarproduktes).

Ein Fazit der TIMSS-Mittelstufenuntersuchung um die Jahrtausendwende war, dass in Deutschland Lernprozesse im Mathematikunterricht im internationalen Vergleich wenig kumulativ zu verlaufen scheinen (Baumert et al., 2000a). Angesichts der wenigen vorhandenen Längsschnittuntersuchungen in der gymnasialen Oberstufe in Deutschland ist noch unklar, inwieweit diese Feststellung auch für diesen Bildungsabschnitt Gültigkeit beanspruchen kann und in welcher Weise kumulative Leistungszuwächse im Verlauf der gymnasialen Oberstufe zu verzeichnen sind.

An dieser Stelle muss jedoch festgehalten werden, dass geringe Leistungszuwächse in Längsschnittstudien nicht notwendigerweise bedeuten, dass kaum kumulatives Lernen stattfindet. Derartige Befunde indizieren, dass das kumulative Lernen auf den verwendeten Ankeritems im Durchschnitt gering ausfällt, wobei sich dieser Befund nicht notwendigerweise auf andere, nicht eigesetzte Gruppen potentieller Ankeritems übertragen lassen muss. Dieses Problem tritt insbesondere dann auf, wenn (1) die verwendeten Ankeritems nicht repräsentativ für die Gesamtmenge aller relevanten Items sind, (2) die Zahl der eingesetzten Ankeritems klein ist oder (3) die Lerngewinne stark zwischen Ankeritems variieren (z. B. Robitzsch & Lüdtke, 2020). Den ersten beiden Faktoren kann nur vor der Datenerhebung mittels geeigneter Ergebungsdesigns entgegengewirkt werden, während die Variation der Lerngewinne zwischen den eingesetzten Ankeritems empirisch untersucht werden kann.

Itemunterschiede in Lerngewinnen stehen im Zentrum der *zweiten Forschungsfrage* dieses Beitrags. Zu dieser Fragestellung gibt es bis heute wenig belastbare empirische Befunde. In der Regel wird in standardisierten Tests angestrebt, gerade solche Items als Anker auszuwählen, die vergleichbare Änderungen in den Lösungsraten aufweisen (d. h. kein differenzielles Itemfunktionieren auftritt), damit die statistischen Voraussetzungen für die Messung *eines homogenen* Konstrukts erfüllt sind (vgl. z. B. L. Fischer et al., 2019). Unserer Meinung nach sind aber heterogene Zuwächse zwischen Items durchaus plausibel. Dafür lassen sich unterschiedliche Gründe aufführen. So können Items Inhalte repräsentieren, die in verschiedenen Phasen der Beschulung unterschiedlich stark im Fokus des Unterrichts stehen und sich somit in ihrer Unterrichtsnähe voneinander unterscheiden. Daraus folgt, dass für die Inhalte mancher Items die Entwicklung im Zeitraum zwischen den beiden Messzeitpunkten einer Längsschnittstudie schon weitgehend abgeschlossen ist und in diesen Bereichen kaum weiteres kumulatives Lernen stattfindet, während die Inhalte anderer Items erst noch Gegenstand vertiefter unterrichtlicher Auseinandersetzung werden.

Diese Interpretation wird durch die Ergebnisse einer Studie zur Entwicklung naturwissenschaftlichen Wissens gestützt (Naumann et al., 2019), die Belege für Itemunterschiede in deren Instruktionssensitivität erbrachte. Für das Fach Mathematik konnten Nagy und Neumann (2010) anhand eines querschnittlichen Kohortenvergleichs von Schülerinnen und Schülern der Klassenstufe 13 zeigen, dass sich die Kohortenunterschiede in den Lösungsraten zwischen Items unterschieden und mit den Änderungen in der Unterrichtsnähe der Items einhergingen.

1.2 Abhängigkeit der Lerngewinne gegenüber der Ausgangsleistung

Eine *dritte Frage*, die eng verzahnt mit der Untersuchung von (kumulativen) Leistungszuwächsen in Mathematik ist, bezieht sich auf den Zusammenhang der Zuwächse mit der Ausgangsleistung. Eine verbreitete Hypothese bezüglich dieses Zusammenhangs ist der von Merton (1968) beschriebene Matthäus-Effekt („Wer hat, dem wird gegeben"), nach dem gerade für Schülerinnen und Schüler mit hohen Ausgangsleistungen höhere Leistungszuwächse erwartet werden. Ein möglicher Prozess, der dem vermuteten Matthäus-Effekt zugrunde liegt, besteht darin, dass Schülerinnen und Schüler mit günstigeren Ausgangsleistungen mit einer besser integrierten Wissensbasis starten und somit im stärkeren Maße von den vorhandenen Lerngelegenheiten profitieren. Alternativ dazu könnte ein solcher Effekt differenziellen Lerngelegenheiten geschuldet sein (z. B. Kursniveaus, Oberstufenprofile usw.).

Die empirischen Ergebnisse zu dieser Hypothese sind allerdings uneinheitlich. Während beispielsweise in empirischen Studien im sprachlichen Lernbereich ein Matthäus-Effekt gefunden wurde (Duff et al., 2015; Pfost et al., 2012), war ein solcher in einer Studie zum Mathematiklernen nicht feststellbar (Baumert et al., 2012). Eine Meta-Analyse von 50 empirischen Studien unterschiedlicher Domänen (Simonsmeier et al., 2022) zeigte ebenfalls kein eindeutiges Bild bezüglich des Matthäus-Effekts, d.h., dass Lernende mit höherem Vorwissen auch einen höheren Leistungszuwachs aufweisen. Im Mittel ergab sich in der Meta-Analyse eine Korrelation nahe null zwischen dem Vorwissen und dem Leistungszuwachs. Eingeschränkt wird dieses Ergebnis allerdings von der Tatsache, dass die Korrelationen in den einbezogenen Studien durchaus substanziell variierten. Zwar wurden in den meisten Studien Korrelationen zwischen Vorwissen und Leistungszuwachs nahe null gemessen, in einigen Studien zeigten sich aber auch hohe positive wie hohe negative Korrelationen. Die Ergebnisse der Meta-Analyse deuten daher darauf hin, dass der Zusammenhang des Vorwissens mit dem Leistungszuwachs je nach Lerninhalt deutlich differieren kann.

Ein weiterer Grund für die Unterschiede zwischen Studien könnte in der Auswahl der Ankeritems liegen. Wie zuvor erläutert, kann die Abschätzung mittlerer kumulativer Lerngewinne von der Wahl der Ankeritems abhängen. Dieser Perspektive folgend, erscheint es plausibel, dass auch der Zusammenhang der Ausgangsleistung mit dem Zuwachs von den eingesetzten Ankeritems abhängen kann. So könnten die verwendeten Ankeritems besonders sensitiv für Lerngelegenheiten sein, von denen Schülerinnen und Schüler mit eher schwächeren oder günstigeren Ausgangsleistungen profitieren. Umfassen die Ankeritems weitgehend für die Sekundarstufe I typische Aufgaben, die im Laufe der Sekundarstufe II erneut eingeübt werden, könnten davon eher leistungsschwächere Schülerinnen und Schüler profitieren, da die leistungsstärkeren Schülerinnen und Schüler das entsprechende Wissen und Können bereits in der Sekundarstufe I erworben haben. Alternativ dazu könnten die Ankeritems eher anspruchsvolle Aufgaben umfassen, für die eine Gruppe leistungsstarker Schülerinnen und Schüler in der Sekundarstufe II günstigere Lerngelegenheiten erhalten (z. B. Leistungskurse, oder andere Formen gezielter Förderung), sodass sie höhere Zuwächse in den Ankeritems aufweisen.

Insofern robuste Hinweise für das Vorliegen von Itemheterogenität in Zuwächsen gefunden werden, stellt sich die *vierte Forschungsfrage*, ob diese Unterschiede in differenzieller Weise mit der Ausgangsleistung der Schülerinnen und Schüler zusammenhängen. Wie soeben erläutert, erscheinen differenzielle Zusammenhänge durchaus plausibel, da die Leistungszuwächse auf den Ankeritems differenziell von Lerngelegenheiten abhängen könnten, von denen entweder Schülerinnen und Schüler mit weniger günstigen (Wiederholung von Standardinhalten der Sekundarstufe I) oder günstigen Ausgangsleistungen (Vertiefung von herausfordernden Themen der Sekundarstufe I) profitieren. Leistungszuwächse müssen sich jedoch nicht auf Gruppen von Schülerinnen und Schülern in Abhängigkeit von deren Ausgangsleistung verteilen. Ebenso könnten sie sich auch konstant höher oder geringer über das gesamte Spektrum der Ausgangsleistungen verteilen und möglicherweise von anderen Moderatorvariablen als dem Vorwissen abhängen.

1.3 Fragestellungen

Im Fokus der im Folgenden berichteten Studien steht die Untersuchung der Leistungsentwicklung von Schülerinnen und Schülern im Fach Mathematik in der gymnasialen Oberstufe von der Klassenstufe 11 bis zur Klassenstufe 13. Wir betrachten dabei
1. globale Leistungszuwächse in einem Mathematik-Leistungstest,
2. die Variabilität von Zuwächsen zwischen Items,
3. Zusammenhänge der globalen Leistungszuwächse mit den Ausgangsleistungen der Schülerinnen und Schüler in Klassenstufe 11 und
4. differenzielle Zusammenhänge itemspezifischer Zuwächse mit der Ausgangsleistung.

2 Methode

Die Grundlage für die vorliegende Untersuchung bildeten Daten aus der Längsschnittstudie *Aspekte der Lernausgangslage und der Lernentwicklung* (kurz: LAU), die von der Freien und Hansestadt Hamburg durch die Behörde für Schule und Berufsbildung zwischen 1995 und 2005 generiert wurde. Der Datensatz wurde dem vom Leibniz-Institut für die Pädagogik der Naturwissenschaften und Mathematik (IPN) koordinierten wissenschaftlichen Konsortium MILES (*Methodological Issues in Longitudinal Educational Studies*) zur vertieften Bearbeitung wissenschaftlicher Fragestellungen zur Verfügung gestellt. In den LAU-Studien wurden unter anderem die mathematischen Leistungen eines Schülerjahrgangs aus der Stadt Hamburg von der Klassenstufe 5 bis zum Abitur in zweijährlichen Abständen gemessen. In den vorliegenden Analysen wurden Daten aus der Jahrgangsstufe 11 (LAU-11, Lehmann et al., 2012a) von September 2002 und aus der Jahrgangsstufe 13 (LAU-13, Lehmann et al., 2012b) von April 2005 verwendet.

2.1 Stichprobe und analysierte Items

In die Analyse gingen insgesamt $N = 3367$ Schülerinnen und Schüler der LAU-Studie ein, die vollständige Daten in den Klassenstufen 11 und 13 aufwiesen. In LAU wurde eine Vollerhebung der Schülerschaft in der Hansestadt Hamburg angestrebt (im Jahre 2005 befanden sich insgesamt 5.566 Schülerinnen und Schüler in der Jahrgangsstufe 13, Lehmann et al., 2012b), sodass die von uns verwendete Stichprobe nur circa 60% der Population abbildet. Von daher erheben unsere Ergebnisse keinen Anspruch auf eine unverzerrte Abbildung der Populationsparameter. Wir haben diese Einschränkung in Kauf genommen, um die Modellierung der Änderungen der Lösungswahrscheinlichkeiten ohne eine Extrapolation auf Personen, für die Itemantworten nur zu einem Messzeitpunkt vorliegen, vorzunehmen.

Die vorliegenden Analysen der (kumulativen) Leistungszuwächse basieren auf den in der Jahrgangsstufe 11 und 13 verwendeten Ankeritems. Bei allen Ankeritems handelte es sich um Single-Choice-Items, bei denen eine von vier Antwortmöglichkeiten korrekt war. Zwei dieser Ankeritems mussten aufgrund negativer Trennschärfen ausgeschlossen werden, sodass sich die Auswertungen auf 14 der 16 in den Klassenstufen 11 und 13 vorgelegten Ankeritems beschränkten.

Tabelle 1: Inhaltliche Kurzbeschreibung der Ankeritems und damaliger ungefährer unterrichtlicher Behandlungszeitpunkt.

Item	Beschreibung	Behandlung in Klassenstufe
01	Termumformung durch Anwendung der Potenzregeln bei Brüchen	9/10
02	Termumformung durch Anwendung der Potenzregel bei Multiplikationen	9/10
03	Berechnung des Grundwertes bei gegebenem Prozentwert und Prozentsatz	7/8
04	Anwendung des Zweiten Strahlensatzes in einer Sachsituation	9/10
05	Umstellen der Umfangsformel für Rechtecke	7/8
06	Aufstellen einer Gleichung für die Oberfläche eines Quaders in einer Sachsituation	7/8
07	Schlussfolgerungen bezüglich der Kongruenz von Dreiecken ziehen	7/8
08	Berechnung einer Wahrscheinlichkeit in einer Sachsituation durch Modellierung als ein mehrstufiges Zufallsexperiment oder durch kombinatorische Überlegungen	12/13
09	Anzahl der Schnittpunkte zweier quadratischer Funktionen bestimmen	9/10
10	Ermittlung der Funktionsgleichung einer quadratischen Funktion bei vorgegebener Verschiebung	9/10
11	Lösen einer Logarithmusgleichung	9/10
12	Bestimmen des Kugeldurchmessers bei einer gegebenen Kugeloberfläche	9/10
13	Anwenden des Satzes des Pythagoras in einer geometrischen Situation	9/10
14	Punktprobe bei einer Exponentialfunktion	9/10

Anmerkung. Die Items sind den Autoren des Buchbeitrags bekannt. Einer Veröffentlichung der Items wurde von der Hamburger Behörde für Schule und Berufsbildung leider nicht zugestimmt.

Eine Übersicht über die verwendeten Items findet sich in Tabelle 1. Wie dort zu erkennen ist, decken die Items unterschiedliche Inhaltsbereiche ab, die zudem curriculare Inhalte unterschiedlicher Jahrgangsstufen repräsentieren. Ein Großteil der Ankeritems adressiert prozedural-technische Inhalte der Sekundarstufe I. Vereinzelt beschäftigen sich auch Ankeritems mit konzeptuellem Wissen. Insgesamt kann aber festgehalten werden, dass die Items nur eingeschränkt kompetenzorientiert gestaltet sind und daher auf Grund des Schwerpunktes auf elementaren prozedural-technischen Fertigkeiten eher die Zieldimension Studierfähigkeit für ingenieurwissenschaftliche Studiengänge und nur in eingeschränktem Maße die Zieldimensionen vertiefte Allgemeinbildung und Wissenschaftspropädeutik adressieren.

Aufgrund der Unterschiedlichkeit der Iteminhalte ist die Annahme itemheterogener Leistungszunahmen plausibel. Gerade die Tatsache, dass es sich bei fast allen Ankeritems um Inhalte der Sekundarstufe I handelt, ermöglicht die Analyse Aussagen darüber, inwieweit und für welche Inhaltsgebiete *kumulatives* Lernen in der gymnasialen Oberstufe stattfindet. Die Analyse der vorliegenden Ankeritems ermöglicht keine Aussagen darüber, ob und in welchem Ausmaß zwischen den Klassenstufen 11 und 13 eher additives Lernen zu neuen Begriffen und Verfahren der gymnasialen Oberstufe erfolgt.

2.2 Modellierung von heterogenen Leistungszuwächsen

Um die skizzierten Forschungsfragen zu untersuchen, wurden Verfahren der Item-Response-Theorie (IRT) eingesetzt. Ausgangspunkt war ein 3PL-Modell, das die Lösungswahrscheinlichkeit eines Items zu einem Messzeitpunkt zusätzlich zur Personenfähigkeit durch drei Itemparameter repräsentiert: Der Itemschwierigkeit, dem Diskriminationsparameter und des Pseudo-Rateparameters. Der 3PL-Ansatz wurde gewählt, um dem Single-Choice-Antwortformat der analysierten Items Rechnung zu tragen. Im Falle dieses Antwortformats ist die Annahme plausibel, dass extrem gering ausgeprägte Fähigkeitsniveaus nicht zwangsläufig mit einer Lösungswahrscheinlichkeit von null einhergehen.

Konkret wurde in den vorliegenden Analysen die Wahrscheinlichkeit einer korrekten Lösung von Person i ($i = 1, 2, ..., N$) auf Item j ($j = 1, 2, ..., J$) zum Messzeitpunkt t ($t = 0, 1$), $P(Y_{ijt} = 1)$ wie folgt modelliert:

$$P(Y_{ijt} = 1) = c_j + \frac{(1 - c_j)}{1 + \exp[-\alpha_j(\theta_i + t \cdot \delta_{ij} - \beta_j)]} \quad (1)$$

Hierbei stellt c_j den Pseudo-Rateparameter, α_j den Diskriminationsparameter und β_j den Schwierigkeitsparameter des Items j dar. Die Variable θ_i repräsentiert die Ausgangsleistung der Person i. Für θ wurde eine Standardnormalverteilung angenommen [$\theta \sim N(0;1^2)$]. Leistungsänderungen von der Jahrgangsstufe 11 ($t = 0$) zur Jahrgangsstufe 13 ($t = 1$) wurden mittels der Variablen δ_{ij} modelliert, die den Leistungszuwachs einer Person i bei Item j repräsentieren.[1] Zum ersten Messzeitpunkts ist $t = 0$, sodass Gleichung 1 äquivalent zum herkömmlichen 3PL-IRT-Modell ist. Änderungen der Lösungswahrscheinlichkeiten zum zweiten Messzeitpunkt ($t = 1$) werden durch die δ-Variablen dargestellt. Positive Werte der δ-Variablen implizieren eine Zunahme der Lösungswahrscheinlichkeiten von der Jahrgangsstufe 11 zur Jahrgangsstufe 13, während negative Werte eine Abnahme der Lösungswahrscheinlichkeiten bedeuten.

In dem in Gleichung 1 dargestellten Ausgangsmodell werden Lerngewinne als potenziell personen- und itemspezifisch betrachtet. An dieser Stelle sei jedoch angemerkt, dass eine nicht-restringierte Schätzung des Modells in Gleichung 1 nicht zielführend ist, da dieses Modell eine hochdimensionale numerische Integration voraussetzt ($J + 1$ latente Dimensionen) und die große Zahl latenter Dimensionen auf Grundlage sehr weniger Items geschätzt werden müsste. Aus diesem Grund ziehen wir das generische Modell aus Gleichung 1 als Ausgangspunkt für alternative IRT-Modelle heran, die sich in ihren Annahmen über den kumulativen Lernzuwachs unterscheiden. Hierfür wurden für die Lernzuwachsparameter δ_{ij} vier unterschiedliche Modelle spezifiziert, deren zentrale Annahmen in Abbildung 1 zusammengefasst sind und anhand hypothetischer Beispiele visualisiert werden.

Das Modell M1 stellt das herkömmliche IRT-Modell für wiederholte Messungen dar (z. B. von Davier et al., 2011). In diesem vergleichsweise restriktiven Modell wird angenommen, dass der Lernzuwachs einer Person homogen über alle Items ist ($\delta_{ij} = \Delta_i$). Somit steht Δ_i für die über alle Items hinweg definierte globale Leistungsänderung der Person i [$\Delta \sim N(\mu_\Delta; \sigma_\Delta^2)$], die auf der Metrik von θ angegeben ist. Da die Ausgangsleistung in einer standardisierten Metrik angegeben ist, kann der Mittelwert der Zuwächse im Sinne einer standardisierten Effektstärke (relativ zu Klassenstufe 11) interpretiert werden. Dieses Modell ermöglicht neben der Abschätzung mittlerer Lernzuwächse auch die Evaluation des Zusammenhangs zwischen Zuwachs und Ausgangsleistung (z. B. Korrelation $\rho_{\theta\Delta}$). Die erste Teilabbildung in Abbildung 1 verdeutlicht die zentralen Implikationen des Modells M1 anhand der aufgrund der Ausgangsleistung erwarteten itemspezifischen und globalen Zuwächse. Wie dort dargestellt, impliziert die Annahme homogener Zuwächse, dass alle itemspezifischen Zuwächse dem globalen Anstieg entsprechen.

---

[1] Unsere Interpretation des 3PL-Modells folgt der Argumentation von Birnbaum (1968). In diesem Fall lässt sich $P(\eta_{ijt} = 1) = \{1 + \exp[-\alpha_j(\theta_i + t \cdot \delta_{ij} - \beta_j)]\}^{-1}$ als die Wahrscheinlichkeit interpretieren, dass Person i zum Messzeitpunkt t für das Item j die richtige Antwort kennt und somit eine korrekte Antwort gibt [d. h. $P(Y_{ijt} = 1 | \eta_{ijt} = 1) = 1$]. Personen, die die Antwort nicht kennen, verfolgen eine (möglicherweise informierte) Ratestrategie mit Lösungswahrscheinlichkeit c_j [d. h. $P(Y_{ijt} = 1 | \eta_{ijt} = 0) = c_j$]. In diesem Fall lässt sich die Lösungswahrscheinlichkeit des Items ausdrücken als $P(Y_{ijt} = 1) = P(\eta_{ijt} = 1) + [1 - P(\eta_{ijt} = 1)]c_j = c_j + (1 - c_j)P(\eta_{ijt} = 1)$, wobei die beiden Ausdrücke für $P(Y_{ijt} = 1)$ einfache Umstellungen voneinander sind. Unsere Interpretation des 3PL entspricht jedoch dem ersten Ausdruck, wobei wir Gleichung 1 entsprechend des zweiten Ausdrucks aufgrund dessen Kompaktheit strukturiert haben.

In den weiteren Modellen M2 bis M4 werden Annahmen des Modells M1 gelockert, um das Vorliegen von Itemunterschieden in den Zuwachsraten und von differenziellen Zusammenhängen der Ausgangsleistung mit itemspezifischen Lerngewinnen zu untersuchen. So wird in Modell M2 angenommen, dass der Lernzuwachs δ_{ij} nicht homogen über alle Items erfolgt, sondern itemspezifisch ausgeprägt sein kann. In diesem Modell wird δ_{ij} additiv in einen Personen- (Δ_i) und einem Itemeffekt (τ_j) zerlegt. Die Δ-Variable kann ebenso wie im Modell M1 im Sinne globaler Lernzuwächse interpretieren werden, während die Itemeffekte τ_j itemspezifische Abweichungen von den globalen Zuwächsen darstellen ($\Sigma_{j=1}^{J} \tau_j = 0$). Eine günstigere Datenanpassung des Modells M2 gegenüber M1 indiziert das Vorliegen von itemspezifischen mittleren Zuwachsraten. Die Implikationen des Modells M2 sind in Abbildung 1 dargestellt. Dieses Modell lässt Itemunterschiede zu, nimmt jedoch an, dass die in Abhängigkeit der Ausgangsleistung erwarteten itemspezifischen Zuwächse parallel zum globalen Zuwachs verlaufen.

Diese Restriktion wird in Modell M3 gelockert. Dieses Modell umfasst neben Itemeffekten τ_j auch itemspezifische Zusammenhänge der Ausgangsleistung mit den δ-Variablen, die mittels der Parameter γ_j ($\Sigma_{j=1}^{J} \gamma_j = 0$) dargestellt werden. Der Wert des Parameters γ_j gibt an, ob die itemspezifischen Lerngewinne differenziell von der Ausgangsleistung abhängen. Konkret gibt γ_j an, ob die Lerngewinne in Item j einen höheren ($\gamma_j > 0$) oder geringeren ($\gamma_j < 0$) Zusammenhang mit der Ausgangsleistung als der globale Zuwachs aufweisen. Eine Verbesserung der Datenanpassung des Modells M3 gegenüber M2 indiziert somit das Vorliegen differenzieller Zusammenhänge itemspezifischer Lerngewinne mit der Ausgangsleistung. Wie in Abbildung 1 verdeutlicht, wird in M3 die Annahme parallel verlaufender itemspezifischer Lerngewinne in Abhängigkeit der Ausgangsleistung gelockert.

Das Beispiel für Modell M3 (Abb. 1) stellt ein Szenario dar, in dem die itemspezifischen mittleren Lernraten (τ_j) und deren Abhängigkeiten gegenüber θ (γ_j) nicht unabhängig voneinander sind. In diesem Beispiel deutet sich an, das leistungsschwächere Schülerinnen und Schüler vor allem bei Items mit höheren itemspezifischen Lernraten dazulernen und im Falle von Items mit geringen Lernraten ihre Leistung sogar reduzieren könnten (d.h. große Itemvariabilität der Lerngewinne bei Schülerinnen und Schülern mit schwachen Ausgangsleistungen). Diese Itemunterschiede reduzieren sich bei steigender Ausgangsleistung. Das letzte Modell M4 dient dazu, die Plausibilität einer Abhängigkeit der Zusammenhänge itemspezifischer Abweichungen mit der Ausgangsleistung (γ_j) von den mittleren Abweichungen (τ_j) zu untersuchen. Dazu werden die Parameter γ_j aus Modell M3 mit einem Interaktionseffekt zwischen Ausgangsleistung und Itemeffekten ersetzt. Insofern dieses Modell durch die vorliegenden Daten gestützt wird, repräsentiert der Interaktionseffekt $\tilde{\gamma}$ die differentielle Abhängigkeit der itemspezifischen Zuwachsraten von der Ausgangsleistung. Ein negativer Wert von $\tilde{\gamma}$ ($\tilde{\gamma} < 0$) bedeutet, dass Schülerinnen und Schüler mit unterdurchschnittlichen Ausgangsleistungen höhere Lerngewinne (d.h. höher als ihre globalen Lerngewinne) in Items mit höheren mittleren Zuwächsen erzielen und im Falle von Items mit geringen mittleren Zuwächsen weniger dazulernen (Abb. 1).

Modell M1

Klassisches Längsschnittmodell:
Homogene globale Leistungszuwächse, die sich nicht zwischen Items unterscheiden

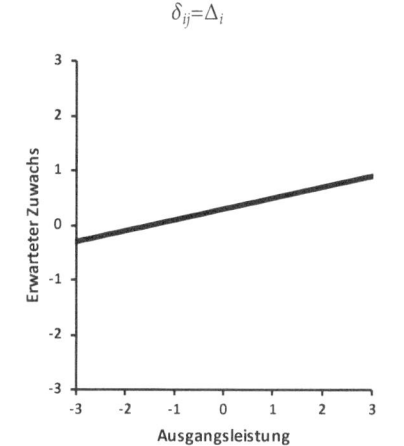

$$\delta_{ij}=\Delta_i$$

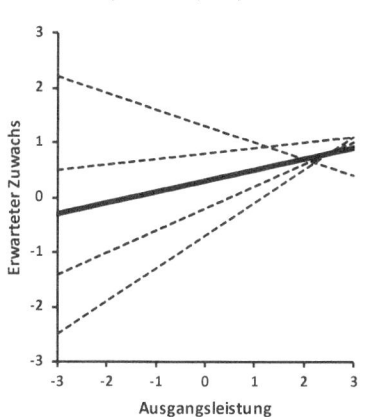

Modell M2

Erweiterung vom M1:
Itemspezifische Abweichungen von den globalen Zuwächsen

$$\delta_{ij}=\Delta_i + \tau_j$$

Modell M3

Erweiterung von M2:
Itemspezifische Abhängigkeiten der Abweichungen von den globalen Zuwächsen gegenüber der Ausgangsleistung

$$\delta_{ij} = \Delta_i + \tau_j + \gamma_j\theta_i$$

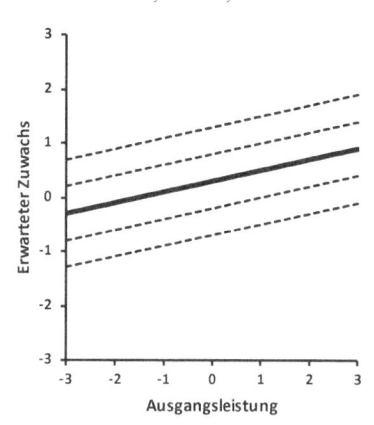

Modell M4

Restriktion von M3:
Itemspezifische Abhängigkeiten gegenüber der Ausgangsleistung sind proportional zu deren Abweichungen

$$\delta_{ij} = \Delta_i + \tau_j + \tilde{\gamma}\tau_j\theta_i$$

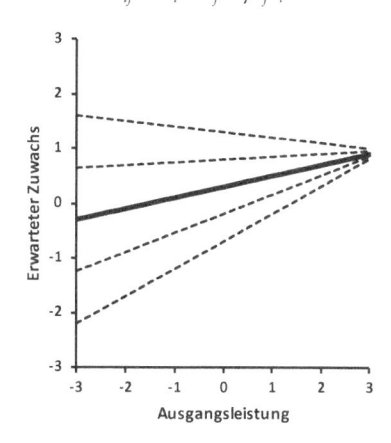

Abbildung 1: Darstellung der zentralen Annahmen der betrachteten IRT-Modelle. Die Grafiken repräsentieren die in Abhängigkeit der Ausgangsleistung erwarteten globalen (durchgezogene Linie) und itemspezifischen Zuwächse (gestrichelte Linien). Angenommen wurde ein positiver mittlerer globaler Leistungszuwachs, der positiv von der Ausgangsleistung abhängt.

Anmerkungen. δ_{ij} = Leistungszuwachs von Person i bei Item j; Δ_i = globaler Leistungszuwachs von i; θ_i = Ausgangsleistung von i, τ_j = Abweichung des Leistungszuwachs in Item j von Δ_i; γ_j = Abhängigkeit der Abweichung des Zuwachses in j von Δ_i gegenüber θ_i, $\tilde{\gamma}$ = Interaktionseffekt.

In typischen Situationen bedeutet ein negativer Interaktionseffekt, dass sich die Itemvariabilität der Lerngewinne mit zunehmender Ausprägung der Ausgangsleistung reduziert.[2]

Abschließend sei angemerkt, dass die in Abbildung 1 skizzierten itemspezifischen Zuwächse und Verluste auf einer latenten Ebene angesiedelt sind, die sich nicht gänzlich in den Lösungswahrscheinlichkeiten der Items manifestieren muss. Der Grund hierfür ist, dass die Pseudo-Rateparameter dazu führen können, dass Itemantworten nicht zwischen den Fähigkeitsausprägungen und deren Änderungen im unteren Leistungsbereich diskriminieren. Demnach bedeutet ein Szenario, das dem Modell M4 in Abbildung 1 entspricht, nicht zwangsläufig, dass die Variabilität der längsschnittlichen Änderungen der Lösungsraten mit abnehmenden Ausgangsleistungen stetig zunimmt. Aus diesem Grund haben wir in den nachfolgenden Darstellungen die auf latenter Ebene ermittelten Ergebnisse in Lösungswahrscheinlichkeiten und deren Änderung übersetzt. Zudem haben wir die erwartete Variabilität der Änderungen der Lösungsraten gesondert betrachtet (Abschnitt 3.2).

2.3 Statistische Analysen

Der erste Schritt der Auswertungen erfolgte deskriptiv ohne Bezugnahme auf formale Analysemodelle und ohne einer Evaluation deren Plausibilität und Parameterschätzungen mittels Fit-Indices und statistischen Signifikanztests. Das Ziel dieser Analysen war es, einen Einblick in die Lösungsraten der Ankeritems in Klassenstufe 11 und 13 und deren Änderungen in Abhängigkeit einer unabhängig von diesen Items gemessenen Ausgangsleistung zu erhalten. Um die Ausgangsleistung unabhängig von den Ankeritems zu ermitteln, wurde ein unabhängiges Set von Items zur Quantifizierung der anfänglichen Leistungsniveaus verwendet. Konkret haben wir hierzu die 24 Mathematik-Items verwendet, die von allen Schülerinnen und Schülern in der Klassenstufe 11 bearbeitet wurden, aber nicht im Längsschnitt eingesetzt wurden. Ergebnisse, wonach das Muster der deskriptiven Ergebnisse mit den lediglich auf den Ankeritems beruhenden modellbasierten Ergebnissen überstimmt, indizieren die Robustheit der in den IRT-Analysen aufgedeckten Zuwächse. Hierbei gilt zu beachten, dass die Konvergenz der Befunde zwischen beiden Analyseverfahren (deskriptiv vs. IRT) nur approximativ gelingen konnte, da aufgrund der relativ geringen Messpräzision der manifesten Ausgangsleistung (KR-20[3] = .63) von deutlichen Shrinkage-Effekten auszugehen war (d.h. Stauchung beobachteter Lösungsraten kon-

---
2   Bei der Interpretation der Ergebnisse muss bedacht werden, dass sich die aufgrund der Ausgangsleistung erwarteten itemspezifischen Lerngewinne bei extremen Ausprägungen von $\tilde{\gamma}$ bei weniger hohen Ausprägungen der Ausgangsleistung schneiden können, sodass die Itemvariabilität der Lerngewinne bei hohen Ausgangsleistungen erneut ansteigen kann. In den nachfolgend berichteten Analysen fanden sich jedoch keine Anzeichen für eine solche Situation, sodass wir hier auf eine detaillierte Erläuterung dieses Phänomens verzichten. Ebenso sollte beachtet werden, dass $\tilde{\gamma}$ nicht zwangsläufig negativ ausfallen muss.
3   KR-20 = Kuder-Richardson-Formel 20, welche im Wesentlichen einem Kennwert wie Cronbachs Alpha für dichotome Daten entspricht.

ditional zur Ausgangsleistung). Nichtsdestotrotz liefern die deskriptiven Ergebnisse einen Einblick in die Belastbarkeit der IRT-Analysen. So würde eine auffällige Divergenz der Befunde auf verzerrende Einflüsse möglicher Fehlspezifikationen der IRT-Modelle hinweisen (z. B. Abhängigkeit der Messung der Ausgangsleistung gegenüber den verwenden Items oder lokale Abhängigkeiten aufgrund der wiederholten Itembearbeitung).

Der zweite Teil der Auswertungen erfolgte mittels der IRT-Modelle. Die vorgeschlagenen Modelle lassen sich mittels existierender Software mit der Maximum-Likelihood-Methode schätzen. Im vorliegenden Beitrag haben wir die Software *Mplus 8.7* (Muthén & Muthén, 1998–2017) herangezogen, die hierzu einen modifizierten Expectation-Maximization-Algorithmus verwendet. Die Entscheidung für ein finales Modell erfolgte aufgrund informationstheoretischer Kriterien. Konkret haben wir das *Akaike Information Criterion* (AIC; Akaike, 1974), das *Bayesian Information Criterion* (BIC; Schwarz, 1978) und den *um den Stichprobenumfang adjustierten BIC* (SBIC; Sclove, 1987) verwendet. Alle Informationskriterien berücksichtigen neben der Model-Log-Likelihood („höher ist besser") die Sparsamkeit der Parametrisierung (d. h. Zahl der Parameter; „weniger sind besser"). Der BIC und der SBIC berücksichtigen darüber hinaus die Stichprobengröße. Für alle Kriterien gilt, dass geringere Werte eine günstigere Datenanpassung indizieren.

Informationskriterien ermöglichen die Modellauswahl aus einer Menge explizit betrachteter IRT-Modelle. Von daher bedeutet die Entscheidung für eines der in Abbildung 1 dargestellten Modelle nicht zwangsläufig, dass dieses Modell die Daten hinreichend gut beschreibt, auch wenn es das „beste" aus Abbildung 1 ist. Um dem Risiko der Wahl eines unpassenden Modells entgegenzuwirken, haben wir die Menge der betrachteten IRT-Modelle um ein hoch parametrisiertes Modell M5 erweitert, dass die Daten zwar in einer hinreichend passenden Weise beschrieben, aber nicht die gewünschte direkte Interpretation von Zuwächsen erlaubt. M5 zeichnet sich durch eine sehr allgemeine Parametrisierung aus und lässt sich für die Messzeitpunkte $t = 0, 1$ wie folgt darstellen:

$$P(Y_{ij(t=0)} = 1) = c_{j0} + \frac{(1 - c_{j0})}{1 + \exp[-(\alpha_{j00}\theta_{i0} - \beta_{j0})]}, \tag{2a}$$

und

$$P(Y_{ij(t=1)} = 1) = c_{j1} + \frac{(1 - c_{j1})}{1 + \exp[-(\alpha_{j10}\theta_{i0} + \alpha_{j11}\theta_{i1} - \beta_{j1})]}, \tag{2b}$$

wobei für die latenten Variablen θ_0 und θ_1 aus Gründen der Modellidentifikation jeweils eine standardisierte Metrik spezifiziert wurde [$\theta_t \sim N(0;1^2)$ für $t = 0, 1$] und eine Korrelation null festgesetzt wurde.

3 Ergebnisse

3.1 Deskriptive Befunde

Abbildung 2 gibt einen ersten Einblick in die Leistungsänderungen auf Itemebene von der Jahrgangsstufe 11 zur Jahrgangsstufe 13. Dort wurde der Anteil korrekter Lösungen (erste Teilabbildung) beziehungsweise der Logit des Anteils (zweite Teilabbildung) in Klassenstufe 13 ($t = 1$) gegen die entsprechenden Werte in Klassenstufe 11 ($t = 0$) abgetragen. Wie aus der Abbildung hervorgeht, können die Ankeritems als eher schwer bezeichnet werden, da mit Ausnahme eines Items (Item 03: Prozentrechnung) die Lösungsraten in Klassenstufe 11 durchweg unter .50 lagen. Die Lösungsraten stiegen im Mittel von .38 in Klassenstufe 11 auf .46 in Jahrgangsstufe 13 an. Die manifesten Änderungen der Lösungsraten variierten zwischen Items und umfassten neben Leistungszuwächsen auch Leistungsrückgänge (Item 10: Quadratische Funktion) sowie im Wesentlichen unveränderte Lösungsraten (Items 04: Zweiter Strahlensatz, Item 07: Kongruenzsätze, Item 13: Satz des Pythagoras). Insgesamt ließ sich jedoch eine Tendenz erkennen, wonach die Leistungszuwächse für in Klassenstufe 11 leichtere Items höher ausfielen. Dieser Eindruck verstärkte sich bei der Betrachtung der Logits der Anteile korrekter Lösungen (zweite Teilabbildung), da Logits der Stauchung von Änderungen in den Randbereichen entgegenwirken. Für die Logits zeigte sich ein mittlerer Zuwachs der Leistungen von 0.37 Logit.

Einen ersten Eindruck über die Leistungsentwicklung in Abhängigkeit der Ausgangsleistungen liefert Abbildung 3.[4] Zu diesem Zweck wurden die mittleren Lösungsraten der Ankeritems in den Klassenstufe 11 und 13 (y-Achse) für 20 Intervalle der unabhängig von den Ankeritems gemessenen Ausgangswerte (x-Achse) dargestellt. Die resultierenden Graphen wurden lokal geglättet, um den Einfluss gering besetzter Zellen zu reduzieren. Abbildung 3 fasst auch die Ergebnisse der IRT-Analysen zusammen, die im nachfolgenden Abschnitt erläutert werden.

---

4 Die nicht im Längsschnitt erhobenen Items waren insgesamt leicht, sodass weniger als 10 Messwerte unterhalb eines Anteils von .25 richtiger Antworten vorlagen. Aus diesem Grund werden diese Messwerte in den Abbildungen 2 und 3 nicht berichtet.

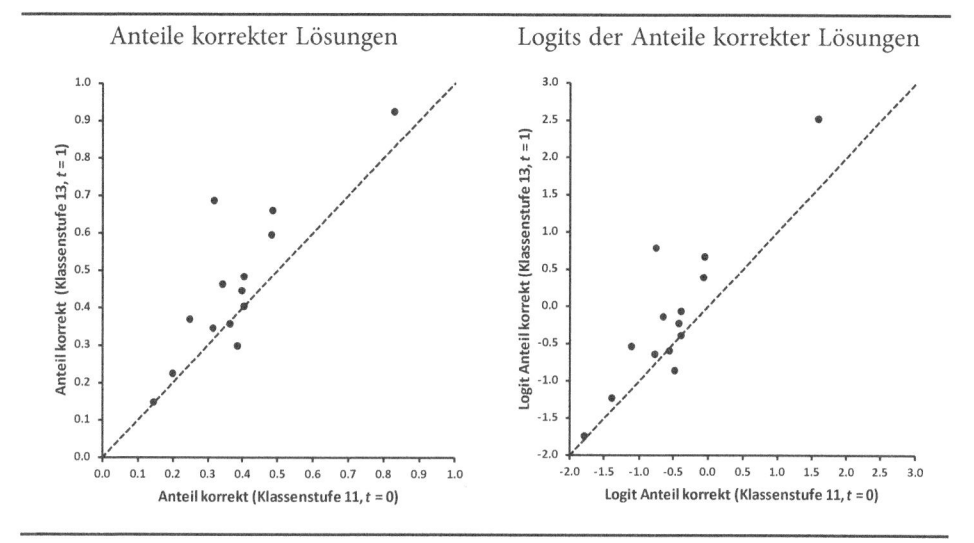

Abbildung 2: Streudiagramme der Lösungsraten in Klassenstufe 11 ($t = 0$; x-Achse) und Klassenstufe 13 ($t = 1$; y-Achse) auf Itemebene. Darstellungen für die Anteile korrekter Lösungen und Logits der entsprechenden Anteile.

Die obere linke Teilabbildung aus Abbildung 3 gibt die Anteile korrekter Lösungen über alle Ankeritems wieder. Die horizontalen grauen Linien stehen für den mittleren Anteil korrekter Lösungen in Klassenstufe 11 (gestrichelt) und in Klassenstufe 13 (durchgezogen). Die Verschiebung der horizontalen Linien entlang der y-Achse repräsentiert den zuvor berichteten globalen Leistungsanstieg (vgl. Abb. 2). Die schwarzen Linien repräsentieren den Anteil korrekter Lösungen der Ankeritems in Klassenstufe 11 und 13 in Abhängigkeit der Ausgangsleistung in Klassenstufe 11. Wie in der ersten Teilabbildung zu erkennen ist, verliefen die Anteile korrekt gelöster Ankeritems in Abhängigkeit der unabhängig davon gemessenen Ausgangsleistungen nahezu parallel zueinander. Somit ergaben sich keine auffälligen Hinweise für eine deutliche Abhängigkeit der globalen individuellen Zuwächse von der Ausgangsleistung, da die Zuwächse über dem gesamten Spektrum der Ausgangsleistungen relativ konstant ausfielen. An dieser Stelle muss jedoch beachtet werden, dass die Ausgangsleistungen mit einer vergleichsweise geringen Reliabilität gemessen wurden, sodass deren Zusammenhänge mit dem Lerngewinn unterschätzt werden.

Die weiteren Teilabbildungen in Abbildung 3 stellen die Lösungsanteile für jedes Ankeritem dar. Die horizontalen grauen Linien stehen erneut für die mittleren Lösungsanteile in den jeweiligen Klassenstufen, sodass deren Verschiebung entlang der y-Achse die mittleren itemspezifischen Zuwächse in den Lösungsanteilen repräsentieren (Differenz der y-Werte der horizontalen Linien in Abb. 3). Um einen besseren Einblick in die Variabilität der itemspezifischen mittleren Zuwächse zu erhalten, wurden die Items in Abbildung 3 gemäß der Höhe der Differenz der zeitspezifischen Logits der Lösungsanteile angeordnet (von niedrig zu hoch). Die Teilabbildungen zeigen, dass die itemspezifischen Zuwächse variierten und somit größer (z. B. Item

08: Wahrscheinlichkeit) oder kleiner (z. B. Item 04: Zweiter Strahlensatz) als die globalen Zuwächse ausfielen (erste Teilabbildung in Abb. 2). Insgesamt deutete sich ein Bild an, wonach die Ankeritems anhand ihrer mittleren Änderungen grob in vier Kategorien gruppiert werden können. So lässt sich eine Gruppe von Items ausmachen, für die entweder ein Leistungsrückgang (Item 10: Quadratische Funktion) oder weitgehend stagnierende Lösungsraten vorlagen (Items 07, 04 und 13). Items mit leicht ansteigenden Lösungsraten, die jedoch unterhalb des globalen Anstiegs lagen, lassen sich in eine zweite Gruppe einordnen (Items 11, 09 und 02). Davon lassen sich Items unterscheiden, für die im Vergleich zum globalen Anstieg leicht höhere Zuwächse vorlagen (Items 01, 12, 14 und 06). Ebenso lassen sich Items identifizieren, deren Zuwächse weit oberhalb des Durchschnitts lagen (Items 05, 03 und 08).

Die schwarzen Linien in Abbildung 3 repräsentieren itemspezifische Lösungsraten in den Klassenstufen 11 und 13 in Abhängigkeit der Ausgangsleistung (lokal geglättet). Die in Abhängigkeit der Ausgangsleistung erwarteten Zuwächse ergeben sich erneut aus der Differenz der y-Werte der schwarzen Graphen. Mehrere Beobachtungen sind erwähnenswert. Erstens zeigten sich für die meisten Items deutlich nichtlineare Zusammenhänge mit der Ausgangsleistung. Außerdem fielen die Lösungsraten auch bei den tendenziell schwierigeren Items (z. B. Item 09: Schnittpunktberechnung) bei leistungsschwachen Schülerinnen und Schülern nicht auf null ab, was auf eine höhere Prävalenz von Rateverhalten bei Schülerinnen und Schülern mit geringen Ausgangsleistungen hindeutet.

Zweitens ergaben sich Hinweise für Itemunterschiede in den konditional zur Ausgangsleistung festgestellten Zuwächsen. So zeichneten sich für manche Items Aufholeffekte schwächerer Schülerinnen und Schüler ab (z. B. Item 03: Prozentrechnung), während in anderen Fällen Leistungszuwächse eher in oberen Fähigkeitsbereichen vorlagen (z. B. Item 09: Schnittpunktberechnung). Dieser Befund indiziert, dass itemspezifische Zuwächse differenzielle Zusammenhänge mit der Ausgangsleistung aufwiesen.

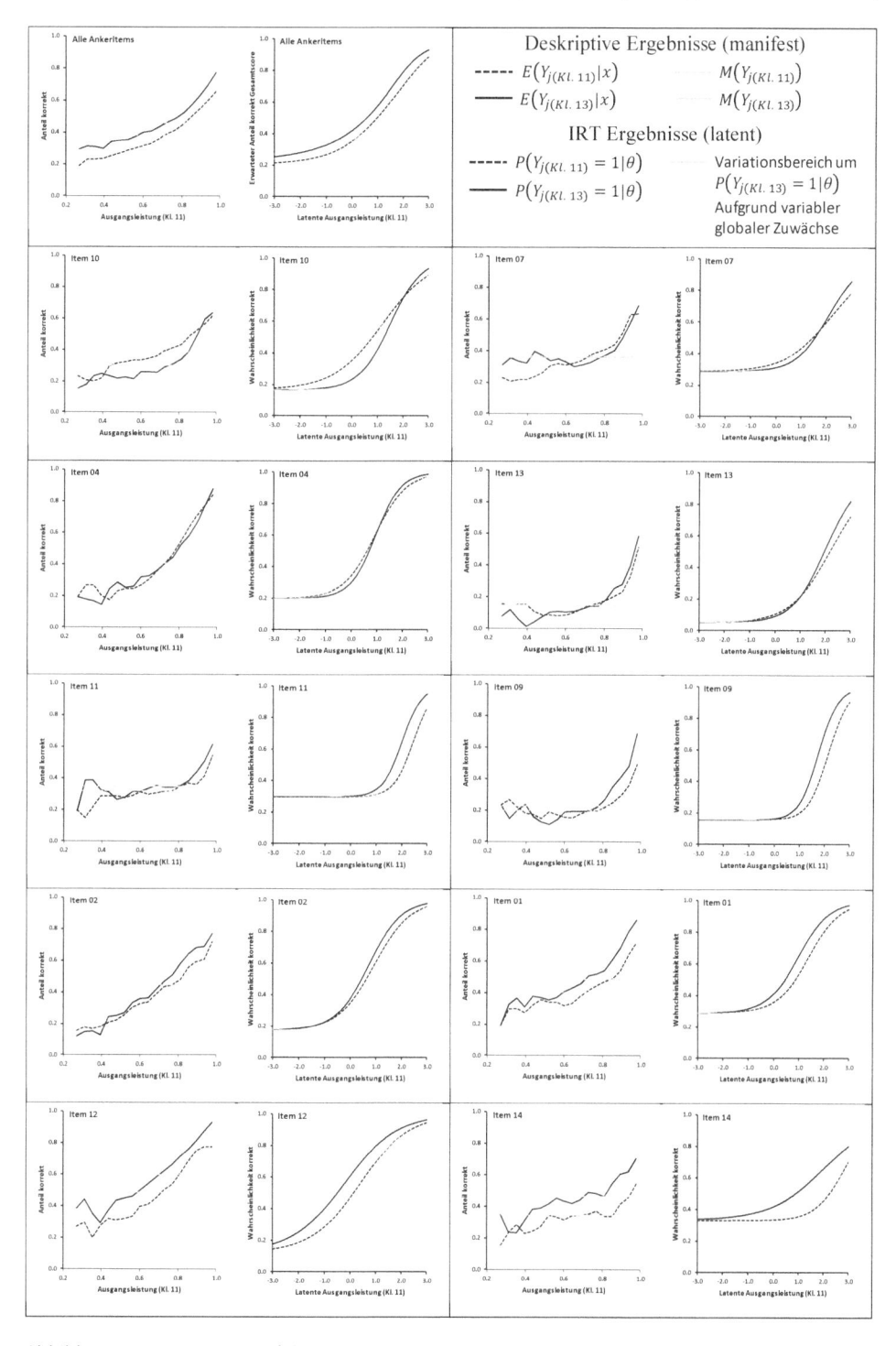

Abbildung 3: Fortsetzung auf der nächsten Seite.

Fortsetzung Abbildung 3:

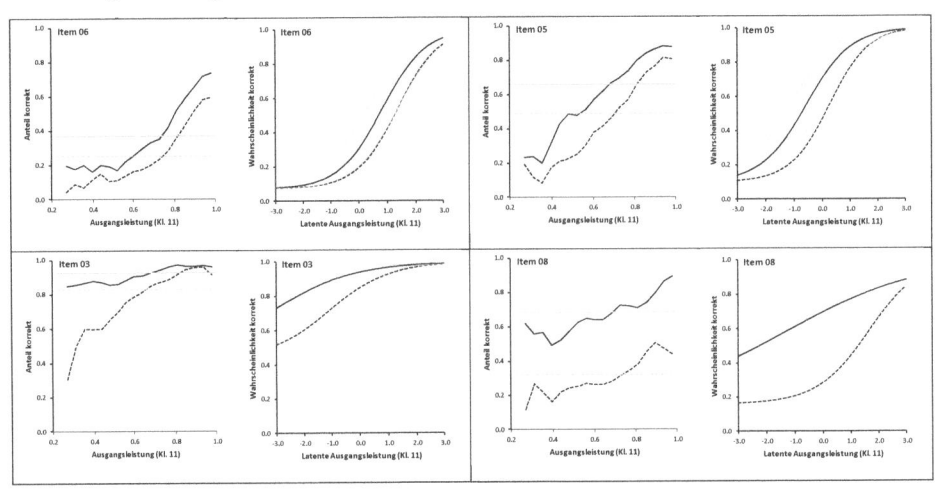

Abbildung 3: *Obere linke Teilabbildung*: Mittlere Lösungsanteile der Ankeritems in den Klassenstufen 11 und 13 in Abhängigkeit der manifesten Ausgangsleistung (nicht wiederholt gemessene Items) sowie erwartete mittlere Lösungsanteile der Ankeritems in Abhängigkeit der latenten Ausgangsleistung (Ankeritems) aufgrund des IRT-Modells M4.

Weitere Teilabbildungen: Lösungsanteile und Lösungswahrscheinlichkeiten der einzelnen Ankeritems in den Klassenstufen 11 und 13 in Abhängigkeit der manifesten Ausgangsleistung bzw. der latenten Ausgangsleistung (IRT-Modell M4). Die Items sind nach der Höhe der Differenz der zeitspezifischen Logits der beobachteten Lösungsanteile angeordnet (von niedrig zu hoch). Die in den Ergebnissen des IRT-Modells M4 eingefügten grauen Linien repräsentieren die Lösungswahrscheinlichkeiten in Klassenstufe 13 für einen individuellen Zuwachs Δ_i von einer Standardabweichung oberhalb und unterhalb des globalen Zuwachses.

Drittens deutete sich ein Zusammenhang zwischen den mittleren Zuwächsen (Differenz der horizontalen grauen Linien) und den itemspezifischen Abhängigkeiten der Zuwächse von der Ausgangsleistung an. So fielen die Gewinne in der Gruppe der Items mit den höchsten Anstiegen (Items 05, 03 und 08) tendenziell bei schwächeren Ausgangsleistungen höher aus. In der Gruppe der Items mit zum globalen Anstieg vergleichbaren Zuwächsen (Items 01, 12, 14 und 06) verteilte sich der Anstieg recht homogen über das gesamte Spektrum der Ausgangsleistungen, wobei hier Stauchungen im unteren Ausgangsbereich aufgrund eines möglichen Rateverhaltens auftraten. Demgegenüber fielen die Zuwächse in der Gruppe der Items mit unterdurchschnittlich positiven Zuwächsen (Items 11, 09 und 02) bei Schülerinnen und Schülern mit hohen Ausgangsleistungen höher aus. Für Items mit negativen (Item 10) bzw. stagnierenden mittleren Lösungsraten (Items 07, 04 und 13) war der Zusammenhang der Änderung mit den Ausgangsleistungen weniger klar ersichtlich. Im Fall des Items 10 (Quadratische Funktion) war jedoch ersichtlich, dass die Verluste vorwiegend bei Schülerinnen und Schülern mit geringen Ausgangsniveaus auftraten und sich für den Bereich der Leistungsspitze sogar leichte Gewinne andeuteten. Item 13 (Satz des Pythagoras) lieferte ein ähnliches, wenn auch weniger akzentuiertes Bild.

4.2 Leistungsentwicklung in der gymnasialen Oberstufe | 335

Bei der Interpretation der visuellen Inspektion der Änderungen der itemspezifischen Lösungsraten in Abhängigkeit der Ausprägung der unabhängig davon gemessenen Ausgangsleistung müssen die geringe Reliabilität der unabhängigen Variable sowie mögliche Bodeneffekte aufgrund von Ratenverhalten berücksichtigt werden. Um mögliche differenzielle Zusammenhänge itemspezifischer Zuwächse mit der Ausgangsleistung klarer herauszuarbeiten, haben wir deswegen einen Extremgruppenvergleich der Lerngewinne in Abhängigkeit der Ausgangsleistung vorgenommen (Leistungsgruppen: untere 10 %, mittlere 80 % und obere 10 %). Wir haben bewusst Extremgruppen verwendet, um sicherzustellen, dass sich die Gruppen von Schülerinnen und Schülern in Anbetracht der geringen Reliabilität der manifest gemessenen Ausgangsleistung hinreichend gut voneinander unterscheiden. Abbildung 4 fasst die in diesen Gruppen beobachteten Leistungszuwächse (Differenz der Logits der mittleren Lösungsraten in den Klassenstufen 11 und 13) getrennt nach den soeben besprochenen Itemgruppen zusammen.

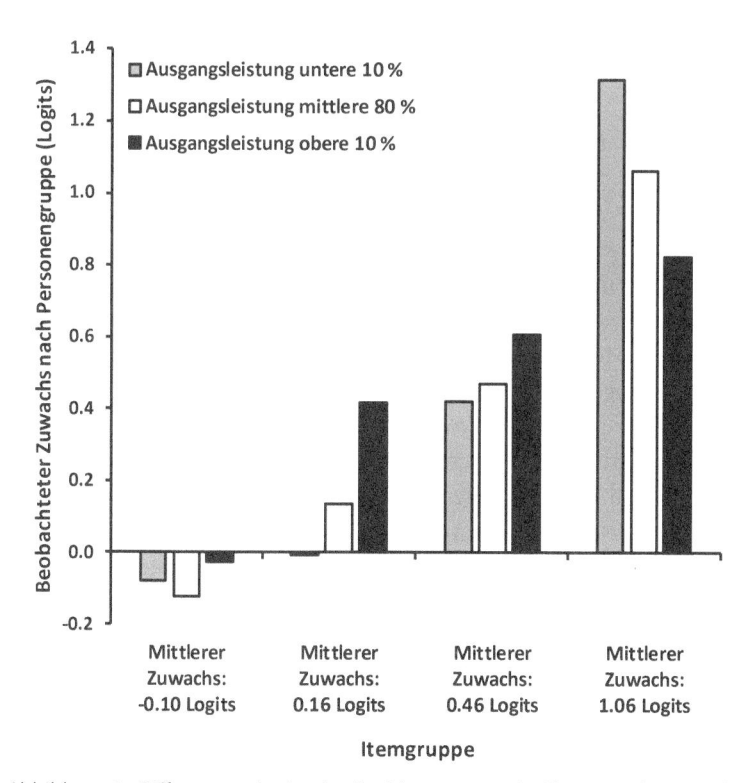

Abbildung 4: Differenzen der Logits der Lösungsraten in Klassenstufe 11 und 13 nach Gruppen von Ankeritems (siehe Text) und Niveaus individueller Ausgangsleistungen.

Die Ergebnisse in Abbildung 4 legen insgesamt einen Zusammenhang zwischen der Ausgangsleistung und den Lerngewinnen nahe, der systematisch zwischen Items variierte. Hier zeigte sich, dass sich die beobachtbaren Lerngewinne von Schülerinnen und Schülern mit schwachen Ausgangsleistungen (untere 10 %) weitgehend auf

Items mit moderaten bis hohen mittleren Zuwächsen konzentrierten, während die in Klassenstufe 11 besonders leistungsstarken Schülerinnen und Schüler ihre Lerngewinne über ein breiteres Spektrum von Items verteilten (mit Ausnahme der Gruppe der Items mit negativen und ausbleibenden mittleren Gewinnen). Dieses Ergebnis indiziert somit, dass die in Klassenstufe 11 besonders leistungsschwachen Schülerinnen und Schüler durchaus sehr hohe Lerngewinne aufweisen, die aber auf wenige Items beschränkt waren. Demgegenüber schienen leistungsstarke Schülerinnen und Schüler in der Lage zu sein, ihre bereits in Klassenstufe 11 sehr guten Leistungen zu verbessern, wobei sich ihre Zuwächse, mit Ausnahme der Itemgruppe mit ausbleibenden Änderungen, vergleichsweise homogen über alle Ankeritems niederschlugen.

An dieser Stelle kann festgehalten werden, dass die deskriptiven Auswertungen Hinweise für (1) einen nicht trivialen globalen Leistungszuwachs, (2) einen ausbleibenden starken Zusammenhang zwischen individuellen Ausgangsleistungen und globalen Zuwächsen, (3) das Vorliegen von Rateverhalten, (4) Itemunterschiede in mittleren Zuwächsen sowie (5) differentielle Zusammenhänge zwischen itemspezifischen Zuwächsen und Ausgangsleistungen lieferten.

3.2 Befunde der IRT-Analysen

Die Passungsgüte der für die Ankeritems spezifizierten IRT-Modelle ist in Tabelle 2 berichtet. Das klassische Zuwachsmodell, das einen homogenen Anstieg der Testleistungen in allen Items annimmt (M1), wies eine deutlich schlechtere Passungsgüte auf als die komplexeren Modelle M2 bis M5. Somit wurde das Modell M1 verworfen. Von den komplexeren Modellen M2 bis M5 wiesen die Modelle M3 und M4, die eine differenzielle Abhängigkeit itemspezifischer Zuwächse gegenüber der Ausgangsleistung annehmen, die günstigsten Werte auf dem AIC auf, die sich vom Betrag her nicht bedeutsam voneinander unterschieden (Burnham & Anderson, 2004). Dabei erwies sich das Modell M4, das gegenüber M3 annimmt, dass die itemspezifischen Zuwächse in systematischer Weise von der Ausgangsleistung abhängen (vgl. Abb. 1), als dasjenige Modell mit den günstigsten Werten auf dem BIC und SBIC. Somit wurde das Modell M4 als finales Modell beibehalten. Dieses Ergebnis deutete sich bereits in den deskriptiven Analysen an.

Tabelle 2: Passungsgüte der betrachteten IRT-Modelle. Die günstigsten Informationskriterien sind fett hervorgehoben.

Modell	# Par.	LL	AIC	BIC	SBIC
M1	45	-54944.6	109979.2	110254.7	110111.7
M2	58	-54466.4	109048.8	109403.8	109219.5
M3	71	-54427.6	**108997.2**	109431.8	109206.2
M4	59	-54440.9	108999.8	**109361.0**	**109173.5**
M5	98	-54411.0	109018.0	109617.9	109306.5

Anmerkungen. # Par. = Zahl der geschätzten Parameter; LL = Modell-Log-Likelihood.

In M4 wurde der mittlere globale Zuwachs auf $\hat{\mu}_\Delta = 0.44$ ($SE = 0.048$; $p < .001$) geschätzt. Da die Ausgangsleistung θ auf einer standardisierten Metrik angegeben wurde, bedeutet dieses Ergebnis, dass die Schülerinnen und Schüler ihre Leistungen im Mittel auf der latenten Metrik um 0.44 SD relativ zur Ausgangsleistung erhöhten. Die globalen Zuwächse unterschieden sich zwischen Personen ($\hat{\sigma}_\Delta^2 = 0.27$; $SE = 0.042$; $p < .001$) und wiesen eine schwach positive Korrelation mit den Ausgangsleistungen auf ($\hat{\rho}_{\theta\Delta} = .18$; $SE = 0.09$; $p < .05$). Ein weiterer Befund war, dass die Heterogenität der itemspezifischen Zuwächse mit steigenden Ausgangsleistungen abnahm ($\hat{\gamma} = -0.35$; $SE = 0.045$; $p < .001$). Das heißt, dass sich der itemspezifische Anteil des Leistungszuwachses für Lernende mit niedrigerer Ausgangsleistung stärker auswirkte als für Lernende mit hoher Ausgangsleistung. Dieses Ergebnismuster legt nahe, dass Schülerinnen und Schüler mit höheren Ausgangsleistungen leicht höhere Leistungszuwächse erzielten, die sich weniger stark zwischen Items unterschieden (s. u.; vgl. Abb. 1 und Abb. 4).

Die in M4 geschätzten Itemparameter und die Schätzungen der itemspezifischen Zuwächse sind in Tabelle 3 berichtet. Die Itemparameter und die daraus abgeleiteten Lösungswahrscheinlichkeiten stimmten insgesamt gut mit den in Abbildung 3 berichteten Ergebnissen der deskriptiven Analysen überein. Es kann jedoch festgehalten werden, dass die manifesten Analysen die Zusammenhänge der Lösungsraten und deren Änderung mit der Ausgangsleistung wie erwartet unterschätzten (d. h. flachere Kurven in Abhängigkeit der Ausgangsleistung), sodass die Zusammenhänge der Lerngewinne mit der Ausgangsleistung in der IRT-Analyse schärfer zum Vorschein traten.

Tabelle 3: Geschätzte Parameter des finalen Modells M4.

Item	$\hat{c}_j$	$\hat{a}_j$ (SE)	$\hat{\beta}_j$ (SE)	$\hat{\tau}_j$ (SE)
01	0.286	1.579 (0.198)	1.412 (0.080)	-0.012 (0.098)
02	0.173	1.419 (0.145)	0.940 (0.077)	-0.288 (0.076)**
03	0.437	0.935 (0.163)	-1.065 (0.850)	0.782 (0.112)**
04	0.198	1.629 (0.153)	0.930 (0.058)	-0.685 (0.085)**
05	0.100	1.430 (0.104)	0.273 (0.091)	0.334 (0.067)**
06	0.072	1.397 (0.110)	1.375 (0.062)	0.155 (0.073)*
07	0.286	1.101 (0.170)	2.244 (0.161)	-1.182 (0.261)**
08	0.160	1.080 (0.129)	1.629 (0.119)	1.724 (0.121)**
09	0.153	2.470 (0.351)	2.171 (0.084)	-0.102 (0.147)
10	0.165	1.054 (0.106)	1.208 (0.078)	-1.558 (0.150)**
11	0.296	2.602 (0.502)	2.451 (0.125)	0.011 (0.252)
12	0.119	1.042 (0.093)	0.416 (0.145)	0.180 (0.075)*
13	0.050	1.219 (0.128)	2.279 (0.107)	-0.694 (0.126)**
14	0.330	1.740 (0.325)	2.874 (0.178)	1.336 (0.182)**

Anmerkungen. $\hat{c}_j$ = Pseudo-Rateparameter; $\hat{a}_j$ = Diskriminationsparameter; $\hat{\beta}_j$ = Schwierigkeitsparameter; $\hat{\tau}_j$ = Abweichung vom mittleren Zuwachs
* $p < .05$; ** $p < .01$

Die in Tabelle 3 berichteten τ-Parameter kennzeichnen die Itemunterschiede in Zuwächsen, deren Beträge in Abhängigkeit der Ausgangsleistung variieren. Insgesamt stimmten die τ-Parameter gut mit den zuvor berichteten Differenzen der Logits der beobachteten Lösungsanteile überein (die Produkt-Moment Korrelation zwischen den beiden Schätzungen betrug $r = .90$), auch wenn sich auch naturgemäß leichte Unterschiede ergaben. Derartige Unterschiede lassen sich alleine aufgrund der expliziten Betrachtung der Pseudo-Rateparameter und der Diskriminationsparameter im IRT-Modell M4 erwarten.

Aus der IRT-Analyse geht hervor, dass die Items 01 (Termumformung), 06 (Gleichung Quaderoberfläche), 09 (Schnittpunktberechnung), 11 (Logarithmusgleichung) und 12 (Kugeloberfläche) τ-Parameter nahe null aufweisen. Dieser Befund bedeutet, dass die Zuwächse in diesen Items ähnlich zum globalen Zuwachs ausfielen. Dieses Ergebnis spiegelt sich in den Wahrscheinlichkeitskurven (Abb. 3) wider. Für diese Items konnte augenscheinlich eine nahezu parallele Verschiebung der Kurven entlang der x-Achse von Klassenstufe 11 nach Klassenstufe 13 beobachtet werden. Diese Verschiebung impliziert, dass sich für Schülerinnen und Schüler, deren Lösungswahrscheinlichkeiten in Klassenstufe 11 nahe der Ratewahrscheinlichkeit ausfielen, die Lösungswahrscheinlichkeiten in der Jahrgangsstufe 13 nur in geringerem Maße veränderten. So konnten für Items, deren τ-Parameter nahe null geschätzt wurden und die besonders schwer waren (z. B. Items 09 und 11), keine Änderungen in Lösungswahrscheinlichkeiten im unteren Spektrum der Ausgangsleistungen festgestellt werden. Aus Abbildung 3 geht zudem hervor, dass individuelle Unterschiede in der Änderung der Lösungsraten vorlagen, die für die Items mit τ-Parameter nahe null im Wesentlichen unveränderte Leistungen bis hin zu starken Leistungszuwächsen umfassten.

Für die Items 03 (Prozentrechnung), 08 (Wahrscheinlichkeit) und 14 (Exponentialfunktion) wurden deutlich positive Abweichungen vom mittleren Leistungszuwachs festgestellt (vgl. Tab. 3). Insbesondere für die Items 03 und 08 wurde ein deutlicher Anstieg in den Lösungswahrscheinlichkeiten für Schülerinnen und Schüler mit geringen Ausgangsleistungen festgestellt, sodass auf diesen Items ein Großteil der Individuen ihre Ausgangsleistungen verbesserten (siehe Bereiche für ± eine Standardabweichung um den globalen Zuwachs in Abb. 3). Aufgrund des extremeren Pseudo-Rateparameters von Item 14 fielen die Zuwächse im unteren Leistungsspektrum gering aus und waren im Bereich um 1.5 Standardabweichungen oberhalb des Mittelwerts der Ausgangsleistung besonders prononciert (wenn auch geringer als im positiven Extrembereich der Ausgangsleistung).

Schließlich waren die Zuwächse der Items 04 (Zweiter Strahlensatz), 07 (Kongruenzsätze), 10 (Quadratische Funktion) und 13 (Satz des Pythagoras) in besonderem Maße geringer ausgeprägt als der mittlere Leistungszuwachs (vgl. Tab. 4). Wie aus Abbildung 4 hervorgeht, überschnitten sich die beiden Wahrscheinlichkeitskurven für Klassenstufe 11 und 13 dieser Items innerhalb des Wertebereichs der Ausgangsleistung. Das bedeutet, dass sich für Schülerinnen und Schüler mit besonders hohen Ausgangsleistungen leichte Zuwächse auf diesen Items andeuteten, während für Personen im unteren Leistungsspektrum zum Teil sogar Verluste vorlagen. Dieses Muster war für Item 10 besonders ausgeprägt.

Abschließend wurden noch die insgesamt über alle Ankeritems bestimmten Anteil-Korrekt-Scores in Abhängigkeit von der Ausgangsleistung betrachtet, die in der ersten Teilabbildung in Abbildung 3 dargestellt sind. Das Ergebnismuster entspricht weitgehend dem deskriptiven Befund, der auf den ersten Blick konstante Leistungsgewinne über das gesamte Spektrum der Ausgangsleistungen suggeriert. Allerdings relativieren die IRT-Analysen diese Interpretation. Demnach spiegelt die Verschiebung der Kurven entlang der y-Achse nur im oberen Spektrum der Ausgangsleistungen eine Verbesserung der Leistungen in einem großen Anteil der eingesetzten Items. Für Schülerinnen und Schüler mit niedrigen Ausgangsleistungen legen die Analysen hingegen nahe, dass der Anstieg des Testwerts auf nur wenige Items zurückzuführen ist (insbesondere Items 03: Prozentrechnung, Item 05: Rechtecksumfang, Item 08: Wahrscheinlichkeit und Item 12: Kugeloberfläche). Dabei indizieren unsere Analysen, dass das relativ stabile Leistungsniveau bei Schülerinnen und Schülern mit geringen Ausgangsleistungen bei vielen Items nicht auf eine stabile Ausprägung der zur Lösung der Items benötigten Fähigkeit zurückzuführen ist, sondern viel eher einer starken und relativ unveränderten Tendenz zum Rateverhalten geschuldet ist.

Tabelle 4: Mittlere Differenzen zwischen Klassenstufe 11 und 13 der Logits der Wahrscheinlichkeit korrekter Lösungen für unterschiedliche Bereiche des Spektrums der Ausgangsleistungen. Ergebnisse für Einzelitems sowie Mittelwerte und Standardabweichungen über alle Items.

	Perzentile der Normalverteilung von					
	< 10%	10%–30%	30%–50%	50%–70%	70%–90%	> 90%
01	0.017	0.067	0.147	0.248	0.384	0.548
02	-0.002	0.033	0.097	0.176	0.294	0.478
03	1.082	1.153	1.137	1.091	1.019	0.883
04	-0.026	-0.061	-0.075	-0.047	0.068	0.335
05	0.439	0.629	0.700	0.724	0.734	0.725
06	0.148	0.306	0.427	0.508	0.580	0.645
07	-0.032	-0.066	-0.097	-0.114	-0.082	0.150
08	1.434	1.613	1.651	1.610	1.484	1.171
09	0.000	0.005	0.022	0.070	0.211	0.477
10	-0.205	-0.376	-0.486	-0.511	-0.392	0.026
11	0.000	0.001	0.007	0.027	0.108	0.379
12	0.333	0.463	0.532	0.574	0.615	0.658
13	-0.064	-0.106	-0.108	-0.065	0.056	0.323
14	0.053	0.119	0.200	0.295	0.435	0.606
M	0.017	0.067	0.147	0.248	0.384	0.548
SD	0.454	0.521	0.540	0.525	0.461	0.282

Diese Interpretation soll abschließend mittels Tabelle 4 veranschaulicht werden, die basierend auf dem IRT-Modell M4 die mittleren gewichteten Differenzen zwischen den gewichteten Logits individueller Itemlösungswahrscheinlichkeiten für unterschiedliche Abschnitte des Kontinuums der Ausgangsleistungen berichtet (< 10%, 10%–30%, 30%–50%, 50%–70%, 70%–90% und > 90% der θ-Verteilung).[5] Aus der Tabelle (vorletzte Zeile mit Mittelwerten M) geht hervor, dass unsere Ergebnisse einen konstanten Anstieg der über die Items gemittelten Logit-Differenzen in Abhängigkeit vom Ausgangsniveau implizieren, was auch in der positiven Korrelation zwischen dem globalen Lernzuwachs und der Ausgangsleistung ($\hat{\rho}_{\theta\Delta} = .18$, siehe oben) zum Ausdruck kam. Ebenso zeigte sich, dass die Variabilität der Logit-Differenzen in Tabelle 4 (letzte Zeile mit Standardabweichungen SD) vom anfänglichen Leistungsniveau abhing. Diese erreichte im leicht unterdurchschnittlichen Ausgangsbereich ihr Maximum und fiel in der Leistungsspitze am kleinsten aus. Gleichwohl fiel der in Tabelle 4 dargestellte Zusammenhang der Zuwachsvariabilität zwischen

---

5 Die in Tabelle 4 berichteten Statistiken basieren auf simulierte individuelle Lösungswahrscheinlichkeiten, die anhand der geschätzten Parameterwerte des Modells M4 erzeugt wurden ($N = 1.000.000$). Anhand dieser wurde die Statistik $\{\log[P(Y_{ij(t=1)} = 1)/P(Y_{ij(t=1)} = 0) - \{\log[P(Y_{ij(t=0)} = 1)/P(Y_{ij(t=0)} = 0)]\}/\alpha_j$ berechnet.

Items mit der Ausgangsleistung weniger extrem aus, als dies aufgrund der Parameterwerte der IRT-Modelle (τ-Parameter in Tab. 3) erscheinen mag. Der Grund hierfür ist, dass die Ergebnisse in Tabelle 4 auf modellimpliziten Lösungswahrscheinlichkeiten beruhen, die auch von Pseudo-Rateparametern abhängen, während dies für die latenten Parameter der IRT-Modelle nicht gilt.

In der Gesamtschau legen die hier berichteten Befunde somit nahe, dass die Höhe der Leistungszuwächse zwischen Items variierte. Dabei konnte festgestellt werden, dass die Heterogenität der Zuwächse zwischen Items von der Ausgangsleistung der Schülerinnen und Schüler abhing. In Klassenstufe 11 leistungsstarke Schülerinnen und Schüler zeichneten sich durch einen Lernverlauf aus, der weitgehend robust gegenüber Verlusten (z. B. Vergessen) ist. Demgegenüber wiesen Schülerinnen und Schüler mit weniger vorteilhaften Eingangsniveaus heterogenere Leistungszuwächse auf, die auf Itemebene neben Gewinnen durch stagnierende Entwicklungen und in einigen Fällen sogar durch Verluste gekennzeichnet waren. Insgesamt bleibt festzustellen, dass Leistungszuwächse von Schülerinnen und Schülern mit schwachen Ausgangsleistungen eher isoliert auf einigen wenigen Items vorlagen.

4 Diskussion

Als Analyseergebnis für die Frage nach den globalen Leistungszuwächsen (Forschungsfrage 1) kann insgesamt festgestellt werden, dass ein moderater mittlerer Leistungszuwachs (IRT-Analyse: 0.44 SD) von der Klassenstufe 11 zur Klassenstufe 13 zu verzeichnen war. Fast alle Ankeritems (bis auf Item 08: Wahrscheinlichkeit) waren mit Unterrichtsinhalten der Sekundarstufe I zu lösen, sodass die Ergebnisse zeigen, dass – über alle Items und Personen gemittelt – in der gymnasialen Oberstufe kumulative Lernprozesse bezüglich grundlegender mathematischer Begriffe und Verfahren der Sekundarstufe I stattfinden. Wenn man davon ausgeht, dass die Inhalte der Ankeritems im Verlauf der gymnasialen Oberstufe nicht noch einmal *explizit* und isoliert im Unterricht behandelt wurden, ist davon auszugehen, dass die kumulativen Leistungszuwächse bei den grundlegenden mathematischen Begriffen und Verfahren der Sekundarstufe I darauf zurückzuführen sind, dass die Behandlung originärer Oberstufeninhalte *implizit* eine Vertiefung von Sekundarstufe-I-Inhalten bewirkt. Die thematische Ausgestaltung der gymnasialen Oberstufe scheint daher nicht nur additive Lernprozesse, die relativ losgelöst vom vorher erworbenen mathematischen Wissen sind, zu bewirken. Einschränkend muss jedoch auch noch einmal festgestellt werden, dass die kumulativen Leistungszuwächse eher moderat sind. Obwohl alle Ankeritems (abgesehen von Item 08) als Basiswissen und -können für den Übergang von der Sekundarstufe I in die Oberstufe bezeichnet werden können, erhöhte sich die durchschnittliche Lösungsrate im Verlauf der gymnasialen Oberstufe lediglich um 8 Prozentpunkte von 38 Prozent in der Jahrgangsstufe 11 auf 46 Prozent in der Jahrgangsstufe 13. Somit können die Fähigkeiten der Schülerinnen und Schüler aus der untersuchten Population bezüglich grundlegender mathematischer Begriffe und Verfahren – trotz kumulativer Leistungszuwächse – am Ende der Jahrgangsstufe 13 immer noch als defizitär charakterisiert werden.

Die moderaten globalen Leistungszuwächse rufen die Frage hervor, inwieweit es eine Heterogenität von Leistungszuwächsen zwischen Items gibt (Forschungsfrage 2). Bei einer differenziellen Analyse nach Items zeigte sich, dass sich die Lerneffekte zwischen Items zum Teil deutlich unterschieden. So wiesen die Items 03, 08 und 14 deutlich überdurchschnittliche Leistungszuwächse auf. Für das Item 08, welches den höchsten Lernzuwachs aufwies, erscheint eine curriculare Erklärung plausibel. Zur Lösung des Items musste eine Wahrscheinlichkeit entweder mit Hilfe einer kombinatorischen Überlegung oder mit Hilfe einer Modellierung als mehrstufiges Zufallsexperiment ermittelt werden (vgl. Tab. 1). Dieses Item adressierte zum Zeitpunkt der Studie einen typischen Inhalt des Stochastikunterrichts in der gymnasialen Oberstufe, sodass die Schülerinnen und Schüler in der Klassenstufe 11 kaum über die notwendigen Kenntnisse verfügen konnten. Auch der überdurchschnittliche Leistungszuwachs bei Item 14 kann vermutlich durch eine hohe unterrichtliche Nähe erklärt werden. In diesem Item mussten die Schülerinnen und Schüler mit einer Punktprobe ermitteln, welcher der vorgegebenen Punkte auf dem Graphen einer vorgegebenen Exponentialfunktion liegt. Zwar sind Exponentialfunktionen bereits Gegenstand der Sekundarstufe I und somit sollte das Item prinzipiell bereits für Schülerinnen und Schüler in der Klassenstufe 11 lösbar sein, allerdings nimmt der Umgang mit Funktionen und insbesondere mit der Exponentialfunktion eine wichtige Rolle im Rahmen des Analysisunterrichts der gymnasialen Oberstufe ein, sodass ein überdurchschnittlicher Leistungszuwachs plausibel erscheint. Schwieriger erscheint die Erklärung der überdurchschnittlichen Leistungszuwächse für das Item 03 aus dem Bereich der Prozentrechnung. In dem Item musste der Grundwert bei vorgegebenem Prozentwert und Prozentsatz ermittelt werden. Die Prozentrechnung wird in der Mittelstufe eingeführt und ist nicht explizit Gegenstand des Mathematikunterrichts in der gymnasialen Oberstufe. Auch implizit findet sie nicht in einem besonderen Maße in der Sekundarstufe II Anwendung. Daher erscheint es fraglich, ob der überdurchschnittliche Lernzuwachs im Bereich der Prozentrechnung vom Mathematikunterricht verursacht wird. Eine alternative Erklärung könnte sein, dass die Schülerinnen und Schüler im Verlauf der Oberstufe in anderen Fächern (z.B. in den naturwissenschaftlichen Fächern) oder in ihren Alltagserfahrungen in relevanter Weise mit Problemstellungen aus dem Bereich der Prozentrechnung konfrontiert werden und daher die überdurchschnittlichen Leistungszuwächse resultieren.

Analog könnten die unterdurchschnittlichen Leistungszuwächse der Items 04, 07, 10 und 13 durch mangelnde unterrichtliche Nähe verursacht sein. Das Item 04 basiert auf den Zusammenhängen des zweiten Strahlensatzes, der in den Klassenstufen 9/10 eingeführt wird und in der gymnasialen Oberstufe kaum noch Anwendung findet. Das Item 07 beschäftigt sich mit geometrischen Unterrichtsinhalten der Klassenstufen 7/8 (Schlussfolgerungen bezüglich der Kongruenz von Dreiecken), die ebenso in der gymnasialen Oberstufe kaum eine Rolle spielen. Eine ähnliche Beurteilung der geringen unterrichtlichen Nähe erscheint für das Item 10 (Ermittlung einer Funktionsgleichung einer verschobenen Normalparabel) und für das Item 13 (Anwendung des Satzes des Pythagoras in einer geometrischen Figur) plausibel. Auffällig bei den Items mit unterdurchschnittlichem Lernzuwachs ist, dass sie eher dem Themengebiet der Geometrie zuzuordnen sind.

Leistungszuwächse im durchschnittlichen Bereich ergaben sich für die Items 01, 06, 09, 11 und 12. Gemeinsam haben diese fünf Items, dass die Anwendung von algebraischen Prozeduren (Aufstellen von Termen, Termumformungen, Gleichungslösen) eine zentrale Anforderung der Items darstellt. Aufgaben des Oberstufenunterrichts erfordern häufig implizit die Anwendung von algebraischen Prozeduren, sodass der Lernzuwachs in grundlegenden algebraischen Prozeduren anscheinend den durchschnittlichen Lernzuwachs der Ankeritems repräsentiert.

Einschränkend muss natürlich erwähnt werden, dass die Erklärung der differenziellen Leistungszuwächse durch differente unterrichtliche Nähe a posteriori und explorativ erfolgte. Um verlässliche Erkenntnisse über den Zusammenhang zwischen unterrichtlicher Nähe der Items und den Leistungszuwächsen zu erhalten, müssten entweder a priori Items definiert werden, die in der unterrichtlichen Nähe variieren oder die unterrichtliche Nähe der eingesetzten Items müsste noch genauer empirisch fundiert werden (z. B. durch Unterrichtsbeobachtungen, Expertenbefragungen). Generell ist bei den präsentierten Analysen zu beachten, dass die vorhandenen Daten fast 20 Jahre alt sind. Entsprechend besteht ein Bedarf an aktuellen Längsschnittstudien, um die derzeitige Lernentwicklung von Schülerinnen und Schülern in der gymnasialen Oberstufe zu untersuchen.

Differenzielle Analysen über den Zusammenhang zwischen dem Leistungszuwachs und der Ausgangsleistung der Schülerinnen und Schüler (Forschungsfrage 3) zeigten, dass der – über alle Items gemittelte – Leistungszuwachs leicht positiv mit der Ausgangsleistung korreliert war (.18), d.h. je höher bereits die Mathematikleistung der Schülerinnen und Schüler in der Klassenstufe 11 war, desto höher war auch der Lernzuwachs bis zur Klassenstufe 13. Eine Vermutung war, dass der Zusammenhang zwischen der Ausgangsleistung und dem Leistungszuwachs mittels des Matthäus-Effekts zu erklären ist. Wie in der Meta-Analyse von Simonsmeier et al. (2022) analysiert wird, stellt die Analyse des Matthäus-Effekt durchaus eine methodische Herausforderung dar. So kritisieren Simonsmeier et al., dass zumeist lediglich die Korrelation von Ausgangsleistung und der Leistung nach einer Lerneinheit betrachtet werde, was weniger auf einen Matthäus-Effekt hindeute, sondern vielmehr eine Stabilität der individuellen Wissensdifferenzen in einer Gruppe indiziert. Für eine Feststellung von Matthäus-Effekten müsste vielmehr die Korrelation zwischen Lernzuwächsen und Ausgangsleistung untersucht werden. Somit sind unsere durchgeführten Analysen methodisch gut geeignet, einen Matthäus-Effekt zu identifizieren, da explizit Leistungszuwächse betrachtet wurden.

Eine Erklärung für diesen moderaten Matthäus-Effekt könnte auch die damalige organisatorische Gestaltung der gymnasialen Oberstufe bieten, in der Mathematik kursdifferenziert nach Leistungskurs und Grundkurs unterrichtet wurde. Es ist anzunehmen, dass Leistungskursschülerinnen und -schüler bereits zu Beginn der gymnasialen Oberstufe höhere Ausgangsleistungen als Grundkursschülerinnen und -schüler zeigten. Aus den Ergebnissen würde unter dieser Annahme dann folgen, dass vor allem Personen aus den Leistungskursen höhere Leistungszuwächse als Personen aus den Grundkursen aufweisen, was nicht zuletzt auf Grund der höheren Stundenzahl im Leistungskurs im Vergleich zum Grundkurs plausibel erscheint. Diese Interpretation passt auch zum Befund, wonach die Leistungszuwächse von Schülerinnen und Schüler mit hohen Ausgangsleistungen weniger stark zwischen Items variieren. Es ist durchaus plausibel, dass sich umfangreiche und anspruchsvolle Lerngelegenheiten in Leistungskursen durch ein breiteres Spektrum mathematischer Inhaltsgebiete auszeichnen, das in höherem Maße als in Grundkursen auch Themengebiete zurückliegender Jahrgangsstufen umfasst. Unter dieser Annahme würde insbesondere Leistungskursen das Wissen und Können unterschiedlicher Inhaltsbereiche zunehmend gefestigt und gestärkt werden. Demgegenüber könnte vermutet werden, dass viele Schülerinnen und Schüler mit schwächeren Ausgangsleistungen am Ende der Sekundarstufe I, die sich dem erhöhten Anforderungsniveau nicht aussetzen, sich z. B. vorwiegend auf die aktuell unterrichteten Inhalte konzentrieren (z. B. Vorbereitung auf die nächste Klassenarbeit), sodass zeitlich weiter zurückliegende Inhalte nicht verfestigt und sogar in Vergessenheit geraten könnten. Eine Validierung dieser Vermutung, dass die unterschiedlichen Lernbedingungen in Grund- und Leistungskurs einen Teil der differentiellen Leistungszuwächse erklären, könnte eine vergleichende Untersuchung von Schülerinnen und Schülern aus Grund- und Leistungskurs mit vergleichbaren Ausgangsleistungen bieten. Außerdem könnte der Vergleich mit Daten aus Längsschnittstudien (z. B. KESS-Studien in Hamburg), in denen nicht mehr kursdifferenziert unterrichtet wurde, für die Abschätzung des Effektes von kursdifferenziertem Unterricht hilfreich sein.

Bezüglich der itemspezifischen Leistungszuwächse in Abhängigkeit von der Ausgangsleistung (Forschungsfrage 4) kann insgesamt das Fazit gezogen werden, dass bei Schülerinnen und Schülern mit geringen Ausgangsleistungen bei einigen Items kaum beobachtbare Leistungszuwächse bei mathematischen Inhalten der Sekundarstufe I zu verzeichnen waren. Vereinzelt (Item 10) kam es sogar im unteren Leistungsbereich zu „Vergessenseffekten". Leistungszuwächse zeigten sich dagegen bei mathematischen Inhalten der Sekundarstufe II. Entsprechend sind insbesondere für diese Schülerinnen und Schüler Lernangebote notwendig, um das in der Mittelstufe erworbene Kompetenzniveau in Mathematik aufrechtzuerhalten (vgl. Fördermöglichkeiten in Kap. 4.3 in diesem Band).

Trotz des Fokus in diesem Kapitel auf den kumulativen Kompetenzaufbau soll nicht unerwähnt bleiben, dass auch ein additiver Kompetenzaufbau ein Ziel des Mathematikunterrichts der gymnasialen Oberstufe ist, indem neue mathematische Begriffe (z. B. Ableitungsbegriff) und Verfahren (z. B. Berechnung von Extremwertproblemen) behandelt werden. Gleichwohl ist zu überlegen, inwieweit über die Klassenstufen der Sekundarstufe I und II tatsächlich ein kumulativer Kompetenzaufbau verstärkt werden kann. So ist erkennbar, dass auch leistungsstarke Schülerinnen und Schüler bei verschiedenen Items kaum Zuwächse aufweisen (s. die beiden rechten Spalten in Tab. 4). Dies betrifft insbesondere geometrische Inhalte der Sekundarstufe I, die im Rahmen der analytischen Geometrie in der Sekundarstufe II nicht mehr thematisiert und daher zum Teil vergessen werden. Diese Befunde sollten durch aktuelle längsschnittliche Studien in der gymnasialen Oberstufe repliziert werden. Haben die vorliegenden Ergebnisse auch für die heutige Schülergeneration Gültigkeit, stellt sich die Frage, ob der Geometrieunterricht in der gymnasialen Oberstufe nicht einer Modifikation bedarf. Wenn der kumulative Kompetenzaufbau ein Kernprinzip des Schulunterrichts darstellt, müsste die gymnasiale Oberstufe auch Lernangebote bieten, um sich mit geometrischen Inhalten aus der Sekundarstufe I in vertiefter Weise auseinanderzusetzen. Eine Möglichkeit wäre, sich in der gymnasialen Oberstufe nicht ausschließlich auf die analytische Geometrie zu beschränken, sondern durch einen Geometrieunterricht mit einer eher synthetischen Ausrichtung zu ergänzen. In diesem können geometrische Inhalte der Sekundarstufe I Anwendung findet (z. B. Kongruenzsätze, Satz des Thales, Satz des Pythagoras).

Literatur

Akaike, H. (1974). A new look at the statistical model identification. *IEEE Transactions on Automatic Control, 19*(6), 716–723. https://doi.org/10.1109/TAC.1974.1100705

Baumert, J., Bos, W. & Lehmann, R. (Hrsg.). (2000a). *TIMSS/III Dritte Internationale Mathematik- und Naturwissenschaftsstudie – Mathematische und naturwissenschaftliche Bildung am Ende der Schullaufbahn* (Band 1: Mathematische und naturwissenschaftliche Grundbildung am Ende der Pflichtschulzeit). Leske + Budrich. https://doi.org/10.1007/978-3-322-83411-9

Baumert, J., Bos, W. & Lehmann, R. (Hrsg.). (2000b). *TIMSS/III Dritte Internationale Mathematik- und Naturwissenschaftsstudie – Mathematische und naturwissenschaftliche Bildung am Ende der Schullaufbahn* (Band 2: Mathematische und physikalische Kompetenzen am Ende der gymnasialen Oberstufe). Leske + Budrich. https://doi.org/10.1007/978-3-322-83411-9

Baumert, J., Nagy, G. & Lehmann, R. (2012). Cumulative advantages and the emergence of social and ethnic inequality: Matthew effects in reading and mathematics development within elementary schools? *Child Development, 83*(4), 1347–1367. https://doi.org/10.1111/j.1467-8624.2012.01779.x

Birnbaum, A. (1968) Some latent trait models and their use in inferring an examinee's ability. In F. M. Lord & M. R. Novick (Hrsg.), *Statistical theories of mental test scores* (S. 397–479). Addison-Wesley.

Burnham, K. P. & Anderson, D. R. (2004). Multimodel inference: Understanding AIC and BIC in model selection. *Sociological Methods & Research, 33*(2), 261–304. https://doi.org/10.1177/0049124104268644

Duff, D., Tomblin, J. B. & Catts, H. (2015). The influence of reading on vocabulary growth: A case for a Matthew effect. *Journal of speech, language, and hearing research: JSLHR, 58*(3), 853–864. https://doi.org/10.1044/2015_JSLHR-L-13-0310

Fischer, H. E., Glemnitz, I., Kauertz, A. & Sumfleth, E. (2007). Auf Wissen aufbauen – kumulatives Lernen in Chemie und Physik. In E. Kircher, R. Girwidz & P. Häußler (Hrsg.), *Physikdidaktik* (S. 657–678). Springer. https://doi.org/10.1007/978-3-540-34091-1_22

Fischer, L., Gnambs, T., Rohm, T. & Carstensen, C. H. (2019). Longitudinal linking of Rasch-model-scaled competence tests in large-scale assessments: A comparison and evaluation of different linking methods and anchoring designs based on two tests on mathematical competence administered in grades 5 and 7. *Psychological Test and Assessment Modeling, 61*(1), 37–64.

Fischer, L., Rohm, T. & Gnambs, T. (2017). *NEPS technical report for mathematics: Scaling results of starting cohort 4 for grade 12.* Leibniz Institute for Educational Trajectories. https://doi.org/10.5157/NEPS:SP12:1.0

Hill, C. J., Bloom, H. S., Black, A. R. & Lipsey, M. W. (2008). Empirical benchmarks for interpreting effect sizes in research. *Child Development Perspectives, 2*(3), 172–177. https://doi.org/10.1111/j.1750-8606.2008.00061.x

Kolen, M. J. & Brennan, R. L. (2014). *Test equating, scaling, and linking* (3. Aufl.). Springer. https://doi.org/10.1007/978-1-4939-0317-7

Köller, O., Baumert, J. & Schnabel, K. (2000). Zum Zusammenspiel von schulischem Interesse und Lernen im Fach Mathematik: Längsschnittanalysen in den Sekundarstufen I und II. In U. Schiefele & K.-P. Wild (Hrsg.), *Interesse und Lernmotivation: Untersuchungen zu Entwicklung, Förderung und Wirkung* (S. 163–181). Waxmann.

Lee, J. (2012). Cumulative learning. In N. M. Seel (Hrsg.), *Encyclopedia of the sciences of learning* (S. 887–893). Springer US.

Lehmann, R. H., Hunger, S., Ivanov, S., Gänsfuß, R. & Hoffmann, E. (2012a). LAU 11: Aspekte der Lernausgangslage und der Lernentwicklung – Klassenstufe 11 – Ergebnisse einer längsschnittlichen Untersuchung in Hamburg. In Behörde für Schule und Berufsbildung (Hrsg.), *LAU – Aspekte der Lernausgangslage und der Lernentwicklung: Klassenstufen 11 und 13* (S. 9–150). Waxmann.

Lehmann, R. H., Vieluf, U., Nikolova, R. & Ivanov, S. (2012b). LAU 13 – Aspekte der Lernausgangslage und der Lernentwicklung – Klassenstufe 13 – Erster Bericht. In Behörde für Schule und Berufsbildung (Hrsg.), *LAU – Aspekte der Lernausgangslage und der Lernentwicklung: Klassenstufen 11 und 13* (S. 151–231). Waxmann.

Merton, R. K. (1968). The Matthew effect in science. *Science, 159*(3810), 56–63. https://doi.org/10.1126/science.159.3810.56

Muthén, L. K. & Muthén, B. O. (1998–2017). *Mplus user's guide* (8. Aufl.).

Nagy, G. & Neumann, M. (2010). Psychometrische Aspekte des Tests zu den voruniversitären Mathematikleistungen in TOSCA-2002 und TOSCA-2006: Unterrichtsvalidität, Rasch-Homogenität und Messäquivalenz. In U. Trautwein, M. Neumann, G. Nagy, O. Lüdtke & K. Maaz (Hrsg.), *Schulleistungen von Abiturienten – Die neu geordnete gymnasiale Oberstufe auf dem Prüfstand* (S. 281–306). VS Verlag für Sozialwissenschaften.

Naumann, A., Rieser, S., Musow, S., Hochweber, J. & Hartig, J. (2019). Sensitivity of test items to teaching quality. *Learning and Instruction, 60,* 41–53. https://doi.org/10.1016/j.learninstruc.2018.11.002

Petersen, L. A., Litteck, K. & Rohenroth, D. (2020). *NEPS technical report for mathematics: Scaling results of starting cohort 3 for grade 12.* Leibniz Institute for Educational Trajectories. https://doi.org/10.5157/NEPS:SP75:1.0

Pfost, M., Dörfler, T. & Artelt, C. (2012). Reading competence development of poor readers in a German elementary school sample: an empirical examination of the Matthew effect model. *Journal of Research in Reading, 35*(4), 411–426. https://doi.org/10.1111/j.1467-9817.2010.01478.x

Reiss, K. & Hammer, C. (2021). *Grundlagen der Mathematikdidaktik* (2. Aufl.). Springer International Publishing. https://doi.org/10.1007/978-3-030-65429-0

Robitzsch, A. & Lüdtke, O. (2020). A review of different scaling approaches under full invariance, partial invariance, and noninvariance for cross-sectional country comparisons in large-scale assessments. *Psychological Test and Assessment Modeling, 62*(2), 233–279.

Rolfes, T., Lindmeier, A. & Heinze, A. (2021). Mathematikleistungen von Schülerinnen und Schülern der gymnasialen Oberstufe in Deutschland: Ein Review und eine Sekundäranalyse der Schulleistungsstudien seit 1995. *Journal für Mathematik-Didaktik, 42*(2), 395–429. https://doi.org/10.1007/s13138-020-00180-1

Schecker, H., Fischer, H. E. & Wiesner, H. (2004). Physikunterricht in der gymnasialen Oberstufe. In H.-E. Tenorth (Hrsg.), *Kerncurriculum Oberstufe: Expertisen* (S. 148–234). Beltz.

Schwarz, G. (1978). Estimating the dimension of a model. *The Annals of Statistics*, 6(2), 461–464. https://doi.org/10.1214/aos/1176344136

Sclove, S. L. (1987). Application on model-selection criteria to some problems in multivariate analysis. *Psychometrika*, 52(3), 333–343. https://doi.org/10.1007/BF02294360

Simonsmeier, B. A., Flaig, M., Deiglmayr, A., Schalk, L. & Schneider, M. (2022). Domain-specific prior knowledge and learning: A meta-analysis. *Educational Psychologist*, 57(1), 31–54. https://doi.org/10.1080/00461520.2021.1939700

Tröster, H. (2019). *Diagnostik in schulischen Handlungsfeldern: Methoden, Konzepte, praktische Ansätze*. Kohlhammer.

vom Hofe, R., Hafner, T., Blum, W. & Pekrun, R. (2009). Die Entwicklung mathematischer Kompetenzen in der Sekundarstufe – Ergebnisse der Längsschnittstudie PALMA. In A. Heinze & M. Grüßing (Hrsg.), *Mathematiklernen vom Kindergarten bis zum Studium: Kontinuität und Kohärenz als Herausforderung für den Mathematikunterricht* (S. 125–146). Waxmann.

von Davier, M., Xu, X. & Carstensen, C. H. (2011). Measuring growth in a longitudinal large-scale assessment with a general latent variable model. *Psychometrika*, 76, 318–336.

Gabriel Nagy, IPN – Leibniz-Institut für die Pädagogik der Naturwissenschaften und Mathematik, Olshausenstraße 62, 24118 Kiel
  https://orcid.org/0000-0001-6897-212X
nagy@leibniz-ipn.de

Tobias Rolfes, Goethe-Universität Frankfurt am Main, Institut für Didaktik der Mathematik und Informatik, Robert-Mayer-Str. 6–8, 60325 Frankfurt,
IPN – Leibniz-Institut für die Pädagogik der Naturwissenschaften und Mathematik, Olshausenstraße 62, 24118 Kiel
  https://orcid.org/0000-0002-9780-8828

Aiso Heinze, IPN – Leibniz-Institut für die Pädagogik der Naturwissenschaften und Mathematik, Olshausenstraße 62, 24118 Kiel
  https://orcid.org/0000-0002-7408-0395

4.3
Ulrike Towara & Nora Feldt-Caesar

Mathematisches Grundwissen und Grundkönnen in der gymnasialen Oberstufe diagnostizieren und fördern

1 Einleitung

„Vorwissen – nicht etwa Motivation, Intelligenz oder Lernstrategien – ist nach den Befunden psychologischer Forschung zweifelsfrei der bedeutsamste Einzelfaktor für das Zustandekommen von Problemlöse- und Lernleistungen." (Renkl, 2008, S. 133f.)

Vorwissen gilt fächerübergreifend als einer der stärksten Prädiktoren für weiteren Lernerfolg. Aufgrund des kumulierenden Wissensaufbaus, der sich auch in der spiralförmigen Struktur des Curriculums widerspiegelt, ist sicher verfügbares Vorwissen besonders für den Kompetenzaufbau im Mathematikunterricht von Bedeutung. Durch die Relevanz mathematischer Vorbildung für zahlreiche, auch nicht mathematische Studiengänge und Berufsausbildungen gewinnen Klagen über unzureichende Grundlagen der Schulabgängerinnen und Schulabgänger von auszubildenden Betrieben, Berufsschulen, Fachhochschulen und Universitäten immer stärker an politischer Brisanz. Industrie- und Handelskammern monieren für den Ausbildungsstart häufig unzureichende Mathematikkenntnisse und versuchen durch verschiedene Projekte (u. a. Drüke-Noe et al., 2011; Tartsch, 2011), die Zusammenarbeit von Schulen, Hochschulen und Wirtschaft zu verbessern, um so den Schulabsolventinnen und -absolventen den Übergang von der Schule in die berufliche Ausbildung zu erleichtern. Gleichzeitig beklagen die Fachhochschulen und Universitäten sehr hohe Zahlen an Studienabbrüchen in mathematikaffinen Studienfächern (MINT), wobei sie die Gründe hierfür in erster Linie in unzureichenden Mathematikleistungen sehen und diese bereits vor Studienbeginn durch Vor- und Brückenkurse oder Online-Self-Assessments zu kompensieren versuchen (Berger & Schwenk, 2006; Cramer & Walcher, 2010; Rolfes et al., 2021, vgl. auch Kap. 3.1 in diesem Band). Die Forderungen nach verbindlichen Mindeststandards mehren sich insbesondere für das Ende der Sekundarstufen, um eine verlässliche Wissens- und Könnensbasis für alle Absolventinnen und Absolventen zu schaffen.

In diesem Beitrag wird ein theoretischer Rahmen für die Konzeptualisierung von Mindeststandards vorgeschlagen, der anhand des Konzepts des mathematischen Grundwissens und Grundkönnens exemplarisch konkretisiert wird. Anhand adaptiv gestalteter Eingangs- und Ausgangstests für die Oberstufe werden Möglichkeiten der Diagnose vorgestellt und die empirischen Ergebnisse aus zwei Studien zum Grundwissen und Grundkönnen an den Übergängen der gymnasialen Oberstufe diskutiert.

Towara, U. & Feldt-Caesar, N. (2022). *Mathematisches Grundwissen und Grundkönnen in der gymnasialen Oberstufe diagnostizieren und fördern*. In T. Rolfes, S. Rach, S. Ufer & A. Heinze (Hrsg.), *Das Fach Mathematik in der gymnasialen Oberstufe* (S. 349–374). Waxmann. CC BY-NC-SA 4.0

2 Mindeststandards und mathematisches Grundwissen und Grundkönnen

Im Folgenden wird ein theoretischer Rahmen für den übergreifenden Begriff der Mindeststandards entwickelt und das Konzept des mathematischen Grundwissens und Grundkönnens beispielhaft darin verortet.

2.1 Konzeptualisierung von Mindeststandards

Seit einigen Jahren werden in der Fachdidaktik Inhalts- und Aufgabenkataloge entwickelt, um Mindeststandards für den Mathematikunterricht festzulegen. Dabei werden Begriffe wie „Mindestanforderungen" (cosh, 2014; Dürrschnabel et al., 2020), „Basiskompetenzen" (Drüke-Noe et al., 2011), „Sicheres Wissen und Können" (Sill & Sikora, 2007) oder „Grundwissen und Grundkönnen" (Bruder et al., 2015; Feldt-Caesar, 2017) verwendet.

Der Begriff *Mindeststandards* ist zunächst übergreifend zu verstehen und soll allgemein „grundlegendes Wissen und Können, über das jeder Lernende verfügen soll", bezeichnen (Feldt-Caesar, 2017, S. 18). Diese Definition von Mindeststandards ist bewusst offen gehalten, um den zahlreichen, vor ganz unterschiedlichen Hintergründen entstehenden Konzepten einen gemeinsamen Rahmen zu bieten und um gleichzeitig konzeptspezifische Konkretisierungen zu erlauben. Diese Konkretisierungen erfolgen durch Beantwortung der Fragen:

(1) *WELCHEM ZIEL soll die Verfügbarkeit der Mindeststandards dienen?*
(2) *FÜR WEN sollen die formulierten Mindeststandards gelten?*
(3) *ZU WELCHEM ZEITPUNKT sollen die Lernenden über die festgelegten Mindeststandards verfügen?*
(4) *WELCHE VERFÜGBARKEIT sollen Mindeststandards aufweisen?*

Die Frage hingegen, *welche Inhalte* zu den notwendigen Grundlagen zu zählen sind, ist Gegenstand eines Aushandlungsprozesses, dessen Rahmen die konzeptspezifischen Antworten auf die genannten Fragen bilden. Ausgehandelt wird dabei im Spannungsfeld von Politik und Wissenschaft: Verschiedenste Akteure erheben fachdidaktische, fachsystematische, lernpsychologische, bildungstheoretische und bildungspolitische Forderungen. Auch die eingangs beschriebenen Ansprüche von Seiten der ‚Abnehmer', d.h. von Universitäten, Fachhochschulen, ausbildenden Betrieben und Berufsschulen, müssen hier berücksichtigt werden. In diesem Aushandlungsprozess übernimmt die Fachdidaktik eine doppelte Funktion. Sie leitet den wissenschaftlichen Diskurs, indem sie ihn vorbereitet, initiiert, strukturiert, transparent macht, kontrolliert und passende Beschreibungsmittel zur Verfügung stellt. Gleichzeitig ist sie daran selbst als Akteurin beteiligt und bringt stoffdidaktische Argumentationen und lerntheoretische Überlegungen ein (Feldt-Caesar, 2017; Reiss, 2004; Teschner, 1972; Vogel, 1973).

(1) *WELCHEM ZIEL soll die Verfügbarkeit der Mindeststandards dienen?*
In einem ersten Schritt der Konzeptualisierung von Mindeststandards müssen die zugrunde liegenden Ziele expliziert werden. Hierzu muss die Frage beantwortet werden, wozu die Aneignung und die Verfügbarkeit der ausgewiesenen Kenntnisse, Fähigkeiten und Fertigkeiten die Lernenden befähigen soll.

Mögliche Ziele lassen sich in drei Kategorien verorten. Unterschieden werden eine *fachsystematische*, eine *allgemeinbildende-reflexionsorientierte* sowie eine *anwendungs- und nützlichkeitsorientierte Perspektive* (Feldt-Caesar, 2017; Bruder et al., 2015). In diesen drei Zielperspektiven für Mindeststandards spiegelt sich die allgemeine „Trias der Bildungsziele" (vgl. Teil 1 in diesem Band) wider.

So umfasst ein *fachsystematischer* Ansatz in erster Linie fachliche und wissenschaftspropädeutische Anforderungen, um eine innerfachliche Anschlussfähigkeit des Gelernten zu gewährleisten. Für die Sekundarstufe II nimmt diese Perspektive insbesondere die Anschlussfähigkeit der Grundlagen für ein mathematikaffines Studium in den Blick. Aber auch Metakenntnisse zu den mathematischen Kompetenzen können unter dieser Zielperspektive in den Kanon der Mindeststandards aufgenommen werden (Schmitt, 2017), so beispielsweise Kenntnisse zum Modellierungskreislauf als Modell typischer mathematischer Modellierungshandlungen. Durch solche Metakenntnisse können gerade auch prozessbezogene Kompetenzen gefördert und gleichzeitig ihre Reflexion angeregt werden.

Überwiegt das Ziel, Lernende durch grundlegende Kenntnisse, Fähigkeiten und Fertigkeiten zur Reflexion mathematischer oder alltäglicher Vorgänge zu befähigen, tritt die *allgemeinbildende-reflexionsorientierte Perspektive* in den Vordergrund. In Kombination mit einer vertieften Allgemeinbildung sollen Lernende befähigt werden, als mündige Bürger gesellschaftliche Verantwortung zu übernehmen.

Steht hingegen der praktische Nutzen in Alltag und Beruf im Vordergrund, findet die Konzeption der Mindeststandards unter einer vorwiegend *anwendungs- und nützlichkeitsorientierten Perspektive* statt. Auch das Ziel der allgemeinen Studierfähigkeit kann unter dieser Perspektive gesehen werden und bildet die Schnittmenge zu einer primär fachsystematischen Sichtweise.

Durch bewusstes Zugrundelegen einer bestimmten Zielperspektive können inhaltliche Entscheidungsprozesse transparent gemacht und die notwendige Selektion bzw. Priorisierung der Inhalte legitimiert werden.

(2) *FÜR WEN sollen die formulierten Mindeststandards gelten?*
Zwar impliziert der Begriff „Mindeststandards" die Forderung einer Gültigkeit „für alle" (siehe oben), dennoch ist es hier sinnvoll, die Grundgesamtheit, auf die diese Forderung Bezug nimmt, beispielsweise durch Ausweisen der Schulform zu präzisieren.

(3) *ZU WELCHEM ZEITPUNKT sollen die Lernenden über die festgelegten Mindeststandards verfügen?*
Vor der inhaltlichen Konkretisierung muss der genaue Zeitpunkt festgelegt werden, an dem die Mindeststandards von den Lernenden erreicht werden sollen. In der Regel werden sie für die verschiedenen Übergänge im Bildungssystem, beispielsweise von der Sekundarstufe II in ein Studium, formuliert.

(4) *WELCHE VERFÜGBARKEIT sollen Mindeststandards aufweisen?*
Einmal angeeignete Kenntnisse[1] können sich in späteren Lernprozessen oder Anwendungssituationen hinsichtlich ihrer Verfügbarkeit unterscheiden. Sowohl von der Qualität der ursprünglichen Aneignung als auch von der Qualität und Quantität der nachfolgenden Reaktivierung hängt es ab, wie gut Lernende auf Kenntnisse, deren Erwerb bereits länger zurückliegt, zurückgreifen können. Ein von Pippig (u. a. 1985) adaptiertes Begriffssystem ermöglicht hier die Unterscheidung von vier Stufen der Verfügbarkeit von Kenntnissen (Feldt-Caesar, 2017, vgl. auch Abb. 1).

Kann ein Lernender auf Kenntnisse dauerhaft und ohne die Verwendung von Hilfsmitteln wie Formelsammlung, Taschenrechner oder Internetrecherche zurückgreifen, handelt es sich um *Sicheres Wissen und Können* (vgl. auch Sill, 2010). Eine besondere Ausprägung des Sicheren Wissens und Könnens stellen die sogenannten *Elementarbausteine* dar. Hierbei handelt es sich um Kenntnisse, die durch häufigen Gebrauch automatisiert verwendet werden können und somit nur geringe kognitive Kapazitäten erfordern. Im Idealfall sind diese zunächst unbewusst verwendeten Kenntnisse bewusstseins*fähig*, um beim Auftreten von Fehlern eine bewusste Prüfung und Regulation zu ermöglichen (Feldt-Caesar, 2017).

Erfordern Kenntnisse vor ihrer Verwendung eine Aktivierung von außen – zum Beispiel durch das Nachschlagen in einer Formelsammlung, die Verwendung technischer Hilfsmittel oder auch den Hinweis eines Lehrenden – fallen sie in die Kategorie des sogenannten *(re-)aktivierbaren Wissens und Könnens*.

Wurde ein Lerngegenstand bereits bei seiner Aneignung nicht vollständig erfasst, sondern lediglich einzelne Aspekte episodenhaft im Gedächtnis verankert, fallen diese Kenntnisse in den Bereich des *exemplarischen Wissens und Könnens* (vgl. auch Sill & Sikora, 2007).

Für einen Mindeststandardkatalog ist es sinnvoll, nicht nur auszuweisen, über *welche* Kenntnisse, Fähigkeiten und Fertigkeiten Lernende verfügen sollten, sondern auch *welchen Grad der Verfügbarkeit* (Abb. 1) diese aufweisen sollten. Aus dieser Festlegung ergeben sich Konsequenzen für die Diagnose und Testung von Mindeststandards. Sollen die geforderten Kenntnisse tatsächlich im Sinne eines Sicheren Wissens und Könnens (oder auch als Elementarbausteine) dauerhaft und ohne äu-

---

1 Nach tätigkeitstheoretischer Auffassung (u. a. Giest & Lompscher, 2006; Pippig, 1988) stellen *Kenntnisse* durch Lerntätigkeit angeeignete und im *individuellen* Bewusstsein verankerte „Abbilder der objektiven Realität" (Pippig, 1988, S. 89) dar, während der Begriff des *Wissens* sich auf das *gesamt-gesellschaftliche* Bewusstsein bezieht. So stellen beispielsweise die Kenntnisse der Lehrkraft ebenso wie die Schulbuchinhalte für die Lernenden *Wissen* dar, das diese sich in Form von *Kenntnissen* aneignen.

Stufen der Verfügbarkeit von Kenntnissen

zunehmende Verfügbarkeit ↑

- Automatisierte Verwendung von Kenntnissen ist möglich → Elementarbausteine
- Kenntnisse sind dauerhaft ohne äußere Hilfen unter vielfältigen Bedingungen verfügbar → sicheres Wissen und Können*
- Kenntnisse sind sporadisch verfügbar, Hilfesysteme können selbstständig genutzt werden
- Kenntnisse sind sporadisch verfügbar, Hilfesysteme müssen von außen aktiviert werden

  → (re)aktivierbares Wissen und Können*
- Kenntnisse sind episodisch verfügbar → exemplarisches Wissen und Können*
- Kenntnisse sind nicht verfügbar und nicht reaktivierbar (im engeren Sinne keine Kenntnisse)

*vgl. auch Sill (2010)

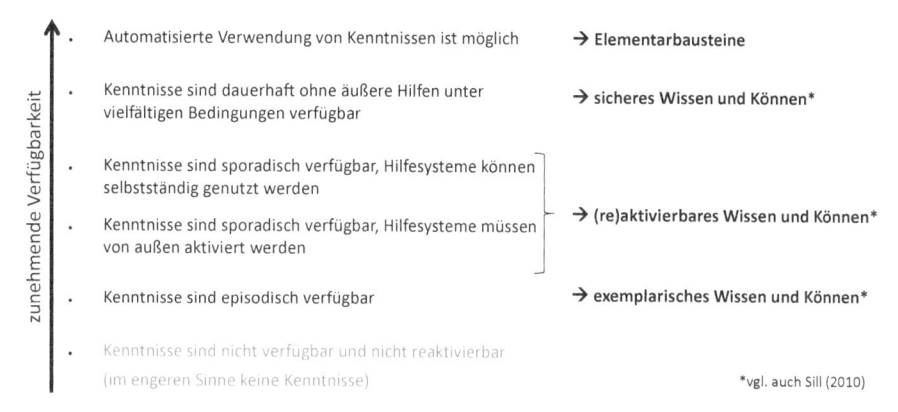

Abbildung 1: Stufen der Verfügbarkeit von Kenntnissen.

ßere Hilfen verfügbar sein, so muss anhand der Rahmenbedingungen der Erhebung sichergestellt werden, dass Lernende nicht auf das Internet oder andere (digitale) Hilfsmittel zugreifen können. Wird lediglich ein (re-)aktivierbares Wissen und Können vorausgesetzt, kann auch eine Testbearbeitung zu Hause am eigenen PC in Betracht gezogen werden.

Neben der Verfügbarkeit können weitere Parameter zur Beschreibung der Aneignungsqualitäten von Kenntnissen herangezogen werden. Ein verkürztes Begriffssystem nach Pippig (u. a. 1988) umfasst zusätzlich die Merkmale der Exaktheit, Übertragbarkeit und Allgemeinheit (Feldt-Caesar, 2017). Generell sollten Kenntnisse aus dem Bereich der Mindeststandards über vergleichsweise hohe Aneignungsqualitäten bezüglich dieser drei Merkmale verfügen, um ihre vielseitige und verständnisorientierte Verwendung in weiteren Lernprozessen und Anwendungssituationen zu ermöglichen. Dies entspricht der Forderung Weinerts (2000) nach der Vermittlung von *intelligentem* Wissen, das „bedeutungshaltig und sinnhaft" ist (ebd., S. 5) und dadurch flexibel in verschiedenen Situationen genutzt werden kann.

2.2 Mathematisches Grundwissen und Grundkönnen

Aus einem exemplarischen Durchlauf des hier in groben Zügen beschriebenen Prozessmodells zur Konzeptualisierung von Mindeststandards in der Arbeitsgruppe Didaktik der Mathematik der TU Darmstadt resultiert das Konzept des *Mathematischen Grundwissens und Grundkönnens*. Dabei wurde folgende Zielformulierung vorgenommen:

Grundwissen und Grundkönnen soll in erster Linie
   (1) als Voraussetzung für ein erfolgreiches Weiterlernen dienen, insbesondere in einem Studium,
   (2) eine Basis für das Verstehen von Mathematik bilden,
   (3) Grundlagen für Reflexionsprozesse bereitstellen.

(Feldt-Caesar, 2017, S. 180)

Damit liegt diesem Konzept eine vorwiegend *fachsystematische* Perspektive zugrunde, wobei durch die Aspekte (2) und (3) auch eine *allgemeinbildende-reflexionsorientierte* Perspektive einfließt. Eine *anwendungs- und nützlichkeitsorientierte* Perspektive steht eher im Hintergrund, kommt jedoch durch den Aspekt der Qualifikation für ein Studium (1) in begrenztem Maße auch zum Tragen.

Eine weitere Spezifizierung des zugrunde liegenden Mindeststandard-Begriffs insbesondere in Hinblick auf die geforderte Verfügbarkeit der ausgewählten Kenntnisse, Fähigkeiten und Fertigkeiten liefert die folgende Definition:

Mathematisches Grundwissen und Grundkönnen bezeichnet jene mathematischen Kenntnisse, Fähigkeiten und Fertigkeiten, die bei allen Schülerinnen und Schülern am Ende der beiden Sekundarstufen in Form von mathematischen Begriffen, Zusammenhängen und Verfahren langfristig und situationsunabhängig, das heißt insbesondere ohne den Einsatz von Hilfsmitteln, verfügbar sein sollen. (vgl. Bruder et al., 2015, S. 112; Feldt-Caesar, 2017, S. 182)

Vor diesem Hintergrund vorgenommene inhaltliche Aushandlungsprozesse zur Selektion bzw. Priorisierung von curricularen Inhalten haben zur beispielhaften Formulierung von Inhalts- und Anforderungskatalogen zum mathematischen Grundwissen und Grundkönnen für den Eintritt in die gymnasiale Oberstufe (Roder, 2019) sowie für den Übergang zum Studium (Feldt-Caesar, 2017) geführt.

2.3 Facetten/Aspekte mathematischen Grundwissens und Grundkönnens

Die inhaltliche Fokussierung als eine empirisch und (stoff-)didaktisch gestützte Priorisierung von curricularen Lerninhalten kann strukturiert und unterstützt werden, wenn man zentrale Aspekte von Grundwissen und Grundkönnen betrachtet. So sind auf inhaltlicher Seite nicht nur formale Kenntnisse gefragt, sondern bei der Konkretisierung von Inhalts- und Anforderungskatalogen spielen genauso Grundvorstellungen und Fehlvorstellungen bzw. Fehlerphänomene, typische Repräsentationen eines mathematischen Wissenselements und Darstellungswechsel sowie exemplarische inner- und außermathematische Kontexte eine wesentliche Rolle.

Im Folgenden soll ein Modell zu zentralen Aspekten von Grundwissen und Grundkönnen (vgl. Abb. 2) als *Strukturierungshilfe* für eine systematische und nachvollziehbare Beschreibung von Inhaltsbereichen vorgestellt werden:[2]

Abbildung 2: Aspekte des Grundwissens und Grundkönnens (in Anlehnung an Pinkernell et al. (2015).

Die Priorisierung von Inhalten für Grundwissen und Grundkönnen folgt auf Grundlage des Modells in Abb. 2 den Leitfragen:

- Welches grundlegende „Wissen und Können" ist relevant?
  Priorisierung von Begriffen, Zusammenhängen und Verfahren eines Themengebietes (Eigenschaften und Merkmale eines Begriffs, Zusammenhangs oder Verfahrens sowie Gültigkeitsbereich eines Zusammenhangs und Verfahrens); Konventionen und Schreibweisen

- Welche Grundvorstellungen sollen (re-)aktiviert werden?
  (Re-)Aktivierung von (bekannten und) sinnstiftenden Vorstellungen, mentalen Modellen, Assoziationen, (Muster-)Beispielen und Gegenbeispielen

- Auf welche Fehlerphänomene und Fehlvorstellungen sollte geachtet werden?
  Offene Fehlerkultur mit Wissen um und Berücksichtigung von typische/n Schwierigkeiten im Sinne von bekannten Fehlerphänomenen bzw. Fehlvorstellungen (Rückbezug auf empirisch gestützte Ergebnisse zu Lernschwierigkeiten aus der fachdidaktischen Forschung)

---

2 Ein ähnliches Referenzmodell zur summativen Konkretisierung von Grundwissen und Grundkönnen schlagen auch Pinkernell et al. (2015) vor, wobei hier auch eine Handlungsdimension integriert wird.

- Welche Repräsentationen und Darstellungswechsel sollten thematisiert werden?
  Integration von bekannten Repräsentationen und Darstellungswechseln

- Welche exemplarischen inner- und außermathematischen Anwendungssituationen (Kontexte) werden betrachtet?
  Übertragbarkeit von Begriffen, Zusammenhängen und Verfahren in einfache und bekannte inner- oder außermathematische Kontexte

Eine beispielhafte Operationalisierung der einzelnen Aspekte für die Bereiche Elementare Algebra und Funktionen findet sich bei Roder (2019). Die untenstehende Tabelle zeigt einen Auszug daraus für den Bereich der Elementaren Algebra:

Aspekte des Grundwissens und Grundkönnens	Mögliche Konkretisierung für den Bereich Elementare Algebra
Begriffe und Schreibweisen	<ul><li>Variable, Parameter, Term, (Un-)Gleichung, Gleichungssystem</li><li>Äquivalenz, Äquivalenzumformung, Lösungsmenge</li><li>Einsetzungs-/ Gleichsetzungs-/ Additionsverfahren, Assoziativ-/ Distributivgesetz, Binom, Binomische Formeln</li><li>Potenz, Exponent, Basis, Radizieren, Potenzieren, Faktorisieren</li></ul>
Zusammenhänge und Verfahren	<ul><li>Anwendung der Regeln für Äquivalenzumformungen</li><li>Bestimmung der Struktur eines Terms</li><li>Lösen von linearen und quadratischen Gleichungen (quadratische Gleichungen der Form $x^2 = a, (x+d)^2 = e, (x+c) \cdot (x+d) = 0$ und $x^2 + px = 0$ „inhaltlich lösen" (Kowaleczko et al., 2010)</li><li>Anzahl der Lösungen einer quadratischen Gleichung (Bezug funktionaler Aspekt)</li><li>Lösen linearer Gleichungssysteme (Einsetzungs-, Gleichsetzungs- und Additionsverfahren), graphische Lösungsverfahren</li><li>Anwenden der p-q-Formel, binomische Formeln, Rechengesetze, Potenzgesetze</li><li>Potenzschreibweise für Wurzeln und Satz vom Nullprodukt (Kowaleczko et al., 2010, S. 28)</li></ul>
Grundvorstellungen	Für Variablen (übertragbar auf Terme und Gleichungen):<ul><li>Gegenstandsvorstellung,</li><li>Einsetzungsvorstellung,</li><li>Kalkülvorstellung</li></ul>Zusätzlich Aspekte für Variablen: Einzelzahlaspekt, Simultanaspekt, Veränderlichenaspekt

Typische Schwierigkeiten/ Fehlerphänomene	Fehlerphänomene beim Aufstellen und Umformen von Termen und Gleichungen: • Umkehrfehler (Malle, 1993, Clement & Kaput, 1979) • Elementare Umformungsfehler • Operationentausch • Auflösen von Klammertermen • Verwechslung von Termen • Umwandeln von natürlichen Zahlen in Brüche • Unzulässiges Strukturieren in Bruchtermen (beispielsweise auch Kürzen von Potenzen in Brüchen) • Fehlerphänomene der Übergeneralisierung (beispielsweise der binomischen Formeln, von Potenzregeln …) • Fehlerhaftes Anwenden der Potenzgesetze (Addition statt Multiplikation der Exponenten, Zuweisung eines Exponenten einer Summe auf einzelne Summanden) • Fehlerhaftes Wurzelziehen
Repräsentationen	• Geometrische Visualisierungen: Rechteckvorstellung, Variable als Strecke unbekannter Länge • Diagramme (z. B.: „Termbäume") • Verbale/situative Beschreibungen (Texte)
Kontexte	Einfache Sachverhalte durch Terme, Gleichungen mit einer Variablen/ lineare Gleichungssysteme mit zwei Variablen darstellen, geometrisches Begründen (am Beispiel der binomischen Formeln)

Alle Aspekte des Grundwissens und Grundkönnens stehen in wechselseitiger Beeinflussung, beispielsweise werden Grundvorstellungen zu Funktionen immer auch mit Bezug zu deren Repräsentationen betrachtet. Weiterhin haben die Aspekte des Grundwissens und Grundkönnens nicht nur Einfluss auf die Auswahl der Inhalte für Lernmaterialien, sondern beeinflussen auch die Gestaltung von Diagnoseinstrumenten. So muss ein Diagnoseinstrument ebenfalls die inhaltlichen Aspekte des Grundwissens und Grundkönnens aufgreifen. Dabei kommt insbesondere dem Aspekt der typischen Schwierigkeiten und bekannten Fehlerphänomene für die Diagnose eine besondere Bedeutung zu (Nitsch, 2015; Winter, 2011, vgl. auch Abschnitt 3).

3 Diagnose von Grundwissen und Grundkönnen

Um die langfristige Verfügbarkeit von Grundwissen und Grundkönnen zu sichern, ist neben unterrichtlichen Maßnahmen zum Wachhalten und Reaktivieren zu gewissen Zeitpunkten eine Diagnose des individuellen Leistungsstandes sinnvoll, um eventuell entstandene Lücken frühzeitig zu entdecken und entsprechende Fördermaßnahmen einleiten zu können.

3.1 Theoretischer Hintergrund zur Entwicklung der Diagnosetools – adaptive Elementarisierungen für eine höhere Fehleraufklärung

Durch eine individuelle Diagnose können Lernende und Lehrende eine Rückmeldung über die aktuell verfügbaren Kenntnisse, Fähigkeiten und Fertigkeiten aus dem Bereich der Mindeststandards erhalten. Gleichzeitig können mögliche Defizite lokalisiert und entsprechende Wiederholungsbedarfe aufgezeigt werden. Digitale Diagnoseinstrumente reduzieren hierbei die zeitliche Mehrbelastung der Lehrkräfte und können Lernenden sowie Lehrenden die Rückmeldung unmittelbar bereitstellen. Aufgrund der Fülle der Inhalte, die gerade in den höheren Klassenstufen durch den kumulierenden Aufbau des Wissens und Könnens auftritt, kommt es zu einer *Inhalt-Testzeit-Problematik* (Feldt-Caesar, 2017, S. 147, nach Kowaleczko et al., 2012, S. 5). Hier ist eine Priorisierung der Inhalte notwendig, die aufgrund des häufig normativen Charakters, der den Tests beispielsweise am Studieneingang zugeschrieben wird, von erhöhter Brisanz ist. Um ihre Anschlussfähigkeit in inner- und außermathematischen Kontexten, aber auch für weitere Lernprozesse zu gewährleisten, werden für Kenntnisse aus dem Bereich der Mindeststandards in der Regel hohe Aneignungsqualitäten gefordert. Im Sinne von Weinerts *intelligentem Wissen* (2000, S. 5) bezieht sich diese Forderung nicht nur auf die zuvor beschriebene Verfügbarkeit, sondern auch auf die Übertragbarkeit und Allgemeinheit der Kenntnisse. Um diese Qualitäten abbilden zu können, sollte ein Diagnoseinstrument *mehrschrittige* Items umfassen, bei deren Bearbeitung mehrere Inhalte und Handlungen miteinander kombiniert werden müssen. Dies erscheint auch in Hinblick auf die Inhalt-Testzeit-Problematik hilfreich. Gleichzeitig ist es notwendig, eventuelle Defizite lokalisieren zu können, um anschließende Fördermaßnahmen möglichst individuell und effektiv gestalten zu können. Hierfür ist der Einsatz von elementaren, *einschrittigen* Items notwendig, insbesondere dann, wenn die Lehrkraft durch die Verwendung eines digitalen Tools keinen Einblick in den Bearbeitungsweg der Lernenden erhält. Das *Elementarisierende Testen*, das mehr- und einschrittige Testitems adaptiv verknüpft, stellt einen Ansatz dar, diesen gegenläufigen Anforderungen gerecht zu werden. In einer Hauptlinie von Testaufgaben, die alle Lernenden durchlaufen, werden Inhalte und Handlungen in mehrschrittigen Aufgaben in verknüpfter Form überprüft. Kommt es bei der Bearbeitung einer dieser Aufgaben zu Schwierigkeiten, wird der Lernende in eine zusätzliche Schleife aus Elementaritems geleitet, in der die in der Hauptaufgabe kumulierten Anforderungen isoliert geprüft werden. Auf diese Weise können zusätzliche diagnostische Informationen zur Aufklärung des in der Hauptlinienaufgabe aufgetretenen Fehlers gewonnen werden. Nach dem Durchlaufen dieser elementarisierenden Schleife fährt der Lernende mit der regulären Bearbeitung der Hauptlinienaufgaben fort.

In der in Abbildung 3 oben links dargestellten Aufgabe zur Bestimmung einer Tangentengleichung lässt ein falsches Ergebnis ohne Einblick in den Bearbeitungsweg in der Regel keine Rückschlüsse auf die Art des Fehlers zu. Zum Lösen dieser Aufgabe ist nicht nur die Kenntnis des Verfahrens zum Bestimmen einer Tangentengleichung notwendig. Vielmehr muss der Lernende überhaupt erst über Kenntnisse zum Begriff der Tangente und zum Zusammenhang, dass die Tangentensteigung der Steigung des Graphen im Berührpunkt entspricht, verfügen.

Auch die – im Idealfall als Elementarbausteine verfügbaren – Kenntnisse zum Bestimmen der ersten Ableitung in einem Punkt, zum Bilden der ersten Ableitungsfunktion und zum Aufstellen der Geradengleichung, wenn ein Punkt und die Steigung der Funktion gegeben sind, sind von grundlegender Bedeutung.

Kann ein Lernender die in Abbildung 3 oben dargestellte Aufgabe (HL) nicht oder nicht richtig lösen, wird er daher zur weiteren Fehleranalyse durch eine Schleife elementarisierender Aufgaben geleitet, in der er beispielsweise den Begriff der Tangente graphisch identifizieren soll (S1) oder eine lineare Funktionsgleichung anhand eines Punktes und der Steigung bestimmen soll (S4).

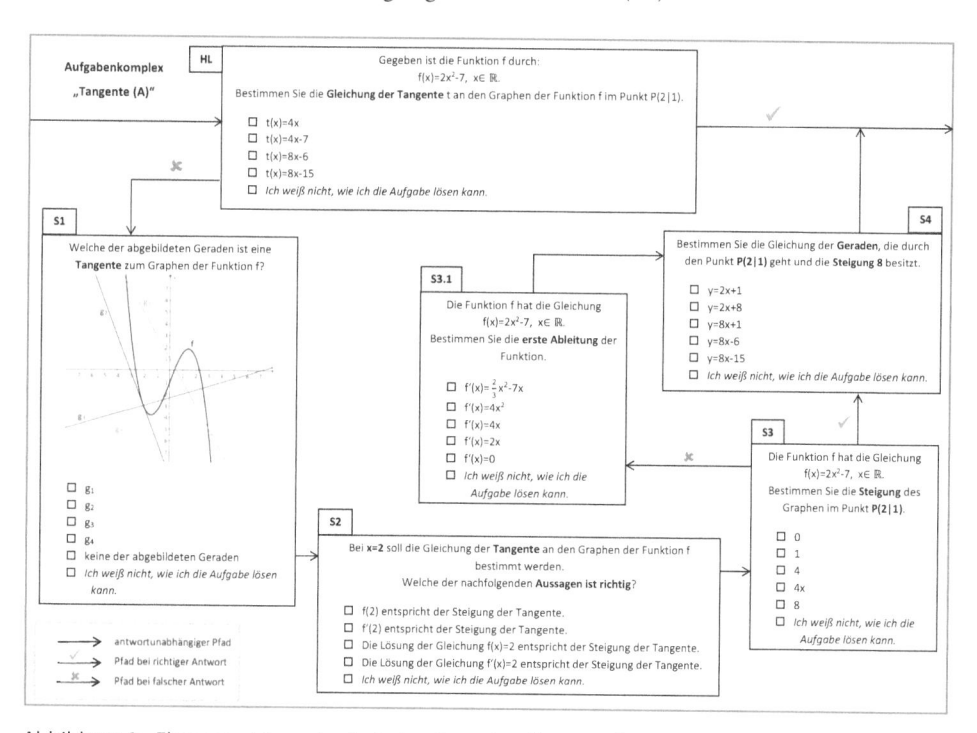

Abbildung 3: Elementarisierender Aufgabenkomplex „Tangente".

Durch eine solch adaptive Testkonzeption entfällt die Notwendigkeit, viele einzelne Elementaritems, die dem Anspruch eines intelligenten Wissens nicht gerecht würden, für diagnostische Zwecke in die reguläre Teststruktur einzubinden. Der gezielte individualisierte Einsatz dieser Elementaritems ermöglicht die effiziente Nutzung der zur Verfügung stehenden Testzeit bei einer zugleich erhöhten Fehleraufklärungsquote auch im Bereich elementarer Kenntnisse (Feldt-Caesar, 2017). Durch die ergänzende Verwendung *diagnostischer Itemdistraktoren* (Winter, 2011) können typische Fehlerphänomene unmittelbar identifiziert und die Fehleraufklärungsquote weiter erhöht werden (Feldt-Caesar, 2017). Die so gewonnene diagnostische Information wird im Idealfall im Rahmen eines fehleranalytischen Feedbacks mit Verweisen auf entsprechende Nachlernangebote förderwirksam genutzt (vgl. 3.2).

3.2 Empirische Ergebnisse zu Beginn der Sekundarstufe II

Im Rahmen des Projekts BASICS-Mathematik (Roder, 2019), dessen Ziel die Entwicklung eines umfassenden Förderkonzepts zu Beginn der Oberstufe war, wurden in einem Eingangsdiagnosetest auch typische Schwierigkeiten im Bereich funktionaler Zusammenhänge und elementarer Algebra untersucht. Der Diagnosetest ist frei auf der Homepage unter www.basics-mathematik.de verfügbar.

3.2.1 Zielsetzung und Besonderheiten des BASICS-Diagnosetests

Eine zentrale Fragestellung im Rahmen der Untersuchung zu Beginn der Oberstufe war, welche typischen Schwierigkeiten und Fehlerphänomene Lernende am Übertritt in die Sekundarstufe II in Mathematik zeigen. Mithilfe des digitalen Tests und eines gezielten automatisierten Feedbacks für Schülerinnen und Schüler sollten vorhandene Verständnislücken im Grundwissen und Grundkönnen aufgedeckt und rückgemeldet sowie über die individuelle Empfehlung von Fördermaterialien möglichst geschlossen werden. Inhaltlich basiert der Test auf dem konkretisierten Grundwissen und Grundkönnen für die Bereiche Funktionen und Elementare Algebra (s. Roder, 2019) und knüpft an bestehende und erprobte Testinstrumente an (u. a. Nitsch, 2015; SINUS Nordrhein-Westfalen, 2018). Als zentrale Anforderung an ein Diagnoseinstrument im Mindeststandardbereich wurde die Abdeckung eines breiten und verknüpften Inhaltsbereichs beschrieben, weshalb der Diagnosetest das Verfahren des elementarisierenden Testens nach Feldt-Caesar (2017) nutzt. Dazu sind insgesamt fünf Aufgabenkomplexe mit elementarisierenden Schleifen integriert.

Weiterhin sind die Testitems mit Blick auf die theoretische Aufgabenschwierigkeit geprüft worden. Dabei sollte insbesondere der Ausführungsaufwand gering gehalten werden, um die Testzeit möglichst ökonomisch zu nutzen. Die Komplexität bewegt sich auf einem niedrigen bis mittleren Niveau, da es durch das elementarisierende Testen auch möglich ist, vernetzte und komplexere Anforderungen in den Hauptlinienaufgaben abzubilden. Durch Rückgriff auf Fehlerphänomene und typische Schwierigkeiten aus der Literatur (s. Roder, 2019) wurden für bestimmte Multiple-Choice-Aufgaben Itemdistraktoren mit diagnostischem Potential verwendet, um tiefergehende diagnostische Aussagen und eine fehlerdiagnostische Rückmeldung zu ermöglichen (vgl. Winter, 2011). Der Diagnosetest besteht aus insgesamt 54 Items, darunter 14 Items aus elementarisierenden Schleifenkomplexen. Das bedeutet, die Lernenden bearbeiten mindestens 40 und maximal 54 Items.

3.2.2 Methodik

Die Durchführung der Eingangsdiagnose fand im Rahmen der Ersterprobung des Förderkonzepts BASICS-Mathematik statt. Die Eingangsdiagnose fand im September 2016 an insgesamt fünf Schulen statt ($N = 799$), darunter zwei Gymnasien ($n = 314$) und drei berufliche Gymnasien ($n = 486$). Bis auf eine Schule handelte es sich um reine Oberstufenschulen (nur Sekundarstufe II) in Hessen. Die Lernenden bearbeiteten den Test unter kontrollierten Bedingungen einzeln und ohne Hilfsmittel innerhalb einer Doppelstunde am PC. Im Anschluss an die Testdurchführung wurde der Schülerfragebogen eingesetzt. Hierzu liegen Daten von 380 Schülerinnen und Schülern vor.

3.2.3 Ergebnisse des Eingangsdiagnosetests im Überblick

Für die Auswertung des Eingangsdiagnosetests standen $N = 799$ vollständige Datensätze zur Verfügung. Die Auswertung der Testitems erfolgte dichotom mit einer 0-1-Kodierung. Wir beziehen uns zunächst auf die Hauptlinienaufgaben, die allen Schülerinnen und Schülern gestellt wurden. Insgesamt wurde ein mittleres Testergebnis von $M = 0{,}47$ ($SD = 0{,}16$) erzielt, was einer korrekten Lösung von 19 der 40 Aufgaben entspricht. Das untere Quartil der Lernenden hat weniger als 14 Aufgaben korrekt gelöst, während das obere Quartil mehr als 23 Aufgaben korrekt lösen konnte. Es zeigte sich darüber hinaus, dass Lernende, die im Schülerfragebogen eine bessere Vornote angegeben haben, tendenziell bessere Ergebnisse im Diagnosetest erzielten ($r = -{,}281^{**}$, $N = 380$). Weiterhin zeigten sich signifikante Unterschiede im Abschneiden der Lerngruppen von Gymnasien und beruflichen Gymnasien: Die Schülerinnen und Schüler von Gymnasien erzielten im Mittel ein um 10,4 Prozentpunkte besseres Testergebnis als die Lernenden der beruflichen Gymnasien (Varianzhomogenität gemäß dem Levene-Test nicht gegeben mit $p < 0{,}05$, Welch-Test $F(1; 632{,}028) = 83{,}78$; $p < 0{,}01$).

Der Eingangsdiagnosetest unterteilt sich in fünf größere Themenbereiche. Am besten wurden im Mittel die Aufgaben des Testbereichs zu den Themen Kopfrechnen, Rechengesetze und Prozentrechnung [E] gelöst ($M_E = 0{,}59$; $SD_E = 0{,}19$). Im Vergleich dazu sind Aufgaben des Bereichs quadratische Funktionen [QF] im Mittel nur zu 34,33 % ($SD_{QF} = 0{,}29$) gelöst worden. Wobei sich die mittlere Lösungshäufigkeit auf knapp 40 % erhöht, wenn die Schleifenitems in die Auswertung integriert werden. Dies ist eine Besonderheit aufgrund des hohen Anteils an Schleifenitems im Bereich QF. Der Bereich AF (Vorstellungen zu Funktionen) zeigt eine mittlere Lösungshäufigkeit von 39,92 % ($SD_{AF} = 0{,}23$). Die Testbereiche LF (Lineare Funktionen) sowie TG (Terme, Gleichungen und Gleichungssysteme) fallen tendenziell etwas besser aus ($M_{LF} = 0{,}49$; $SD_{LF} = 0{,}30$ und $M_{TG} = 0{,}46$; $SD_{TG} = 0{,}19$).

Darüber hinaus unterteilt sich der Test in 14 Testschwerpunkte[3], die direkt mit den Fördermaterialien verknüpft sind. Ein Fördermaterial wird dabei empfohlen, wenn weniger als die Hälfte der Aufgaben eines Schwerpunkts korrekt gelöst werden. Vorgaben für die Erfüllungsquote von Anforderungen im Bereich des grundlegenden Wissens und Könnens finden sich bei Sill und Sikora (2007). Hier wird von „Sicherem Wissen und Können" gesprochen, wenn zwei von drei Aufgaben zu ähnlichen Anforderungen korrekt gelöst werden können. Im BASICS-Eingangsdiagnosestest hat sich nach unterrichtspraktischen Erprobungen eine etwas niedrigere Erfüllungsquote als praktikabel erwiesen, auch weil nicht zu jedem Schwerpunkt drei Aufgaben gestellt werden und teils unterschiedliche Aspekte innerhalb der Anforderungen fokussiert werden.

Abbildung 4 gibt einen Überblick zur Empfehlung der Fördermaterialien. Dabei repräsentiert ein Balken den prozentualen Anteil der Testteilnehmenden, denen das zugehörige Material aufgrund des Ergebnisses im entsprechenden Testschwerpunkt empfohlen wurde.

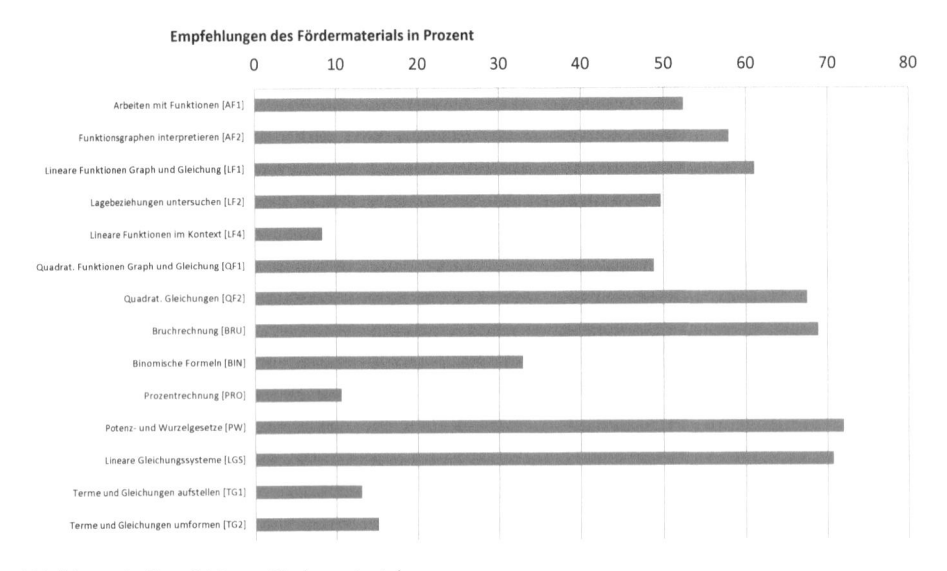

Abbildung 4: Empfehlung Fördermaterial.

3.2.4 Betrachtung von Fehlerphänomenen beim Arbeiten mit Funktionen anhand einzelner Items

Nachfolgend werden exemplarische Ergebnisse zu Fehlerphänomenen beim Arbeiten mit Funktionen und bei den Vorstellungen zu Funktionen dargelegt. Insgesamt finden sich zehn Items mit einer Lösungshäufigkeit von weniger als 50 % im Bereich

---

3   Ein Testschwerpunkt umgrenzt ein mathematisches Thema (z. B. Prozentrechnung), ein Testbereich fasst mehrere dieser thematischen Kategorien zusammen, um einen breiteren Überblick zu geben.

Funktionen. Darunter drei Items zu linearen Funktionen (LF), zwei Items zu quadratischen Funktionen (QF) sowie fünf Items aus dem Bereich Vorstellungen zu Funktionen/Arbeiten mit Funktionen (AF).

In Item AF1 ($M = 0{,}42$) wurden die Lernenden aufgefordert, anhand vier gegebener Kurven zu entscheiden, welche Kurve der Graph einer Funktion sein könnte. Da es sich bei Item AF1 um ein Multiple Response Item handelt, wurde es nur als vollständig richtig gewertet, wenn beide korrekten Antwortalternativen ausgewählt wurden. Am häufigsten wurde der Graph einer konstanten Funktion von 84 % der Lernenden ausgewählt, knapp ein Drittel wählte nur diese Antwort und keine weitere. Eine andere Kurve zeigte eine abschnittsweise definierte Funktion und wurde deutlich seltener ausgewählt (von 56 % der Lernenden, nur 4 % wählten ausschließlich diesen Graphen). Es deutet sich durch die häufigere Auswahl der konstanten Funktion an, dass bei einigen Schülerinnen und Schülern der „glatte" und kontinuierliche Graph bevorzugt wurde, was für die Orientierung an einem prototypischen Funktionsgraphen sprechen könnte (vgl. Hadjidemetriou & Williams, 2002). In einer anschließenden Testaufgabe (AF2) wurden die Lernenden dazu aufgefordert, die Bedeutung der Schreibweise $f(3) = 4$ anhand fünf verschiedener Aussagen zu identifizieren. Die geringe Lösungshäufigkeit des Items AF2 ($M=0{,}13$) deutet darauf hin, dass die Schreibweise $f(x) = y$ für einige Schülerinnen und Schüler problematisch ist. Dabei verwechseln knapp 17 % der Lernenden Funktionswert und Stelle, da sie die Schreibweise $f(3) = 4$ mit „an der Stelle 4 hat die Funktion den Wert 3" erklären. Nicht nur das begriffliche Verständnis von Funktionswert und Stelle im Kontext der Schreibweise $f(x) = y$ scheint problematisch, auch die Berechnung des Arguments einer Funktion bei einem gegebenen Funktionswert bereitet beinahe zwei Dritteln der Lernenden Schwierigkeiten.

So werden in Item AF4 ($M = 0{,}35$) die Schülerinnen und Schüler aufgefordert zu berechnen, an welcher Stelle die Funktion $f(x) = 2x + 5$ den Wert 1 annimmt. In einem vorhergehenden Item AF3 wird die Berechnung des Funktionswertes an der Stelle $x = 2$ verlangt. Bei Item AF4 fanden sich 44 verschiedene Falschantworten – die häufigste darunter war die Eingabe „7" (15,8 % aller Lernenden), die anhand der Mitschriften einzelner Schülerinnen und Schüler aufgeklärt werden konnte. Die Eingabe „7" deutete dabei an, dass wie im Item zuvor der Funktionswert bestimmt wurde und die Lernenden folglich $f(1)=2 \cdot 1 + 5$ berechnet und nicht die geforderte Gleichung $2x + 5 = 1$ aufgelöst haben.

Item AF6 ($M = 0{,}28$) fokussiert den Kovariationsaspekt bei funktionalen Zusammenhängen. Bei Item AF6 handelt es sich um die bekannte Rennwagenaufgabe aus den PISA-Erhebungen (OECD, 2000).

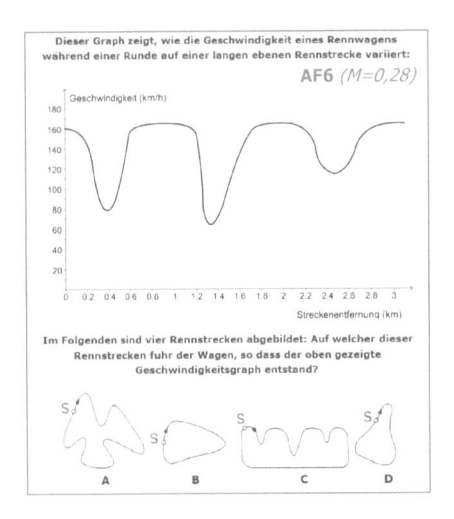

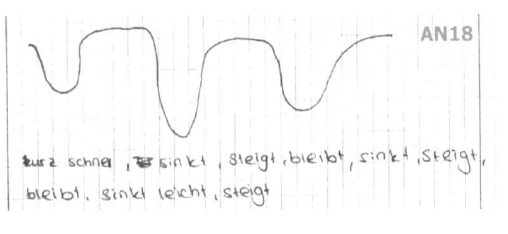

Abbildung 5: Item AF6 mit Lösungsansatz AN18.

Bei dieser Aufgabe wählten 61,1 % der Lernenden Distraktoren, die auf die Graph-als-Bild-Fehlvorstellung hindeuten (Rennstrecke A oder Rennstrecke C). Die Rennstrecke C wird deutlich häufiger ausgewählt als die korrekte Lösung B (36,4 %). Bei Nitsch (2015) wurde die Aufgabe mit denselben Distraktoren gestellt. Hier lösten 34,2 % der Lernenden die Aufgabe korrekt und insgesamt 24,4 % zeigten den Graph-als-Bild-Fehler. Um die Stabilität dieses Fehlerphänomens zu prüfen, müssten jedoch weitere Parallelitems integriert werden. Es lässt sich an dieser Stelle nur vermuten, dass, ähnlich zu den Ergebnissen bei Nitsch (2015), der Graph-als-Bild-Fehler ein vergleichsweise häufiges Fehlerphänomen auch am Beginn der Oberstufe darstellt. In den Schülermitschriften zeigte sich, dass einige Lernende durchaus die Geschwindigkeit als relevante Variable erkennen und beschreiben (Abb. 5). Schüler AN18 benutzt zur Beschreibung der Geschwindigkeit beispielsweise Ausdrücke wie „kurz schnell, sinkt, steigt, bleibt", wählt aber dennoch die Rennstrecke A als Lösung aus. Die Beschreibung der graphischen Darstellung scheint also zu gelingen, die korrekte Übertragung auf die außermathematische Situation scheitert jedoch.

Im Bereich Funktionen wird insgesamt deutlich, dass Lernende Schwierigkeiten bei der Berechnung von dem Funktionswert oder der Stelle einer Funktion und dem Identifizieren atypischer Funktionsgraphen haben. Die Graph-als-Bild-Fehlvorstellung kann aufgrund der BASICS-Testergebnisse am Beginn der Oberstufe bei einem nicht unerheblichen Teil der Lernenden vermutet werden.

3.2.5 Typische Schwierigkeiten im Bereich der Elementaren Algebra

Insgesamt finden sich dreizehn Items mit einer Lösungshäufigkeit von weniger als 50 % im Bereich Elementare Algebra, darunter alle vier Items zum Umgang mit Potenzen (E8, E9, E10, TG3), alle drei Items zu Linearen Gleichungssystemen

(TG13, TG16, TG17), ein Item zum Faktorisieren (TG8), ein Item zum Satz vom Nullprodukt (TG11), ein Item zur Potenzschreibweise von Wurzeln (TG4), ein Item zur Potenz- und Bruchrechnung (TG5) sowie ein Item zum Auflösen einer binomischen Formel (TG15).

Auffällig ist zunächst, dass alle Items zum Umgang mit Potenzen geringe Lösungshäufigkeiten aufweisen. Diese umfassen beispielsweise das Berechnen von Potenzen wie 2^{-4} (E8, $M = 0{,}17$) oder das Anwenden von Potenzgesetzen zum Zusammenfassen von Termen (TG3, $M = 0{,}33$). Dabei wenden knapp zwei Drittel der Lernenden beim Zusammenfassen des Ausdrucks $x^2 \cdot x^4 + (\frac{x^8}{x^2}) - (x^2)^3$ mindestens eines der erforderlichen Potenzgesetze fehlerhaft an. Anhand der Elementarisierung des Aufgabenkomplexes TG3 deutet sich an, dass dabei das Zusammenfassen von Ausdrücken wie $x^3 \cdot x^4$ und $(x^2)^3$ den Lernenden weniger Probleme bereitet als das Zusammenfassen der Ausdrücke $(\frac{x^8}{x^2})$ oder $x^3 + x^3$.

Weiterhin zeigen alle Items zu Linearen Gleichungssystemen Lösungshäufigkeiten von unter 50 %. Bei Item TG13 wird zur Lösung des folgenden Gleichungssystems aufgefordert:

I) $2x + 4 = 2y$
II) $-2x + 8 = y$

Das Gleichungssystem kann durch alle bekannten Verfahren mit wenigen Rechenschritten gelöst werden, wobei sich insbesondere das Additionsverfahren anbietet.

Zur Beantwortung des Items wurde zur Eingabe des errechneten x- und y-Wertes aufgefordert. Insgesamt wurden 70 verschiedene falsche x-Werte und 72 verschiedene falsche y-Werte eingegeben.

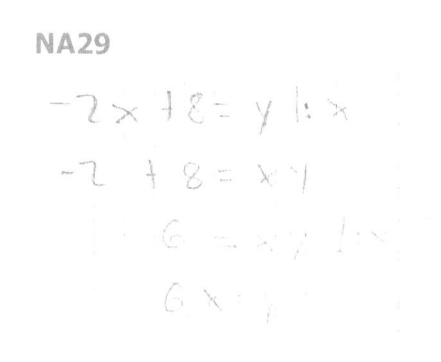

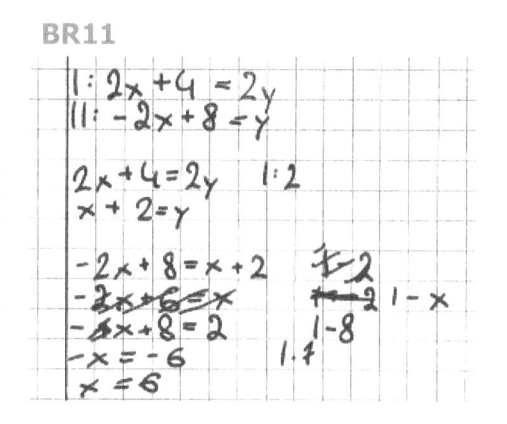

Abbildung 6: Mitschriften Gleichungssystem.

Sowohl für den x-Wert als auch für den y-Wert wurde häufig der Wert „6" eingegeben. Schüler NA29 (s. Abb. 6) hat $y = 6$ als Lösung angegeben (und $x = 4$). NA29 rechnet dabei jedoch nur mit der zweiten Gleichung des Gleichungssystems, und die Berechnungen können nicht direkt auf eines der gängigen Lösungsverfahren zurückgeführt werden. Weiterhin deuten mehrere Fehler beim Umstellen der Gleichung konsistente Schwächen des Lernenden bezüglich grundlegender Umformungs- bzw. Rechenregeln an.

Schüler BR11 gibt die Lösung $x = 6$ (und $y = 8$) ein. Er löst das Gleichungssystem nach dem Einsetzungsverfahren, indem er die erste Gleichung nach y umstellt. Er ersetzt den Term in der zweiten Gleichung und begeht beim Umformen einen Fehler, indem er $-2 - x$ zu $-x$ zusammenfasst. Bis auf diesen Fehler zeigt die Lösung von BR11 ein grundlegendes Verständnis des Lösungsverfahrens für lineare Gleichungssysteme.

Bei Eingabe von $x = 4$ oder $y = 2$ kann nicht ausgeschlossen werden, dass die korrekten Werte möglicherweise versehentlich in den Eingabefeldern vertauscht wurden. Doch selbst bei Vernachlässigung dieser Fälle zeigen die Ergebnisse und Schülermitschriften, dass knapp die Hälfte der Testteilnehmer anscheinend nicht über ausreichende Strategien zur Lösung des gegebenen Gleichungssystems verfügt.

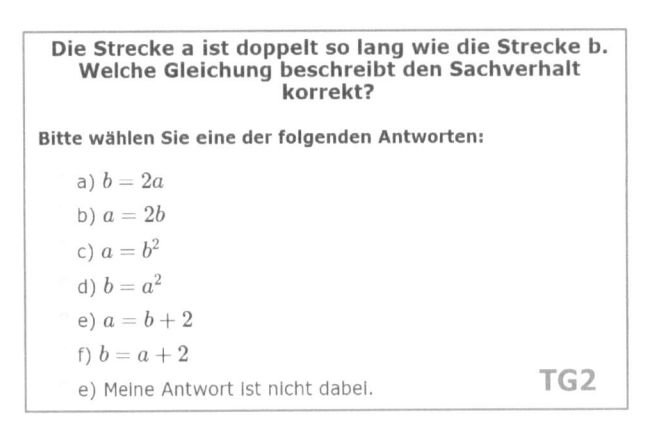

Die Strecke a ist doppelt so lang wie die Strecke b. Welche Gleichung beschreibt den Sachverhalt korrekt?

Bitte wählen Sie eine der folgenden Antworten:

a) $b = 2a$
b) $a = 2b$
c) $a = b^2$
d) $b = a^2$
e) $a = b + 2$
f) $b = a + 2$
e) Meine Antwort ist nicht dabei.

TG2

Abbildung 7: Item TG2.

In Item TG2 ($M = 0{,}42$) wird das Aufstellen eines Terms anhand einer situativen Beschreibung fokussiert (Abb. 7). Bei diesem Übersetzungsprozess von Text zu algebraischem Ausdruck kann der sogenannte Umkehrfehler auftreten. Wird der Distraktor a) ausgewählt, spricht dies dafür, dass die Lernenden zwar die Informationen aus dem Text entnehmen, jedoch nicht vollständig in eine abstrakt-formale Wissensstruktur übersetzen können und so den Umkehrfehler begehen. Häufig wird dabei das Gleichheitszeichen als Entsprechung gedeutet (vgl. Malle, 1993). Der Umkehrfehler folgt im betrachteten Item gerade nicht dem *word order matching process*, das bedeutet, der Tendenz, die Werte der Aufgabenstellung in der vorkommenden Reihenfolge in algebraische Ausdrücke zu übernehmen. Insgesamt wurde Distraktor a) von 37,2 % der Lernenden ausgewählt, fast ebenso häufig wie die korrekte Lösung. Dieser Prozentsatz ist annähernd so hoch wie das in der Literatur berichtete Auftreten des Umkehrfehlers zu etwa 40 % (Clement & Kaput, 1979; Malle, 1993).

Als dritthäufigste Auswahl haben sich 13,8 % der Lernenden für Distraktor d) $b = a^2$ entschieden. Dies deutet neben einem Umkehrfehler darauf hin, dass die Rechenstruktur fehlerhaft erfasst wurde. Der Sprachbaustein „doppelt so lang" wurde dabei vermutlich als ein Potenzieren $b = a \cdot a$ interpretiert.

Schwierigkeiten einiger Oberstufenschülerinnen und -schüler im Umgang mit Klammertermen und elementaren Rechenregeln zeigen sich insbesondere in den Lösungen zu Item E1, das zwar mit 69,3 % von mehr als der Hälfte der Lernenden korrekt gelöst wurde, jedoch mit 60 verschiedenen Falschantworten und einer Vielzahl an schriftlichen Lösungen in den Mitschriften an dieser Stelle ergänzend betrachtet werden soll. Bei Item E1 wurden die Lernenden dazu aufgefordert, folgenden Ausdruck zu berechnen:

$$-(3+2) \cdot (9-3) = \underline{\qquad}$$

Abbildung 8 zeigt einige Schülerlösungen aus den Mitschriften zu dieser Aufgabe.

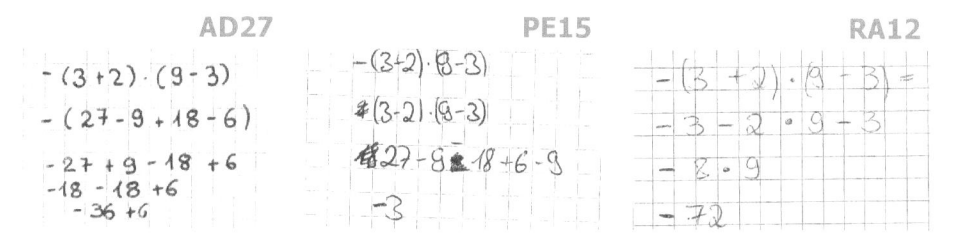

Abbildung 8: Schülerlösungen Item E1.

Sowohl Schüler AD27 als auch Schüler PE15 berechnen den Wert des Terms mithilfe des Distributivgesetzes, obwohl die Ausdrücke in den Klammern direkt zusammengefasst werden könnten. Sie wählen dadurch einen umfangreicheren und auch fehleranfälligeren Rechenweg (Ausführungsaufwand). AD27 löst die Aufgabe korrekt, PE15 verrechnet sich jedoch mehrfach. Der Schüler PE15 formt bereits im ersten Rechenschritt den Klammerterm – (3 + 2) fehlerhaft zu (3 – 2) um und verrechnet sich beim Ausmultiplizieren der Klammerterme.

Durch die Mitschrift des Schülers RA12 konnte die beobachtete Falschantwort „–72" aufgeklärt werden. Der Lernende löst bei Item E1 im ersten Schritt alle Klammern auf. Dabei ändert RA12 die Vorzeichen beim Auflösen der „Minusklammer" korrekt. Der so erhaltene Term wurde jedoch in der Struktur verändert, da die Hierarchie der gegebenen Rechnung nicht berücksichtigt wurde (Vorrangregel). Im nächsten Schritt fasst RA12 alle Zahlwerte mit einem negativen Vorzeichen zu –8 zusammen und multipliziert erst im letzten Schritt mit 9. Ein ähnliches Vorgehen zeigt RA12 auch bei der Lösung weiterer Aufgaben, sodass ein konsistentes Fehlermuster vermutet werden kann, bei dem der Lernende anscheinend konsequent die Regel „Strich-vor-Punktrechnung" anwendet.

Zusammenfassend zeigen die Ergebnisse des Diagnosetests, dass viele der aus der Literatur bekannten typischen Fehlerphänomene auch am Beginn der Oberstufe auftreten. In Einzelfällen zeigten sich in den Mitschriften gravierende Schwierigkeiten im Umformen von Termen und Gleichungen. Bei diesen Phänomenen lässt sich vermuten, dass die Schülerinnen und Schüler auf Ebene einer „Probierorientierung" (Vorgehen nach Versuch und Irrtum) operieren (Lösen des LGS bei Schüler NA29) oder sich an atypischen, inadäquaten Mustern orientieren („Strich-vor-Punkt" bei Schüler RA12). Diese Defizite deuten an, dass der entsprechende Inhalt zum Einführungszeitpunkt nicht in ausreichendem Maße verstanden wurde und erhebliche Schwierigkeiten im Weiterlernen in der Oberstufe auftreten werden. Für diese Fälle sind begleitete und vertiefte Aneignungsprozesse notwendig, die über kompensatorische Förderangebote hinausgehen und an ein „Neulernen" grenzen.

3.3 Empirische Ergebnisse am Ende Sekundarstufe II

Das Grundwissen und Grundkönnen am Ende der Sekundarstufe II umfasst viele Anforderungen, in denen elementare Anforderungen aus der Sekundarstufe I wie das Lösen von Gleichungen oder die Berechnung von Flächeninhalten mit neu erworbenen Kenntnissen, Fähigkeiten und Fertigkeiten aus der Analysis, der Linearen Algebra oder der Stochastik kombiniert werden müssen. Hierdurch wird die Diagnose im Sinne der in 3.1 beschriebenen Inhalt-Testzeit-Problematik erschwert. Das Format des elementarisierenden Testens scheint hier einen passenden diagnostischen Ansatz bereitzustellen.

Vor diesem Hintergrund wurde im Rahmen eines Dissertationsprojektes ein Diagnoseinstrument für die Schnittstelle von der Sekundarstufe II zur Universität entwickelt und erprobt, das fünf elementarisierende Aufgabenkomplexe umfasst (Feldt-Caesar, 2017). Der Test, dessen inhaltlicher Schwerpunkt auf der Leitidee des funktionalen Zusammenhangs liegt, ist unter www.grundwissen-funktionen.de frei verfügbar.

3.3.1 Zielsetzung

Im Vordergrund der Studie stand die Gewinnung von Erkenntnissen über das diagnostische Potential und die unterrichtliche Umsetzbarkeit des elementarisierenden Testens als neuartiges Testdesign. Auch die inhaltliche Konzeption der einzelnen Testbausteine sollte validiert werden. Die von den Lernenden erzielten Leistungen wurden zu diesem Zwecke zwar ausgewertet, sind aber aufgrund der Zielstellung und der gewählten Stichprobe nicht im Sinne einer klassischen Leistungserhebung zu interpretieren. Der durch die elementarisierenden Schleifen gewonnene vertiefende Blick in die teilweise auch weiter zurückliegenden Grundlagen, die zum Bearbeiten einer komplexeren Anforderung notwendig sind, erlaubt Aussagen über typische Fehlerursachen. Von diesen werden nachfolgend einige exemplarisch dargestellt.

3.3.2 Methodik

Das digitale Testinstrument wurde zum einen bei (Grund- und Leistungskurs-) Schülerinnen und Schülern der Q-Phase (Q4) in Hessen eingesetzt, die kurz vor dem Abitur standen. Zum anderen wurden die im Diagnoseinstrument verwendeten elementarisierenden Aufgabenkomplexe bei Studienanfängerinnen und Studienanfängern aus dem MINT-Bereich (vorwiegend Bauingenieurwesen) eingesetzt. Für die Hauptstudie absolvierten 163 Schülerinnen und Schüler und 457 Erstsemesterstudierende den digitalen Test. Während die Schülerinnen und Schüler unter kontrollierten Bedingungen im Computerraum der jeweiligen Schule am Test teilnahmen, bearbeiteten die Studierenden den Online-Test zu Hause. Trotz eines entsprechenden Hinweises kann hier der Gebrauch zusätzlicher Hilfsmittel nicht ausgeschlossen werden, sodass lediglich Aussagen über die Verfügbarkeit des (re-)aktivierbaren Wissens und Könnens (vgl. Abb. 1) getroffen werden können. Des Weiteren kann bei den Studierenden aufgrund ihrer Entscheidung für ein MINT-Studienfach von einer höheren Mathematikaffinität ausgegangen werden als bei den Schülerinnen und Schülern. Daher werden im Folgenden die Ergebnisse der beiden Gruppen stets getrennt berichtet. Die Auswertung der digitalen Testitems erfolgte dichotom mit einer 0-1-Kodierung. Ergänzt wurden die Ergebnisse durch 26 diagnostische Interviews, an denen Schülerinnen und Schüler teilnahmen, die sich freiwillig dazu bereit erklärten.

3.3.3 Ergebnisse des Ausgangsdiagnosetests im Überblick

Bei der in Abbildung 3 dargestellten Hauptlinienaufgabe „Tangente" zeigten die Schülerinnen und Schüler, die kurz vor dem Abitur standen, eine Lösungshäufigkeit von 25,6 %. Bei den MINT-Studienanfängerinnen und -anfängern lag diese bei 42,1 %. In der elementarisierenden Schleife zeigten beide Gruppen eine vergleichsweise geringe Lösungshäufigkeit beim Elementaritem S3, in dem die Steigung einer Funktion in einem gegebenen Punkt (Studierende 64,5 %, Schülerinnen und Schüler 45,5 %) bestimmt werden soll. Lernende, die diese Anforderung (S3) nicht bewältigen konnten, wurden in eine Unterschleife geleitet, in der sie in einer weiteren Elementarisierung der Anforderung die passende Ableitungsfunktion identifizieren sollten (S3.1). 87,2 % (Studierende) bzw. 72,7 % (Schülerinnen und Schüler) entschieden sich hier für die richtige Ableitungsfunktion. Es ist daher davon auszugehen, dass die Schwierigkeiten bei der Bestimmung des Steigungswertes nicht im (kalkülhaften) Aufstellen der Steigungsfunktion lagen, sondern im (verständnisbasierten) Umgang mit dieser Funktion, der zum Einsetzen der x-Koordinaten des Punktes in die gewonnene Steigungsfunktion führt. Diese Vermutung wird von den in Kapitel 3.2 beschriebenen Schwierigkeiten unterstützt, die Lernende am Anfang der Sekundarstufe II bei der korrekten Verwendung der Funktionsgleichung zur Berechnung von Funktionswerten zeigten (vgl. auch Roder, 2019).

Eine auffallend geringe Lösungshäufigkeit zeigten die Schülerinnen und Schüler der Q-Phase bei der Elementaraufgabe S4 des gleichen Aufgabenkomplexes, die unter Vorgabe eines Punktes und der Steigung die Bestimmung einer Geradengleichung fordert. Lediglich 35,5 % der Schülerinnen und Schüler konnten hier die richtige Geradengleichung identifizieren (bei den MINT-Studienanfängerinnen und -anfängern lag dieser Anteil mit 74,0 % deutlich höher).

Die Folgen fehlender Grundlagen aus den vorherigen Jahrgangsstufen werden ebenfalls bei einer Aufgabe zur Berechnung des Flächeninhalts einer zwischen dem Graphen der Funktion ($f(x) = 3x^2 - 12$) und der x-Achse eingeschlossenen Fläche deutlich. 31,4 % der Studierenden und 29,9 % der Schülerinnen und Schüler lösten diese Hauptlinienaufgabe auf Anhieb richtig. Von den übrigen Testteilnehmenden, die aufgrund ihrer fehlerhaften Antwort in die elementarisierende Schleife geleitet wurden, gelang es 66,3 % der Studierenden, die Nullstellen der quadratischen Funktion richtig anzugeben. Bei den Schülerinnen und Schülern der Q4 waren lediglich 42,7 % dazu in der Lage. Die diagnostischen Interviews zeigten, dass mehrere Schülerinnen und Schüler zum Lösen der Gleichung ($0 = 3x^2 - 12$) die pq-Formel verwendeten. Neben einer falschen Wahl von p und q führten hierbei Flüchtigkeitsfehler zu falschen Lösungen. Auch wurde die zweite Lösung der Gleichung in einigen Fällen nicht beachtet (Feldt-Caesar, 2017).

Die beschriebenen Ergebnisse zeigen exemplarisch, wie Defizite in den Grundlagen der Sekundarstufe I für gravierende Schwierigkeiten bei der Erfüllung von elementaren Anforderungen der Oberstufe sorgen. Gelingt es, die Lücken zum Eintritt in die Oberstufe zu schließen, kann eine wesentliche Voraussetzung für ein erfolgreiches Weiterlernen geschaffen werden.

4 Ausblick: Möglichkeiten der Förderung von Grundwissen und Grundkönnen in der Oberstufe

Die Ergebnisse beider Testinstrumente zeigen, dass viele Schülerinnen und Schüler sowohl beim Eintritt in die Sekundarstufe II als auch an deren Ende nicht über das Grundwissen und Grundkönnen verfügen, das für ein erfolgreiches Weiterlernen notwendig wäre. Insbesondere zeigt sich, dass Defizite in elementaren Inhalten der Sekundarstufe I in der Oberstufe fortbestehen und für Schwierigkeiten bei der Erfüllung der dortigen Anforderungen sorgen (vgl. 3.3.3).

Eine langfristige und situationsunabhängige Verfügbarkeit des Grundwissens und Grundkönnens bedarf demnach auch in der Oberstufe einer regelmäßigen Reaktivierung und Förderung. Wichtig ist hier, ein Bewusstsein dafür zu schaffen, dass der Mathematikunterricht der Oberstufe über die reine Vermittlung von Inhalten der Analysis, Linearen Algebra und Stochastik hinausgehen und auch die Sicherung der Grundlagen in den Fokus nehmen muss. Neben dem in der Oberstufe neu hinzukommenden Grundwissen und Grundkönnen sollten dabei die elementaren Inhalte der Sekundarstufe I besondere Berücksichtigung finden, deren sichere Verfügbarkeit nicht nur eine notwendige Voraussetzung für das Weiterlernen in der Oberstufe darstellt (vgl. 3.3.3), sondern ebenso im Zentrum der von den Hochschulen erwarteten Studieneingangsvoraussetzungen steht, wie die Studie MaLeMINT auch für Studienfächer außerhalb des MINT-Bereiches gezeigt hat (Neumann et al., 2021). Im Unterricht sollte Raum für entsprechende Förderangebote geschaffen und im Idealfall curricular verankert[4] werden. Die Entwicklung und flächendeckende Bereitstellung passender, möglichst binnendifferenzierend gestalteter Materialien ist hier ein wichtiger Faktor für das Gelingen der unterrichtlichen Umsetzung.

Die Förderung der Grundlagen aus früheren Jahrgangsstufen kann zum einen als punktuelles kompensatorisches Zusatzangebot erfolgen. Dies geschieht beispielsweise im Rahmen von Vor- oder Brückenkursen am Übergang zur Universität. Ein weiteres Beispiel ist das bereits angesprochene Förderkonzept BASICS-Mathematik. Die Lernenden erhalten hierbei nach der Durchführung des Diagnosetests im Feedback eine individuelle Empfehlung zu Fördermaterialien. Diese Materialien zielen mittels spezieller Aufgabenformate und Konzeption auf eine (selbstständige) Reaktivierung bereits erlernter Grundlagen am Übergang in die Sekundarstufe II ab (s. Roder, 2019). Schülerinnen und Schüler zeigten im Rahmen einer ersten Erprobung der Materialien signifikante Verbesserungen in den Grundlagenbereichen (Roder, 2019).

Zum anderen kann eine kompensatorische Förderung jedoch nur einen Ausgangspunkt darstellen. Ist Grundwissen und Grundkönnen (wieder) auf einem angemessenen Niveau verfügbar, müssen die Inhalte langfristig „wachgehalten" werden, da sie sonst erneut in Vergessenheit geraten. Das Behalten von etwas Gelerntem ist ein aktiver Prozess, der auch begleitend zum aktuellen Unterrichtsinhalt erfolgen kann. Dazu kann an bestehende Materialien und Methoden wie die Übungsblätter des rheinlandpfälzischen WADI-Projekts (Wachhalten und Diagnostizieren, Zinser, 2009) oder das Konzept der *vermischten Kopfübungen* (Bruder, 2008; Roder, 2016) angeknüpft werden. Letztere stellen eine ritualisierte Lerngelegenheit und zielgerichtete Übung für grundlegendes Wissen und Können dar. In Kopfübungen werden dazu zehn Grund- oder Umkehraufgaben zu verschiedenen, bereits im Unterricht behandelten Themengebieten gestellt (ausführliche Hinweise zur Konzeption bei Bruder, 2008).

Nur das Zusammenspiel aus einem verständnisbasierten Aneignungsprozess, dem regelmäßigen Wachhalten der hieraus resultierenden Kenntnisse sowie einer (mindestens) an den Übergängen der Oberstufe punktuell durchgeführten Diagnose des Ist-Zustandes, der sich kompensatorische Fördermaßnahmen angliedern, kann dauerhaft zu einer besseren Verfügbarkeit grundlegender Kenntnisse, Fähigkeiten und Fertigkeiten führen und ihre langfristige, jahrgangs- und schnittstellenübergreifende Anschlussfähigkeit sichern. Damit diese Anforderungen im alltäglichen Unterricht realisierbar bleiben, sind praxisnahe Unterrichtskonzepte und -materialien notwendig, die von Lehrkräften ohne hohen zeitlichen Mehraufwand in den Unterricht

---

4   Das hessische Kerncurriculum für die Oberstufe gibt beispielsweise die Wiederholungseinheit „Funktionen und ihre Darstellungen" als erstes Inhaltsfeld für die Einführungsphase verpflichtend vor (Hessisches Kultusministerium, 2016).

integriert werden können. Für Hessen stellt das Projekt MAKOS ein am Kerncurriculum orientiertes Angebot an Materialien bereit, das durch die in Abschnitt 3.2 beschriebene Eingangsdiagnose für den Beginn der Oberstufe, ein verknüpftes Förderangebot, differenzierende Unterrichtseinstiege, vermischte Kopfübungen und ein umfangreiches Übungsangebot versucht, Lehrkräfte entsprechend zu unterstützen.

Digitale Formen der Diagnose, die eine automatische Auswertung der Antworten der Lernenden umfassen und ein Feedback unmittelbar bereitstellen, sind eine wesentliche Voraussetzung, um die unterrichtliche Umsetzbarkeit im Schulalltag zu gewährleisten. Eine Loslösung von geschlossenen Aufgabenformaten bietet hier die Open-Source-Software STACK, die CAS-basiert auch die freie Eingabe mathematischer Ausdrücke wie beispielsweise Terme, Gleichungen oder Mengen ermöglicht (Genc, 2020). Antworten können hier nicht nur auf ihre Richtigkeit geprüft, sondern auch bekannten Fehlerphänomenen zugeordnet werden. Die Diagnose kann so weiter verfeinert, das Feedback in stärkerem Maße förderwirksam gestaltet werden. Voraussetzung ist ein hinreichendes Wissen über typische Fehler in den verschiedenen Inhaltsbereichen. Hierfür sind gerade im Bereich der gymnasialen Oberstufe weitere Forschungsarbeiten erforderlich.

Literatur

Berger, M. & Schwenk, A. (2006). Zwischen Wunsch und Wirklichkeit: Was können unsere Studienanfänger? *Die neue Hochschule*, 2, 36–40.

Bruder, R. (2008). Wider das Vergessen: fit bleiben durch vermischte Kopfübungen. *Mathematik lehren*, (147), 12–14.

Bruder, R., Feldt-Caesar, N., Pallack, A., Pinkernell, G. & Wynands, A. (2015). Mathematisches Grundwissen und Grundkönnen in der Sekundarstufe II. In W. Blum, S. Vogel, C. Drüke-Noe, A. Roppelt (Hrsg.), *Bildungsstandards aktuell: Mathematik in der Sekundarstufe II* (S. 108–124). Schroedel. https://www.iqb.hu-berlin.de/bista/UnterrichtSekII/Bildungsstandard.pdf

Clement, J. & Kaput, J. J. (1979). Letter to the Editor. *The Journal of Children's Mathematical Behaviour*, 2, 208.

cosh – Cooperation Schule Hochschule (2014). *Mindestanforderungskatalog Mathematik (Version 2.0)*. http://lehrerfortbildung-bw.de/bs/bsa/bk/bk_mathe/cosh_neu/katalog/makv20b_ohne_leerseiten.pdf

Cramer, E. & Walcher, S. (2010). Schulmathematik und Studierfähigkeit. *Lehren und Lernen MDMV*, 18, 110–114.

Drüke-Noe, C., Möller, G., Pallack, A., Schmidt, S., Schmidt, U., Sommer, N. & Wynands, A. (2011). *Basiskompetenzen Mathematik für den Alltag und Berufseinstieg am Ende der allgemeinen Schulpflicht*. Cornelsen.

Dürrschnabel, K., Dürr, R., Erben, W., Gercken, M., Lunde, K., Wurth, R. & Zimmermann, M. (2020). *So viel Mathe muss sein! Gut vorbereitet in ein WiMINT-Studium*. Springer. https://doi.org/10.1007/978-3-662-57951-0

Feldt-Caesar, N. (2017). *Konzeptualisierung und Diagnose von mathematischem Grundwissen und Grundkönnen*. Springer. https://doi.org/10.1007/978-3-658-17373-9

Genc, Ö. (2020). Projekt TUWAS: Einsatzszenarien und mögliche Effekte STACK-basierter Mathematikaufgaben im Ingenieurstudium. In H.-S. Siller, W. Weigel & J.F. Wörler (Hrsg.), *Beiträge zum Mathematikunterricht* (S. 321–324). WTM. https://doi.org/10.37626/ga9783959871402.0

Giest, H. & Lompscher, J. (2006). *Lerntätigkeit – Lernen aus kultur-historischer Perspektive. Ein Beitrag zur Entwicklung einer neuen Lernkultur im Unterricht.* Lehmanns Media.

Hadjidemetriou, C. & Williams, J. (2002). Children's graphical conceptions. *Mathematics Education, 4*(1), 69–87. https://doi.org/10.1080/14794800008520103

Hessisches Kultusministerium (2016). *Kerncurriculum gymnasiale Oberstufe Mathematik.* https://kultusministerium.hessen.de/sites/kultusministerium.hessen.de/files/2021-07/kcgo-m.pdf

Kowaleczko, E., Kretzschmar, H., Lindstedt, E., Müller, V., Sabelus, H, Sikora, Ch. & Sill, H.-D. (2012). *Sicheres Wissen und Können, Geometrie im Raum, Sekundarstufe I.* Institut für Qualitätsentwicklung Mecklenburg-Vorpommern. http://www.mathe-mv.de/fileadmin/Mathe-MV/Unterrichtspraxis/Geometrisches_Koennen/Broschuere_raeumliche_Geometrie_Auflage_2.doc

Kowaleczko, E., Leye, D., Lindstädt, M., Pietsch, E., Roscher, M., Sikora, C., Sill, H.-D. (2010). *Sicheres Wissen und Können. Arbeiten mit Variablen, Termen, Gleichungen und Ungleichungen, Sekundarstufe I.* Institut für Qualitätsentwicklung Mecklenburg-Vorpommern. https://www.mathe-mv.de/fileadmin/uni-rostock/Alle_MNF/Mathe-MV/-Publikationen/Sekundarstufe_I/SWK/SWK_Algebra_Endfassung.pdf

Malle, G. (1993). *Didaktische Probleme der elementaren Algebra.* Springer. https://doi.org/10.1007/978-3-322-89561-5

Neumann, I., Rohenroth, D. & Heinze, A. (2021). *Studieren ohne Mathe? Welche mathematischen Lernvoraussetzungen erwarten Hochschullehrende für Studienfächer außerhalb des MINT-Bereichs?* Kiel: Leibniz-Institut für die Pädagogik der Naturwissenschaften und Mathematik (IPN). https://www.ipn.uni-kiel.de/de/das-ipn/abteilungen/didaktik-der-mathematik/forschung-und-projekte/malemint-e/malemint-e

Nitsch, R. (2015). *Diagnose von Lernschwierigkeiten im Bereich funktionaler Zusammenhänge. Eine Studie zu typischen Fehlermustern bei Darstellungswechseln.* Springer. https://doi.org/10.1007/978-3-658-10157-2

OECD (2000). *PISA 2000. Beispielaufgaben aus dem Mathematiktest.* Online verfügbar unter https://www.mpib-berlin.mpg.de/Pisa/beispielaufgaben.html

Pinkernell, G., Elschenbroich, H.-J., Heintz, G., Körner, H., Langlotz, H. & Pallack, A. (2015). Grundlegendes Wissen und Können am Ende der Sekundarstufe II. Zentrale Begriffe und Verfahren beherrschen und verstehen. https://opus.ph-heidelberg.de/frontdoor/index/index/docId/223

Pippig, G. (1985). *Aneignung von Wissen und Können – psychologisch gesehen.* Volk und Wissen.

Pippig, G. (1988). *Pädagogische Psychologie.* Volk und Wissen.

Reiss, K. (2004). Bildungsstandards und die Rolle der Fachdidaktik am Beispiel der Mathematik. *Zeitschrift für Pädagogik, 50*(5), 635–649. https://doi.org/10.25656/01-4832

Renkl, A. (2008). Lernen und Lehren im Kontext der Schule. In A. Renkl (Hrsg.), *Pädagogische Psychologie* (S. 109–154), Huber. https://doi.org/10.1007/978-3-540-88573-3_1

Roder, U. (2016). Grundlegendes Wissen und Können in der Oberstufe. Vermischte Kopfübungen als Instrument zum Wachhalten von Grundwissen und -können. *Praxis der Mathematik,* (67), 36–41.

Roder, U. (2019). *Ein Förderkonzept zu mathematischem Grundwissen und Grundkönnen am Übergang in die Sekundarstufe II. Theoriebasierte Entwicklung, exemplarische Umsetzung und Ersterprobung der Lernumgebung BASICS-Mathematik.* Springer. https://doi.org/10.1007/978-3-658-28118-2

Roder U. & Bruder R. (2015). MAKOS – Ein Projekt zur Umsetzung der Abiturstandards Mathematik in Hessen. In G. Kaiser & H.-W. Henn (Hrsg.), *Werner Blum und seine Beiträge zum Modellieren im Mathematikunterricht. Realitätsbezüge im Mathematikunterricht.* Springer Spektrum. https://doi.org /10.1007/978-3-658-09532-1_22

Rolfes, T., Lindmeier, A. & Heinze, A. (2021). Mathematikleistungen von Schülerinnen und Schülern der gymnasialen Oberstufe in Deutschland: Ein Review und eine Sekundäranalyse der Schulleistungsstudien seit 1995. *Journal für Mathematik-Didaktik, 42*(2), 395–429. https://doi.org/10.1007/s13138-020-00180-1

Schmitt, O. (2017). *Reflexionswissen zur linearen Algebra in der Sekundarstufe II*. Springer. https://doi.org/10.1007/978-3-658-16365-5

Sill, H.-D. (2010). Probleme und Erfahrungen mit Mindeststandards. *GDM Mitteilungen, 88*, 5–11.

Sill, H.-D. & Sikora, Ch. (2007). *Leistungserhebungen im Mathematikunterricht: Theoretische und empirische Studien*. Franzbecker.

SINUS Nordrhein-Westfalen (2018). *Eingangstest Mathematik Jgst. 11*. Hg. v. Qualitäts- und Unterstützungsagentur – Landesinstitut für Schule NRW. https://www.schulentwicklung.nrw.de/sinus/upload/selbstlernmaterial/eingangstest11/Eingangstest-11.pdf

Tartsch, G. (2011). Notstand Mathematik, ein Projekt der Industrie- und Handelskammer Braunschweig. *Mathematikinformation, 55*, 51–65.

Teschner, W.-P. (1972). Wissenschaftliche Zielanalyse als Kern der Curriculumsentwicklung. In Kultusminister des Landes NRW (Hrsg.), *Beiträge zum Lernzielproblem* (S. 12–44). Ratingen: Henn.

Tietze, J. (2007). *Vom Richtigen und Falschen in der elementaren Algebra*. Vieweg+Teubner.

Vogel, D. (1973). Zum Problem der Lernzielbestimmung in der Mathematikdidaktik. *Zentralblatt für Didaktik der Mathematik, 1*, 23–31.

Weinert, F. E. (2000). Lehren und Lernen für die Zukunft – Ansprüche an das Lernen in der Schule. Vortrag am 29.03.2000 im Pädagogischen Zentrum in Bad Kreuznach. *Pädagogische Nachrichten Rheinland-Pfalz, 2*, Sonderseiten 1–16. http://www2.ibw.uni-heidelberg.de/~gerstner/WeinertLehren&Lernen.pdf

Winter, K. (2011). *Entwicklung von Item-Distraktoren mit diagnostischem Potential zur individuellen Defizit- und Fehleranalyse. Didaktische Überlegungen, empirische Untersuchungen und konzeptionelle Entwicklung für ein internetbasiertes Mathematik-Self-Assessment*. WTM.

Zinser, M. (2009). *Basiswissen und Sicherung des Basiswissens durch WADI*. https://lehrerfortbildung-bw.de/u_matnatech/mathematik/gym/bp2004/fb1/modul4/basis/

Ulrike Towara, Technische Universität Darmstadt, AG Didaktik der Mathematik
Clavius-Gymnasium Bamberg, Kapuzinerstraße 29, 96047 Bamberg,
u.towara@gmx.de

Nora Feldt-Caesar, Technische Universität Darmstadt, AG Didaktik der Mathematik

Teil 5:
Diskussionsbeiträge

Der Sammelband hat das Ziel, das Lernen und Lehren von Mathematik in der gymnasialen Oberstufe (GO) wieder stärker in das Blickfeld zu rücken. Dieses ist aber weniger von einem Anspruch geleitet, Gewissheiten zu verbreiten, sondern vielmehr von der Intention, die wissenschaftliche Auseinandersetzung mit der GO in der Mathematikdidaktik zu intensivieren. Um diesen Diskurscharakter herauszustellen, schließt der Sammelband mit drei Diskussionsbeiträgen von Autorinnen und Autoren, die sich aus unterschiedlichen wissenschaftlichen Perspektiven mit den Bildungszielen des Faches Mathematik in der gymnasialen Oberstufe beschäftigen. Der Wunsch an die Diskutantinnen und Diskutanten war dementsprechend, den dargestellten Diskussionsstand und die aufgezeigten Richtungen aus ihrer jeweiligen Perspektive zu kommentieren und ggf. zu ergänzen.

Im ersten Diskussionsbeitrag (**Kap. 5.1**) beleuchtet Lisa Hefendehl-Hefenbecker aus einer mathematikdidaktischen Sicht das Thema des Sammelbandes. Hierbei stellt sie zunächst heraus, dass in vielen Beiträgen sichtbar werde, wie defizitär die Forschungslage und wie unsicher das Wissen über das Lehren und Lernen von Mathematik in der GO seien. Somit stelle sich die Frage, was es überhaupt an festem Untergrund gäbe, den Hefendehl-Hebecker in einem zweiten Teil eruiert. Hierbei stellt sie fest, dass die mathematischen Inhalte der Sekundarstufe I in vielen Beiträgen eine zentrale Rolle spielten – bemerkenswerterweise nicht nur in der gymnasialen Oberstufe in Deutschland, sondern auch in den Niederlanden, in Norwegen und in Ungarn. Deshalb geht Hefendehl-Hebecker abschließend in einer fachlich-epistemologischen Aufbereitung der Frage nach, „wie die bestehende Forschungslandschaft zu grundlegenden mathematischen Denkprozessen in der Primarstufe und der Sekundarstufe I aufgegriffen und für die GO weitergeführt werden könnte" (S. 383). Hefendehl-Hebeker zeigt damit eine Perspektive auf, die Zielsetzungen der Oberstufe – über eine Erweiterung auf neue Inhalte hinaus – aus fachdidaktischer Sicht neu zu reflektieren.

Im zweiten Beitrag (**Kap. 5.2**) diskutiert Heinz-Elmar Tenorth aus einer bildungstheoretischen Perspektive die vier in Teil 1 vorgenommenen Ausarbeitungen. Hierbei betont er die überfachlichen und formalbildenden Aspekte der Bildungsziele und konstatiert mit Blick auf die Allgemeinbildung: „Nicht primär die Inhalte, gar fachspezifisch, die Differenzerfahrung im Umgang mit Wissen und Welt formt also im Prozess den Lernenden und erzeugt seine Bildung" (S. 391). Fachspezifische Bezüge zur Trias sieht Tenorth primär im Bereich der Wissenschaftspropädeutik. Hier zieht er das Fazit, dass man nicht mehr von Abiturientinnen und Abiturienten erwarten könne, als dass sie den konstruktiven Charakter der Mathematik und „die Möglichkeiten und Risiken der Mathematisierung sozialer Sachverhalte" (S. 396) erkennen. Für die Studierfähigkeit leiste das Abitur und die GO allerdings offenbar mehr als häufig angenommen, da nicht nur Abiturientinnen und Abiturienten mit exzellenten Abiturnoten erfolgreich ein Studium abschlössen. In der abschließenden Auseinandersetzung mit der Bildung in einer digitalisierten Welt betont Tenorth, dass es einen „informatischen" Weltzugang nicht gebe und der mathematische Weltzugang bei Humboldt schon immer auch den technisch-naturwissenschaftlichen inkludierte. Tenorth zeigt damit auf, dass eine Auseinandersetzung mit der Trias aus fachspezifischer Sicht durchaus Grenzen hat, ohne jedoch einen möglichen Beitrag des Fachs Mathematik zu den Zieldimensionen grundlegend in Frage zu stellen.

Da neben den allgemeinbildenden Schulen auch das berufliche Bildungssystem eine GO anbietet, nehmen Daniel Pittich und Kristina Reiss im dritten Diskussionsbeitrag (**Kap. 5.3**) aus einer technik- und mathematikdidaktischen Sicht die Rolle des Faches Mathematik an den beruflichen Gymnasien in den Blick. Sie stellen die Bedeutung des beruflichen Gymnasiums heraus, da je nach Bundesland bis zu einem Drittel der Abiturientinnen und Abiturienten die Prüfungen an einem beruflichen Gymnasium ablegen. Pittich und Reiss reflektieren zunächst die Rolle des beruflichen Gymnasiums, das den allgemeinbildenden und berufsbildenden Aspekt zu vereinen versucht. Auf Grund seiner Genese stehe im beruflichen Schulwesen der berufsbezogene Anwendungscharakter im Vordergrund und daher begreife „eine nicht geringe Zahl der Lernenden [...] das Berufliche Gymnasium als Möglichkeit für ein beruflich akzentuiertes und damit einhergehend eher kontextnahes bzw. anwendungsnahes Lernen" (S. 408). Somit stehe im beruflichen Gymnasium nicht primär die fachsystematische Perspektive im Vordergrund, sondern die Mathematik werde zuvorderst im Sinne der ersten Winterschen Grunderfahrung als Werkzeug zur Lösung realweltlicher Probleme aus dem beruflichen Kontext gesehen. Allerdings werde im Mathematikunterricht des beruflichen Gymnasiums dieses Potential noch nicht vollständig ausgeschöpft. Daher ziehen Pittich und Reiss das Fazit, dass eine intensivere Beforschung der beruflichen Gymnasien – idealerweise durch die beruflichen Fachdidaktiken und die Mathematikdidaktik im Verbund – wünschenswert und gewinnbringend wäre. Mit ihrer Einordnung und diesem Desiderat liefern Pittich und Reiss auch einen Ansatzpunkt für eine stärker integrierte Betrachtung allgemeinbildender und berufsbildender Gymnasien – sowohl in Bezug auf ihre spezifischen Ziele als auch die von ihnen eröffneten Chancen für einen Fortschritt in Bezug auf die Zieldimensionen der Trias.

Zusammenfassend zeigen auch die Diskussionsbeiträge auf, was dem gesamten Konzept des Buches immanent ist: Die mathematikdidaktische Diskussion um die GO und ihren Beitrag zur Erreichung der Zielsetzungen der GO kann keinesfalls als abgeschlossen betrachtet werden. Wie der Rest des Buches zeigen auch die Diskussionsbeiträge reichhaltige Fragen dazu auf, wie der Mathematikunterricht zu den übergreifenden Zielen der GO beitragen kann.

5.1
Lisa Hefendehl-Hebeker

Mathematikunterricht in der gymnasialen Oberstufe – Fundament und Aufbau
Ein Diskussionsbeitrag

Ausgangslage

Die gymnasiale Oberstufe verzeichnet seit siebzig Jahren einen ständig wachsenden Zulauf. Sie wird mittlerweile von mehr als vierzig Prozent eines Altersjahrganges besucht und gewinnt somit im quantitativen Sinne eine wachsende Bedeutung. Dem entsprechen eine beständige öffentliche Diskussion über Ausgestaltungsfragen wie auch unablässige Klagen der Hochschulen über mangelnde Kompetenzen der Absolventinnen und Absolventen mit teilweise spekulativen Ursachenzuschreibungen.

Es ist damit zu rechnen, dass die Bedeutung des Gymnasiums als Schulform weiter zunehmen wird, wie schon Wolter (2003, S. 63 ff.) vermutete.

> Es sind nicht Umfang des Wissens und Tempo der Wissensentwicklung, die eine Wissensgesellschaft ausmachen, sondern die *steigende Bedeutung theoretischen, analytischen Wissens* für die Regulierung von Handlungsprozessen jedweder Art.

Das bedeutet zugespitzt:

> Verfügung über *theoretisches Wissen* und *reflektierter Umgang mit Wissen* sind Kernkompetenzen in der sich entfaltenden Wissensgesellschaft (ebd.)

> Damit wird die *gesellschaftliche Bedeutung des Gymnasiums* unter den Bedingungen einer Wissensgesellschaft voraussichtlich noch einmal *beträchtlich zunehmen.* (ebd.)

So gelangt der Autor schließlich zu der programmatischen Konsequenz:

> Konstruktiver … wäre es, die skizzierten Entwicklungen als gesellschaftliche Herausforderung anzunehmen und bildungspolitisch über Wege und Strategien nachzudenken, wie das Gymnasium beides leisten kann: seine quantitativ expandierende Ausbildungsfunktion mit *hohen Qualitätsansprüchen, Leistungserwartungen* und entsprechenden pädagogischen Anstrengungen zu verbinden. (ebd., S. 69)

Dieser Forderung steht aus wissenschaftlicher Sicht eine defizitäre Forschungslage gegenüber. Es gibt wenig empirische Untersuchungen zur Bildungsrealität der gym-

---

Hefendehl-Hebeker, L. (2022). Mathematikunterricht in der gymnasialen Oberstufe – Fundament und Aufbau. In T. Rolfes, S. Rach, S. Ufer & A. Heinze (Hrsg.), *Das Fach Mathematik in der gymnasialen Oberstufe* (S. 377–387). Waxmann. CC BY-NC-SA 4.0

nasialen Oberstufe und speziell zum Fachunterricht, und es mangelt auch an einer theoretisch ausgeschärften Auseinandersetzung mit den übergeordneten Bildungszielen und den Zielen, Inhalten und Erkenntniswegen des daraus abgeleiteten Fachunterrichts. Dies alles aber wäre erforderlich, um bildungspolitische Entscheidungen für die gymnasiale Oberstufe auf eine wissenschaftsbasierte Grundlage zu stellen und der Kritik an der angeblich mangelnden Effizienz des Mathematikunterrichts mit validen Ursachenerklärungen und konstruktiven Verbesserungsansätzen zu begegnen.

Entsprechend verdienstvoll ist die Initiative, die zu dem vorliegenden Band geführt hat. Mit ihren facettenreichen Beiträgen zur bildungstheoretischen Grundlegung und empirischen Erforschung des Mathematikunterrichts der gymnasialen Oberstufe liefern die Autorinnen und Autoren einen überfälligen Aufschlag, der hoffentlich dazu angetan ist, diesen Bereich stärker in den Fokus der wissenschaftlichen Aufmerksamkeit zu rücken und entsprechend vitale Aktivitäten zu entfachen. Der Mut zur Vorläufigkeit, der in einigen Projekten spürbar erforderlich war, verdient eine eigene Wertschätzung.

Im Falle des Erfolgs könnte diese Initiative auch zur Korrektur eines historisch bedingten Ungleichgewichtes beitragen. Die Etablierung der Mathematikdidaktik als wissenschaftliche Disziplin und als verpflichtender Studienanteil bezog sich zunächst schwerpunktmäßig auf die Lehrämter der Primarstufe und der Sekundarstufe I, die an Pädagogischen Hochschulen oder vergleichbaren universitären Einrichtungen ausgebildet wurden. Dagegen begann die Mehrzahl der Universitäten in allen alten Bundesländern erst seit den 1980er Jahren, einen verbindlichen Anteil von Fachdidaktik auch in die Lehramtsstudiengänge der Sekundarstufe II zu integrieren, und dies häufig nur zögerlich und nach Inhalt, Umfang und Forschungsbezug stark variierend (vgl. hierzu Burscheid, 2003). Es gab auch nur wenige Professuren, die spezifisch auf die Fachdidaktik der Sek. II ausgerichtet waren. Hierin mag ein wesentlicher Grund dafür liegen, dass wir nur wenig über den realen Mathematikunterricht in der gymnasialen Oberstufe und seine Wirkungen wissen (siehe z. B. Ufer & Praetorius in Kap. 4.1).

Der erste Blick – Unsicherheiten

Als Leitfaden für die angestrebte wissenschaftliche Aufarbeitung dient die Trias der übergeordneten Bildungsziele in den Bildungsstandards – vertiefte Allgemeinbildung, allgemeine Studierfähigkeit, wissenschaftspropädeutische Bildung. Innerhalb dieser Rahmung werden Fragen einer zielgerechten inhaltlichen und methodischen Ausgestaltung des Mathematikunterrichts der GO und seiner Wirkungen vor dem Hintergrund bestehender theoretischer Entwürfe und empirischer Befunde wie auch von außen gerichteter Erwartungen diskutiert.

Auf den ersten Blick droht das Bild, das die Beiträge in ihrer Gesamtheit vermitteln, im Aufweis ungeklärter Fragen und prinzipieller Schwierigkeiten zu verschwimmen – trotz oder gerade wegen der großen Aspektfülle und der Subtilität der Abwägungen, die sich der Leserin im Detail bietet. Einen vorherrschenden Eindruck erzeugen die sich wiederholenden Feststellungen über bestehende Forschungsdefizite, die die theoretische Auseinandersetzung mit Zielen und Inhalten des Fachunterrichts in der GO als unzureichend und die empirische Befundlage als spärlich bzw. bruchstückhaft ausweisen. Hinzu kommen diagnostizierte Hürden aufgrund der Komplexität der Materie, die eine Trennung von Komponenten und eine Untersuchung ihrer je eigenen Bedeutung und ihrer wechselseitigen Interaktion schwierig macht.

So hat, wie in der Einleitung festgestellt wird, die Trias der übergeordneten Bildungsziele in den Bildungsstandards bislang vornehmlich Präambelcharakter und ist allenfalls ansatzweise fachspezifisch ausgearbeitet worden. Die meiste Aufmerksamkeit hat wohl die Zielkategorie „Allgemeinbildung" erfahren. Zwar ist „Bildung" für sich genommen

> nicht einfach auf den Begriff zu bringen, schon gar nicht nur in einer Bedeutung präsent: Bildung ist ein deutscher Mythos, ist pädagogisches Programm, politische Losung, philosophische Kategorie, Mechanismus gesellschaftlicher Distinktionen, Schlüsselwort öffentlicher Debatten, Thema interdisziplinärer Forschung und Ideologie des Bürgertums zugleich. (Tenorth, 2020, S. 5).

Demgegenüber ist jedoch der Begriff der (vertieften) Allgemeinbildung hinsichtlich seiner Bedeutung und seines Gebrauchs leichter einzugrenzen, indem er „alle Anstrengungen einer Gesellschaft, Kultur oder Nation zusammenfassend bezeichnet, die sich darauf richten, durch gesellschaftliche Institutionen in der heranwachsenden Generation diejenigen Kenntnisse und Fähigkeiten, Einstellungen und Haltungen zu verbreiten, deren Beherrschung historisch jeweils als notwendig und unentbehrlich gilt." (Tenorth, 1994, S. 7). Dennoch gibt es hier keine sicheren Wege der Ergebnisfindung, gilt doch auch:

> Alle konstruktiven Überlegungen basieren auf einer Mischung aus Erfahrungen und Entwurf, sie stellen Diagnosen und versuchen einen antizipierenden Vorgriff, geleitet durch das, was man wissen kann, aber auch durch Vorstellungen über Zustände, die noch nicht sind, aber wirklich werden sollen. (ebd, S. 161).

Jedoch kann man auf dieser Basis begründete Vorschläge unterbreiten und diskutierbar machen, wie es Rolfes und Heinze in Kap. 1.1 *Vertiefte Allgemeinbildung als eine Zieldimension von Mathematikunterricht der gymnasialen Oberstufe* und Lindmeier in Kap. 1.4 *Mathematische Bildung in der digitalen Welt* vorführen.

Schwieriger hinsichtlich ihrer theoretischen Fundierung erweist sich die Zieldimension „Wissenschaftspropädeutik". So arbeiten Fesser und Rach in Kap. 1.2 gleich zu Beginn heraus, dass der Begriff Wissenschaftspropädeutik „bislang in seiner allgemeinen Bedeutung nicht vollständig geklärt und speziell als Gestaltungsprinzip für den Mathematikunterricht kaum behandelt ist." In ihrem eigenen Deutungsvorschlag betonen sie als die domänenspezifischen Charakteristika des Faches Mathematik vor allem die Entwicklung von Theorien mit Axiomen, definierten Begriffen, Aussagen und Beweisen als normativen Gestaltungsmitteln sowie den Prozess des mathematischen Modellierens mit dem zugrundeliegenden Modellbegriff. Im zugehörigen empirischen Teil (Kap. 3.4) räumen sie jedoch ein, dass das Konstrukt „wissenschaftspropädeutisches Wissen" wegen seiner hohen Komplexität und der fächerübergreifenden Aspekte nicht leicht in gängige Testformate übertragen werden kann und deshalb schwierig zu erheben ist. Ähnliche Probleme bestehen aber auch in Bezug auf die Konstrukte „vertiefte Allgemeinbildung" und „Studierfähigkeit" (siehe Rolfes & Heinze in Kap. 3.2 und Ufer in Kap. 1.3).

Der Zieldimension „Studierfähigkeit" bescheinigt Ufer in Kap. 1.3 ebenfalls eine unbefriedigende begriffliche Ausschärfung, die Abgrenzungen von und Überschneidungen mit den anderen beiden Zieldimensionen klar ausweisen und einen konkreten Beitrag des Faches Mathematik spezifizieren könnte. Erschwerend kommt hinzu, dass bei dieser Zielkategorie zusätzlich außerfachliche Merkmale eine maßgebliche Rolle spielen. Das sind einerseits personenbezogene Charakteristika wie analytische Fähigkeiten, Ausdauer und Interesse und andererseits die unterschiedlichen Anforderungen und situativen Randbedingungen in der großen Bandbreite aufnehmender Studiengänge, die das Geflecht der zu betrachtenden Variablen sehr komplex werden lassen. Erforderlich wäre deshalb auch eine Trennung zwischen „notwendigen" Voraussetzungen für eine ggf. allgemeine Studierfähigkeit und „hinreichenden" Voraussetzungen für bestimmte Studiengänge. Als Synthese bestehender Ansätze stellt der Autor zunächst ein Modell vor, das nach übergreifenden Personenmerkmalen und fachbezogenen Kompetenzen und Einstellungen gestaffelt ist, wobei die letztgenannte Kategorie nochmals in studiengangübergreifende und studiengangspezifische Komponenten ausdifferenziert wird. Damit besteht aber die Herausforderung, die entsprechenden Konstrukte so zu konzeptualisieren, dass sie je für sich und in ihren Abgrenzungen wie auch Wechselwirkungen einer wissenschaftlichen Messung zugänglich gemacht werden können.

Eine umfassende Sichtung und differenzierte Diskussion vorhandener empirischer Befunde ergibt einerseits das ernüchternde Fazit: „Studierfähigkeit erscheint vor den dargestellten Erkenntnissen als facettenreiches Konstrukt, das aus einer Bandbreite von Teilkomponenten besteht, derzeit aber nur teilweise geklärt ist und darüber hinaus gemeinsam mit den universitären Studienangeboten einem zeitlichen Wandel unterliegt." (Ufer, Kap. 1.3.3) Andererseits zeigt der Autor aber auch konstruktive Ansätze auf, welche Beiträge der Mathematikunterricht der GO zur Studierfähigkeit leisten kann. So deutet eine Schweizer Studie (Ruede et al., 2019) darauf hin, dass inhaltsübergreifende prozessbezogene mathematische Kompetenzen als relevant für die Studierfähigkeit in mathematikhaltigen Studiengängen angenommen werden können. Explizit genannt werden: mathematisches Handwerkszeug einsetzen, mathematische Darstellungen verwenden (d.h. vor allem: lesen und interpretieren) und Zusammenhänge zwischen mathematischen Konzepten herstellen.

Dies weist auf die Notwendigkeit hin, Fertigkeiten im Bereich mathematischer Techniken und Verfahren aus der Sekundarstufe I aufrechtzuerhalten (z. B. Arithmetik, algebraische Umformungen) und ggf. kontinuierlich zu erweitern und zu vertiefen (z. B. Umgang mit einfachen Bruchtermen), sowie auch zentrale Techniken aus der Sekundarstufe II […] zu flexibel und adaptiv einsetzbaren Fertigkeiten auszubauen. (Ufer, Kap. 1.3.3.2 in diesem Band).

Der Frage, wie eine geeignete exemplarische Auswahl von Inhalten für diesen Ausbau von Fertigkeiten getroffen werden kann und wie durch deren Behandlung auch personenbezogene Merkmale wie Neigung und Interesse ausdifferenziert werden können, widmet der Autor eine eigene Diskussion. Dabei zeigt sich auch, dass sich aus diesen Überlegungen Überschneidungen mit den beiden anderen Zieldimensionen vertiefte Allgemeinbildung und Studierfähigkeit ergeben.

Die empirischen Befunde zu den Bildungszielen und der Realität des Mathematikunterrichts der gymnasialen Oberstufe, die in den Teilen 3 und 4 des Bandes dargestellt werden, stimmen zumindest teilweise ebenfalls sehr nachdenklich. So legen die Analysen und Befunde von Rolfes und Heinze in ihrer Replikationsstudie zum „Erreichen von Mindeststandards" (Kap. 3.3) eine „problematische Diskrepanz zwischen Anspruch und Wirklichkeit" offen und verdeutlichen einmal mehr, „dass eine intensivere Beforschung des Mathematikunterrichts der Sekundarstufe II, national und international, dringend geboten ist." (ebd.) Vorhandene empirische Erkenntnisse über die Qualität von Mathematikunterricht beziehen sich überwiegend auf die Grundschule und die Sekundarstufe I, für die gymnasiale Oberstufe ist die Befundlage dagegen schmal (Ufer & Praetorius, Kap. 4.1). Der Forschungsbedarf gewinnt an Dringlichkeit angesichts der Beobachtung von Nagy et al. (Kap. 4.2), dass der Leistungszuwachs im Verlauf der gymnasialen Oberstufe bei den schwächeren Gruppen eher gering ist und – besonders alarmierend – dass sich bei Inhalten der Sekundarstufe I sogar Vergessenseffekte einstellen.

Insgesamt offenbart sich hiermit ein verwirrendes Feld an offenen Baustellen, angesichts dessen die Frage berechtigt ist: Was gibt es denn an festem Untergrund und wo und wie überhaupt soll man mit der Arbeit beginnen?

Der zweite Blick – Zugriffsmöglichkeiten

Auf den zweiten Blick jedoch offenbaren sich quer über die Beiträge Beobachtungen und interne Bezüge, die verlässliche Zugriffsmöglichkeiten für eine erfolgreiche Weiterarbeit und einen kumulativen Erkenntnisaufbau liefern können.

Eine hilfreiche Orientierungsgrundlage vermittelt dabei die MaLeMINT-Studie zu Erwartungen von Hochschullehrenden an Studienanfänger*innen im MINT-Bereich und darüber hinaus (Neumann et al., Kap. 3.1), die auf detailliertere Aspekte führten als die in den Bildungsstandards gemachten Vorgaben und hohe Übereinstimmungswerte in Bezug auf bestimmte Kernbereiche ergaben. Dazu gehörten vor allem die Inhalte der Sekundarstufe I und zugehörige grundlegende mathematische Arbeitstätigkeiten, insbesondere ein flexibler Umgang mit Darstellungen und eine sichere Handhabung der mathematischen Formelsprache. Hier zeigen sich Übereinstimmungen mit curricularen Bemühungen in europäischen Nachbarländern, wie sie in Teil 2 des Bandes dargestellt werden. So spielen algebraische Fertigkeiten und grundlegende mathematische Denkhandlungen in den Curriculumrevisionen der Niederlande (Kop, Kap. 2.1) eine herausragende Rolle, während der Bericht aus Norwegen (Borge et al., Kap. 2.2) vor allem in der Algebra noch einen deutlichen Nachbesserungsbedarf hervorhebt, dadurch aber ebenfalls die Bedeutung dieses Kompetenzbereiches betont. Auch die von Ufer in Kap. 1.3 referierte Studie aus der Schweiz zur Studierfähigkeit weist in eine ähnliche Richtung und hebt die Bedeutung von drei prozessbezogenen Kompetenzen als relevant heraus: mathematisches Handwerkszeug einsetzen, mathematische Darstellungen verwenden und Zusammenhänge zwischen mathematischen Konzepten herstellen. Der dritte Aspekt korrespondiert mit dem „vernetzten Konzeptwissen", das Borowski et al. in Kap. 3.2 als wichtigen Teil mathematischer Vorbildung für erfolgreiche Lernprozesse im mathematischen Fachstudium ausweisen.

Die erweiterte MaLeMINT-E-Studie (ebenfalls Kap. 3.1) liefert für Studienfächer außerhalb des MINT-Bereiches aufschlussreiche Zusatzinformationen zu inhaltlichen Schwerpunktsetzungen. Dieser nach Studienfachgruppen differenzierte Befund gibt Anlass zu der Frage, ob es angesichts des Trends einer sich verfeinernden Ausdifferenzierung von Studiengängen überhaupt noch eine „allgemeine Studierfähigkeit" geben kann oder ob man stattdessen Varianten von bereichsspezifischer Studierfähigkeit anstreben sollte. Vor diesem Hintergrund wäre auch zu erwägen, ob man nicht neu über die Chancen einer differenzierten Profilbildung in der gymnasialen Oberstufe mit darauf abgestimmten Schwerpunktsetzungen im Fach Mathematik, z. B. nach dem Vorbild der Niederlande (Kap. 2.1), nachdenken sollte.

Somit spielt insbesondere der Lehrstoff der Sekundarstufe I quer durch die Beiträge des Bandes inhaltlich und prozessbezogen eine besondere Rolle, und zwar in mehrfacher Hinsicht. Zunächst wird er weithin als notwendig erachtete Grundlage für erfolgreiches Weiterlernen ausgewiesen (so in Kap. 1.3, 3.1 und 3.2), demgegenüber werden jedoch gravierende Defizite im Erwerb und Erhalt dieser Grundlagen diagnostiziert (Kap. 3.3 und 4.2), so dass sich die Frage stellt, wie weit es dem Mathematikunterricht überhaupt gelingt, über die Sekundarstufen einen kumulativen Kompetenzaufbau zu erzielen (Kap. 4.2). Einen konstruktiven Ansatz, mathematisches Grundwissen und Grundkönnen in der GO zu diagnostizieren und zu fördern, stellen Towara und Feldt-Caesar dann in Kap. 4.3 vor. Die Bedeutung, die der Lehrstoff der Sekundarstufe I durch diese facettenreiche Beachtung erhält, korrespondiert wiederum mit der Tatsache, dass in Ungarn die „erhöhte Abschlussprüfung" in Mathematik den gesamten Mittelstufenstoff (!) einbezieht und damit eine prädiktive Validität für den Studienerfolg in Mathematik im ersten Semester erhält (Ambrus et al. in Kap. 2.3).

Deshalb wird im folgenden Abschnitt der Mathematikunterricht der Sekundarstufe I und der diesbezügliche Forschungsstand als möglicher Kristallisationskern für weitergehende Untersuchungen zur GO herausgegriffen und genauer betrachtet. Mit dieser Auswahl soll jedoch keineswegs in Abrede gestellt werden, dass der vorliegende Band eine Fülle von weiteren interessanten Ansatzpunkten bietet.

Der Mathematikunterricht der Sekundarstufe I als möglicher Kristallisationskern

Die inhaltliche Entfaltung des mathematischen Lehrstoffes der Sekundarstufe I bewegt sich im Vorfeld etablierter hochschulmathematischer Standards und zugehöriger Normen der Darstellung. Sie repräsentiert Erkenntnisstadien früherer Stufen in historischer wie entwicklungspsychologischer Sicht. Interessant ist daher die Frage, ob und wie sich mathematische Erkenntnisbildung in ihren ursprünglichen Erscheinungsformen so charakterisieren lässt, dass die Merkmale stufenübergreifende Gültigkeit haben und als Leitideen für die Moderation langfristiger Prozesse mathematischer Denkentwicklung und einen kumulativen Wissensaufbau dienen können, einen Wissensaufbau, in dem erfahrbar wird, wie Mathematik als Weise des Weltverstehens funktioniert und warum diese Wissenschaft eine mittlerweile nahezu alle Lebensbereiche durchdringende Rolle als Schlüsseltechnologie erwerben konnte. Angestrebt wird ein differenziertes Mathematikbild, das hinter die Artikulationsformen fertiger mathematischer Theorien durch Axiome, Definitionen, Sätze und Beweise und deren Anwendung in Modellierungskreisläufen zu den Ursprüngen und Triebkräften mathematischer Erkenntnisbildung vordringt, damit einen wissenschaftspropädeutischen Charakter per se hat und vielleicht etwas von dem erfasst, das Hochschullehrende aus einem intuitiven Bewusstsein unter „Vorstellungen vom Wesen der Mathematik als wissenschaftliche Disziplin" verstehen (siehe Kap. 3.1 und 3.4). Eine solche fachlich-epistemologisch akzentuierte Aufbereitung der Schulmathematik ist eine umfangreiche Aufgabe. Die folgende Skizze mag dazu als Anstoß dienen. Sie berücksichtigt auch Anknüpfungspunkte, wie die bestehende Forschungslandschaft zu grundlegenden mathematischen Denkprozessen in der Primarstufe und der Sekundarstufe I aufgegriffen und für die GO weitergeführt werden könnte.

Unser Bild von Wissenschaft allgemein und der Mathematik speziell verwendet Bausteine, die auf die griechische Antike zurückgehen (Mittelstraß, 2014). Als primäre wissenschaftliche Tätigkeiten nennt der Autor: gedankliches Ordnen, Einpassen, Explizieren, Erklären, Beweisen. Mit diesen Tätigkeiten verbindet die griechische Philosophie klare Ziele (Nestle, 1975; Perilli, 2013):
- die Wirklichkeit in *vernünftiger Rede*, im *begrifflichen Ausdruck* zutreffend wiedergeben,
- dabei *Strukturen* und innere *Beziehungen* erfassen,
- aus Sichtbarem und aus der Erfahrung Werkzeuge machen, mit deren Hilfe man *zum Unbekannten vordringen* kann.

Die Grundhandlungen und Ziele der so charakterisierten wissenschaftlichen Methode lassen sich auf jeden Lebensbereich anwenden. Die Mathematik selbst hat dabei von Anfang an als Prototyp gegolten, auch hier wurde in der griechischen Antike ein Bild geschaffen, das seit mehr als zweitausend Jahren prägend ist (Artmann, 1999).

Das *gedankliche Ordnen* ist (auch) in der Mathematik eine grundlegende Tätigkeit und erfährt dort viele Ausprägungen. Für den Begriff der natürlichen Zahl ist die Ordnung als Reihenfolge ein wesentlicher Aspekt, schon früh kann auch bei elementaren kombinatorischen Problemen das Ordnen von Beständen mit Hilfe von Baumdiagrammen geübt werden, im weiteren Verlauf der mathematischen Denkentwicklung spielt das logische Ordnen von Wissensbereichen eine zunehmende Rolle und gewinnt im Fortschreiten vom lokalen Ordnen zum globalen Aufbau einer Theorie nach der axiomatischen Methode wachsende Komplexität.

In engem Zusammenhang mit dem Ordnen steht das *Strukturieren*. Eine Struktur bezeichnet die Art und Weise, welche Elemente eines Systems unterschieden werden und wie diese aufeinander bezogen sind. Das gedankliche Strukturieren spielt für die gesamte mathematische Denkentwicklung eine wichtige Rolle. Es beginnt schon im frühen Stadium mit dem Systematisieren von bestimmten Alltagshandlungen zu mathematischen Operationen (z. B. vergleichen, ausgleichen, vereinigen, verändern), sowohl in arithmetischem wie geometrischem Kontext. Es setzt sich fort mit dem visuellen Strukturieren z. B. von Würfelmustern (Söbbeke, 2005) sowie dem Strukturieren von arithmetischen Termen zugunsten des flexiblen Rechnens und gewinnt in der Sekundarstufe I eine besondere Bedeutung in der Fähigkeit, flexibel mit der algebraischen Formelsprache umzugehen, die in den Begriffen „Structure Sense" (Linchevski & Livneh, 1999) bzw. „Symbol Sense" (Arcavi, 1994) ihren Ausdruck findet. Diese Fähigkeit ist unabdingbar für den erfolgreichen Umgang mit weiterführender Mathematik und erfordert eine langfristige Entwicklung, die weit bis in die universitäre Fachausbildung reicht. Eine entsprechende Entwicklungsforschung mit Bezug zur GO (z. B. anknüpfend an Rüede, 2015) wäre deshalb sehr wichtig.

Das gedankliche Strukturieren muss im Laufe der mathematischen Denkentwicklung wichtige Umbrüche vollziehen. Mathematische Konzepte wie Maß und Zahl, Raum und Form haben kein materielles Pendant. Sie müssen vielmehr relational gedacht und hinsichtlich inhärenter Gesetzmäßigkeiten betrachtet werden. Insofern kann Mathematik als „Wissenschaft von den Mustern" gelten. Die Notwendigkeit von Darstellungen zur stützenden Materialisierung der Gedanken ist von diesem relationalen Charakter nicht nur unbenommen, sie ist sogar für das Verständnis essenziell und verleiht dem *Umgang mit Darstellungen* beim Erlernen von und beim Arbeiten mit Mathematik eine besondere Bedeutung. Sie bringt insbesondere das Erfordernis mit sich, im Laufe der Denkentwicklung den Übergang vom konkret-operativen zum diagrammatischen Denken im Sinne von Peirce zu vollziehen (Müller-Hill, 2015). Hierin steckt eine Anforderung, die in den Sekundarstufen z. B. im Umgang mit geometrisch-zeichnerischen Darstellungen und Funktionsgraphen fortlaufend entwickelt werden muss und begleitend untersucht werden sollte.

Der relationale Charakter mathematischer Objektbereiche erfordert auch entsprechende Formen der Wissenssicherung, da empirische Begründungen diesem nicht gerecht werden können. Hier kommt das besondere Verhältnis zwischen Mathematik und Logik ins Spiel, das seit Aristoteles eine explizite thematische Gestalt gewann, in den Elementen des Euklid programmatisch umgesetzt wurde und auf konsensfähigen logischen Prinzipien und Schlussregeln beruht, die die sprichwörtliche mathematische Strenge erzeugen und dem *Erklären, Begründen* und schließlich *Beweisen* in der Mathematik einen besonderen Anspruch verleihen.

Aristoteles formulierte zwei Regeln zur Charakterisierung von Aussagen, die er als unmittelbar einleuchtend annahm und von denen er wusste, dass sie sich nicht beweisen lassen (Tschirk, 2022, S. 5):

> Der Satz vom ausgeschlossenen Dritten: „Jede Aussage ist wahr oder falsch, eine dritte Möglichkeit gibt es nicht".

> Der Satz vom ausgeschlossenen Widerspruch: „Keine Aussage kann zugleich wahr oder falsch sein."

Mathematische Aussagen müssen auf diese Regeln zugeschnitten sein, was in der Alltagskommunikation nicht immer möglich ist.

Die folgende Definition formuliert eine Forderung, der ein mathematischer Schluss im strengen Sinne genügen muss:

> *Schluss* ist eine Rede, in welcher bei Setzung einiger Sachverhalte etwas anderes als das Gesetzte mit Notwendigkeit zutrifft aufgrund dessen, dass diese gültig sind. [...] Es bedarf keines von außen hinzugenommenen Begriffs, dass die Notwendigkeit zustande komme (Aristoteles, Erste Analytik, erstes Buch, Kap. 1; siehe Aristoteles, 2019, S. 122).

Ein mathematischer Schluss in diesem Sinne muss seine Notwendigkeit in sich tragen und darf nicht auf Stützungen von außen angewiesen sein. Eine der am häufigsten verwendeten Schlussformen dieser Art ist der Modus ponens.

Die Entwicklung der Fähigkeit des mathematischen Argumentierens mit dem Ziel des Beweisens ist ebenfalls eine langfristige Entwicklungsaufgabe, die an ein reichhaltiges Forschungsfeld zur Primarstufe und Sekundarstufe I anknüpfen kann (z. B. Krummheuer, 2003 oder Erath, 2017).

Maßstäben der Strenge unterliegen auch mathematische Begriffe als Werkzeuge, Erkenntnisse gedanklich fassbar und sprachlich artikulierbar zu machen. Eine professionell formulierte mathematische Begriffsdefinition muss so präzise sein, dass zumindest prinzipiell entscheidbar ist, ob ein Gegenstand unter den betreffenden Begriff fällt oder nicht. *Begriffsbildung* begleitet die mathematische Denkentwicklung von Anfang an. Oft ist ein langer Lernprozess erforderlich, bis ein mathematischer Begriff genau gefasst und flexibel genutzt werden kann. Grundlegende mathematische Begriffe wie Zahl, Funktion und Vektor sind aspektreich, so dass ein reichhaltiges „Concept Image" in dialektischer Spannung mit einer exakten „Concept Definition" (Tall & Vinner, 1981) und deren formaler Handhabung ausgebildet werden muss. Sie erfordern überdies anspruchsvolle Denkhandlungen wie das Verdinglichen von Prozessen zu Objekten, etwa bei den Begriffen Folge und Funktion, oder das Zusammenfassen von Einzelinformationen zu einem neuen Objekt wie beim Vektorbegriff. Auch hierin liegt eine Entwicklungsaufgabe, die die Schulstufen übergreift.

Ein spezieller Zug der Mathematik ist das *Formalisieren*. Formalisieren hat etwas mit Zeichen und deren konventionalisiertem, also vereinbarten Regeln folgendem Gebrauch zu tun. Es geht um das Übertragen von Wissen in eine bestimmte Notationsform mit wohldefinierten und -deklarierten Ausdrücken und der Möglichkeit der regelhaften Umgestaltung. Das erste formale Notationssystem in der Schulmathematik ist das dezimale Stellenwertsystem, das schon in der Grundschule in Gebrauch genommen wird. In der Sekundarstufe I folgt die Symbolsprache der elementaren Algebra. Die hierbei ausgebildeten Fähigkeiten im Wechselspiel zwischen formalem Manipulieren und inhaltsbezogenen Deuten müssen in der GO genutzt und weiterentwickelt werden.

Das längsschnittliche Verfolgen dieser exemplarisch genannten Denkentwicklungen bedarf einer flankierenden *stoffdidaktischen Unterfütterung* (Ufer & Praetorius in Kap. 4.1). Dies könnte zum Beispiel klassische Kategorien wie das Zugänglich-Machen durch Vereinfachen (Kirsch, 1977) oder das Zusammenspiel von Anschaulichkeit und Strenge (Kirsch, 1976b) aufgreifen und durch weitere epistemologische Analysen und eine strukturgenetische Sicht im Sinne von Wittmann (2012) verfeinern. Für einen kumulativen Wissensaufbau interessant ist auch die vertikale Entwicklung von Unterrichtsthemen (z. B. Kirsch 1969, 1976a; Biehler & Prömmel, 2013).

Diese Skizze eröffnet ein reichhaltiges Betätigungsfeld oder schafft zumindest eine Diskussionsgrundlage für die Bestimmung eines solchen. Es gab vor Jahrzehnten einen markanten Werbespruch, der denjenigen, die seine Eindringlichkeit noch im Ohr haben, hier einfallen könnte: „Es gibt viel zu tun, packen wir's an!"

Literatur

Arcavi, A. (1994). Symbol Sense: Informal Sense-Making in Formal Mathematics. *For the Learning of Mathematics, 14*(3), 24–35.

Aristoteles (2019). Philosophische Schriften in sechs Bänden, Band 1. Felix Meiner. Lizenzausgabe für die Wissenschaftliche Buchgesellschaft.

Artmann, B. (1999). *Euclid – The Creation of Mathematics*. Springer.

Biehler, R. & Prömmel, A. (2013). Von ersten stochastischen Erfahrungen mit großen Zahlen bis zum $1/\sqrt{n}$ – Gesetz – ein didaktisch orientiertes Stufenkonzept. *Stochastik in der Schule, 33*(2), 14–25.

Burscheid, H. J. (2003). Entwicklung der Disziplin Mathematikdidaktik. *Zentralblatt für Didaktik der Mathematik, 35*(4), 146–152.

Erath, K. (2017). *Mathematisch diskursive Praktiken des Erklärens. Rekonstruktion von Unterrichtsgesprächen in unterschiedlichen Mikrokulturen*. Springer. https://doi.org/10.1007/978-3658161590

Kirsch, A. (1969). Eine Analyse der sogenannten Schlussrechnung. *Mathematisch-Physikalische Semesterberichte, 16*(1), 41–55.

Kirsch, A. (1976a). Vorschläge zur Behandlung von Wachstumsprozessen und Exponentialfunktionen im Mittelstufenunterricht. *Didaktik der Mathematik, 4*(4), 257–284.

Kirsch, A. (1976b). Eine „intellektuell ehrliche" Einführung des Integralbegriffs in Grundkursen. *Didaktik der Mathematik, 4*(2), 87–105.

Kirsch, A. (1977). Aspekte des Vereinfachens im Mathematikunterricht. *Didaktik der Mathematik, 5*(2), 87–101.

Krummheuer, G. (2003). Argumentationsanalyse in der mathematikdidaktischen Unterrichtsforschung. *Zentralblatt für Didaktik der Mathematik, 35*(6), 247–256.

Linchevski, L. & Livneh, D. (1999). Structure sense: The relationship between algebraic and numerical contexts. *Educational Studies in Mathematics, 40*(2), 173–196.

Mittelstraß, J. (2014). *Die griechische Denkform. Von der Entstehung der Philosophie aus dem Geiste der Geometrie*. De Gruyter.

Müller-Hill, E. (2015). Die semiotische Rolle geometrisch-zeichnerischer Darstellungen für empirische Auffassungen von Geometrie im Mathematikunterricht. In G. Kadunz (Hrsg.), *Semiotische Perspektiven auf das Lernen von Mathematik* (S. 89–110). Springer.

Nestle, W. (1975). *Vom Mythos zum Logos. Die Selbstentfaltung griechischen Denkens*. Kröner.

Perilli, L. (Hrsg.) (2013). *Logos. Theorie und Begriffsgeschichte*. Wissenschaftliche Buchgesellschaft.

Rüede, C. (2015). *Strukturierungen von Termen und Gleichungen. Theorie und Empirie des Gebrauchs algebraischer Zeichen durch Experten und Novizen*. Springer. https://doi.org/10.1007/978-3-658-08214-7

Rüede, C., Weber, C. & Eberle, F. (2019). Welche mathematischen Kompetenzen sind notwendig, um allgemeine Studierfähigkeit zu erreichen? Eine empirische Bestimmung erster Komponenten. *Journal für Mathematik-Didaktik, 40*(1), 63–93.

Söbbeke, E. (2005). *Zur visuellen Strukturierungsfähigkeit von Grundschulkindern*. Franzbecker.

Tall, D. & Vinner, S. (1981). Concept image and concept definition in mathematics with particular reference to limits and continuity. *Educational Studies in Mathematics, 12*(2), 151–169.

Tenorth, H.-E. (1994). *„Alle alles zu lehren." Möglichkeiten und Perspektiven allgemeiner Bildung*. Wissenschaftliche Buchgesellschaft.

Tenorth, H.-E. (2020). *Die Rede von Bildung. Tradition, Praxis, Geltung – Beobachtungen aus der Distanz*. Springer. https://doi.org/10.1007/978-3-476-05669-6

Tschirk, W. (2022). *Vom Universum des Denkens. Eine Geistesgeschichte der Logik*. Springer. https://doi.org/10.1007/978-3-662-65313-5

Wittmann, E. Ch. (2012). Das Projekt „mathe 2000": Wissenschaft für die Praxis – eine Bilanz aus 25 Jahren didaktischer Entwicklungsforschung. In G. N. Müller, Ch. Selter & E. Ch. Wittmann (Hrsg.), *Zahlen, Muster und Strukturen. Spielräume für aktives Lernen und Üben* (S. 265–279). Klett.

Wolter, A. (2003). Gymnasiale Bildung in der Wissensgesellschaft. In H. Kretzer & J. Sjuts. (Hrsg.), *Studienseminare in der Wissensgesellschaft. Verzahnung von erster und zweiter Phase der Lehrerausbildung. Erfahrungen – Positionen – Perspektiven. Festschrift für Ludwig Freisel* (S. 51–73). Carl von Ossietzky-Universität Oldenburg.

Lisa Hefendehl-Hebeker, Universität Duisburg – Essen, Fakultät für Mathematik, Thea-Leymann-Str. 9, 45127 Essen
lisa.hefendehl@uni-due.de

5.2

Heinz-Elmar Tenorth

Triadische Ordnung, bildungssystemische Sequenzierung, bildungstheoretische Bedeutung
Ein Kommentar zu Reflexionen über Mathematik in der gymnasialen Oberstufe

1 Vorbemerkung – Thema und These

Der hier folgende Kommentar zu den vier klugen Texten von Teil 1 des Buches – die in ihren Details vorausgesetzt werden – gilt der Strategie, mit der sie im Allgemeinen und zielbezogen den Ort der Mathematik in der gymnasialen Oberstufe (GO) zu klären suchen und dafür ihr Verständnis der Trias nutzen, mit der – durchaus im Konsens – die Spezifik der GO innerhalb der voruniversitären Bildung qualifiziert wird. Dabei lassen sich drei Befunde herausarbeiten und eine Anschlussfrage stellen: Die Beiträge sehen (erstens) jeden der drei Leitbegriffe primär im Blick auf die Mathematik, blenden aber jeweils Perspektiven aus, die diesen Blick auf Allgemeinbildung, Wissenschaftspropädeutik oder Studierfähigkeit und damit auch auf ihr Bild von Mathematik irritieren oder stören könnten; die Beiträge diskutieren (zweitens) so gut wie gar nicht die Komplikationen, die aus dem Zusammenhang der Trias und aus dem historisch-kulturellen Ort der GO stammen; sie nutzen (drittens), auch wegen ihrer eigenen Blickverengung, in der Empirie zum Thema fast nur die bekannte Outcome orientierte Forschung, ohne deren Aussagekraft für die GO insgesamt oder für die spezifische Qualität und Leistung des Mathematikunterrichts zu problematisieren. Vor diesem Hintergrund wird schließlich die Anschlussfrage diskutiert, ob „digitale Bildung" tatsächlich die Qualität hat, die Trias um eine vierte Dimension, gleichgewichtig neben den anderen, zu erweitern.

Als systematischen Bezugspunkt meiner Beobachtungen erinnere ich (bei Bildungshistorikern muss man mit solchen Reminiszenzen rechnen) an die schon etwas ältere These der sog. Bildungstheoretischen Didaktik über den „Implikationszusammenhang von Ziel, Inhalt und Methoden" (Blankertz, 1971, S. 94), um Fragen von Unterricht und Bildung/Erziehung zu diskutieren. Unterrichtsbezogene, ja pädagogische Zielfragen überhaupt, werden auch bildungstheoretisch nicht allein normbezogen diskutiert, sondern immer schon im Blick auf Inhalte, zielbezogen und fachlogisch zugleich, sowie auf ihre Realisierung hin, denn Methoden sind ja nichts als zielbezogen prüfbare Technologien (wenn auch, wie immer in der Pädagogik, eher paradoxe Technologien, weil sie für eine Punkt-zu-Punkt-Zurechnung von Intention-Programm-Wirkung nicht taugen). Für den historisch-systemischen Bezugspunkt meiner Analyse mag die Erinnerung reichen, dass sich Struktur, Funktion und Praxis der GO allein national-kulturellen Erwartungen und Vorgaben verdanken, die letztlich nur historisch zu erklären sind; denn die mit der GO institutionalisierte Regelung des Hochschulzugangs und Status und Funktion des Abiturs als allgemeine Hochschul-„reife", also auch noch normativ hoch aufgeladen, stellen eine Besonderheit deutschsprachiger Hochschulsysteme dar, die sich damit Schwierigkeiten aufladen, die andere Schul- und Hochschulsysteme ganz ohne den Ballast der auch fachdidaktischen Debatten und Folgeprobleme regeln, die mit der Trias verbunden sind. Im Ergebnis meiner Überlegungen, das mag unerwartet sein, sind auch nicht Klage und Kritik oder gar nur Defizitzuschreibungen primär, sondern eine realistische Betrachtung der Erwartungen, die man im Lichte der Trias an die GO, an Mathematik und digitale Bildung haben kann.

2 Allgemeinbildung – Kanon und Kanonisierung

Die erste Komplikation in der Trias erzeugt bereits der Begriff der „Allgemeinbildung", schon weil die Kopula von „allgemein" und „Bildung" mit einer Geschichte lebt, in der sich alle problematischen Eigenarten der deutschen Tradition im Umgang mit Schule und Gesellschaft, Studium und Wissenschaft exemplarisch bündeln – die Suchbewegungen im ersten Beitrag (Kap. 1.1. in diesem Band) dokumentieren das erneut. Die gesamte Geschichte mag hier auf sich beruhen, schon weil die Trias das Problem dadurch verschärft, dass Attribuierungen wie „vertieft" ins Spiel kommen. Im hier zur Rede stehenden Kontext, also schulbezogen, kommt man einer Klärung am ehesten näher, dass man das gesellschaftliche Problem bezeichnet, das mit „Allgemeinbildung" – oder „Allgemeine Bildung" – bearbeitet, vielleicht sogar gelöst werden soll. Dann stößt man schon seit der Antike auf Debatten über einen Kanon, in dem Kulturen in Ost und West kodifizieren, was an Wissen und Können, d. h. an Prämissen für Kommunikation (KMK, 1995, S. 71) in einer Kultur für „alle" generalisiert werden soll, damit Individuen an dieser Kultur und Gesellschaft, auch an Politik und Ökonomie als Laien verständig und für andere erwartbar teilhaben und für spezielle Aufgaben weiter geschult werden können.

Traditionell dominiert in der Kanondebatte, natürlich auch hier bei den Fachdidaktikern, die Frage nach den Inhalten – und erzeigt die offenen Fragen. Die Antworten wurden (und werden z. T.) in der deutschen Tradition ganz divers von humanistisch bis klassisch, sprachlich bis ästhetisch bestimmt, immer aber sehr nah am Fächerkanon der höheren Schulen oder am Abitur als Maß, womit man auch sieht, dass allgemeine Bildung nicht volkstümlich war und ist. Aus der Distanz der Beobachter wurden später, aber heute unbestritten, Kanonfragen von spezifischen Lehrplangestalten unterscheidbar, und als Modi des Weltzugangs systematisch formuliert. Dabei werden aktuell, meist in der knappen, an Humboldts egalitären Bildungsprogrammen früh abzulesenden Form, vier Modi benannt, die als sprachlich-literarisch, historisch, mathematisch und ästhetisch unterscheidbar sind, wobei mathematisch schon bei Humboldt, bei Wilhelm und Alexander, die Naturwissenschaften und ihre Sprache miteinschloss (so wie historisch die Sozialwissenschaften und sprachlich die eigene wie fremde Sprachen). Systematisch wurden die Modi als universale Sprachen interpretiert, die je unterscheidbare, jedenfalls nicht aufeinander reduzierbare Zugänge zur Welt eröffnen und damit in einer verwissenschaftlichten Zivilisation die Handlungsfähigkeit – auch mathematisch – gegenüber Welt und Wissen eröffnen, ohne die Expertise des Spezialisten, das Besondere, ersetzen zu können.

Diese Orientierung am Kanon muss allerdings unbedingt um die Prozessdimension, d.h. um die Regeln und Praktiken der Kanonisierung erweitert werden, um die ganze Pointe allgemeiner Bildung zu sehen. Um welche Inhalte es auch immer geht, kanonisch, also den Habitus im Umgang mit Welt und Wissen prägend, werden schulische Lernprozesse (und öffentliche Praktiken der Kanonkonstruktion) erst durch die Formen der Kanonisierung (man erinnere sich, kulturell, an Reich-Ranicki). Dafür ist Schularbeit besonders typisch, ja vielleicht sogar primär eingerichtet, weil sie den Umgang mit Wissen als Praxis dualer und binärer Codierung praktiziert, in den Codes von richtig vs. falsch, erlaubt vs. nicht erlaubt, erwünscht vs. unerwünscht, angemessen vs. unangemessen, erfolgreich vs. gescheitert, eingeschlossen vs. ausgeschlossen (etc.). In dieser Form des Umgangs mit schulischen Themen wird individuell und kollektiv gelernt, folgenreich für die Selbstwahrnehmung von Individualität, für Bildung also als Modus, Form und Produkt der Selbstkonstruktion im Umgang mit Welt. Nicht primär die Inhalte, gar fachspezifisch, die Differenzerfahrung im Umgang mit Wissen und Welt formt also im Prozess den Lernenden und erzeugt seine Bildung. Das ist, gesellschaftlich gesehen, zuerst eine Form, in die hinein man sozialisiert wird, „ein soziales Spiel" (Schwanitz, 1999, S. 395), dessen Regeln man kennen muss – hier kann man Schwanitz zustimmen. Und das „Ziel dieses Spiels ist einfach: gebildet zu erscheinen und nicht etwa ungebildet." (ebd.). Der geeignete Indikator für den Status des Gebildeten ist deshalb auch sozial, nicht wissens- oder kompetenzbasiert. Schon weil man nicht alles wissen kann, meist nicht alles weiß, gilt nur „die Sicherheit, mit der hier geblufft wird", sie ist ein „Indiz, daß der Bluffer das Bildungsterrain gut kennt" (Schwanitz, 1999, S. 401), auch sichtbar in der Kompetenz, „über Bücher zu reden, die man nicht gelesen hat" (Bayard, 2007).

Die Symbolisierung der Tatsache, dass man die Sprache der Mathematik erfahren hat und damit auch „Mathematik ... in ihrer Reichhaltigkeit als kulturelles und gesellschaftliches Phänomen" (KMK, 2015, S. 12), ist ein Teil dieses sozialen Spiels. Offenbar gibt es in diesem Spiel im Fall der Mathematik auch noch besondere Regeln, um neben dem Bluff seine Identität zu behaupten. Hier gelten im Alltag, wie man nicht allein mit anekdotischer Evidenz behaupten kann, offenbar so besondere wie eindeutige und entlastende Regeln:

> Man ist ein Bildungsbanause, wenn man zugeben muß, daß man von Musik oder Kunst oder Literatur nichts versteht. Bildung oder gar Persönlichkeit eines Menschen werden dagegen überhaupt nicht in Zweifel gezogen, wenn er freimütig gesteht: ‚Ich hatte immer schon null Bock auf Mathematik.'

Der prominente Mathematiker, der das behauptet, fährt sogar fort: „Ja, wenn er sonst keinen Makel hat, qualifiziert diese Äußerung unseren Mitmenschen nicht nur als normal, sondern vielleicht sogar als sympathisch." (Korte, 2001, S. 10). Das bedeutet aber, bildend ist der Mathematikunterricht für die Mehrheit seiner Teilnehmer paradoxerweise darin, dass er ihnen eine Praxis eröffnet, mit der systematischen Erfahrung und Zuschreibung von Inkompetenz auch öffentlich zu leben – und das ist wirklich spezifisch. Korte sieht die Ursachen übrigens im Mathematikunterricht selbst, biete er doch kaum mehr als „Kochrezepte für Kreuzworträtsel", weil „der überwiegende Teil der Schulmathematik [...]immer noch aus Regeln zur Lösung innermathematischer Standardaufgaben [besteht]", statt sie in „in ihrer Reichhaltigkeit als kulturelles und gesellschaftliches Phänomen" (KMK, 2015, S. 12) zu zeigen, oder, wie er erwartet, das „Verständnis für die Mathematik als notwendiges ‚Betriebsmittel' der modernen Welt" (Korte, 2001, S. 10) zu erzeugen.[1]

Die Reformdebatten über intelligente Aufgaben im Mathematikunterricht, die seit Jahren geführt werden, um Kompetenzerfahrung für alle zu ermöglichen, bestätigen seine skeptische Diagnose. Die Outcome-orientierten Messungen demonstrieren aber nicht den Erfolg dieser Arbeit; denn selbst am Ende der gymnasialen Oberstufe ist der Anteil der Lernenden, die souverän mit der Sprache der Mathematik und ihrer Logik entsprechend umgehen können, konstant relativ gering, kaum mehr als ein Viertel groß (Rolfes et al., 2021). Im Blick auf Allgemeinbildung, könnte man einwenden, ist das kein großes Problem, denn der kompetente Umgang mit den anderen Modi ist auch nicht viel besser. Nur wird kaum jemand freiwillig und öffentlich einräumen, dass er Goethe nicht kennt, Grass nicht verstanden hat oder mit Proust wenig anfangen kann; und von Marx muss man auch kaum mehr wissen, als dass Sozialismus ins Elend führt oder das Heil des Menschen eröffnet, mit Geschichtskenntnissen, denkt man nur an NS oder DDR, steht es nicht besser (etc.). Mit anderen Worten, lebensweltbezogen ist das notwendige und im Alltag erforderliche Maß des kompetenten Umgangs mit Mathematik (oder Französisch, Latein oder Geschichte oder ästhetischer Theorie oder sozialwissenschaftlichen Modellen) eher bescheiden, vielleicht sogar noch geringer als das Maß, das Hans Werner Heymann uns zu zeigen versuchte, als er seine Zunft provozierte. Die Beherrschung der basalen Rechenpraktiken, die dabei hilfreich sind, dass man im Alltag nicht betrogen wird und sich selbst nicht über seine Möglichkeiten täuscht – man werte Mathematical Literacy nicht ab! – dürfte genügen. Schon eine Einführung in die Risiken, die mit der Mathematisierbarkeit von Welt verbunden sind, ist wahrscheinlich ein zu hohes Ziel. Gerd Gigerenzer belehrt uns sogar immer neu, dass selbst akademische Experten, Mediziner z. B., mit Risikokalkülen nicht umgehen können, ja schon bei der Interpretation von Prozentwerten Probleme haben – und die Pandemiedebatten

---

[1] Die Diagnose entspricht im Übrigen der von Felix Klein, der um die Jahrhundertwende schon gegen „einseitige und praktisch wertlose Spezialkenntnisse" polemisierte und forderte, daß „dagegen die Fähigkeit zur mathematischen Betrachtung und Auffassung der Vorgänge in der Natur und den menschlichen Lebensverhältnissen geweckt und gekräftigt werden" sollten (Keferstein, 1906, S. 805).

widerlegen solche Defizitbefunde nicht, veranlassen allenfalls die Frage, wie man angesichts von Expertenherrschaft überleben kann.

Das weitergehende Problem, die vorliegenden Texte zeigen es erneut, entsteht erst, wenn man „Allgemeinbildung" in die Trias einordnet, als Standard nicht den Alltag, sondern das Abitur und d. h. auch Wissenschaftspropädeutik und Studierfähigkeit anlegt und „vertiefte Allgemeinbildung" fordert. Denn sobald man diese Tiefen auszuloten sucht, bleiben offenbar nur wenige Optionen: Entweder kommt man erneut auf die mathematischen „Grunderfahrungen", also die existente Praxis, ist aber offenbar nicht damit zufrieden, dass „Vertiefung" – gut pädagogisch – ja auch wiederholende Übung sein könnte, um die Defizite der eigenen Praxis zu bearbeiten. Im Kontext der GO, zweite Option, wird man zur Klärung meist auf die beiden anderen Glieder der Trias verwiesen, oder, dritte Option, auf die Unterstellung, dass zur allgemeinen Hochschulreife auch eine Breite des Wissens gehört, die man einem Bild von Bildung zurechnet, die klassische Gebildete zeigen – verliert sich also allein in Kanondebatten, ohne die Kanonisierung zu sehen. Allein die Tatsache ist offenbar schwer zu ertragen, dass in der Dimension der Allgemeinbildung allein ein reflektiertes Selbstbild der eigenen Kompetenzen im Umgang mit den Modi des Weltzugangs, und zwar insgesamt, das Ziel sein kann. Nachdem die Wahlvorschriften für die gymnasiale Oberstufe und das Abitur (zusammen mit der Varianz lokaler Bewertungspraktiken) alte, hier und da harte, Erwartungen weitgehend aufgeweicht haben, kommt man durch die gymnasiale Oberstufe offenbar auch, meist sogar erfolgreich, wenn man sich nur für die Regeln des Spiels rüstet, in dem Allgemeinbildung, Mathe eingeschlossen, realistisch prozediert wird.

3 Wissenschaftspropädeutik

Die Referenz auf Wissenschaft, die Trias macht sich geltend, bleibt dann ja sogar erhalten; denn selbst der Lehrplan der Sekundarstufe I und die Themen des Unterrichts dort werden heute am Maßstab der Wissenschaft gemessen, nicht mehr an dem der volkstümlichen Bildung. Wissenschaftsorientierung des Curriculums und der Praktiken und Gütekriterien in der Behandlung von Themen ist/sollte ja die schulische Praxis schon der Grundbildung sein, die basale Ablösung vom Alltagswissen und seine wissenschaftsorientierte Überformung sind die geltenden Ziele. Aber die Oberstufe verlangt mehr, nicht Tiefe, sondern Wissenschaftspropädeutik – und handelt sich einen ebenfalls mehrdeutigen Begriff ein, wie der dazu einschlägige Text ebenfalls, bedauernd, sagen muss. Fachdidaktisch und fachwissenschaftlich orientiert, gehen die Überlegungen erwartbar von der Struktur der Disziplin aus, sehen die Mathematik als „reine" und „angewandte Wissenschaft" und verweisen für ihre Konstitution – dann allerdings wie bei jeder Wissenschaft – auf Theorien und Axiome, Begriffe und Methoden, Praktiken und Anwendungsmuster und das Wissen der metamathematischen Beobachter. Aber was „wissenschaftspropädeutisch" bedeutet, ist damit nicht geklärt, weil das ein allgemeindidaktisches Konzept ist, auch hier allerdings nicht im Konsens formuliert, weil Wissenschaftsdidaktik Schule und Universität zugleich als Referenzraum hat und mit variablen Unterscheidungen arbeitet (Benner, 2022).

Auch hier bleibt im Grunde, schulbezogen, nur der Rekurs auf das zu bearbeitende Problem. Das liegt hier in der Erwartung, dass in der Sequenz schulischer Praxis nach dem Alltagswissen, das wissenschaftsorientiert in Schulwissen transformiert wird, das wissenschaftsbasierte Wissen selbst zum Thema wird, und dass damit auch die Praktiken variieren, die im Umgang mit Wissen gelten, das Curriculum dort, der Lernende hier sind die Referenzen. Die basale bildungstheoretische Maxime von Lernprozessen, die das Wissen selbst zum Thema machen, und zwar als Wissenschaft, propädeutisch, weil es nicht schon um Forschung als Praxis von Wissenschaft geht und auch nicht um forschendes Lehren und Lernen (die universitäre Form von Propädeutik), ist erneut die Einheit von Initiation und Reflexion. Lehrend und lernend wird man auf die Struktur von Disziplinen und auf die Logik von Wissenschaften verwiesen, wie sie schulisch präsent ist, und auf die Frage, wie sich aus dieser Relation je neue individuelle Kompetenz bildet. Schulisch, in einem Feld, das durch Fachlichkeit des Wissens bestimmt ist (Heer & Heinen, 2019), kann man die generelle Maxime dieser Arbeit zuerst als methodisch organisierte Initiation in die jeweilige Fachkultur und dann, systematisch folgend, als „Transzendierung der Fachperspektiven" (KMK, 1995, S. 113) bezeichnen. So schön das klingt, die KMK-Expertise sah sich schon 1995 gezwungen, vor voreiligen Praktiken der – überfachlichen, fachübergreifenden, wie immer – Transzendierung zu warnen. Didaktisch und fachspezifisch könnten solche Arbeiten – propädeutisch – sinnvoll an den Strukturen von Wissenschaften selbst ansetzen und sie zum Thema der Beobachtung machen. Z. B. in dem „Drei-Ebenen-Modell", das Fesser und Rach (S. 52) von Huber vorstellen, wenn man dabei die Referenz auf „Wissenschaft" durch das jeweilige Fach, hier die Mathematik, ersetzt. Dann ergibt sich eine Stufung von der ersten Ebene „Lernen und Üben in Mathematik", orientiert an den „Grundbegriffen und Methoden", über die zweite „Lernen an Wissenschaft", orientiert an der „wissenschaftlichen Haltung und Kultur des Ergründens", bis zur dritten Ebene „Lernen über Wissenschaft" als „Metawissenschaftliche Reflexion". So klar die Ordnung ist, sie zeigt ihre Herkunft aus allgemeinen Reflexionen, und für die Mathematik muss nicht zufällig die Differenz von „reiner" und „angewandter" hinzugefügt werden. Schon im Blick auf die Aufgabenkonstruktion in der Schule können zwei Relationen hervorgehoben werden. Die erste Option lautet, Wissenschaft in ihrer Wirklichkeit über ein ihr eigenes „Vokabular" zu verstehen, wie es aus historischer Entfaltung und Differenz vorliegt (Rorty, 1989, passim), und die zweite – schon wegen der kulturellen Bedeutung der Mathematik –, auch den Verwendungskontext mathematischen Wissens mit einzubeziehen, freilich ohne das zum Anlass zu nehmen, allein die ethische Dimension von Wissenschaft als Dimension der Transzendierung von Fachlichkeit zu verstehen. Das ist aktuell zwar beliebt, aber schon bei der Biologie nicht zu empfehlen (Tenorth, 1998), obwohl sie heute im ökologischen Kontext vor allem so diskutiert wird.

Didaktisch, so die Erinnerung an eine gute Tradition, wird das natürlich nur exemplarisch gehen, eben in der Historisierung des „Vokabulars" und in der Kontextualisierung mathematischen Wissens. Die konkreten und attraktiven Themen sind dann reichhaltiger als die Zeit, die der Unterricht hat, Exempel für das Selbstverständnis der Mathematik und für ihre Nutzung müssen genügen. Für das historische Selbstverständnis ist z. B. eine Definition der Themen der Mathematik aufschlussreich, die sich im Kontext ihrer universitären Institutionalisierung schon in den 1820er Jahren an der Universität Berlin finden lässt. August Leopold Crelle, ein Urvater der Disziplin, nennt in seinem – bis heute bestehenden – „Journal für die reine und angewandte Mathematik" in der Vorrede zum ersten Jahrgang 1826 als „Umfang" der „Gegenstände" der Mathematik, dass zu ihr

> „sollen gehören: 1. Die reine Mathematik, also Analysis, Geometrie und die Theorie der Mechanik in ihrer ganzen Ausdehnung. 2. Anwendungen der Mathematik aller Art, z. B. auf die Lehre vom Licht (Optik, Catoptrik, Dioptrik), auf die Theorie der Wärme, auf die Theorie des Schalles, auf die Wahrscheinlichkeiten etc.; ferner die Hydraulik, die Maschinenlehre, die mathematische Geographie, Geodäsie etc. Die Astronomie soll zwar nicht ausgeschlossen sein, aber auch keinen Hauptgegenstand ausmachen, weil diese Wissenschaft allein eine Zeitschrift beschäftigt." (Crelle, 1826, S. 3)

Hier sind alle Themen einer mathematisierten Welt präsent, die bis heute relevant bleiben. Schulisch dann allein die Klärung der Referenzen zu geben und Beispiele ihrer Praxis und ihrer Mathematisierung historisch oder lokal zu suchen, kann Lerngruppen lange Zeit produktiv beschäftigen (und man versteht vielleicht auch, warum Werner von Siemens 1860 einer der ersten Ehrendoktoren der Universität wurde).

Metamathematik wiederum mag schulisch ein nicht einfach zu handhabendes Feld sein, aber sie hat ihre eigene Faszination: Einfachheit als Kriterium mathematischer Modellierungen und Lösungen zu propagieren, das eröffnet die Nähe zu den Denkformen der Kunst; die Rolle von Intuition für grundlegende Begründungen zu sehen, ist ebenfalls so irritierend wie inspirierend. Begründungen hatten aber auch anderen Status, „deutsche Mathematik" z. B. war eine nationalsozialistisch protegierte Intuition – und Verirrung – anerkannter Mathematiker. Wie das möglich war, wenn Mathematik doch so strikt das logische Denken fördert, das sollte man doch fragen, und z. B. auch, wie sich z. B. die Karriere bevölkerungswissenschaftlicher mathematischer Modellierungen von Fertilitätsraten erklärt, die von Hartnacke (1930) bis Sarrazin (2010) immer neu vorgelegt wurden, scheinbar mathematisch begründet, obwohl sie nichts anderes darstellen als die Pseudomathematisierung rassistischer Vorurteile, die nur den beeindrucken können, der die Prämissen der Modellierung nicht sieht. Auch das ist Historisierung. Für das Vokabular liegt die Frage nahe, systematisch zu klären, was z. B. „Argument" oder „Beweis" bedeuten, und wie sich der Gebrauch von Argumenten rhetorisch, logisch und mathematisch darstellt.

Kurz, nicht die Referenzen sind rar, die didaktische Phantasie ist gefragt, die zeigt, was hier möglich ist. Transzendierung bedeutet dann auch nie mehr als das, was Rorty erwartet, dass man nämlich das Vokabular kennt, seine Möglichkeiten exemplarisch nutzt, seine Folgen sieht, und auch, dass es dazu variable, vielleicht sogar alternative Optionen gibt – lebensweltlich wie wissenschaftlich, Mathematik als „Ideologie der Moderne" (Ullmann, 2008) entlarven und global delegitimieren zu wollen, halte ich dagegen für eine Althusser- und Foucault-basierte Übertreibung. Mehr kann man wissenschaftspropädeutisch gar nicht erwarten von den Absolventen der Schulen wie von den angehenden Studierenden, als dass sie ein epistemologisch diskutierbares Bild von Wissenschaft entwickeln, auch für die Mathematik deren konstruktiven Charakter sehen und die Möglichkeiten und Risiken der Mathematisierung sozialer Sachverhalte erkennen. Das weckt sogar große Hoffnungen bei einem allgemeinen Didaktiker: „Das Fach Mathematik wäre weniger selektiv, verstünden es seine Vertreter besser, das Mathematische dort zu zeigen, wo wenig oder gar nicht gerechnet wird. Wer bisher wenig von der Mathematik Kenntnis genommen hat, sollte möglichst bald etwas mehr Kenntnis von den Lebensbereichen nehmen, deren angebliche Mathematisierbarkeit schließlich der Legitimation seiner Tätigkeit dient." (Diederich, 1991, S. 12).

4 Studierfähigkeit

Derart im Umgang mit kulturellen Großformeln ebenso geübt wie im skeptischen Blick auf die Wissenschaften kann man getrost das Studium beginnen, auch hier in der sicheren Gewissheit, dass die nächste Lernphase, wie die früheren auch, große Varianz bei der Betrachtung von Studienverläufen zeigt, Erfolg ebenso wie Misserfolg. Blickt man von GO und Abitur auf diese Lernprozesse, hat es sich eingebürgert, Erfolg und Misserfolg auf schulische Faktoren zuzurechnen. Aber aus der Distanz gesehen, in der forschenden Beobachtung, sind die Dinge komplizierter, im Ergebnis eher entlastend für die Schule, in der Zuschreibung von Verantwortung stärker bei den universitären Studiengängen selbst. Das zeigt sich, sobald man die zentralen Themen, Studierfähigkeit einerseits, Studienabbruch andererseits, etwas näher in den Blick nimmt, so skeptisch wie das der Beitrag von Ufer auch tut, dessen knappes Fazit vorwegnimmt, was für das letzte Element der Trias angemessen ist, „dass *allgemeine Studierfähigkeit* als hinreichendes Merkmal für Studienerfolg eine Utopie bleiben muss" (Kap. 1.3.4 in diesem Band) – und nie Realitätsgehalt hatte, wie man hinzufügen darf, hinreichend belehrt durch die Konstanz der Klage der Universität über die fehlende Studierfähigkeit, die ja im ausgehenden 18. Jahrhundert einsetzt, zur Einführung des Abiturs als generellen Mechanismus der Abhilfe sorgt, aber dennoch bis heute in Geltung bleibt. Mit Studierfähigkeit werden Leistungen der GO versprochen, die distanzierter zu sehen sind; denn einerseits werden sie durchaus eingelöst, andererseits kann ihr Fehlen nicht der GO zugerechnet werden, jedenfalls nicht allein oder gar primär.

Im Blick auf Studierfähigkeit sieht man nicht allein konstante Querelen über die Kriterien der Normierung des Hochschulzugangs, sondern auch sehr kontroverse

Debatten und Befunde über die Leistungsfähigkeit von Schule und Abitur. Lässt man die kulturkritischen Klagen über „ungesunde Akademisierung" oder, wie früher, ein scheinbar drohendes „akademisches Proletariat" außer Acht, dann wird die fehlende Studierfähigkeit jenseits der Leistungsdaten für GO/Abitur vor allem an Daten über das Scheitern im Studium zu belegen gesucht, oder an Zahlen, die den Abbruch von Studien und den Wechsel von Studiengängen quantifizieren. Beide vermeintlich aussagekräftigen Referenzen haben aber ihre eigenen – großen – Probleme. Zunächst, GO und Abitur werden nicht nur kritisiert, dem Abitur wird gleichzeitig die beste „substanzielle Prädiktionskraft" (Köller, 2014, S. 68) für den Studienerfolg zugeschrieben, also ein positiver Zusammenhang von Schulleistungen und Studium, ohne dass damit die Lernbiografie in der Hochschule selbst schon hinreichend erklärt wird. Aber das Abitur ist offenkundig in seiner Garantiefunktion leistungsfähiger, als man denkt, denn es machen ja auch mehr als die ca. 20 % der exzellenten Schulabsolventen erfolgreiche Hochschulabschlüsse. Studierfähig ist man anscheinend auch dann, wenn man nicht unbedingt zur schulischen Spitzengruppe zählt – und das dürfte früher ähnlich gewesen sein, auch deswegen, weil das Konstrukt Studierfähigkeit neben Kenntnissen auch Motive, Anstrengungsbereitschaft und Fähigkeiten zum Umgang mit der neuen Lernwelt erfordert (und notabene hinreichende sozioökonomische Absicherung).

Für die Misserfolge im Studium, für Abbruch ebenso wie für die Häufigkeit der Studienfachwechsel, die gelegentlich auch dem Abitur zugeschrieben werden, steht es ähnlich. Hier gilt vielmehr, was kürzlich so resümiert wurde: „Das interdisziplinäre Feld der Studienabbruchforschung in Deutschland ist in Bewegung!" (Neugebauer et al., 2019) – und, so wird höflich der substantielle Forschungsbedarf umschrieben, „die Entwicklung von Forschungsdesigns, die kausale Aussagen zu Ursachen, Folgen und Maßnahmen erlauben, (stellt) nach wie vor eine große Herausforderung dar" (ebd., S. 1023) Nicht nur, dass die öffentlich als so eindeutig gehandelten hohen Quoten für das „Scheitern" nicht einfach feststellbar oder zuschreibbar sind. Schon mancher Fachwechsel – den die Hochschulstatistik nicht präzise von Studienabbruch oder -scheitern unterscheidet – verdankt sich nur der individuell klaren Einsicht in die eigenen, vorher nicht so klar definierten Interessen oder Arbeitsmöglichkeiten und kann insofern als kluge Korrektur von Erstentscheidungen interpretiert werden kann. Bei den Lernprozessen nach dem Abitur kommen neben der Eingangskompetenz nämlich auch die Lernangebote der Universität selbst und andere Einflussfaktoren zur Geltung. Abiturschelte müsste dann zumindest parallel gehen mit Kritik der Lehrleistungen und, vor allem, der Lernbedingungen der Universität, nimmt man nur die Betreuungsrelation als erklärenden Faktor. Aber das ist ein Thema jenseits der GO. Die Verschiebung der Verantwortung für Probleme in der Lehre auf die Studierenden oder auf die Schule und das Abitur bleibt deshalb so lange ein durchsichtiges externalisierendes Manöver, wie die Hochschulen nicht zugleich ihre eigene Lehrqualität nüchtern auf den Prüfstand stellen.

Das Fazit ist es deshalb auch, dass es eine zentrale Aufgabe der universitären Studiengänge selbst ist, angesichts der Heterogenität der Eingangskompetenzen und der inzwischen unübersehbaren Vielfalt von Studiengängen für die Studierfähigkeit im eigenen Revier zu sorgen. Die Fächer tun das auch, mehr oder weniger gut, auch mit Blick auf die Mathematik. An der Berliner Universität z. B. gab es Kurse im „wissenschaftlichen Rechnen" noch im 21. Jahrhundert, um den Studienanfängern die Praktiken auszutreiben, die ihnen der schulische Matheunterricht eingetrichtert hatte. Auch das Scheitern zumal an mathematischen Anforderungen in manchen außermathematischen Studiengängen, in der Ökonomie oder in den Sozialwissenschaften z. B., ist zuerst ein Signal für selektive Praktiken in den Fachwissenschaften selbst, die durchaus der kontroversen Beurteilung zugänglich sind. Sie spiegeln Modelle der Fachdisziplin, etwa dominant ökonometrisch bestimmte Wirtschaftswissenschaften oder eine Psychologie, die Statistik zum Nadelöhr macht, während die Studierenden mehrheitlich therapeutisch interessiert sind, oder zu Formen vermeintlich sozialwissenschaftlicher Methodenlehre, die nur Statistikpraktiken abfragt, die mathematische Modellierung sozialwissenschaftlicher Themen und Probleme, also die disziplineigene mathematische Modellierung vernachlässigen. Legitime Erwartungen an GO und Abitur können schon wegen solcher universitärer Praktiken fachspezifischer Scheiterquoten nicht abgeleitet werden.

5 Digitale Bildung

Bleibt die Frage, ob die GO um die Dimension „digitaler Bildung" erweitert werden muss, weil Allgemeinbildung, Wissenschaftspropädeutik und Studierfähigkeit allein nicht mehr die Erwartungen definieren können, die an diese Stufe der Bildung – nach der Sekundarstufe I und der dort zu leistenden Grundbildung und vor der prätertiaren universitären und beruflichen Qualifizierung – gestellt werden müssen. Der hier vorliegende Beitrag zum Thema behandelt das modisch ansonsten stark besetzte Thema mit der notwendigen Distanz, räumt ein, dass die Frage „derzeit nicht abschließend beantwortet werden kann" (Lindmeier, Kap. 1.4. in diesem Band, S. 94), auch weil die zentralen politischen Referenzen, etwa die KMK-Denkschrift über „Bildung in der digitalen Welt" (KMK, 2016), wie die meisten anderen Programmtexte auch die spezifischen Fragen der Sekundarstufe II / GO gar nicht aufnehmen. Selbstverständlich geht auch die Abhandlung von Lindmeier von den unverkennbaren „Veränderungen" (S. 103 u. ö. in diesem Band) aus, die mit Stichworten wie Digitalisierung oder digitale Bildung in der öffentlichen Debatte verbunden werden, hält aber auch hier den empfehlenswerten Abstand von ausgreifend-unbestimmten Diagnosen.

Man könnte, die Distanz zu globalen Diagnosen verstärkend, aber vielleicht ergänzend doch erinnern, dass die KMK-Thesen von einer „digitalen Welt" sprechen oder andere, ebenfalls zitierte Analysen, eine „digitale Kultur" als zentrale Referenz sehen, dass aber genau das eine reduktionistische Diagnose ist. Zuschreibungen wie diese müssen immer noch mit dem Einwand konfrontiert werden, dass hier ein ganz selektiver Blick regiert, den man gerade für die Erwartungen an Bildung nicht akzeptieren kann. In der Regel wird dabei „… the essential continuity of the social, economic and political order" ausgeblendet und übersehen, dass es bei allem digitalen Wandel und den damit einhergehenden Veränderungen immer noch Kontinuitäten gibt, die unsere Wirklichkeit sehr viel stärker bestimmen, und selbst die Form von Digitalisierung und die Nutzung digitaler Strukturen: „We continue to live in a hierarchical and unequal society dominated by the ideology of free market capitalism, and the 'digital divide' merely adds another dimension to inequalities which have already long existed." (Martin, 2008, S. 153).[2]

Bildungstheoretisch gesehen ist deshalb auch neben der zeitdiagnostischen Frage vor allem zu klären, ob mit Digitalisierung ein Modus des Weltzugangs gefordert ist, den die klassischen Modi nicht mehr hinreichend eröffnen, weil sie nicht geeignet sind, die digitale Welt zu verstehen und in ihr und mit ihr angemessen zu handeln. Der Beitrag Lindmeier bleibt hier angesichts der existenten Diskussionslage so offen wie relativ unbestimmt, schlägt allenfalls vor, „auf Basis der informationstechnischen Grundbildung" zu denken – ähnlich wie die jüngste Empfehlung der SWK der KMK (SWK, 2022), die schulbezogen auch von Informatik aus denkt. Lindmeier billigt die „Deutungshoheit" ebenfalls der Informatik zu, platziert sie also im MINT-Bereich insgesamt. Aber hier macht sich, bildungstheoretisch gesehen, nur bemerkbar, dass der Modus des Weltzugangs mit Lehrplanelementen verwechselt wird. Als Modus des Weltzugangs gibt es aber den „informatischen" nicht, er war und ist – auch für die Probleme des Digitalen – nicht notwendig, weil der Modus, den man als mathematisch bezeichnet, schon immer mehr war, naturwissenschaftlich in der frühen Reflexion seit Humboldt, also durch den MINT-Bereich aktuell umgrenzt, nie nur rein oder angewandt mathematisch.

Aus der Perspektive von Modi des Weltzugangs stellt sich dann aber die Frage, ob die „Diskurslinien" (Lindmeier in diesem Band), die hier diskutiert werden – neben der informationstechnischen Bildung die medienpädagogische Perspektive und Formen des Lernens in der digitalen Welt systematisch schon hinreichend sind, einen neuen, nicht auf andere reduzierbaren, sie vielmehr systematisch du für alle Lernenden notwendig komplettierenden Weltzugang zu zeigen. In den Überlegungen vermisse ich schon die didaktisch zentrale Differenz von Thema und Modus des Weltzugangs, vor allem aber muss man – jetzt im Blick auf die Prinzipien der GO – auch methodisch weiter fragen. Im Kontext der Trias der GO ist es dann die zentrale Frage, ob nicht in der wissenschaftspropädeutischen Dimension der Thematisierung von Themen und Disziplinen bereits die didaktische Distanz aufgebaut und die Kompetenz vorbereitet wird, die von einem Phänomen wie Digitalisierung gefordert ist. Dessen Bedeutung für Mensch und Welt erschöpft sich ja nicht allein in der MINT-Dimension, sondern beansprucht auch immer die Referenz auf Gesellschaft – also historisch – und auf Sprache und Kommunikation sowie auf die je subjektive Erfahrung und Konstitution von Individualität, also die ästhetisch-expressi-

---

[2] Eine intensivere Diskussion der Rede von Digitalisierung und ihrer Konsequenzen für allgemeine Bildung habe ich in Tenorth (2021) versucht, darauf kann ich hier nur pauschal verweisen.

ve Dimension. Die digitale Kultur, was immer sie exakt hybrid, virtuell oder sonst wie auch darstellt, wird also, wie die multidimensional präsente Kultur der Moderne überhaupt, nur in der Einheit der Weltzugänge erfasst und nur im reflektierten wissenschaftspropädeutischen Zugang auf die Logik der beteilgen Thematisierungsweisen insgesamt reflektiert werden können. Digital allein, gar medial, geht das nicht, sonst beobachtet die digitale Welt nur sich selbst. Aber wir wissen seit der Selbstdestruktion von McLuhans zentraler These, dass das Medium zwar die Botschaft sein will, dass aber hinreichend schon gezeigt wurde, dass diese Anmaßung gegen Kritik nicht immun war und ist. Zu dieser Dekonstruktion waren auch zuerst die fachlichen, die mathematische Perspektive eingeschlossen, hinreichend geeignet. Deshalb gilt auch für Folgen der Digitalisierung, dass die Modi des Weltzugangs habitualisiert werden müssen, um die Handlungsfähigkeit der Subjekte gegen Zumutungen wie diese zu sichern.

6   Fazit: Bedeutung und Kritik der Trias

Das Fazit heißt, dass die Trias der Erwartungen zwar die Spezifik der GO charakterisieren kann, dass sich in ihrer Diskussion aber auch nicht einlösbare Fallstricke ergeben, wenn man die Trias in der Hoffnung nutzt, die fachspezifischen Probleme der Mathematik zu klären. Der Kern fachlicher Orientierung der GO ist mit der Wissenschaftspropädeutik gegeben. Hier bestätigt sich auch, dass die fachimmanenten Ziele und die fachdidaktischen Ansprüche zuerst zu klären sind, in der Initiation in die Struktur der Disziplin und in der fachtranszendierenden Reflexion auf die Prinzipien der Konstruktion, die Historizität ihres Vokabulars und die Kontextualisierung seiner Anwendung. Allgemeinbildung dagegen ist weniger eine fachintern-kognitive als eine zwar fachlich basierte, aber erst im und durch das Gesamtsystem der GO primär sozialisatorisch wirksame Erwartung an die Bildung der Subjekte, die Habitualisierung von Modi des Weltzugangs, aller Modi, sodass man über ein Selbstkonzept in diesen Dimensionen verfügt und über seine eigenen Kompetenzen disponieren kann. Für die Mathematik ist dieses Selbstkonzept offenbar nicht selten von Inkompetenzannahmen bestimmt als von souveräner Handlungsfähigkeit in der Nutzung dieser Kompetenzdimension. Aber das ist bisher eher in historisch plausiblen Zuschreibungen als analytisch detailliert präsent, schon angesichts der dominant kognitiven Orientierung der meist Outcome-orientierten Forschung. Studierfähigkeit bezeichnet sicherlich den Outcome, eignet sich aber nur begrenzt, um auch eine distinkte Relation und Zurechnung der Leistungen der Oberstufe für weitere Bildungsprozesse zu eröffnen, jedenfalls dann nicht, wenn man die Leistungserbringung im tertiären System nach Erfolg und Misserfolg primär der GO zurechnen will, ohne die Eigenstruktur universitärer Lehre zu berücksichtigen. Auch dann zeigt sich erneut, dass die Trias zwar gehaltvoll interpretierbar ist, zugleich aber neben der systematischen Überlastung der GO mit Erwartungen auch die Verführung befördert, die Differenz von Systemprozessen und -effekten und fachspezifische kognitive Wirkungen zu übersehen. Auch das liegt offenbar an der themenbezogenen Forschung, die Outcome primär, Prozesse, gar solcher langfristiger Wirkung weniger im Blick hat und zugleich die fachspezifischen Differenzen z. B. in der Konstruktion von Mustern der Selbstwahrnehmung angesichts der Konfrontation mit Wissenschaft meist ganz ausblendet.

Die Frage nach der vielleicht notwendigen Erweiterung der Trias um digitale Bildung wird in dem distanziert argumentierenden Beitrag von Lindmeier selbst nicht offensiv propagiert, aber auch kaum systematisch geklärt. Das gilt zum einen, weil das Thema bisher meist ohne den Blick auf die GO behandelt wird, zum anderen, weil die denkbare Praxis digitaler Bildung sich – in der GO – offenbar allein erst in der Trias entfalten lässt und dann auch schon hinreichend in den Dimensionen von Allgemeinbildung, Wissenschaftspropädeutik und Studierfähigkeit, nicht als eigenständige vierte Dimension bearbeitbar ist. Im Kontext von Digitalisierung ist jedenfalls ein neuer, vierter, gegenüber den existenten Modi des Weltzugangs systematischer neuer Modus nicht als notwendig aufgewiesen worden. Hier existiert zwar ein gewichtiges neues Thema für schulisches Lernen, schon in der Sekundarstufe I, das sich aber nicht hinreichend schon von der „informationstechnischen Grundbildung" aus entwickeln und vertiefen lässt, sondern nur im Totum der Modi des Weltzugangs. Erst sie machen die Form von Bildung möglich, mit der wir der Welt begegnen können, und diese Welt ist nicht allein eine „digitale", sondern immer noch, auch in den Dimensionen von Digitalisierung, eine systematisch und zuerst von Macht und Herrschaft, Technisierung und Mathematisierung, Ausbeutung, Gewalt und Ungleichheit bestimmte Welt.

Literatur

Bayard, P. (2007). *Wie man über Bücher spricht, die man nicht gelesen hat*. Kunstmann.
Benner, D. (2022). *Umriss der allgemeinen Wissenschaftsdidaktik. Grundlagen und Orientierungen für Lehrerbildung, Unterricht und Forschung* (2. Aufl.). Beltz/Juventa.
Blankertz, H. (1971). *Theorien und Modelle der Didaktik* (5. Aufl.). Juventa.
Crelle, A. L. (1826). *Vorrede. Journal für die reine und angewandte Mathematik 1/1*, 1–4.
Diedrich, J. (1991). *Wer rechnet da schon mit Mathematik?* Unveröffentlichtes Manuskript.
Hartnacke, W. (1930). *Naturgrenzen geistiger Bildung. Inflation der Bildung – Schwindendes Führertum – Herrschaft der Urteilslosen*. Quelle & Meyer.
Heer, M. & Heinen, U. (Hrsg.) (2019). *Die Stimmen der Fächer hören*. Schöningh.
Keferstein, H. (1906). Mathematik in höheren Lehranstalten. In W. Rein (Hrsg.), *Enzyklopädisches Handbuch der Pädagogik* (Bd. 5, S. 799–813). Beyer.
KMK (Hrsg.) (1995). *Weiterentwicklung der Prinzipien der gymnasialen Oberstufe und des Abiturs. Abschlußbericht der von der Kultusministerkonferenz eingesetzten Expertenkommission*. Sekretariat der KMK.
KMK (Hrsg.) (2015). *Bildungsstandards im Fach Mathematik für die Allgemeine Hochschulreife. Beschluss der Kultusministerkonferenz vom 18.10.2012*. Wolters Kluwer.
KMK (Hrsg.) (2016). *Bildung in der digitalen Welt. Strategie der Kultusministerkonferenz. Beschluss der Kultusministerkonferenz vom 8.12.2016*. KMK-Org.

Köller, O. (2014). Studierfähigkeit und Abitur – empirisch betrachtet. In S. Lin-Klitzing, D. Di Fuccia & R. Stengl-Jörns (Hrsg.), *Abitur und Studierfähigkeit. Ein interdisziplinärer Dialog* (S. 55–73). Klinkhardt.

Korte, B. (2001, 30. Januar). Niemals etwas Nützliches getan oder Die Liebe zur Sondermarke. *Frankfurter Allgemeine Zeitung*, S. 10.

Martin, A. (2008). Digital Literacy and the "Digital Society". In C. Lankshear & Michele Knobel (Hrsg.). *Digital Literacies – Concepts, Policies and Practices* (S. 151–176). Lang.

Neugebauer, M., Heublein, U. & Hannover, B. (2019). Editorial „Studienabbruch". *Zeitschrift für Erziehungswissenschaft*, 22(5), 1019–1023. https://doi.org/10.1007/s11618-019-00918-9

Rolfes, T., Lindmeier, A. & Heinze, A. (2021). Mathematikleistungen von Schülerinnen und Schülern der gymnasialen Oberstufe in Deutschland: Ein Review und eine Sekundäranalyse der Schulleistungsstudien seit 1995. *Journal für Mathematik-Didaktik*, 42(2), 395–429. https://doi.org/10.1007/s13138-020-00180-1

Rorty, R. (1989). *Kontigenz, Ironie und Solidarität*. Suhrkamp.

Sarrazin, T. (2010). *Deutschland schafft sich ab. Wie wir unser Land aufs Spiel setzen*. DVA.

Schwanitz, D. (1999). *Bildung: Alles was man wissen muß*. Eichborn.

SWK (Ständige Wissenschaftliche Kommission der KMK). (2022). *Digitalisierung im Bildungssystem: Handlungsempfehlungen von der Kita bis zur Hochschule. Gutachten der Ständigen Wissenschaftlichen Kommission der Kultusministerkonferenz (SWK)*. https://doi.org/10.25656/01:25273

Tenorth, H.-E. (1998). Unterricht und Bildung – Biologie und Ironie. Theoretische Grundprobleme und Fragen an den Biologieunterricht. In H. Bayrhuber et al. (Hrsg.), *Biologie und Bildung* (S. 29–43). IPN.

Tenorth, H.-E. (2021). Digitale Bildung – ihre Bedeutung in der schulischen allgemeinen Bildung. In Vereinigung Katholischer Schulen in Ordenstradition Ordensdirektorenvereinigung (ODIV) (Hrsg.), *„Digitalisierung – Grenzen und /oder Chancen für katholische Schulen." Referate und Berichte zur 64. Jahrestagung der ODIV, 4. bis 6. November 2019 in Würzburg-Himmelspforten. Materialien 16* (S. 14–38).

Ullmann, P. (2008). *Mathematik – Moderne – Ideologie. Eine kritische Studie zur Legitimität und Praxis der modernen Mathematik*. UVK.

Heinz-Elmar Tenorth, Humboldt-Universität zu Berlin, Kultur-, Sozial- und Bildungswissenschaftliche Fakultät, Institut für Erziehungswissenschaften, Abteilung Historische Bildungsforschung, Unter den Linden 6, 10099 Berlin
tenorth@hu-berlin.de

5.3

Daniel Pittich & Kristina Reiss

Mathematik im Beruflichen Gymnasium – Status Quo, Potentiale und Perspektiven

1 Einleitung

Der vorliegende Diskussionsbeitrag nimmt die Mathematik in Beruflichen Gymnasien in den Blick. Der erste Teil umreißt Besonderheiten und Merkmale der beruflichen Bildung und insbesondere der Beruflichen Gymnasien als Teil des beruflichen Bildungsbereichs, um davon ausgehend die Mathematik bzw. das mathematische Lehren und Lernen in der beruflichen Bildung und im Beruflichen Gymnasium einzuordnen. Das Kapitel schließt mit einem ersten Zwischenfazit, in dem die Rolle und die Funktion der Mathematik in der Allgemein- bzw. der Berufsbildung nochmals gegenübergestellt, aber auch Synergien und Potentiale herausgearbeitet werden. Diese Aspekte münden anschließend in Überlegungen und Implikationen für die Mathematikdidaktik. In den abschließenden Darstellungen zu Potentialen und Perspektiven wird – gemäß der Grundidee dieses Diskussionsbeitrags – nochmals dezidiert skizziert, warum die Beruflichen Gymnasien, aber auch die berufliche Bildung insgesamt, als eine ausgezeichnete Chance anzusehen sind, die Mathematikdidaktik weiterzuentwickeln, sie breiter zu sehen und die Anwendungsorientierung noch einmal mutiger zu denken, um die sich hier ergebenden Forschungsmöglichkeiten an der Schnittstelle von Mathematikdidaktik und beruflichen Fachdidaktiken stärker zu nutzen.

2 Berufliche Bildung und Berufliches Gymnasium

2.1 Berufliche Bildung

Das deutsche Bildungssystem gliedert sich prinzipiell in die Primarstufe, die Sekundarstufe I und die Sekundarstufe II und umfasst dabei aber sehr unterschiedliche Arten von Schulen. Zum Sekundarbereich I zählen etwa Haupt- bzw. Mittelschulen, Realschulen oder auch die Jahrgangsstufen 5 bis 10 des Gymnasiums, wobei es je nach Bundesland deutliche Unterschiede nicht nur in den Bezeichnungen gibt. Eine Gemeinsamkeit ist, dass sie Grundlage für den Besuch der Sekundarstufe II sind. Dazu gehören neben der gymnasialen Oberstufe auch unterschiedliche Schulformen der beruflichen Bildung, nämlich Berufsschulen innerhalb des dualen Systems, Schulen des Übergangsbereiches mit dem Berufsvorbereitungsjahr oder dem Berufsgrundbildungsjahr und weitere berufliche Vollzeitschulen wie die Beruflichen Gymnasien bzw. Fachoberschulen (FOS) und Berufsoberschulen (BOS). Auch hier bestimmt letztendlich das Bundesland das konkrete Angebot. Diese Schulformen bereiten auf den Tertiärbereich vor, also auf Universitäten, Fachhochschulen, Berufsakademien oder berufliche Fachschulen und Fachakademien. Der quartäre Bereich umfasst schließlich alle Formen der Weiterbildung (vgl. Cortina et al., 2003). Bereits aus dieser Übersicht wird deutlich, dass die berufliche Bildung im deutschen Bildungssystems eine besondere und eigene Position einnimmt, da sie im Sekundarbereich II, Tertiärbereich sowie dem quartären Bereich zu verorten ist (Riedl, 2011).

Fraglos kommt der beruflichen Bildung eine wichtige Rolle im Rahmen der Allgemeinbildung zu (Schelten, 2005). Allerdings zeigt sich die Besonderheit der Berufsbildung in der zentralen Intention und damit auch Zielstellung und das ist „die nationale Fachkräfteversorgung sowie das Innovationspotential in den Betrieben systematisch zu fördern und eine Berechenbarkeit der auf den Arbeitsmärkten ‚gehandelten' Kompetenzen zu gewährleisten" (Arnold & Gonon, 2006, S. 189). Entsprechend sind die beruflichen Bildungsprozesse ein „zentraler Bestandteil für die ganzheitliche Persönlichkeitsentwicklung des Individuums mit seinen Aufgaben in Staat, Gesellschaft und Privatleben" (Riedl, 2011, S. 19). Darüber hinaus sind berufliche Tätigkeiten in hohem Maße identitätsstiftend. Über diese bilden sich soziale Rollen aus, sodass die Berufsbildung auch spezifisch auf die Teilhabe an unserer Gesellschaft einwirkt.

2.2 Berufliches Gymnasium

Für das Berufliche – insbesondere das technische – Gymnasium lässt sich eine lange Genese mit unterschiedlichen Entwicklungslinien feststellen, die ihre Ursprünge im 19. Jahrhundert hat (u.a. bilanziert in Georg, 2014). Für die neueren Ansätze in der Entwicklung und Ausgestaltung der Beruflichen Gymnasien markiert das von Blankertz (1972) in Nordrhein-Westfalen umgesetzte Modellversuchskonzept der Kollegschulen bis heute einen bedeutsamen Meilenstein. Zentrale Idee war es, „wissenschafts- und berufsbezogenes Lernen in einer integrierten Sekundarstufe II" (Georg, 2014, S. 94) zu verbinden und die damals deutlich erkennbare „Dichotomie von Allgemeinbildung und Berufsausbildung" (ebd., S. 94) zu überwinden. Diese Bemühungen hoben sich von anderen – wie die Ansätze von Grüner (1974) oder auch die Handelsakademien in Österreich – ab, da hier der Anspruch berufsbezogene Inhalte in die Gymnasien zu integrieren deutlich überschritten werden sollten. Das Blankertz'sche Konzept war auf die Vorbereitung für ein wissenschaftliches Studium in spezifischen Berufssegmenten ausgerichtet, was wiederum mit einer entsprechenden Wissenschaftspropädeutik verbunden war. Diese Grundidee und der damit einhergehende (Bildungs-)Anspruch von Beruflichen Gymnasien ist noch immer eine wichtige Leitlinie. So formuliert das Kultusministerium in Hessen, dass das Berufliche Gymnasium „die Schülerinnen und Schüler durch allgemeinbildende und berufsbezogene Bildungsinhalte in besonderer Weise auf das Arbeits- und Berufsleben vor[bereitet]" (Kultusministerium Hessen, 2022). In ähnlicher Weise sieht diesen Bildungsgedanken etwa auch das Ministerium für Kultus, Jugend und Sport Baden-Württemberg. Danach verhelfen berufliche Schulen im Gesamten „jungen Menschen zu einer beruflichen Erstausbildung und eröffnen ihnen Wege, höhere allgemeine Schulabschlüsse zu erreichen. Sie bieten die Möglichkeit zum Erwerb einer Hochschulzugangsberechtigung und vermitteln ebenso Qualifikationen der beruflichen Weiterbildung" (Ministerium für Kultus, Jugend und Sport Baden-Württemberg, 2021, S. 4). Damit haben sowohl allgemeinbildende als auch berufliche Schulen einen festen Platz im deutschen Bildungssystem. Die ehemals deutlich erkennbaren gegenseitigen Vorbehalte, die es sowohl aus Sicht der Allgemeinbildung als auch der Berufsbildung gab, haben sich nicht zuletzt durch eine zunehmende Ausdifferenzierung des Bildungssystems, einer Entkopplung von Schulabschlüssen und Schulformen sowie die erweiterten Möglichkeiten für eine Hochschulzugangsberechtigung nahezu vollständig aufgelöst (Georg, 2014, S. 95). So gibt es die Möglichkeit, das Abitur abzulegen und damit die Hochschulzugangsberechtigung zu erwerben, nicht mehr ausschließlich an allgemeinbilden Gymnasien. In einer Vielzahl von Bundesländern – so u.a. in Baden-Württemberg, Rheinland-Pfalz und Hessen – hat sich das Berufliche Gymnasium qualitativ und quantitativ als bedeutsamer, weil alternativer Weg für junge Menschen etabliert (u.a. Nölle, 2014). So berichtet das Ministerium für Kultus, Jugend und Sport Baden-Württemberg, dass dort im Jahr 2022 etwa ein Drittel der Abiturientinnen und Abiturienten die Prüfung an Beruflichen Gymnasien abgelegt hatte (https://km-bw.de/,Lde/startseite/service/start-abitur-2022). Die Zahl belegt, dass sich ein hoher Anteil von Schülerinnen und Schülern für eine Bildung entscheidet, deren inhaltlich-konzeptionellen Aspekte sich von denen in einem klassischen Gymnasium unterscheiden. Die praktischen Anteile der Bildung und die Ausrichtung auf Anwendungen, die in Beruflichen Gymnasien eine besondere Rolle spielen, sind offensichtlich attraktiv.

Im Rahmen des Projektes „Transformation des Sekundarschulsystems und akademische Karrieren" – besser bekannt als TOSCA-Studie – wurden die Effektivität der gymnasialen Oberstufe in Deutschland sowie Übergänge vom Gymnasium in die Hochschule und in die berufliche Ausbildung wissenschaftlich untersucht (Wagner et al., 2011). In diesem Zusammenhang wurde sich u.a. in Baden-Württemberg, einem Bundesland mit traditionell vielen Beruflichen Gymnasien, mit den Wegen zur Hochschulreife auseinandergesetzt (Maaz et al., 2004, S. 198 ff.). So stellen Watermann und Maaz (2006) fest, dass Berufliche Gymnasien durch die Vielfalt der Angebote frühere Selektionsentscheidung flexibler korrigieren können. Absolventinnen und Absolventen von beruflichen Vollzeitschulformen (insbesondere Berufsfachschulen), aber auch von Realschulen, werden so Bildungswege bis in die Hochschulen eröffnet. Das Berufliche Gymnasium lässt sich nach Watermann und Maaz (2006) aufgrund offener und ergänzender Rekrutierungsansätze als Aufbaugymnasium beschreiben, das in höherem Maße als das Gymnasium auch Personen aus eher bildungsfernen – im klassischen Sinne[1] – und sozial schwächeren Gesellschaftsschichten einen Zugang zu Hochschulen ermöglicht. Die Schülerinnen und Schüler an Allgemeinbildenden und Beruflichen Gymnasien unterscheiden sich nicht hinsichtlich ihres Wunsches ein Studium aufzunehmen (Maaz et al., 2004), sodass Berufliche Gymnasien einen wichtigen Beitrag in der Entkopplung von sozialer Herkunft und Studienaspiration leisten.

Mit Blick auf die anstehenden Studienfachwahlen können Berufliche Gymnasien ebenfalls ihr Potential entfalten (Georg, 2014), was aufgrund der erkennbaren Fokussierungen auf berufliche Segmente oder auch Domänen plausibel erscheint. So nehmen beispielsweise die technischen Gymnasien in der Rekrutierung von Studierenden im Ingenieurwesen eine exponierte Stellung ein (Zwick & Renn, 2000, S. 43). Wohl in keinem anderen Bereich zeigt sich das Potential der Beruflichen Gymnasien ähnlich stark wie im Bereich Technik. In Baden-Württemberg sind insbesondere die Technischen Gymnasien ausgebaut worden, „um zielgerichtet Nachwuchskräfte für den ingenieurtechnischen Bereich zu fördern" (Ministerium für Kultus, Jugend und Sport Baden-Württemberg, 2016, S. 21). Das Berufliche Gymnasium Technik eröffnet im Kontext der digitalen Transformation eine einzigartige Chance und umfassende Möglichkeiten zur Beschäftigung mit Technik. Die Auseinandersetzung mit Technik – also einem Phänomen, das unsere gesamte Gesellschaft mehr und mehr durchzieht – in Bildungsprozessen zeigt sich dabei als Grundvoraussetzung für die Teilhabe an dieser durch Technik geprägten Gesellschaft. Insbesondere dann, wenn (berufliche) Bildung als mündige gesellschaftliche Teilhabe beschrieben wird (u.a. Blankertz, 1982), erscheint es heute als offene Frage, ob Bildung ohne eine differenzierte Auseinandersetzung mit Technik überhaupt möglich ist.

Diese Frage lässt sich auch für Allgemeinbildende Schulformen aufwerfen, in deren Fächerkanon der Aspekt Technik nur randständig adressiert wird. Das Fach Technik ist in allgemeinbildenden Schulen nicht konsequent eingeführt, eine angemessene Studienorientierung im Rahmen des Erwerbs der Hochschulzugangsberechtigung ist kaum möglich und die Bezugspunkte des digitalen Wandels bzw. von Industrie 4.0 sind – wenn sie überhaupt thematisiert werden – auf die mathematischen bzw. naturwissenschaftlichen Fächer reduziert. Das spricht natürlich nicht gegen diese Fächer; ganz im Gegenteil: Die Mathematik spielt gerade in der (technischen) beruflichen Bildung und im Beruflichen Gymnasium eine wichtige Rolle.

Entsprechend den Bildungsstandards der Kultusministerkonferenz für die Allgemeine Hochschulreife soll das Fach Mathematik einen wesentlichen Beitrag zu den Bildungszielen der gymnasialen Oberstufe leisten. Es trägt nicht nur zu einer vertieften Allgemeinbildung (Kapitel 1.1 in diesem Band) bei, sondern zielt auf die allgemeine Studierfähigkeit ab und verfolgt einen wissenschaftspropädeutischen Ansatz.

---

1 Dabei sollen beruflich gebildete Personen keinesfalls und sicher nicht pauschal als bildungsferne Schicht gesehen werden. Das deutsche Berufsbildungssystem bereitet ja gerade auf hochwertige Tätigkeiten vor, sieht die Durchlässigkeit zwischen Bildungsgängen als wesentlich an und fördert die damit verbundenen umfassenden Möglichkeiten der ‚Aufstiegsqualifizierung' und insbesondere einer ganzheitlichen Persönlichkeitsentwicklung des Individuums in Staat, Gesellschaft und Privatleben.

Auch der berufliche Bereich findet dabei Erwähnung. Danach sollen „Grundlagen für fachliches und überfachliches Handeln mit Blick auf Anforderungen von Wissenschaft und Beruflicher Bildung geschaffen" werden (Kultusministerkonferenz, 2012, S. 11). Hier sind die Bildungsstandards geprägt durch das Nebeneinander von ‚Allgemeinbildungsauftrag' und ‚Anwendungsorientierung'. Explizit beschrieben werden wesentliche Grunderfahrungen und dazu gehört die Mathematik als Werkzeug zum Wahrnehmen und Verstehen von Erscheinungen in der Welt genauso wie die Mathematik als geistige Schöpfung. „Mathematik kann so in ihrer Reichhaltigkeit als kulturelles und gesellschaftliches Phänomen erfahren werden" (Kultusministerkonferenz, 2012, S. 11).

In der *beruflichen Bildung* erfüllt die Mathematik, wie auch je nach Berufskontext alle weiteren relevanten Bezugswissenschaften einer beruflichen Domäne, im Wesentlichen eine andere Funktion: Die Bezugswissenschaften und deren fachwissenschaftliche Logiken, Strukturen und insbesondere Inhalte dienen hier als Instrumente oder Werkzeuge des beruflichen Problemlösens. Die Problemstellungen sind dabei in Anlehnung an die beruflichen Felder (Technik, Wirtschaft etc.) kontextualisiert, also in reale und authentische Sach- und Problemkontexte eingebettet, sodass eine Anwendung der fachwissenschaftlichen – hier mathematischen – Inhalte unmittelbar zu erkennen ist. Dabei sind – je nach Ausrichtung – sehr unterschiedliche wissenschaftliche Bezugsdisziplinen und deren fachwissenschaftliche Inhalte relevant. Die Mathematik ist dabei u. a. in technischen Berufen zentral. Ohne sie wäre die Bearbeitung und Lösung technischer Problemstellungen auf unterschiedlichen Anforderungs- und Qualifizierungsniveaus nicht denkbar. Unterschiedliche mathematische Inhalte, Operationen oder auch Ansätze finden sich in vielfältigen Ausprägungen in nahezu allen Tätigkeitsbereichen von beruflich qualifizierten Expertinnen und Experten insbesondere im technischen Bereich, wobei die Komplexität technischer Problemstellungen und Tätigkeiten häufig mit der Komplexität der Mathematik korreliert. So nutzt beispielsweise eine Tischlergesellin für die Holzbearbeitung eine Berechnung von Drehzahlen, sie muss Formeln handhaben können, die Prozentrechnung bei der Bestimmung des Verschnittes oder einer Kalkulation anwenden, oder den Dreisatz für das Mischungsrechnen bei Oberflächenbeschichtungen kennen. Ähnliches lässt sich für den Übergang auf akademisches Niveau – also etwa bei Meisterinnen und Meistern oder auch Technikerinnen und Technikern – feststellen, die neben diesen Grundrechenverfahren auch über ein solides Wissen erweiterter Verfahren (u. a. Biege- und Torsionsmomente) verfügen müssen. Die Tätigkeiten von Ingenieurinnen und Ingenieuren werden in vielen Bereichen von der Mathematik bestimmt, sodass das Fach und dessen Inhalte in den Ingenieurstudiengängen eine zentrale Bedeutung hat.

Um es auf den Punkt zu bringen: Der Gedanke einer mathematischen Allgemeinbildung steht dabei weniger im Vordergrund. Vielmehr werden die mathematischen Inhalte meist vor dem Hintergrund der jeweiligen Problemstellung oder der Anwendungsbereiche im Sinne eines Fachrechnens betrachtet. Hierzu gibt es in der beruflichen Bildung zahlreiche Studien, die die besondere Bedeutung der Mathematik vor dem Hintergrund berufstypischer Anwendungen hervorheben (u. a. Lehmann & Seeber, 2007; Trapmann et al., 2007) und damit einen unmittelbaren Brückenschlag zu fachlichen Berufskompetenzen ausweisen (u. a. Lehmann & Seeber, 2007; Nickolaus et al., 2008; 2010, Lindmeier et al., 2013; Neumann et al., 2013; von Hering et al., 2021; Wyrwal & Zinn, 2017). Eine interessante und bisher offene Frage ist, ob es sich hierbei tatsächlich um – wie in den vorab genannten Studien bisher modelliert – fach- oder berufsspezifische Mathematik handelt oder ob die Mathematik nicht in ihrer ‚reinen Form' und fachlichen Logik als Teilfacette beruflicher Kompetenzen nutzbar gemacht wird. Ausgehend von solchen oder vergleichbaren Fragestellungen deutet sich einmal mehr an, dass die Mathematik und deren Rolle, Einbettung und funktionale Nutzung in der beruflichen Bildung – und auch in beruflichen Gymnasien – vielfältige Forschungsdesiderate und -potentiale an der Schnittstelle mathematik- und berufsdidaktischer Forschung aufweist.

In eine ähnliche Richtung zeigen – außerhalb der vorab skizzierten forschungsbezogenen Überlegungen – die Empfehlungen des Wissenschaftsrats zur Gestaltung des Verhältnisses von beruflicher und akademischer Bildung. Sie weisen darauf hin, dass verstärkt Fachkräfte gefragt sind, die „sowohl praktische Fertigkeiten und vertiefte Kenntnisse der Produktions- bzw. Arbeitsprozesse erworben haben als auch über die wissenschaftlich-reflexiven Kompetenzen verfügen, um zu Innovationen beitragen zu können. Personen mit einem derartigen Profil erweisen sich bei der Anpassung an neue Technologien als besonders flexibel" (Wissenschaftsrat, 2014, S. 11).

Betrachtet man auf Grundlage dieser Überlegungen den Mathematikunterricht im *Beruflichen Gymnasium*, so kommt mathematisches Lehren und Lernen dort dem allgemeinbildenden Ansatz näher. Das Potential dafür unterscheidet sich allerdings immer noch von dem der gymnasialen Oberstufe. Aufgrund der Nähe des Beruflichen Gymnasiums zur beruflichen Bildung und den hier vorliegenden beruflich-betrieblichen Realbezügen wäre ein deutlich stärker kontextualisiertes Lernen (u. a. Tenberg et al., 2020) in der Mathematik möglich als in anderen Schularten der Sekundarstufe II. Aus Perspektive der Mathematikdidaktik wird dieser Anspruch – u. a. von Rolfes und Heinze in Kap. 1.1 in diesem Band – als „Orientierung an Lebenssituationen" (S. 34 ff.) beschrieben. Gerade das kontextualisierte, also an konkreten und realen Problemen ausgerichtete Lernen, das über Fächergrenzen hinweg verläuft, ist eine große Stärke und nahezu ein Alleinstellungsmerkmal beruflicher Bildung und geht mit hohen motivationalen Zugewinnen einher (Tenberg et al., 2020, S. 69 f.). Diese Stärken sind allerdings besonders in den Berufsschulen – also dem schulischen Anteil des Dualen Systems – feststellbar und werden in den Beruflichen Gymnasien bisher eher eingeschränkt genutzt. Zugleich erscheinen diese Potentiale auch vor dem Hintergrund der Schülerinnen und Schüler an Beruflichen Gymnasien mehr als bedeutsam. Eine nicht geringe Zahl der Lernenden begreift das Berufliche Gymnasium als Möglichkeit für ein beruflich akzentuiertes und damit einhergehend eher kontextnahes bzw. anwendungsnahes Lernen. In einem beruflich geprägten und technikorientierten Lernen ist dabei das mathematische Wissen hochgradig bedeutsam, es ändert sich jedoch der konkrete Zugang auf Wissen sowie das Mischungsverhältnis von Theorie und Anwendung. Anders ausgedrückt: Mathematische Inhalte werden nicht primär aus einer fachsystematischen Perspektive heraus gesehen, sondern Mathematik ist ein Werkzeug zur Lösung praktischer Probleme und zur konkreten Anwendung. So zeigt ein Blick in die berufliche Bildungspraxis und insbesondere in die Berufsschulen des dualen Systems, dass Schülerinnen und Schüler weniger Probleme haben, die Mathematik mit konkreten beruflichen Kontexten und Anwendungen zu verbinden und entsprechend auch seltener Fragen nach dem Nutzen stellen. Dies ist plausibel, da der Unterricht in Berufsschulen – nicht zuletzt durch die curriculare Setzung von Lernfeldern und der damit verbundenen Aufhebung des Fächerprinzips – immer vor dem Hintergrund einer beruflich-betrieblichen Realität erfolgt.

2.3 Ein Zwischenfazit

An dieser Stelle soll ein erstes Zwischenfazit gezogen werden. Ganz offensichtlich unterscheiden sich Rolle und Funktion der Mathematik in der Allgemein- bzw. der Berufsbildung. Auch wenn in beiden Bereichen der Mathematikunterricht zunächst von Beispielen, also konkreten und realitätsnahen Gegenständen, Anwendungen und Problemstellungen ausgeht, ist die Fortsetzung zumeist unterschiedlich. In der Allgemeinbildung geht es eher darum, die für die Lernenden mitunter abstrakten Inhalte und Zusammenhänge zu kontextualisieren und damit einhergehend mit Bedeutungs- und Relevanzzuschreibungen zu hinterlegen. Wichtig sind aber die mathematischen Verfahren per se, die dann für eine ganze Klasse von verschiedenen Problemen eine Antwort erlauben sollen. Für die Mathematik in der Berufsbildung zeigt sich zumeist ein anderes Bild: Die praktische Anwendung in bestimmten beruflichen Kontexten ist der Ausgangspunkt mathematischer Erfahrungen, die mathematischen Inhalte und Zusammenhänge werden in unmittelbare Anwendungen heruntergebrochen. Mitunter wird hier ja auch vom ‚Fachrechnen' gesprochen. Der jeweilige Anwendungskontext wird nur selten überschritten, sodass darüber hinaus kaum mathematische Einordnungen und Verallgemeinerungen erfolgen. Ein solcher Zugang bzw. diese Handhabung der Mathematik scheint vor dem Hintergrund des Kompetenzanspruchs als Ziel der beruflichen Bildung allerdings nur bedingt tragfähig, da fundiertes Verständnis – und das ist in technischen Domänen insbesondere ein mathematisch-naturwissenschaftliches Verständnis – eine Grundvoraussetzung (beruflicher) Handlungskompetenz ist (Nickolaus et al., 2008; 2010, aber auch Pittich, 2013; 2014).

3 Überlegungen und Implikationen für eine zukünftige Mathematikdidaktik

Der Anspruch an den Mathematikunterricht ist in der Sekundarstufe I wie in der Sekundarstufe II durch das Ziel einer allgemeinen Bildung im Fach geprägt. Die Bildungsstandards formulieren, dass es um Grunderfahrungen geht, die etwa „zum Erwerb von auch über die Mathematik hinausgehenden, insbesondere heuristischen Fähigkeiten" (Kultusministerkonferenz, 2022, S. 6) führen oder eine „wissenschaftspropädeutische Bildung" (Kultusministerkonferenz, 2012, S. 11) ermöglichen sollen. Insbesondere bauen die Bildungsstandards in Anlehnung an Winter (1995) auf dem Grunderfahrungsgedanken auf. Die Mathematik ist danach insbesondere ein Werkzeug, um Erscheinungen der Welt aus Natur, Gesellschaft, Kultur, Beruf und Arbeit in einer spezifischen Weise wahrzunehmen und zu verstehen sowie eine geistige Schöpfung und deduktiv geordnete Welt eigener Art, die Schülerinnen und Schüler erfahren sollen (vgl. Winter, 1995 sowie Kultusministerkonferenz, 2012 und 2022).

Auch die OECD (2018) geht im Framework Mathematik für PISA 2022 von einer bildenden Funktion der Mathematik aus. Sie wird in wenigen Aspekten konkret beschrieben. Danach sollen Schülerinnen und Schüler Lernmöglichkeiten bekommen, um mathematisch zu denken und sowohl deduktive als auch induktive mathematische Schlussfolgerungen zu ziehen. Explizit geht es darum, diese Erfahrungen mit grundlegenden mathematischen Konzepten zu verbinden, die diese Schlussfolgerungen unterstützen. Interessant ist, dass diese Konzepte nicht zwingend Gegenstand des Mathematikunterrichts sein müssen, sondern auch im Rahmen von informellen Lernerfahrungen erworbene Präkonzepte wissenschaftlich-mathematischer Konzepte sein können. Mit anderen Worten: In dieser Sichtweise können etwa alltägliche Erfahrungen auch zu vorläufigen mathematischen Ideen führen. Im PISA-Framework wird dieser Zugang als angemessen für die sich ständig verändernde Welt des 21. Jahrhunderts beschrieben (OECD, 2018, S. 4). In der Konsequenz kann man das Framework auch als vermittelnde Basis zwischen Allgemeinbildung und Anwendung oder – in einem weiteren Sinn – zwischen einem klassisch deduktiven Zugang zum Fach und einer Orientierung auch an induktiven Arbeitsweisen sehen. Darüber hinaus betont das PISA-Framework die wachsende Bedeutung von computerbasierten Werkzeugen bzw. digitalen Technologien. Es sieht eine wesentliche Rolle der Mathematik darin, etwa beim Umgang mit Mustern, Abstraktionen oder Algorithmen einen Beitrag zu leisten.

Das PISA-Framework ist zunächst nicht ganz einfach mit dem gängigen Mathematikunterricht – insbesondere an allgemeinbildenden Schulen – zu verbinden. Entsprechend ist diese Sichtweise für die Mathematikdidaktik auch mit Herausforderungen verbunden. Eine intensivere Beschäftigung auf theoretischer und empirischer Ebene mit den beruflichen Schulen könnte dabei aufschlussreich sein. Ihre Arbeitsweise ist traditionell den Ideen des PISA-Frameworks näher. Sie arbeiten mit unterschiedlichen Zugängen, sie betonen den Charakter der Mathematik als Werkzeug zur Lösung realer Probleme, sie waren und sind – vermutlich stärker und schneller als die allgemeinbildenden Schulen – gezwungen, sich an die gesellschaftlichen Änderungen anzupassen. Auch die heterogenen Lernvoraussetzungen von Schülerinnen und Schülern an beruflichen Schulen sind offensichtlich.

Was sich daraus ergibt, ist also nicht nur ein Forschungsbedarf im Allgemeinen. Vielmehr sind die beruflichen Schulen für die Mathematikdidaktik ein hochinteressantes Forschungsfeld, in dem Fragestellungen rund um den Mathematikunterricht für das 21. Jahrhundert aus einer international anschlussfähigen Sichtweise heraus bearbeitet werden können. Berufliche Schulen spielen als Schultyp im internationalen Bereich eher eine marginale Rolle. Sie spiegeln aber – und das ist international von hoher Bedeutung – eine umfassende Heterogenität wider. Es sind die fachliche und die institutionelle Heterogenität, genauso wie die Heterogenität der Schülerinnen und Schüler, die eine interessante Basis für wichtige, weitreichende und verallgemeinerbare Forschungen sein können.

4   Zusammenfassung, Potentiale und Perspektiven

Bis in die Mitte der 1990er Jahre war die berufliche Bildung ein sichtbarer Forschungsstrang der Mathematikdidaktik, der an unterschiedlichen und einflussreichen Standorten gepflegt wurde (u. a. am IDM in Bielefeld oder an der Universität Kassel; etwa Blum & Sträßer, 1992; Bardy et al., 1985; Braun, 1981; Peter & Sträßer, 1995, Sträßer, 1995). Inzwischen gibt es solche Forschungsansätze kaum noch (Sträßer, 2010), sie wären allerdings dringend notwendig. Dafür kann man eine Vielzahl von Gründen nennen. Da ist die praktische Komponente: Es sind ca. 2,35 Millionen Schülerinnen und Schüler, die in Deutschland im Schuljahr 2020/21 eine Schule mit beruflicher Ausrichtung besuchten (Statistisches Bundesamt, 2021). Diese Schülerinnen und Schüler benötigen eine gute, tragfähige und nachhaltige Ausbildung im Fach Mathematik, die auf ihre Lernvoraussetzungen und ihre individuellen Bedürfnisse abgestimmt ist. Eine solche Ausbildung baut auf evidenzbasiertem Unterricht auf und dieser wiederum erfordert eine zielführende Forschung. Aber auch aus Sicht der Forschung lohnt der Blick in die beruflichen Schulen. Unterricht und Schule sind im Wandel. Offensichtlich ist es nicht ausreichend, Wissen zu vermitteln, sondern die Schülerinnen und Schüler sollen Kompetenzen erwerben, die sie zur Lösung realer Probleme befähigen und die gleichzeitig die Grundlage für ein lebenslanges Lernen darstellen. Berufliche Schulen sind u. a. durch die unmittelbare Anbindung an das Wirtschaftssystem an die reale Welt und ihre Anforderungen gut angepasst. Damit kann sich ein Forschungszweig eröffnen, der geeignet ist, das Spannungsfeld zur allgemeinen Bildung besser zu beschreiben. Es sollte dabei genauso möglich sein, Grenzen zu bestimmen wie auch Verbindungen zu schaffen. Grenzen sind notwendig, weil die allgemeinbildenden und die beruflichen Schulen auf den Übergang in unterschiedliche Bildungsinstitutionen vorbereiten und zielgerichtet ausbilden sollten. Verbindungen müssen aufgezeigt werden, weil sich eine rein kontrastierende Beschreibung von akademischer und beruflicher Bildung angesichts der hohen Anforderungen in den mathematisch-technischen Disziplinen als nicht sinnvoll erweist. In allen Bereichen gilt es, auch auf die Befassung mit zukünftigen – und in der Regel derzeit noch unbekannten – Problemstellungen vorzubereiten.

Der technologische Wandel hat in den letzten Jahrzehnten den Arbeitsmarkt massiv beeinflusst (bspw. Dengler & Matthes, 2015; Windelband, 2014). Neue Berufsbilder entstanden, bei anderen änderte sich die Arbeitsweise substanziell. Davon waren auch die Inhalte der beruflichen Ausbildung und die Lehrmethoden betroffen (u. a. Gebhardt et al., 2015; Tenberg & Pittich, 2017). Die beruflichen Schulen sind keine Ausnahme. Auch sie waren immer wieder aufgefordert, sich schnell anzupassen, um die Jugendlichen mit wichtigen Kompetenzen auszustatten. Vielleicht war der Zwang zur Innovation sogar stärker als in den allgemeinbildenden Schulen – noch ein guter Grund, die mathematikdidaktische Forschung zu verstärken (siehe hierzu auch die Überlegungen von Lindmeier in Kap. 1.4).

In Ergänzung dieser Argumente mit unmittelbarem Forschungsbezug soll an dieser Stelle – wie in Abschnitt 2 – auf die Stellung der Beruflichen Bildung in unserem Bildungssystem und den damit verbundenen Aufgaben auch für unsere Gesellschaft hingewiesen werden. Der Bereich der beruflichen Bildung steht nicht zuletzt aufgrund seiner Durchlässigkeit, die sich aufgrund einer Vielzahl an beruflichen Schularten und -formen ergibt, für Aspekte wie u. a. Chancengleichheit, Zugänge zu Bildung mit unterschiedlichen Hintergründen oder auch Heterogenität. Darüber hinaus erfolgen persönliche Entscheidungen für Bildung oder auch Selektionsprozesse für Bildungswege hier oftmals anhand von Kriterien, die außerhalb des Bildungssystems liegen und unmittelbar mit Neigungen und tatsächlichen Interessen – also ‚Berufungen' – zusammenhängen. So lernen in der beruflichen Bildung, und hier beispielsweise in dualen Ausbildungsberufen, aufgrund dieser ‚Berufungen' Personen mit Abitur zusammen mit Personen, die einen Abschluss an Real- oder auch Hauptschulen erlangt haben. Dies geht selbstredend mit vielfältigen Herausforderungen für berufliche Fachdidaktiken einher, bietet jedoch auch Chancen für angrenzende allgemeinbildende Fachdidaktiken. Diese Überlegungen deuten vielfältige und offensichtliche Chancen für Weiterentwicklungen der Mathematikdidaktik an. Dies gilt zum einen für das schulische Lernen in der Mathematik an sich und die Suche nach Gegenständen, Anwendungen etc., aber auch für die Mathematik, so wie sie in der Hochschule angeboten wird und hier insbesondere in technischen Domänen, also den Ingenieurswissenschaften. In jedem dieser Bildungssegmente und in unterschiedlichen Fächern lassen sich wesentliche Herausforderungen und entsprechend auch Entwicklungsräume für die Mathematikdidaktik oder mathematikdidaktische Methoden ausweisen.

Fest steht sicherlich, dass eine engere Zusammenarbeit und damit einhergehend thematisch-inhaltliche Bezüge zwischen der Mathematik und beruflichen Fachdidaktiken mit wechselseitigen Benefits verbunden sind. Der berufliche Bereich bietet Anwendungsfelder unter unterschiedlichen Bedingungen und mit der bereits erwähnten hochrelevanten Heterogenität von Systemen, Inhalten und Beteiligten. Die Mathematik ist und bleibt ein hochrelevantes Werkzeug zur Bearbeitung und Lösung von beruflichen Problemstellungen, deren Bedeutung u. a. durch die Digitalisierung unseres Produktions- und Dienstleitungssystem, aber auch der Gesellschaft noch zunehmen wird. Ihre wichtige und wachsende Rolle im System verdient also eine intensive Beschäftigung gerade auch mit Blick auf Lehren und Lernen.

Literatur

Arnold, R. & Gonon, P. (2006). *Einführung in die Berufspädagogik*. Budrich (utb).
Blankertz, H. (1972). Kollegstufenversuch in Nordrhein-Westfalen – das Ende der gymnasialen Oberstufe und der Berufsschulen. *Die Deutsche Berufs- und Fachschule, 68*(1), 2–20.
Blankertz, H. (1982). *Die Geschichte der Pädagogik. Von der Aufklärung bis zur Gegenwart*. Wetzlar.
Bardy, P., Blum, W. & Braun, H.-G. (1985). *Mathematik in der Berufsschule*. Girardet. https://kobra.uni-kassel.de/bitstream/handle/123456789/2005071245/math-bs-1.html?sequence=81&isAllowed=y
Blum, W. & Sträßer, R. (1992). Mathematikunterricht in beruflichen Schulen zwischen Berufskunde und Allgemeinbildung. *Zentralblatt für Didaktik der Mathematik, 24*(7), 242–247.
Braun, H.-G. (1981). *Mathematisches Wissen in der beruflichen Bildung* (Dokumentationen Bd. 28). Institut für Didaktik der Mathematik (IDM) der Universität Bielefeld.
Cortina, K. S., Baumert, J., Leschinsk, A., Mayer, K. U. & Trommer, L. (2003). *Das Bildungswesen in der Bundesrepublik Deutschland. Strukturen und Entwicklungen im Überblick*. Rowohlt.
Dengler, K. & Matthes, B. (2015). *Folgen der Digitalisierung für die Arbeitswelt. Substituierbarkeitspotenziale von Berufen in Deutschland*. IAB Forschungsbericht.
Gebhardt, J., Grimm A. & Neugebauer L.-M. (2015). Entwicklungen 4.0 – Ausblicke auf zukünftige Anforderungen an und Auswirkungen auf Arbeit und Ausbildung. *Journal of Technical Education (JOTED), 3*(2), 45–61.
Georg, W. (2014). Gymnasium und Beruf. Zur Entstehung und Entwicklung beruflicher Gymnasien. *Bildung und Erziehung, 67*(1), 85–102.
Grüner, G. (1974). Facharbeiterschule und Berufliches Gymnasium. Vorschläge für eine Verknüpfung berufs- und studienbezogener Bildungsgänge. In G. Grüner & R. Berke (Hrsg.), *Verknüpfung berufs- und studienbezogener Bildungsgänge* (S. 9–78). Klett.
Kultusministerkonferenz (2012). *Bildungsstandards im Fach Mathematik für die Allgemeine Hochschulreife*.
Kultusministerium Hessen (2022), abgerufen unter https://kultusministerium.hessen.de/Schulsystem/Schulformen-und-Bildungsgaenge/Berufliche-Schulen/Berufliches-Gymnasium
Lehmann, R. & Seeber, S. (2007). *ULME III: Untersuchung von Leistungen, Motivation und Einstellungen der Schülerinnen und Schüler in den Abschlussklassen der Berufsschulen*.
Lindmeier, A., Neumann, K., Bernholt, S., Eckhardt, M., Harms, U., Härtig, H. & Parchmann, I. (2013). Diagnostische Instrumente für die Erfassung mathematischer und naturwissenschaftlicher Kompetenzen und deren Adaption für die Analyse der Zusammenhänge zwischen allgemeinen und beruflichen Kompetenzen. In R. Nickolaus, (Hrsg.), *Mathematisch-naturwissenschaftliche Kompetenzen in der beruflichen Erstausbildung. Stand der Forschung und Desiderata* (S. 161–181). Steiner.
Maaz, K., Chang, P. H. & Köller, O. (2004). Führt institutionelle Vielfalt zur Öffnung im Bildungssystem? Sozialer Hintergrund und kognitive Grundfähigkeit der Schülerschaft an allgemein bildenden und beruflichen Gymnasien. In O. Köller, R. Watermann, U. Traut-

mann & O. Lüdtke (Hrsg.), *Wege zur Hochschulreife in Baden-Württemberg* (S. 153–203). VS Verlag für Sozialwissenschaften. https://doi.org/10.1007/978-3-322-80906-3

Ministerium für Kultus, Jugend und Sport Baden-Württemberg (Hrsg.) (2016). *50 Jahre Berufliches Gymnasium in Baden-Württemberg*. Ministerium für Kultus, Jugend und Sport Baden-Württemberg.

Ministerium für Kultus, Jugend und Sport Baden-Württemberg (Hrsg.) (2021). *Berufliche Bildung in Baden-Württemberg*. Ministerium für Kultus, Jugend und Sport Baden-Württemberg.

Neumann, K., Vollstedt, M., Bernholt, S., Eckardt, M., Harms, U., Härtig, H. & Parchmann, I. (2013). Strukturmodelle domänenspezifischer Kompetenz in Mathematik und den Naturwissenschaften an allgemeinbildenden Schulen und Implikationen für die Analyse der Zusammenhänge mit beruflichen Kompetenzen. *Zeitschrift für Berufs- und Wirtschaftspädagogik. Beiheft*, 26, 111–134.

Nickolaus, R., Gschwendtner, T. & Geissel, B. (2008). Entwicklung und Modellierung beruflicher Fachkompetenz in der gewerblich-technischen Grundbildung. *Zeitschrift für Berufs- und Wirtschaftspädagogik, 104*(1), 48–73.

Nickolaus, R., Rosendahl, J., Gschwendtner, T., Geißel, B. & Straka, G. A. (2010). Erklärungsmodelle zur Kompetenz- und Motivationsentwicklung bei Bankkaufleuten, Kfz-Mechatronikern und Elektronikern. In J. Seifried, E. Wuttke, R. Nickolaus & P. F. E. Sloane (Hrsg.), *Lehr-Lern-Forschung in der kaufmännischen Berufsbildung – Ergebnisse und Gestaltungsaufgaben*. (ZBW Beiheft 23, S. 73–87). Steiner.

Nölle, V. (2014). Entwicklung der technischen Gymnasien in Baden-Württemberg in den letzten 15 Jahren. *Bildung und Erziehung, 67*(1), 11–28.

OECD. (2018). *PISA 2021 Mathematics Framework (Draft)*. OECD. https://pisa2022-maths.oecd.org/files/PISA%202022%20Mathematics%20Framework%20Draft.pdf

Peter, A. & Sträßer, R. (1995). *Mathematisches Wissen in der beruflichen Bildung 4 (Dokumentation)*. Institut für Didaktik der Mathematik (IDM) der Universität Bielefeld.

Pittich, D. (2013). *Diagnostik fachlich-methodischer Kompetenzen*. Fraunhofer IRB Verlag.

Pittich, D. (2014). Rekonstruktive Diagnostik fachlich-methodischer Kompetenzen in gewerblich-technischen Ausbildungsberufen. *Zeitschrift für Berufs- und Wirtschaftspädagogik, 110*(3), 335–357.

Pittich, D., Tenberg, R. & Bach, A. (2020). Didaktik technischer Berufe – Band 2: Praxis und Reflexion. https://doi.org/10.25162/9783515124423.

Riedl, A. (2011). *Didaktik der beruflichen Bildung*. Steiner.

Schelten, A. (2005). Berufsbildung ist Allgemeinbildung – Allgemeinbildung ist Berufsbildung. *Die berufsbildende Schule, 57*(6), 127–128.

Statistisches Bundesamt (22. Oktober, 2021). *Anzahl der Schüler/innen an beruflichen Schulen in Deutschland im Schuljahr 2020/2021 nach Bundesländern*. In statista, Zugriff 23. Oktober 2022, von https://de.statista.com/statistik/daten/studie/1330/umfrage/schueler-an-beruflichen-schulen-in-deutschland-nach-bundeslaendern/

Sträßer, R. (1995). Unterricht: Mathematik. In H. Blankertz, J. Derbolav, A. Kell & G. Kutscha (Hrsg.), *Sekundarstufe II. Jugendbildung zwischen Schule und Beruf* (Bd. 9.2 der Enzyklopädie Erziehungswissenschaft, S. 586–592). Klett-Cotta.

Sträßer, R. (2010). *Expertise zur „Mathematik im Beruf und in der beruflichen (Aus)Bildung"*. Deutsche Telekom-Stiftung.

Tenberg, R. & Pittich, D. (2017). Ausbildung 4.0 oder nur 1.2? Analyse eines technisch-betrieblichen Wandels und dessen Implikationen für die technische Berufsausbildung. *Journal of Technical Education (JOTED), 5*(1), 27–46.

Trapmann, S., Hell, B., Weigand, S. & Schuler, H. (2007). Die Validität von Schulnoten zur Vorhersage des Studienerfolgs – eine Metaanalyse. *Zeitschrift für Pädagogische Psychologie, 21*(1), 11–27.

von Hering, R., Rietenberg, A., Heinze, A. & Lindmeier, A. (2021). Nutzen Auszubildende bei der Bearbeitung berufsfeldbezogener Mathematikaufgaben ihr Wissen aus der Schule? Eine qualitative Untersuchung mit angehenden Industriekaufleuten. *Journal für Mathematik-Didaktik, 42*(2), 459–490. https://doi.org/10.1007/s13138-021-00181-8

Wagner, W., Kramer, J., Trautwein, U., Lüdtke, O., Nagy, G., Jonkmann, K., Maaz, K., Meixner, S. & Schilling, J. (2011). Upper secondary education in academic school tracks and the transition from school to postsecondary education and the job market. *Zeitschrift für Erziehungswissenschaft, 14*(14), 233–249.

Watermann, R. & Maaz, K. (2006). Effekte der Öffnung von Wegen zur Hochschulreife auf die Studienintention am Ende der gymnasialen Oberstufe. *Zeitschrift für Erziehungswissenschaft, 9*(2), 219–239.

Windelband, L. (2014). Zukunft der Facharbeit im Zeitalter „Industrie 4.0". *Journal of Technical Education (JOTED), 2*(2), 138–160.

Winter, H. (1995). Mathematikunterricht und Allgemeinbildung. *Mitteilungen der Gesellschaft für Didaktik der Mathematik, 61*, 37–46.

Wissenschaftsrat (2014). *Empfehlungen zur Gestaltung des Verhältnisses von beruflicher und akademischer Bildung.*

Wyrwal, M. & Zinn, B. (2017). Berufsfachliche Kompetenzen zum Ende der Grundstufe in der Fachschule Bautechnik. *Zeitschrift für Berufs- und Wirtschaftspädagogik, 113*(2), 228–250.

Zwick, M. M. & Renn, O. (2000). *Die Attraktivität von technischen und ingenieurwissenschaftlichen Fächern bei der Studien- und Berufswahl junger Frauen und Männer.*

Daniel Pittich, Technische Universität München, Arcisstraße 21, 80333 München
daniel.pittich@tum.de

Kristina Reiss, Technische Universität München, Arcisstraße 21, 80333 München

Frederik Dilling, Birgitta Marx,
Felicitas Pielsticker,
Amelie Vogler, Ingo Witzke

Praxishandbuch 3D-Druck im Mathematikunterricht

Einführung und Unterrichtsentwürfe für die Sekundarstufen I und II

2021, 260 Seiten, br.,
durchgehend vierfarbig, 49,90 €,
ISBN 978-3-8309-4223-8
E-Book: 44,99 €,
ISBN 978-3-8309-9223-3

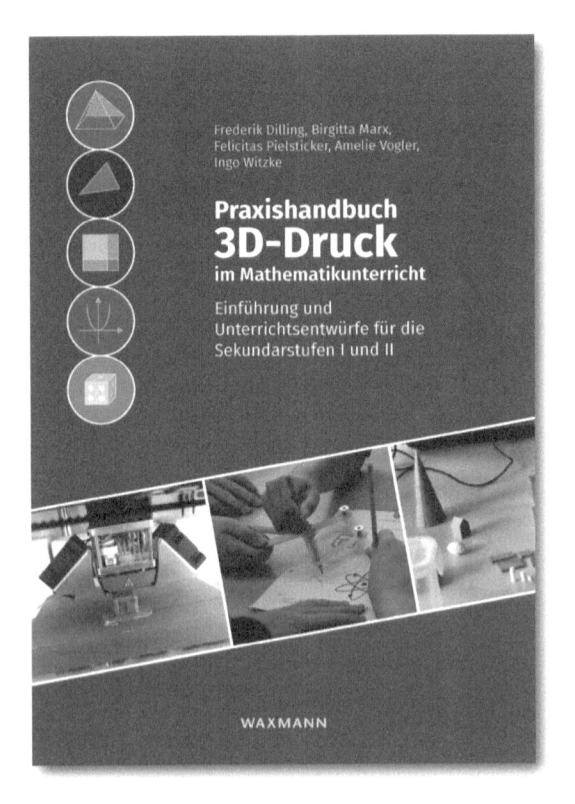

Die 3D-Druck-Technologie stellt ein leicht zu handhabendes, innovatives und zuverlässiges digitales Werkzeug für einen anschaulichen und anwendungsbezogenen Mathematikunterricht dar. Durch das Zusammenspiel aus CAD-Software und 3D-Druckern lässt sich das Mathematiklehren und -lernen im Unterricht in vielen Inhaltsbereichen ansprechend und differenzierend gestalten.

Auf Grund einer technischen und einer ausführlichen fachdidaktischen Einführung sind keine besonderen Vorkenntnisse in Sachen 3D-Druck notwendig. Das Buch beinhaltet fünfzehn konkret ausgearbeitete, an aktuellen Bildungsvorgaben orientierte Unterrichtseinheiten mit Kopiervorlagen und Lösungshinweisen zu zentralen Themen der Sekundarstufen I und II (Geometrie, Algebra, Funktionen, Wahrscheinlichkeitsrechnung).

WAXMANN

www.waxmann.com
info@waxmann.com

Jonas Wagner, Arne Krause,
Ángela Uribe, Susanne Prediger,
Angelika Redder

Mehrsprachiges Mathematiklernen

Von sprachhomogenen Kleingruppen zum Regelunterricht in sprachlich heterogenen Klassen

Sprach-Vermittlungen, Band 22,
2022, 310 Seiten, br., 34,90 €,
ISBN 978-3-8309-4399-0
E-Book: 30,99 €,
ISBN 978-3-8309-9399-5

Sprachheterogene Konstellationen im Regelunterricht stellen eine Möglichkeit dar, die mehrsprachigen ‚Ressourcen' der Lernenden für die Vermittlung von Fachinhalten zu nutzen. Dazu müssen sie allerdings differenzierter bestimmt und vermittlungsmethodisch reflektiert werden. Mit den interdisziplinären Analysen von mehrsprachigem Mathematiklernen gehen die Autorinnen und Autoren u.a. der Frage nach, worin die diskursiven Bedingungen bestehen, um verstehens- und lernförderliches mehrsprachiges Handeln zu ermöglichen. Im Zentrum steht also die *epistemische Funktion von Mehrsprachigkeit*. In detaillierten qualitativen Analysen von Gruppen- und plenarer Arbeit in Phasen der Themeneinführung, Themenausarbeitung und Konsolidierung wird das mehrsprachige Handeln der Lernenden (Sekundarstufe I an vier verschiedenen Schulen) untersucht und werden die Strukturen mehrsprachiger Wissensprozessierung im Unterrichtsdiskurs rekonstruiert.

WAXMANN

www.waxmann.com
info@waxmann.com

Ann Cathrice George, Stefan Götz,
Marcel Illetschko, Evelyn Süss-Stepancik
(Hrsg.)

Empirische Befunde zu Kompetenzen im Mathematikunterricht der Sekundarstufe 1 und Folgerungen für die Praxis

Ergänzende Analysen zu den Bildungsstandardüberprüfungen

Kompetenzmessungen im österreichischen Schulsystem: Analysen, Methoden & Perspektiven, Band 3, 2022, 296 Seiten, br., 39,90 €, ISBN 978-3-8309-4558-1
E-Book: Open Access

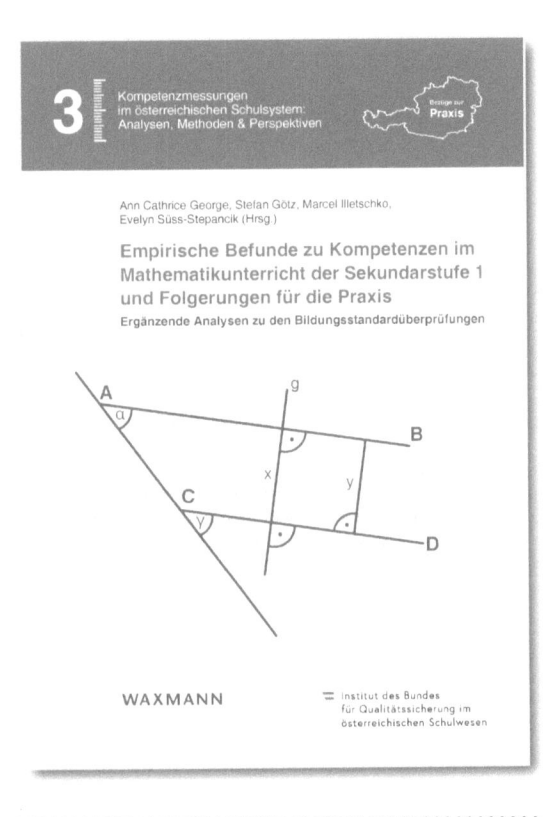

In diesem Band werden Folgerungen aus den Ergebnissen der Bildungsstandardüberprüfungen in Mathematik in der 8. Schulstufe (2012 und 2017) für den Unterricht aufgezeigt. Dazu werden die Daten anhand neuer Fragestellungen und Aspekte ausgewertet und anschließend fachdidaktisch für den praktischen Einsatz interpretiert. So sollen die Handelnden in der Aus-, Fort- und Weiterbildung für Lehrer/innen sowie in den Schulen motiviert werden, die vorgestellten Ergebnisse für den eigenen Unterricht zu nutzen.

Mit Beiträgen von Alexander Aichinger, Isabella Benischek, Regina Bruder, Christina Drüke-Noe, Elisabeth Fuchs, Ann Cathrice George, Boris Girnat, Burkhard Gniewosz, Stefan Götz, Martina Hartl, Iris Höller, Marcel Illetschko, Martina Müller, Monika Musilek, Maria Neubacher, Michael Ober, Konrad Oberwimmer, Daniel Paasch, Simon Plangg, Kristina Reiss, Elisabeth Rothe, Eva Sattlberger, Andreas Schulz, Florian Stampfer, Evelyn Süss-Stepancik, Andrea Varelija-Gerber, Christoph Weber, Christian Wimmer, Ramona Zintl

WAXMANN

www.waxmann.com
info@waxmann.com